中外行政诉讼法
汇编

何海波 编

2018年·北京

图书在版编目(CIP)数据

中外行政诉讼法汇编/何海波编.—北京:商务印书馆,2018
 ISBN 978-7-100-15713-1

Ⅰ.①中… Ⅱ.①何… Ⅲ.①行政诉讼法－汇编－世界 Ⅳ.①D915.409

中国版本图书馆 CIP 数据核字(2018)第 007217 号

权利保留,侵权必究。

中外行政诉讼法汇编
何海波 编

商 务 印 书 馆 出 版
(北京王府井大街36号 邮政编码100710)
商 务 印 书 馆 发 行
北京通州皇家印刷厂印刷
ISBN 978-7-100-15713-1

2018年4月第1版	开本 880×1230 1/32
2018年4月北京第1次印刷	印张 33 1/2

定价:138.00元

编者的话

这本《中外行政诉讼法汇编》是为配合《行政诉讼法》修改而做的参考资料，也是我们"理想的行政诉讼法"研究课题的一个副产品。

本书收集了 11 个国家和地区的行政诉讼法立法。有些是已经发表的译本，《俄罗斯联邦行政诉讼法典》《法国行政诉讼法典》《德国行政法院法》、英国的几部法律以及美国的《示范州行政程序法》相关章节则是新译的。俄罗斯的法典最新，2015 年刚刚制定，篇幅最长，达十五万字；法国的次之，其法律加上附属法规也多达十余万字；德国的则有近四万字。普通法国家行政诉讼法典化的程度一般不高，相关规定散落在多部法律和海量判例之中。澳大利亚制定了专门的司法审查法，是我所见的唯一例外。

在编入本书过程中，我们对原有格式做了一些调整。例如，条、款、项、目的序数一般改成阿拉伯数字。有的法律中，款的序号用阿拉伯数字加括号，项的序号反而不加括号，我们把两者掉过来。至于有的国家款下各项用 a、b、c、d 当序号，我们不做改变。还有的法律文本没有目录，我们给它加了目录；章节名称之后，用括号标明该节包含的法条序数。相关调整方案在各自的法律中都用脚注作了说明。我们希望，经过调整后，体例相对统一，内容尽量明了，更加符合中文习惯，又不致在引用时造成困惑。

衷心感谢各位译者的工作，也感谢他们同意汇编译稿。正在法国攻读博士的陈天昊接到我的请求后，放下手边工作，在短短一个多月的时间内，完成了十余万字法典的翻译。黄道秀教授是国内顶级的俄罗斯法专家，居然答应一个素昧平生的年轻学者的请求，来翻译这部新鲜出炉的法典。她，不多不少，在答应的两个月时间内，完成了十五万字法典的翻译工作。而直到她发给我排版工整的译稿时，我们都还没有见上一面！此外，我还要感谢外国行政诉讼法其他译本的译者：虽然他们的译本没有收入本书，但为后来的译事提供了参考。

感谢全国人大常委会法工委行政法室的袁杰主任，正是她的一个电话促使我去搜集和汇编各国法律，并最终有了这个集子。感谢耶鲁大学中国法中心为"理想的行政诉讼法"研究课题所提供的资助，以及葛维宝教授（Paul Gewirtz）、贺诗礼女士（Jamie Horsley）、罗威廉博士（Robert Williams）为促进中国法律进步的真诚努力。感谢商务印书馆陈小文副总编和吴婧编辑对本书出版的帮助。虽然有各位译者令人感动的奉献，但如果没有你们的慷慨相助，这本书也出版不了。

清华大学法学院的博士生施立栋——他现在已是苏州大学法学院的讲师了——协助我做了大量工作。除了查找中外文版本、确定编排体例、联系各位译者，他还为每个国家和地区的立法情况拟写了一个简短的导读。他的专业素养和敬业精神令我印象深刻。宋湘平和姜丽梦两位同学承担了文稿录入、格式调整等琐细而繁重的工作。谢谢你们！

何海波

2014 年 10 月 15 日初稿

2016 年 1 月 5 日修改

目 录

编者的话 ………………………………………………………… i

中 国 编

导读 …………………………………………………………… 3
中华人民共和国行政诉讼法 ………………………………… 5
附录一:《中华人民共和国行政诉讼法》
　　　　修改前后对照表 …………………………………… 30
附录二:澳门和台湾地区现行的行政诉讼立法 …………… 63
　　澳门特别行政区行政诉讼法典 ………………………… 63
　　台湾地区"行政诉讼法" ………………………………… 140
附录三:清末和民国时期的行政诉讼立法 ………………… 225
　　行政裁判院官制草案(清末) …………………………… 225
　　中华民国行政诉讼法(北洋政府) ……………………… 229
　　中华民国行政诉讼法(南京国民政府) ………………… 235

外 国 编

英国 …………………………………………………………… 241
　　英国高等法院法(节译) ………………………………… 243
　　英国民事诉讼规则(节译) ……………………………… 247
　　英国王权诉讼法 ………………………………………… 257
　　英国裁判所、法院与执行法(节译) …………………… 288

美国 …………………………………………………………… 314
　美国联邦行政程序法(节译) ………………………………… 316
　美国示范州行政程序法(节译) ……………………………… 321
　美国联邦侵权求偿法 ………………………………………… 327
澳大利亚 ……………………………………………………… 343
　澳大利亚行政决定(司法审查)法 …………………………… 344
法国 …………………………………………………………… 362
　法国行政诉讼法典 …………………………………………… 364
德国 …………………………………………………………… 659
　德国行政法院法 ……………………………………………… 660
日本 …………………………………………………………… 739
　日本行政事件诉讼法 ………………………………………… 741
韩国 …………………………………………………………… 765
　韩国行政诉讼法 ……………………………………………… 766
俄罗斯 ………………………………………………………… 786
　俄罗斯联邦行政诉讼法典 …………………………………… 788

中 国 编

导　　读

　　中国的行政诉讼立法,历经了百年变迁。在清末的法制改革浪潮中,清政府于1906年公布了《行政裁判院官制草案》。该草案仿形当时德、奥式的行政诉讼模式,试图建立独立于普通法院之外的专门审判机构,但该草案未及施行,清朝既已倾覆。1914年北洋政府公布的《行政诉讼法》是第一部正式颁布实施的行政诉讼法典。该法对受案范围采取概括主义的规定模式,并规定肃政史在特定情况下有权代表人民提起诉讼。1932年,南京国民政府公布了《行政诉讼法》。该法共有27条,确立了诉愿前置主义、一审终审、诉讼不停止执行等制度。

　　1949年之后,中国大陆的行政诉讼法制一度荒废。1989年4月4日,全国人大通过《行政诉讼法》,行政诉讼制度全面建立。该法确立了"民告官"的基本模式,规定由普通法院内部的行政庭审理行政案件。2014年和2017年,全国人大常委会先后对该法作了两次修改,进一步完善了相关制度。

　　而在中国其他地区,行政诉讼制度因不同的法律传统而呈现出不同样貌。在台湾地区,南京政府时期制定的《行政诉讼法》长期沿用,但诉讼渠道狭窄、诉讼程序不尽合理等弊端也逐渐显现。为此,台湾地区于1998年公布了"新行政诉讼法",条文大幅扩展至308条。此后,该法又经历过多次小幅修改。香港和澳门各自沿袭英、葡行政诉讼制度。其中澳门地区在1999年回归祖国前夕,公布了新的《行政诉讼法典》,并于同年12月20日起施行。

本书收录的中国行政诉讼立法，包括：(1)大陆2017年修改后的《行政诉讼法》；(2)大陆新旧《行政诉讼法》对照表；(3)澳门地区1999年的《行政诉讼法典》和台湾地区2015年修改后的《行政诉讼法》两部区域性法律；(4)清政府《行政裁判院官制草案》、北洋政府《行政诉讼法》、南京政府《行政诉讼法》三个历史文件。

中华人民共和国行政诉讼法

(1989年4月4日第七届全国人民代表大会第二次会议通过 根据2014年11月1日第十二届全国人民代表大会常务委员会第十一次会议《关于修改〈中华人民共和国行政诉讼法〉的决定》第一次修正 根据2017年6月27日第十二届全国人民代表大会常务委员会第二十八次会议《关于修改〈中华人民共和国民事诉讼法〉和〈中华人民共和国行政诉讼法〉的决定》第二次修正)

目 录

第一章 总则(第1~11条)
第二章 受案范围(第12~13条)
第三章 管辖(第14~24条)
第四章 诉讼参加人(第25~32条)
第五章 证据(第33~43条)
第六章 起诉和受理(第44~53条)
第七章 审理和判决
  第一节 一般规定(第54~66条)
  第二节 第一审普通程序(第67~81条)
  第三节 简易程序(第82~84条)
  第四节 第二审程序(第85~89条)
  第五节 审判监督程序(第90~93条)
第八章 执行(第94~97条)
第九章 涉外行政诉讼(第98~100条)
第十章 附则(第101~103条)

第一章 总则

第1条 为保证人民法院公正、及时审理行政案件,解决行政争议,保护公民、法人和其他组织的合法权益,监督行政机关依法行使职权,根据宪法,制定本法。

第2条 公民、法人或者其他组织认为行政机关和行政机关工作人员的行政行为侵犯其合法权益,有权依照本法向人民法院提起诉讼。

前款所称行政行为,包括法律、法规、规章授权的组织作出的行政行为。

第3条 人民法院应当保障公民、法人和其他组织的起诉权利,对应当受理的行政案件依法受理。

行政机关及其工作人员不得干预、阻碍人民法院受理行政案件。

被诉行政机关负责人应当出庭应诉。不能出庭的,应当委托行政机关相应的工作人员出庭。

第4条 人民法院依法对行政案件独立行使审判权,不受行政机关、社会团体和个人的干涉。

人民法院设行政审判庭,审理行政案件。

第5条 人民法院审理行政案件,以事实为根据,以法律为准绳。

第6条 人民法院审理行政案件,对行政行为是否合法进行审查。

第 7 条 人民法院审理行政案件，依法实行合议、回避、公开审判和两审终审制度。

第 8 条 当事人在行政诉讼中的法律地位平等。

第 9 条 各民族公民都有用本民族语言、文字进行行政诉讼的权利。

在少数民族聚居或者多民族共同居住的地区，人民法院应当用当地民族通用的语言、文字进行审理和发布法律文书。

人民法院应当对不通晓当地民族通用的语言、文字的诉讼参与人提供翻译。

第 10 条 当事人在行政诉讼中有权进行辩论。

第 11 条 人民检察院有权对行政诉讼实行法律监督。

第二章 受案范围

第 12 条 人民法院受理公民、法人或者其他组织提起的下列诉讼：

（一）对行政拘留、暂扣或者吊销许可证和执照、责令停产停业、没收违法所得、没收非法财物、罚款、警告等行政处罚不服的；

（二）对限制人身自由或者对财产的查封、扣押、冻结等行政强制措施和行政强制执行不服的；

（三）申请行政许可，行政机关拒绝或者在法定期限内不予答复，或者对行政机关作出的有关行政许可的其他决定不服的；

（四）对行政机关作出的关于确认土地、矿藏、水流、森林、山岭、草原、荒地、滩涂、海域等自然资源的所有权或者使用权的决定不服的；

（五）对征收、征用决定及其补偿决定不服的；

（六）申请行政机关履行保护人身权、财产权等合法权益的法定职责，行政机关拒绝履行或者不予答复的；

（七）认为行政机关侵犯其经营自主权或者农村土地承包经营权、农村土地经营权的；

（八）认为行政机关滥用行政权力排除或者限制竞争的；

（九）认为行政机关违法集资、摊派费用或者违法要求履行其他义务的；

（十）认为行政机关没有依法支付抚恤金、最低生活保障待遇或者社会保险待遇的；

（十一）认为行政机关不依法履行、未按照约定履行或者违法变更、解除政府特许经营协议、土地房屋征收补偿协议等协议的；

（十二）认为行政机关侵犯其他人身权、财产权等合法权益的。

除前款规定外，人民法院受理法律、法规规定可以提起诉讼的其他行政案件。

第13条　人民法院不受理公民、法人或者其他组织对下列事项提起的诉讼：

（一）国防、外交等国家行为；

（二）行政法规、规章或者行政机关制定、发布的具有普遍约束力的决定、命令；

（三）行政机关对行政机关工作人员的奖惩、任免等决定；

（四）法律规定由行政机关最终裁决的行政行为。

第三章 管辖

第 14 条 基层人民法院管辖第一审行政案件。

第 15 条 中级人民法院管辖下列第一审行政案件：

（一）对国务院部门或者县级以上地方人民政府所作的行政行为提起诉讼的案件；

（二）海关处理的案件；

（三）本辖区内重大、复杂的案件；

（四）其他法律规定由中级人民法院管辖的案件。

第 16 条 高级人民法院管辖本辖区内重大、复杂的第一审行政案件。

第 17 条 最高人民法院管辖全国范围内重大、复杂的第一审行政案件。

第 18 条 行政案件由最初作出行政行为的行政机关所在地人民法院管辖。经复议的案件，也可以由复议机关所在地人民法院管辖。

经最高人民法院批准，高级人民法院可以根据审判工作的实际情况，确定若干人民法院跨行政区域管辖行政案件。

第 19 条 对限制人身自由的行政强制措施不服提起的诉讼，由被告所在地或者原告所在地人民法院管辖。

第 20 条 因不动产提起的行政诉讼，由不动产所在地人民法院管辖。

第 21 条 两个以上人民法院都有管辖权的案件，原告可以选择其中一个人民法院提起诉讼。原告向两个以上有管辖权的人民法院提起诉讼的,由最先立案的人民法院管辖。

第 22 条 人民法院发现受理的案件不属于本院管辖的,应当移送有管辖权的人民法院,受移送的人民法院应当受理。受移送的人民法院认为受移送的案件按照规定不属于本院管辖的,应当报请上级人民法院指定管辖,不得再自行移送。

第 23 条 有管辖权的人民法院由于特殊原因不能行使管辖权的,由上级人民法院指定管辖。

人民法院对管辖权发生争议,由争议双方协商解决。协商不成的,报它们的共同上级人民法院指定管辖。

第 24 条 上级人民法院有权审理下级人民法院管辖的第一审行政案件。

下级人民法院对其管辖的第一审行政案件,认为需要由上级人民法院审理或者指定管辖的,可以报请上级人民法院决定。

第四章 诉讼参加人

第 25 条 行政行为的相对人以及其他与行政行为有利害关系的公民、法人或者其他组织,有权提起诉讼。

有权提起诉讼的公民死亡,其近亲属可以提起诉讼。

有权提起诉讼的法人或者其他组织终止,承受其权利的法人或者其他组织可以提起诉讼。

人民检察院在履行职责中发现生态环境和资源保护、食品药品安全、国有财产保护、国有土地使用权出让等领域负有监督管理职责的行政机关违法行使职权或者不作为,致使国家利益或者社会公共利益受到侵害的,应当向行政机关提出检察建议,督促其依法履行职责。行政机关不依法履行职责的,人民检察院依法向人民法院提起诉讼。

第 26 条 公民、法人或者其他组织直接向人民法院提起诉讼的,作出行政行为的行政机关是被告。

经复议的案件,复议机关决定维持原行政行为的,作出原行政行为的行政机关和复议机关是共同被告;复议机关改变原行政行为的,复议机关是被告。

复议机关在法定期限内未作出复议决定,公民、法人或者其他组织起诉原行政行为的,作出原行政行为的行政机关是被告;起诉复议机关不作为的,复议机关是被告。

两个以上行政机关作出同一行政行为的,共同作出行政行为的行政机关是共同被告。

行政机关委托的组织所作的行政行为,委托的行政机关是被告。

行政机关被撤销或者职权变更的,继续行使其职权的行政机关是被告。

第 27 条 当事人一方或者双方为 2 人以上,因同一行政行为发生的行政案件,或者因同类行政行为发生的行政案件、人民法院认为可以合并审理并经当事人同意的,为共同诉讼。

第 28 条 当事人一方人数众多的共同诉讼,可以由当事人推选代表人进行诉讼。代表人的诉讼行为对其所代表的当事人发生效力,但代表人变更、放弃诉讼请求或者承认对方当事人的诉讼请求,应当经被代表的当事人同意。

第 29 条 公民、法人或者其他组织同被诉行政行为有利害关系但没有提起诉讼，或者同案件处理结果有利害关系的，可以作为第三人申请参加诉讼，或者由人民法院通知参加诉讼。

人民法院判决第三人承担义务或者减损第三人权益的，第三人有权依法提起上诉。

第 30 条 没有诉讼行为能力的公民，由其法定代理人代为诉讼。法定代理人互相推诿代理责任的，由人民法院指定其中一人代为诉讼。

第 31 条 当事人、法定代理人，可以委托 1 至 2 人作为诉讼代理人。

下列人员可以被委托为诉讼代理人：

（一）律师、基层法律服务工作者；

（二）当事人的近亲属或者工作人员；

（三）当事人所在社区、单位以及有关社会团体推荐的公民。

第 32 条 代理诉讼的律师，有权按照规定查阅、复制本案有关材料，有权向有关组织和公民调查，收集与本案有关的证据。对涉及国家秘密、商业秘密和个人隐私的材料，应当依照法律规定保密。

当事人和其他诉讼代理人有权按照规定查阅、复制本案庭审材料，但涉及国家秘密、商业秘密和个人隐私的内容除外。

第五章　证据

第 33 条 证据包括：

（一）书证；

（二）物证；

（三）视听资料；

（四）电子数据；

（五）证人证言；

（六）当事人的陈述；

（七）鉴定意见；

（八）勘验笔录、现场笔录。

以上证据经法庭审查属实，才能作为认定案件事实的根据。

第34条 被告对作出的行政行为负有举证责任，应当提供作出该行政行为的证据和所依据的规范性文件。

被告不提供或者无正当理由逾期提供证据，视为没有相应证据。但是，被诉行政行为涉及第三人合法权益，第三人提供证据的除外。

第35条 在诉讼过程中，被告及其诉讼代理人不得自行向原告、第三人和证人收集证据。

第36条 被告在作出行政行为时已经收集了证据，但因不可抗力等正当事由不能提供的，经人民法院准许，可以延期提供。

原告或者第三人提出了其在行政处理程序中没有提出的理由或者证据的，经人民法院准许，被告可以补充证据。

第37条 原告可以提供证明行政行为违法的证据。原告提供的证据不成立的，不免除被告的举证责任。

第38条 在起诉被告不履行法定职责的案件中，原告应当提供其向被告提出申请的证据。但有下列情形之一的除外：

（一）被告应当依职权主动履行法定职责的；

（二）原告因正当理由不能提供证据的。

在行政赔偿、补偿的案件中，原告应当对行政行为造成的损害提供证据。因被告的原因导致原告无法举证的，由被告承担举证责任。

第 39 条 人民法院有权要求当事人提供或者补充证据。

第 40 条 人民法院有权向有关行政机关以及其他组织、公民调取证据。但是，不得为证明行政行为的合法性调取被告作出行政行为时未收集的证据。

第 41 条 与本案有关的下列证据，原告或者第三人不能自行收集的，可以申请人民法院调取：

（一）由国家机关保存而须由人民法院调取的证据；

（二）涉及国家秘密、商业秘密和个人隐私的证据；

（三）确因客观原因不能自行收集的其他证据。

第 42 条 在证据可能灭失或者以后难以取得的情况下，诉讼参加人可以向人民法院申请保全证据，人民法院也可以主动采取保全措施。

第 43 条 证据应当在法庭上出示，并由当事人互相质证。对涉及国家秘密、商业秘密和个人隐私的证据，不得在公开开庭时出示。

人民法院应当按照法定程序，全面、客观地审查核实证据。对未采纳的证据应当在裁判文书中说明理由。

以非法手段取得的证据，不得作为认定案件事实的根据。

第六章 起诉和受理

第44条 对属于人民法院受案范围的行政案件,公民、法人或者其他组织可以先向行政机关申请复议,对复议决定不服的,再向人民法院提起诉讼;也可以直接向人民法院提起诉讼。

法律、法规规定应当先向行政机关申请复议,对复议决定不服再向人民法院提起诉讼的,依照法律、法规的规定。

第45条 公民、法人或者其他组织不服复议决定的,可以在收到复议决定书之日起15日内向人民法院提起诉讼。复议机关逾期不作决定的,申请人可以在复议期满之日起15日内向人民法院提起诉讼。法律另有规定的除外。

第46条 公民、法人或者其他组织直接向人民法院提起诉讼的,应当自知道或者应当知道作出行政行为之日起6个月内提出。法律另有规定的除外。

因不动产提起诉讼的案件自行政行为作出之日起超过20年,其他案件自行政行为作出之日起超过5年提起诉讼的,人民法院不予受理。

第47条 公民、法人或者其他组织申请行政机关履行保护其人身权、财产权等合法权益的法定职责,行政机关在接到申请之日起2个月内不履行的,公民、法人或者其他组织可以向人民法院提起诉讼。法律、法规对行政机关履行职责的期限另有规定的,从其规定。

公民、法人或者其他组织在紧急情况下请求行政机关履行保护其人身权、财产权等合法权益的法定职责,行政机关不履行的,提起诉讼不受前款规定期限的限制。

第 48 条 公民、法人或者其他组织因不可抗力或者其他不属于其自身的原因耽误起诉期限的,被耽误的时间不计算在起诉期限内。

公民、法人或者其他组织因前款规定以外的其他特殊情况耽误起诉期限的,在障碍消除后 10 日内,可以申请延长期限,是否准许由人民法院决定。

第 49 条 提起诉讼应当符合下列条件:

(一)原告是符合本法第 25 条规定的公民、法人或者其他组织;

(二)有明确的被告;

(三)有具体的诉讼请求和事实根据;

(四)属于人民法院受案范围和受诉人民法院管辖。

第 50 条 起诉应当向人民法院递交起诉状,并按照被告人数提出副本。

书写起诉状确有困难的,可以口头起诉,由人民法院记入笔录,出具注明日期的书面凭证,并告知对方当事人。

第 51 条 人民法院在接到起诉状时对符合本法规定的起诉条件的,应当登记立案。

对当场不能判定是否符合本法规定的起诉条件的,应当接收起诉状,出具注明收到日期的书面凭证,并在 7 日内决定是否立案。不符合起诉条件的,作出不予立案的裁定。裁定书应当载明不予立案的理由。原告对裁定不服的,可以提起上诉。

起诉状内容欠缺或者有其他错误的,应当给予指导和释明,并一次性告知当事人需要补正的内容。不得未经指导和释明即以起诉不符合条件为由不接收起诉状。

对于不接收起诉状、接收起诉状后不出具书面凭证,以及不一次性告知当事人需要补正的起诉状内容的,当事人可以向上级人民法院投诉,上级人民法院应当责令改正,并对直接负责的主管人员和其他直接责任人员依法给予处分。

第52条 人民法院既不立案,又不作出不予立案裁定的,当事人可以向上一级人民法院起诉。上一级人民法院认为符合起诉条件的,应当立案、审理,也可以指定其他下级人民法院立案、审理。

第53条 公民、法人或者其他组织认为行政行为所依据的国务院部门和地方人民政府及其部门制定的规范性文件不合法,在对行政行为提起诉讼时,可以一并请求对该规范性文件进行审查。

前款规定的规范性文件不含规章。

第七章 审理和判决

第一节 一般规定

第54条 人民法院公开审理行政案件,但涉及国家秘密、个人隐私和法律另有规定的除外。

涉及商业秘密的案件,当事人申请不公开审理的,可以不公开审理。

第 55 条 当事人认为审判人员与本案有利害关系或者有其他关系可能影响公正审判,有权申请审判人员回避。

审判人员认为自己与本案有利害关系或者有其他关系,应当申请回避。

前两款规定,适用于书记员、翻译人员、鉴定人、勘验人。

院长担任审判长时的回避,由审判委员会决定;审判人员的回避,由院长决定;其他人员的回避,由审判长决定。当事人对决定不服的,可以申请复议一次。

第 56 条 诉讼期间,不停止行政行为的执行。但有下列情形之一的,裁定停止执行:

(一)被告认为需要停止执行的;

(二)原告或者利害关系人申请停止执行,人民法院认为该行政行为的执行会造成难以弥补的损失,并且停止执行不损害国家利益、社会公共利益的;

(三)人民法院认为该行政行为的执行会给国家利益、社会公共利益造成重大损害的;

(四)法律、法规规定停止执行的。

当事人对停止执行或者不停止执行的裁定不服的,可以申请复议一次。

第 57 条 人民法院对起诉行政机关没有依法支付抚恤金、最低生活保障金和工伤、医疗社会保险金的案件,权利义务关系明确、不先予执行将严重影响原告生活的,可以根据原告的申请,裁定先予执行。

当事人对先予执行裁定不服的,可以申请复议一次。复议期间不停止裁定的执行。

第 58 条 经人民法院传票传唤,原告无正当理由拒不到庭,或者未经法庭许可中途退庭的,可以按照撤诉处理;被告无正当理由拒不到庭,或者未经法庭许可中途退庭的,可以缺席判决。

第 59 条 诉讼参与人或者其他人有下列行为之一的,人民法院可以根据情节轻重,予以训诫、责令具结悔过或者处 1 万元以下的罚款、15 日以下的拘留;构成犯罪的,依法追究刑事责任:

(一)有义务协助调查、执行的人,对人民法院的协助调查决定、协助执行通知书,无故推拖、拒绝或者妨碍调查、执行的;

(二)伪造、隐藏、毁灭证据或者提供虚假证明材料,妨碍人民法院审理案件的;

(三)指使、贿买、胁迫他人作伪证或者威胁、阻止证人作证的;

(四)隐藏、转移、变卖、毁损已被查封、扣押、冻结的财产的;

(五)以欺骗、胁迫等非法手段使原告撤诉的;

(六)以暴力、威胁或者其他方法阻碍人民法院工作人员执行职务,或者以哄闹、冲击法庭等方法扰乱人民法院工作秩序的;

(七)对人民法院审判人员或者其他工作人员、诉讼参与人、协助调查和执行的人员恐吓、侮辱、诽谤、诬陷、殴打、围攻或者打击报复的。

人民法院对有前款规定的行为之一的单位,可以对其主要负责人或者直接责任人员依照前款规定予以罚款、拘留;构成犯罪的,依法追究刑事责任。

罚款、拘留须经人民法院院长批准。当事人不服的,可以向上一级人民法院申请复议一次。复议期间不停止执行。

第 60 条　人民法院审理行政案件，不适用调解。但是，行政赔偿、补偿以及行政机关行使法律、法规规定的自由裁量权的案件可以调解。

调解应当遵循自愿、合法原则，不得损害国家利益、社会公共利益和他人合法权益。

第 61 条　在涉及行政许可、登记、征收、征用和行政机关对民事争议所作的裁决的行政诉讼中，当事人申请一并解决相关民事争议的，人民法院可以一并审理。

在行政诉讼中，人民法院认为行政案件的审理需以民事诉讼的裁判为依据的，可以裁定中止行政诉讼。

第 62 条　人民法院对行政案件宣告判决或者裁定前，原告申请撤诉的，或者被告改变其所作的行政行为，原告同意并申请撤诉的，是否准许，由人民法院裁定。

第 63 条　人民法院审理行政案件，以法律和行政法规、地方性法规为依据。地方性法规适用于本行政区域内发生的行政案件。

人民法院审理民族自治地方的行政案件，并以该民族自治地方的自治条例和单行条例为依据。

人民法院审理行政案件，参照规章。

第 64 条　人民法院在审理行政案件中，经审查认为本法第 53 条规定的规范性文件不合法的，不作为认定行政行为合法的依据，并向制定机关提出处理建议。

第 65 条　人民法院应当公开发生法律效力的判决书、裁定书,供公众查阅,但涉及国家秘密、商业秘密和个人隐私的内容除外。

第 66 条 人民法院在审理行政案件中,认为行政机关的主管人员、直接责任人员违法违纪的,应当将有关材料移送监察机关、该行政机关或者其上一级行政机关;认为有犯罪行为的,应当将有关材料移送公安、检察机关。

人民法院对被告经传票传唤无正当理由拒不到庭,或者未经法庭许可中途退庭的,可以将被告拒不到庭或者中途退庭的情况予以公告,并可以向监察机关或者被告的上一级行政机关提出依法给予其主要负责人或者直接责任人员处分的司法建议。

第二节 第一审普通程序

第 67 条 人民法院应当在立案之日起 5 日内,将起诉状副本发送被告。被告应当在收到起诉状副本之日起 15 日内向人民法院提交作出行政行为的证据和所依据的规范性文件,并提出答辩状。人民法院应当在收到答辩状之日起 5 日内,将答辩状副本发送原告。

被告不提出答辩状的,不影响人民法院审理。

第 68 条 人民法院审理行政案件,由审判员组成合议庭,或者由审判员、陪审员组成合议庭。合议庭的成员,应当是 3 人以上的单数。

第 69 条 行政行为证据确凿,适用法律、法规正确,符合法定程序的,或者原告申请被告履行法定职责或者给付义务理由不成立的,人民法院判决驳回原告的诉讼请求。

第 70 条 行政行为有下列情形之一的,人民法院判决撤销或者部分撤销,并可以判决被告重新作出行政行为:

(一)主要证据不足的;

(二)适用法律、法规错误的;

(三)违反法定程序的;

(四)超越职权的;

(五)滥用职权的;

(六)明显不当的。

第 71 条 人民法院判决被告重新作出行政行为的,被告不得以同一的事实和理由作出与原行政行为基本相同的行政行为。

第 72 条 人民法院经过审理,查明被告不履行法定职责的,判决被告在一定期限内履行。

第 73 条 人民法院经过审理,查明被告依法负有给付义务的,判决被告履行给付义务。

第 74 条 行政行为有下列情形之一的,人民法院判决确认违法,但不撤销行政行为:

(一)行政行为依法应当撤销,但撤销会给国家利益、社会公共利益造成重大损害的;

(二)行政行为程序轻微违法,但对原告权利不产生实际影响的。

行政行为有下列情形之一,不需要撤销或者判决履行的,人民法院判决确认违法:

(一)行政行为违法,但不具有可撤销内容的;

(二)被告改变原违法行政行为,原告仍要求确认原行政行为违法的；

（三）被告不履行或者拖延履行法定职责，判决履行没有意义的。

第 75 条　行政行为有实施主体不具有行政主体资格或者没有依据等重大且明显违法情形，原告申请确认行政行为无效的，人民法院判决确认无效。

第 76 条　人民法院判决确认违法或者无效的，可以同时判决责令被告采取补救措施；给原告造成损失的，依法判决被告承担赔偿责任。

第 77 条　行政处罚明显不当，或者其他行政行为涉及对款额的确定、认定确有错误的，人民法院可以判决变更。

人民法院判决变更，不得加重原告的义务或者减损原告的权益。但利害关系人同为原告，且诉讼请求相反的除外。

第 78 条　被告不依法履行、未按照约定履行或者违法变更、解除本法第 12 条第 1 款第 11 项规定的协议的，人民法院判决被告承担继续履行、采取补救措施或者赔偿损失等责任。

被告变更、解除本法第 12 条第 1 款第 11 项规定的协议合法，但未依法给予补偿的，人民法院判决给予补偿。

第 79 条　复议机关与作出原行政行为的行政机关为共同被告的案件，人民法院应当对复议决定和原行政行为一并作出裁判。

第 80 条　人民法院对公开审理和不公开审理的案件，一律公开宣告判决。

当庭宣判的，应当在 10 日内发送判决书；定期宣判的，宣判后立即发给判决书。

宣告判决时,必须告知当事人上诉权利、上诉期限和上诉的人民法院。

第 81 条 人民法院应当在立案之日起 6 个月内作出第一审判决。有特殊情况需要延长的,由高级人民法院批准,高级人民法院审理第一审案件需要延长的,由最高人民法院批准。

第三节 简易程序

第 82 条 人民法院审理下列第一审行政案件,认为事实清楚、权利义务关系明确、争议不大的,可以适用简易程序:

(一)被诉行政行为是依法当场作出的;

(二)案件涉及款额 2000 元以下的;

(三)属于政府信息公开案件的。

除前款规定以外的第一审行政案件,当事人各方同意适用简易程序的,可以适用简易程序。

发回重审、按照审判监督程序再审的案件不适用简易程序。

第 83 条 适用简易程序审理的行政案件,由审判员一人独任审理,并应当在立案之日起 45 日内审结。

第 84 条 人民法院在审理过程中,发现案件不宜适用简易程序的,裁定转为普通程序。

第四节 第二审程序

第 85 条 当事人不服人民法院第一审判决的,有权在判决书送达之日起 15 日内向上一级人民法院提起上诉。当事人不服人民法院第一审裁定的,有权在裁定书送达之日起 10 日内向上一级人民法院提起上诉。逾期不提起上诉的,人民法院的第一审判决或者裁定发生法律效力。

第86条 人民法院对上诉案件,应当组成合议庭,开庭审理。经过阅卷、调查和询问当事人,对没有提出新的事实、证据或者理由,合议庭认为不需要开庭审理的,也可以不开庭审理。

第87条 人民法院审理上诉案件,应当对原审人民法院的判决、裁定和被诉行政行为进行全面审查。

第88条 人民法院审理上诉案件,应当在收到上诉状之日起3个月内作出终审判决。有特殊情况需要延长的,由高级人民法院批准,高级人民法院审理上诉案件需要延长的,由最高人民法院批准。

第89条 人民法院审理上诉案件,按照下列情形,分别处理:

(一)原判决、裁定认定事实清楚,适用法律、法规正确的,判决或者裁定驳回上诉,维持原判决、裁定;

(二)原判决、裁定认定事实错误或者适用法律、法规错误的,依法改判、撤销或者变更;

(三)原判决认定基本事实不清、证据不足的,发回原审人民法院重审,或者查清事实后改判;

(四)原判决遗漏当事人或者违法缺席判决等严重违反法定程序的,裁定撤销原判决,发回原审人民法院重审。

原审人民法院对发回重审的案件作出判决后,当事人提起上诉的,第二审人民法院不得再次发回重审。

人民法院审理上诉案件,需要改变原审判决的,应当同时对被诉行政行为作出判决。

第五节　审判监督程序

第 90 条　当事人对已经发生法律效力的判决、裁定，认为确有错误的，可以向上一级人民法院申请再审，但判决、裁定不停止执行。

第 91 条　当事人的申请符合下列情形之一的，人民法院应当再审：

（一）不予立案或者驳回起诉确有错误的；

（二）有新的证据，足以推翻原判决、裁定的；

（三）原判决、裁定认定事实的主要证据不足、未经质证或者系伪造的；

（四）原判决、裁定适用法律、法规确有错误的；

（五）违反法律规定的诉讼程序，可能影响公正审判的；

（六）原判决、裁定遗漏诉讼请求的；

（七）据以作出原判决、裁定的法律文书被撤销或者变更的；

（八）审判人员在审理该案件时有贪污受贿、徇私舞弊、枉法裁判行为的。

第 92 条　各级人民法院院长对本院已经发生法律效力的判决、裁定，发现有本法第 91 条规定情形之一，或者发现调解违反自愿原则或者调解书内容违法，认为需要再审的，应当提交审判委员会讨论决定。

最高人民法院对地方各级人民法院已经发生法律效力的判决、裁定，上级人民法院对下级人民法院已经发生法律效力的判决、裁定，发现有本法第 91 条规定情形之一，或者发现调解违反自愿原则或者调解书内容违法的,有权提审或者指令下级人民法院再审。

第93条 最高人民检察院对各级人民法院已经发生法律效力的判决、裁定,上级人民检察院对下级人民法院已经发生法律效力的判决、裁定,发现有本法第91条规定情形之一,或者发现调解书损害国家利益、社会公共利益的,应当提出抗诉。

地方各级人民检察院对同级人民法院已经发生法律效力的判决、裁定,发现有本法第91条规定情形之一,或者发现调解书损害国家利益、社会公共利益的,可以向同级人民法院提出检察建议,并报上级人民检察院备案;也可以提请上级人民检察院向同级人民法院提出抗诉。

各级人民检察院对审判监督程序以外的其他审判程序中审判人员的违法行为,有权向同级人民法院提出检察建议。

第八章 执 行

第94条 当事人必须履行人民法院发生法律效力的判决、裁定、调解书。

第95条 公民、法人或者其他组织拒绝履行判决、裁定、调解书的,行政机关或者第三人可以向第一审人民法院申请强制执行,或者由行政机关依法强制执行。

第96条 行政机关拒绝履行判决、裁定、调解书的,第一审人民法院可以采取下列措施:

(一)对应当归还的罚款或者应当给付的款额,通知银行从该行政机关的账户内划拨；

（二）在规定期限内不履行的，从期满之日起，对该行政机关负责人按日处50元至100元的罚款；

（三）将行政机关拒绝履行的情况予以公告；

（四）向监察机关或者该行政机关的上一级行政机关提出司法建议。接受司法建议的机关，根据有关规定进行处理，并将处理情况告知人民法院；

（五）拒不履行判决、裁定、调解书，社会影响恶劣的，可以对该行政机关直接负责的主管人员和其他直接责任人员予以拘留；情节严重，构成犯罪的，依法追究刑事责任。

第97条 公民、法人或者其他组织对行政行为在法定期限内不提起诉讼又不履行的，行政机关可以申请人民法院强制执行，或者依法强制执行。

第九章　涉外行政诉讼

第98条 外国人、无国籍人、外国组织在中华人民共和国进行行政诉讼，适用本法。法律另有规定的除外。

第99条 外国人、无国籍人、外国组织在中华人民共和国进行行政诉讼，同中华人民共和国公民、组织有同等的诉讼权利和义务。

外国法院对中华人民共和国公民、组织的行政诉讼权利加以限制的，人民法院对该国公民、组织的行政诉讼权利，实行对等原则。

第 100 条 外国人、无国籍人、外国组织在中华人民共和国进行行政诉讼,委托律师代理诉讼的,应当委托中华人民共和国律师机构的律师。

第十章 附则

第 101 条 人民法院审理行政案件,关于期间、送达、财产保全、开庭审理、调解、中止诉讼、终结诉讼、简易程序、执行等,以及人民检察院对行政案件受理、审理、裁判、执行的监督,本法没有规定的,适用《中华人民共和国民事诉讼法》的相关规定。

第 102 条 人民法院审理行政案件,应当收取诉讼费用。诉讼费用由败诉方承担,双方都有责任的由双方分担。收取诉讼费用的具体办法另行规定。

第 103 条 本法自 1990 年 10 月 1 日起施行。

附录一:《中华人民共和国行政诉讼法》修改前后对照表

修改前	修改后
第一章 总则	第一章 总则
第1条 为保证人民法院正确、及时审理行政案件,保护公民、法人和其他组织的合法权益,维护和监督行政机关依法行使行政职权,根据宪法制定本法。	第1条 为保证人民法院公正、及时审理行政案件,解决行政争议,保护公民、法人和其他组织的合法权益,监督行政机关依法行使职权,根据宪法,制定本法。
第2条 公民、法人或者其他组织认为行政机关和行政机关工作人员的具体行政行为侵犯其合法权益,有权依照本法向人民法院提起诉讼。	第2条 公民、法人或者其他组织认为行政机关和行政机关工作人员的行政行为侵犯其合法权益,有权依照本法向人民法院提起诉讼。 前款所称行政行为,包括法律、法规、规章授权的组织作出的行政行为。
	第3条 人民法院应当保障公民、法人和其他组织的起诉权利,对应当受理的行政案件依法受理。 行政机关及其工作人员不得干预、阻碍人民法院受理行政案件。 被诉行政机关负责人应当出庭应诉。不能出庭的,应当委托行政机关相应的工作人员出庭。

续表

修改前	修改后
第3条 人民法院依法对行政案件独立行使审判权,不受行政机关、社会团体和个人的干涉。 人民法院设行政审判庭,审理行政案件。	第4条 人民法院依法对行政案件独立行使审判权,不受行政机关、社会团体和个人的干涉。 人民法院设行政审判庭,审理行政案件。
第4条 人民法院审理行政案件,以事实为根据,以法律为准绳。	第5条 人民法院审理行政案件,以事实为根据,以法律为准绳。
第5条 人民法院审理行政案件,对具体行政行为是否合法进行审查。	第6条 人民法院审理行政案件,对行政行为是否合法进行审查。
第6条 人民法院审理行政案件,依法实行合议、回避、公开审判和两审终审制度。	第7条 人民法院审理行政案件,依法实行合议、回避、公开审判和两审终审制度。
第7条 当事人在行政诉讼中的法律地位平等。	第8条 当事人在行政诉讼中的法律地位平等。
第8条 各民族公民都有用本民族语言、文字进行行政诉讼的权利。 在少数民族聚居或者多民族共同居住的地区,人民法院应当用当地民族通用的语言、文字进行审理和发布法律文书。 人民法院应当对不通晓当地民族通用的语言、文字的诉讼参与人提供翻译。	第9条 各民族公民都有用本民族语言、文字进行行政诉讼的权利。 在少数民族聚居或者多民族共同居住的地区,人民法院应当用当地民族通用的语言、文字进行审理和发布法律文书。 人民法院应当对不通晓当地民族通用的语言、文字的诉讼参与人提供翻译。
第9条 当事人在行政诉讼中有权进行辩论。	第10条 当事人在行政诉讼中有权进行辩论。
第10条 人民检察院有权对行政诉讼实行法律监督。	第11条 人民检察院有权对行政诉讼实行法律监督。

续表

修改前	修改后
第二章 受案范围	第二章 受案范围
第 11 条 人民法院受理公民、法人和其他组织对下列具体行政行为不服提起的诉讼： （一）对拘留、罚款、吊销许可证和执照、责令停产停业、没收财物等行政处罚不服的； （二）对限制人身自由或者对财产的查封、扣押、冻结等行政强制措施不服的； （三）认为行政机关侵犯法律规定的经营自主权的； （四）认为符合法定条件申请行政机关颁发许可证和执照，行政机关拒绝颁发或者不予答复的； （五）申请行政机关履行保护人身权、财产权的法定职责，行政机关拒绝履行或者不予答复的； （六）认为行政机关没有依法发给抚恤金的； （七）认为行政机关违法要求履行义务的； （八）认为行政机关侵犯其他人身权、财产权的。 除前款规定外，人民法院受理法律、法规规定可以提起诉讼的其他行政案件。	第 12 条 人民法院受理公民、法人或者其他组织提起的下列诉讼： （一）对行政拘留、暂扣或者吊销许可证和执照、责令停产停业、没收违法所得、没收非法财物、罚款、警告等行政处罚不服的； （二）对限制人身自由或者对财产的查封、扣押、冻结等行政强制措施和行政强制执行不服的； （三）申请行政许可，行政机关拒绝或者在法定期限内不予答复，或者对行政机关作出的有关行政许可的其他决定不服的； （四）对行政机关作出的关于确认土地、矿藏、水流、森林、山岭、草原、荒地、滩涂、海域等自然资源的所有权或者使用权的决定不服的； （五）对征收、征用决定及其补偿决定不服的； （六）申请行政机关履行保护人身权、财产权等合法权益的法定职责，行政机关拒绝履行或者不予答复的； （七）认为行政机关侵犯其经营自主权或者农村土地承包经营权、农村土地经营权的； （八）认为行政机关滥用行政权力排除或者限制竞争的； （九）认为行政机关违法集资、摊派费用或者违法要求履行其他义务的；

续表

修改前	修改后
	（十）认为行政机关没有依法支付抚恤金、最低生活保障待遇或者社会保险待遇的； （十一）认为行政机关不依法履行、未按照约定履行或者违法变更、解除政府特许经营协议、土地房屋征收补偿协议等协议的； （十二）认为行政机关侵犯其他人身权、财产权等合法权益的。 　　除前款规定外，人民法院受理法律、法规规定可以提起诉讼的其他行政案件。
第 12 条　人民法院不受理公民、法人或者其他组织对下列事项提起的诉讼： （一）国防、外交等国家行为； （二）行政法规、规章或者行政机关制定、发布的具有普遍约束力的决定、命令； （三）行政机关对行政机关工作人员的奖惩、任免等决定； （四）法律规定由行政机关最终裁决的具体行政行为。	**第 13 条**　人民法院不受理公民、法人或者其他组织对下列事项提起的诉讼： （一）国防、外交等国家行为； （二）行政法规、规章或者行政机关制定、发布的具有普遍约束力的决定、命令； （三）行政机关对行政机关工作人员的奖惩、任免等决定； （四）法律规定由行政机关最终裁决的行政行为。
第三章　管辖	第三章　管辖
第 13 条　基层人民法院管辖第一审行政案件。	**第 14 条**　基层人民法院管辖第一审行政案件。

续表

修改前	修改后
第14条 中级人民法院管辖下列第一审行政案件： （一）确认发明专利权的案件、海关处理的案件； （二）对国务院各部门或者省、自治区、直辖市人民政府所作的具体行政行为提起诉讼的案件； （三）本辖区内重大、复杂的案件。	**第15条** 中级人民法院管辖下列第一审行政案件： （一）对国务院部门或者县级以上地方人民政府所作的行政行为提起诉讼的案件； （二）海关处理的案件； （三）本辖区内重大、复杂的案件； （四）其他法律规定由中级人民法院管辖的案件。
第15条 高级人民法院管辖本辖区内重大、复杂的第一审行政案件。	**第16条** 高级人民法院管辖本辖区内重大、复杂的第一审行政案件。
第16条 最高人民法院管辖全国范围内重大、复杂的第一审行政案件。	**第17条** 最高人民法院管辖全国范围内重大、复杂的第一审行政案件。
第17条 行政案件由最初作出具体行政行为的行政机关所在地人民法院管辖。经复议的案件，复议机关改变原具体行政行为的，也可以由复议机关所在地人民法院管辖。	**第18条** 行政案件由最初作出行政行为的行政机关所在地人民法院管辖。经复议的案件，也可以由复议机关所在地人民法院管辖。 经最高人民法院批准，高级人民法院可以根据审判工作的实际情况，确定若干人民法院跨行政区域管辖行政案件。
第18条 对限制人身自由的行政强制措施不服提起的诉讼，由被告所在地或者原告所在地人民法院管辖。	**第19条** 对限制人身自由的行政强制措施不服提起的诉讼，由被告所在地或者原告所在地人民法院管辖。

续表

修改前	修改后
第19条 因不动产提起的行政诉讼,由不动产所在地人民法院管辖。	**第20条** 因不动产提起的行政诉讼,由不动产所在地人民法院管辖。
第20条 两个以上人民法院都有管辖权的案件,原告可以选择其中一个人民法院提起诉讼。原告向两个以上有管辖权的人民法院提起诉讼的,由最先收到起诉状的人民法院管辖。	**第21条** 两个以上人民法院都有管辖权的案件,原告可以选择其中一个人民法院提起诉讼。原告向两个以上有管辖权的人民法院提起诉讼的,由最先立案的人民法院管辖。
第21条 人民法院发现受理的案件不属于自己管辖时,应当移送有管辖权的人民法院。受移送的人民法院不得自行移送。	**第22条** 人民法院发现受理的案件不属于本院管辖的,应当移送有管辖权的人民法院,受移送的人民法院应当受理。受移送的人民法院认为受移送的案件按照规定不属于本院管辖的,应当报请上级人民法院指定管辖,不得再自行移送。
第22条 有管辖权的人民法院由于特殊原因不能行使管辖权的,由上级人民法院指定管辖。 人民法院对管辖权发生争议,由争议双方协商解决。协商不成的,报它们的共同上级人民法院指定管辖。	**第23条** 有管辖权的人民法院由于特殊原因不能行使管辖权的,由上级人民法院指定管辖。 人民法院对管辖权发生争议,由争议双方协商解决。协商不成的,报它们的共同上级人民法院指定管辖。
第23条 上级人民法院有权审判下级人民法院管辖的第一审行政案件,也可以把自己管辖的第一审行政案件移交下级人民法院审判。 下级人民法院对其管辖的第一审行政案件,认为需要由上级人民法院审判的,可以报请上级人民法院决定。	**第24条** 上级人民法院有权审理下级人民法院管辖的第一审行政案件。 下级人民法院对其管辖的第一审行政案件,认为需要由上级人民法院审理或者指定管辖的,可以报请上级人民法院决定。

续表

修改前	修改后
第四章　诉讼参加人	**第四章　诉讼参加人**
第 24 条　依照本法提起诉讼的公民、法人或者其他组织是原告。 　　有权提起诉讼的公民死亡,其近亲属可以提起诉讼。 　　有权提起诉讼的法人或者其他组织终止,承受其权利的法人或者其他组织可以提起诉讼。	**第 25 条**　行政行为的相对人以及其他与行政行为有利害关系的公民、法人或者其他组织,有权提起诉讼。 　　有权提起诉讼的公民死亡,其近亲属可以提起诉讼。 　　有权提起诉讼的法人或者其他组织终止,承受其权利的法人或者其他组织可以提起诉讼。 　　人民检察院在履行职责中发现生态环境和资源保护、食品药品安全、国有财产保护、国有土地使用权出让等领域负有监督管理职责的行政机关违法行使职权或者不作为,致使国家利益或者社会公共利益受到侵害的,应当向行政机关提出检察建议,督促其依法履行职责。行政机关不依法履行职责的,人民检察院依法向人民法院提起诉讼。
第 25 条　公民、法人或者其他组织直接向人民法院提起诉讼的,作出具体行政行为的行政机关是被告。 　　经复议的案件,复议机关决定维持具体行政行为的,作出原具体行政行为的行政机关是被告;复议机关改变原具体行政行为的,复议机关是被告。 　　两个以上行政机关作出同一具体行政行为的,共同作出具体行政行为的行政机关是共同被告。 　　由法律、法规授权的组织所作的具体行政行为,该组织是被告。由行政机关委托的组织所作的具体行政行为,委托的行政机关是被告。 　　行政机关被撤销的,继续行使其职权的行政机关是被告。	**第 26 条**　公民、法人或者其他组织直接向人民法院提起诉讼的,作出行政行为的行政机关是被告。 　　经复议的案件,复议机关决定维持原行政行为的,作出原行政行为的行政机关和复议机关是共同被告;复议机关改变原行政行为的,复议机关是被告。 　　复议机关在法定期限内未作出复议决定,公民、法人或者其他组织起诉原行政行为的,作出原行政行为的行政机关是被告;起诉复议机关不作为的,复议机关是被告。 　　两个以上行政机关作出同一行政行为的,共同作出行政行为的行政机关是共同被告。 　　行政机关委托的组织所作的行政行为,委托的行政机关是被告。 　　行政机关被撤销或者职权变更的,继续行使其职权的行政机关是被告。

续表

修改前	修改后
第 26 条 当事人一方或者双方为 2 人以上,因同一具体行政行为发生的行政案件,或者因同样的具体行政行为发生的行政案件、人民法院认为可以合并审理的,为共同诉讼。	**第 27 条** 当事人一方或者双方为 2 人以上,因同一行政行为发生的行政案件,或者因同类行政行为发生的行政案件、人民法院认为可以合并审理并经当事人同意的,为共同诉讼。
	第 28 条 当事人一方人数众多的共同诉讼,可以由当事人推选代表人进行诉讼。代表人的诉讼行为对其所代表的当事人发生效力,但代表人变更、放弃诉讼请求或者承认对方当事人的诉讼请求,应当经被代表的当事人同意。
第 27 条 同提起诉讼的具体行政行为有利害关系的其他公民、法人或者其他组织,可以作为第三人申请参加诉讼,或者由人民法院通知参加诉讼。	**第 29 条** 公民、法人或者其他组织同被诉行政行为有利害关系但没有提起诉讼,或者同案件处理结果有利害关系的,可以作为第三人申请参加诉讼,或者由人民法院通知参加诉讼。 人民法院判决第三人承担义务或者减损第三人权益的,第三人有权依法提起上诉。
第 28 条 没有诉讼行为能力的公民,由其法定代理人代为诉讼。法定代理人互相推诿代理责任的,由人民法院指定其中一人代为诉讼。	**第 30 条** 没有诉讼行为能力的公民,由其法定代理人代为诉讼。法定代理人互相推诿代理责任的,由人民法院指定其中一人代为诉讼。

续表

修改前	修改后
第29条 当事人、法定代理人,可以委托1至2人代为诉讼。 律师、社会团体、提起诉讼的公民的近亲属或者所在单位推荐的人,以及经人民法院许可的其他公民,可以受委托为诉讼代理人。	第31条 当事人、法定代理人,可以委托1至2人作为诉讼代理人。 下列人员可以被委托为诉讼代理人: (一)律师、基层法律服务工作者; (二)当事人的近亲属或者工作人员; (三)当事人所在社区、单位以及有关社会团体推荐的公民。
第30条 代理诉讼的律师,可以依照规定查阅本案有关材料,可以向有关组织和公民调查,收集证据。对涉及国家秘密和个人隐私的材料,应当依照法律规定保密。 经人民法院许可,当事人和其他诉讼代理人可以查阅本案庭审材料,但涉及国家秘密和个人隐私的除外。	第32条 代理诉讼的律师,有权按照规定查阅、复制本案有关材料,有权向有关组织和公民调查,收集与本案有关的证据。对涉及国家秘密、商业秘密和个人隐私的材料,应当依照法律规定保密。 当事人和其他诉讼代理人有权按照规定查阅、复制本案庭审材料,但涉及国家秘密、商业秘密和个人隐私的内容除外。
第五章 证据	第五章 证据
第31条 证据有以下几种: (一)书证; (二)物证; (三)视听资料; (四)证人证言; (五)当事人的陈述; (六)鉴定结论; (七)勘验笔录、现场笔录。 以上证据经法庭审查属实,才能作为定案的根据。	第33条 证据包括: (一)书证; (二)物证; (三)视听资料; (四)电子数据; (五)证人证言; (六)当事人的陈述; (七)鉴定意见; (八)勘验笔录、现场笔录。 以上证据经法庭审查属实,才能作为认定案件事实的根据。

续表

修改前	修改后
第 32 条 被告对作出的具体行政行为负有举证责任,应当提供作出该具体行政行为的证据和所依据的规范性文件。	**第 34 条** 被告对作出的行政行为负有举证责任,应当提供作出该行政行为的证据和所依据的规范性文件。 被告不提供或者无正当理由逾期提供证据,视为没有相应证据。但是,被诉行政行为涉及第三人合法权益,第三人提供证据的除外。
第 33 条 在诉讼过程中,被告不得自行向原告和证人收集证据。	**第 35 条** 在诉讼过程中,被告及其诉讼代理人不得自行向原告、第三人和证人收集证据。
	第 36 条 被告在作出行政行为时已经收集了证据,但因不可抗力等正当事由不能提供的,经人民法院准许,可以延期提供。 原告或者第三人提出了其在行政处理程序中没有提出的理由或者证据的,经人民法院准许,被告可以补充证据。
	第 37 条 原告可以提供证明行政行为违法的证据。原告提供的证据不成立的,不免除被告的举证责任。
	第 38 条 在起诉被告不履行法定职责的案件中,原告应当提供其向被告提出申请的证据。但有下列情形之一的除外: (一)被告应当依职权主动履行法定职责的; (二)原告因正当理由不能提供证据的。 在行政赔偿、补偿的案件中,原告应当对行政行为造成的损害提供证据。因被告的原因导致原告无法举证的,由被告承担举证责任。

续表

修改前	修改后
第 34 条 人民法院有权要求当事人提供或者补充证据。 　　人民法院有权向有关行政机关以及其他组织、公民调取证据。	**第 39 条** 人民法院有权要求当事人提供或者补充证据。 　　**第 40 条** 人民法院有权向有关行政机关以及其他组织、公民调取证据。但是，不得为证明行政行为的合法性调取被告作出行政行为时未收集的证据。
	第 41 条 与本案有关的下列证据，原告或者第三人不能自行收集的，可以申请人民法院调取： 　　（一）由国家机关保存而须由人民法院调取的证据； 　　（二）涉及国家秘密、商业秘密和个人隐私的证据； 　　（三）确因客观原因不能自行收集的其他证据。
第 35 条 在诉讼过程中，人民法院认为对专门性问题需要鉴定的，应当交由法定鉴定部门鉴定；没有法定鉴定部门的，由人民法院指定的鉴定部门鉴定。	
第 36 条 在证据可能灭失或者以后难以取得的情况下，诉讼参加人可以向人民法院申请保全证据，人民法院也可以主动采取保全措施。	**第 42 条** 在证据可能灭失或者以后难以取得的情况下，诉讼参加人可以向人民法院申请保全证据，人民法院也可以主动采取保全措施。

续表

修改前	修改后
	第 43 条 证据应当在法庭上出示,并由当事人互相质证。对涉及国家秘密、商业秘密和个人隐私的证据,不得在公开开庭时出示。 人民法院应当按照法定程序,全面、客观地审查核实证据。对未采纳的证据应当在裁判文书中说明理由。 以非法手段取得的证据,不得作为认定案件事实的根据。
第六章 起诉和受理	**第六章 起诉和受理**
第 37 条 对属于人民法院受案范围的行政案件,公民、法人或者其他组织可以先向上一级行政机关或者法律、法规规定的行政机关申请复议,对复议不服的,再向人民法院提起诉讼;也可以直接向人民法院提起诉讼。 法律、法规规定应当先向行政机关申请复议,对复议不服再向人民法院提起诉讼的,依照法律、法规的规定。	**第 44 条** 对属于人民法院受案范围的行政案件,公民、法人或者其他组织可以先向行政机关申请复议,对复议决定不服的,再向人民法院提起诉讼;也可以直接向人民法院提起诉讼。 法律、法规规定应当先向行政机关申请复议,对复议决定不服再向人民法院提起诉讼的,依照法律、法规的规定。
第 38 条 公民、法人或者其他组织向行政机关申请复议的,复议机关应当在收到申请书之日起 2 个月内作出决定。法律、法规另有规定的除外。 申请人不服复议决定的,可以在收到复议决定书之日起 15 日内向人民法院提起诉讼。复议机关逾期不作决定的,申请人可以在复议期满之日起 15 日内向人民法院提起诉讼。法律另有规定的除外。	**第 45 条** 公民、法人或者其他组织不服复议决定的,可以在收到复议决定书之日起 15 日内向人民法院提起诉讼。复议机关逾期不作决定的,申请人可以在复议期满之日起 15 日内向人民法院提起诉讼。法律另有规定的除外。

续表

修改前	修改后
第 39 条　公民、法人或者其他组织直接向人民法院提起诉讼的,应当在知道作出具体行政行为之日起 3 个月内提出。法律另有规定的除外。	第 46 条　公民、法人或者其他组织直接向人民法院提起诉讼的,应当自知道或者应当知道作出行政行为之日起 6 个月内提出。法律另有规定的除外。 因不动产提起诉讼的案件自行政行为作出之日起超过 20 年,其他案件自行政行为作出之日起超过 5 年提起诉讼的,人民法院不予受理。
	第 47 条　公民、法人或者其他组织申请行政机关履行保护其人身权、财产权等合法权益的法定职责,行政机关在接到申请之日起 2 个月内不履行的,公民、法人或者其他组织可以向人民法院提起诉讼。法律、法规对行政机关履行职责的期限另有规定的,从其规定。 公民、法人或者其他组织在紧急情况下请求行政机关履行保护其人身权、财产权等合法权益的法定职责,行政机关不履行的,提起诉讼不受前款规定期限的限制。
第 40 条　公民、法人或者其他组织因不可抗力或者其他特殊情况耽误法定期限的,在障碍消除后的 10 日内,可以申请延长期限,由人民法院决定。	第 48 条　公民、法人或者其他组织因不可抗力或者其他不属于其自身的原因耽误起诉期限的,被耽误的时间不计算在起诉期限内。 公民、法人或者其他组织因前款规定以外的其他特殊情况耽误起诉期限的,在障碍消除后 10 日内,可以申请延长期限,是否准许由人民法院决定。

续表

修改前	修改后
第41条 提起诉讼应当符合下列条件： （一）原告是认为具体行政行为侵犯其合法权益的公民、法人或者其他组织； （二）有明确的被告； （三）有具体的诉讼请求和事实根据； （四）属于人民法院受案范围和受诉人民法院管辖。	第49条 提起诉讼应当符合下列条件： （一）原告是符合本法第25条规定的公民、法人或者其他组织； （二）有明确的被告； （三）有具体的诉讼请求和事实根据； （四）属于人民法院受案范围和受诉人民法院管辖。
	第50条 起诉应当向人民法院递交起诉状，并按照被告人数提出副本。 书写起诉状确有困难的，可以口头起诉，由人民法院记入笔录，出具注明日期的书面凭证，并告知对方当事人。
第42条 人民法院接到起诉状，经审查，应当在7日内立案或者作出裁定不予受理。原告对裁定不服的，可以提起上诉。	第51条 人民法院在接到起诉状时对符合本法规定的起诉条件的，应当登记立案。 对当场不能判定是否符合本法规定的起诉条件的，应当接收起诉状，出具注明收到日期的书面凭证，并在7日内决定是否立案。不符合起诉条件的，作出不予立案的裁定。裁定书应当载明不予立案的理由。原告对裁定不服的，可以提起上诉。 起诉状内容欠缺或者有其他错误的，应当给予指导和释明，并一次性告知当事人需要补正的内容。不得未经指导和释明即以起诉不符合条件为由不接收起诉状。

续表

修改前	修改后
	对于不接收起诉状、接收起诉状后不出具书面凭证,以及不一次性告知当事人需要补正的起诉状内容的,当事人可以向上级人民法院投诉,上级人民法院应当责令改正,并对直接负责的主管人员和其他直接责任人员依法给予处分。
	第 52 条 人民法院既不立案,又不作出不予立案裁定的,当事人可以向上一级人民法院起诉。上一级人民法院认为符合起诉条件的,应当立案、审理,也可以指定其他下级人民法院立案、审理。
	第 53 条 公民、法人或者其他组织认为行政行为所依据的国务院部门和地方人民政府及其部门制定的规范性文件不合法,在对行政行为提起诉讼时,可以一并请求对该规范性文件进行审查。 前款规定的规范性文件不含规章。
第七章 审理和判决	第七章 审理和判决
	第一节 一般规定
第 45 条 人民法院公开审理行政案件,但涉及国家秘密、个人隐私和法律另有规定的除外。	第 54 条 人民法院公开审理行政案件,但涉及国家秘密、个人隐私和法律另有规定的除外。 涉及商业秘密的案件,当事人申请不公开审理的,可以不公开审理。

附录一:《中华人民共和国行政诉讼法》修改前后对照表

续表

修改前	修改后
第47条 当事人认为审判人员与本案有利害关系或者有其他关系可能影响公正审判,有权申请审判人员回避。 审判人员认为自己与本案有利害关系或者有其他关系,应当申请回避。 前两款规定,适用于书记员、翻译人员、鉴定人、勘验人。 院长担任审判长时的回避,由审判委员会决定;审判人员的回避,由院长决定;其他人员的回避,由审判长决定。当事人对决定不服的,可以申请复议。	**第55条** 当事人认为审判人员与本案有利害关系或者有其他关系可能影响公正审判,有权申请审判人员回避。 审判人员认为自己与本案有利害关系或者有其他关系,应当申请回避。 前两款规定,适用于书记员、翻译人员、鉴定人、勘验人。 院长担任审判长时的回避,由审判委员会决定;审判人员的回避,由院长决定;其他人员的回避,由审判长决定。当事人对决定不服的,可以申请复议一次。
第44条 诉讼期间,不停止具体行政行为的执行。但有下列情形之一的,停止具体行政行为的执行: (一)被告认为需要停止执行的; (二)原告申请停止执行,人民法院认为该具体行政行为的执行会造成难以弥补的损失,并且停止执行不损害社会公共利益,裁定停止执行的; (三)法律、法规规定停止执行的。	**第56条** 诉讼期间,不停止行政行为的执行。但有下列情形之一的,裁定停止执行: (一)被告认为需要停止执行的; (二)原告或者利害关系人申请停止执行,人民法院认为该行政行为的执行会造成难以弥补的损失,并且停止执行不损害国家利益、社会公共利益的; (三)人民法院认为该行政行为的执行会给国家利益、社会公共利益造成重大损害的; (四)法律、法规规定停止执行的。 当事人对停止执行或者不停止执行的裁定不服的,可以申请复议一次。

续表

修改前	修改后
	第57条　人民法院对起诉行政机关没有依法支付抚恤金、最低生活保障金和工伤、医疗社会保险金的案件,权利义务关系明确、不先予执行将严重影响原告生活的,可以根据原告的申请,裁定先予执行。 　　当事人对先予执行裁定不服的,可以申请复议一次。复议期间不停止裁定的执行。
第48条　经人民法院两次合法传唤,原告无正当理由拒不到庭的,视为申请撤诉;被告无正当理由拒不到庭的,可以缺席判决。	第58条　经人民法院传票传唤,原告无正当理由拒不到庭,或者未经法庭许可中途退庭的,可以按照撤诉处理;被告无正当理由拒不到庭,或者未经法庭许可中途退庭的,可以缺席判决。
第49条　诉讼参与人或者其他人有下列行为之一的,人民法院可以根据情节轻重,予以训诫、责令具结悔过或者处1000元以下的罚款、15日以下的拘留;构成犯罪的,依法追究刑事责任: 　　(一)有义务协助执行的人,对人民法院的协助执行通知书,无故推拖、拒绝或者妨碍执行的; 　　(二)伪造、隐藏、毁灭证据的; 　　(三)指使、贿买、胁迫他人作伪证或者威胁、阻止证人作证的; 　　(四)隐藏、转移、变卖、毁损已被查封、扣押、冻结的财产的;	第59条　诉讼参与人或者其他人有下列行为之一的,人民法院可以根据情节轻重,予以训诫、责令具结悔过或者处1万元以下的罚款、15日以下的拘留;构成犯罪的,依法追究刑事责任: 　　(一)有义务协助调查、执行的人,对人民法院的协助调查决定、协助执行通知书,无故推拖、拒绝或者妨碍调查、执行的; 　　(二)伪造、隐藏、毁灭证据或者提供虚假证明材料,妨碍人民法院审理案件的; 　　(三)指使、贿买、胁迫他人作伪证或者威胁、阻止证人作证的;

续表

修改前	修改后
（五）以暴力、威胁或者其他方法阻碍人民法院工作人员执行职务或者扰乱人民法院工作秩序的； （六）对人民法院工作人员、诉讼参与人、协助执行人侮辱、诽谤、诬陷、殴打或者打击报复的。 罚款、拘留须经人民法院院长批准。当事人不服的，可以申请复议。	（四）隐藏、转移、变卖、毁损已被查封、扣押、冻结的财产的； （五）以欺骗、胁迫等非法手段使原告撤诉的； （六）以暴力、威胁或者其他方法阻碍人民法院工作人员执行职务，或者以哄闹、冲击法庭等方法扰乱人民法院工作秩序的； （七）对人民法院审判人员或者其他工作人员、诉讼参与人、协助调查和执行的人员恐吓、侮辱、诽谤、诬陷、殴打、围攻或者打击报复的。 人民法院对有前款规定的行为之一的单位，可以对其主要负责人或者直接责任人员依照前款规定予以罚款、拘留；构成犯罪的，依法追究刑事责任。 罚款、拘留须经人民法院院长批准。当事人不服的，可以向上一级人民法院申请复议一次。复议期间不停止执行。
第50条 人民法院审理行政案件，不适用调解。	**第60条** 人民法院审理行政案件，不适用调解。但是，行政赔偿、补偿以及行政机关行使法律、法规规定的自由裁量权的案件可以调解。 调解应当遵循自愿、合法原则，不得损害国家利益、社会公共利益和他人合法权益。

续表

修改前	修改后
	第61条　在涉及行政许可、登记、征收、征用和行政机关对民事争议所作的裁决的行政诉讼中,当事人申请一并解决相关民事争议的,人民法院可以一并审理。 在行政诉讼中,人民法院认为行政案件的审理需以民事诉讼的裁判为依据的,可以裁定中止行政诉讼。
第51条　人民法院对行政案件宣告判决或者裁定前,原告申请撤诉的,或者被告改变其所作的具体行政行为,原告同意并申请撤诉的,是否准许,由人民法院裁定。	第62条　人民法院对行政案件宣告判决或者裁定前,原告申请撤诉的,或者被告改变其所作的行政行为,原告同意并申请撤诉的,是否准许,由人民法院裁定。
第52条　人民法院审理行政案件,以法律和行政法规、地方性法规为依据。地方性法规适用于本行政区域内发生的行政案件。 人民法院审理民族自治地方的行政案件,并以该民族自治地方的自治条例和单行条例为依据。 第53条　人民法院审理行政案件,参照国务院部、委根据法律和国务院的行政法规、决定、命令制定、发布的规章以及省、自治区、直辖市和省、自治区的人民政府所在地的市和经国务院批准的较大的市的人民政府根据法律和国务院的行政法规制定、发布的规章。 人民法院认为地方人民政府制定、发布的规章与国务院部、委制定、发布的规章不一致的,以及国务院部、委制定、发布的规章之间不一致的,由最高人民法院送请国务院作出解释或者裁决。	第63条　人民法院审理行政案件,以法律和行政法规、地方性法规为依据。地方性法规适用于本行政区域内发生的行政案件。 人民法院审理民族自治地方的行政案件,并以该民族自治地方的自治条例和单行条例为依据。 人民法院审理行政案件,参照规章。

续表

修改前	修改后
	第64条 人民法院在审理行政案件中,经审查认为本法第53条规定的规范性文件不合法的,不作为认定行政行为合法的依据,并向制定机关提出处理建议。
	第65条 人民法院应当公开发生法律效力的判决书、裁定书,供公众查阅,但涉及国家秘密、商业秘密和个人隐私的内容除外。
第56条 人民法院在审理行政案件中,认为行政机关的主管人员、直接责任人员违反政纪的,应当将有关材料移送该行政机关或者其上一级行政机关或者监察、人事机关;认为有犯罪行为的,应当将有关材料移送公安、检察机关。	第66条 人民法院在审理行政案件中,认为行政机关的主管人员、直接责任人员违法违纪的,应当将有关材料移送监察机关、该行政机关或者其上一级行政机关;认为有犯罪行为的,应当将有关材料移送公安、检察机关。 人民法院对被告经传票传唤无正当理由拒不到庭,或者未经法庭许可中途退庭的,可以将被告拒不到庭或者中途退庭的情况予以公告,并可以向监察机关或者被告的上一级行政机关提出依法给予其主要负责人或者直接责任人员处分的司法建议。

续表

修改前	修改后
	第二节　第一审普通程序
第43条　人民法院应当在立案之日起5日内,将起诉状副本发送被告。被告应当在收到起诉状副本之日起10日内向人民法院提交作出具体行政行为的有关材料,并提出答辩状。人民法院应当在收到答辩状之日起5日内,将答辩状副本发送原告。 被告不提出答辩状的,不影响人民法院审理。	第67条　人民法院应当在立案之日起5日内,将起诉状副本发送被告。被告应当在收到起诉状副本之日起15日内向人民法院提交作出行政行为的证据和所依据的规范性文件,并提出答辩状。人民法院应当在收到答辩状之日起5日内,将答辩状副本发送原告。 被告不提出答辩状的,不影响人民法院审理。
第46条　人民法院审理行政案件,由审判员组成合议庭,或者由审判员、陪审员组成合议庭。合议庭的成员,应当是3人以上的单数。	第68条　人民法院审理行政案件,由审判员组成合议庭,或者由审判员、陪审员组成合议庭。合议庭的成员,应当是3人以上的单数。
第54条　人民法院经过审理,根据不同情况,分别作出以下判决: (一)具体行政行为证据确凿,适用法律、法规正确,符合法定程序的,判决维持。 (二)具体行政行为有下列情形之一的,判决撤销或者部分撤销,并可以判决被告重新作出具体行政行为: 1. 主要证据不足的; 2. 适用法律、法规错误的;	第69条　行政行为证据确凿,适用法律、法规正确,符合法定程序的,或者原告申请被告履行法定职责或者给付义务理由不成立的,人民法院判决驳回原告的诉讼请求。 第70条　行政行为有下列情形之一的,人民法院判决撤销或者部分撤销,并可以判决被告重新作出行政行为: (一)主要证据不足的; (二)适用法律、法规错误的; (三)违反法定程序的; (四)超越职权的;

续表

修改前	修改后
3. 违反法定程序的； 4. 超越职权的； 5. 滥用职权的。 （三）被告不履行或者拖延履行法定职责的，判决其在一定期限内履行。 （四）行政处罚显失公正的，可以判决变更。	（五）滥用职权的； （六）明显不当的。
第55条 人民法院判决被告重新作出具体行政行为的，被告不得以同一的事实和理由作出与原具体行政行为基本相同的具体行政行为。	**第71条** 人民法院判决被告重新作出行政行为的，被告不得以同一的事实和理由作出与原行政行为基本相同的行政行为。
	第72条 人民法院经过审理，查明被告不履行法定职责的，判决被告在一定期限内履行。
	第73条 人民法院经过审理，查明被告依法负有给付义务的，判决被告履行给付义务。
	第74条 行政行为有下列情形之一，人民法院判决确认违法，但不撤销行政行为： （一）行政行为依法应当撤销，但撤销会给国家利益、社会公共利益造成重大损害的； （二）行政行为程序轻微违法，但对原告权利不产生实际影响的。 行政行为有下列情形之一，不需要撤销或者判决履行的，人民法院判决确认违法：

续表

修改前	修改后
	（一）行政行为违法，但不具有可撤销内容的； （二）被告改变原违法行政行为，原告仍要求确认原行政行为违法的； （三）被告不履行或者拖延履行法定职责，判决履行没有意义的。
	第 75 条 行政行为有实施主体不具有行政主体资格或者没有依据等重大且明显违法情形，原告申请确认行政行为无效的，人民法院判决确认无效。
	第 76 条 人民法院判决确认违法或者无效的，可以同时判决责令被告采取补救措施；给原告造成损失的，依法判决被告承担赔偿责任。
	第 77 条 行政处罚明显不当，或者其他行政行为涉及对款额的确定、认定确有错误的，人民法院可以判决变更。 人民法院判决变更，不得加重原告的义务或者减损原告的权益。但利害关系人同为原告，且诉讼请求相反的除外。

续表

修改前	修改后
	第78条　被告不依法履行、未按照约定履行或者违法变更、解除本法第12条第1款第11项规定的协议的,人民法院判决被告承担继续履行、采取补救措施或者赔偿损失等责任。 　　被告变更、解除本法第12条第1款第11项规定的协议合法,但未依法给予补偿的,人民法院判决给予补偿。
	第79条　复议机关与作出原行政行为的行政机关为共同被告的案件,人民法院应当对复议决定和原行政行为一并作出裁判。
	第80条　人民法院对公开审理和不公开审理的案件,一律公开宣告判决。 　　当庭宣判的,应当在10日内发送判决书;定期宣判的,宣判后立即发给判决书。 　　宣告判决时,必须告知当事人上诉权利、上诉期限和上诉的人民法院。
第57条　人民法院应当在立案之日起3个月内作出第一审判决。有特殊情况需要延长的,由高级人民法院批准,高级人民法院审理第一审案件需要延长的,由最高人民法院批准。	第81条　人民法院应当在立案之日起6个月内作出第一审判决。有特殊情况需要延长的,由高级人民法院批准,高级人民法院审理第一审案件需要延长的,由最高人民法院批准。

续表

修改前	修改后
	第三节　简易程序
	第 82 条　人民法院审理下列第一审行政案件,认为事实清楚、权利义务关系明确、争议不大的,可以适用简易程序: （一）被诉行政行为是依法当场作出的; （二）案件涉及款额 2000 元以下的; （三）属于政府信息公开案件的。 　　除前款规定以外的第一审行政案件,当事人各方同意适用简易程序的,可以适用简易程序。 　　发回重审、按照审判监督程序再审的案件不适用简易程序。
	第 83 条　适用简易程序审理的行政案件,由审判员一人独任审理,并应当在立案之日起 45 日内审结。
	第 84 条　人民法院在审理过程中,发现案件不宜适用简易程序的,裁定转为普通程序。

续表

修改前	修改后
	第四节 第二审程序
第 58 条 当事人不服人民法院第一审判决的,有权在判决书送达之日起 15 日内向上一级人民法院提起上诉。当事人不服人民法院第一审裁定的,有权在裁定书送达之日起 10 日内向上一级人民法院提起上诉。逾期不提起上诉的,人民法院的第一审判决或者裁定发生法律效力。	**第 85 条** 当事人不服人民法院第一审判决的,有权在判决书送达之日起 15 日内向上一级人民法院提起上诉。当事人不服人民法院第一审裁定的,有权在裁定书送达之日起 10 日内向上一级人民法院提起上诉。逾期不提起上诉的,人民法院的第一审判决或者裁定发生法律效力。
第 59 条 人民法院对上诉案件,认为事实清楚的,可以实行书面审理。	**第 86 条** 人民法院对上诉案件,应当组成合议庭,开庭审理。经过阅卷、调查和询问当事人,对没有提出新的事实、证据或者理由,合议庭认为不需要开庭审理的,也可以不开庭审理。
	第 87 条 人民法院审理上诉案件,应当对原审人民法院的判决、裁定和被诉行政行为进行全面审查。
第 60 条 人民法院审理上诉案件,应当在收到上诉状之日起 2 个月内作出终审判决。有特殊情况需要延长的,由高级人民法院批准,高级人民法院审理上诉案件需要延长的,由最高人民法院批准。	**第 88 条** 人民法院审理上诉案件,应当在收到上诉状之日起 3 个月内作出终审判决。有特殊情况需要延长的,由高级人民法院批准,高级人民法院审理上诉案件需要延长的,由最高人民法院批准。

续表

修改前	修改后
第 61 条 人民法院审理上诉案件，按照下列情形，分别处理： （一）原判决认定事实清楚，适用法律、法规正确的，判决驳回上诉，维持原判； （二）原判决认定事实清楚，但是适用法律、法规错误的，依法改判； （三）原判决认定事实不清，证据不足，或者由于违反法定程序可能影响案件正确判决的，裁定撤销原判，发回原审人民法院重审，也可以查清事实后改判。当事人对重审案件的判决、裁定，可以上诉。	**第 89 条** 人民法院审理上诉案件，按照下列情形，分别处理： （一）原判决、裁定认定事实清楚，适用法律、法规正确的，判决或者裁定驳回上诉，维持原判决、裁定； （二）原判决、裁定认定事实错误或者适用法律、法规错误的，依法改判、撤销或者变更； （三）原判决认定基本事实不清、证据不足的，发回原审人民法院重审，或者查清事实后改判； （四）原判决遗漏当事人或者违法缺席判决等严重违反法定程序的，裁定撤销原判决，发回原审人民法院重审。 原审人民法院对发回重审的案件作出判决后，当事人提起上诉的，第二审人民法院不得再次发回重审。 人民法院审理上诉案件，需要改变原审判决的，应当同时对被诉行政行为作出判决。
	第五节 审判监督程序
第 62 条 当事人对已经发生法律效力的判决、裁定，认为确有错误的，可以向原审人民法院或者上一级人民法院提出申诉，但判决、裁定不停止执行。	**第 90 条** 当事人对已经发生法律效力的判决、裁定，认为确有错误的，可以向上一级人民法院申请再审，但判决、裁定不停止执行。

续表

修改前	修改后
	第91条 当事人的申请符合下列情形之一的,人民法院应当再审: （一）不予立案或者驳回起诉确有错误的; （二）有新的证据,足以推翻原判决、裁定的; （三）原判决、裁定认定事实的主要证据不足、未经质证或者系伪造的; （四）原判决、裁定适用法律、法规确有错误的; （五）违反法律规定的诉讼程序,可能影响公正审判的; （六）原判决、裁定遗漏诉讼请求的; （七）据以作出原判决、裁定的法律文书被撤销或者变更的; （八）审判人员在审理该案件时有贪污受贿、徇私舞弊、枉法裁判行为的。
第63条 人民法院院长对本院已经发生法律效力的判决、裁定,发现违反法律、法规规定认为需要再审的,应当提交审判委员会决定是否再审。 上级人民法院对下级人民法院已经发生法律效力的判决、裁定,发现违反法律、法规规定的,有权提审或者指令下级人民法院再审。	第92条 各级人民法院院长对本院已经发生法律效力的判决、裁定,发现有本法第91条规定情形之一,或者发现调解违反自愿原则或者调解书内容违法,认为需要再审的,应当提交审判委员会讨论决定。 最高人民法院对地方各级人民法院已经发生法律效力的判决、裁定,上级人民法院对下级人民法院已经发生法律效力的判决、裁定,发现有本法第91条规定情形之一,或者发现调解违反自愿原则或者调解书内容违法的,有权提审或者指令下级人民法院再审。

修改前	修改后

第 64 条　人民检察院对人民法院已经发生法律效力的判决、裁定,发现违反法律、法规规定的,有权按照审判监督程序提出抗诉。	第 93 条　最高人民检察院对各级人民法院已经发生法律效力的判决、裁定,上级人民检察院对下级人民法院已经发生法律效力的判决、裁定,发现有本法第 91 条规定情形之一,或者发现调解书损害国家利益、社会公共利益的,应当提出抗诉。
	    地方各级人民检察院对同级人民法院已经发生法律效力的判决、裁定,发现有本法第 91 条规定情形之一,或者发现调解书损害国家利益、社会公共利益的,可以向同级人民法院提出检察建议,并报上级人民检察院备案;也可以提请上级人民检察院向同级人民法院提出抗诉。
	    各级人民检察院对审判监督程序以外的其他审判程序中审判人员的违法行为,有权向同级人民法院提出检察建议。

第八章　执行	第八章　执行

第 65 条　当事人必须履行人民法院发生法律效力的判决、裁定。
    公民、法人或者其他组织拒绝履行判决、裁定的,行政机关可以向第一审人民法院申请强制执行,或者依法强制执行。
	第 94 条　当事人必须履行人民法院发生法律效力的判决、裁定、调解书。
	    第 95 条　公民、法人或者其他组织拒绝履行判决、裁定、调解书的,行政机关或者第三人可以向第一审人民法院申请强制执行,或者由行政机关依法强制执行。

续表

修改前	修改后
行政机关拒绝履行判决、裁定的,第一审人民法院可以采取以下措施: (一)对应当归还的罚款或者应当给付的赔偿金,通知银行从该行政机关的账户内划拨; (二)在规定期限内不执行的,从期满之日起,对该行政机关按日处 50 元至 100 元的罚款; (三)向该行政机关的上一级行政机关或者监察、人事机关提出司法建议。接受司法建议的机关,根据有关规定进行处理,并将处理情况告知人民法院; (四)拒不履行判决、裁定,情节严重构成犯罪的,依法追究主管人员和直接责任人员的刑事责任。	第 96 条 行政机关拒绝履行判决、裁定、调解书的,第一审人民法院可以采取下列措施: (一)对应当归还的罚款或者应当给付的款额,通知银行从该行政机关的账户内划拨; (二)在规定期限内不履行的,从期满之日起,对该行政机关负责人按日处 50 元至 100 元的罚款; (三)将行政机关拒绝履行的情况予以公告; (四)向监察机关或者该行政机关的上一级行政机关提出司法建议。接受司法建议的机关,根据有关规定进行处理,并将处理情况告知人民法院; (五)拒不履行判决、裁定、调解书,社会影响恶劣的,可以对该行政机关直接负责的主管人员和其他直接责任人员予以拘留;情节严重,构成犯罪的,依法追究刑事责任。
第 66 条 公民、法人或者其他组织对具体行政行为在法定期间不提起诉讼又不履行的,行政机关可以申请人民法院强制执行,或者依法强制执行。	第 97 条 公民、法人或者其他组织对行政行为在法定期限内不提起诉讼又不履行的,行政机关可以申请人民法院强制执行,或者依法强制执行。

续表

修改前	修改后
第九章 侵权赔偿责任	
第 67 条 公民、法人或者其他组织的合法权益受到行政机关或者行政机关工作人员作出的具体行政行为侵犯造成损害的,有权请求赔偿。 公民、法人或者其他组织单独就损害赔偿提出请求,应当先由行政机关解决。对行政机关的处理不服,可以向人民法院提起诉讼。 赔偿诉讼可以适用调解。	
第 68 条 行政机关或者行政机关工作人员作出的具体行政行为侵犯公民、法人或者其他组织的合法权益造成损害的,由该行政机关或者该行政机关工作人员所在的行政机关负责赔偿。 行政机关赔偿损失后,应当责令有故意或者重大过失的行政机关工作人员承担部分或者全部赔偿费用。	
第 69 条 赔偿费用,从各级财政列支。各级人民政府可以责令有责任的行政机关支付部分或者全部赔偿费用。具体办法由国务院规定。	

续表

修改前	修改后
第十章　涉外行政诉讼	第九章　涉外行政诉讼
第70条　外国人、无国籍人、外国组织在中华人民共和国进行行政诉讼,适用本法。法律另有规定的除外。	第98条　外国人、无国籍人、外国组织在中华人民共和国进行行政诉讼,适用本法。法律另有规定的除外。
第71条　外国人、无国籍人、外国组织在中华人民共和国进行行政诉讼,同中华人民共和国公民、组织有同等的诉讼权利和义务。 外国法院对中华人民共和国公民、组织的行政诉讼权利加以限制的,人民法院对该国公民、组织的行政诉讼权利,实行对等原则。	第99条　外国人、无国籍人、外国组织在中华人民共和国进行行政诉讼,同中华人民共和国公民、组织有同等的诉讼权利和义务。 外国法院对中华人民共和国公民、组织的行政诉讼权利加以限制的,人民法院对该国公民、组织的行政诉讼权利,实行对等原则。
第72条　中华人民共和国缔结或者参加的国际条约同本法有不同规定的,适用该国际条约的规定。中华人民共和国声明保留的条款除外。	
第73条　外国人、无国籍人、外国组织在中华人民共和国进行行政诉讼,委托律师代理诉讼的,应当委托中华人民共和国律师机构的律师。	第100条　外国人、无国籍人、外国组织在中华人民共和国进行行政诉讼,委托律师代理诉讼的,应当委托中华人民共和国律师机构的律师。

续表

修改前	修改后
第十一章　附则	第十章　附则
	第 101 条　人民法院审理行政案件,关于期间、送达、财产保全、开庭审理、调解、中止诉讼、终结诉讼、简易程序、执行等,以及人民检察院对行政案件受理、审理、裁判、执行的监督,本法没有规定的,适用《中华人民共和国民事诉讼法》的相关规定。
第 74 条　人民法院审理行政案件,应当收取诉讼费用。诉讼费用由败诉方承担,双方都有责任的由双方分担。收取诉讼费用的具体办法另行规定。	**第 102 条**　人民法院审理行政案件,应当收取诉讼费用。诉讼费用由败诉方承担,双方都有责任的由双方分担。收取诉讼费用的具体办法另行规定。
第 75 条　本法自 1990 年 10 月 1 日起施行。	**第 103 条**　本法自 1990 年 10 月 1 日起施行。

附录二：澳门和台湾地区现行的行政诉讼立法

澳门特别行政区行政诉讼法典

（1999 年 12 月 13 日公布）

目　录

第一章　一般规定（第 1～19 条）

第二章　司法上诉

　第一节　一般规定（第 20～24 条）

　第二节　司法上诉之期间（第 25～27 条）

　第三节　对行为提起司法上诉之可能（第 28～32 条）

　第四节　正当性（第 33～40 条）

　第五节　诉讼程序之进行（第 41～78 条）

　第六节　司法上诉程序之变更及消灭（第 79～87 条）

第三章　对规范提出之争议

　第一节　一般规定（第 88～89 条）

第二节 诉讼前提(第 90～91 条)

第三节 诉讼程序之进行(第 92～93 条)

第四章 选举上之司法争讼(第 94～96 条)

第五章 诉

第一节 共同规定(第 97～99 条)

第二节 确认权利或受法律保护之利益之诉(第 100～102 条)

第三节 命令作出依法应作之行政行为之诉(第 103～107 条)

第四节 提供信息、查阅卷宗或发出证明之诉(第 108～112 条)

第五节 关于行政合同之诉(第 113～115 条)

第六节 实际履行非合同民事责任之诉(第 116～117 条)

第六章 涉及行政上之违法行为之诉讼手段(第 118～119 条)

第七章 预防及保存程序

第一节 效力之中止(第 120～131 条)

第二节 勒令作出某一行为(第 132～137 条)

第三节 预行调查证据(第 138～140 条)

第四节 非特定之预防及保存措施(第 141～142 条)

第八章 行政当局各机关与法院间之管辖权、法院间之管辖权及职责之冲突(第 143～147 条)

第九章 对司法裁判之上诉

第一节 一般规定(第 148～149 条)

第二节 平常上诉(第 150～160 条)

第三节 以合议庭裁判互相对立为依据提起之上诉(第 161～168 条)

第四节 再审上诉(第 169～173 条)

第十章 执行程序

第一节 一般规定(第 174~177 条)

第二节 支付一定金额之执行(第 178~179 条)

第三节 交付一定物或作出一事实之执行(第 180~185 条)

第四节 针对违法不执行之保障(第 186~187 条)

第一章 一般规定

第1条 适用法律

行政上之司法争讼程序受本法典之规定及关于司法体系组织之法律之规定所规范,且补充适用经作出必要配合之民事诉讼法之规定。

第2条 有效司法保护原则

就所有公权利或受法律保护之利益,均设有一种或多种旨在对其给予有效司法保护之诉讼手段,亦设有对确保该等手段之有用效果属必需之预防及保存程序。

第3条 对管辖权之审理

就行政上之司法争讼方面之问题进行审判之管辖权具有公共秩序性质,且对该管辖权之审理须优先于其他事宜进行,但基于第99条第1款之规定而适用之民事诉讼法中关于普通宣告诉讼程序步骤之规定,以及行政上之司法争讼范畴内之自愿仲裁制度之规定除外。

第4条 代理

一、在行政上之司法争讼程序中,私人必须委托律师,但不影响有关在涉及律师本人、其配偶、直系血亲尊亲属或直系血亲卑亲属之案件中担任律师方面之法律规定,或依职权指定律师之法律规定之适用。

二、在行政上之司法争讼程序中,行政机关必须依据以下两款规定被代理。

三、在第二章至第四章、第五章第二节至第四节、第六章及第七章所规范之诉讼手段及程序中,在涉及职责之冲突中,以及在有关对司法裁判之上诉及所有针对公法人之执行程序中,第 2 款所指之代理须由所委托之律师作出或由为代理之目的而明确指定之担任法律辅助工作之法学士作出。

四、在其他情况下,第 2 款所指之代理须由检察院作出。

第 5 条　期间

凡本法典中未明文订定之期间,均为 5 日,但涉及办事处行为之期间除外。

第 6 条　紧急程序

一、下列程序以及其他被法律定为紧急之程序,在假期期间仍进行,而无须事先作检阅:

a) 行政行为涉及公共工程承揽合同之形成、继续供应合同之形成及为直接公益提供劳务之合同之形成时,对该等行政行为提起之司法上诉程序;

b) 选举上之司法争讼程序;

c) 关于提供信息、查阅卷宗或发出证明之诉之程序;

d) 与中止行政行为及规范之效力有关之程序;

e) 与勒令作出某一行为有关之程序;

f) 与预行调查证据有关之程序;

g) 与非特定之预防及保存措施有关之程序。

二、在紧急程序中,检察院检阅卷宗及法院作出裁判之期间分别为 5 日及 7 日,但另有特别规定者除外。

三、在紧急程序中,办事处之行为须尽快作出,且优先于其他行为。

第 7 条 文件及信息

一、行政当局之机关、公务员与服务人员以及私人,在其参与之程序中,必须适时提供被要求交付之文件,且必须尽早提供被要求提供之信息。

二、法院自由评价违反上款规定之行为在证明力方面所生之效力,但不影响特别为此作出之规定之适用。

第 8 条 在终审法院之分发

为着在终审法院进行分发,设有下列类别之程序:

第一,因合议庭裁判互相对立而提起之上诉;

第二,其他对司法裁判之上诉;

第三,司法上诉;

第四,选举上之司法争讼程序;

第五,冲突;

第六,其他紧急程序;

第七,其他程序。

第 9 条 在中级法院之分发

为着在中级法院进行分发,设有下列类别之程序:

第一,对司法裁判之上诉;

第二,对仲裁裁决之上诉;

第三,司法上诉;

第四,诉;

第五,对规范提出争议之诉讼程序;

第六,冲突;

第七,紧急程序;

第八,其他程序。

第 10 条 在行政法院之分发

为着在行政法院进行分发,设有下列类别之程序:

第一,司法上诉;

第二,选举上之司法争讼程序;

第三,诉;

第四,对规范提出争议之诉讼程序;

第五,其他紧急程序;

第六,其他程序。

第 11 条 分发中案件合并之效力

一、案件一旦合并于已分发予不同法官之另一案件,就前者所作之分发即予取消。

二、为分发案件之效力,合并于另一案件之案件,不算作分发予会接收此案件之法官。

第 12 条 选择诉讼手段或程序上之错误

一、在选择能适当满足所提出之请求之诉讼手段或程序上有错误时,如有关法院本身有管辖权审理该请求,则在初端驳回批示确定后,须依职权命令取消已进行之分发,并重新按程序本身之类别进行分发。

二、在上款所指之情况下,如另一法院有管辖权审理有关之适当诉讼手段或程序,则适用经作出必要配合之第 49 条所定制度,只要行使采用上述诉讼手段或程序之权利受除斥期间约束,而此期间先于该条所指期间终结。

第 13 条 对行政机关之传唤

对行政机关之传唤系以具收件回执之挂号信为之。

第 14 条 审理前之先决问题

一、如对诉讼标的之审理取决于另一法院就其有管辖权审理之问题作出之裁判,法院得在该管辖法院作出裁判前,中止有关诉讼程序,不作裁判。

二、如利害关系人逾 90 日不作任何行为,使关于审理前之先决问题之程序未能提起或进行,则行政上之司法争讼程序之中止状况终结,并须就审理前之先决问题作出裁判,而此裁判仅在该程序中产生效力。

第 15 条 裁判书制作人之权限

一、裁判书制作人有下列权限,但不影响关于司法体系组织之法律之规定之适用,亦不影响特别规定须由裁判书制作人作出批示或须由法院作出合议庭裁判之情况:

a) 初端驳回司法上诉及其他诉讼手段与程序,或在有关程序其后之阶段中,以命令补正起诉状或声请书之批示未获遵行为依据而驳回之;

b) 将有关抗辩或妨碍审理司法上诉之其他问题留待最后审理;

c) 命令或要求采取被认为必需之调查措施;

d) 依法宣告诉讼程序中止进行,或裁定诉讼程序中止进行;

e) 依法命令将案件合并,或裁定将案件合并;

f) 因诉讼之弃置或撤回、请求之舍弃,又或嗣后出现进行诉讼属不可能或无用之情况而裁定有关诉讼程序消灭;

g）因声请及附随事项之标的不应予以审理而将之初端驳回；

h）对附随事项作出审判；

i）对诉讼行为之无效及其本身之批示之无效作出审理；

j）终结司法上诉或其他诉讼手段与程序。

二、对裁判书制作人之批示，得向评议会提出异议，但属单纯事务性之批示及受理对法院合议庭裁判提起上诉之批示除外。

第 16 条　技术员之参与

如程序中应解决某些需要专门知识方可解决之问题，法院得依职权或应任一当事人之声请，命令由法院指定之技术员参与该程序，为此该技术员须检阅卷宗；如有关讨论在评议会或合议庭中进行，则讨论中须听取其陈述。

第 17 条　检察院于评议会之参与

驻终审法院及中级法院之检察院代表如非以原诉人或被诉人身份参与有关程序，而其参与仅在于维护合法性者，则其须出席所驻法院之评议会，并于讨论中被听取陈述。

第 18 条　日程表上之登录

在终审法院及中级法院，法院书记长须于每次会议最后阶段，将用作登记被宣告已具条件进行审判之案件之文件载体或信息储存媒体呈交院长，以便院长在听取有关法官意见后，定出纳入下次会议日程之案件。

第 19 条　裁判之公开

一、得将终审法院及中级法院之合议庭裁判之打字副本送交澳门政府印刷署，以便以汇编方式出版。

二、汇编每季公布一次；汇编中须载入在每季所作之裁判并附有裁判书制作人所编制之摘要,且须将终审法院与中级法院之裁判分开归组。

第二章　司法上诉

第一节　一般规定

第 20 条　司法上诉之性质及目的

在司法上诉中仅审理行为之合法性,其目的在于撤销司法上诉所针对之行为,或宣告其无效或法律上不存在;但另有规定者除外。

第 21 条　司法上诉之依据

一、司法上诉所针对之行为违反适用之法律原则或法律规定,尤其出现下列情况者,构成提起司法上诉之依据:

a) 越权;

b) 无权限;

c) 形式上之瑕疵,包括欠缺理由说明或等同情况;

d) 违反法律,包括行使自由裁量权时有明显错误,或绝对不合理行使自由裁量权;

e) 权力偏差。

二、导致司法上诉所针对之行为非有效之其他原因,亦构成提起司法上诉之依据,尤其是:

a) 欠缺构成该行为之主要要素；

b) 作出该行为者之意思欠缺或有瑕疵，且属重大者。

第 22 条　司法上诉之效力

司法上诉不具中止其所针对行为效力之效果；但如仅涉及不属纪律处分性质之一定金额之支付，且已按税务诉讼法所定之任一方式提供担保，或无税务诉讼法时，已按民事诉讼法就普通保全程序中提供担保所定之方式提供担保者，不在此限。

第 23 条　诉讼权

司法上诉所针对之实体及司法上诉人具有相同之诉讼权。

第 24 条　请求之合并

一、不论管辖法院为何，均得在司法上诉中一并提出下列请求：

a) 原本不应作出被撤销又或宣告无效或法律上不存在之行政行为，而应作出内容受羁束之另一行政行为者，提出要求命令作出依法应作之行政行为之请求；

b) 即使司法上诉理由成立引致回复原会出现之状况，所造成之利益丧失及损害因其性质仍会存在者，提出要求就该利益丧失及损害作出赔偿之请求。

二、在上款所指之情况下，对要求命令作出依法应作之行政行为之请求及要求就利益丧失及损害作出赔偿之请求之提出，以及就该等请求进行之辩论与裁判，适用规范相应之诉之规定中与涉及司法上诉程序之规定不相抵触之部分。

第二节　司法上诉之期间

第 25 条　期间

一、对无效或在法律上不存在之行为提起司法上诉之权利不会失效，得随时行使。

二、对可撤销之行为提起司法上诉之权利在下列期间经过后即告失效：

a) 30 日，如司法上诉人于澳门居住；

b) 60 日，如司法上诉人于澳门以外地方居住；

c) 365 日，如司法上诉人为检察院，又或属默示驳回之情况。

三、《行政程序法典》之规定，适用于上款所指期间之计算。

第 26 条　司法上诉期间之开始计算

一、行政行为尚未开始产生效力时，不开始计算提起司法上诉之期间；在公布或通知属强制性之情况下，如未能透过公布或通知使人知悉有关决定之含义、作出决定者及有关决定之日期，亦不开始计算提起司法上诉之期间。

二、对明示行为提起司法上诉之期间，按下列规定起算：

a) 如只有公布或通知属强制性，则自该公布或通知作出时起算；

b) 如公布及通知两者均属强制性，则自较后作出之公布或通知作出时起算。

三、如就明示行为所作之公布并非强制性，且所作之通知亦非强制性或获法律免除，则对该行为提起司法上诉之期间，按下列规定起算：

a) 行为于利害关系人在场时以口头作出者,自作出行为时起算;

b) 属其他情况者,自实际知悉或按《行政程序法典》第 121 条第 2 款推定知悉有关行为时起算。

四、对默示驳回提起司法上诉之期间,自《行政程序法典》102 条第 2 款及第 3 款,以及第 162 条所指之期间届满时起算。

五、如属非强制性公布之行为,检察院提起司法上诉之期间自第 1 次通知作出时起算。

六、第 1 款、第 2 款及第 3 款之规定不妨碍对已开始执行之行为提起司法上诉。

七、对行政行为之更正以及对行政行为之公布或通知所作之更正,均不导致提起司法上诉之期间另行起算,但更正涉及影响对该等行为可否提起司法上诉之事宜者除外。

第 27 条　司法上诉期间之中止计算

一、在因行政决定而使行为不生效力之期间,提起司法上诉之期间中止计算。

二、如通知时遗漏指出《行政程序法典》第 70 条所指之内容,又或公布时未载有该法典第 113 条及第 120 条第四款所列之事项,利害关系人得于 10 日内向作出行为之实体申请就所欠缺之内容或事项作出通知,又或发出载有该等内容或事项之证明或经认证之影印本;在此情况下,自提出申请之日至作出上述通知或发出有关证明或经认证之影印本之日止,已开始计算之提起司法上诉之期间中止进行。

第三节　对行为提起司法上诉之可能

第 28 条　必要行政申诉之预先提出

一、对产生对外效力而不受必要行政申诉约束之行政行为，可提起司法上诉。

二、然而，即使有关行为受必要行政申诉约束，但根据法律或行政决定须立即执行者，对该行为亦可提起司法上诉。

三、对可撤销之行为须预先提出必要行政申诉方可提起司法上诉时，如不遵守《行政程序法典》第 149 条、第 155 条第 1 款及第 156 条有关必要行政申诉之规定，则不可提起该上诉。

四、不遵守上款所指之规定，除不可提起司法上诉外，利害关系人亦不可推定所提出之行政申诉已被默示驳回。

第 29 条　以立法或行政法规形式作出之行政行为

一、对行政行为可否提起司法上诉不取决于其形式。

二、即使不对立法性法规或行政法规内所含之行政行为提起司法上诉，仍可对有关之执行行为或实行行为提起司法上诉。

第 30 条　执行行为或实行行为

一、不可对单纯执行或实行行政行为之行为提起司法上诉，但不影响下款之规定之适用。

二、对于上条第 2 款所指之行为、《行政程序法典》第 138 条第 3 款及第 4 款所指之行为，以及因未预先作出行政行为而按该法典第 138 条第 1 款之规定不具正当性之行为，均可提起司法上诉。

第 31 条　对单纯确认行为提起之司法上诉

一、如已将被司法上诉所针对之行为确认之行为通知司法上诉人或依法公布,或司法上诉人就该被确认之行为已提出行政申诉或提起司法争讼,则须以司法上诉所针对之行为具单纯确认行为之性质为依据,拒绝受理有关司法上诉。

二、为着本法典之效力,就必要行政申诉作出决定之行为,不具单纯确认行为之性质。

第 32 条　对默示驳回提起司法上诉之可能

一、明示行为一经公布或一旦就明示行为向利害关系人作出通知,即不可对默示驳回提起司法上诉。

二、如利害关系人选择依据第 103 条第 2 款之规定,提起命令作出依法应作之行政行为之诉,对默示驳回亦不可提起司法上诉。

第四节　正当性

第 33 条　提起司法上诉之正当性

下列者具有提起司法上诉之正当性:

a) 自认拥有被司法上诉所针对之行为侵害之权利或受法律保护之利益之自然人或法人,又或指称在司法上诉理由成立时有直接、个人及正当利益之自然人或法人;

b) 拥有民众诉讼权之人;

c) 检察院;

d) 法人,就侵害其有责任维护之权利或利益之行为亦具有上述正当性;

e) 市政机构,就影响其自治范围之行为亦具有上述正当性。

第 34 条　对行为之接受

一、在行为作出后未经作出完全或部分保留而明示或默示接受该行为之人,不得对该行为提起司法上诉。

二、默示接受系指从自发作出与提起司法上诉之意愿相抵触之事实体现之接受。

三、保留须以书面方式向作出行为者为之。

四、公务员或服务人员执行或遵从以其本人为对象之行为时,不视为默示接受该行为,但属由其选择何时适合作出有关执行者除外。

第35条 联合

数名司法上诉人得联合对同一行为提起司法上诉,或联合以同一事实依据及法律依据,对形式上包含于单一批示中或包含于以批示以外之方式作出决定之单一文件中之各行为提起司法上诉。

第36条 民众诉讼

一、为对损害公共卫生、住屋、教育、文化财产、环境、地区整治、生活质素及任何属公产之财产等基本利益之行为提起司法上诉,澳门居民有责任维护该等利益之法人以及市政机构,均为拥有民众诉讼权之人。

二、为对市政机关以及其具有法律人格及行政自治权之公共部门所作而损害其他公共利益之行为提起司法上诉,澳门居民亦为拥有民众诉讼权之人。

第37条 应诉之正当性

作出行为之机关,或因法律或规章之修改而继承该机关有关权限之另一机关,视为司法上诉所针对之实体。

第38条 权力之授予

向授权者或转授权者提出之申请被默示批准或默示驳回时,

为确定何者具有在有关司法上诉中应诉之正当性,有关默示批准或默示驳回视为由获授权者或获转授权者作出,即使该申请未送交获授权者或获转授权者亦然。

第 39 条 对立利害关系人

司法上诉理由成立时可能受到直接损害之人,具有正当性作为对立利害关系人参与有关诉讼程序。

第 40 条 辅助人

一、凡证明具有与司法上诉人、司法上诉所针对之实体或对立利害关系人相同之利益,或具有与该利益有联系之利益之自然人或法人,均得作为辅助人参与司法上诉。

二、辅助人得于陈述阶段前参与司法上诉程序,并应接受参与时该程序所处之状况,而其地位从属于被辅助人之地位,且被辅助人自由作出认诺、撤回诉讼或舍弃请求之权利,以及作出该等行为所产生之法律效果不因此而改变。

第五节 诉讼程序之进行

第 41 条 起诉状之提交

一、提起司法上诉系透过将起诉状提交所致予之法院之办事处为之。

二、起诉状亦得以挂号信寄往其所致予之法院之办事处,而挂号信之日期视为提交起诉状之日。

第 42 条 起诉状之要件

一、起诉状须以分条缕述方式作成,且司法上诉人在起诉状中应:

a）指出司法上诉所致予之法院；

b）指出其本人及对立利害关系人之身份及居所或住所，并声请传唤该等利害关系人；

c）指明司法上诉所针对之行为及指出作出行为者之身份；如该行为系获授权或转授权而作出，则尚应指明之；

d）清楚阐明作为司法上诉依据之事实及法律理由；

e）以清楚简要之方式作出结论，并准确指出其认为被违反之规定或原则；

f）提出一个或多个请求；

g）指出拟证明之事实；

h）声请采用其认为必需之证据方法，并就所指出之事实逐一列明其所对应之证据方法；

i）指明必须或随个人意愿附于起诉状之文件；

j）起诉状之签署人非为检察院时，指出有关签署人之事务所，以便作出通知。

二、起诉状未有指出司法上诉所致予之法院时，均不予接收。

三、司法上诉人得指明导致撤销司法上诉所针对之行为之各依据间存有补充关系。

第43条 起诉状之组成

一、除特别法要求附同之文件外，起诉状亦必须附具下列文件：

a）证明司法上诉所针对之行为之文件；

b）旨在证明所陈述之事实属实之一切文件，但载于供调查之用之行政卷宗内之文件除外；

c) 如声请采用人证,须附具证人名单,当中指出每一证人应陈述之事实;

d) 在法院代理之授权书或等同文件;

e) 法定复本。

二、如司法上诉之标的为一默示驳回,起诉状应附具未有决定之申请之复本或影印本,该复本或影印本上须具有由接收该申请正本之行政机关所作成之收据;如无该具有收据之申请复本或影印本,则起诉状须附具证明已递交申请之任何文件。

三、如司法上诉之标的为一口头行为,则该行为应透过可从中推断出确有作出该行为之已陈述事实或已附具文件予以证明。

四、如司法上诉之标的为法律上不存在之行为,则只要存有证明表面上存在该行为及其损害性后果之文件,司法上诉人应附具之。

五、提起司法上诉前,如已按第27条第2款之规定提出要求作出通知又或发出证明或经认证之影印本之请求,不论提出请求后有否提起关于提供信息、查阅卷宗或发出证明之诉,起诉状均应附同证明已提出该等请求之文件。

六、如司法上诉人基于合理理由未能取得应附于起诉状之某些文件,则应详细说明该等文件之性质及内容,并请求定出附具该等文件之合理期间。

第44条 申诉之合并

一、司法上诉人得将对相互间有主从关系或有联系之行为提出之申诉合并。

二、在下列情况下不得合并:

a) 以补充或择一方式作出合并；

b) 审理各申诉之管辖权属不同法院所有。

第 45 条　初端批示

就起诉状作成卷宗，且缴纳倘应缴纳之预付金或缴纳期间届满后，须将卷宗送交法官或裁判书制作人，以作出初端批示。

第 46 条　初端驳回

一、如起诉状属不当，则须初端驳回司法上诉。

二、如明显出现妨碍司法上诉继续进行之情况，尤其是下列者，亦须初端驳回司法上诉：

a) 司法上诉人欠缺当事人能力或诉讼能力；

b) 司法上诉并无标的；

c) 不可就司法上诉所针对之行为提起司法上诉；

d) 司法上诉人不具正当性；

e) 司法上诉人之联合属违法；

f) 在指出司法上诉所针对行为之作出者之身份方面有错误，或未有指出对立利害关系人之身份，而该错误或遗漏属明显不可宥恕者；

g) 申诉之合并属违法；

h) 提起司法上诉之权利已失效。

第 47 条　因起诉状不当及指出身份方面有错误或遗漏而驳回

一、因起诉状不当或出现上条第 2 款 f 项所指之情况，而初端驳回司法上诉时，自就驳回批示作出通知起 5 日期间内，司法上诉人得提交新起诉状，如对驳回批示提起上诉但并未胜诉，则自通知司法上诉人卷宗已交回司法上诉所针对之法院起 5 日期间内，司法上诉人得提交新起诉状。

二、在上述任一情况下，新司法上诉均视为于提交首份起诉状之日提起。

第 48 条　因不当援引授权而驳回

如以授权或转授权不存在、非有效或不产生效力为依据，或因授权或转授权之范围不包括作出司法上诉所针对之行为，驳回对援引授权或转授权而作出之行为所提起之司法上诉，则自驳回批示确定起 30 日期间内，司法上诉人得采用对该行为提起司法上诉属必要之行政手段。

第 49 条　因司法上诉人违法联合而驳回

因司法上诉人违法联合而驳回司法上诉后，司法上诉人得自有关批示确定起 30 日期间内，重新提起司法上诉，而有关起诉状视为于递交首份起诉状之日提交。

第 50 条　因违法合并申诉而驳回

一、申诉之合并仅因违反第 44 条第 2 款 b 项之规定而违法时，不妨碍司法上诉以有关法院有管辖权审理之申诉为标的继续进行。

二、不论司法上诉被驳回或按上款规定继续进行，司法上诉人均得行使上条所指之权能。

第 51 条　补正批示

一、如起诉状或其组成方面有形式上之缺陷或不当之处，须通知司法上诉人在法官或裁判书制作人所定之期间内弥补或改正之。

二、如司法上诉人弥补或改正缺陷或不当之处,则司法上诉视为于递交首份起诉状之日提起。

三、如曾声请采用人证之司法上诉人在获告知弥补有关遗漏后,仍不提交证人名单或不指出证人应作证言之事实,则禁止其采用人证。

四、未弥补或改正批示所指之缺陷或不当之处,且就批示未有向评议会提出异议时,又或批示经评议会确认时,须驳回司法上诉,但属上款所指之情况除外。

第 52 条　传唤司法上诉所针对之实体

一、如司法上诉未被驳回,则须传唤司法上诉所针对之实体,以便其在 20 日期间内答辩。

二、传唤时,应载有关于第 53 条至第 55 条所规定事宜之资料。

第 53 条　司法上诉所针对之实体之答辩

一、在答辩状中,司法上诉所针对之实体应以分条缕述方式提出与防御有关之全部事宜,指出拟证明之事实,附具旨在证明所陈述之事实属实之一切文件,并在有需要时提交证人名单或声请采用其他证据方法。

二、第 51 条第 3 款之规定,适用于不提交证人名单或不指出证人应作证言之事实之情况。

三、如答辩状由担任法律辅助工作之法学士签名,则须附具司法上诉所针对之实体委任该名学士之批示副本。

第 54 条　不作答辩或不提出争执

不作答辩或不提出争执,视为自认司法上诉人所陈述之事实;

但从所作之防御整体加以考虑,该等事实与所作防御明显对立者,又或该等事实系不可自认或与组成供调查之用之行政卷宗之文件相抵触者除外。

第 55 条　行政卷宗之移送

一、司法上诉所针对之实体必须将行政卷宗之正本以及一切与司法上诉之事宜有关之其他文件,连同答辩状一并移送法院,或在答辩期间内移送法院,以便该正本及其他文件并附于卷宗内,作为供调查之用之卷宗。

二、如行政卷宗已并附于其他卷宗,司法上诉所针对之实体应将此事告知法院。

三、仅当司法上诉所针对之实体以公共利益受到相当损害为由,作出附理由说明之解释时,行政卷宗之正本方得由经适当排序之经认证影印本所取代。

四、不移送卷宗或以卷宗之影印本取代其正本而不作解释时,法院须勒令司法上诉所针对之实体移送卷宗之正本。

五、不遵守上述勒令而不作任何解释或所作解释被裁定为不可接受者,构成违令罪,司法上诉所针对之实体并须负起其应有之民事及纪律责任,且法院有权采用经作出必要配合之为执行司法裁判所规定之强迫措施,而不妨碍司法上诉继续进行。

六、就所提出之解释作出裁判前须取得检察院之意见书。

七、在第五款所指之情况下,对于无行政卷宗即无法证明或相当困难证明之事实,原属司法上诉人之举证责任倒置。

八、举证责任之倒置,不影响就司法上诉进行之调查中法官或裁判书制作人所行使之调查权。

第 56 条　传唤对立利害关系人

司法上诉所针对之实体之答辩状经附入卷宗或有关期间完结,且将供调查之用之行政卷宗并附或上条所指勒令中订定之期间届满后,须传唤对立利害关系人,以便其在 20 日期间内答辩。

第 57 条　对立利害关系人之答辩

第 53 条及第 54 条之规定,经作出必要配合后,适用于对立利害关系人之答辩。

第 58 条　检察院之初端检阅

一、第 55 条所指之步骤进行后,或在有对立利害关系人之情况下,将其答辩状附入卷宗或有关期间完结后,须将卷宗送交检察院,以便其在 8 日内检阅,但由检察院提起之司法上诉除外。

二、检察院在检阅时,仍得指出起诉状须予以补正,并一般得提出影响司法上诉继续进行之所有问题,以及就答辩状所提出之问题发表意见。

第 59 条　涉及起诉状之缺陷或不当之处之问题

一、法官或裁判书制作人获送交卷宗后,仍得依职权或基于司法上诉所针对实体、对立利害关系人或检察院之陈述,命令通知司法上诉人,以便其在法官或裁判书制作人订定之期间内,弥补或改正起诉状之缺陷或不当之处;为此,须按经作出必要配合之第 51 条规定处理。

二、在指出司法上诉所针对行为之作出者之身份方面有错误,或未有指出对立利害关系人之身份时,只要未以该错误或欠缺为依据初端驳回司法上诉,而真正之作出行为者已提交答辩状或移送供调查之用之行政卷宗,又或其间对立利害关系人已声请参与司法上诉程序,则上述错误或欠缺视为已获补正。

第 60 条 利用在程序中已作出之行为

只要不损害当事人之诉讼权,亦不影响对案件作出公正裁判,法官或裁判书制作人得免除重新实行因弥补或改正起诉状之缺陷或不当之处而须进行之措施。

第 61 条 妨碍审理司法上诉之问题

一、就依职权提出或在第 59 条第 1 款所指实体之陈述中提出之妨碍审理司法上诉之其他问题,须听取司法上诉人陈述,陈述期间由法官或裁判书制作人订定。

二、如上款所指之问题非由检察院提出,则其须检阅卷宗以发表意见。

第 62 条 随后之步骤

一、命令并实行对解决所提出之妨碍审理司法上诉之问题属必需之措施后,法官须于 10 日期间内作出裁判。

二、在终审法院及中级法院中,裁判书制作人命令将卷宗交予助审法官检阅;为此,须按经作出必要配合之第 72 条及随后数条之规定处理。

三、在以上两款所指之情况下,得将对该问题之裁判留待最后作出。

四、上述问题被裁定理由不成立,并不妨碍在最后基于先前不予接受之同一原因而驳回司法上诉,只要在诉讼程序中能提供审理该问题之新数据。

第 63 条 对请求之审理

一、妨碍审理司法上诉之问题已解决,且司法上诉程序应继续进行时，如法官或裁判书制作人认为有可能审理司法上诉案件之实体问题而无须调查证据，则在宣告进行审理而无须调查证据之批示中，命令通知司法上诉人、司法上诉所针对之实体及对立利害关系人，以便其欲作出陈述时能为之。

二、第 68 条及随后数条之规定，经作出必要配合后，适用于上述之陈述及随后之步骤。

第 64 条　采用证据之声请之变更

如无出现上条所指之情况，则命令通知司法上诉人、司法上诉所针对之实体及对立利害关系人，以便其在五日期间内行使变更有关采用证据之声请之权能，只要该变更系基于嗣后知悉重要之事实或文件而作出。

第 65 条　调查证据

一、声请变更证据或有关期间完结后，须调查证据。

二、收集证据之期间为 30 日，可延长 15 日。

三、法官或裁判书制作人，仅应针对其认为对案件之裁判属重要，且可透过所声请采用之证据方法予以证明之事实调查证据。

第 66 条　人证及透过当事人陈述之证据

一、对于证人数目之限制，适用就简易形式之民事普通宣告诉讼程序所定之制度。

二、证人由法官或裁判书制作人询问；《民事诉讼法典》第 447 条及第 449 条，经作出必要配合后，适用于其所作之证言。

三、不得透过当事人陈述而取得证据。

第 67 条　调查原则

法官或裁判书制作人得依职权或应检察院之声请，命令采取其认为对案件作出公正裁判属必需之证明措施。

第 68 条　非强制性陈述

一、调查证据完结后,须通知司法上诉人、司法上诉所针对之实体及对立利害关系人,以便其愿意时作出陈述。

二、陈述期间为 20 日;司法上诉人之陈述期间自其获通知时起算;司法上诉所针对之实体之陈述期间自司法上诉人之期间届满时起算,而对立利害关系人之陈述期间自司法上诉所针对之实体之期间届满时起算,且对所有对立利害关系人属同时进行。

三、在陈述中,司法上诉人得就其请求陈述嗣后知悉之有关其请求之新依据,或明确缩减有关其请求之依据。

四、必须就陈述作出结论;在上款所指之情况下,陈述之结论应包括司法上诉人在起诉状中作出而拟维持之结论;《民事诉讼法典》第 598 条第 4 款以及第 619 条第 1 款 b 项及第 4 款之规定,适用于此情况。

五、司法上诉所针对之实体及对立利害关系人得于陈述中提出妨碍审理司法上诉之新问题。

第 69 条　检察院之最后检阅

一、作出陈述或在有关期间完结后,须将卷宗送交检察院,以便其在 15 日内检阅,但由检察院提起之司法上诉除外。

二、检察院在检阅时,得作出下列行为:

a) 提出抗辩或提出妨碍审理司法上诉之新问题;

b) 就非由其提出之问题表明立场;

c) 在卷宗所载事实限定之范围内,提出司法上诉人未援引之依据,而不论提出依据之权利是否已失效;

d) 就将作出之终局裁判发表意见。

第 70 条 对辩论之保障

一、如司法上诉所针对之实体、对立利害关系人在陈述中,或检察院在最后检阅中,提出妨碍审理司法上诉之新问题,则须通知司法上诉人在 10 日期间内表明立场。

二、在上条第 2 款 c 项所指之情况下,须通知司法上诉所针对之实体及对立利害关系人在 10 日期间内表明立场。

第 71 条 送交卷宗予法官或裁判书制作人

一、法官或裁判书制作人获送交卷宗后,仍得提出妨碍审理司法上诉之问题,或采取其认为必需之措施。

二、在上款第一部分所指之情况下,须依次听取检察院及司法上诉人之陈述。

第 72 条 助审法官之检阅

一、如未出现第 70 条及第 71 条所指之任何情况,或一旦完成有关步骤,裁判书制作人须命令将卷宗送交助审法官检阅。

二、每一助审法官检阅卷宗之期间为 15 日。

三、如认为案件简单,裁判书制作人得免除检阅或将检阅期间缩减至最短 5 日。

四、助审法官在检阅时,得认为有需要采取某一措施,该措施系由裁判书制作人在收回卷宗时命令采取。

五、如裁判书制作人认为无须采取上述措施,则在评议会下次会议中解决有关问题。

第 73 条 已具条件进行审判之案件

一、在行政法院中,法官须于 15 日期间内作出判决。

二、在终审法院及中级法院中，裁判书制作人在下列期间内应宣告有关案件已具条件进行审判：

a) 8 日，如已免除助审法官之检阅或已缩减检阅期间；

b) 15 日，如不属上项之情况。

第 74 条　审理问题之顺序

一、在判决或合议庭裁判中，法院须首先解决在陈述中提出、检察院在最后检阅时提出或由法官或裁判书制作人提出，且妨碍审理司法上诉之问题，又或留待最后作出裁判之问题。

二、如无任何妨碍对司法上诉进行审判之问题，则法院优先审理会引致司法上诉所针对之行为被宣告无效或法律上不存在之依据，其后审理会引致该行为被撤销之依据。

三、须按下列顺序审查上述两组依据：

a) 在第 1 组中，根据法院之谨慎心证，先审查理由成立时能更稳妥或更有效保护受侵害之权利或利益之依据；

b) 在第 2 组中，如司法上诉人指明其所指出之依据间存有一补充关系，则按司法上诉人指定之顺序审查依据；如无该顺序，则按根据上项规则所定之顺序审查依据。

四、如检察院提出撤销有关行为之新依据，在审查所陈述之依据之顺序上，须遵守上款 a 项所指之规则。

五、如法院基于有可能重新作出司法上诉所针对之行为，而认为为更好保护司法上诉人之权利或利益，有需要审查其他依据，则一项依据理由成立并不影响按所订定之顺序审查其他依据。

六、司法上诉人对司法上诉之依据所作之错误定性，并不妨碍可根据法院认为恰当之定性而判该司法上诉理由成立。

第 75 条　延迟合议庭裁判书之制作

一、不能在对司法上诉进行审判之会议中制作合议庭裁判书时，须将表决中胜出之结果载于适当之文件载体或信息储存媒体内，并由表决中胜出及落败之法官注明日期及签名。

二、已就合议庭裁判结果作出记录之法官保管有关卷宗，以便制作有关合议庭裁判书，但不影响须立即将有关结果在法院公布；该合议庭裁判书须在评议会下次会议中宣读，并在会议中由出席该次会议且曾参与作出该合议庭裁判之法官注明日期及签名。

三、如参与作出合议庭裁判之部分法官无出席评议会会议，则裁判书制作人须透过亲自签名之声明明确指出该等法官所作之投票。

第 76 条　判决及合议庭裁判之内容

判决及合议庭裁判应载明司法上诉人、司法上诉所针对之实体及对立利害关系人，并清楚准确概述在起诉状、答辩状或陈述书中之有用依据及有用结论，以及详细列明已获证实之事实，最后作出经适当说明理由之终局裁判。

第 77 条　判决及合议庭裁判之效力

撤销行政行为之判决及合议庭裁判，惠及拥有之权利或受法律保护之利益被所撤销之行为侵害之任何人，即使其未对该行为提起司法上诉亦然。

第 78 条　裁定理由成立之判决及合议庭裁判之公开

一、裁定针对经公开之行为提起之司法上诉理由成立之已确定判决及合议庭裁判，须由法院命令以公开该行为之相同方式及语言，在同一地点予以公开。

二、上述公开行为系透过在判决或合议庭裁判确定后 8 日期间内由办事处送交之摘录作出，摘录内须载明有关法院、司法上诉人、司法上诉所针对之实体、对立利害关系人、司法上诉所针对之行为、公开该行为之地点以及裁判之含义及日期。

第六节　司法上诉程序之变更及消灭

第 79 条　对司法上诉所针对之行为作出具有追溯效力之废止

一、在司法上诉待决期间，如就司法上诉所针对之行为作出具有追溯效力之废止性行为，且同时对有关情况作出新规范，则司法上诉人得声请司法上诉以该废止性行为为标的继续进行，并有权陈述新依据及提出不同之证据方法，只要：

a) 上述声请系在可对该废止性行为提起司法上诉之期间内，且在裁定司法上诉程序消灭之裁判确定前提出；及

b) 法院有管辖权审理对该废止性行为提起之司法上诉。

二、如司法上诉所针对之行为被具有追溯效力之另一行为变更或取代，亦适用上款之规定。

三、即使裁定司法上诉程序消灭之裁判已确定，仍可按一般规定对废止性行为提起司法上诉。

第 80 条　对司法上诉所针对之行为作出无追溯效力之废止

一、如对司法上诉所针对之行为之废止无追溯效力，则司法上诉继续进行，以便取得裁判，撤销被废止之行为已产生之效力，只要该已产生之效力，仍继续影响司法上诉人之权利义务，并可在司法上诉理由成立时因回复原会出现之状况而终止者。

二、如废止之同时对有关情况作出新规范,则司法上诉人享有上条所指之权能,而不论针对被废止行为所产生之效力之司法上诉是否继续进行。

三、如司法上诉所针对之行为被无追溯效力之另一行为变更或取代,则以上两款之规定,经作出必要配合后亦适用之。

第 81 条 对默示驳回提起司法上诉后作出或知悉明示行为

一、在针对默示驳回之司法上诉待决期间,如作出未能满足或未能完全满足司法上诉人利益之明示行为,则司法上诉人得声请司法上诉以该明示行为为标的继续进行,并有权陈述新依据及提出不同之证据方法,只要:

a) 上述声请系自该明示行为作出公布或通知时起 15 日期间内提出;如先前未有作出通知,则透过司法上诉知悉该明示行为时视为获通知;及

b) 法院有管辖权审理对该明示行为提起之司法上诉。

二、如明示行为系在对默示驳回提起司法上诉之日以前作出,且在提起司法上诉之日以后始就该明示行为作出公布或通知,又或司法上诉人在该日之后始透过任何方式知悉该明示行为,则亦适用上款之规定。

三、即使不提出第 1 款 a 项所指之声请,仍可按一般规定对明示行为提起司法上诉。

第 82 条 司法上诉之合并

一、在下列任一情况下,可将司法上诉合并:

a) 司法上诉针对同一行为;

b) 司法上诉所针对之各行为形式上包含于单一批示或包含

于以批示以外之方式作出决定之单一文件中,且以相同之事实依据及法律依据就该等行为提出申诉。

二、仅当就拟合并之各司法上诉提交诉辩书状之阶段尚未结束,且未出现引致不宜合并之特别原因时,方得声请将司法上诉合并。

三、较后提起之司法上诉合并于首先提起之司法上诉,为此,编号较小者视为首先提起者。

第83条 应检察院之声请而继续进行司法上诉

司法上诉人撤回司法上诉或舍弃请求,或基于其他与司法上诉人有关之阻碍审理司法上诉之原因,以致司法上诉被裁定终止,而该裁判尚未确定时,检察院得声请继续进行司法上诉,并由其作为司法上诉人。

第84条 司法上诉程序消灭之原因

司法上诉程序基于下列任一原因而消灭:

a) 已作出判决;

b) 已达成按法律之规定容许作出之仲裁协议;

c) 司法上诉之弃置;

d) 司法上诉之撤回或请求之舍弃;

e) 嗣后出现进行诉讼属不可能或无用之情况。

第85条 司法上诉之弃置

在下列任一情况下,须裁定司法上诉弃置:

a) 因司法上诉人不作任何行为而使司法上诉程序停止进行逾365日;

b) 经过365日而司法上诉人仍未促使具有中止效力之附随

事项程序之进行,但属第 14 条第 2 款所规定之情况除外。

第 86 条　撤回司法上诉或舍弃请求之形式

撤回司法上诉或舍弃请求得以声请书或公文书作出,或在司法上诉程序中以书录作出。

第 87 条　嗣后出现进行诉讼属不可能或无用之情况

在下列任一情况下,司法上诉程序因嗣后出现进行诉讼属不可能或无用之情况而消灭:

a) 司法上诉所针对之行为被废止,且不适用第 79 条及第 80 条之规定;

b) 对默示驳回提起司法上诉后作出明示行为或知悉该行为,且不适用第 81 条之规定。

第三章　对规范提出之争议

第一节　一般规定

第 88 条　对规范提出争议之性质及目的

一、对规范提出争议系旨在宣告载于行政法规之规范违法,而该宣告具普遍约束力。

二、本章所规范之可对规范提出争议之制度,不适用于载于行政法规之下列规范:

a) 违反根本法律所载规范或从该法律所体现之原则之规范;

b) 违反由澳门以外有专属权限制定适用于澳门之立法文件或等同文件之机关所制定之该等立法文件或等同文件中所载规范

之规范；

c) 违反经正式通过之与澳门以外地方订立之协议或协约所载规范之规范；

d) 违反以上各项所指规范或原则之由澳门以外之机关制定而适用于澳门之规范。

第 89 条　宣告规范违法之效力

一、宣告一项规范违法，自该规范开始生效时起产生效力。

二、基于衡平或格外重要之公共利益之原因而属合理时，法院经适当说明理由，得指定有关宣告之效力在有关裁判确定之日或裁判确定前之某一日产生。

三、宣告一项规范违法，引致其所废止之规范恢复生效；但在宣告前已出现使被废止规范之效力终止之另一原因者除外。

四、因第一款及第二款规定而产生之追溯效力，不影响裁判已确定之案件以及在法律秩序中已确立之行政行为；但法院以有关规范涉及处罚事宜且其内容对私人较不利为依据而作相反裁判者除外。

第二节　诉讼前提

第 90 条　违法规范

一、对在 3 个具体案件中被任何法院裁定为违法之某项规范，又或属无须透过行政行为或司法行为实施即可立即产生效力之规范，得请求宣告其违法。

二、如声请人为检察院，得请求宣告该等规范违法而无须符合上款所指之要件。

第 91 条　正当性及期间

一、检察院、自认为因有关规范之实施而受侵害或预料即将受侵害之人,或反贪污暨反行政违法性高级专员,均得随时请求宣告有关规范违法;如检察院知悉任何法院已作出 3 个已确定之裁判,内容为基于有关规范违法而拒绝实施该规范者,则必须请求宣告该规范违法。

二、作出上款所指裁判之法院须透过送交裁判证明,将该等裁判告知驻有关管辖法院之检察院代表。

第三节　诉讼程序之进行

第 92 条　步骤

一、对规范提出争议之程序按照对行政行为提起之司法上诉程序之步骤进行。

二、如在另一程序中已就相同依据听取制定有关规范者之陈述,法官或裁判书制作人得免除对其之传唤。

三、在命令或免除传唤制定有关规范者之批示中,法官或裁判书制作人须命令以公开该规范时所采用之方式及语言,在同一地点将关于要求宣告该规范违法之请求之公告予以公开,以便倘有之利害关系人能参与有关诉讼程序。

四、上款所指之参与可于陈述阶段开始前为之。

五、须命令将针对同一规范之案件合并,但基于有关诉讼程序所处之状况或其他特别原因而不宜合并者除外。

第 93 条　裁判

一、法院得以违反有别于所指被违反之法律原则或法律规范为依据,作出裁判。

二、法院须命令以公开被争议之规范时所采用之相同方式及语言,在同一地点将裁定该争议理由成立之裁判全文公开。

三、第 78 条第二款之规定,经作出必要配合后,适用于裁判之公开。

第四章 选举上之司法争讼

第 94 条 选举上之司法争讼之性质

法院对选举上之司法争讼有完全审判权。

第 95 条 前提及期间

一、在选举上之司法争讼方面之上诉得由有关选举中之选举人或可当选之人提起;如有选举簿册或名单而在其上出现遗漏,则登记被遗漏之人亦得就有关遗漏提起该上诉。

二、提起上述上诉之期间为 7 日,自有可能知悉有关行为或遗漏之日起算;但另有特别规定者除外。

三、有关对行政行为提起司法上诉之规定,适用于提起上述上诉之其他前提。

第 96 条 步骤

一、有关对行政行为提起司法上诉之规定,适用于在选举上之司法争讼方面之上诉,但须遵守以下各款之规定。

二、仅得采纳书证。

三、仅在答辩时有声请采取证明措施或有提供证据,方可作出陈述。

四、应遵守下列期间：

a）答辩及陈述之期间为 7 日，该期间对全部上诉人或全部上诉所针对之人均属同时进行；

b）法官或裁判书制作人作出裁判，或后者宣告案件具条件进行审判之期间为五日；

c）属其他情况者，期间为 3 日。

五、在终审法院有管辖权审理之诉讼程序中，须就参与该诉讼程序之人所提供之诉讼文书制作与助审法官数目相同之副本，并立即将之送交各助审法官，而送交时须在卷宗内作书录或由该等法官签收。

六、如裁判书制作人对案件未有作出裁判，须在宣告具条件对案件进行审判后之首次会议中对该案件进行审判，而无须作出检阅。

第五章　诉

第一节　共同规定

第 97 条　诉之类别

诉之目的尤其在于就涉及下列内容之问题作出审判：

a）确认权利或受法律保护之利益；

b）命令作出依法应作之行政行为；

c）提供信息、查阅卷宗或发出证明；

d）行政合同；

e) 行政当局或其机关据位人、公务员或服务人员对公共管理行为所造成损失之责任,包括求偿之诉;

f) 特别法规定出现争议时须提起行政上之司法争讼中之诉之行政法律关系。

第 98 条 期间

各诉得随时提起,但属第 105 条、第 109 条、第 115 条及特别法所规定之情况除外。

第 99 条 步骤

一、各诉须按通常形式之民事普通宣告诉讼程序之步骤进行,但第 5 款、第四节及特别法所规定之情况除外;同时,各诉须遵守第 2 款至第 4 款所定之特别规定。

二、由检察院作最后检阅,以便在 14 日期间内就将作出之裁判发表意见;但检察院以原诉人身份参与诉讼,或代理一方当事人者除外。

三、在向行政法院提起之诉中出现之事实问题,须由合议庭审判;但属民事诉讼法规定无须有合议庭参与之情况,以及旨在获得数额不超过法院法定上诉利益限额之赔偿之诉除外。

四、在行政法院中,即使合议庭有参与审判,判决均由负责有关卷宗之法官作出。

五、在第 113 条第 3 款所指之情况下,对于提出要求撤销某行为或宣告某行为无效或法律上不存在之请求,或就该请求进行辩论及作出裁判,适用规范司法上诉之规定,但以该等规定与适用于各诉之步骤之规定不相抵触为限。

第二节 确认权利或受法律保护之利益之诉

第 100 条 前提及目的

一、如未有作出行政行为,亦无默示驳回之情况,且诉之目的在于宣告出现争议之行政法律关系之内容,而不欲法院命令作出任何行政行为,则得提起确认权利或受法律保护之利益之诉,尤其是确认下列权利:

a) 一项针对行政当局行使之基本权利;

b) 要求支付一定金额之金钱之权利;

c) 要求交付一物之权利;

d) 要求作出事实之权利。

二、对已作出之事实行动或已作出而属无效或法律上不存在之行政行为未有提起司法上诉时,亦得提起上款所指之诉。

第 101 条 正当性

本节所指之诉得由指称拥有待确认之权利或利益之人,或第 36 条所订明之拥有民众诉讼权之人提起,且应针对有权限命令作出因确认原告所指称拥有之权利或利益而引致或必须作出之行动之机关。

第 102 条 请求之合并

不论管辖法院为何,下列请求均得与要求确认权利或受法律保护之利益之请求合并:

a) 要求判处有关之人须履行应作之给付之请求,或要求判处有关之人须在裁判所定之期间内作出对保护有关权利或利益属必需之行为或行动之请求;

b）要求赔偿因有关权利或利益受侵犯或不被承认而造成之利益丧失及损害之请求。

第三节 命令作出依法应作之行政行为之诉

第 103 条 前提

一、在下列任一情况下，得提起命令作出依法应作之行政行为之诉：

a）出现默示驳回之情况；

b）已透过一行政行为拒绝作出内容受羁束之某一行为；

c）已透过一行政行为拒绝就有关要求作出判断，而就该要求作出之决定原系涉及自由裁量权之行使，或涉及对内容不确定之法律概念作价值判断。

二、仅当对默示驳回或已作出之行政行为未有提起司法上诉时，方得提起上款所指之诉。

第 104 条 目的

一、命令作出依法应作之行政行为之诉，目的在于判处行政当局须作出其未作出或拒绝作出之行为。

二、如默示驳回一要求或拒绝就一要求作出判断，而就该要求作出决定原系涉及自由裁量权之行使或涉及对内容不确定之法律概念作价值判断，则上款所指之诉之目的仅限于判处行政当局须作出明示行为，以便其有自由判断有关要求之空间。

三、然而，在上款所指之情况下，按有关情况属合理时，法院在裁判中得订定有助于作出行政行为之价值判断及认知之过程方面之法律性指引，而不定出行政行为之具体内容。

第 105 条　期间

一、如属默示驳回之情况，且预料有关之诉理由成立时第三人将直接遭受损失，则诉权自《行政程序法典》第 102 条第 2 款及第 3 款以及第 163 条所指期间届满时起经过 365 日失效。

二、如已透过一行政行为拒绝作出私人所要求之行为，则诉权按照对默示驳回提起司法上诉之有关规定失效，而行使该诉权之期间按照对明示行为提起司法上诉之有关规定开始计算。

第 106 条　正当性

对于命令作出依法应作之行政行为之诉中关于正当性之事宜，适用经作出必要配合之第 33 条至第 40 条之规定，而在上条所指之情况下，适用经作出必要配合之第 46 条第 2 款 f 项及第 47 条之规定。

第 107 条　请求之合并

不论管辖法院为何，要求赔偿因未及时作出应作出而未作出或拒绝作出之行为所造成之利益丧失及损害之请求，得与要求命令作出依法应作之行政行为之请求合并。

第四节　提供信息、查阅卷宗或发出证明之诉

第 108 条　前提

一、如私人根据《行政程序法典》第 63 条至第 67 条或有关信息权、查阅卷宗权或获发证明权之特别法之规定作出之要求未能获满足，则利害关系人或检察院得按本节之规定请求法院勒令有权限之行政机关作出有关行为，且该请求具有本节规定所规定之效力。

二、在第 27 条第 2 款所指之情况下,亦得提出要求作出勒令之请求。

三、对于提供信息、查阅卷宗或发出证明之诉中关于正当性之事宜,适用经作出必要配合之第 46 条第 2 款 f 项及第 47 条之规定。

第 109 条　期间

要求作出勒令之请求应于发生下列首先出现之事实时起 20 日期间内提出:

a) 自向行政机关提出要求之日起开始计算之有关期间届满后,行政机关仍未满足该要求;

b) 明示拒绝满足有关要求;

c) 部分满足有关要求。

第 110 条　期间之中止

一、向行政机关提出之提供信息、查阅卷宗或发出证明之请求,如旨在使利害关系人能采用行政程序上之手段或诉讼手段,则自提出该请求之日起,中止计算有关该等手段之期间。

二、利害关系人随后提出要求作出勒令之请求者,中止计算期间之效力,包括第 27 条第 2 款最后部分所指之效力,仍予维持,而在出现下列情况之时终止:

a) 在批准要求作出勒令之请求之裁判遵行或不批准该请求之裁判确定之时;

b) 在因向行政机关提出之要求于要求作出勒令之请求待决期间已获满足而消灭诉讼程序之裁判确定之时。

三、如有管辖权审理利害关系人所采用之诉讼手段之法院,裁定提出要求作出勒令之请求明显为一拖延措施,则不产生中止计算期间之效力。

第 111 条 步骤

一、起诉状提交后，法官命令传唤行政机关，以便其于 10 日期间内答辩。

二、如检察院非为声请人，则答辩状提交后，或提交答辩状之期间届满后，须听取检察院陈述；法官须于必需之措施完成后作出裁判。

第 112 条 裁判

一、法官须于裁判中定出应遵从有关勒令之期限。

二、就有关请求作出之裁判，仅得基于按照《行政程序法典》或特别法之规定，行政机关系有理由拒绝或不完全满足利害关系人之要求，而驳回该请求。

第五节 关于行政合同之诉

第 113 条 目的及请求之合并

一、关于行政合同之诉之目的在于解决与该等合同之解释、有效性或执行有关之争议，包括实际履行合同民事责任。

二、对关于行政合同之诉之审理，不影响对涉及该合同之形成及执行之行政行为提起司法上诉。

三、要求撤销涉及合同之形成及执行之行政行为，或要求宣告该行为无效或法律上不存在之请求，得于提起关于行政合同之诉之同时一并提出或其后在该诉中提出，只要该请求与依据第 1 款规定作出之请求之间存有先决或依赖关系，或全部请求理由是否成立，根本上取决于对相同事实之认定或对相同法律规范或合同条款之解释及适用。

第 114 条 正当性

一、关于解释合同之诉,得由合同关系之主体,及以下 2 款所指之实体提起,但后指实体所提起之关于解释合同之诉仅得涉及合同之有效性或执行。

二、关于合同之全部或部分有效性之诉,得由下列实体提起:

a) 合同关系之主体;

b) 检察院;

c) 有正当性对涉及合同之形成之行政行为提起司法上诉,且已提起该司法上诉之人,但该诉之范围仅限于涉及就该司法上诉作出对其有利之内容之裁判;

d) 拥有或维护之权利或受法律保护之利益会因或预料会因执行被认为非有效之合同而受损害之自然人或法人。

三、关于执行合同之诉,得由下列实体提起:

a) 合同关系之主体;

b) 检察院,如所执行之合同条款系为整体公众利益而订立者;

c) 拥有或维护订定合同条款时所基于之权利或受法律保护之利益之自然人或法人。

第 115 条 期间

一、上条第 2 款 b 项至 d 项所指有正当性提起关于合同之有效性之诉之实体,其诉权于下列期间经过后失效:

a) 属 b 项及 d 项所指情况者,自知悉合同内容时起 180 日,但绝不得在订立合同满 3 年后行使该诉权;

b) 属 c 项所指情况者,自撤销涉及合同之形成之行政行为之裁判或宣告该行为无效或法律上不存在之裁判确定时起 180 日。

二、第 25 条第 2 款及第 3 款，以及第 26 条及第 27 条之规定，适用于第 113 条第 3 款所指之要求撤销之请求。

第六节　实际履行非合同民事责任之诉

第 116 条　前提

如对不法行政行为已提起司法上诉，则在有关裁判确定前，不得提起实际履行因该行为所造成之损害而产生之非合同民事责任之诉；但在第 24 条第 1 款 b 项所指之权能未经行使之情况下，如司法上诉理由成立引致回复原会出现之状况时，所造成之利益丧失及损害因其性质仍会存在者除外。

第 117 条　正当性

实际履行非合同民事责任之诉得由认为因公共管理行为而遭受损失之人提起。

第六章　涉及行政上之违法行为之诉讼手段

第 118 条　上诉

一、对在行政上之违法行为之程序中由行政机关作出之科处罚款及附加处罚之行为或法律订定之其他行为提起上诉，须按照对行政行为提起之司法上诉程序之步骤处理，但须遵守下款之特别规定。

二、法院虽判上诉理由成立，但认为上诉人应被判罚时，须为此在判决中订定罚款之金额，以及附加处罚之种类及期间。

第 119 条　对决定之再审

一、《刑事诉讼法典》之规定经作出必要配合后，适用于要求对在行政上之违法行为之程序中由行政机关作出之科处罚款及附加处罚之决定进行再审之请求。

二、仅得在下列情况下进行再审：

a) 再审有利于违法者，且自再不可对有关决定提出申诉之日起未逾 2 年；

b) 再审不利于违法者，而仅旨在因其实施犯罪而对其作出判罪。

三、在上款 a 项所指之情况下，如所科罚款之金额低于公共行政工作人员薪俸表 30 点之相应款项，或因附加处罚而遭受之损失不超过该限额，则不得进行再审。

四、再审程序属行政法院之专属管辖范围。

五、再审之请求得由违法者、行政机关或检察院提出。

第七章　预防及保存程序

第一节　效力之中止

第 120 条　行政行为效力之中止

在下列情况下，得中止行政行为之效力：

a) 有关行为有积极内容；

b) 有关行为有消极内容，但亦有部分积极内容，而中止效力仅限于有积极内容之部分。

第 121 条　正当性及要件

一、同时具备下列要件时，法院须准许中止行政行为之效力，而中止效力之请求得由有正当性对该等行为提起司法上诉之人提出：

a）预料执行有关行为，将对声请人或其在司法上诉中所维护或将在司法上诉中维护之利益造成难以弥补之损失；

b）中止行政行为之效力不会严重侵害该行为在具体情况下所谋求之公共利益；

c）卷宗内无强烈迹象显示司法上诉属违法。

二、如有关行为被判决或合议庭裁判宣告无效或法律上不存在，而该判决或合议庭裁判正被提起上诉，则只要具备上款 a 项所指之要件，即可中止该行为之效力。

三、对于属纪律处分性质之行为，无须具备第 1 款 a 项所指之要件，即可准许中止其效力。

四、即使法院不认为已具备第 1 款 b 项所指之要件，如符合其余要件，且立即执行有关行为会对声请人造成较严重而不成比例之损失，则仍得准许中止该行为之效力。

五、第 1 款所指之要件虽已具备，或出现上款所指之情况，但对立利害关系人证明中止有关行为之效力对其所造成之损失，较执行该行为时对声请人所造成之损失更难以弥补，则不准许中止该行为之效力。

第 122 条　已被执行之行为

一、行为之执行并不影响中止该行为之效力，只要此种中止会在该行为仍产生或将产生之效力方面，为声请人或其在司法上诉中所维护或将在司法上诉中维护之利益带来重大好处。

二、如已准许中止已被执行之行为之效力或以上条第五款之规定为依据拒绝中止其效力,司法上诉人及对立利害关系人得声请对司法上诉进行紧急审判,而有关期间缩短一半。

第123条 提出请求之时刻及形式

一、提出有关中止效力之请求须透过下列时刻提交专门声请书为之,并以一次为限:

a) 提起司法上诉前;

b) 与司法上诉之起诉状一并提交;

c) 在司法上诉待决期间。

二、声请书按情况提交予有管辖权审理有关司法上诉之法院,或有管辖权审理对已作之判决或合议庭裁判提起之上诉之法院。

三、声请人应于声请书中指出其本身以及因中止有关行为效力而可能直接遭受损失之对立利害关系人之身份、居所或住所,指明有关行为及指出作出行为者之身份,并以分条缕述方式详细列明请求之依据,以及附具其认为必需之文件;如请求中止有关行政行为之效力系在提起司法上诉前提出,须依据第43条之规定证明该行为已作出,以及证明已就该行为作出公布或通知;如未作出公布或通知,则须证明提起司法上诉之期间之起算日。

四、如在司法上诉待决期间提交声请书,声请人亦应指明有关诉讼程序。

五、如有对立利害关系人,声请人应附具声请书复本,数目为对立利害关系人人数再加一。

第 124 条　指出对立利害关系人之身份

一、如声请人不知悉对立利害关系人之身份、居所或住所,应预先申请取得载有该等身份资料之行政卷宗之证明。

二、上款所指之证明应由行政机关于 24 小时内发出。

三、如未有发出证明,则声请人须致予行政机关之申请之复本及表明已递交该申请之收据附于要求中止行为效力之声请书一并提交,且须指出其所知悉之对立利害关系人之身份、居所或住所。

四、如适用上款之规定,则办事处须于就声请书之提交作出登记后,立即将声请书提交法官或裁判书制作人,以便命令通知行政机关在两日内送交所申请之证明。

五、对未履行上款最后部分所指通知内之要求之情况,适用经作出必要配合之第 55 条第五款及第六款之规定。

第 125 条　作成卷宗、驳回及传唤

一、如要求中止行为效力之请求系在提起司法上诉前提出,则于就中止所作之裁判确定后,须立即将有关卷宗并附于正待决或将待决之司法上诉之卷宗内;在其他情况下,有关声请系以附文方式作成卷宗。

二、如声请书本身或其组成方面存有形式上之缺陷或不当之处,则适用经作出必要配合之第 51 条规定。

三、在就声请书之提交作出登记后,不论有否预先作出批示,办事处须立即同时传唤行政机关及倘有之对立利害关系人,以便其于 10 日期间内答辩,并向其送交声请人所附具之复本;但不影响上款规定之适用。

四、如适用上条第四款之规定，办事处仅在行政机关作出答复或作出答复期间届满后，方作出传唤。

五、如行政机关不作答复，办事处须传唤声请人所指出之对立利害关系人。

六、对尤其因行政机关不作答复而不能确定身份之对立利害关系人，或对居所或住所不为人知悉之对立利害关系人作出传唤，系透过告示及刊登公告为之，该告示须于作出其余传唤之日张贴于法院。

七、如要求中止行为效力之请求系在司法上诉待决期间提出，则以通知方式召唤已被传唤参与司法上诉之行政机关及对立利害关系人参与有关程序。

八、任何未获传唤之利害关系人，只有在卷宗送交法官以作裁判或送交裁判书制作人以便交予评议会前，方得参与有关程序。

第 126 条 暂时中止

一、行政机关接获传唤或通知后，不得开始执行或继续执行有关行为，并应尽快阻止有权限部门或利害关系人执行或继续执行有关行为。

二、如行政机关于 3 日期间内以书面说明理由，认定不立即执行有关行为将严重损害公共利益者，则不适用上款之规定；但属第 121 条第 2 款所指之情况除外。

三、作出上款所指之认定时，须立即告知法院。

第 127 条 不当执行

一、不依据上条第 2 款及第 3 款之规定说明理由及作出告知而开始执行或继续执行有关行为，或已作之执行被法院裁定所依据之理由不成立时,均视为不当执行。

二、在关于中止行为效力之裁判确定前,声请人得请求该待决程序所在之法院,为中止行为之效力而宣告不当执行之行为不产生效力。

三、上述附随事项须于中止行为效力之卷宗内进行。

四、请求宣告不当执行之行为不产生效力后,法院须听取行政机关陈述,而陈述期间为 5 日,如检察院非为声请人,则陈述期间为 3 日。

五、在终审法院及中级法院中,有关裁判由裁判书制作人作出。

第 128 条 机关、其据位人、公务员或服务人员之责任

机关、其据位人、公务员或服务人员须按第 187 条之规定对不当执行承担民事、纪律及刑事责任。

第 129 条 程序随后之步骤

一、如行政机关不作答辩,或无人陈述中止行为效力将严重侵害公共利益,则法院须视第 121 条第 1 款 b 项所规定之要件已具备;但根据案件之具体情况,认为该严重侵害属明显或显而易见者除外。

二、附具答辩状或有关期间届满后,将卷宗送交检察院,以便其在 2 日内作出检阅,其后将卷宗送交法官以作裁判,或送交裁判书制作人以便其在评议会下次会议中将之提交而无须作检阅;仅当任一助审法官提出请求时,方须作出检阅,在此情况下,在该次会议后举行之下次会议中作出裁判。

第 130 条　裁判及其制度

一、如裁判书制作人认为明显出现妨碍审理请求之情况，则其得独自作出有关裁判。

二、得设定中止行为效力之期限或条件。

三、中止行为效力之裁判，须尽快通知行政机关，以便予以遵行。

四、中止行为效力之裁判应立即遵行。

五、为上款规定之目的，有权限之行政机关不得开始执行或继续执行有关行为，并应尽快阻止有关部门或利害关系人执行或继续执行该行为，且有义务采取必需之措施，消除已作出之执行及消除已产生之效力。

六、行为效力之中止维持至司法上诉之裁判确定时止，但另有订定者除外。

七、如要求中止行为效力之请求系在提起司法上诉前提出，而声请人在其对可撤销之行为可提起司法上诉之期间届满时仍未提起有关司法上诉，则有关中止即告失效。

第 131 条　中止规范之效力

一、可依据本法典之规定对载于行政法规之规范提出争议时，得中止该等规范之效力。

二、本节之规定经作出必要配合，尤其是下列配合后，适用于上款所指之效力中止：

a) 提及司法上诉时，视为指对规范提出争议；

b) 提及宣告行政行为无效或法律上不存在时，视为指宣告规范违法；

c) 提及行政机关时,视为指制定规范者;

d) 须依据第 92 条第三款之规定传唤对立利害关系人,不论有否预先作批示;答辩期间自公开有关规范之日起算。

三、如要求中止规范效力之请求系在要求宣告有关规范违法之请求前提出,而中止效力之裁判确定时起 30 日期间届满时仍未提出要求宣告违法之请求,则有关中止即告失效。

第二节 勒令作出某一行为

第 132 条 前提

一、如行政机关、私人或被特许人违反行政法之规定或违反因行政行为或行政合同而生之义务,或行政机关及被特许人之活动侵犯一项基本权利,又或有理由恐防会出现上述违反情况或侵犯权利之情况,则检察院或利益因受上述行为侵害而应受司法保护之任何人,得请求法院勒令有关行政机关、私人或被特许人作出或不作出特定行为,以确保遵守上述规定或义务,或不妨碍有关权利之行使。

二、上述请求得在采用能适当保护勒令旨在维护之利益之行政程序上之手段或诉讼手段前提出,或在采用该手段期间提出;如所采用之手段具有诉讼性质,则该请求构成附随事项。

三、如透过中止效力之途径即可确实维护欲以要求作出勒令之请求保护之利益,则不得提出该请求。

第 133 条 步骤

一、声请一经提出,法官或裁判书制作人须命令传唤声请所针对之人,以便其于 7 日期间内答辩。

二、如有关请求系在诉讼待决期间提出,而该声请所针对之人在该诉讼中已被传唤者,则以通知方式召唤其参与有关附随事项。

三、如检察院非为声请人,则其后须听取其陈述,并在完成必需之措施后,适用第129条第2款之规定。

四、在特别紧急之情况下,法官或裁判书制作人得以附理由说明之批示,缩短声请所针对之人之答辩期间及检察院之检阅期间,或免除对该人之听证。

五、基于出现争议事宜之复杂性,法官或裁判书制作人得随时命令改为按照对行政行为提起司法上诉之规定处理有关勒令之程序,但该程序仍具有紧急性质。

第134条 临时裁判

一、如免除对声请所针对之人之听证,则法院之裁判属临时性;如无以下各款所指之反对,则临时裁判转为确定性裁判。

二、声请所针对之人得自通知时起7日期间内对临时裁判提出反对,但须提交有关复本,以交予声请人。

三、反对具有中止勒令之效力,但临时裁判之标的在于使一基本权利得以行使者除外。

四、经听取声请人在按案件之紧急性而定出之期间内作出之陈述,及检察院非为声请人时,亦听取其在该期间内作出之陈述后,以及完成必需之措施后,法院审理有关反对之依据,并就要求作出勒令之请求作出终局裁判。

第135条 裁判

法院须于裁判中详细列明应作出或不应作出之行为,以及应履行该义务之人,并在应定出期限时,定出履行期限。

第 136 条　勒令之失效

一、勒令在下列情况下失效:

a)声请人在有关期间内未有采用能适当保护要求作出勒令之请求旨在维护之利益之行政程序上之手段或诉讼手段;

b)声请人虽已采用上述手段,但因其过失而未有促进有关程序或诉讼进行,或未有促进使该程序或诉讼得以继续之附随事项进行,以致该程序或诉讼停止进行逾 90 日;

c)在所采用之 a 项所指程序或诉讼中,作出对声请人之请求不利之决定,且在法定期间内对该决定未有提出申诉,或对其不可提出申诉;

d)所采用之 a 项所指程序或诉讼,因程序或诉讼程序消灭而终结,且在法律容许提起新程序或新诉讼之情况下,声请人在为此定出之期间内亦无提起新程序或新诉讼;

e)要求作出勒令之请求旨在保护之利益不复存在。

二、如要求作出勒令之请求旨在保护之利益系透过无期限之行政程序上之手段或诉讼手段予以确保,且法院未根据案件之具体情况另定一期限,则为着上款 a 项规定之效力,声请人应自就该请求作出之裁判确定时起 30 日期间内采用该等手段。

三、如声请所针对之人作出或不作出有关行为,以致要求作出勒令之请求旨在保护之利益因获完全满足而不复存在,则勒令亦失效,而无须由法院宣告。

四、如勒令失效,而声请人曾在缺乏一般应有之谨慎下行事,则须对声请所针对之人所遭受之损害负责。

第 137 条　提出要求宣告失效之请求之步骤

一、勒令之失效系由法院应任何利害关系人或检察院附理由说明之请求而宣告,但属上条第三款所指之情况除外。

二、要求宣告勒令失效之声请一经提出,法官或裁判书制作人须命令通知要求作出勒令之声请人于 7 日期间内答辩。

三、如要求宣告勒令失效之声请非由检察院作出,则在听取其陈述,并完成必需之措施后,法院须作出裁判。

第三节　预行调查证据

第 138 条　前提

如有理由恐防其后将不可能或难以取得某些人之陈述或证言,或不可能或难以透过鉴定或勘验查核某些事实,得于提起有关诉讼程序前取得该等人之陈述或证言,或进行鉴定或勘验。

第 139 条　步骤

一、声请书中应扼要说明需预行调查证据之理由,准确载明应预行证明之事实,详细列明拟采用之证据方法,以及在须听取任何人陈述时指出该等人之身份,此外应尽量明确指出其将提起之诉讼程序之请求及依据,并指出欲采用有关证据所针对之人或机关;提交声请书时,须按拟通知之人之数目附具相应数目之声请书复本。

二、须向声请书中指出之人或机关作出通知,以便其参与有关准备行为及调查证据之行为,或在 3 日期间内提出反对。

三、如属无行为能力人、不确定人或失踪人,则须向检察院作出通知。

四、如无通知检察院，则须听取其于 3 日期间内作出之陈述，其后法院在同等期间内作出裁判。

五、如作出第 2 款所指之通知极有可能引致无法及时实行所请求之措施，则仅须通知检察院。

六、在上款所指之情况下，须就已实行有关措施一事立即通知在声请书中指出之人或机关，而其有权于七日内声请在有可能时重新实行有关措施。

第 140 条　待决诉讼程序中之请求

本节之规定，经作出必要配合后，适用于在已提起之诉讼程序中提出之要求预行调查证据之请求。

第四节　非特定之预防及保存措施

第 141 条　前提

一、私人有理由恐防某一行政活动对其权利或受法律保护之利益造成严重且难以弥补之侵害时，得声请采取按具体情况系适当之预防或保存措施，以确保其受威胁之权利或利益得到保护。

二、对用于涉及重要公共利益之服务之动产或不动产，所声请采取之措施不得针对该动产或不动产之不可处分性。

三、如透过本章所规范之其余程序，即可确实维护藉提出要求采取措施之请求而欲保护之权利或利益，则不得提出该请求。

第 142 条　步骤

一、民事诉讼法关于非特定之保存及预行措施之规定，经作出必要配合后，适用于非特定之预防及保存措施，但不影响以下各款规定之适用。

二、当事人须于指定之询问日期及地点偕同所提出之证人到场；询问不得因证人或诉讼代理人缺席而押后。

三、在终审法院及中级法院：

a）仅得采纳书证及人证；

b）证言须在裁判书制作人面前作出，并将之作成书面记录。

四、调查证据后，适用第 129 条第 2 款之规定。

五、第 130 条第 3 款至第 6 款之规定，经作出必要配合后，适用于命令采取措施之裁判。

六、命令采取之措施不得以担保代替。

第八章　行政当局各机关与法院间之管辖权、法院间之管辖权及职责之冲突

第 143 条　适用于行政当局各机关与法院间之管辖权冲突及法院间之管辖权冲突之法律

民事诉讼法关于管辖权冲突之规定，经作出必要配合后，适用于行政当局各机关与法院间之管辖权及法院间之管辖权之冲突，但不影响以下数条规定之适用。

第 144 条　前提

任何利害关系人或检察院得于就提起司法上诉所定之同等期间内，请求解决行政当局各机关与法院间之管辖权及法院间之管辖权之冲突；该期间自最后一个决定成为不可上诉之决定时起算。

第 145 条　临时裁判

如冲突涉及之当局不作任何行为会导致严重损失，则在无须

作检阅下,裁判书制作人须于评议会首次会议中提出有关问题,以便法院指定在一切紧急事宜上应暂时行使有关管辖权之当局。

第 146 条　裁判

一、解决冲突之裁判中,除须指出应行使有关管辖权之当局,尚须宣告冲突涉及之另一当局所作之行为无效或所作之决定或裁判无效。

二、如基于衡平或特别重要之公共利益之原因系有理由不宣告有关准备行为无效,且经说明理由,则裁判中得不作出该宣告。

第 147 条　职责之冲突

用以解决不同公法人之机关间职责冲突之司法上诉,受该诉讼手段之专有规定规范,且须遵守下列特别规定:

a) 期间缩短一半,不足 1 日者不予计算;

b) 在司法上诉所针对之实体之答辩阶段,召唤首个行为之作出者参与有关诉讼程序,以便其于该期间内表明立场;

c) 仅得采纳书证;

d) 不得作出陈述。

第九章　对司法裁判之上诉

第一节　一般规定

第 148 条　一般原则

对于法院在行政上之司法争讼程序中作出之裁判,包括在执行程序中作出之裁判,可依据本章规定透过上诉提出争议。

第 149 条　上诉之类别及适用制度

一、平常上诉按民事诉讼程序中向中级法院提起平常上诉之规定受理及进行,但不影响本章第二节规定之适用。

二、以合议庭裁判互相对立为依据提起之上诉按本章第三节之规定受理及进行,且补充适用就平常上诉所作之规定。

三、再审上诉按民事诉讼程序中提起再审上诉之规定受理及进行,但不影响本章第四节规定之适用。

第二节　平常上诉

第 150 条　平常上诉之可受理性

一、对下列裁判不得提起平常上诉:

a) 在行政之诉中作出之裁判及就合并于主请求之请求作出之裁判,如有关案件利益值不超过法院之法定上诉利益限额;

b) 解决行政当局各机关与法院间之管辖权、法院间之管辖权及职责之冲突之裁判;

c) 终审法院及中级法院作为第二审级所作之合议庭裁判。

二、属《民事诉讼法典》第 538 条第 2 款及第 3 款所规定之可受理平常上诉之情况时,不适用上款 a 项及 b 项之规定。

三、如基于第一款 a 项之规定而仅针对就主请求所作之裁判提起平常上诉,则就合并于主请求之请求所作之裁判予以中止,直至卷宗下送予被上诉法院,以便其按照上诉法院所作之裁判作出处理为止。

四、卷宗下送后,法院须按照就主请求所作之裁判,维持或重新作出有关合并于主请求之请求之裁判。

第 151 条 正当性

一、上诉得由诉讼程序中败诉之当事人或参与人、因裁判而直接及实际遭受损失之人以及检察院提起。

二、在司法上诉程序中,如作出裁定该司法上诉理由成立之终局裁判,但司法上诉人在某一依据方面败诉,而该依据一旦理由成立,将能更有效保护受司法上诉所针对之行为侵害之权利或利益者,该司法上诉人亦有正当性对该裁判提出争议。

第 152 条 对中级法院之合议庭裁判提起之上诉

对中级法院之合议庭裁判提起之上诉,仅得以违反或错误适用实体法或诉讼法,或以被争议之裁判无效为依据。

第 153 条 上诉之驳回或留置

一、就法官作出之决定不受理或留置对行政法院所作裁判提起之上诉之批示,得向有管辖权审理该上诉之法院之院长提出异议。

二、就裁判书制作人作出之决定不受理或留置对中级法院所作裁判提起之上诉之批示,得向评议会提出异议。

第 154 条 陈述书

提交陈述书之期间为 30 日;对上诉人而言,该期间自就受理上诉之批示作出通知时起算,对所有被上诉人而言,则自给予上诉人之期间届满时起算;但就紧急程序方面之上诉所作之规定除外。

第 155 条 上呈之效力及制度

一、立即上呈之上诉具中止有关裁判之效力,但不影响下款规定之适用。

二、对中止行政行为或规范之效力之裁判或对采用强迫措施之裁判提起之上诉仅具移审效力。

三、对于紧急程序，如其在被上诉之法院内已终结，则上诉须立即连同本案卷宗上呈；反之，上诉须立即分开上呈。

第 156 条　被争议裁判之打字副本

除其他文件外，上呈上诉时亦须附同被争议裁判经校对后之打字副本。

第 157 条　检察院之检阅

一、在存放倘应缴付之预付金及由裁判书制作人依据民事诉讼法之规定就先前问题作出裁判后，由检察院在 14 日期间内作出检阅，但就紧急程序方面之上诉所作之规定除外。

二、如检察院以上诉人或被上诉人之身份参与该诉讼程序，则其不作出检阅。

三、检察院在检阅时，得就上诉所作之裁判表明立场，并提出须依职权审理而未经作出确定裁判之先前问题。

第 158 条　先前问题

须将检察院在其检阅时提出之须依职权审理之先前问题通知上诉人，以便其就该等问题表明立场。

第 159 条　上诉法院之审理权

一、如上诉法院裁定在被争议裁判中导致有关请求不获审理之依据属理由不成立，且无其他原因妨碍对案件之实体问题作出裁判，则将卷宗下送予被上诉之法院，以便其作出裁判。

二、如被争议之裁判属无效，则被上诉之法院有权限按照就上诉所作之裁判重新作出裁判。

三、以上两款之规定不适用于对紧急程序中作出之裁判提起之上诉,有关上诉法院应尽量审理案件之实体问题。

第 160 条 紧急程序上之上诉之步骤

一、对紧急程序中作出之裁判提起上诉系透过声请书为之,声请书中须包括有关之陈述或附具有关之陈述书。

二、在上款所指之上诉中,被上诉人须于给予上诉人之同等期间内作出陈述,该期间自就受理上诉之批示作出通知时起算。

三、在上诉法院中,卷宗须送交检察院,以便其在两日内作检阅,以及送交助审法官,以便其在 7 日内作检阅,并须在评议会之下次会议中将之提交。

第三节 以合议庭裁判互相对立为依据提起之上诉

第 161 条 前提

一、得以合议庭裁判互相对立为依据对下列合议庭裁判提起上诉,但有合议庭裁判所采取之解决方法符合具强制性之司法见解者除外:

a) 在法律规范未有实质变更之情况下,终审法院作为第一审级或第二审级作出之合议庭裁判,就同一法律基本问题所采取之解决方法,与该法院作出之另一合议庭裁判所采取之解决方法互相对立;

b) 在上项所指之情况下,中级法院作为第二审级作出之合议庭裁判,其所采取之解决方法与该法院或终审法院作出之另一合议庭裁判所采取之解决方法互相对立。

二、在法律规范未有实质变更亦无具强制性之司法见解之情况下,中级法院或行政法院作为第一审级作出之裁判,就同一法律基本问题所采取之解决方法,与终审法院或中级法院作出之另一合议庭裁判所采取之解决方法互相对立,且基于第 150 条第 1 款 a 项及 b 项之规定对前者不得提起平常上诉时,亦得对其提起上款所指之上诉。

第 162 条 陈述

在提起上诉之声请书中,上诉人须指明其指称与被争议裁判互相对立之合议庭裁判,并附具证明该合议庭裁判之内容及该裁判已属确定之文件,此外亦须在所附具之上诉之陈述中说明存在所指之对立情况及案件之实体问题;须按被上诉人之数目提交相应数目之复本。

第 163 条 初端批示

如声请书不符合上条之规定或未具备其他诉讼前提,则以批示初端驳回上诉。

第 164 条 其后之步骤

一、如上诉须继续进行,则须通知被上诉人于 10 日期间内提交陈述书;该期间对所有被上诉人属同时进行。

二、附具被上诉人之陈述书或陈述期间完结后,须将不在终审法院之卷宗移交该法院。

三、终审法院所作之任何对立合议庭裁判之裁判书制作人,在扩大审判中无须回避担任助审法官之职务,但不得担任裁判书制作人之职务。

第 165 条 检察院之检阅

依据关于司法体系组织之法律分发卷宗以进行扩大审判后,

由检察院作出检阅,以便在 7 日内发表意见,尤其是就陈述中所提出之问题发表意见。

第 166 条　对互相对立情况之审定

一、裁判书制作人须于 10 日期间内,就所指称之裁判互相对立情况是否存在作出裁判;如审定不存在互相对立情况,则裁定上诉终结。

二、对裁判书制作人裁定上诉终结之批示,得向扩大评议会提出异议。

三、裁定存在互相对立情况之批示,对扩大评议会无约束力。

第 167 条　终局裁判

一、法定检阅完结后,须就案件之实体问题作出裁判。

二、如上条第 2 款所指之异议获接纳,则扩大评议会立即审理案件之实体问题。

三、每一法官,包括终审法院院长,均可投一票,而裁判以多数票决定。

四、统一司法见解之裁判须公布于《政府公报》,且自公布时起构成对澳门法院具强制性之司法见解。

五、如新裁判所采取之解决方法与先前具强制性之司法见解所定者不同,则新裁判废止先前之裁判,且代之而成为具强制性之司法见解。

六、对于已提起上诉之案件,统一司法见解之裁判自作出时起产生效力,终审法院应按照该裁判所定之司法见解审判上诉之标的。

七、未出现第 5 款所指情况时,对于已提起上诉之案件,须按照已定出之具强制性之司法见解审判上诉之标的。

第 168 条　因表决中胜出而产生之裁判书制作人

如裁判书制作人在表决中落败,则自胜出之法官中以抽签方式选定制作有关合议庭裁判之法官,但不影响第 164 条第 3 款规定之适用。

第四节　再审上诉

第 169 条　提起再审上诉之期间

一、提起再审上诉之权利,视乎情况,自再审请求所依据之裁判确定时,或自取得作为再审上诉依据之文件或知悉作为再审上诉依据之事实时起,经过 90 日而失效。

二、如再审之请求系由检察院提出,则上款所指之期间为 180 日。

第 170 条　正当性

就将行再审之裁判之已进行或将进行之执行所针对之人、在作出该裁判之程序中曾参与或具备正当性参与之人,以及检察院,均有正当性请求再审。

第 171 条　声请书之形式及组成

所作成之声请书须具备对行政行为提起司法上诉之起诉状所规定之要件及复本,而亦须附同将行再审之裁判之有关内容之证明,以及说明请求属合理所需之其他文件。

第 172 条　步骤

一、声请须以有关诉讼程序卷宗之附文方式作成卷宗;须将声请书送交上诉所致予之法院时,须连同有关诉讼程序之卷宗一并送交。

二、法院经听取检察院陈述,并分析上诉是否符合有关规定,尤其是否符合第 169 条至第 171 条之规定后,就上诉应否继续进行作出裁判。

三、如上诉应继续进行,则须命令传唤在作出将行再审之裁判之诉讼程序中按有关情况已被传唤或应被传唤之实体及有利害关系之私人。

四、其后,再审程序须按照就作出将行再审之裁判之诉讼程序所规定之步骤进行。

第 173 条 审判

一、就有关问题重新进行审判后,须维持或废止被争议之裁判。

二、对再审后之裁判,得提起对被争议之裁判可提起之上诉。

第十章 执行程序

第一节 一般规定

第 174 条 自发遵行

一、本法典无特别规定时,行政机关应于 30 日期间内自发遵行法院在行政上之司法争讼程序中作出之确定裁判;但出现缺乏款项、不符合预算中指定款项之情况或有不执行裁判之正当原因者,不在此限。

二、无特别规定时,应由作出司法上诉所针对行为之机关命令遵行裁判,如属行政之诉或其他诉讼手段或程序,则应由有关公法人之主要领导机关或由在具体情况中有义务遵行该裁判之机关,命令遵行裁判。

三、遵行裁判系指视乎情况作出一切对有效重建被违反之法律秩序,及对回复原会出现之状况属必需之法律上之行为及事实行动。

四、如司法上诉所针对之实体透过所作之在法律上不存在之行为,已造成侵害司法上诉人之权利或受法律保护之利益之后果,则宣告该行为在法律上不存在之裁判须依据上款之规定予以遵行。

第175条 不执行之正当原因

一、只有绝对及最终不能执行,以及遵行裁判将严重损害公共利益,方可成为不执行之正当原因。

二、不执行之正当原因得涉及整个裁判或部分裁判。

三、提出不执行之正当原因时应说明其依据,并将此事及其依据在就遵行裁判所规定之期间内通知利害关系人。

四、执行命令支付一定金额之裁判时,不得提出不执行之正当原因;遵行批准下列各类请求之裁判时,亦不得提出遵行裁判将严重损害公共利益:

a) 要求勒令行政机关提供信息、允许查阅卷宗或发出证明之请求;

b) 要求中止行政行为及规范之效力之请求;

c) 要求为中止行为之效力而宣告不当执行之行为不产生效力之请求;

d) 要求勒令行政机关、私人或被特许人作出或不作出特定行为之请求；

e) 要求预行调查证据之请求；

f) 要求下令采用非特定之预防或保存措施之请求。

第 176 条 针对私人之执行

一、针对私人之支付一定金额之执行，须按税务执行程序之步骤进行。

二、针对私人之有别于上款所指目的之执行，按民事诉讼法中相应执行程序之步骤进行。

第 177 条 针对公法人之执行

针对一个或多个公法人之执行，受以下各节之规定规范。

第二节 支付一定金额之执行

第 178 条 引则

一、如执行之内容为支付一定金额，则须负责之机关仅在就遵行裁判所规定之期间内，提出缺乏款项或不符合预算中指定款项且说明其理由时，方得不命令执行。

二、如行政机关所承担之债务仍未确定、不可要求履行或未确切定出，则民事诉讼法关于执行之初步阶段之规定，经作出必要配合后适用之。

第 179 条 缺乏款项或不符合预算中指定款项

一、总预算中须每年设定一项用以支付因执行司法裁判而应支付之金额之拨款，由司法委员会处置；该拨款之最低金额相等于上一年针对行政机关作出之裁判中所定金额之累计总数与其迟延利息之和。

二、如须负责之机关提出缺乏款项或不符合预算指定款项而不能命令执行，又或无任何合理解释而不命令执行，利害关系人得于 365 日期间内，请求对执行有管辖权之法院以上款所指之预算拨款作出支付。

三、请求获批准后，法院须将其裁判通知司法委员会；该委员会于 30 日期间内向利害关系人发出相应之付款委托书。

四、如负责支付因执行司法裁判而应支付之金额之机关，为属于间接行政当局之公法人，则按司法委员会命令而支付之金额，在翌年度总预算中转移予该机关之款项中予以扣除；如不存在预算之转移，则由负责核准该机关本身预算之监督机关，依职权将已支付之金额加载该机关之本身预算内。

五、如负责支付之机关属于自治行政当局，亦在翌年度预算之转移中作扣除；如不存在预算之转移，则本地区应向管辖法院提起求偿之诉。

六、如拨款不足，司法委员会之主席须立即致公函予立法会主席及总督要求促使追加拨款。

七、如拨款不足，且第三款所指之通知作出后 90 日仍维持拨款不足之情况，则利害关系人得向对执行有管辖权之法院，提起针对行政机关之执行之诉，以便其支付一定金额；该执行之诉按民事诉讼法中相应之诉之步骤进行。

第三节 交付一定物或作出一事实之执行

第 180 条 声请

一、如执行之内容为交付一定物或作出一事实，而行政机关在法定期间内未能完全遵行有关裁判,利害关系人得请求有管辖权之法院执行该裁判。

二、声请应于自发遵行裁判之期间结束时起或就提出不执行之正当原因一事作出通知时起 365 日期间内提出;如在该裁判中未定出应予执行之行为及活动,则应在声请书中详细列明利害关系人认为应予执行之行为及活动。

三、如行政机关提出不执行之正当原因,则利害关系人亦应在声请书中指出不赞同行政机关提出之正当原因之理由,并应附具就行政机关提出不执行之正当原因一事作出之通知之副本。

四、如利害关系人赞同行政机关所提出之不执行之正当原因,得于相同期间内请求定出损害赔偿金额,在此情况下,须立即按第 185 条所规定之步骤处理。

第 181 条 答复

一、提交声请书及缴纳应付之预付金后,须命令通知行政机关在 10 日内遵行有关裁判或就利害关系人之请求作出其认为适宜之答复;声请须以作出该裁判之诉讼程序之卷宗附文方式作成卷宗。

二、行政机关在其答复中,得首次提出不执行之正当原因;如其欲维持先前已提出之不执行之正当原因,则应在其答复中再次提出。

第 182 条 反驳

一、如行政机关在答复中首次提出不执行之正当原因,则法院须通知利害关系人在 8 日期间内提出反驳。

二、如利害关系人赞同所提出之不执行之正当原因,则得于相同期间内请求定出损害赔偿金额，在此情况下，须立即按第185条所规定之步骤处理。

第183条 随后之步骤

一、有关答复及反驳书附入卷宗或有关期间完结后，法院命令作出必需之调查措施。

二、卷宗组成后，须送交检察院，以便在8日内作检阅。

三、裁判须于8日期间内作出。

第184条 裁判

一、如行政机关提出遵行须予执行之裁判将严重损害公共利益，则法院在认定执行之可能性后，须在裁判中裁定会否出现该情况。

二、在法院宣告不存在不执行之正当原因，或行政机关未提出该原因之情况下，如有关裁判中未定出应予执行之行为及活动以及有关期间，则法院须将之详细列明，并宣告已作出而与先前裁判不符之行为无效。

三、如对上款最后部分所指之行为提起之司法上诉正待决，为宣告该等行为无效，须于作出裁判前将司法上诉之卷宗与执行程序之卷宗合并。

四、如法院宣告存在不执行之正当原因，利害关系人得在作出该宣告之裁判确定前，请求定出损害赔偿金额。

第185条 出现不执行之正当原因时定出损害赔偿金额

一、以出现不执行之正当原因以致有关裁判未能遵行为依据，请求定出损害赔偿金额后，法院命令通知行政机关及利害关系人，以便两者在15日期间内，就有关金额达成协议。

二、如有理由预料协议即将达成，上款所指之期间得予延长。

三、如无协议，则适用经作出必要配合之第183条之规定。

四、如其间已提起标的相同之损害赔偿之诉，或法院认为案件之调查具复杂性，而建议当事人提起损害赔偿之诉，则执行程序终结。

五、如行政机关自作出协议或就确定有关支付之裁判作出通知时起30日期间内不命令作出应作之支付，则按支付一定金额之执行程序之步骤处理。

第四节　针对违法不执行之保障

第186条　旨在落实执行之强迫措施

一、对执行有管辖权之法院，如透过任何方式知悉有关裁判未获自发遵行，得向须负责命令遵行该裁判之行政机关之据位人采用一强迫措施。

二、强迫措施旨在使其相对人对因迟延遵行裁判之每1日而须交付之一定金额承担个人责任，而每日之有关数额为相当于公共行政工作人员薪俸表一百点之相应金额之10%至50%。

三、如须负责命令遵行裁判之行政机关为合议机关，则不对已投票赞成切实遵行裁判，且其赞成票已记录于会议记录中之成员，亦不对缺席投票，但已书面通知主席其赞成遵行裁判之意思之成员采用强迫措施。

四、如执行之内容为支付一定金额，且无提出缺乏款项或不符合预算中指定款项，得于自发遵行裁判之期间届满时采用强迫措施。

五、如执行之内容为交付一定物或作出一事实,得按以下规定采用强迫措施:

a) 无提出不执行之正当原因者,得于自发遵行裁判之期间届满时采用强迫措施;及

b) 不论有否提出不执行之正当原因,只要在执行程序中作出之裁判,又或在当事人所选定之诉讼程序或按对执行有管辖权之法院建议而提起之诉讼程序中作出之裁判,认定有可能执行先前之裁判或已定出损害赔偿金额,则得于该等裁判确定时采用强迫措施。

六、如执行之内容为支付一定金额,则强迫措施在提出缺乏款项或不符合预算中指定款项时,或司法委员会发出有关付款委托书时终止。

七、如执行之内容为交付一定物或作出一事实,则强迫措施按以下规定终止:

a) 在提起执行程序前或在其进行期间提出不执行之正当原因者,于提出正当原因时终止;

b) 在执行程序中作出之裁判或在当事人所选定之诉讼程序或按对执行有管辖权之法院建议而提起之诉讼程序中作出之裁判,宣告不能执行先前之裁判且未有定出任何损害赔偿金额者,于该裁判确定时终止;

c) 认定有可能执行先前之裁判或定出损害赔偿金额之裁判获遵行时终止;或

d) b项所指之裁判以上款所指之依据定出损害赔偿金额时终止。

八、如强迫措施之相对人之职务中止或终止，以致其无法命令遵行裁判，则强迫措施亦终止。

九、在采用强迫措施前，法院须听取须负责之行政机关之据位人于 8 日期间内作出之陈述。

十、裁定采用强迫措施之裁判，须就该措施定出每日金额，指出该措施开始产生效力之日期，并列出其相对人之姓名；须立即将裁判通知其相对人。

十一、因强迫措施名义而应付之金额之总结算，由法院在强迫措施终止后作出。

十二、因强迫措施名义而应付之金额，构成指定用于第 179 条第 1 款所指年度拨款之收入。

第 187 条　违法不执行法院在行政上之司法争讼程序中作出之裁判

一、不执行法院在行政上之司法争讼程序中作出之确定裁判，构成不法事实，并产生以下效力；但出现缺乏款项或不符合预算中指定款项之情况，又或因利害关系人之赞同或法院之宣告而认定存在不执行之正当原因者，不在此限：

a) 任何违反裁判之行为无效或被执行时会造成相同后果之行为无效；

b) 所涉及之公法人及其因有关事实而可被归责之机关据位人、公务员、服务人员或代表，须对利害关系人所遭受之损失负连带责任；

c) 须对不法事实负责之机关据位人、公务员、服务人员及代表，须依据有关通则承担纪律责任。

二、下列事实构成违令罪：

a）负责执行有关裁判之机关之据位人有意不按法院所定之规定遵行裁判，而未有按情况提出缺乏款项或不符合预算中指定款项，又或不执行之正当原因；

b）合议机关之主席未将有关问题列入议程。

三、第185条所订定之制度，适用于为第1款b项规定之效力定出损害赔偿金额之情况。

台湾地区"行政诉讼法"

(1998年10月20日公布,经2014年修改)

目 录

第一编 总则
  第一章 行政诉讼事件(第1~12-5条)
  第二章 行政法院
    第一节 管辖(第13~18条)
    第二节 法官之回避(第19~21条)
  第三章 当事人
    第一节 当事人能力及诉讼能力(第22~28条)
    第二节 选定当事人(第29~36条)
    第三节 共同诉讼(第37~40条)
    第四节 诉讼参加(第41~48条)
    第五节 诉讼代理人及辅佐人(第49~56条)
  第四章 诉讼程序
    第一节 当事人书状(第57~60条)
    第二节 送达(第61~83条)
    第三节 期日及期间(第84~94条)

第四节　诉讼卷宗(第95～97条)

　　第五节　诉讼费用(第98～104-1条)

第二编　第一审程序

　第一章　"高等行政法院"通常诉讼程序

　　第一节　起诉(第105～115条)

　　第二节　停止执行(第116～119条)

　　第三节　言词辩论(第120～132条)

　　第四节　证据(第133～176条)

　　第五节　诉讼程序之停止(第177～186条)

　　第六节　裁判(第187～218条)

　　第七节　和解(第219～228条)

　第二章　地方法院行政诉讼庭简易诉讼程序(第229～237条)

　第三章　交通裁决事件诉讼程序(第237-1～237-9条)

　第四章　收容声请事件过程(第237-10～237-17条)

第三编　上诉审程序(第238～263条)

第四编　抗告程序(第264～272条)

第五编　再审程序(第273～283条)

第六编　重新审理(第284～292条)

第七编　保全程序(第293～303条)

第八编　强制执行(第304～307-1条)

第九编　附则(第308条)

第一编 总则

第一章 行政诉讼事件

第 1 条 立法宗旨

行政诉讼以保障人民权益,确保国家行政权之合法行使,增进司法功能为宗旨。

第 2 条 行政诉讼审判权之范围

公法上之争议,除法律别有规定外,得依本法提起行政诉讼。

第 3 条 行政诉讼之种类

前条所称之行政诉讼,指撤销诉讼、确认诉讼及给付诉讼。

第 3-1 条 行政法院

办理行政诉讼之地方法院行政诉讼庭,亦为本法所称之行政法院。

第 4 条 撤销诉讼之要件

人民因"中央"或地方机关之违法行政处分,认为损害其权利或法律上之利益,经依诉愿法提起诉愿而不服其决定,或提起诉愿逾 3 个月不为决定,或延长诉愿决定期间逾 2 个月不为决定者,得向行政法院提起撤销诉讼。

逾越权限或滥用权力之行政处分,以违法论。

诉愿人以外之利害关系人，认为第 1 项[①]诉愿决定，损害其权利或法律上之利益者，得向行政法院提起撤销诉讼。

第 5 条　请求应为行政处分之诉讼）

人民因"中央"或地方机关对其依法申请之案件，于法令所定期间内应作为而不作为，认为其权利或法律上利益受损害者，经依诉愿程序后，得向行政法院提起请求该机关应为行政处分或应为特定内容之行政处分之诉讼。

人民因"中央"或地方机关对其依法申请之案件，予以驳回，认为其权利或法律上利益受违法损害者，经依诉愿程序后，得向行政法院提起请求该机关应为行政处分或应为特定内容之行政处分之诉讼。

第 6 条　确认诉讼之要件

确认行政处分无效及确认公法上法律关系成立或不成立之诉讼，非原告有即受确认判决之法律上利益者，不得提起之。其确认已执行而无回复原状可能之行政处分或已消灭之行政处分为违法之诉讼，亦同。

确认行政处分无效之诉讼，须已向原处分机关请求确认其无效未被允许，或经请求后于 30 日内不为确答者，始得提起之。

确认诉讼，于原告得提起或可得提起撤销诉讼、课予义务诉讼或一般给付诉讼者，不得提起之。但确认行政处分无效之诉讼，不在此限。

---

① 台湾地区的通行立法体例，将法条中的二级条款指称为"项"（相当于中国大陆的"款"），而将三级条款指称为"款"（相当于中国大陆的"项"）。本书在收录该法条时，保留了台湾地区的这一用语。请读者在阅读时注意。——编者注

应提起撤销诉讼、课予义务诉讼,误为提起确认行政处分无效之诉讼,其未经诉愿程序者,行政法院应以裁定将该事件移送于诉愿管辖机关,并以行政法院收受诉状之时,视为提起诉愿。

第 7 条　损害赔偿或财产给付之请求

提起行政诉讼,得于同一程序中,合并请求损害赔偿或其他财产上给付。

第 8 条　给付诉讼之要件

人民与"中央"或地方机关间,因公法上原因发生财产上之给付或请求作成行政处分以外之其他非财产上之给付,得提起给付诉讼。因公法上契约发生之给付,亦同。

前项给付诉讼之裁判,以行政处分应否撤销为据者,应于依第 4 条第 1 项或第 3 项提起撤销诉讼时,并为请求。原告未为请求者,审判长应告以得为请求。

第 9 条　维护公益诉讼

人民为维护公益,就无关自己权利及法律上利益之事项,对于行政机关之违法行为,得提起行政诉讼。但以法律有特别规定者为限。

第 10 条　选举罢免诉讼

选举罢免事件之争议,除法律别有规定外,得依本法提起行政诉讼。

第 11 条　准用诉讼有关规定

前 2 条诉讼依其性质,准用撤销、确认或给付诉讼有关之规定。

第 12 条　民刑诉讼与行政争讼程序之关系

民事或刑事诉讼之裁判,以行政处分是否无效或违法为据者,应依行政争讼程序确定之。

前项行政争讼程序已经开始者,于其程序确定前,民事或刑事法院应停止其审判程序。

第 12-1 条　一事不再理

起诉时法院有受理诉讼权限者,不因诉讼系属后事实及法律状态变更而受影响。

诉讼系属于行政法院后,当事人不得就同一事件向其他不同审判权之法院更行起诉。

第 12-2 条　诉讼权限

行政法院认其有受理诉讼权限而为裁判经确定者,其他法院受该裁判之羁束。

行政法院认其无受理诉讼权限者,应依职权以裁定将诉讼移送至有受理诉讼权限之管辖法院。数法院有管辖权而原告有指定者,移送至指定之法院。

移送之裁定确定时,受移送之法院认其亦无受理诉讼权限者,应以裁定停止诉讼程序,并声请司法院大法官解释。

受移送之法院经司法院大法官解释无受理诉讼权限者,应再行移送至有受理诉讼权限之法院。

当事人就行政法院有无受理诉讼权限有争执者,行政法院应先为裁定。

前项裁定,得为抗告。

行政法院为第 2 项及第 5 项之裁定前,应先征询当事人之意见。

第 12-3 条　移送诉讼前有急迫情形之必要处分

移送诉讼前如有急迫情形,行政法院应依当事人声请或依职权为必要之处分。

移送诉讼之裁定确定时,视为该诉讼自始即系属于受移送之法院。

前项情形,行政法院书记官应速将裁定正本附入卷宗,送交受移送之法院。

第 12-4 条　诉讼费用征收之一

行政法院将诉讼移送至其他法院者,依受移送法院应适用之诉讼法定其诉讼费用之征收。移送前所生之诉讼费用视为受移送法院诉讼费用之一部分。

应行征收之诉讼费用,行政法院未加征收、征收不足额或溢收者,受移送法院应补行征收或退还溢收部分。

第 12-5 条　诉讼费用征收之二

其他法院将诉讼移送至行政法院者,依本法定其诉讼费用之征收。移送前所生之诉讼费用视为行政法院诉讼费用之一部分。

应行征收之诉讼费用,其他法院未加征收、征收不足额或溢收者,行政法院应补行征收或退还溢收部分。

第二章　行政法院

第一节　管辖

第 13 条　法人、机关及团体之普通审判籍

对于公法人之诉讼,由其公务所所在地之行政法院管辖。其以公法人之机关为被告时,由该机关所在地之行政法院管辖。

对于私法人或其他得为诉讼当事人之团体之诉讼,由其主事务所或主营业所所在地之行政法院管辖。

对于外国法人或其他得为诉讼当事人之团体之诉讼,由其在"中华民国"之主事务所或主营业所所在地之行政法院管辖。

第 14 条　自然人之普通审判籍

前条以外之诉讼,由被告住所地之行政法院管辖,其住所地之行政法院不能行使职权者,由其居所地之行政法院管辖。

被告在"中华民国"现无住所或住所不明者,以其在"中华民国"之居所,视为其住所;无居所或居所不明者,以其在"中华民国"最后之住所,视为其住所;无最后住所者,以"中央政府"所在地,视为其最后住所地。

诉讼事实发生于被告居所地者,得由其居所地之行政法院管辖。

第 15 条　因不动产征收征用或拨用之诉讼之管辖法院

因不动产征收、征用或拨用之诉讼,专属不动产所在地之行政法院管辖。

除前项情形外,其他有关不动产之公法上权利或法律关系涉讼者,得由不动产所在地之行政法院管辖。

第 15-1 条　关于公务员职务关系之诉讼之管辖法院

关于公务员职务关系之诉讼,得由公务员职务所在地之行政法院管辖。

第 15-2 条　因公法上之保险事件涉讼之管辖法院

因公法上之保险事件涉讼者,得由为原告之被保险人、受益人之住居所地或被保险人从事职业活动所在地之行政法院管辖。

前项诉讼事件于投保单位为原告时，得由其主事务所或主营业所所在地之行政法院管辖。

第 16 条　指定管辖之情形

有下列各款情形之一者，直接上级行政法院应依当事人之声请或受诉行政法院之请求，指定管辖：

一、有管辖权之行政法院因法律或事实不能行审判权者。

二、因管辖区域境界不明，致不能辨别有管辖权之行政法院者。

三、因特别情形由有管辖权之行政法院审判，恐影响公安或难期公平者。

前项声请得向受诉行政法院或直接上级行政法院为之。

第 17 条　管辖恒定原则

定行政法院之管辖以起诉时为准。

第 18 条　准用之规定

"民事诉讼法"第 3 条，第 6 条，第 15 条，第 17 条，第 20 条至第 22 条，第 28 条第 1 项、第 2 项，第 29 条至第 31 条之规定，于本节准用之。

第二节　法官之回避

第 19 条　法官应自行回避之情形

法官有下列情形之一者，应自行回避，不得执行职务：

一、有"民事诉讼法"第 32 条第一款至第六款情形之一。

二、曾在"中央"或地方机关参与该诉讼事件之行政处分或诉愿决定。

三、曾参与该诉讼事件相牵涉之民刑事裁判。

四、曾参与该诉讼事件相牵涉之公务员惩戒事件议决。

五、曾参与该诉讼事件之前审裁判。

六、曾参与该诉讼事件再审前之裁判。但其回避以一次为限。

第 20 条　准用之规定

"民事诉讼法"第 33 条至第 38 条之规定,于本节准用之。

第 21 条　司法事务官、书记官及通译准用之规定

前二条规定于行政法院之司法事务官、书记官及通译准用之。

第三章　当事人

第一节　当事人能力及诉讼能力

第 22 条　当事人能力

自然人、法人、"中央"及地方机关、非法人之团体,有当事人能力。

第 23 条　诉讼当事人之范围

诉讼当事人谓原告、被告及依第 41 条与第 42 条参加诉讼之人。

第 24 条　被告机关之一

经诉愿程序之行政诉讼,其被告为下列机关:

一、驳回诉愿时之原处分机关。

二、撤销或变更原处分时,为撤销或变更之机关。

第 25 条　被告机关之二：受托团体或个人

人民与受委托行使公权力之团体或个人，因受托事件涉讼者，以受托之团体或个人为被告。

第 26 条　被告机关之三：直接上级机关

被告机关经裁撤或改组者，以承受其业务之机关为被告机关；无承受其业务之机关者，以其直接上级机关为被告机关。

第 27 条　诉讼能力

能独立以法律行为负义务者，有诉讼能力。

法人、"中央"及地方机关、非法人之团体，应由其代表人或管理人为诉讼行为。

前项规定于依法令得为诉讼上行为之代理人准用之。

第 28 条　准用之规定

"民事诉讼法"第 46 条至第 49 条、第 51 条之规定，于本节准用之。

第二节　选定当事人

第 29 条　选定或指定当事人

多数有共同利益之人得由其中选定 1 人至 5 人为全体起诉或被诉。诉讼标的对于多数有共同利益之人，必须合一确定而未为前项选定者，行政法院得限期命为选定，逾期未选定者，行政法院得依职权指定之。

诉讼系属后经选定或指定当事人者，其他当事人脱离诉讼。

第 30 条　更换或增减选定或指定当事人

多数有共同利益之人于选定当事人或由行政法院依职权指定

当事人后,得经全体当事人之同意更换或增减之。

行政法院依前条第 2 项指定之当事人,如有必要,得依职权更换或增减之。

依前两项规定更换或增减者,原被选定或指定之当事人丧失其资格。

第 31 条　选定或指定当事人丧失资格之救济

被选定或被指定之人中有因死亡或其他事由丧失其资格者,他被选定或被指定之人得为全体为诉讼行为。

第 32 条　应通知他造当事人

第 29 条及第 30 条诉讼当事人之选定、指定及其更换、增减应通知他造当事人。

第 33 条　选定当事人为诉讼行为之限制

被选定人非得全体之同意,不得为舍弃、认诺、撤回或和解。但诉讼标的对于多数有共同利益之各人非必须合一确定,经原选定人之同意,就其诉之一部为撤回或和解者,不在此限。

第 34 条　选定当事人之证明

诉讼当事人之选定及其更换、增减,应以文书证之。

第 35 条　为公益提起诉讼

以公益为目的之社团法人,于其章程所定目的范围内,由多数有共同利益之社员,就一定之法律关系,授与诉讼实施权者,得为公共利益提起诉讼。

前项规定于以公益为目的之非法人之团体准用之。

前 2 项诉讼实施权之授与,应以文书证之。

第 33 条之规定,于第 1 项之社团法人或第 2 项之非法人之团体,准用之。

第 36 条　准用之规定

"民事诉讼法"第 48 条、第 49 条之规定,于本节准用之。

第三节　共同诉讼

第 37 条　共同诉讼之要件

二人以上于下列各款情形,得为共同诉讼人,一同起诉或一同被诉:

一、为诉讼标的之行政处分系二以上机关共同为之者。

二、为诉讼标的之权利、义务或法律上利益,为其所共同者。

三、为诉讼标的之权利、义务或法律上利益,于事实上或法律上有同一或同种类之原因者。

依前项第 3 款同种类之事实上或法律上原因行共同诉讼者,以被告之住居所、公务所、机关、主事务所或主营业所所在地在同一行政法院管辖区域内者为限。

第 38 条　通常共同诉讼人间之关系

共同诉讼中,一人之行为或他造对于共同诉讼人中一人之行为及关于其一人所生之事项,除别有规定外,其利害不及于他共同诉讼人。

第 39 条　必要共同诉讼人间之关系

诉讼标的对于共同诉讼之各人,必须合一确定者,适用下列各款之规定:

一、共同诉讼人中一人之行为有利益于共同诉讼人者,其效力及于全体;不利益者,对于全体不生效力。

二、他造对于共同诉讼人中一人之行为,其效力及于全体。

三、共同诉讼人中之一人,生有诉讼当然停止或裁定停止之原因者,其当然停止或裁定停止之效力及于全体。

第 40 条　续行诉讼权

共同诉讼人各有续行诉讼之权。

行政法院指定期日者,应通知各共同诉讼人到场。

第四节　诉讼参加

第 41 条　必要共同诉讼之独立参加

诉讼标的对于第三人及当事人一造必须合一确定者,行政法院应以裁定命该第三人参加诉讼。

第 42 条　利害关系人独立参加诉讼

行政法院认为撤销诉讼之结果,第三人之权利或法律上利益将受损害者,得依职权命其独立参加诉讼,并得因该第三人之声请,裁定允许其参加。前项参加,准用第 39 条第三款规定。参加人并得提出独立之攻击或防御方法。

前二项规定,于其他诉讼准用之。

诉愿人已向行政法院提起撤销诉讼,利害关系人就同一事件再行起诉者,视为第 1 项之参加。

第 43 条　参加诉讼之程序

第三人依前条规定声请参加诉讼者,应向本诉讼系属之行政法院提出参加书状,表明下列各款事项:

一、本诉讼及当事人。

二、参加人之权利或法律上利益,因撤销诉讼之结果将受如何之损害。

三、参加诉讼之陈述。

行政法院认前项声请不合前条规定者,应以裁定驳回之。

关于前项裁定,得为抗告。

驳回参加之裁定未确定前,参加人得为诉讼行为。

第 44 条　命行政机关参加诉讼

行政法院认其他行政机关有辅助一造之必要者,得命其参加诉讼。

前项行政机关或有利害关系之第三人亦得声请参加。

第 45 条　命参加之裁定及其程序

命参加之裁定应记载诉讼程度及命参加理由,送达于诉讼当事人。

行政法院为前项裁定前,应命当事人或第三人以书状或言词为陈述。

对于命参加诉讼之裁定,不得声明不服。

第 46 条　必要共同诉讼参加人之地位

第 41 条之参加诉讼,准用第 39 条之规定。

第 47 条　本诉讼判决效力之扩张

判决对于经行政法院依第 41 条及第 42 条规定,裁定命其参加或许其参加而未为参加者,亦有效力。

第 48 条　准用之规定

"民事诉讼法"第 59 条至第 61 条、第 63 条至第 67 条之规定,于第 44 条之参加诉讼准用之。

第五节　诉讼代理人及辅佐人

第 49 条　诉讼代理人之限制

当事人得委任代理人为诉讼行为。但每一当事人委任之诉讼代理人不得逾 3 人。

行政诉讼应以律师为诉讼代理人。非律师具有下列情形之一者，亦得为诉讼代理人：

一、税务行政事件，具备会计师资格。

二、专利行政事件，具备专利师资格或依法得为专利代理人。

三、当事人为公法人、中央或地方机关、公法上之非法人团体时，其所属专任人员办理法制、法务、诉愿业务或与诉讼事件相关业务。

四、交通裁决事件，原告为自然人时，其配偶、三亲等内之血亲或二亲等内之姻亲；原告为法人或非法人团体时，其所属人员办理与诉讼事件相关业务。

委任前项之非律师为诉讼代理人者，应得审判长许可。

第 2 项之非律师为诉讼代理人，审判长许其为本案诉讼行为者，视为已有前项之许可。

前 2 项之许可，审判长得随时以裁定撤销之，并应送达于为诉讼委任之人。

诉讼代理人委任复代理人者，不得逾 1 人。前 4 项之规定，于复代理人适用之。

第 50 条　委任书

诉讼代理人应于最初为诉讼行为时提出委任书。但由当事人以言词委任经行政法院书记官记明笔录者,不在此限。

第 51 条　诉讼代理人之权限

诉讼代理人就其受委任之事件,有为一切诉讼行为之权。但舍弃、认诺、撤回、和解、提起反诉、上诉或再审之诉及选任代理人,非受特别委任不得为之。

关于强制执行之行为或领取所争物,准用前项但书之规定。

如于第 1 项之代理权加以限制者,应于前条之委任书或笔录内表明。

第 52 条　个别代理权

诉讼代理人有 2 人以上者,均得单独代理当事人。

违反前项之规定而为委任者,仍得单独代理之。

第 53 条　诉讼代理权之效力

诉讼代理权不因本人死亡、破产或诉讼能力丧失而消灭。法定代理有变更或机关经裁撤、改组者,亦同。

第 54 条　诉讼委任之终止

诉讼委任之终止,应以书状提出于行政法院,由行政法院送达于他造。

由诉讼代理人终止委任者,自为终止之意思表示之日起 15 日内,仍应为防卫本人权利所必要之行为。

第 55 条　辅佐人

当事人或诉讼代理人经审判长之许可,得于期日偕同辅佐人到场。但人数不得逾 2 人。

审判长认为必要时亦得命当事人或诉讼代理人偕同辅佐人到场。

前2项之辅佐人,审判长认为不适当时,得撤销其许可或禁止其续为诉讼行为。

第 56 条　准用之规定

"民事诉讼法"第72条、第75条及第77条之规定,于本节准用之。

第四章　诉讼程序

第一节　当事人书状

第 57 条　当事人书状应记载事项

当事人书状,除别有规定外,应记载下列各款事项:

一、当事人姓名、性别、年龄、身份证明文件字号、职业及住所或居所;当事人为法人、机关或其他团体者,其名称及所在地、事务所或营业所。

二、有法定代理人、代表人或管理人者,其姓名、性别、年龄、身份证明文件字号、职业、住所或居所,及其与法人、机关或团体之关系。

三、有诉讼代理人者,其姓名、性别、年龄、身份证明文件字号、职业、住所或居所。

四、应为之声明。

五、事实上及法律上之陈述。

六、供证明或释明用之证据。

七、附属文件及其件数。

八、行政法院。

九、年、月、日。

第 58 条　书状之签名

当事人、法定代理人、代表人、管理人或诉讼代理人应于书状内签名或盖章;其以指印代签名者,应由他人代书姓名,记明其事由并签名。

第 59 条　准用之规定

"民事诉讼法"第 116 条第 3 项、第 118 条至第 121 条之规定,于本节准用之。

第 60 条　以笔录代书状

于言词辩论外,关于诉讼所为之声明或陈述,除依本法应用书状者外,得于行政法院书记官前以言词为之。

前项情形,行政法院书记官应作笔录,并于笔录内签名。

前项笔录准用第 57 条及"民事诉讼法"第 118 条至第 120 条之规定。

第二节　送达

第 61 条　职权送达

送达除别有规定外,由行政法院书记官依职权为之。

第 62 条　送达之执行

送达由行政法院书记官交执达员或邮务机构行之。

由邮务机构行送达者,以邮务人员为送达人;其实施办法由司法院会同行政院定之。

第 63 条　嘱托送达之一：于管辖区域外之送达

行政法院得向送达地之地方法院为送达之嘱托。

第 64 条　对无诉讼能力人之送达

对于无诉讼能力人为送达者，应向其全体法定代理人为之。但法定代理人有 2 人以上，如其中有应为送达处所不明者，送达得仅向其余之法定代理人为之。

对于法人、"中央"及地方机关或非法人之团体为送达者，应向其代表人或管理人为之。

代表人或管理人有 2 人以上者，送达得仅向其中 1 人为之。

无诉讼能力人为诉讼行为，未向行政法院陈明其法定代理人者，于补正前，行政法院得向该无诉讼能力人为送达。

第 65 条　对外国法人或团体之送达

对于在"中华民国"有事务所或营业所之外国法人或团体为送达者，应向其在"中华民国"之代表人或管理人为之。

前项代表人或管理人有 2 人以上者，送达得仅向其中 1 人为之。

第 66 条　送达应向诉讼代理人为之

诉讼代理人除受送达之权限受有限制者外，送达应向该代理人为之。但审判长认为必要时，得命送达于当事人本人。

第 67 条　指定送达代收人之一

当事人或代理人经指定送达代收人，向受诉行政法院陈明者，应向该代收人为送达。但审判长认为必要时，得命送达于当事人本人。

第 68 条　送达代收人之效力

送达代收人经指定陈明后,其效力及于同地之各级行政法院。但该当事人或代理人别有陈明者,不在此限。

第 69 条　指定送达代收人之二

当事人或代理人于"中华民国"无住居所、事务所及营业所者,应指定送达代收人向受诉行政法院陈明。

第 70 条　付邮送达

当事人或代理人未依前条规定指定送达代收人者,行政法院得将应送达之文书交付邮务机构以挂号发送。

第 71 条　送达处所

送达,于应受送达人之住居所、事务所或营业所行之。但在他处会晤应受送达人时,得于会晤处所行之。

对于法人、机关、非法人之团体之代表人或管理人为送达者,应向其事务所、营业所或机关所在地行之。但必要时亦得于会晤之处所或其住居所行之。

应受送达人有就业处所者,亦得向该处所为送达。

第 72 条　补充送达

送达于住居所、事务所、营业所或机关所在地不获会晤应受送达人者,得将文书付与有辨别事理能力之同居人、受雇人或愿代为收受而居住于同一住宅之主人。

前条所定送达处所之接收邮件人员,视为前项之同居人或受雇人。

如同居人、受雇人、居住于同一住宅之主人或接收邮件人员为他造当事人者,不适用前二项之规定。

第 73 条　寄存送达

送达不能依前 2 条规定为之者,得将文书寄存于送达地之自治或警察机关,并作送达通知书 2 份,1 份黏贴于应受送达人住居所、事务所或营业所门首,1 份交由邻居转交或置于应受送达人之信箱或其他适当之处所,以为送达。

前项情形,如系以邮务人员为送达人者,得将文书寄存于附近之邮务机构。

寄存送达,自寄存之日起,经 10 日发生效力。

寄存之文书自寄存之日起,寄存机关或机构应保存 3 个月。

第 74 条　留置送达

应受送达人拒绝收领而无法律上理由者,应将文书置于送达处所,以为送达。

前项情形,如有难达留置情事者,准用前条之规定。

第 75 条　送达之时间

送达,除由邮务机构行之者外,非经审判长或受命法官、受托法官或送达地地方法院法官之许可,不得于星期日或其他休息日或日出前、日没后为之。但应受送达人不拒绝收领者,不在此限。

前项许可,书记官应于送达之文书内记明。

第 76 条　自行交付送达之证明

行政法院书记官于法院内将文书付于应受送达人者,应命受送达人提出收据附卷。

第 77 条　嘱托送达之二:于外国或境外为送达者

于外国或境外为送达者,应嘱托该国管辖机关或驻在该国之"中华民国"使领馆或其他机构、团体为之。

不能依前项之规定为嘱托送达者,得将应送达之文书交邮务机构以双挂号发送,以为送达。

第 78 条　嘱托送达之三:对驻外人员为送达者

对于驻在外国之"中华民国"大使、公使、领事或其他驻外人员为送达者,应嘱托外交部为之。

第 79 条　嘱托送达之四:服役之军人为送达者

对于在军队或军舰服役之军人为送达者,应嘱托该管军事机关或长官为之。

第 80 条　嘱托送达之五:在监所人为送达者

对于在监所人为送达者,应嘱托该监所长官为之。

第 81 条　公示送达之事由

行政法院对于当事人之送达,有下列情形之一者,得依声请或依职权为公示送达:

一、应为送达之处所不明。

二、于有治外法权人住居所或事务所为送达而无效。

三、于外国为送达,不能依第 77 条之规定办理或预知虽依该条规定办理而无效。

第 82 条　公示送达生效之起始日

公示送达,自将公告或通知书黏贴牌示处之日起,其登载公报或新闻纸者,自最后登载之日起,经 20 日发生效力;于依前条第 3 款为公示送达者,经 60 日发生效力。但对同一当事人仍为公示送达者,自黏贴牌示处之翌日起发生效力。

第 83 条　准用之规定

"民事诉讼法"第 126 条、第 131 条、第 135 条、第 140 条、第

142 条、第 144 条、第 148 条、第 151 条、第 153 条及第 153-1 条之规定,于本节准用之。

第三节　期日及期间

第 84 条　期日之指定及限制

期日,除别有规定外,由审判长依职权定之。

期日,除有不得已之情形外,不得于星期日或其他休息日定之。

第 85 条　期日之告知

审判长定期日后,行政法院书记官应作通知书,送达于诉讼关系人。但经审判长面告以所定之期日命其到场,或诉讼关系人曾以书状陈明届期到场者,与送达有同一之效力。

第 86 条　期日应为之行为

期日应为之行为于行政法院内为之。但在行政法院内不能为或为之而不适当者,不在此限。

第 87 条　变更或延展期日

期日,以朗读案由为始。

期日,如有重大理由,得变更或延展之。

变更或延展期日,除别有规定外,由审判长裁定之。

第 88 条　裁定期间之酌定及起算

期间,除法定者外,由行政法院或审判长酌量情形定之。

行政法院或审判长所定期间,自送达定期间之文书时起算,无庸送达者,自宣示定期间之裁判时起算。

期间之计算,依"民法"之规定。

第89条　在途期间之扣除

当事人不在行政法院所在地住居者，计算法定期间，应扣除其在途之期间，但有诉讼代理人住居行政法院所在地，得为期间内应为之诉讼行为者，不在此限。

前项应扣除之在途期间，由司法院定之。

第90条　伸长或缩短期间

期间，如有重大理由得伸长或缩短之。但不变期间不在此限。

伸长或缩短期间由行政法院裁定。但期间系审判长所定者，由审判长裁定。

第91条　回复原状之声请

因天灾或其他不应归责于己之事由，致迟误不变期间者，于其原因消灭后1个月内，如该不变期间少于1个月者，于相等之日数内，得声请回复原状。

前项期间不得伸长或缩短之。

迟误不变期间已逾1年者，不得声请回复原状，迟误第106条之起诉期间已逾3年者，亦同。

第1项之声请应以书状为之，并释明迟误期间之原因及其消灭时期。

第92条　声请回复原状之程序

因迟误上诉或抗告期间而声请回复原状者，向为裁判之原行政法院为之；迟误其他期间者，向管辖该期间内应为之诉讼行为之行政法院为之。

声请回复原状，应同时补行期间内应为之诉讼行为。

第 93 条　回复原状之声请与补行之诉讼行为合并裁判

回复原状之声请,由受声请之行政法院与补行之诉讼行为合并裁判之。但原行政法院认其声请应行许可,而将上诉或抗告事件送交上级行政法院者,应由上级行政法院合并裁判。

因回复原状而变更原裁判者,准用第 282 条之规定。

第 94 条　准用之规定

受命法官或受托法官关于其所为之行为,得定期日及期间。

第 84 条至第 87 条、第 88 条第 1 项、第 2 项及第 90 条之规定,于受命法官或受托法官定期日及期间者,准用之。

第四节　诉讼卷宗

第 95 条　诉讼文书之保存

当事人书状、笔录、裁判书及其他关于诉讼事件之文书,行政法院应保存者,应由行政法院书记官编为卷宗。

卷宗灭失事件之处理,准用民刑事诉讼卷宗灭失案件处理法之规定。

第 96 条　诉讼文书之利用

当事人得向行政法院书记官声请阅览、抄录、影印或摄影卷内文书,或预纳费用请求付与缮本、复印件或节本。

第三人经当事人同意或释明有法律上之利害关系,而为前项之声请者,应经行政法院裁定许可。

当事人、诉讼代理人、第 44 条之参加人及其他经许可之第三人之阅卷规则,由司法院定之。

第 97 条　诉讼文书利用之限制

裁判草案及其准备或评议文件,除法律别有规定外,不得交当事人或第三人阅览、抄录、影印或摄影,或付与缮本、复印件或节本;裁判书在宣示或公告前,或未经法官签名者,亦同。

第五节　诉讼费用

第 98 条　裁判费以外费用负担之原则

诉讼费用指裁判费及其他进行诉讼之必要费用,由败诉之当事人负担。但为第 198 条之判决时,由被告负担。

起诉,按件征收裁判费新台币 4000 元。适用简易诉讼程序之事件,征收裁判费新台币 2000 元。

第 98-1 条　诉之合并应征收之裁判费

以一诉主张数项标的,或为诉之变更、追加或提起反诉者,不另征收裁判费。

第 98-2 条　上诉应征收之裁判费

上诉,依第 98 条第 2 项规定,加征裁判费二分之一。

发回或发交更审再行上诉,或依第 257 条第 2 项为移送,经判决后再行上诉者,免征裁判费。

第 98-3 条　再审之诉应征收之裁判费

再审之诉,按起诉法院之审级,依第 98 条第 2 项及前条第 1 项规定征收裁判费。

对于确定之裁定声请再审者,征收裁判费新台币 1000 元。

第 98-4 条　抗告应征收之裁判费

抗告,征收裁判费新台币 1000 元。

第 98-5 条　征收裁判费之声请

声请或声明，不征收裁判费。但下列声请，征收裁判费新台币 1000 元：

一、声请参加诉讼或驳回参加。

二、声请回复原状。

三、声请停止执行或撤销停止执行之裁定。

四、起诉前声请证据保全。

五、声请重新审理。

六、声请假扣押、假处分或撤销假扣押、假处分之裁定。

第 98-6 条　进行诉讼必要费用之征收

下列费用之征收，除法律另有规定外，其项目及标准由司法院定之：

一、影印费、摄影费、抄录费、翻译费、运送费及登载公报新闻纸费。

二、证人及通译之日费、旅费。

三、鉴定人之日费、旅费、报酬及鉴定所需费用。

四、其他进行诉讼及强制执行之必要费用。

邮电送达费及行政法院人员于法院外为诉讼行为之食、宿、交通费，不另征收。

第 98-7 条　裁判费别有规定之优先适用

交通裁决事件之裁判费，第二编第三章别有规定者，从其规定。

第 99 条　参加人之诉讼费用负担

因可归责于参加人之事由致生无益之费用者，行政法院得命该参加人负担其全部或一部。

依第 44 条参加诉讼所生之费用,由参加人负担。但他造当事人依第 98 条第 1 项及准用"民事诉讼法"第 79 条至第 84 条规定应负担之诉讼费用,仍由该当事人负担。

第 100 条　必要费用之预纳及征收

裁判费除法律别有规定外,当事人应预纳之。其未预纳者,审判长应定期命当事人缴纳;逾期未纳者,行政法院应驳回其诉、上诉、抗告、再审或其他声请。

进行诉讼之必要费用,审判长得定期命当事人预纳。逾期未纳者,由国库垫付,并于判决确定后,依职权裁定,向应负担诉讼费用之人征收之。

前项裁定得为执行名义。

第 101 条　诉讼救助

当事人无资力支出诉讼费用者,行政法院应依声请,以裁定准予诉讼救助。但显无胜诉之望者,不在此限。

第 102 条　声请诉讼救助

声请诉讼救助,应向受诉行政法院为之。

声请人无资力支出诉讼费用之事由应释明之。

前项释明,得由受诉行政法院管辖区域内有资力之人出具保证书代之。

前项保证书内,应载明具保证书人于声请诉讼救助人负担诉讼费用时,代缴暂免之费用。

第 103 条　诉讼救助之效力

准予诉讼救助者,暂行免付诉讼费用。

第 104 条　准用之规定

"民事诉讼法"第 77—26 条、第 79 条至第 85 条、第 87 条至第 94 条、第 95 条、第 96 条至第 106 条、第 108 条、第 109-1 条、第 111 条至第 113 条、第 114 条第 1 项及第 115 条之规定,于本节准用之。

第二编　第一审程序

第一章　"高等行政法院"通常诉讼程序

第一节　起诉

第 104-1 条　"高等行政法院"通常诉讼程序

适用通常诉讼程序之事件,以"高等行政法院"为第一审管辖法院。

第 105 条　起诉之程式

起诉,应以诉状表明下列各款事项,提出于行政法院为之:

一、当事人。

二、起诉之声明。

三、诉讼标的及其原因事实。

诉状内宜记载适用程序上有关事项、证据方法及其他准备言词辩论之事项;其经诉愿程序者,并附具决定书。

第 106 条　诉讼之提起期间

第 4 条及第 5 条诉讼之提起,除本法别有规定外,应于诉愿决定书送达后 2 个月之不变期间内为之。但诉愿人以外之利害关系人知悉在后者,自知悉时起算。

第 4 条及第 5 条之诉讼,自诉愿决定书送达后,已逾 3 年者,不得提起。

不经诉愿程序即得提起第 4 条或第 5 条第 2 项之诉讼者,应于行政处分达到或公告后 2 个月之不变期间内为之。

不经诉愿程序即得提起第 5 条第 1 项之诉讼者,于应作为期间届满后,始得为之。但于期间届满后,已逾 3 年者,不得提起。

第 107 条　诉讼要件之审查及补正

原告之诉,有下列各款情形之一者,行政法院应以裁定驳回之。但其情形可以补正者,审判长应定期间先命补正:

一、诉讼事件不属行政诉讼审判之权限者。但本法别有规定者,从其规定。

二、诉讼事件不属受诉行政法院管辖而不能请求指定管辖,亦不能为移送诉讼之裁定者。

三、原告或被告无当事人能力者。

四、原告或被告未由合法之法定代理人、代表人或管理人为诉讼行为者。

五、由诉讼代理人起诉,而其代理权有欠缺者。

六、起诉逾越法定期限者。

七、当事人就已起诉之事件,于诉讼系属中更行起诉者。

八、本案经终局判决后撤回其诉,复提起同一之诉者。

九、诉讼标的为确定判决或和解之效力所及者。

十、起诉不合程序或不备其他要件者。

撤销诉讼及课予义务诉讼,原告于诉状误列被告机关者,准用第 1 项规定。

原告之诉,依其所诉之事实,在法律上显无理由者,行政法院得不经言词辩论,径以判决驳回之。

第 108 条　将诉状送达被告并命答辩

行政法院除依前条规定驳回原告之诉或移送者外,应将诉状送达于被告。并得命被告以答辩状陈述意见。

原处分机关、被告机关或受理诉愿机关经行政法院通知后,应于 10 日内将卷证送交行政法院。

第 109 条　言词辩论期日之指定

审判长认已适于为言词辩论时,应速定言词辩论期日。

前项言词辩论期日,距诉状之送达,至少应有 10 日为就审期间。但有急迫情形者,不在此限。

第 110 条　当事人恒定与诉讼继受主义

诉讼系属中,为诉讼标的之法律关系虽移转于第三人,于诉讼无影响。但第三人如经两造同意,得代当事人承当诉讼。

前项情形,仅他造不同意者,移转之当事人或第三人得声请行政法院以裁定许第三人承当诉讼。

前项裁定得为抗告。

行政法院知悉诉讼标的有移转者,应即以书面将诉讼系属情形通知第三人。

诉愿决定后,为诉讼标的之法律关系移转于第三人者,得由受移转人提起撤销诉讼。

第 111 条 应准许诉之变更或追加之情形

诉状送达后,原告不得将原诉变更或追加他诉。但经被告同意或行政法院认为适当者,不在此限。

被告于诉之变更或追加无异议,而为本案之言词辩论者,视为同意变更或追加。

有下列情形之一者,诉之变更或追加,应予准许:

一、诉讼标的对于数人必须合一确定,追加其原非当事人之人为当事人。

二、诉讼标的之请求虽有变更,但其请求之基础不变。

三、因情事变更而以他项声明代最初之声明。

四、应提起确认诉讼,误为提起撤销诉讼。

五、依第 197 条或其他法律之规定,应许为诉之变更或追加。

前三项规定,于变更或追加之新诉为撤销诉讼而未经诉愿程序者不适用之。

对于行政法院以诉为非变更追加,或许诉之变更追加之裁判,不得声明不服。但撤销诉讼,主张其未经诉愿程序者,得随同终局判决声明不服。

第 112 条 被告得提起反诉

被告于言词辩论终结前,得在本诉系属之行政法院提起反诉。但对于撤销诉讼及课予义务诉讼,不得提起反诉。

原告对于反诉,不得复行提起反诉。

反诉之请求如专属他行政法院管辖,或与本诉之请求或其防御方法不相牵连者,不得提起。

被告意图延滞诉讼而提起反诉者,行政法院得驳回之。

第 113 条　诉讼撤回之要件及程序

原告于判决确定前得撤回诉之全部或一部。但于公益之维护有碍者,不在此限。

前项撤回,被告已为本案之言词辩论者,应得其同意。

诉之撤回,应以书状为之。但于期日得以言词为之。

以言词所为之撤回,应记载于笔录,如他造不在场,应将笔录送达。

诉之撤回,被告于期日到场,未为同意与否之表示者,自该期日起;其未于期日到场或系以书状撤回者,自前项笔录或撤回书状送达之日起,10 日内未提出异议者,视为同意撤回。

第 114 条　诉讼撤回之限制

行政法院就前条诉之撤回认有碍公益之维护者,应以裁定不予准许。

前项裁定不得抗告。

第 114-1 条　诉讼之裁定移送

适用通常诉讼程序之事件,因诉之变更或一部撤回,致其诉之全部属于简易诉讼程序或交通裁决事件诉讼程序之范围者,"高等行政法院"应裁定移送管辖之地方法院行政诉讼庭。

第 115 条　准用之规定

"民事诉讼法"第 245 条、第 246 条、第 248 条、第 252 条、第 253 条、第 257 条、第 261 条、第 263 条及第 264 条之规定,于本节准用之。

第二节 停止执行

第 116 条 行政诉讼不停止执行原则之一

原处分或决定之执行,除法律另有规定外,不因提起行政诉讼而停止。

行政诉讼系属中,行政法院认为原处分或决定之执行,将发生难于回复之损害,且有急迫情事者,得依职权或依声请裁定停止执行。但于公益有重大影响,或原告之诉在法律上显无理由者,不得为之。

于行政诉讼起诉前,如原处分或决定之执行将发生难于回复之损害,且有急迫情事者,行政法院亦得依受处分人或诉愿人之声请,裁定停止执行。

但于公益有重大影响者,不在此限。

行政法院为前 2 项裁定前,应先征询当事人之意见。如原处分或决定机关已依职权或依声请停止执行者,应为驳回声请之裁定。

停止执行之裁定,得停止原处分或决定之效力、处分或决定之执行或程序之续行之全部或部分。

第 117 条 行政诉讼不停止执行原则之二

前条规定,于确认行政处分无效之诉讼准用之。

第 118 条 撤销停止执行之裁定

停止执行之原因消灭,或有其他情事变更之情形,行政法院得依职权或依声请撤销停止执行之裁定。

第 119 条　抗告

关于停止执行或撤销停止执行之裁定,得为抗告。

第三节　言词辩论

第 120 条　言词辩论

原告因准备言词辩论之必要,应提出准备书状。

被告因准备言词辩论,宜于未逾就审期间二分之一以前,提出答辩状。

第 121 条　得于言词辩论前所为之处置

行政法院因使辩论易于终结,认为必要时,得于言词辩论前,为下列各款之处置:

一、命当事人、法定代理人、代表人或管理人本人到场。

二、命当事人提出图案、表册、外国文文书之译本或其他文书、对象。

三、行勘验、鉴定或嘱托机关、团体为调查。

四、通知证人或鉴定人,及调取或命第三人提出文书、对象。

五、使受命法官或受托法官调查证据。

行政法院因阐明或确定诉讼关系,于言词辩论时,得为前项第 1 款至第 3 款之处置,并得将当事人或第三人提出之文书、对象暂留置之。

第 122 条　言词辩论以声明起诉事项为始

言词辩论,以当事人声明起诉之事项为始。

当事人应就诉讼关系为事实上及法律上之陈述。

当事人不得引用文件以代言词陈述。但以举文件之辞句为必要时,得朗读其必要之部分。

第 123 条　调查证据之期日

行政法院调查证据,除别有规定外,于言词辩论期日行之。

当事人应依第二编第一章第四节之规定,声明所用之证据。

第 124 条　审判长之职权——言词辩论指挥权

审判长开始、指挥及终结言词辩论,并宣示行政法院之裁判。

审判长对于不服从言词辩论之指挥者,得禁止发言。

言词辩论须续行者,审判长应速定其期日。

第 125 条　行政法院职权调查事实及审判长之阐明权

行政法院应依职权调查事实关系,不受当事人主张之拘束。

审判长应注意使当事人得为事实上及法律上适当完全之辩论。

审判长应向当事人发问或告知,令其陈述事实、声明证据,或为其他必要之声明及陈述;其所声明或陈述有不明了或不完足者,应令其叙明或补充之。

陪席法官告明审判长后,得向当事人发问或告知。

第 125-1 条　司法事务官得参与诉讼程序

行政法院为使诉讼关系明确,必要时得命司法事务官就事实上及法律上之事项,基于专业知识对当事人为说明。

行政法院因司法事务官提供而获知之特殊专业知识,应予当事人辩论之机会,始得采为裁判之基础。

第 126 条　受命法官之指定及行政法院之嘱托

凡依本法使受命法官为行为者,由审判长指定之。

行政法院应为之嘱托,除别有规定外,由审判长行之。

第 127 条　同种类之诉讼得合并辩论

分别提起之数宗诉讼系基于同一或同种类之事实上或法律上之原因者,行政法院得命合并辩论。

命合并辩论之数宗诉讼,得合并裁判之。

第 128 条　言词辩论笔录应记载事项

行政法院书记官应作言词辩论笔录,记载下列各款事项:

一、辩论之处所及年、月、日。

二、法官、书记官及通译姓名。

三、诉讼事件。

四、到场当事人、法定代理人、代表人、管理人、诉讼代理人、辅佐人及其他经通知到场之人姓名。

五、辩论之公开或不公开;如不公开者,其理由。

第 129 条　言词辩论笔录实质上应记载事项

言词辩论笔录内,应记载辩论进行之要领,并将下列各款事项记载明确:

一、诉讼标的之舍弃、认诺、自认及诉之撤回。

二、证据之声明或撤回,及对于违背诉讼程序规定之异议。

三、当事人所为其他重要声明或陈述,及经告知而不为声明或陈述之情形。

四、依本法规定应记载笔录之其他声明或陈述。

五、证人或鉴定人之陈述,及勘验所得之结果。

六、审判长命令记载之事项。

七、不作裁判书附卷之裁判。

八、裁判之宣示。

第 130 条　笔录之朗读或阅览

笔录或笔录内所引用附卷或作为附件之文书内所记前条第1款至第6款事项,应依声请于法庭向关系人朗读或令其阅览,并于笔录内附记其事由。

关系人对于笔录所记有异议者,行政法院书记官得更正或补充之。如以异议为不当,应于笔录内附记其异议。

以机器记录言词辩论之进行者,其实施办法由"司法院"定之。

第 130-1 条　视讯审理与文书传送

当事人、代理人之所在处所或所在地法院与行政法院间,有声音及影像相互传送之科技设备而得直接审理者,行政法院认为适当时,得依声请或依职权以该设备审理之。

前项情形,其期日通知书记载之应到处所为该设备所在处所。

依第1项进行程序之笔录及其他文书,须陈述人签名者,由行政法院传送至陈述人所在处所,经陈述人确认内容并签名后,将笔录及其他文书以电信传真或其他科技设备传回行政法院。

第1项之审理及前项文书传送之办法,由"司法院"定之。

第 131 条　受命法官之权限

第49条第3项至第6项,第55条,第66条但书,第67条但书,第100条第1项前段、第2项,第107条第1项但书,第110第4项,第121条第1项第1款至第4款、第2项,第124条,第125条,第130-1条及民事诉讼法第49条,第75条第1项,第120第1项,第121条第1项、第2项,第200条,第207条,第208条,第213第2项,第213-1条,第214条,第217条,第268条,第268-1条第2项、第3项,第268-2条第1项,第371条第1项、第2项及

第372条关于法院或审判长权限之规定,于受命法官行准备程序时准用之。

第132条 准用之规定

"民事诉讼法"第195条至第197条、第200条、第201条、第204条、第206条至第208条、第210条、第211条、第214条、第215条、第217条至第219条、第265条至第268-1条、第268-2条、第270条至第271-1条、第273条至第276条之规定,于本节准用之。

第四节 证 据

第133条 调查证据

行政法院于撤销诉讼,应依职权调查证据;于其他诉讼,为维护公益者,亦同。

第134条 自认之限制

前条诉讼,当事人主张之事实,虽经他造自认,行政法院仍应调查其他必要之证据。

第135条 认他造证据之主张应证之事实为真实

当事人因妨碍他造使用,故意将证据灭失、隐匿或致碍难使用者,行政法院得审酌情形认他造关于该证据之主张或依该证据应证之事实为真实。

前项情形,于裁判前应令当事人有辩论之机会。

第136条 准用之规定

除本法有规定者外,"民事诉讼法"第277条之规定于本节准用之。

第 137 条　当事人对行政法院不知之者有举证之责

习惯及外国之现行法为行政法院所不知者,当事人有举证之责任。但行政法院得依职权调查之。

第 138 条　嘱托调查证据

行政法院得嘱托普通法院或其他机关、学校、团体调查证据。

第 139 条　受命法官调查或嘱托调查

行政法院认为适当时,得使庭员 1 人为受命法官或嘱托他行政法院指定法官调查证据。

第 140 条　制作调查证据笔录

受诉行政法院于言词辩论前调查证据,或由受命法官、受托法官调查证据者,行政法院书记官应作调查证据笔录。

第 128 条至第 130 条之规定,于前项笔录准用之。

受托法官调查证据笔录,应送交受诉行政法院。

第 141 条　调查证据后行政法院应为之处置

调查证据之结果,应告知当事人为辩论。

于受诉行政法院外调查证据者,当事人应于言词辩论时陈述其调查之结果。但审判长得令行政法院书记官朗读调查证据笔录代之。

第 142 条　为证人之义务

除法律别有规定外,不问何人,于他人之行政诉讼有为证人之义务。

第 143 条　裁定证人不到场之罚锾

证人受合法之通知,无正当理由而不到场者,行政法院得以裁定处新台币 3 万元以下罚锾。

证人已受前项裁定,经再次通知仍不到场者,得再处新台币6万元以下罚锾,并得拘提之。

拘提证人,准用"刑事诉讼法"关于拘提被告之规定;证人为现役军人者,应以拘票嘱托该管长官执行。

处证人罚锾之裁定,得为抗告,抗告中应停止执行。

第 144 条　公务员为证人之特则

以公务员、"中央民意代表"或曾为公务员、"中央民意代表"之人为证人,而就其职务上应守秘密之事项讯问者,应得该监督长官或民意机关之同意。

前项同意,除有妨害国家高度机密者外,不得拒绝。

以受公务机关委托承办公务之人为证人者,准用前2项之规定。

第 145 条　得拒绝证言之事由之一

证人恐因陈述致自己或下列之人受刑事诉追或蒙耻辱者,得拒绝证言:

一、证人之配偶、前配偶或四亲等内之血亲、三亲等内之姻亲或曾有此亲属关系或与证人订有婚约者。

二、证人之监护人或受监护人。

第 146 条　得拒绝证言之事由之二

证人有下列各款情形之一者,得拒绝证言:

一、证人有第 144 条之情形。

二、证人为医师、药师、药商、助产士、宗教师、律师、会计师或其他从事相类业务之人或其业务上佐理人或曾任此等职务之人,就其因业务所知悉有关他人秘密之事项受讯问。

三、关于技术上或职业上之秘密受讯问。

前项规定,于证人秘密之责任已经免除者,不适用之。

第 147 条　得拒绝证言者之告知

依前二条规定,得拒绝证言者,审判长应于讯问前或知有该项情形时告知之。

第 148 条　不陈明原因而拒绝证言得处罚锾

证人不陈明拒绝之原因事实而拒绝证言,或以拒绝为不当之裁定已确定而仍拒绝证言者,行政法院得以裁定处新台币 3 万元以下罚锾。

前项裁定得为抗告,抗告中应停止执行。

第 149 条　命证人具结

审判长于讯问前,应命证人各别具结。但其应否具结有疑义者,于讯问后行之。

审判长于证人具结前,应告以具结之义务及伪证之处罚。

证人以书状为陈述者,不适用前 2 项之规定。

第 150 条　不得命具结者

以未满 16 岁或因精神障碍不解具结意义及其效果之人为证人者,不得令其具结。

第 151 条　得拒绝具结之事由

以下列各款之人为证人者,得不令其具结:

一、证人为当事人之配偶、前配偶或四亲等内之血亲、三亲等内之姻亲或曾有此亲属关系或与当事人订有婚约。

二、有第 145 条情形而不拒绝证言。

三、当事人之受雇人或同居人。

第 152 条　得拒绝具结之事由

证人就与自己或第 145 条所列之人有直接利害关系之事项受讯问者,得拒绝具结。

第 153 条　拒绝具结准用之规定

第 148 条之规定,于证人拒绝具结者准用之。

第 154 条　当事人之声请发问及自行发问

当事人得就应证事实及证言信用之事项,声请审判长对于证人为必要之发问,或向审判长陈明后自行发问。

前项之发问,与应证事实无关、重复发问、诱导发问、侮辱证人或有其他不当情形,审判长得依声请或依职权限制或禁止。

关于发问之限制或禁止有异议者,行政法院应就其异议为裁定。

第 155 条　发给证人日费及旅费

行政法院应发给证人法定之日费及旅费;证人亦得于讯问完毕后请求之。但被拘提或无正当理由拒绝具结或证言者,不在此限。

前项关于日费及旅费之裁定,得为抗告。

证人所需之旅费,得依其请求预行酌给之。

第 156 条　鉴定准用规定

鉴定,除别有规定外,准用本法关于人证之规定。

第 157 条　有为鉴定人之义务

从事于鉴定所需之学术、技艺或职业,或经机关委任有鉴定职务者,于他人之行政诉讼有为鉴定人之义务。

第 158 条　拘提之禁止
鉴定人不得拘提。

第 159 条　拒绝鉴定
鉴定人拒绝鉴定,虽其理由不合于本法关于拒绝证言之规定,如行政法院认为正当者,亦得免除其鉴定义务。

第 160 条　报酬之请求
鉴定人于法定之日费、旅费外,得请求相当之报酬。

鉴定所需费用,得依鉴定人之请求预行酌给之。

关于前 2 项请求之裁定,得为抗告。

第 161 条　嘱托鉴定准用之规定
行政法院依第 138 条之规定,嘱托机关、学校或团体陈述鉴定意见或审查之者,准用第 160 条及"民事诉讼法"第 335 条至第 337 条之规定。其鉴定书之说明,由该机关、学校或团体所指定之人为之。

第 162 条　专业法律问题之征询意见
行政法院认有必要时,得就诉讼事件之专业法律问题征询从事该学术研究之人,以书面或于审判期日到场陈述其法律上意见。

前项意见,于裁判前应告知当事人使为辩论。

第 1 项陈述意见之人,准用鉴定人之规定。但不得令其具结。

第 163 条　当事人有提出义务之文书
下列各款文书,当事人有提出之义务:

一、该当事人于诉讼程序中曾经引用者。

二、他造依法律规定,得请求交付或阅览者。

三、为他造之利益而作者。

四、就与本件诉讼关系有关之事项所作者。

五、商业账簿。

第 164 条　调取文书

公务员或机关掌管之文书,行政法院得调取之。如该机关为当事人时,并有提出之义务。

前项情形,除有妨害国家高度机密者外,不得拒绝。

第 165 条　当事人不从提出文书之命

当事人无正当理由不从提出文书之命者,行政法院得审酌情形认他造关于该文书之主张或依该文书应证之事实为真实。

前项情形,于裁判前应令当事人有辩论之机会。

第 166 条　声请命第三人提出文书

声明书证系使用第三人所执之文书者,应声请行政法院命第三人提出或定由举证人提出之期间。

"民事诉讼法"第 342 条第 2 项、第 3 项之规定,于前项声请准用之。

文书为第三人所执之事由及第三人有提出义务之原因,应释明之。

第 167 条　裁定命第三人提出文书

行政法院认应证之事实重要且举证人之声请正当者,应以裁定命第三人提出文书或定由举证人提出文书之期间。

行政法院为前项裁定前,应使该第三人有陈述意见之机会。

第 168 条　第三人提出文书准用之规定

关于第三人提出文书之义务,准用第 144 条至第 147 条及第 163 条第 2 款至第 5 款之规定。

第 169 条　第三人不从提出文书命令之制裁

第三人无正当理由不从提出文书之命者,行政法院得以裁定处新台币 3 万元以下罚锾;于必要时,并得为强制处分。

前项强制处分之执行,适用第 306 条规定。

第 1 项裁定得为抗告,抗告中应停止执行。

第 170 条　第三人之权利

第三人得请求提出文书之费用。

第 155 条之规定,于前项情形准用之。

第 171 条　文书真伪之辨别

文书之真伪,得依核对笔迹或印迹证之。

行政法院得命当事人或第三人提出文书,以供核对。核对笔迹或印迹,适用关于勘验之规定。

第 172 条　鉴别笔迹之方法

无适当之笔迹可供核对者,行政法院得指定文字,命该文书之作成名义人书写,以供核对。

文书之作成名义人无正当理由不从前项之命者,准用第 165 条或第 169 条之规定。

因供核对所书写之文字应附于笔录;其他供核对之文件不须发还者,亦同。

第 173 条　准文书

本法关于文书之规定,于文书外之对象,有与文书相同之效用者,准用之。

文书或前项对象,须以科技设备始能呈现其内容或提出原件有事实上之困难者,得仅提出呈现其内容之书面并证明其内容与原件相符。

第 174 条　勘验准用之规定

第 164 条至第 170 条之规定,于勘验准用之。

第 175 条　保全证据之管辖法院

保全证据之声请,在起诉后,向受诉行政法院为之;在起诉前,向受讯问人住居地或证物所在地之地方法院行政诉讼庭为之。

遇有急迫情形时,于起诉后,亦得向前项地方法院行政诉讼庭声请保全证据。

第 175-1 条　司法事务官协助调查证据

行政法院于保全证据时,得命司法事务官协助调查证据。

第 176 条　准用之规定

"民事诉讼法"第 215 条、第 217 条至第 219 条、第 278 条、第 281 条、第 282 条、第 282-1 条、第 284 条至第 286 条、第 291 条至第 293 条、第 295 条、第 296 条、第 296-1 条、第 298 条至第 301 条、第 304 条、第 305 条、第 309 条、第 310 条、第 313 条、第 313-1 条、第 316 条至第 319 条、第 321 条、第 322 条、第 325 条至第 327 条、第 331 条至第 337 条、第 339 条、第 341 条至第 343 条、第 352 条至第 358 条、第 361 条、第 364 条至第 366 条、第 368 条、第 370 条至第 376-2 条之规定,于本节准用之。

第五节　诉讼程序之停止

第 177 条　裁定停止之一——裁判以他诉法律关系为据

行政诉讼之裁判须以民事法律关系是否成立为准据,而该法律关系已经诉讼系属尚未终结者,行政法院应以裁定停止诉讼程序。

除前项情形外,有民事、刑事或其他行政争讼牵涉行政诉讼之裁判者,行政法院在该民事、刑事或其他行政争讼终结前,得以裁定停止诉讼程序。

第 178 条　裁定停止之二——受理诉讼之权限见解有异

行政法院就其受理诉讼之权限,如与普通法院确定裁判之见解有异时,应以裁定停止诉讼程序,并声请"司法院"大法官解释。

第 178-1 条　声请"司法院"大法官解释

行政法院就其受理事件,对所适用之法律,确信有抵触宪法之疑义时,得声请"司法院"大法官解释。

前项情形,行政法院应裁定停止诉讼程序。

第 179 条　当然停止

本于一定资格,以自己名义为他人任诉讼当事人之人,丧失其资格或死亡者,诉讼程序在有同一资格之人承受其诉讼以前当然停止。

依第 29 条规定,选定或指定为诉讼当事人之人全体丧失其资格者,诉讼程序在该有共同利益人全体或新选定或指定为诉讼当事人之人承受其诉讼以前当然停止。

第 180 条　当然停止之例外规定

第 179 条之规定,于有诉讼代理人时不适用之。但行政法院得酌量情形裁定停止其诉讼程序。

第 181 条　承受诉讼之声明

诉讼程序当然停止后,依法律所定之承受诉讼之人,于得为承受时,应即为承受之声明。

他造当事人亦得声明承受诉讼。

第 182 条　当然或裁定停止之效力

诉讼程序当然或裁定停止间,行政法院及当事人不得为关于本案之诉讼行为。但于言词辩论终结后当然停止者,本于其辩论之裁判得宣示之。

诉讼程序当然或裁定停止者,期间停止进行;自停止终竣时起,其期间更始进行。

第 183 条　当事人合意停止诉讼程序

当事人得以合意停止诉讼程序。但于公益之维护有碍者,不在此限。

前项合意,应由两造向受诉行政法院陈明。

行政法院认第 1 项之合意有碍公益之维护者,应于两造陈明后,1 个月内裁定续行诉讼。

前项裁定不得声明不服。

不变期间之进行不因第 1 项合意停止而受影响。

第 184 条　合意停止之期间及次数之限制

除有前条第 3 项之裁定外,合意停止诉讼程序之当事人,自陈明合意停止时起,如于 4 个月内不续行诉讼者,视为撤回其诉;续行诉讼而再以合意停止诉讼程序者,以 1 次为限。如再次陈明合意停止诉讼程序,视为撤回其诉。

第 185 条　拟制合意停止

当事人两造无正当理由迟误言词辩论期日,除有碍公益之维护者外,视为合意停止诉讼程序。如于 4 个月内不续行诉讼者,视为撤回其诉。但行政法院认有必要时,得依职权续行诉讼。

行政法院依前项但书规定续行诉讼,两造如无正当理由仍不到者,视为撤回其诉。

行政法院认第1项停止诉讼程序有碍公益之维护者,除别有规定外,应自该期日起,1个月内裁定续行诉讼。

前项裁定不得声明不服。

第186条 准用之规定

"民事诉讼法"第168条至第171条、第173条、第174条、第176条至第181条、第185条至第187条之规定,于本节准用之。

第六节 裁判

第187条 裁判之方式

裁判,除依本法应用判决者外,以裁定行之。

第188条 判决之形式要件,言词审理、直接审理

行政诉讼除别有规定外,应本于言词辩论而为裁判。

法官非参与裁判基础之辩论者,不得参与裁判。

裁定得不经言词辩论为之。

裁定前不行言词辩论者,除别有规定外,得命关系人以书状或言词为陈述。

第189条 裁判之实质要件

行政法院为裁判时,应斟酌全辩论意旨及调查证据之结果,依论理及经验法则判断事实之真伪。但别有规定者,不在此限。

当事人已证明受有损害而不能证明其数额或证明显有重大困难者,法院应审酌一切情况,依所得心证定其数额。

得心证之理由,应记明于判决。

第 190 条　终局判决

行政诉讼达于可为裁判之程度者,行政法院应为终局判决。

第 191 条　一部之终局判决

诉讼标的之一部,或以一诉主张之数项标的,其一达于可为裁判之程度者,行政法院得为一部之终局判决。

前项规定,于命合并辩论之数宗诉讼,其一达于可为裁判之程度者,准用之。

第 192 条　中间判决

各种独立之攻击或防御方法,达于可为裁判之程度者,行政法院得为中间判决;请求之原因及数额俱有争执时,行政法院以其原因为正当者,亦同。

第 193 条　中间裁定

行政诉讼进行中所生程序上之争执,达于可为裁判之程度者,行政法院得先为裁定。

第 194 条　径为判决之情形

行政诉讼有关公益之维护者,当事人两造于言词辩论期日无正当理由均不到场时,行政法院得依职权调查事实,不经言词辩论,径为判决。

第 195 条　判决及不利益变更之禁止

行政法院认原告之诉为有理由者,除别有规定外,应为其胜诉之判决;认为无理由者,应以判决驳回之。

撤销诉讼之判决,如系变更原处分或决定者,不得为较原处分或决定不利于原告之判决。

第 196 条　撤销判决中命为回复原状之处置

行政处分已执行者，行政法院为撤销行政处分判决时，经原告声请，并认为适当者，得于判决中命行政机关为回复原状之必要处置。

撤销诉讼进行中，原处分已执行而无回复原状可能或已消灭者，于原告有即受确认判决之法律上利益时，行政法院得依声请，确认该行政处分为违法。

第 197 条　撤销诉讼之代替判决

撤销诉讼，其诉讼标的之行政处分涉及金钱或其他代替物之给付或确认者，行政法院得以确定不同金额之给付或以不同之确认代替之。

第 198 条　情况判决

行政法院受理撤销诉讼，发现原处分或决定虽属违法，但其撤销或变更于公益有重大损害，经斟酌原告所受损害、赔偿程度、防止方法及其他一切情事，认原处分或决定之撤销或变更显与公益相违背时，得驳回原告之诉。

前项情形，应于判决主文中谕知原处分或决定违法。

第 199 条　因情况判决而受损害之救济

行政法院为前条判决时，应依原告之声明，将其因违法处分或决定所受之损害，于判决内命被告机关赔偿。

原告未为前项声明者，得于前条判决确定后 1 年内，向行政法院诉请赔偿。

第 200 条　请求应为行政处分之诉讼之判决方式

行政法院对于人民依第 5 条规定请求应为行政处分或应为特

定内容之行政处分之诉讼,应为下列方式之裁判:

一、原告之诉不合法者,应以裁定驳回之。

二、原告之诉无理由者,应以判决驳回之。

三、原告之诉有理由,且案件事证明确者,应判命行政机关作成原告所申请内容之行政处分。

四、原告之诉虽有理由,唯案件事证尚未臻明确或涉及行政机关之行政裁量决定者,应判命行政机关遵照其判决之法律见解对于原告作成决定。

第 201 条　对违法裁量行为之审查

行政机关依裁量权所为之行政处分,以其作为或不作为逾越权限或滥用权力者为限,行政法院得予撤销。

第 202 条　舍弃及认诺判决

当事人于言词辩论时为诉讼标的之舍弃或认诺者,以该当事人具有处分权及不涉及公益者为限,行政法院得本于其舍弃或认诺为该当事人败诉之判决。

第 203 条　情事变更原则

公法上契约成立后,情事变更,非当时所得预料,而依其原有效果显失公平者,行政法院得依当事人声请,为增、减给付或变更、消灭其他原有效果之判决。

为当事人之行政机关,因防止或免除公益上显然重大之损害,亦得为前项之声请。

前 2 项规定,于因公法上其他原因发生之财产上给付,准用之。

第 204 条　宣示判决与公告判决

经言词辩论之判决,应宣示之;不经言词辩论之判决,应公告之。

宣示判决应于辩论终结之期日或辩论终结时指定之期日为之。

前项指定之宣示期日,自辩论终结时起,不得逾 2 星期。

判决经公告者,行政法院书记官应作记载该事由及年、月、日、时之证书附卷。

第 205 条　宣示判决之效力及主文之公告

宣示判决,不问当事人是否在场,均有效力。

判决经宣示后,其主文仍应于当日在行政法院牌示处公告之。

判决经宣示或公告后,当事人得不待送达,本于该判决为诉讼行为。

第 206 条　判决之羁束力

判决经宣示后,为该判决之行政法院受其羁束;其不宣示者,经公告主文后,亦同。

第 207 条　宣示及公告

经言词辩论之裁定,应宣示之。

终结诉讼之裁定,应公告之。

第 208 条　裁定之羁束力

裁定经宣示后,为该裁定之行政法院、审判长、受命法官或受托法官受其羁束;不宣示者,经公告或送达后受其羁束。但关于指挥诉讼或别有规定者,不在此限。

第 209 条　判决书应记载事项

判决应作判决书记载下列各款事项：

一、当事人姓名、性别、年龄、身份证明文件字号、住所或居所；当事人为法人、机关或其他团体者，其名称及所在地、事务所或营业所。

二、有法定代理人、代表人、管理人者，其姓名、住所或居所及其与法人、机关或团体之关系。

三、有诉讼代理人者，其姓名、住所或居所。

四、判决经言词辩论者，其言词辩论终结日期。

五、主文。

六、事实。

七、理由。

八、年、月、日。

九、行政法院。

事实项下，应记载言词辩论时当事人之声明及所提攻击或防御方法之要领；必要时，得以书状、笔录或其他文书作为附件。

理由项下，应记载关于攻击或防御方法之意见及法律上之意见。

第 210 条　判决正本应送达当事人

判决，应以正本送达于当事人。

前项送达，自行政法院书记官收领判决原本时起，至迟不得逾 10 日。

对于判决得为上诉者，应于送达当事人之正本内告知其期间及提出上诉状之行政法院。

前项告知期间有错误时，告知期间较法定期间为短者，以法定期间为准；告知期间较法定期间为长者，应由行政法院书记官于判决正本送达后 20 日内，以通知更正之，并自更正通知送达之日起计算法定期间。

行政法院未依第 3 项规定为告知，或告知错误未依前项规定更正，致当事人迟误上诉期间者，视为不应归责于己之事由，得自判决送达之日起 1 年内，适用第 91 条之规定，声请回复原状。

第 211 条　对于不得上诉之判决误作错误告知

不得上诉之判决，不因告知错误而受影响。

第 212 条　判决之确定

判决，于上诉期间届满时确定。但于上诉期间内有合法之上诉者，阻其确定。

不得上诉之判决，于宣示时确定；不宣示者，于公告主文时确定。

第 213 条　判决之确定力

诉讼标的于确定之终局判决中经裁判者，有确定力。

第 214 条　确定判决之效力

确定判决，除当事人外，对于诉讼系属后为当事人之继受人者及为当事人或其继受人占有请求之标的物者，亦有效力。

对于为他人而为原告或被告者之确定判决，对于该他人亦有效力。

第 215 条　撤销或变更原处分判决之效力

撤销或变更原处分或决定之判决，对第三人亦有效力。

第 216 条　判决之拘束力

撤销或变更原处分或决定之判决,就其事件有拘束各关系机关之效力。

原处分或决定经判决撤销后,机关须重为处分或决定者,应依判决意旨为之。

前 2 项判决,如系指摘机关适用法律之见解有违误时,该机关即应受判决之拘束,不得为相左或歧异之决定或处分。

前 3 项之规定,于其他诉讼准用之。

第 217 条　裁定准用之规定

第 204 条第 2 项至第 4 项、第 205 条、第 210 条及"民事诉讼法"第 228 条规定,于裁定准用之。

第 218 条　准用之规定

"民事诉讼法"第 224 条,第 227 条,第 228 条,第 230 条,第 232 条,第 233 条,第 236 条,第 237 条,第 240 条,第 385 条至第 388 条,第 396 条第 1 项、第 2 项及第 399 条之规定,于本节准用之。

第七节　和解

第 219 条　试行和解

当事人就诉讼标的具有处分权且其和解无碍公益之维护者,行政法院不问诉讼程度如何,得随时试行和解。受命法官或受托法官,亦同。

第三人经行政法院之许可,得参加和解。行政法院认为必要时,得通知第三人参加。

第 220 条　试行和解得命当事人等到场

因试行和解,得命当事人、法定代理人、代表人或管理人本人到场。

第 221 条　和解笔录

试行和解而成立者,应作成和解笔录。

第 128 条至第 130 条、"民事诉讼法"第 214 条、第 215 条、第 217 条至第 219 条之规定,于前项笔录准用之。

和解笔录应于和解成立之日起 10 日内,以正本送达于当事人及参加和解之第三人。

第 222 条　和解之效力

和解成立者,其效力准用第 213 条、第 214 条及第 216 条之规定。

第 223 条　请求继续审判

和解有无效或得撤销之原因者,当事人得请求继续审判。

第 224 条　请求继续审判之时限

请求继续审判,应于 30 日之不变期间内为之。

前项期间,自和解成立时起算。但无效或得撤销之原因知悉在后者,自知悉时起算。

和解成立后经过 3 年者,不得请求继续审判。但当事人主张代理权有欠缺者,不在此限。

第 225 条　驳回继续审判之请求

请求继续审判不合法者,行政法院应以裁定驳回之。

请求继续审判显无理由者,得不经言词辩论,以判决驳回之。

第 226 条　变更和解内容之准用规定

因请求继续审判而变更和解内容者,准用第 282 条之规定。

第 227 条　第三人参加和解

第三人参加和解成立者,得为执行名义。

当事人与第三人间之和解,有无效或得撤销之原因者,得向原行政法院提起宣告和解无效或撤销和解之诉。

前项情形,当事人得请求就原诉讼事件合并裁判。

第 228 条　准用之规定

第 224 条至第 226 条之规定,于前条第 2 项情形准用之。

第二章　地方法院行政诉讼庭简易诉讼程序

第 229 条　适用简易诉讼之行政诉讼事件

适用简易诉讼程序之事件,以地方法院行政诉讼庭为第一审管辖法院。

下列各款行政诉讼事件,除本法别有规定外,适用本章所定之简易程序:

一、关于税捐课征事件涉讼,所核课之税额在新台币 40 万元以下者。

二、因不服行政机关所为新台币 40 万元以下罚款处分而涉讼者。

三、其他关于公法上财产关系之诉讼,其目标之金额或价额在新台币 40 万元以下者。

四、因不服行政机关所为告诫、警告、记点、记次、讲习、辅导教育或其他相类之轻微处分而涉讼者。

五、关于"内政部""入出国及移民署"(以下简称"入出国及移民署")之行政收容事件涉讼,或合并请求损害赔偿或其他财产上给付者。

六、依法律之规定应适用简易诉讼程序者。

前项所定数额,"司法院"得因情势需要,以命令减为新台币20万元或增至新台币60万元。

第2项第5款之事件,由受收容人受收容或曾受收容所在地之地方法院行政诉讼庭管辖,不适用第13条之规定。但未曾受收容者,由被告机关所在地之地方法院行政诉讼庭管辖。

第230条 简易诉讼之变更、追加或反诉

前条第2项第1款至第3款之诉,因诉之变更,致诉讼标的之金额或价额逾新台币40万元者,其辩论及裁判改依通常诉讼程序之规定,地方法院行政诉讼庭并应裁定移送管辖之高等行政法院;追加之新诉或反诉,其诉讼标的之金额或价额逾新台币40万元,而以原诉与之合并辩论及裁判者,亦同。

第231条 起诉及声明以言词为之

起诉及其他期日外之声明或陈述,概得以言词为之。

以言词起诉者,应将笔录送达于他造。

第232条 简易诉讼程序之实行

简易诉讼程序在独任法官前行之。

第233条 简易诉讼程序之实行

言词辩论期日之通知书,应与诉状或第231条第2项之笔录一并送达于他造。

第 234 条　判决书之简化

判决书内之事实、理由,得不分项记载,并得仅记载其要领。

第 235 条　上诉或抗告

对于简易诉讼程序之裁判不服者,除本法别有规定外,得上诉或抗告于管辖之"高等行政法院"。

前项上诉或抗告,非以原裁判违背法令为理由,不得为之。

对于简易诉讼程序之第二审裁判,不得上诉或抗告。

第 235-1 条　裁定移送及裁定发回

"高等行政法院"受理前条第 1 项诉讼事件,认有确保裁判见解统一之必要者,应以裁定移送"最高行政法院"裁判之。

前项裁定,不得声明不服。

"最高行政法院"认"高等行政法院"裁定移送之诉讼事件,并未涉及裁判见解统一之必要者,应以裁定发回。受发回之"高等行政法院",不得再将诉讼事件裁定移送"最高行政法院"。

第 236 条　简易诉讼程序适用之规定

简易诉讼程序除本章别有规定外,仍适用通常诉讼程序之规定。

第 236-1 条　上诉或抗告理由状内应记载事项

对于简易诉讼程序之裁判提起上诉或抗告,应于上诉或抗告理由中表明下列事由之一,提出于原地方法院行政诉讼庭为之:

一、原裁判所违背之法令及其具体内容。

二、依诉讼资料可认为原裁判有违背法令之具体事实。

第 236-2 条　准用规定

应适用通常诉讼程序之事件,第一审误用简易诉讼程序审理并为判决者,受理其上诉之"高等行政法院"应废弃原判决,径依通常诉讼程序为第一审判决。但当事人于第一审对于该程序误用已表示无异议或无异议而就该诉讼有所声明或陈述者,不在此限。

前项但书之情形,"高等行政法院"应适用简易诉讼上诉审程序之规定为裁判。

简易诉讼程序之上诉,除第241-1条规定外,准用第三编规定。

简易诉讼程序之抗告、再审及重新审理,分别准用第四编至第六编规定。

第237条　准用规定

"民事诉讼法"第430条、第431条及第433条之规定,于本章准用之。

第三章　交通裁决事件诉讼程序

第237-1条　交通裁决事件之范围及合并提起非交通裁决事件之处置

本法所称交通裁决事件如下:

一、不服"道路交通管理处罚条例"第8条及第37条第5项之裁决,而提起之撤销诉讼、确认诉讼。

二、合并请求返还与前款裁决相关之已缴纳罚锾或已缴送之驾驶执照、计程车驾驶人执业登记证、汽车牌照。

合并提起前项以外之诉讼者,应适用简易诉讼程序或通常诉讼程序之规定。

第 237-2 条、第 237-3 条、第 237-4 条第 1 项及第 2 项规定,于前项情形准用之。

第 237-2 条　交通裁决事件之管辖法院

交通裁决事件,得由原告住所地、居所地、所在地或违规行为地之地方法院行政诉讼庭管辖。

第 237-3 条　撤销诉讼起诉期间之限制

交通裁决事件诉讼之提起,应以原处分机关为被告,径向管辖之地方法院行政诉讼庭为之。

交通裁决事件中撤销诉讼之提起,应于裁决书送达后 30 日之不变期间内为之。

前项诉讼,因原处分机关未为告知或告知错误,致原告于裁决书送达 30 日内误向原处分机关递送起诉状者,视为已遵守起诉期间,原处分机关并应即将起诉状移送管辖法院。

第 237-4 条　被告收受起诉状缮本之处置

地方法院行政诉讼庭收受前条起诉状后,应将起诉状缮本送达被告。

被告收受起诉状缮本后,应于 20 日内重新审查原裁决是否合法妥当,并分别为如下之处置:

一、原告提起撤销之诉,被告认原裁决违法或不当者,应自行撤销或变更原裁决。但不得为更不利益之处分。

二、原告提起确认之诉,被告认原裁决无效或违法者,应为确认。

三、原告合并提起给付之诉,被告认原告请求有理由者,应即返还。

四、被告重新审查后，不依原告之请求处置者，应附具答辩状，并将重新审查之记录及其他必要之关系文件，一并提出于管辖之地方法院行政诉讼庭。

被告依前项第 1 款至第 3 款规定为处置者，应即陈报管辖之地方法院行政诉讼庭；被告于第一审终局裁判生效前已完全依原告之请求处置者，以其陈报管辖之地方法院行政诉讼庭时，视为原告撤回起诉。

第 237-5 条　各项裁判费之征收标准

交通裁决事件，按下列规定征收裁判费：

一、起诉，按件征收新台币 300 元。

二、上诉，按件征收新台币 750 元。

三、抗告，征收新台币 300 元。

四、再审之诉，按起诉法院之审级，依第一款、第二款征收裁判费；对于确定之裁定声请再审者，征收新台币 300 元。

五、本法第 98-5 条各款声请，征收新台币 300 元。

依前条第 3 项规定，视为撤回起诉者，法院应依职权退还已缴之裁判费。

第 237-6 条　非属交通裁决事件范围者改依其他程序审理

因诉之变更、追加，致其诉之全部或一部，不属于交通裁决事件之范围者，地方法院行政诉讼庭应改依简易诉讼程序审理；其应改依通常诉讼程序者，并应裁定移送管辖之"高等行政法院"。

第 237-7 条　交通裁决事件之裁判不采言词辩论主义

交通裁决事件之裁判，得不经言词辩论为之。

第 237-8 条　诉讼费用

行政法院为诉讼费用之裁判时，应确定其费用额。

前项情形，行政法院得命当事人提出费用计算书及释明费用额之文书。

第 237-9 条　交通裁决事件准用规定

交通裁决事件，除本章别有规定外，准用简易诉讼程序之规定。

交通裁决事件之上诉，准用第 235 条、第 235-1 条、第 236-1 条、第 236-2 条第 1 项至第 3 项及第 237-8 条规定。

交通裁决事件之抗告、再审及重新审理，分别准用第四编至第六编规定。

第四章　收容声请事件过程

第 237-10 条　收容声请事件之种类

本法所称收容声请事件如下：

一、依"入出国及移民法"、台湾地区与大陆地区人民关系条例及香港澳门关系条例提起收容异议、声请续予收容及延长收容事件。

二、依本法声请停止收容事件。

第 237-11 条　收容声请事件之管辖法院

收容声请事件，以地方法院行政诉讼庭为第一审管辖法院。

前项事件，由受收容人所在地之地方法院行政诉讼庭管辖，不适用第 13 条之规定。

第 237-12 条　收容声请事件之审理程序
行政法院审理收容异议、续予收容及延长收容之声请事件，应讯问受收容人；"入出国及移民署"并应到场陈述。

行政法院审理前项声请事件时，得征询"入出国及移民署"为其他收容替代处分之可能，以供审酌收容之必要性。

第 237-13 条　声请法院停止收容
行政法院裁定续予收容或延长收容后，受收容人及得提起收容异议之人，认为收容原因消灭、无收容必要或有得不予收容情形者，得声请法院停止收容。

行政法院审理前项事件，认有必要时，得讯问受收容人或征询"入出国及移民署"之意见，并准用前条第 2 项之规定。

第 237-14 条　收容声请事件之裁定方式
行政法院认收容异议、停止收容之声请为无理由者，应以裁定驳回之。认有理由者，应为释放受收容人之裁定。

行政法院认续予收容、延长收容之声请为无理由者，应以裁定驳回之。认有理由者，应为续予收容或延长收容之裁定。

第 237-15 条　裁定之宣示及送达
行政法院所为续予收容或延长收容之裁定，应于收容期间届满前当庭宣示或以正本送达受收容人。未于收容期间届满前为之者，续予收容或延长收容之裁定，视为撤销。

第 237-16 条　收容声请事件裁定之救济程序
声请人、受裁定人或"入出国及移民署"对地方法院行政诉讼庭所为收容声请事件之裁定不服者，应于裁定送达后 5 日内抗告于管辖之"高等行政法院"。

对于抗告法院之裁定,不得再为抗告。

抗告程序,除依前项规定外,准用第四编之规定。

收容声请事件之裁定已确定,而有第二百七十三条之情形者,得准用第五编之规定,声请再审。

第 237-17 条　收容声请事件之诉讼费用相关规定

行政法院受理收容声请事件,不适用第一编第四章第五节诉讼费用之规定。但依第 98 条之 6 第 1 项第 1 款之规定征收者,不在此限。

收容声请事件,除本章别有规定外,准用简易诉讼程序之规定。

第三编　上诉审程序

第 238 条　上诉审程序

对于"高等行政法院"之终局判决,除本法或其他法律别有规定外,得上诉于"最高行政法院"。

于上诉审程序,不得为诉之变更、追加或提起反诉。

第 239 条　上诉之范围

前条判决前之裁判,牵涉该判决者,并受"最高行政法院"之审判。但依本法不得声明不服或得以抗告声明不服者,不在此限。

第 240 条　舍弃上诉权

当事人于高等行政法院判决宣示、公告或送达后,得舍弃上诉权。

当事人于宣示判决时，以言词舍弃上诉权者，应记载于言词辩论笔录；如他造不在场，应将笔录送达。

第 241 条　上诉期间

提起上诉，应于"高等行政法院"判决送达后 20 日之不变期间内为之。但宣示或公告后送达前之上诉，亦有效力。

第 241-1 条　上诉审诉讼代理人

对于"高等行政法院"判决上诉，上诉人应委任律师为诉讼代理人。但有下列情形之一者，不在此限：

一、上诉人或其法定代理人具备律师资格或为教育部审定合格之大学或独立学院公法学教授、副教授者。

二、税务行政事件，上诉人或其法定代理人具备会计师资格者。

三、专利行政事件，上诉人或其法定代理人具备专利师资格或依法得为专利代理人者。

非律师具有下列情形之一，经"最高行政法院"认为适当者，亦得为上诉审诉讼代理人：

一、上诉人之配偶、三亲等内之血亲、二亲等内之姻亲具备律师资格者。

二、税务行政事件，具备会计师资格者。

三、专利行政事件，具备专利师资格或依法得为专利代理人者。

四、上诉人为公法人、"中央"或地方机关、公法上之非法人团体时，其所属专任人员办理法制、法务、诉愿业务或与诉讼事件相关业务者。

"民事诉讼法"第 466-1 条第 3 项、第 4 项,第 466-2 条及 466-3 条之规定,于前二项准用之。

第 242 条　上诉之理由

对于"高等行政法院"判决之上诉,非以其违背法令为理由,不得为之。

第 243 条　判决违背法令之情形

判决不适用法规或适用不当者,为违背法令。

有下列各款情形之一者,其判决当然违背法令:

一、判决法院之组织不合法。

二、依法律或裁判应回避之法官参与裁判。

三、行政法院于权限之有无辨别不当或违背专属管辖之规定。

四、当事人于诉讼未经合法代理或代表。

五、违背言词辩论公开之规定。

六、判决不备理由或理由矛盾。

第 244 条　上诉状应标明事项

提起上诉,应以上诉状表明下列各款事项,提出于原"高等行政法院"为之:

一、当事人。

二、"高等行政法院"判决,及对于该判决上诉之陈述。

三、对于"高等行政法院"判决不服之程度,及应如何废弃或变更之声明。

四、上诉理由。

前项上诉状内并应添具关于上诉理由之必要证据。

第 245 条　补齐上诉理由书之期间

上诉状内未表明上诉理由者，上诉人应于提起上诉后 20 日内提出理由书于原"高等行政法院"；未提出者，毋庸命其补正，由原"高等行政法院"以裁定驳回之。

判决宣示或公告后送达前提起上诉者，前项期间应自判决送达后起算。

第 246 条　原审对不合法上诉之处置

上诉不合法而其情形不能补正者，原"高等行政法院"应以裁定驳回之。

上诉不合法而其情形可以补正者，原"高等行政法院"应定期间命其补正；如不于期间内补正，原"高等行政法院"应以裁定驳回之。

第 247 条　上诉状之送达及答辩状之提出

上诉未经依前条规定驳回者，"高等行政法院"应速将上诉状送达被上诉人。

被上诉人得于上诉状或第 245 条第 1 项理由书送达后 15 日内，提出答辩状于原"高等行政法院"。

"高等行政法院"送交诉讼卷宗于"最高行政法院"，应于收到答辩状或前项期间已满，及各当事人之上诉期间已满后为之。

前项应送交之卷宗，如为"高等行政法院"所需者，应自备缮本、复印件或节本。

第 248 条　补提书状于"最高行政法院"

被上诉人在"最高行政法院"未判决前得提出答辩状及其追加书状于"最高行政法院"，上诉人亦得提出上诉理由追加书状。

"最高行政法院"认有必要时,得将前项书状送达于他造。

第 249 条　对不合法上诉之处置

上诉不合法者,"最高行政法院"应以裁定驳回之。但其情形可以补正者,审判长应定期间先命补正。

上诉不合法之情形,已经原"高等行政法院"命其补正而未补正者,得不行前项但书之程序。

第 250 条　上诉声明之限制

上诉之声明不得变更或扩张之。

第 251 条　调查之范围

"最高行政法院"应于上诉声明之范围内调查之。

"最高行政法院"调查"高等行政法院"判决有无违背法令,不受上诉理由之拘束。

第 252 条　（删除）

第 253 条　判决得行言词辩论之情形

"最高行政法院"之判决不经言词辩论为之。但有下列情形之一者,得依职权或依声请行言词辩论:

一、法律关系复杂或法律见解纷歧,有以言词辩明之必要。

二、涉及专门知识或特殊经验法则,有以言词说明之必要。

三、涉及公益或影响当事人权利义务重大,有行言词辩论之必要。

言词辩论应于上诉声明之范围内为之。

第 254 条　判决基础

除别有规定外,"最高行政法院"应以"高等行政法院"判决确定之事实为判决基础。

以违背诉讼程序之规定为上诉理由时，所举违背之事实，及以违背法令确定事实或遗漏事实为上诉理由时，所举之该事实，"最高行政法院"得斟酌之。

依前条第 1 项但书行言词辩论所得阐明或补充诉讼关系之资料，"最高行政法院"亦得斟酌之。

第 255 条　无上诉理由之判决

"最高行政法院"认上诉为无理由者，应为驳回之判决。

原判决依其理由虽属不当，而依其他理由认为正当者，应以上诉为无理由。

第 256 条　上诉有理由之判决

"最高行政法院"认上诉为有理由者，就该部分应废弃原判决。

因违背诉讼程序之规定废弃原判决者，其违背之诉讼程序部分，视为亦经废弃。

第 256-1 条　适用上诉审之情形

应适用简易诉讼程序或交通裁决诉讼程序之事件，"最高行政法院"不得以"高等行政法院"行通常诉讼程序而废弃原判决。

前项情形，应适用简易诉讼或交通裁决诉讼上诉审程序之规定。

第 257 条　将事件移送管辖法院

"最高行政法院"不得以"高等行政法院"无管辖权而废弃原判决。但违背专属管辖之规定者，不在此限。

因"高等行政法院"无管辖权而废弃原判决者，应以判决将该事件移送于管辖行政法院。

第 258 条　原审判决虽违背法令仍不得予以废弃之例外规定

除第 243 条第 2 项第 1 款至第 5 款之情形外,"高等行政法院"判决违背法令而不影响裁判之结果者,不得废弃原判决。

第 259 条　自为判决之情形

经废弃原判决而有下列各款情形之一者,"最高行政法院"应就该事件自为判决:

一、因基于确定之事实或依法得斟酌之事实,不适用法规或适用不当废弃原判决,而事件已可依该事实为裁判。

二、因事件不属行政法院之权限,而废弃原判决。

三、依第 253 条第 1 项行言词辩论。

第 260 条　发回或发交判决

除别有规定外,经废弃原判决者,"最高行政法院"应将该事件发回原"高等行政法院"或发交其他"高等行政法院"。

前项发回或发交判决,就"高等行政法院"应调查之事项,应详予指示。

受发回或发交之"高等行政法院",应以"最高行政法院"所为废弃理由之法律上判断为其判决基础。

第 261 条　发回或发交所应为之处置

为发回或发交之判决者,"最高行政法院"应速将判决正本附入卷宗,送交受发回或发交之"高等行政法院"。

第 262 条　撤回上诉

上诉人于终局判决宣示或公告前得将上诉撤回。

撤回上诉者,丧失其上诉权。

上诉之撤回,应以书状为之。但在言词辩论时,得以言词为之。

于言词辩论时所为上诉之撤回,应记载于言词辩论笔录,如他造不在场,应将笔录送达。

第263条　上诉审程序准用之规定

除本编别有规定外,前编第一章之规定,于上诉审程序准用之。

第四编　抗告程序

第264条　得抗告之裁定

对于裁定得为抗告。但别有不许抗告之规定者,不在此限。

第265条　程序中裁定不得抗告之原则

诉讼程序进行中所为之裁定,除别有规定外,不得抗告。

第266条　准抗告

受命法官或受托法官之裁定,不得抗告。但其裁定如系受诉行政法院所为而依法得为抗告者,得向受诉行政法院提出异议。

前项异议,准用对于行政法院同种裁定抗告之规定。

受诉行政法院就异议所为之裁定,得依本编之规定抗告。

系属于"最高行政法院"之事件,受命法官、受托法官所为之裁定,得向受诉行政法院提出异议。其不得上诉"最高行政法院"之事件,"高等行政法院"受命法官、受托法官所为之裁定,亦同。

第267条　抗告法院

抗告,由直接上级行政法院裁定。

对于抗告法院之裁定,不得再为抗告。

第 268 条　抗告期间

提起抗告,应于裁定送达后 10 日之不变期间内为之。但送达前之抗告亦有效力。

第 269 条　提起抗告之程序

提起抗告,应向为裁定之原行政法院或原审判长所属行政法院提出抗告状为之。

关于诉讼救助提起抗告,及由证人、鉴定人或执有证物之第三人提起抗告者,得以言词为之。

第 270 条　抗告舍弃及撤回准用之规定

关于舍弃上诉权及撤回上诉之规定,于抗告准用之。

第 271 条　拟制抗告或异议

依本编规定,应为抗告而误为异议者,视为已提起抗告;应出异议而误为抗告者,视为已提出异议。

第 272 条　准用之规定

民事诉讼法第 490 条至第 492 条及第 495-1 条第 1 项之规定,于本编准用之。

第五编　再审程序

第 273 条　再审之事由

有下列各款情形之一者,得以再审之诉对于确定终局判决声明不服。但当事人已依上诉主张其事由或知其事由而不为主张者，不在此限：

一、适用法规显有错误。

二、判决理由与主文显有矛盾。

三、判决法院之组织不合法。

四、依法律或裁判应回避之法官参与裁判。

五、当事人於诉讼未经合法代理或代表。

六、当事人知他造之住居所，指为所在不明而与涉讼。但他造已承认其诉讼程序者，不在此限。

七、参与裁判之法官关于该诉讼违背职务，犯刑事上之罪。

八、当事人之代理人、代表人、管理人或他造或其代理人、代表人、管理人关于该诉讼有刑事上应罚之行为，影响于判决。

九、为判决基础之证物系伪造或变造。

十、证人、鉴定人或通译就为判决基础之证言、鉴定或通译为虚伪陈述。

十一、为判决基础之民事或刑事判决及其他裁判或行政处分，依其后之确定裁判或行政处分已变更。

十二、当事人发现就同一诉讼标的在前已有确定判决或和解或得使用该判决或和解。

十三、当事人发现未经斟酌之证物或得使用该证物。但以如经斟酌可受较有利益之裁判为限。

十四、原判决就足以影响于判决之重要证物漏未斟酌。

确定终局判决所适用之法律或命令，经"司法院"大法官依当事人之声请解释为抵触宪法者，其声请人亦得提起再审之诉。

第1项第7款至第10款情形，以宣告有罪之判决已确定，或其刑事诉讼不能开始或续行非因证据不足者为限,得提起再审之诉。

第 274 条　为判决基础之裁判有再审原因

为判决基础之裁判,如有前条所定之情形者,得据以对于该判决提起再审之诉。

第 274-1 条　判决驳回后不得提起再审之诉

再审之诉,行政法院认无再审理由,判决驳回后,不得以同一事由对于原确定判决或驳回再审之诉之确定判决,更行提起再审之诉。

第 275 条　再审之专属管辖法院

再审之诉专属为判决之原行政法院管辖。

对于审级不同之行政法院就同一事件所为之判决提起再审之诉者,专属上级行政法院合并管辖之。

对于"最高行政法院"之判决,本于第 273 条第 1 项第 9 款至第 14 款事由声明不服者,虽有前 2 项之情形,仍专属原"高等行政法院"管辖。

第 276 条　提起再审之期间

再审之诉应于 30 日之不变期间内提起。

前项期间自判决确定时起算,判决于送达前确定者,自送达时起算;其再审之理由发生或知悉在后者,均自知悉时起算。

依第 273 条第 2 项提起再审之诉者,第 1 项期间自解释公布当日起算。

再审之诉自判决确定时起,如已逾 5 年者,不得提起。但以第 273 条第 1 项第 5 款、第 6 款或第 12 款情形为再审之理由者,不在此限。

对于再审确定判决不服，复提起再审之诉者，前项所定期间，自原判决确定时起算。但再审之诉有理由者，自该再审判决确定时起算。

第 277 条　提起再审之程式

再审之诉，应以诉状表明下列各款事项，并添具确定终局判决缮本，提出于管辖行政法院为之：

一、当事人。

二、声明不服之判决及提起再审之诉之陈述。

三、应于如何程度废弃原判决及就本案如何判决之声明。

四、再审理由及关于再审理由并遵守不变期间之证据。

再审诉状内，宜记载准备本案言词辩论之事项。

第 278 条　驳回再审之诉

再审之诉不合法者，行政法院应以裁定驳回之。

再审之诉显无再审理由者，得不经言词辩论，以判决驳回之。

第 279 条　本案审理范围

本案之辩论及裁判，以声明不服之部分为限。

第 280 条　虽有再审理由仍应以判决驳回

再审之诉虽有再审理由，行政法院如认原判决为正当者，应以判决驳回之。

第 281 条　各审程序之准用

除本编别有规定外，再审之诉讼程序准用关于各该审级诉讼程序之规定。

第 282 条　再审判决之效力

再审之诉之判决，对第三人因信赖确定终局判决以善意取得之权利无影响。但显于公益有重大妨害者,不在此限。

第 283 条　准再审

裁定已经确定,而有第 273 条之情形者,得准用本编之规定,声请再审。

第六编　重新审理

第 284 条　重新审理之声请

因撤销或变更原处分或决定之判决,而权利受损害之第三人,如非可归责于己之事由,未参加诉讼,致不能提出足以影响判决结果之攻击或防御方法者,得对于确定终局判决声请重新审理。

前项声请,应于知悉确定判决之日起 30 日之不变期间内为之。但自判决确定之日起已逾 1 年者,不得声请。

第 285 条　重新审理之管辖法院

重新审理之声请准用第 275 条第 1 项、第 2 项管辖之规定。

第 286 条　声请重新审理之程式

声请重新审理,应以声请状表明下列各款事项,提出于管辖行政法院为之：

一、声请人及原诉讼之两造当事人。

二、声请重新审理之事件,及声请重新审理之陈述。

三、就本案应为如何判决之声明。

四、声请理由及关于声请理由并遵守不变期间之证据。

声请状内,宜记载准备本案言词辩论之事项。

第 287 条　声请不合法之驳回
声请重新审理不合法者,行政法院应以裁定驳回之。

第 288 条　声请合法之处置
行政法院认为第 284 条第 1 项之声请有理由者,应以裁定命为重新审理;认为无理由者,应以裁定驳回之。

第 289 条　撤回声请
声请人于前 2 条裁定确定前得撤回其声请。

撤回声请者,丧失其声请权。

声请之撤回,得以书状或言词为之。

第 290 条　回复原诉讼程序
开始重新审理之裁定确定后,应即回复原诉讼程序,依其审级更为审判。

声请人于回复原诉讼程序后,当然参加诉讼。

第 291 条　不停止执行之原则
声请重新审理无停止原确定判决执行之效力。但行政法院认有必要时,得命停止执行。

第 292 条　重新审理准用之规定
第 282 条之规定于重新审理准用之。

第七编　保全程序

第 293 条　假扣押之要件
为保全公法上金钱给付之强制执行,得声请假扣押。

前项声请，就未到履行期之给付，亦得为之。

第 294 条　假扣押之管辖法院

假扣押之声请，由管辖本案之行政法院或假扣押标的所在地之地方法院行政诉讼庭管辖。

管辖本案之行政法院为诉讼已系属或应系属之第一审法院。

假扣押之标的如系债权，以债务人住所或担保之标的所在地，为假扣押标的所在地。

第 295 条　本诉之提起

假扣押裁定后，尚未提起给付之诉者，应于裁定送达后 10 日内提起；逾期未起诉者，行政法院应依声请撤销假扣押裁定。

第 296 条　假扣押裁定撤销之效力

假扣押裁定因自始不当而撤销，或因前条及"民事诉讼法"第 530 条第 3 项之规定而撤销者，债权人应赔偿债务人因假扣押或供担保所受之损害。

假扣押所保全之本案请求已起诉者，前项赔偿，行政法院于言词辩论终结前，应依债务人之声明，于本案判决内命债权人为赔偿；债务人未声明者，应告以得为声明。

第 297 条　假扣押程序准用之规定

"民事诉讼法"第 523 条、第 525 条至第 528 条及第 530 条之规定，于本编假扣押程序准用之。

第 298 条　假处分之要件

公法上之权利因现状变更，有不能实现或甚难实现之虞者，为保全强制执行，得声请假处分。

于争执之公法上法律关系，为防止发生重大之损害或避免急迫之危险而有必要时,得声请为定暂时状态之处分。

前项处分,得命先为一定之给付。

行政法院为假处分裁定前,得讯问当事人、关系人或为其他必要之调查。

第 299 条　假处分之限制

得依第 116 条请求停止原处分或决定之执行者,不得声请为前条之假处分。

第 300 条　假处分之管辖法院

假处分之声请,由管辖本案之行政法院管辖。但有急迫情形时,得由请求标的所在地之地方法院行政诉讼庭管辖。

第 301 条　假处分原因之释明

关于假处分之请求及原因,非有特别情事,不得命供担保以代释明。

第 302 条　假处分准用假扣押之规定

除别有规定外,关于假扣押之规定,于假处分准用之。

第 303 条　假处分程序准用之规定

"民事诉讼法"第 535 条及第 536 条之规定,于本编假处分程序准用之。

第八编　强制执行

第 304 条　撤销判决之执行

撤销判决确定者,关系机关应即为实现判决内容之必要处置。

第 305 条　给付裁判之执行

行政诉讼之裁判命债务人为一定之给付，经裁判确定后，债务人不为给付者，债权人得以之为执行名义，声请地方法院行政诉讼庭强制执行。

地方法院行政诉讼庭应先定相当期间通知债务人履行；逾期不履行者，强制执行。

债务人为"中央"或地方机关或其他公法人者，并应通知其上级机关督促其如期履行。

依本法成立之和解，及其他依本法所为之裁定得为强制执行者，或科处罚锾之裁定，均得为执行名义。

第 306 条　执行机关与执行程序

地方法院行政诉讼庭为办理行政诉讼强制执行事务，得嘱托民事执行处或行政机关代为执行。

执行程序，除本法别有规定外，应视执行机关为法院或行政机关而分别准用强制执行法或行政执行法之规定。

债务人对第 1 项嘱托代为执行之执行名义有异议者，由地方法院行政诉讼庭裁定之。

第 307 条　强制执行之诉讼之受理法院

债务人异议之诉，依其执行名义系适用简易诉讼程序或通常诉讼程序，分别由地方法院行政诉讼庭或"高等行政法院"受理；其余有关强制执行之诉讼，由普通法院受理。

第 307-1 条　准用之规定

"民事诉讼法"之规定，除本法已规定准用者外，与行政诉讼性质不相抵触者，亦准用之。

第九编　附则

第 308 条　施行日期

本法自公布日施行。

本法修正条文施行日期,由"司法院"以命令定之。

附录三:清末和民国时期的行政诉讼立法

行政裁判院官制草案(清末)

(1906年9月16日奕劻、孙家鼐、瞿鸿机呈奏清廷)

谨按 唐有知献纳使,所以申天下之冤滞,达万人之情状,与御史台并列。今各国有行政裁判院,凡行政各官之办理违法致民人身受损害者,该院得受其呈控而裁判其曲直。英、美、比等国,以司法裁判官兼行政裁判之事,其弊在于隔膜;意、法等国则以行政衙门自行裁判,其弊在于专断;唯德、奥、日本等国特设行政裁判衙门,既无以司法权侵害行政权之虞,又免行政官独行独断之弊,最为良法美意。今采用德、奥、日本之制,特设此院,明定权限,用以尊国法防吏蠹,似于国家整饬纪纲,勤恤民隐之至意不无裨益。是否有当,仍请钧裁。

第1条 行政裁判院掌裁判行政各官员办理违法致被控诉之事件。

第2条 行政裁判院置正使1人、副使1人、掌金事3人、金事12人,别置一、二、三等书记官,录事若干人属焉。

第 3 条 正使总理本院事务,为全院之长官,遇有本院重要事件,可随时会同副使具奏,并得自请入对。

第 4 条 副使赞助正使整理院务,监督本院各员。

第 5 条 行政裁判院正使遇有事故,以本院副使代行。

第 6 条 掌金事掌理行政裁判事务。

第 7 条 金事同理行政裁判事务。

第 8 条 行政裁判院于本院与京外各衙门有关涉事件,可分别咨行札饬办理。

第 9 条 行政裁判院应行裁判之事件如下:[①]

一、奉特旨饬交裁判之事件。

二、关于征纳租税及各项公费之事件。

三、关于水利及土木之事件。

四、关于区划官民土地之事件。

五、关于准否营业之事件。

第 10 条 凡呈控事件关系阁、部、院及各省将军、督抚暨钦差官者,准其迳赴行政裁判院控诉;此外必须先赴各该行政长官衙门申诉,如不得直,可挨次上控以至行政裁判院,不许越诉。

第 11 条 行政裁判院不得受理刑事、民事诉讼。

第 12 条 行政裁判院裁判事件,以会议决之。会议室以正使为议长,副使为副议长。凡议事可否,以多数决之;如可否人数相同,则由议长决定。

[①] 原文为"如左",本书根据现代汉语编排体例,将其改为"如下"。下同。——编者注

第 13 条 凡裁判事件之涉于细故者,由本院会议判结,并按月汇奏 1 次。其涉于行政官员枉法营私者,一经审查确实,由正、副使连衔奏参,请旨惩处。

第 14 条 行政裁判院佥事以上各官,于裁判案件应行回避者如下:

一、事涉本身及亲属,例应回避者。

二、事为该员所曾经预闻者。

三、事为该员原任行政官时所曾经办理者。

佥事以上各官遇裁判案件有上三情节者,原、被告均得具呈申明,请其回避。

第 15 条 行政裁判院判决事件,原告及被告人不得请求复审。

第 16 条 行政裁判院佥事以上各官,均不得兼任他项官职,亦不得为资政院参议院。

第 17 条 行政裁判院掌佥事、佥事以在任 10 年俸满,方准迁除其他衙门官职。在任期内卓著成绩者,由正使出具考语,奏请加衔、加俸,以资鼓励。

第 18 条 行政裁判院佥事以上各官,非犯刑法及处分则例者,不得罢黜。其处分则例另定之。

第 19 条 行政裁判院一、二、三等书记官承正使、副使之命料理庶务。

第 20 条 行政裁判院录事承上官之命缮写文件,料理庶务。

第 21 条 行政裁判院办事章程由正使拟定后,请旨裁定。

行政裁判院官制应俟钦简。本院正使会同修律大臣妥定行政裁判法,咨送阁议,奉旨裁定后,再由该正使奏请钦定施行日期。

行政裁判院职官表

正使	从一品	特简
副使	正三品	特简
掌佥事	正四品	请简
佥事	正五品	奏补
一等书记官	从五品	奏补
二等书记官	从六品	奏补
三等书记官	从七品	奏补
录事	八九品	委用

中华民国行政诉讼法(北洋政府)

(1914年7月20日公布)

目 录

第一章 行政诉讼之范围(第 1~5 条)

第二章 行政诉讼之当事人(第 6~10 条)

第三章 行政诉讼之程序(第 11~32 条)

第四章 行政诉讼裁决之执行(第 33~34 条)

附则(第 35 条)

第一章　行政诉讼之范围

第 1 条　人民对于下列①各款②之事件,除法令别有规定外,得提起行政诉讼于平政院:

一、中央或者地方最高级行政官署之违法处分致损害人民权利者;

二、中央或者地方行政官署之违法处分致损害人民权利,经人民依诉愿法之规定诉愿至最高行政官署,不服其决定者。

第 2 条　肃政史依本法第 12 条之规定亦得提起行政诉讼。

第 3 条　平政院不得受理要求损害赔偿之诉讼。

第 4 条　行政诉讼经平政院裁决后不得请求再审。

第 5 条　平政院因审理之便利或必要时,除地方最高级行政官署为被告之行政诉讼外,得由平政院长嘱托被告官署所在地之最高级司法官署司法官,并派遣平政院评事组织 5 人之合议庭审理之,其庭长由平政院长指定。

第二章　行政诉讼之当事人

第 6 条　行政诉讼当事人得委任诉讼代理人。

行政官署为当事人时,得命属官或声请主管长官特派委员为

---

① 原文为"左列",本书根据现代汉语编排体例,将其改为"下列"。下同。——编者注

② 本法将法条中的二级条款指称为"项"(相当于中国现行的"款"),而将三级条款指称为"款"(相当于中国现行的"项")。本书在收录该法条时,保留了原文中的表述。请读者在阅读时注意。——编者注

诉讼代理人。

第 7 条　诉讼代理人须提出委任书证明代理之事实。

第 8 条　平政院得任命有利害关系者参加诉讼,其自愿参加者亦得允许之。

第 9 条　法律所认之法人得以其名称提起诉讼。

第 10 条　肃政史提起之行政诉讼,以肃政史执行原告职务。

第三章　行政诉讼之程序

第 11 条　行政诉讼自中央或地方最高级行政官署之违法处分书或最高级行政官署之决定书到达之次日起,除行程日不算入外,于 60 日内提起之。

期限之末日遇星期日、国庆日及其他休息日无庸算入。

第 12 条　肃政史依下列规定,于陈诉诉愿期限经过 60 日内提起诉讼:

一、人民依第 1 条第 1 款之规定得提起诉讼,经过陈诉期限而未陈诉者;

二、人民依诉愿法得提起行政诉讼之诉愿,经过诉愿期限而未诉愿者。

第 13 条　第 11 条、第 12 条规定之期限内遇有事变或故障致逾限者,应向平政院声明理由,受平政院之许可。

第 14 条　行政诉讼未经裁决以前,除法令别有规定外,行政官署之处分或决定不失其效力。但平政院或行政官署认为必要或依原告之请求,得停止其执行。

第 15 条 行政诉讼之诉状应载明下列各款,由原告或代理人署名签押:

一、原告之姓名、年龄、职业、住址,若原告为法人,则其名称及住址;

二、被告之行政官署及其他被告;

三、告诉之事实及理由;

四、证据;

五、年、月、日。

有证据书状者须添具缮本,其已经诉愿者,须附录诉愿书及决定书。

第 16 条 肃政史提起行政诉讼之公文,应载明下列各款署名钤章:

一、被告之官署及其他被告;

二、告诉之事实及理由;

三、证据;

四、年、月、日。

第 17 条 第 15 条之诉状及其他必要书状须具副本提出。

第 18 条 诉讼当事人已提起之诉讼,非经平政院许可后,不得请求撤销。肃政史所提起之诉讼亦同。

第 19 条 诉状经平政院审查认为不应受理时,得附理由驳回之。但诉状仅违法定程式者,发还原告,令其于一定期限内改正。

肃政史提起之诉讼,不适用前项之规定。

第 20 条 受理之诉讼,其诉状副本及其他副本须发交被告,并指定限期令其提出答辩书。

前项答辩书应添具副本,由平政院发交原告。

第 21 条 肃政史提起之行政诉讼,应由平政院抄发原文并指定限期,令被告提出答辩书。

前项答辩书应由平政院以公文通知肃政史。

第 22 条 平政院认为必要时,得指定限期令原告、被告以书状为第 2 次相互之答辩。但对于肃政史执行原告职务时,以公文行之。

第 23 条 被告提出答辩书后,应指定日期,传原告、被告及参加人出庭对审。但平政院认为便利或依原被告之请求时,得就书状裁决之。

肃政史提起之行政诉讼,有对审之必要时,应由平政院通知莅庭。

第 24 条 原告、被告或者参加人于对审或莅庭时,得补正已提出之书状或另举证据。

第 25 条 原告、被告或参加人所提出之证据外,庭长认为必要时,得传证人或鉴定人证明或鉴定之。

第 26 条 平政院审理行政诉讼事件,以各庭出席评事过半数议决之。

第 27 条 评事遇有下列各款情形之一,应自请回避或由诉讼当事人请其回避:

一、自为诉讼当事人者;

二、曾以行政官资格参与该诉讼事件之处分或决定者;

三、与诉讼当事人有亲属之关系者。

评事于前项各款规定外,凡与诉讼当事人或诉讼事件有特别关系者，诉讼当事人亦得具理由请其回避。

前项之回避由平政院各庭评事议决之。

第 28 条　平政院得派遣评事或嘱托司法官署、行政官署调查证据。

第 29 条　原告、被告或参加人不到庭对审时，审理不因之中止。

第 30 条　审理应行公开，但庭长认为必要时得禁止旁听。

第 31 条　行政诉讼中，诉讼当事人同时在司法官署提起民事诉讼时，经庭长认为必要时，俟民事诉讼判决确定后行其审理。

第 32 条　宣告裁决后须具裁决理由书，由评事、书记官署名钤章，并另用缮本发交原告、被告及参加人。

第四章　行政诉讼裁决之执行

第 33 条　行政诉讼裁决后，对于主管官署违法处分应取消或变更者，由平政院长呈请大总统批令主管官署行之。

第 34 条　平政院之裁决，有拘束与裁决事件有关系者之效力。

附则

第 35 条　本法自公布日施行。

中华民国行政诉讼法
（南京国民政府）

（1932年11月17日公布）

第1条 人民因中央或地方官署之违法处分，致损害其权利，经依诉愿法提起再诉愿而不服其决定，或提起再诉愿30日内不为决定者，得向行政法院提起行政诉讼。

第2条 提起行政诉讼得附带请求损害赔偿。

前项[①]损害赔偿，除适用行政诉讼之程序外，准用民法之规定，但第216条规定之所失利益，不在此限。

第3条 对于行政法院之裁判，不得上诉或抗告。

第4条 行政法院之判决，就其事件有拘束各关系官署之效力。

第5条 行政法院关于受理诉讼之权限，以职权裁定之。

第6条 评事除准用民事诉讼法第32条之规定外，具有下列[②]情事之一者，应自行回避，不得执行职务：

一、评事曾在中央或地方官署参与该诉讼事件之处分或决

---

① 本法将法条中的二级条款指称为"项"（相当于中国现行的"款"），而将三级条款指称为"款"（相当于中国现行的"项"）。本书在收录该法条时，保留了原文中的表述。请读者在阅读时注意。——编者注

② 原文为"左列"，本书根据现代汉语编排体例，将其改为"下列"。下同。——编者注

定者。

二、评事曾在法院参与该诉讼事件之审判者。

第7条 行政诉讼之当事人得委任代理人代理诉讼,代理人应提出委任书证明其代理权。

第8条 行政诉讼因不服再诉愿之决定而提起者,自再诉愿决定书达到之次日起60日内为之,其因再诉愿不为决定而提起者,自满30日之次日起60日内为之。

第9条 官署处分或决定之执行,除法律别有规定外,不因提起行政诉讼而停止,但行政法院或原处分、原决定之官署,得以职权或依原告之请求停止之。

第10条 提起行政诉讼,应以书状为之。

诉状应记载下列各款,由原告或代理人签名、盖章或按指印,其不能签名、盖章、按指印者,得使他人代书姓名,并由代书人记明其事由并签名。

一、原告之姓名、年龄、性别、籍贯、职业、住所或居所,如系法人,其名称、事务所及代表人之姓名、年龄、性别。

二、由代理人提起行政诉讼者,代理人之姓名、年龄、性别、职业、住所或居所。

三、被告之官署。

四、再诉愿决定及起诉之陈述。

五、提诉理由及证据。

六、年、月、日。

第11条 行政法院审查诉状,认为不应提起行政诉讼或违背法定程序者,应附理由以裁定驳回之,但仅系诉状不合法定程式者,应限定期间命其补正。

第 12 条 行政法院受理行政诉讼,应将诉状副本及其他必要书状副本送达于被告,并限定期间命其答辩。

第 13 条 被告答辩书应具副本。

行政法院应将答辩书副本送达于原告。

第 14 条 行政法院认为必要时,得限定期间命原告、被告以书状为第 2 次之答辩。

第 15 条 被告之官署不派诉讼代理人或不提出答辩书,经行政法院另定期间以书面催告而仍延置不理者,行政法院得以职权调查事实,径为判决。

第 16 条 行政诉讼就书状判决之,但行政法院认为必要或依当事人之声请,得指定期日传唤当事人及参加人到庭,为言词辩论。

第 17 条 当事人及参加人于为言词辩论时,得补充书状或更正错误及提出新证据。

第 18 条 行政法院认为必要时得传唤证人或鉴定人。

证人或鉴定人有民事诉讼法第 290 条、第 299 条或第 311 条情形者,关于科罚之处分,由行政法院裁定之。

第 19 条 行政法院得指定评事,或嘱托法院或其他官署调查证据。

第 20 条 关于行政诉讼程序上之请求,由行政法院裁定之。

第 21 条 行政法院认起诉为有理由者,应以判决撤销或变更原处分,其附带请求损害赔偿者,并应为判决;认起诉为无理由者,应以判决驳回之,其附带请求损害赔偿者亦同。

第 22 条 有民事诉讼法第 461 条所列各款情形之一者,当事人对于行政法院之判决,得向该院提起再审之诉。

第 23 条 再审之诉,应于 60 日内提起之。

前项期间,自判决送达时起算,其事由发生在后,或知悉在后者者,自发生或知悉时起算。

第 24 条 行政诉讼费用条例另定之。

第 25 条 行政诉讼判决之执行,由行政法院呈由司法院,转呈国民政府训令行之。

第 26 条 本法未规定者,准用民事诉讼法。

第 27 条 本法施行日期,以命令定之。

外 国 编

英 国

导读*

作为普通法法系国家,英国没有制定单独成典的《行政诉讼法》。具体的行政诉讼规则,分布于判例法与制定法之中。在很长一段时间中,英国法院审理公法争议,适用与民事纠纷相同的诉讼规则。公民通过向王座法庭申请调卷令、执行令、禁止令或人身保护令,以及通过向大法官法庭申请禁制令或宣告令,寻求司法救济。1977年通过的《最高法院规则第53号令》对传统的令状制度作了简化,建立了统一的申请司法审查程序。这一改革成果被1981年的《最高法院法》(现更名为《高等法院法》)第31条所吸收。2000年10月2日起实施的《民事诉讼规则》第54编,取代了1977年的《最高法院规则第53号令》,它进一步强化了公法与私法救济方式之间的衔接,并调整了第53号令中的部分术语,将原来的调卷令、禁止令、执行令分别改称为撤销令、禁令和强制令。

除了前述司法审查规则之外,英国制定法上的行政诉讼规则还包括行政赔偿制度和行政裁判所制度。在行政赔偿方面,1947

---

* 本部分导读由骆梅英教授撰写出初稿,本书编者根据全书体例作了删改和补充。

年的《王权诉讼法》对英王及其公仆(中央政府机关)承担赔偿责任的特殊规则作了规定,弥补了此前仅由地方政府和其他公共机构承担赔偿责任的不足。而在行政裁判所方面,2007年的《裁判所、法院与执行法》实现了裁判所制度的司法化改造,其中规定的针对上级裁判所决定向上诉法院提起上诉、上级裁判所承担的"司法审查"职能等内容,同样属于英国司法审查制度的有机组成部分。

  本书收录的英国行政诉讼立法,包含四个部分:一是1981年的《高等法院法》第31条和第31A条(经2008年修订);二是2000年实施的《民事诉讼规则》第54编;三是1947年的《王权诉讼法》(吸收了2013年9月以前的修改);四是2007年的《裁判所、法院与执行法》第9条至第21条。

英国高等法院法[*]（节译）

（1981年7月28日公布，经2008年修改）

骆梅英[**] 译

目 录

第二编 管辖
 高等法院
  其他特定领域的管辖
   第31条 司法审查的申请
   第31A条 向上级裁判所移送司法审查申请

---

[*] 本法原名为《最高法院法》(Supreme Court Act 1981)。英国在2005年出台了《宪政改革法》，建立了一个全新的最高法院（2009年10月1日正式成立）。为避免语词上的困扰，故将本法改名为《高等法院法》(Senior Court Act 1981)。

[**] 骆梅英，女，1980年生，法学博士，现任浙江工商大学法学院教授。

其他特定领域的管辖

第 31 条 司法审查的申请

(1) 当事人向高等法院递交的申请应属于以下 1 项或多项：

(a) 强制令、禁令、撤销令；

(b) 本条第 2 款所规定的宣告令、禁制令；或

(c) 本法第 30 条所规定的制止某人实施任何未授权的行为。

以上几项申请应当符合法庭规则以及司法审查程序。

(2) 当事人提出的司法审查申请,根据本款申请宣告令、禁制令以寻求救济的,法院根据其申请,应当考虑如下因素作出决定：

(a) 可以通过强制令、禁令、撤销令救济的争议的性质；

(b) 可以通过这些令状途径给予救济的个人或组织的性质；

(c) 案件的整体情况,发布宣告令或禁制令是适当的和便利的。

(3) 所有司法审查申请,必须经高等法院按照法庭程序规则审查后方能予以准许,如果法院认为申请人对所申请事项不具有充分的利益,不得作出准许受理该申请的决定。

(4) 高等法院根据司法审查申请人的申请,在下述条件下,可判予申请人损害赔偿金：

(a) 申请人提交的陈述材料中,已提出了与申请有关的损害事实与损害赔偿请求；

(b) 法院通过审查并确信,申请人可以被判予损害赔偿金(如果申请人在提交申请时即提出了损害赔偿请求)。

(5) 如果,在一项司法审查中,高等法院撤销了被申请人的决定,可以同时:

(a) 移转作出决定的下级法院、裁判所或有权机关,责令其重新审议并按照法院的指示重新作出决定;

(b) 作出新的决定以取代被诉的决定。

(5A) 但第5款b项权力仅在下述情况获得:

(a) 被诉的决定由法院或者裁判所作出;

(b) 被诉的决定因法律适用错误被撤销;

(c) 即使不存在错误,法院或裁判所也仅能作出此一内容的决定(已无改变可能)。

(5B) 除非高等法院另有说明,其根据第5款b项替换的决定与相关法院或裁判所所作决定具有同等效力。

(6) 当高等法院认为司法审查申请存在不当延期时,法院可以拒绝:

(a) 给予准许;或

(b) 给予救济,如果法院认为批准该项救济申请可能会对他人不利、损害他人权利或者不利于善治的实现。

(7) 第6款的适用不损害任何法庭规则或法庭实施中限制司法审查申请期限的法律效力。

第31A条　向上级裁判所移送司法审查申请

(1) 该条款适用于向高等法院提交的下列申请:

(a) 司法审查;

(b) 准予司法审查的许可。

(2) 若符合条件1、2、3、4,高等法院必须向上级裁判所移送申请。

（3）若只符合条件1、2、4，不符合条件3，仅在高等法院认为移送更为适当和便利的情况下，才应当向上级裁判所移送该司法审查申请。

（4）条件1是，该申请仅以下述事项为目的：

（a）第31条第1款a、b项下的救济；

（b）第31条第1款a、b项下的许可；

（c）第31条第4款下的判决；

（d）利益；

（e）成本。

（5）条件2是，该申请不涉及任何刑事法庭作出的裁判事项。

（6）条件3是，该申请符合《2007年裁判所、法院和执行法》第18条第6款所规定的种类。

（7）条件4是，该申请不涉及根据以下法律作出的决定：

（a）《移民法》；

（b）《英国国籍法》1981（第61条）；

（c）为实施前述a、b项下的法律，而作出的任何有效力的文书；

（d）其他已生效的有关确定英国公民、英国海外领土公民、英国国民（海外）或英国海外公民身份和地位的法律规定。

英国民事诉讼规则(节译)

(2000年10月2日起生效)

骆梅英* 译

目 录

第五十四编 司法审查
    第54.1条 范围和解释
    第54.2条 必须适用本编的情形
    第54.3条 本编可以适用于
    第54.4条 起诉需经法院许可
    第54.5条 起诉期限
    第54.6条 诉状格式
    第54.7条 起诉书的送达
    第54.8条 送达认收书
    第54.9条 未提交送达认收书
    第54.10条 准予司法审查的许可

---

* 骆梅英,女,1980年生,法学博士,现任浙江工商大学法学院教授。

第54.11条 准予许可或者驳回许可决定的送达
第54.12条 不经审理程序的许可决定
第54.13条 被告等不得申请撤销许可决定
第54.14条 答辩规则
第54.15条 申请人依据新的理由提出诉讼请求
第54.16条 证据
第54.17条 法院对任何人进行审理之权力
第54.18条 不经审理程序作出裁判
第54.19条 法院有关撤销令之权力
第54.20条 案件移送

第五十四编　司法审查

第54.1条　范围和解释

（1）本编包含司法审查的规则。

（2）在本编中：

（a）"司法审查申请"是指对下列事项的合法性的审查：

（ⅰ）法规；或者

（ⅱ）与公共职能履行相关的决定、作为或者不作为；

（b）执行性命令称为"强制令"；

（c）禁止性命令称为"禁令"；

（d）调卷命令称为"撤销令"；

（e）"司法审查程序"指经本编修正的第八编诉讼程序；

（f）"利害关系人"指（除申请人和被告以外）直接受诉讼影响的任何人；

（g）"法院"，除另有说明外，指的是高等法院。

本规则第8.1条第6款b项规定，对于特定的诉讼程序应当不予适用或变通适用该第八编规定的规则。

第54.2条　必须适用本编的情形

当原告在司法审查之诉中申请以下命令时，必须适用司法审查程序：

（a）强制令；

（b）禁令；

(c) 撤销令;

(d) 依据《1981 年高等法院法》第 30 条(制止某人实施任何未授权的行为)之禁令。

第 54.3 条　本编可以适用于

(1) 当原告在司法审查之诉中,申请以下命令时,司法审查程序可以被适用:

(a) 宣告令;

(b) 禁制令。

(《1981 年高等法院法》第 31 条第 2 款规定了法院在司法审查之诉中可作出宣告令或禁制令的情形。)

(原告寻求第 54.2 条规定救济事项之外的宣告令或禁制令时,必须适用司法审查程序。)

(2) 司法审查之诉包括但不限于损害赔偿诉讼。

(《1981 年高等法院法》第 31 条第 4 项规定了法院在司法审查之诉中可作出损害赔偿裁判的情形。)

第 54.4 条　起诉需经法院许可

不论依据本编规定直接提起诉讼,还是移送行政法庭,提起司法审查都需要法院许可。

第 54.5 条　起诉期限

(1) 申请司法审查必须:

(a) 及时;以及

(b) 自首次提出诉讼之日起不超过 3 个月。

(2) 本条例规定的期间,不依双方协定而延长。

(3) 其他法规规定的司法审查期限更短时,适用其他规定。

第54.6条 诉状格式

(1) 除本规则8.2条规定的内容之外,申请人必须同时在起诉书中陈述下列事项:

(a) 认为与其有利害关系的当事人的姓名和地址;

(b) 请求法院许可其提起司法审查之诉;以及

(c) 其主张的任何救济(包括任何临时救济)。

(2) 申请必须提交附带相关诉讼指引要求的文件。

第54.7条 起诉书的送达

自签发之日起7日内,该起诉书应送达至:

(a) 被告;以及

(b) 除法院另有指示外,申请人认为与案件有关的利害关系人。

第54.8条 送达认收书

(1) 赔偿申请的任何受送达人,如希望参加司法审查程序,须提交送达认收书,该送达认收书应符合本条如下条款要求的有关诉讼格式。

(2) 送达认收书必须:

(a) 不迟于送达之日起21日内提交;

(b) 并送达至:

(ⅰ) 申请人;以及

(ⅱ) 除法院根据本条规则第54.7条b项之规定另有指令外,赔偿申请中的其他相关人员。

但最迟不得超过提交法院之日起7日内送达。

(3) 本规则规定的期间,不可以经双方协商延长。

(4) 送达认收书

(a) 必须：

（ⅰ）提交送达认收书的人欲对诉讼提请抗辩,列明抗辩理由概要;以及

（ⅱ）认为与其有利害关系人的姓名和地址。

(b) 可要求法院作出指令的申请书或一并提交指令申请书。

(5) 本规则第 10.3 条第 2 款之规定不予适用。

第 54.9 条　未提交送达认收书

(1) 若赔偿申请的受送达人未依本规则第 54.8 条之规定提交送达认收书的：

(a) 除法院允许外,不可以参加决定是否作出诉讼许可的听证程序；

(b) 若有关送受达人遵守本规则第 54.1 条之规定或者遵循法院关于提交和送达以下文书和证据的其他任何指令：

（ⅰ）对诉讼提出抗辩的详细理由,或者支持抗辩的其他理由;以及

（ⅱ）书面证据，

则可参加司法审查的审理程序。

(2) 若有关受送达人参加司法审查的审理程序的,则法院在作出诉讼费用裁定时,可考虑其未提交送达认收书的情节。

(3) 本规则第 8.4 条不予适用。

第 54.10 条　准予司法审查的许可

(1) 法院作出准予司法审查的许可的同时可以给予相关指令。

(2) 根据本条第 1 款作出的指令,可涉及有关诉讼程序的中止。

(本规则第 3.7 条规定了在已作出诉讼许可的情形下不支付诉讼费用的处罚)

第 54.11 条　准予许可或者驳回许可决定的送达

法院应送达:

(a) 准予或拒绝司法审查许可的决定;以及

(b) 任何其他指令,至:

(ⅰ) 申请人;

(ⅱ) 被告;以及

(ⅲ) 提交送达认收书的任何其他人。

第 54.12 条　不经审理程序的许可决定

(1) 本规则适用于,法院不经审理程序而作出:

(a) 拒绝司法审查的许可;

(b) 以下情形的许可:

(ⅰ) 附条件许可;

(ⅱ) 仅基于特定理由方可准予许可的。

(2) 法院依据本规则第 54.11 条送达准予许可或驳回许可决定时,应同时送达作出该决定的理由。

(3) 对法院的许可决定,申请人不得提起上诉,但可以请求在审理程序中重新考虑相关决定。

(4) 本条第 3 款规定的请求书,须依本条第 2 款,送达许可决定及理由之日起 7 日内提交。

(5) 举行审理程序前,必须至少提前 2 日告知申请人、被告和所有其他提交送达认收书的人。

第 54.13 条　被告等不得申请撤销许可决定

被告及其他起诉书的受送达人，均不得申请撤销司法审查的许可决定。

第 54.14 条　答辩规则

（1）被告及其他起诉书的受送达人，提出答辩，或基于其他的理由支持答辩的，须提交下列材料：

（a）提出抗辩的详细理由，或支持抗辩的其他理由；以及

（b）任何书面证据。

提交上述材料的期限为准予司法审查许可之日起 35 日内。

（2）以下规则不予适用：

（a）本规则第 8.5 条第 3 款和第 4 款之规定（被告在提交送达认收书的同时一并提交和送达书面证据）；以及

（b）本规则第 8.5 条第 5 款和第 6 款之规定（申请人在 14 日内提交和送达答辩材料）。

第 54.15 条　申请人依据新的理由提出诉讼请求

如果申请人在司法审查许可阶段提出的理由之外，基于新的理由提出诉讼请求的，需要得到法院的允许。

第 54.16 条　证据

（1）本规则第 8.6 条之规定不予适用。

（2）除以下情形外，当事人不得依赖书面证据：

（a）有关书面证据依据以下规则命令已被送达：

（ⅰ）本编规定；或者

（ⅱ）法院指令；或者

(b) 获得法院允许的。

第 54.17 条　法院对任何人进行审理之权力

(1) 任何人都可以向法院申请：

(a) 提交证据；或者

(b) 在司法审查的审理程序中进行陈述。

(2) 依据本条第 1 款规定提出的申请书，应及时提出。

第 54.18 条　不经审理程序作出裁判

若所有当事人一致同意，法院可以不经审理程序，径行对司法审查之诉作出裁判。

第 54.19 条　法院有关撤销令之权力

(1) 若法院签发撤销令的，适用本条规定。

(2) 法院可以：

(a) 将有关事项发回作出决定的机构；以及

(b) 指令作出原决定的机构依据法院判决，对有关事项重新审查。

(3) 若法院认为无需将有关事项发回作出决定的机构重新审议的，可以依据制定法之规定，自己作出决定。

当制定法赋予行政裁判所、有关人士或其他机构以法定权力的，法院不得自己作出决定。

第 54.20 条　案件移送

法院可以：

(a) 责令诉讼继续进行，如同未依据本编规定提起司法审查之诉一样；以及

(b) 若法院如此决定的，则应对此后有关的案件管理作出

指令。

[本规则第 30 编(案件移送)之规定,应适用于向行政法庭移送,或从行政法庭移出案件的情形。]

英国王权诉讼法[*]

(1947年7月31日公布,本文吸收了2013年9月前的修改)

骆梅英[**] 译

目 录

第一编 实体法(第1~12条)

第二编 管辖与诉讼程序

 高等法院(第13~14条)

 郡法院(第15条)

 一般规定(第16~23条)

第三编 判决与执行(第24~27条)

---

[*] 《英国王权诉讼法》自1947年颁布以来,经历过多次修改。具体的修改情况,请参见本法文末的附表"修正之处"。本文系根据2013年修订后的版本译出。读者若有兴趣追溯本法条文的具体修改情况,可登录英国的官方网址(http://www.legislation.gov.uk/ukpga/Geo6/10-11/44/contents)查阅。

[**] 骆梅英,女,1980年生,法学博士,现任浙江工商大学法学院教授。译者翻译时参考了于安和岳世庆翻译、周海忠校对的一个较早译本,后者刊载于行政立法研究组编译的《外国国家赔偿、行政程序、行政诉讼法规汇编》(中国政法大学出版社1994年版)一书中。作者增补了该法最新修订的内容,同时对原译本中的一些表述作了修改。

第四编 杂项与补充规定

　　杂项规定(第 28～34 条)

　　补充规定(第 35～40 条)

第五编 对苏格兰的适用(第 41～51 条)

第六编 范围、实施、简称等(第 52～54 条)

附表 1 本法废除的诉讼程序

附表 2 (已废止)

修正之处

为修订有关英王的民事责任和权利以及由英王提起或对英王提出民事诉讼之法规,为修订在涉及英王事务或财产的某些案件中英王之外的当事人的民事责任的有关法律,以及修订与上述相关的法规事项,特制定本法。

(1947年7月31日)

第一编 实体法

第1条 对英王起诉的权利

若当事人在本法实施后对英王提起诉讼,如果本法没有通过,当事人经国王之命令准许以权利请愿书的方式已提起诉讼,或以本法已废止的法律规定所规定之诉讼法程序已提起诉讼,那么,依照本法之规定,无需国王陛下的命令,便依本法之规定为上述目的而对英王采取的程序,作为一种权利,对英王提起诉讼。

第2条 英王在侵权行为中的责任

(1)在本法规定的限制下,若其是成年或具有行为能力的个人,英王应对下述民事侵权行为承担全部责任:

(a)由其公仆或代理人所实施的民事侵权行为;

(b)违反普通法上作为雇主应对其雇员或代理人所应尽的那些义务;以及

(c)违反普通法上隶属于财产所有权、占有权、持有或控制权的责任;

但不应以本款a项关于英王的公仆或代理人的作为或不作为

的规定为由对英王提起诉讼,除非该作为或不作为在本法规定之外,构成了对公仆、代理人或其财产提起侵权诉讼的理由。

(2) 如果英王受一种对英王政府和其官员以及其他人有同样拘束力的法定义务约束,依本法规定,在未能履行该义务时,英王将同一个成年的和有行为能力的私人一样,承担由此引起的全部侵权责任。

(3) 如果依普通法规则或制定法赋予或给予某英王之政府官员以任何职务,而且该官员在履行或试图履行此职务时犯有侵权行为,在这种情况下,如果这些职务是由英王依照合法命令庄严地赋予或给予的,那么英王对于这种侵权行为应负的责任与其下达之命令相当。

(4) 在根据本条关于政府部门,苏格兰政府部门或政府官员犯有侵权行为的规定而对英王提起诉讼的情况下,任何否认或限制政府部门或政府官员关于该政府部门或官员作出的侵权行为之责任额度的法规,应适用于英王。就像如果对英王的诉讼就是对政府部门或政府官员诉讼的话,此种法规适用于政府部门和官员一样。

(5) 对于任何人在履行或试图履行所赋予的司法性质职责或与执行司法程序相联系的职责时产生的作为或不作为,不应以本条为依据对英王提起诉讼。

(6) 对于政府官员的作为、疏忽或过失,不应依据本条之规定对英王提起诉讼。除非该官员直接或间接地由国王任命,并且他作为政府官员在履行其职务的实际时间内所取得的报酬完全来源于联合王国的统一公债基金、议会批准的款项、苏格兰统一基金或其他由财政部证实符合本款宗旨的基金,或者财政部证实在该官员实际任职的时间内应当正常地领取通过上述方式而取得的报酬。

第 3 条　侵犯知识产权之规定

(1) 英王的公仆或代理人因英王授权实施的行为,侵犯下列知识产权的,可对英王提起民事诉讼:

(a) 专利权;

(b) 注册商标权;

(c) 注册设计权;

(d) 外观设计权;或者

(e) 版权。

但是,依本法之规定,英王侵犯上述权利之外的权利,对英王提起诉讼的权利应予以保留。

(2) 前款和本法的其他条款不应影响以下权利:

(a) 政府部门或苏格兰政府之任何部门根据 1977 年《专利法》第 55 条、1949 年《注册设计法》表一之规定,或 1988 年《版权、设计和专利法》第 240 条政府使用专利设计权)所享有的权利;

(b) 或者国务大臣依据 1977 年《专利法》第 22 条或 1949 年的《注册设计法》第 5 条(关于影响国防及公共安全之信息保全)所享有的权利。

第 4 条　连带共同责任人及共同过失责任人对赔偿、分摊的法律适用

(1) 如果英王依本法本编的规定而承担责任的话,那么在责任方面,英王就像一个成年的和有行为能力的个人承担责任一样,不论英王起诉或者被诉,关于赔偿和分摊的法律应是强制性的。

(2)(已废止)

(3) 在不妨害本法第 1 条一般效力的情况下,1945 年《法律改革(共同过失)法》(该法是对有关共同过失法律的修正),应对政府具有拘束力。

第5条 (已废止)

第6条 (已废止)

第7条 (已废止)

第8条 (已废止)

第9条 (已废止)

第10条 (已废止)

第11条 本法中关于英王特权及英王法定权力的法律保留

(1)如果本法未通过,本来可以依据英王的特权行使的权力或权威或者依法赋予英王的权力或权威,不应因本法第一编规定而取消或剥夺;特别是由英王行使的权力或权威,无论是和平时期还是战时,为了王国领土的防卫、国防训练或维护武装部队的职能的目的,不应因本法上述第一编的规定而取消或剥夺。

(2)如果在依本法进行的诉讼程序中,确定在行使英王特权的过程中,是否适当地作为或者不作为是重要的,而国务大臣又满意地认为这种作为或不作为对于如上述最后条款所述的这种目的是必要的,便可签发一种证书来证明这种作为或不作为对于上述目的是必要的。而且该证书在那些诉讼程序中对于其所证明的事项应是结论性的。

第12条 过渡性条款

(1)当本法开始实施时,本编的上述条款(本编第5条第3款和第4款及明显与本法的实施有关的条款除外)应视为从1947年2月13日开始生效。

但是，如果依据本款的程序，对英王提起诉讼，而被指控的侵权行为发生在2月13日当天或之后，且在本法开始实施之前，那么英王可以依据与时效有关的适当法律规定提起诉讼，如同本法在所有关键时刻已经生效一样。

（2）如果在本法实施之前提起的民事诉讼，尚未最后判决，且暂时受理那些诉讼的法院的意见为：考虑到本条的规定，为了使法院完全、有效地解决与原因或事实有关的问题，政府应该作为诉讼的一方当事人时，那么如果法院认为适当，法院可以发布命令，宣布根据这种条款，政府可为此作为一方当事人。而且，如法院认为得当，还可发布与这种命令相应的命令。

第二编　管辖与诉讼程序

高等法院

第13条　高等法院的民事诉讼程序

在本法规定的限制下，如本法附表1中所述，由英王提起或对英王提起的这种民事诉讼程序则全部予以废除。在高等法院由政府提起的或对政府提起的民事诉讼，全部应依照法院规则，而不是按照其他规则开始和进行。

本条中"法院规则"这一用语是指与在高等法院，对英王索赔有关，而且在作为捕获法庭的那个法院的管辖之内时，依据1894

年《捕获法院法》第 3 条而制定的法院规则。

第 14 条　在高等法院特定的税收案件适用简易程序

(1) 英王在法院规定的限制下并依法庭规则,可以就下列各项在高等法院适用简易程序:

(a) 提供由某人依据有关资本转移税的法规应该提供的信息;

(b) 依据 1984 年的《资本转移税法》作出陈述和支付相应税款;

(c) 依据 1891 年《印花税管理法》第 2 条或根据后来相应法律修改或适用的那一条进行陈述说明;

(d) 支付上述第 2 条含义内的不当扣留或保留的数额。

(2) 在法院规则的限制下并按照法院规则,政府可以就下列事项在高等法院适用简易程序:

(a) 依据有关土产税的法律,支付相应税款;

(b) 依据有关消费税的法规或与之有关的规定,陈述应陈述的情况或提供应提供的信息;

(c) 依据有关增值税的法律,支付应缴税;

(d) 依据有关增值税的法律,陈述应陈述之情况,制作应制作之账目或者提供应提供的信息。

郡法院

第 15 条　郡法院的民事诉讼程序

(1) 在本法规定和限制郡法院管辖权法律的限制下(不论是参照提起之诉讼的标的物或是诉讼中认为是获得赔偿的款额,或是其他),在郡法院可以对英王提起民事诉讼。

(2) 在郡法院由或对英王提起诉讼,程序按照法院规则进行,而不是按照其他规则进行。

一般规定

第 16 条 交互诉讼

尽管申请救济由司法行政官员或其他类似的官员作出,但是,英王可以像其臣民个人那样以同样的方式,通过互相诉讼程序或作为一方当事人和作为这种程序的一方,获得救济。所有法院规则与相互诉讼有关的规则,在本法规定的限制下,应具有相应的法律效力。

第 17 条 诉讼中的各方当事人

(1) 行政部门的大臣应公布一份名单,具体指定几个为本法目的而授权的政府部门,具体载明为本法目的作为上述每一政府部门的事务律师或代理律师的姓名、地址,而且可以随时对上述名单进行修改或更动。

任何据称是根据本条公布之名单副本,并据称是在文书局的监督或授权下印制的文件,在法律诉讼程序中,应作为确立为本法目的而授权之政府部门和作为这种政府部门事务律师或代理律师的人的证据。

(2) 英王提起的民事诉讼,可以由其授权之政府部门以其自己的名义提起,不管该政府部门是否在本法实施时授权起诉;也可以由总检察长提起。

(3) 对英王提起的民事诉讼应对适当的授权的政府部门提

起,如果没有合适的授权政府部门,或者提起诉讼的人有理由怀疑,不知道有无或哪一个授权政府部门是合适的,那么可以对总检察长提起诉讼。

(4) 如果对英王提起的民事诉讼是对总检察长提起的,那么,在该诉讼中的任何阶段,总检察长或者他的代表都可以向法庭提出申请,在申请中可以指出有这种授权的政府部门代替他作为被告;如果这种诉讼是对授权的政府部门提起的,那么,在诉讼的任何阶段,都可以代表该授权的政府部门向法院提出申请,在申请中要求总检察长或者某一特定的这种授权政府部门替代申请人作为诉讼中的被告。

法庭接到这种申请,如认为合适,可以发布命令,以法院认为公正的条件批准申请,这种命令一旦发布,该诉讼应继续进行,如同其开始时对命令中代表所指的那个部门提起的诉讼一样,或者案件需要,如同总检察长提起的那样进行。

(5) 按照本法本编的规定,由或对总检察长或授权的政府部门提起诉讼,都不应因总检察长的人选变动或者因组成该政府部门的人员变动而撤消或受到影响。

第 18 条　文书送达

与由或对英王提起的民事诉讼有关,而要求送达英王的所有文件,如诉讼是由或对授权政府部门提起的,应送达给该政府部门的律师,或为本法目的作为该政府部门代理律师的人;如果没有这种律师,没有代理律师,或诉讼是由或对总检察长提起的,那么,应送达财政部的律师。

第 19 条　(已废止)

第 20 条　诉讼移转

(1)(已废止)

(2)依据本条的上述规定,所有与从郡法院到高等法院的诉讼移送有关,或将案件从高等法院移送到郡法院有关的法律、规则,应适用于与对英王提起诉讼有关的诉讼中。

第 21 条　权利救济

(1)在由或对英王提起的民事诉讼中,法院应在本法规定的限制下,有权下达此等命令,如同在臣民之间的诉讼中有权下达命令一样。而且在案情需要时,可下达适当的救济令。

但是:

(a)如果在对英王提起的诉讼中,这种救济被认为在臣民之间的诉讼中可能以强制令或特别执行令的方式得到允许,那么,法院不应准许强制令或下达特别执行令。但是,作为代替,法院可以下达命令;宣告当事人的权利;

(b)为追回土地或其他财产而对抗英王提起的诉讼中,法院不应下达追回土地或交付财产的命令。但是,作为代替,法院可以下达命令,宣布原告作为对英王起诉人,对土地或财产享有权利,或对上述两项享有占有权。

(2)如果准许强制令或下达命令的效果可能是给予不利于英王的救济,而其在对英王提起的诉讼中可能没有得到,那么,法院不应在民事诉讼中下达强制令或下达不利于政府官员的命令。

第 22 条　上诉及中止执行

受本法的限制,所有与上诉和中止执行有关的法律及法院规则,应在作必要修改后,适用由或对英王提起的民事诉讼,如其适用于臣民之间的诉讼一样。

第 23 条　本法第二编所涉民事诉讼范围

（1）依照本条规定,本法这一编所提及的由英王提起的民事诉讼应解释为仅仅是涉及下述民事诉讼：

（a）行使或维护权利的诉讼,或是为获得救济的诉讼,如果本法未被通过,其便可以通过本法附表 1 第 1 段中所述的诉讼已经行使或维护或获得；

（b）行使或维护权利的诉讼,或是为获得救济的诉讼,如果本法未被通过,其便可通过由政府部门或由这种作为政府官员提起的诉讼,可能已经行使、维护或获得；

（c）所有依据本法英王有权提起的诉讼。

"由或对英王提起的民事诉讼"一语应作相应解释。

（2）依照本条的规定,本法这一编所提及的对英王提起的民事诉讼仅应解释为涉及下述民事诉讼：

（a）行使或维护权利的诉讼,或为获得救济而进行的诉讼,如果本法未被通过,其便可以通过本法附表 1 第 2 段中所述的这种诉讼可能已经行使、维护或获得；

（b）行使或维护权利的诉讼,或为获得救济而进行的诉讼。如果本法未被通过,其便可以通过对总检察长、政府部门或此等政府官员提起的诉讼,可能已经行使、维护或获得；

（c）所有依本法任何人都有权对英王提起的诉讼。

"由或对英王提起的民事诉讼"一语应作相应解释。

（3）虽然本条已作了上述规定,但本法本编的规定对于下述诉讼不应有效。即：

(a) 某人告发而由总检察长提起的诉讼；
(b) 由或对公共受托人提起的诉讼；
(c) 由或对慈善委员会提起的诉讼；
(d)（已废止）
(e)（已废止）
(f) 由或对土地登记处注册主任或其他官员提起的诉讼。

(4) 依照根据本法下述规定而制定的枢密院令的规定，本法本编对于高等法院或郡法院之外其他法院提起的诉讼应无效。

第三编 判决与执行

第 24 条 与债务，损害赔偿金及费用有关的利息

(1) 1838 年《审判法》第 17 条（该条规定了判决之债务应有利息）和 1979 年《司法行政令》44A 条（这能够使法院对非英镑计量的债务作出适当的判决）应适用英王应得或应付之判决债务；

(2) 如果高等法院裁决给政府或裁决政府应交付的费用，那么除法院另有命令外，应根据这些费用支付利息。而且，如此支付的利息应和根据英王应得或应支付之判决债务支付利息一样，采用同样的利率；

(3) 1981 年的《高等法院法》第 35A 条和 1984 年的《郡法院法》第 69 条（分别授权高等法院和郡法院作出债务和损害赔偿金的利息的裁决）以及《法律改革法》（其他条款）第 3 条（授权记录法院裁定债务和损害赔偿金的利息），应适用于由或对英王提起之诉讼的判决；

（4）（已废止）

第 25 条　对英王不利的裁决之赔偿

（1）如果在由或对英王提起的诉讼中，或在王座法庭公诉部进行的诉讼中，或在与英王为一方当事人的仲裁有关的情况下，法院发出的命令（包括对诉讼费用发出的命令），有利于个人而不利于英王或其政府部门或这种政府官员，那么，该法院适当的官员，应根据此人或其代表为其利益提出的申请，在该命令发布 21 天后的任何时间，或在该命令规定有费用支付在和该项费用需要评定的情况下，在诉讼费用评定之后的任一时间，以后者为准，向此人发布特定格式的，包含该命令具体要求的证书。

但是，如果法院如此指示，那么对于命令支付给申请人诉讼费用，应再签发一个单行证明书。

（2）依据本条规定签发的证书副本可由命令对其有利的一方当事人送达给在记录中暂时指定为英王、其政府部门或有关官员的人，或作代理律师的人。

（3）如果命令中规定以损害赔偿或其他方式，或给付诉讼费用的方式支付款项，那么，这种证书应说明如此支付的数额。有关政府部门应依下述规定支付给有权得款的人，或者支付给他的律师证书中规定其应得的数额和其依法应得的利息。

但是，作出上述命令的法院或是接到对命令上诉的法院可以作出指示：在上诉期间，应中止支付应付数额的全部或是部分金额。如果该证书尚未发出，法院可命令在该证书中加入这种指示。

（4）除上述规定外，法院不应下达执行令、查封令或具有这种性质的其他命令,来强制政府支付上述款项或诉讼费用,根据命令应由英王或政府部门或这种政府官员支付的款项或诉讼费用,绝不应由个人负责。

(5)(已废止)

第26条 英王强制执行之规定

(1)(已废止)

(2) 1869年《债务人法》第4条和第5条(其中分别对废除因负债而坐牢和保留对欠小额债务者实行拘留权力作了规定)应适用于小额度款项的支付和应付给英王的债务。

但是,为上述第4条对小额度款项的支付和应付给英王债务的适用,本条应具有法律效力,如同在上述例外款项中包含不履行支付与遗产税有关的应支付的款额。

(3) 本条不应影响本法实施之前即可采用的强制执行手段。这是在英王为罚款或处罚,或对货物的没收或征收,或对船只的没收或对船舶股票的没收得到赔偿而提起的诉讼中,有利于英王的命令的程序。

第27条 英王支付的扣押款项

(1) 如果由英王付给某人之款,根据法院的命令是此人又对其他人有付款义务,而且如果这种由英王给付之款也是可由臣民给付之款,那么,该"其他人"根据法院规则,有权获得扣押令,作为对自己债务之抵销或累计债务的抵销;或者获得指定扣押执行人或收款人代表其接收该款的命令。高等法院依据本法的规定和按照法院规则,可以下达命令,限制上述第1次提到的人接收那笔款项,并指示将该款付给上述"其他人",或付给扣押令执行人或收款人。

但是,不应就下述款项发布这种命令:

(a) 支付给政府官员的工资或薪金;

(b) 依照法律规定禁止或限制在执行中转让,或收取的款项;

(c)(已废止)

(2) 前款规定只要与郡法院管辖范围内的救济方式相关,如同其在高等法院有效一样,也应有效。

(3) 本法该条的上述款项在英格兰和威尔士适用时,依本法之规定,根据 1989 年《高级法院法》139 条第 2 款作出的命令是有效的。

第四编　杂项与补充规定

杂项规定

第 28 条　调查取证

(1) 在法院规则的限制并按照法院规则和郡法院规则:

(a) 在高等法院或郡法院的英王作为一方的民事诉讼中,法院可以要求英王提供证件清单和出示文件以便审查;

(b) 在上述诉讼中,法院可以要求英王回答书面质询。

但是,本条不应妨碍由于文件的公开或回答问题可能危害公共利益,而认可或要求保密或拒绝回答问题的法律规则。

法院根据本款 b 项所赋予的权力而下达的命令应说明由什么

样的政府官员回答书面质询。

(2) 在不损害前款但书规定的前提下,为本条目的而制定的规则应保证:如按照政府大臣的意见公布现有文件,可能会有害于公共利益时,便不应公布现有文件。

第29条　排除对英王提起的对物诉讼

(1) 本法任何规定都不应认为是准许关于对英王索赔而提起的对物诉讼,或扣押、扣留或出卖国王陛下的船舶、飞机、货物或属于政府的其他财产;或给予任何个人留置上述船舶、飞机、货物或其他财产的权利。

(2) 如果在高等法院或郡法院对上述的船舶、飞机、货物或其他财产提起对物诉讼,法院可以根据原告要求,依据本款下达命令的申请,或英王要求撤消诉讼的申请,确认该诉讼是原告有理由相信上述船舶、飞机、货物或其他财产不属于英王的情况下提起的,法庭可以命令该对物诉讼应作为是按照本法规定对政府提起的对人诉讼,或是对法院认为在这种情况下,其是适当的被诉人的其他人提起的对人的诉讼。而且,该诉讼应相应地继续下去。

如法院认为适当,可根据这种条款下达这种命令:如果法院下达这种命令,那么,只要法院认为是急需,便可以下达这种相应的命令。

第30条　(已废止)

第31条　适用于政府的议会法律规定

(1) 本法不应妨碍英王优先使用议会某一法律规定的权利,尽管在此没有列举出这种法律规定。兹宣布:在对英王提起的民事诉讼中,任一议会任何法律规定,如果在臣民之间的诉讼中,被告可以用来作为诉讼中的辩护,无论是全部或部分,或其他,可以在明示相反条款的限制下,为英王所用。

(2) 1869年《债务人法》第6条(授权法院在某种情况下,下令逮捕行将离开英格兰的被告),经必要修改之后,应适用于英王在高等法院提起的民事诉讼。

第32条 英王之政府更替不影响诉讼进行

由或对英王提出的任何求偿请求和任何强制执行这一求偿请求的诉讼程序,都不应因英王之政府的更替而撤销或受到影响。

第33条 令状的废止

本法实施后,不应发布对债务人物业评价扣押令和通知(县郡)行政官扣押已死的王室债务人的财产令状。

第34条 (已废止)

补充规定

第35条 法院规则

(1) 制定法院规则的权力,应包括为了使得本法规定有效而制定规则的权力。这种规则可包括对由或对英王提起的诉讼,替代或增加适用于臣民之间诉讼的规定有效的规定。

(2) 依照法院规则和郡法院规则对下列事项应作出规定:

(a) 在英王对个人提起的诉讼中,无论此人是否是英国臣民,但此人不住在联合王国的情况下,规定传票或通知书的送达程序;

(b) 保证,如果按照本法规定,对政府提起民事诉讼,原告应向英王提供情报,关于对指控英王要承担责任情况和政府有关部门或官员的情况可合理要求获得的情报;

(c)（已废止）

(d)（已废止）

(e)（已废止）

(f)在由或对英王提起的诉讼中,能够使证据得以受托保全;

(g)作出如下规定:

（ⅰ）个人不应有权在英王为追索税金、关税或罚金而提起的诉讼中,利用抵销或反索赔使自己受益,或在由英王提起的其他性质的诉讼中,利用抵销或由权利或有关税收、关税或罚金赔偿请求而引起的反索赔使自己受益;

（ⅱ）在以政府部门名义提起的诉讼中,或在以总检察长名义提起的诉讼中,如果抵销的标的物或反索赔的标的物与政府部门无关,那么,个人未经法院许可,不应有权在英王提起的利用抵销或反索赔使自己受益;

（ⅲ）在以政府部门的名义提起的诉讼中,如果抵销或反索赔的标的物与上述政府部门无关,那么,英王未经法院许可,不应有权利用抵销或反索赔使自己受益;

（ⅳ）在以总检察长的名义提起的诉讼中,英王未经法院许可,不应有权利用抵销或反索赔使自己受益。

(3)根据有关税收法规,可以依法院规则作出规定,调整到高等法院上诉的案件,不论其以判案要点陈述,还是以其他方式上诉。依据本款制定的规则,可以废除在本法实施前有效的法律或规则。只要其是调整上诉案件的规则,即应予以废除。同时,还可以对任何以现行有效的法律或规则制定有关规定的事项作出新规定。

第 36 条 （已废止）

第 37 条 财政拨款

（1）在联合王国以通过本法为由依靠王国政府的权力或代表政府作出的开支，应由议会提供的款项支付。

（2）在联合王国依靠王国政府以通过本法，而应支付给政府的款额应支付给财政部。

第 38 条 本法用语之解释

（1）本法中，除上下文另有其他要求外，提及本法规定之处，包括为本法之目的而制定的法院规则；

（2）在本法中，除上下文另有其他要求，或者另有其他明确规定外，下列用语分别具有如下含义，即：

"代表人"，当用于英王时，包括英王雇用的独立承包人；

"民事诉讼程序"包括为追回罚金或罚款，在高等法院或郡法院提起的诉讼程序。但不包括在王座法庭公诉部提起的诉讼程序；

"国王陛下的飞机"，不包括属于国王陛下，而不是在联合王国凭借英王的权利而拥有的飞机；

"国王陛下的船舶"指受益人的权益归属国王陛下，或为 1995 年《商船法》之目的，作为政府船舶而进行登记的，或暂时转让，或再转让的船舶，或专属英王占有的船舶。但上述用语不包括国王陛下受益，但不是在联合王国以英王或者苏格兰政府的权利拥有的船舶，除非该船暂时凭借英王或苏格兰政府的权利转让或再转让给国王陛下，或者船舶凭借上述权利为国王陛下所排他性地占有；

"官员",对于英王来说,包括国王陛下的公务人员,和相应地,但不违背上述规定的一般原则,包括英王的部长和苏格兰政府的官员;

"命令",包括判决、裁定、裁决、公断书及法院宣告;

"规定的",指依法院规则作出的规定,视具体情况而定;

"对抗英王提起的诉讼程序",包括在英王提起的诉讼中,以抵销或反诉方式提出权利要求的诉讼程序;

"船舶",具有1995年《商船法》中相同的含义;

"法定义务",指依照或根据议会的法律所课加的义务。

(3) 本法中提及国王陛下个人的行为能力,应解释为包括国王陛下以兰开斯特公爵身份出现和康瓦尔公爵身份的行为能力。

(4) 本法第三编或第四编中所指由或对英王提起的民事诉讼,或英王作为当事人的民事诉讼,应解释为包括总检察长、政府部门或政府官员作为当事人的民事诉讼。

但是,为本法第三编、第四编之目的,英王不应视为诉讼当事人,唯一理由是因诉讼是总检察长根据他人告发而提起的。

(5) (已废止)

(6) 本法中所提法规,应解释为依据或根据其他法规,包括本法,修改过的法规。

第39条 (已废止)

第40条 保留事项

(1) 本法不应适用于由或对国王陛下提起的诉讼,或对国王陛下本人提起的侵权行为民事诉讼。

(2) 除另有明文规定外,本法不应:

(a) 影响有关捕获救助的法律,或适用于其原因或事实都在作为捕获法院的高等法院管辖范围内的诉讼,或适用于刑事诉讼;

(b) 许可根据或按照本法规定,就在联合王国由与王国政府和苏格兰政府无关的原因引起的关于英王被指控的责任而对政府提起的诉讼,或影响就上述指控之责任对英王提起的诉讼;

(c) 影响由英王,而不是凭联合王国政府和苏格兰政府的权利提起的诉讼;

(d) 关于英王所雇佣的、独立的承包人的作为或不作为,使英王比其作为臣民,如果它是一个自然人,在这种作为或不作为中承担更大的责任;

(e)(已废止)

(f) 影响证据法规则或与政府所受议会法律限制程度相关的推定;

(g) 影响英王要求法庭会审,或控制或其他干涉影响其权利、财产或利益之诉讼的权利;

(h) 影响依据1906年《公共受托人法》对公共受托人或苏格兰政府所课加的责任。

在不妨害上述规定一般法律效力的前提下,第三编不应适用于英王。凭借联合王国政府和苏格兰政府权利者除外。

(3) 国务大臣的证书:

(a) 证明被指控的与联合王国政府无关的原因而引起的英王的责任;

(b) 证明英王提起的诉讼不是以联合王国政府的权利提

起的。

为本法之目的,证书对其所证明的事项应是结论性的。

(3A)苏格兰大臣的证书证明:

(a)指控的与苏格兰政府无关的原因而引起的英王的责任;

(b)英王提起的诉讼不是以苏格兰政府的权利提起的。

为本法之目的,所证明的事项应是结论性的。

(4)如果依据其实施独立于政府的行为或意向的法律规定,财产属政府所有,那么,政府不应仅以该项财产属于英王为由,依本法而承担责任;但是本款规定不应妨害任何时期在英王或政府的代理人事实上已经占有或控制了此项财产或取得占有权后,英王应当承担的责任。

(5)虽然依据本法的规定,可以得到其他和进一步救济,但本法不应限制法院在本法实施之前,可能已经给予救济的情况下,以发布命令的方式给予救济的自由裁量权。

第五编　对苏格兰的适用

第41条　本法对苏格兰的适用

本法中本编的规定对在苏格兰适用本法应具有法律效力。

第42条　特定条款的排除适用

本法第1条、第二编(与本法附表2中所述诉讼程序有关的第13条和第21条除外)和第28条不应适用于苏格兰。

第 43 条　以适用于苏格兰为目的之解释

在本法适用于苏格兰时：

（a）提到高等法院处（作为捕获法院的法院除外），应替换为"最高民事法院"；提到"县法院"处，应换为"郡法院"；"原告"一词，指"起诉者"；"被告"一词则指"应诉者"；"郡法院规则"一语指适用于郡法院的《会议法》；"强制令"一语指"禁止令"；

（b）"侵权"一词指引起赔偿责任的不当或过失行为或不作为，所提责任、权利、行为或侵权诉讼，均应作相应解释；所提的1935年《法律改革法》第二编（已婚妇女与侵权行为者）处，均应换为1940年（苏格兰）《法律改革法》第 3 条（杂项规定）。

第 44 条　在群法院对政府提起诉讼

依照本法之规定和限制郡法院管辖权的法规（无论是指诉讼标的物，还是其他），对英王提起的民事诉讼，可以在郡法院以对臣民提起诉讼同样的方式提起。

但是，如果在郡法院对政府提起的诉讼中，由有权的法律官员出具的证明书，证明该诉讼可能关联一个重要的法律问题，或对其他案件的裁判可能是决定性的，或由于其他原因，更适合于在高等民事法院审理，那么，该诉讼应就此呈交高等民事法院审理。在法院看来这种移送对起诉者已增加了额外费用，那么，法院在裁决诉讼费用时，应考虑因此而增加的额外费用。

本条规定中"有权的法律官员"的具体含义如下：

（a）在对苏格兰政府的任一部门提起诉讼时，是指苏格兰检察长，并且

（b）在其他案件中是指苏格兰法律总顾问。

第 45 条　在苏格兰对英王不利判决的执行之规定

（1）如果在由或对英王府提起的诉讼中，或英王作为当事人的诉讼中，法院下达的命令（包括费用裁定）私人胜诉或政府部门、政府的官员败诉，那么，法院书记官应根据私人或其代表为其利益而提出的申请，在法院命令发布之日起 21 天之后的任何时间，或在有费用裁定书，或该费用需要评定的情况下，在费用评定后的任何时间，以后者为准，向此人签发法院该命令的证明书之副本。

（2）这种法院命令的副本可由法庭判决胜诉的私人送达给在案卷中暂时作为英王代表，或政府部门，或有关官员律师或代理律师的人。

（3）如果该命令判决之款项支付作为损害赔偿或其他诉讼费用的例外，那么，主管政府部门应在本法下述规定的限制下，支付胜诉方或他的律师依据法院裁定此人应得的数额。如果有利息，则应将合法属于他的利息一并支付给他。

但是，作出上述命令的法院，或接到对该判决上诉的法院，可以作出指示，要求在上诉期间中止如此支付数额的全部或部分的款项的支付。

（4）上述命令不应勉强或迫使任何人支付上述命令中提及的款项或费用。应由英王或政府部门，或政府官员给付的款项或诉讼费用，任何人都不应以个人身份负责支付，无论依照法院的哪条命令，都应是如此。

第 46 条　关于扣押的规定

凡适合臣民个人进行扣押之处，英王、其政府部门或政府官员亦应有权扣押。

但是，上述规定不应准许下述扣押：

（a）（已废止）

（b）依据法律规定，禁止或限制转让，在执行中收取的款项；

（c）（已废止）

第 47 条　追回英王占有的文件

限于和按照适用于最高民事法院和郡法院的《会议法》，在任何一诉讼中，无论英王是否是当事人，都可以准许委托，并谨慎地追回英王占有的文件，如同从英国臣民个人保管的文件处追回文件一样。

但是：

（a）本款应不妨害其他法律规定。此等法规，根据其泄露可能有害于公共利益，而授权或者要求对文件实行保密；

（b）如果按照政府部长的意见，泄露文件的存在状态可能有损于公共利益，那么，便不应泄露文件是否存在这一状态事实。

第 48 条　（已废止）

第 49 条　本法第 26 条在苏格兰的适用

本法第 26 条在苏格兰应具有法律效力。但要把该条第 2 款换为：

"（2）1880 年《债务人法》（苏格兰）第 4 条中的例外条款，除其中所含废除因债务而监禁的规定外，应仅适用遗产税。"

第 50 条　本法第 35 条在苏格兰的适用

本法第 35 条在苏格兰应具有法律效力，如同把该条第 2 款换为下述条款一样：

"（2）关于最高民事法院或郡法院的诉讼，应适用下述规定：

(a) 如果已作出英王败诉的缺席判决,那么,在根据传票已送达英王的申请,在未得到法庭许可之前,应生效;

(b) 在英王为追缴税款、关税或者罚金而提起的诉讼中,个人应无权通过抵销或反诉方式,使自己受益,或在英王提起的其他性质的诉讼中,以由于关于税款、关税或罚金方面的赔偿权利或要求而引起的抵销和反诉使自己受益;

(c) 如果抵销或反诉的标的物与代表它提起诉讼的政府部门无关,那么,此人在未经法院许可的情况下,不应在英王提起的诉讼中,通过抵销或反诉的方式使自己受益;

(d) 在对凭借女王陛下联合王国政府所赋权力之政府部门或对代表政府部门的苏格兰法律总顾问提起的诉讼中:

(ⅰ)若标的物与苏格兰政府无关,那么,政府无权以抵销或反诉的方式使其受益。

(ⅱ)若标的物与政府部门无关,未经法庭许可,英王无权以抵销或反诉的方式使其受益。

(e) 在对苏格兰政府或代表苏格兰政府的苏格兰检察总长提起诉讼中,若诉讼标的物与苏格兰其他政府部门有关或与联合王国政府有关,那么英王无权以抵销或反诉的方式使其受益。"

第51条 本法第36条和第38条在苏格兰的适用

(1)(已废止)

(2)本法的第38条应具有法律效力,如同对其中第4款作了如下变动:

(ⅰ)包括引用本法本部分;

(ⅱ)提及"总检察长"处,均换为"苏格兰检察总长"或"苏格

兰法律总顾问";

(ⅲ)但书部分删去。

第六编　范围、实施、简称等

第 52 条　本法的适用范围

依照有关北爱尔兰的下述规定,本法不应影响英格兰和苏格兰之外的法院实施的法律,或这种法院的诉讼程序。

第 53 条　本法在北爱尔兰的适用

(1) 国王可用"枢密院令",规定本法扩大适用于北爱尔兰,并作出国王认为急需的补充、例外和修改。

(2) 本条之枢密院令可以规定修改以联合王国政府权利适用于英王的法律,修改以北爱尔兰政府的权利适用于英王的法律。

(3) 本条的枢密院令可以规定修改下述法律:

(a) 关于英王在北爱尔兰郡法院的诉讼的权利;

(b) 关于北爱尔兰法院作出政府胜诉或败诉的费用裁定。

(4) 依据本条所作出的枢密院令可被后来发布的枢密院令所修改变动或废除。

(5) 依据本条,枢密院令可以包括这样的规定:按照本条上述规定,对国王陛下似乎是对这种枢密院令中的规定,是附带或重要作用的规定。

(6) (已废止)

(7) 依据本条,枢密院令一旦作出,即应尽快地提交议会审批,如果议会两院中任何一院在收到此令后28天之内,开会讨论并决定此令无效,那么,此令应即此失去法律效力。但先前已做的或尚未做的事情,不妨害作出枢密院令者则除外。

第54条 简称及本法实施

(1) 本法可以作为"1947年王权诉讼程序法"加以引用。

(2)(已废止)

附表1 本法废除的诉讼程序

(第13条与第23条)

一

(1) 拉丁文和英文的信息;

(2) 拘捕在逃被告令、要求回答讯问的传票令及鉴评令状;

(3) 不执行程序令状;

(4) 为解决涉及王室债务人财产令状之争端而进行的诉讼;

(5) 以1865年《王权诉讼法》为依据的传讯令状。

二

(1) 运用权利申请书提起的对国王陛下的诉讼,其中包括依据《海上捕获法》第52条,在海事庭上运用权利申请书称谓的诉讼;

(2) 以权利声明方式提起的对国王陛下的诉讼。

附表 2

(已废止)

修正之处

全文	2011年《预算责任和全国审计法》c. 4, Sch. 1 para. 7(2)(a)之规定 1987年《海峡隧道法》c. 53, Pt I s. 2(7)之规定 1998年《苏格兰法准则(暂行法,过渡和保留条款)》1999/901, art. 11之规定 《律师认可组织准则法》1991/2684, art. 4之规定 《律师认可组织准则法》1991/2684, Sch. 1 para. 1之规定
本法第二编	《特殊教育需求和残疾人准则(北爱尔兰)法》2005/1117, Pt III(IV) art. 47(2)之规定
本法第二编第23条第(3)款(f)项	2006年《慈善法》c. 50, Pt 2 c. 1 s. 6(5)之规定
本法第四编	《特殊教育需求和残疾人准则(北爱尔兰)法》2005/1117, Pt III(IV) art. 47(2)之规定
本法第四编第35条第(2)款(d)项	1998年《苏格兰法》c. 46, Sch. 8 para. 7(5)(a)(i)之规定 1998年《苏格兰法》c. 46, Sch. 8 para. 7(5)(a)(ii)之规定 1998年《苏格兰法》c. 46, Sch. 8 para. 7(5)(a)(iii)之规定
本法第四编第35条第(2)款(f)项	1998年《苏格兰法》c. 46, Sch. 8 para. 7(5)(b)之规定

续表

本法第四编第38条	2006年《苏格兰法》c. 11，Pt 2 s. 12(4)之规定
本法第四编第38条第(3)款	《基地组织(资产冻结)条例》2011/2742，reg. 18(5) Pt IV s. 38(3)之规定 《缅甸(资产限制)条例》2009/1495，Pt 6 reg. 23(3)之规定 《化学武器(海外领土)准则》2005/854，Sch. 1 para. 1之规定 《社区设税收法规》2010/948，Pt 12 reg. 125(2)之规定 《电力和天然气(市场完整性和透明度)(强制等)条例》2013/1389，Sch. 1 para. 3(2)之规定 《伊朗(欧盟经济制裁)条例》2007/1374，Pt 4 reg. 16(3)之规定 《伊朗(欧盟经济制裁)条例》2010/2937，Pt 5 reg. 25(5)之规定 《伊朗(欧盟经济制裁)条例》2012/925，Pt 5 reg. 26(5)之规定 《伊朗(经济制裁)准则》2007/281，Pt 4 art. 17(3)之规定 1998《年地雷法》c. 33，s. 28(4)之规定 1983年《医疗法》c. 54，Pt V A s. 45D(4)之规定 1993年《放射性物质法》c. 12，s. 42(7)之规定 《叙利亚(欧盟经济制裁)条例》2012/129，Pt 5 reg. 23(5)之规定 《恐怖主义(美利坚合众国措施)准则》2009/1747，Pt 5 art. 25(3)之规定 2000年《运输法》c. 38，Pt III c. III s. 196(5)之规定 1991年《水产业法》c. 56，Pt VIII s. 221之规定 《津巴布韦(经济制裁)条例》2009/847，reg. 16(3)之规定
附表1	1993年《成文法(废止部分)》c. 50，Sch. 2(II) para. 27之规定
附表2	《家庭法(北爱尔兰)准则》1993/1576，Sch. 4 para. 2之规定

英国裁判所、法院与执行法(节译)

(2007年7月19日颁布)

施立栋[*] 译

目 录

第一编 裁判所与调查
　第二章 初级裁判所与上级裁判所
　　对决定的复审和上诉
　　　第9条 对初级裁判所决定的复审
　　　第10条 对上级裁判所决定的复审
　　　第11条 向上级裁判所上诉的权利
　　　第12条 向上级裁判所上诉的程序
　　　第13条 向上诉法院提起上诉等权利
　　　第14条 向上诉法院提起上诉等程序
　　"司法审查"
　　　第15条 上级裁判所的"司法审查"管辖权

---

[*] 施立栋,男,1987年生,法学博士,现任苏州大学王健法学院讲师。

第 16 条　申请本法第 15 条第 1 款的救济方式

第 17 条　本法第 15 条第 1 款规定的撤销令：补充性条款

第 18 条　对本法第 15 条第 1 款规定的管辖权的限制

第 19 条　从高等法院转移司法审查申请

第 20 条　从苏格兰高等民事法院转移司法审查申请

第 21 条　苏格兰上级裁判所的"司法审查"管辖权

对决定的复审和上诉

第 9 条　对初级裁判所决定的复审

(1) 初级裁判所可以针对案件中的某一问题,对自己作出的决定进行复审,除非该决定属于本法第 11 条第 1 款规定的豁除决定(但请参见本条第 9 款的规定)。

(2) 本条第 1 款中初级裁判所对决定进行复审的权力,可以:

(a) 由初级裁判所依职权主动行使;或者

(b) 基于本法第 11 条第 2 款规定的对决定享有上诉权的人的申请而行使。

(3)《裁判所程序规则》可以:

(a) 作出规定,对于为本项的目的而出台的、在《裁判所程序规则》中具体规定的特定种类的决定,初级裁判所不能依据本条第 1 款进行复审(无论该复审是依职权主动进行的还是依据本条第 2 款 b 项的申请进行的);

(b) 作出规定,对于为本项的目的而出台的、在《裁判所程序规则》中具体规定的特定种类的决定,初级裁判所只能依职权行使本条第 1 款中的复审权力;

(c) 作出规定,对于为本项的目的而出台的、在《裁判所程序规则》中具体规定的本条第 2 款 b 项的申请,只能基于为本项的目的而出台的、在《裁判所程序规则》中具体规定的理由而提出;

(d) 作出规定,对于为本项的目的而出台的、在《裁判所程序规则》中具体规定的特定种类的决定,初级裁判所只有基于为本项的目的而出台的、在《裁判所程序规则》中具体规定的理由,才能依职权行使本条第 1 款中的复审权力。

（4）当初级裁判所依据本条第 1 款对某一决定进行复审之后,可以:

(a) 改正决定中或者决定的记录中的偶然错误;

(b) 改变所作出的决定的理由;

(c) 撤销该决定。

（5）当初级裁判所根据本条第 4 款 c 项的规定撤销一项决定之时,初级裁判所必须:

(a) 对系争问题重新作出决定;或者

(b) 将该问题提交至上级裁判所。

（6）当某一问题依据本条第 5 款 b 项的规定被提交至上级裁判所之时,上级裁判所必须对该问题重新作出决定。

（7）当上级裁判所依据本条第 6 款的规定重新决定某一问题之时,可以作出如同初级裁判所在重新审理该问题时可能会作出的任一决定。

（8）当裁判所在依据本条第 5 款 a 项或第 6 款的规定开展活动时,可以在其认为适当的情况下作出事实认定。

（9）本条的法律效果在于,本条第 4 款 c 项中的一个撤销先前决定的决定,不属于本法第 11 条第 1 款所指的豁除决定,但是初级裁判所根据本条第 1 款中的规定,在对该撤销决定进行复审之时,其仅限于行使本条第 4 款 a 项的权力。

（10）本条第 1 款中针对初级裁判所决定的复审权,以行使一次为限,并且一旦初级裁判所已经对一个先前决定作出不能依据本条第 1 款的规定进行复审的决定,则不能再次对该先前决定进行复审。

(11) 在本条中,当决定被撤销并且系争问题被重新作出决定,为了本条第 10 款的目的,该被撤销的决定与重新作出的决定被视为不同的决定。

第 10 条　对上级裁判所决定的复审

(1) 上级裁判所可以针对案件中的某一问题,对自己作出的决定进行复审,除非该决定属于本法第 13 条第 1 款规定的豁除决定(但请参见本条第 7 款的规定)。

(2) 本条第 1 款中上级裁判所对决定进行复审的权力,可以:

(a) 由上级裁判所依职权主动行使;或者

(b) 基于本法第 13 条第 2 款中对决定享有上诉权的人的申请而行使。

(3)《裁判所程序规则》可以:

(a) 作出规定,对于为本项的目的而出台的、在《裁判所程序规则》中具体规定的特定种类的决定,上级裁判所不能依据本条第 1 款进行复审(无论该复审是依职权主动进行的还是依据本条第 2 款 b 项的申请进行的);

(b) 作出规定,对于为本项的目的而出台的、在《裁判所程序规则》中具体规定的特定种类的决定,上级裁判所只能依职权行使本条第 1 款中的复审权力;

(c) 作出规定,对于为本项的目的而出台的、在《裁判所程序规则》中具体规定的本条第 2 款 b 项的申请,只能基于为本项的目的而出台的、在《裁判所程序规则》中具体规定的理由而提出;

(d) 作出规定,对于为本项的目的而出台的、在《裁判所程序规则》中具体规定的特定种类的决定,上级裁判所只有基于为本项的目的而出台的、在《裁判所程序规则》中具体规定的理由,才能依职权行使本条第 1 款中的复审权力。

(4)当上级裁判所依据本条第 1 款对某一决定进行复审之后,可以:

(a)改正决定中或者决定的记录中的偶然错误;

(b)改变所作出的决定的理由;

(c)撤销该决定。

(5)当上级裁判所依据本条第 4 款 c 项的规定撤销一项决定,上级裁判所必须对系争问题重新作出决定。

(6)当上级裁判所在依据本条第 5 款的规定开展活动时,可以在其认为适当的情况下作出事实认定。

(7)本条的法律效果在于,本条第 4 款 c 项中的一个撤销先前决定的决定,不属于本法第 13 条第 1 款所指的豁除决定,但是上级裁判所根据本条第 1 款中的规定,在对该撤销决定进行复审之时,其仅限于行使本条第 4 款 a 项的权力。

(8)本条第 1 款中针对上级裁判所决定的复审权,以行使一次为限,并且一旦上级裁判所已经对一个先前决定作出不能依据本条第 1 款的规定进行复审的决定,则不能再次对该先前决定进行复审。

(9)在本条中,当决定被撤销并且系争问题被重新作出决定,为了本条第(8)款的目的,该被撤销的决定与重新作出的决定被视为不同的决定。

第 11 条　向上级裁判所上诉的权利

(1) 本条第 2 款所称的上诉权,是指针对初级裁判所作出的决定中的法律问题,向相应的上级裁判所提起上诉的权利,除非初级裁判所作出的决定为一个豁除决定。

(2) 根据本条第 8 款的规定,案件的任何一方当事人均享有提起上诉的权利。

(3) 上诉权只有在获得准许(或者在北爱尔兰称为"许可")之后才能行使。

(4) 准许(或许可)上诉的决定,须依当事人的申请而作出。其可以由下述主体作出:

(a) 初级裁判所;或者

(b) 上级裁判所。

(5) 本条第 1 款所称的"豁除决定",是指:

(a) 当事人行使符合《1995 年刑事损害赔偿法》第 5 条第 1 款 a 项规定的《刑事损害赔偿计划》中所授予的权利而提出上诉(针对复审决定的上诉),初级裁判所在审理该上诉案件后,作出的任何决定;

(b) 初级裁判所在审理《1998 年数据保护法》第 28 条第 4 款或第 6 款规定的上诉(针对国家安全令状的上诉)案件后,作出的任何决定;

(c) 初级裁判所在审理《2000 年信息自由法》第 60 条第 1 款或第 4 款规定的上诉(针对国家安全令状的上诉)案件后,作出的任何决定;

(d) 本法第 9 条中初级裁判所作出的下述决定:

(ⅰ)复审或者不复审裁判所的先前决定；

(ⅱ)针对裁判所对先前决定的复审,不采取行动或者不采取特定行动；

(ⅲ)撤销裁判所的先前决定；或者

(ⅳ)将系争问题提交或者不提交至上级裁判所；

(e)本法第9条中被撤销的初级裁判所的决定(包括在本条规定的上诉程序已经启动之后被撤销的上级裁判所的决定)；或者

(f)大法官在所发布的命令中具体规定的特定种类的初级裁判所决定。

(6)本条第5款f项所指的特定种类决定,当且仅当:

(a)在该种类的决定所涉及的案件中,存在着向法院、上级裁判所或者其他裁判所提起上诉的权利,并且该权利不是或者不涉及针对决定中的法律问题提起上诉的权利(无论该权利是如何表述的)；或者

(b)作出该种类的决定旨在执行本法第30条所转移的职能,并且在本法第30条第1款中的职能转移之前,不存在对该种类的决定的上诉权。

(7)当:

(a)本条第5款f项中的命令具体规定了某一种类的决定,并且

(b)该种类的决定的作出旨在执行本法第30条所转移的职能；

则这一命令必须作出,以便使其在不迟于本法第30条中的职能转移生效之前开始实施(但是在此之后撤销该命令的权力仍可

以继续行使,同时对该命令进行修正以便对当初具体规定的种类进行限缩的权力也可以继续行使)。

(8)大法官可以通过发布命令,规定某人被视为或者不被视为本条第2款规定的案件的一方当事人。

第 12 条　向上级裁判所上诉的程序

(1)上级裁判所在审理本法第11条规定的上诉案件时,如果发现系争决定的作出存在着法律方面的错误情形,适用本条第2款的规定。

(2)上级裁判所

(a)可以(但不是必须)撤销初级裁判所的决定,并且

(b)如果撤销了该决定,则必须:

(ⅰ)将案件发回至初级裁判所重审,并提供重新审理的指引;或者

(ⅱ)重新作出决定。

(3)上级裁判所在行使本条第2款b项(ⅰ)目的权力时,可以同时:

(a)在遴选重新审理案件的人员时作出指示,要求其与已被撤销的初级裁判所决定的作出人员不同;

(b)在向初级裁判所发出重新审理案件的要求的同时,提供程序性的指引。

(4)上级裁判所在行使本条第2款b项(ⅱ)目的权力时:

(a)可以作出任何初级裁判所在重新作出决定时能够作出的决定,并且

(b)可以在其认为适当的情况下作出事实认定。

第 13 条　向上诉法院提起上诉等权利

(1) 本条第 2 款所称的上诉权,是指针对上级裁判所作出的决定中的法律问题,向相应的上诉法院提起上诉的权利,除非上级裁判所作出的决定为豁除决定。

(2) 根据本条第 14 款的规定,案件的任何一方当事人均享有提起上诉的权利。

(3) 上诉权只有在获得准许(或者在北爱尔兰称为"许可")之后才能行使。

(4) 准许(或许可)上诉的决定,须依当事人的申请而作出。其可以由下述主体作出:

(a) 上级裁判所,或者

(b) 相应的上诉法院。

(5) 只有在上级裁判所拒绝准许(或许可)上诉的情况下,当事人才能根据本条第 4 款的规定,向相应的上诉法院提出申请。

(6) 对于本条第 4 款的申请,当其满足本条第 7 款的规定,且相应的上诉法院为英格兰和威尔士的上诉法院或北爱尔兰的上诉法院之时,大法官可以通过发布命令,对当事人的申请不予以准许(或许可),除非:

(a) 拟提起的上诉,将可能提出某些涉及原则或者实践方面的重要问题;或者

(b) 存在着其他令人信服的理由,要求相应的上诉法院审理该上诉案件。

(7) 准许(或许可)上诉的申请,如果是针对本法第 11 条中上级裁判所在上诉审中作出的决定而提出的,则其属于符合本款规

定的申请。

(8) 本条第 1 款所称的"豁除决定",是指:

(a) 上级裁判所在审理《1998 年数据保护法》第 28 条第 4 款或第 6 款规定的上诉(针对国家安全令状的上诉)案件后,作出的任何决定;

(b) 上级裁判所在审理《2000 年信息自由法》第 60 条第 1 款或第 4 款规定的上诉(针对国家安全令状的上诉)案件后,作出的任何决定;

(c) 上级裁判所在受理本法第 11 条第 4 款 b 项规定的申请(准许或者许可获得上诉的申请)后,作出的决定;

(d) 本法第 10 条中上级裁判所作出的下述决定:

(ⅰ) 复审或者不复审裁判所的先前决定;

(ⅱ) 针对裁判所对先前决定的复审,不采取行动或者不采取特定行动;或者

(ⅲ) 撤销裁判所的先前决定;

(e) 本法第 10 条中被撤销的上级裁判所的决定(包括在本条规定的上诉程序已经启动之后被撤销的上级裁判所的决定);或者

(f) 大法官在所发布的命令中具体规定的特定种类的上级裁判所决定。

(9) 本条第 8 款 f 项所指的特定种类决定,当且仅当:

(a) 在该种类的决定所涉及的案件中,存在着向法院提起上诉的权利,并且该权利不是或者不涉及针对决定中的法律问题提起上诉的权利(无论该权利是如何表述的);或者

(b) 作出该种类的决定旨在执行本法第 30 条所转移的职能,

并且在本法第 30 条第 1 款中的职能转移之前,不存在对该种类的决定的上诉权。

(10) 当:

(a) 本条第 8 款 f 项中的命令具体规定了某一种类的决定;并且

(b) 该种类的决定的作出旨在执行本法第 30 条所转移的职能

则这一命令必须作出,以便使其不迟于本法第 30 条规定的职能转移生效之前开始实施(但是在此之后撤销该命令的权力仍可以继续行使,同时对该命令进行修正以便对当初具体规定的种类进行限缩的权力也可以继续行使)。

(11) 上级裁判所在根据本条第 4 款的规定对所受理的申请作出决定之前,其必须向法院详细说明,拟提起的上诉是向相应的上诉法院提起的。

(12) 本条第 11 款规定的在拟提起的上诉中须接受详细说明的法院,是指下述法院中的最适合者:

(a) 英格兰和威尔士的上诉法院;

(b) 苏格兰高等民事法院;

(c) 北爱尔兰的上诉法院。

(13) 除本条第 11 款外,本条所称的"相应的上诉法院",是指本条第 11 款规定的在上诉中接受上级裁判所的详细说明的法院。

(14) 大法官可以通过发布命令,规定某人被视为或者不被视为本条第 2 款规定的案件一方当事人。

(15) 法院规则可以规定本条第 4 款中向相应的上诉法院提

交申请所必须遵循的期间。

第 14 条　向上诉法院提起上诉等程序

（1）相应的上诉法院在审理本法第 13 条规定的上诉案件时，如果发现上级裁判所在作出系争决定时存在着法律方面的错误情形，适用本条第 2 款的规定。

（2）相应的上诉法院

(a) 可以（但不是必须）撤销上级裁判所的决定，并且

(b) 如果撤销了该决定，则必须：

（ⅰ）将案件发回至上级裁判所重审，或者当上级裁判所的决定是来自于其他裁判所或人员的上诉或提交的，则将案件发回至上级裁判所或其他裁判所或人员重审，并提供重新审理的指引；或者

（ⅱ）重新作出决定。

（3）相应的上诉法院在行使本条第 2 款 b 项（ⅰ）目的权力时，可以同时：

(a) 在遴选重新审理案件的人员时作出指引，要求其不是下述人员：

（ⅰ）当案件被发回至上级裁判所重审时，原先作出被撤销的上级裁判所决定的人；或者

（ⅱ）当案件被发回至其他裁判所或人员重审时，原先作出将案件向上级裁判所上诉或提交的决定的人员；

(b) 在向上级裁判所或其他裁判所或人员发出重新审理案件要求的同时，提供程序性的指引。

（4）相应的上诉法院在行使本条第 2 款 b 项（ⅱ）目的权

力时：

(a) 可以作出任何上级裁判所在重新作出决定时能够作出的决定，或者（根据案件性质）作出任何其他裁判所或人员在重新作出决定时能够作出的决定，同时

(b) 可以在其认为适当的情况下作出事实认定。

(5) 当：

(a) 相应的上诉法院根据本条第 2 款 b 项（ⅰ）目的规定，将案件发回至上级裁判所重审，并且

(b) 根据本条第 2 款 a 项撤销的决定，是由上级裁判所根据其他裁判所或人员的上诉或提交而作出的，

则上级裁判所可以将案件发回至该其他裁判所或人员重审（而不是由自己重新审理该案件），同时附上相应的上诉法院为其重新审理案件所提供的指引。

(6) 上级裁判所在行使本条第 5 款的权力时，可以同时：

(a) 要求被遴选出来重新审理案件的人员，不是原先作出将案件向上级裁判所上诉或提交的决定的人员；

(b) 在向其他裁判所或人员发出重新审理案件的要求的同时，提供程序性的指引。

(7) 本条所称的"相应的上诉法院"，是指本法第 13 条第 11 款规定的在涉及上级裁判所的上诉中接受详细说明的法院。

"司法审查"

第 15 条　上级裁判所的"司法审查"管辖权

(1) 对于在英格兰和威尔士法域或者北爱尔兰法域下发生的

案件，上级裁判所有权提供以下种类的救济：

（a）强制令；

（b）禁令；

（c）撤销令；

（d）宣告令；

（e）阻止令。

（2）上级裁判所可以行使本条第 1 款中的权力，如果：

（a）满足特定的条件（见本法第 18 条）；或者

（b）即便没有满足上述条件，该裁判所被核准行使该权力（见本法第 19 条第 3 款和第 4 款）。

（3）本条第 1 款中上级裁判所提供的救济方式：

（a）与高等法院在受理申请司法审查案件时提供的相应的救济方式具有相同的效力，并且

（b）与高等法院在受理申请司法审查案件时提供的救济一样，可以强制执行。

（4）在决定是否提供本条第 1 款 a、b 或 c 项中的救济方式时，上级裁判所必须适用的原则，是高等法院在申请司法审查案件中，在决定是否提供该救济方式时可能会适用的原则。

（5）在决定是否提供本条第 1 款 d 项或 e 项规定的救济方式时，上级裁判所

（a）对于发生在英格兰和威尔士法域中的案件，必须适用高等法院在申请司法审查案件中，在决定是否提供《1981 年最高法院法》第 31 条第 2 款规定的救济方式时可能会适用的原则，同时

（b）对于发生在北爱尔兰法域中的案件，必须适用高等法院

在申请司法审查案件中,在决定是否提供该救济方式时可能会适用的原则。

(6) 对于本条第 3 款 a 项规定的申请,在有关北爱尔兰法域中发生的案件中:

(a) 本条第 1 款 a 项规定的强制令,应与该法域中的执行令相对应;

(b) 本条第 1 款 b 项规定的禁令,应与该法域中的禁止令相对应;以及

(c) 本条第 1 款 c 项规定的撤销令,应与该法域中的调卷令相对应。

第 16 条　申请本法第 15 条第 1 款的救济方式

(1) 本条适用于向上级裁判所申请本法第 15 条第 1 款中的救济方式。

(2) 只有在已经获得裁判所准许(或者在北爱尔兰法域中为"许可")的情况下,才可以提交救济申请。

(3) 裁判所可以不准许(或不许可)提交的申请,除非其认为申请人对于申请所涉及的事项具有足够的利害关系。

(4) 本条第 5 款适用于,当裁判所认为:

(a) 提交申请存在着不正当的迟延,并且

(b) 为申请人提供其所寻求的救济,将可能会对他人造成实质性的困难或构成实质性的权利歧视,或者将会有损于良好行政。

(5) 裁判所可以:

(a) 拒绝准许(或许可)申请人所提交的申请;

(b) 拒绝为申请人提供其所寻求的救济方式。

(6) 裁判所可以作出裁定,给予申请人赔偿金、返还原物或者恢复原状的救济,如果:

(a) 申请中包含了要求就申请所涉及的事项获取这一裁定的请求,同时

(b) 裁判所确信,如果申请人将这一请求提交给高等法院,高等法院也将会作出同样的一个裁定。

(7) 本条第 6 款规定的裁定,如同高等法院作出的裁定一样,可以强制执行。

(8) 当:

(a) 裁判所拒绝准许(或者允许)本法第 15 条 1 项规定的救济申请,而

(b) 申请人针对这一拒绝行为提起了上诉,并且

(c) 上诉法院许可(或准许)了上诉申请,

则上诉法院可以继续审理本法第 15 条第 1 款规定的救济申请。

(9) 本条第 4 款和第 5 款的规定,不排除在《裁判所程序规则》中对提交申请的时间进行限定。

第 17 条　本法第 15 条第 1 款规定的撤销令:补充性条款

(1) 如果上级裁判所就相关的一个决定作出本法第 15 条第 1 款 c 项规定的撤销令,其可以进一步:

(a) 将系争问题发回至作出决定的法院、裁判所或机关重审,并附上要求重新审议该问题的指引,以及作出一个与上级裁判所的决定保持一致性的决定的指引;或者

(b) 以自己的决定替代系争的决定。

（2）本条第 1 款 b 项所授予的权力，只有在满足下述条件下才能行使：

（a）系争的决定是由法院或者裁判所作出的，而

（b）该决定因存在着法律错误而被撤销，并且

（c）如果没有该错误，法院或者裁判所只能够作出唯一的决定。

（3）除非上级裁判所另行指示，依照本条第 1 款 b 项的规定所作出的替代决定，与相应的法院或裁判所作出的决定具有同等的效力。

第 18 条　对本法第 15 条第 1 款规定的管辖权的限制

（1）本条适用于向上级裁判所提交申请，(单独或一并)寻求：

（a）本法第 15 条第 1 款规定的救济方式；或者

（b）申请本法第 15 条第 1 款规定的救济方式的准许(或者对于发生于北爱尔兰法域中的案件，为"许可")。

（2）如果满足下述第 1 项至第 4 项条件，则裁判所具有决定申请的职能。

（3）如果裁判所不具有决定申请的职能，其必须通过命令，将申请移交至高等法院。

（4）第 1 项条件是，申请所寻求的不外乎：

（a）本法第 15 条第 1 款规定的救济方式；

（b）申请本法第 15 条第 1 款规定的救济方式的准许(或者对于发生于北爱尔兰法域中的案件，为"许可")；

（c）本法第 16 条第 6 款规定的裁决；

（d）利息；

(e) 诉讼费。

(5) 第 2 项条件是,申请并不质疑刑事法院所作出的任何决定。

(6) 第 3 项条件是,申请处于为本款的目的而制定的,与《2005 年宪制改革法》附录 2 第 1 部分相一致的指令(direction)所具体规定的申请种类范围之列。

(7) 制定本条第 6 款中的指令的权力,包括:

(a) 对基于权力的行使而制定的指令加以改变或者撤销的权力;以及

(b) 基于不同的目的设置不同的条款的权力。

(8) 第 4 项条件是,主持申请的审理法官是:

(a) 高等法院的法官,或者英格兰和威尔士的上诉法院法官或北爱尔兰的上诉法院法官,或者苏格兰高等民事法院的法官;或者

(b) 其他人员,他们须不时地得到下述人员的同意:首席大法官、苏格兰首席大法官或北爱尔兰首席大法官,或者裁判所高级主席(如果案件性质允许的话)。

(9) 当根据本条第 3 款的规定,申请被移交至高等法院时:

(a) 该申请被认为如同

(ⅰ) 是向高等法院提交的,并且

(ⅱ) 寻求的是与向裁判所寻求的相对应的救济,并且

(b) 裁判所就相关的申请所采取的任何步骤、给予的任何准许(或许可)或发布的任何命令,均被视为是由高等法院所采取的、给予的或发布的。

(10) 法院规则可以对本条第 9 款作出补充规定。

(11)《裁判所程序规则》中可能作出的对本法第 15 条第 1 款中寻求救济申请条款的修改,尤其包括对可能会引起本条第 3 款规定的移交申请的条款的修改。

(12) 就本条第 9 款 a 项(ⅱ)目的规定而言,在涉及向北爱尔兰高等法院移交的申请中:

(a) 执行令应与本法第 15 条第 1 款 a 项规定的强制令相对应;

(b) 禁止令应与本法第 15 条第 1 款 b 项规定的禁令相对应;以及

(c) 调卷令应与本法第 15 条第 1 款 c 项规定的撤销令相对应。

第 19 条　从高等法院转移司法审查申请

(1) 在《1981 年最高法院法》第 31 条之后,增加一条:

"**第 31A 条　将司法审查申请转移至上级裁判所**

(1) 本条适用于向高等法院提交下述申请:

(a) 司法审查;或者

(b) 司法审查的准许。

(2) 如果满足下述第 1 项、第 2 项、第 3 项和第 4 项条件,高等法院必须通过发布命令,将申请移交至上级裁判所。

(3) 如果满足下述第 1 项、第 2 项和第 4 项条件,而第 3 项条件无法满足,高等法院可以发布命令,将申请移交至上级裁判所,如果其认为这样做是恰当和便利的话。

(4) 第 1 项条件是,申请所寻求的不外乎:

(a) 本法第 31 条第 1 款 a 项和 b 项中的救济方式;①

(b) 申请本法第 31 条第 1 款 a 项和 b 项规定的救济方式的准许;

(c) 本法第 31 条第 4 款规定的裁决;

(d) 利息;

(e) 诉讼费。

(5) 第 2 项条件是,申请并不质疑刑事法院所作出的任何决定。

(6) 第 3 项条件是,申请处于《2007 年裁判所、法院与执行法》第 18 条第 6 款具体规定的申请种类范围之列。

(7) 第 4 项条件是,申请并不质疑依据下述法律作出的决定:

(a)《移民法》;

(b)《1981 年英国国籍法》;

(c) 根据上述 a 项和 b 项法律的授权发出的具有法律效力的命令;或者

(d) 当前生效的,决定英国公民身份、英国海外领土公民身份、英国国民(海外)身份或英国海外公民身份的法律规定。"

(2) 在《1978 年(北爱尔兰)司法法》第 25 条之后,增加一条:

"第 25A 条　将司法审查申请移交至上级裁判所

(1) 本条适用于向高等法院提交下述申请:

(a) 司法审查;或者

---

① 《1981 年最高法院法》第 31 条第 1 款 a 项规定的救济方式为强制令、禁令与撤销令;b 项规定的救济方式为宣告令和阻止令。——译者注

(b) 司法审查的许可。

(2) 如果满足下述第 1 项、第 2 项、第 3 项和第 4 项条件,高等法院必须通过发布命令,将申请移交至上级裁判所。

(3) 如果满足下述第 1 项、第 2 项和第 4 项条件,而第 3 项条件无法满足,高等法院可以发布命令,将申请移交至上级裁判所,如果其认为这样做是恰当和便利的话。

(4) 第 1 项条件是,申请所寻求的不外乎:

(a) 本法第 18 条第 1 款 a 项至 e 项规定的救济方式;①

(b) 申请本法第 18 条第 1 款 a 项至 e 项规定的救济方式的许可;

(c) 本法第 20 条规定的裁决;②

(d) 利息;

(e) 诉讼费。

(5) 第 2 项条件是,申请并不质疑刑事法院所作出的任何决定。

(6) 第 3 项条件是,申请处于《2007 年裁判所、法院与执行法》第 18 条第 6 款具体规定的申请种类范围之列。

(7) 第 4 项条件是,申请并不质疑依据下述法律作出的决定:

(a)《移民法》;

(b)《1981 年英国国籍法》;

(c) 根据上述 a 项和 b 项法律的授权发出的具有法律效力的

---

① 《1978 年(爱尔兰)司法法》第 18 条第 1 款 a 项至 e 项规定的救济方式分别为:执行令、调卷令、禁令、宣告令和阻止令。——译者注

② 《1978 年(爱尔兰)司法法》第 18 条规定的是涉及赔偿金的裁决。——译者注

命令；或者

（d）当前生效的，决定英国公民身份、英国海外领土公民身份、英国国民（海外）身份或英国海外公民身份的法律规定。"

（3）当依据《1981年最高法院法》第31A条或者《1978年（北爱尔兰）司法法》第25A条的规定，将某一申请移交至上级裁判所时：

（a）该申请被认为如同

（ⅰ）是向裁判所提交的，并且

（ⅱ）寻求的是与向高等法院所寻求的相对应的救济；

（b）裁判所具有决定申请的职能，即便该申请并不在本法第18条第6款所具体规定的申请种类范围之列，并且

（c）高等法院就相关的申请所采取的任何步骤，给予的任何准许、许可，或发布的任何命令，均被视为是由裁判所所采取的、给予的或发布的。

（4）当：

（a）根据《1981年最高法院法》第31A条的规定，司法审查准许的申请被移交至上级裁判所且裁判所给予准许的；或者

（b）根据《1978年（北爱尔兰）司法法》第25A条的规定，司法审查许可的申请被移交至上级裁判所且裁判所给予许可的；

则裁判所具有对因准许或许可申请所引发的后续申请作出决定的职能，即便该后续申请并不在本法第18条第6款具体规定的申请种类范围之列。

（5）《裁判所程序规则》可以对本条第3款和第4款作出进一步的补充规定。

(6) 就本条第(3)款 a 项(ⅱ)目的规定而言,在依据《1978 年(北爱尔兰)司法法》第 25A 条的规定向上级裁判所移交的申请中:

(a) 本法第 15 条第 1 款 a 项规定的强制令应与执行令相对应;

(b) 本法第 15 条第 1 款 b 项规定的禁令应与禁止令相对应;

(c) 本法第 15 条第 1 款 c 项规定的撤销令应与调卷令相对应。

第 20 条 从苏格兰高等民事法院转移司法审查申请

(1) 当某一项申请被提交置于苏格兰高等民事法院的监督管辖权之下时,

(a) 如果满足下述第 1 项、第 2 项和第 4 项条件,该法院必须,以及

(b) 如果满足下述第 1 项、第 3 项和第 4 项条件,但第 2 项条件未满足,该法院可以

通过发布命令,将该申请移交至上级裁判所。

(2) 第 1 项条件是,申请所寻求的仅仅是苏格兰高等民事法院的监督管辖权的行使。

(3) 第 2 项条件是,申请处于诉讼规则所具体规定的申请种类范围之列,该诉讼规则系为本款目的而制定的,并经大法官的同意。

(4) 第 3 项条件是,申请事项不涉及苏格兰的权力下放事项。

(5) 第 4 项条件是,申请并不质疑依据下述法律作出的决定:

(a)《移民法》;

(b)《1981年英国国籍法》；

(c) 根据上述 a 项和 b 项法律的授权发出的具有法律效力的命令；或者

(d) 当前生效的，决定英国公民身份、英国海外领土公民身份、英国国民（海外）身份或英国海外公民身份的法律规定。

(6) 本条第 3 款中所指的申请种类，不包括事项内容涉及苏格兰权力下放事项的申请。

(7) 就本条而言，申请的内容涉及苏格兰的权力下放事项，如果其：

(a) 涉及在苏格兰的或者有关苏格兰的职责行使，并且

(b) 并不涉及《1998 年苏格兰法》中所规定的保留事项。

(8) 本条第 2 款所指的苏格兰高等民事法院监督管辖权的行使，包括连同该权力行使或者作为该权力行使结果而发布的命令。

第 21 条　苏格兰上级裁判所的"司法审查"管辖权

(1) 对于从本法第 20 条第 1 款规定的从苏格兰高等民事法院转移而来的申请，上级裁判所有权对该申请作出决定。

(2) 上级裁判所在对这些申请进行审查时，享有与苏格兰高等民事法院在审查监督管辖权的申请案件时相同的权力。

(3) 上级裁判所在依据本条第 1 款的规定对申请进行决定时，必须适用苏格兰高等民事法院在对监督管辖权申请案件中作出决定时可能适用的原则。

(4) 上级裁判所依据本条第 1 款的规定发布的命令：

(a) 与苏格兰高等民事法院在监督管辖权申请案件中作出的相应命令具有相同的效力，并且

(b)如同法院发布的命令一样,可以强制执行。

(5)当一项申请通过本条第1款的规定被移交至上级裁判所时,苏格兰高等民事法院就该申请所采取的任何步骤或发布的任何命令(除非该移交申请的命令是依据本法第20条第1款作出的),均被视为是由裁判所所采取的或发布的。

(6)《裁判所程序规则》可以对本条第5款作出进一步的补充规定。

美 国

导读

与英国一样，美国也没有制定单独的行政诉讼法典。有关行政诉讼制度的规定，分散规定于判例法和制定法之中。就制定法而言，存在着联邦与州两个层面的行政诉讼立法。

在联邦层面，1946年颁布的《联邦行政程序法》对司法审查制度作了较为全面的规定，其内容涵盖了受案范围、原告资格、诉讼期间行政行为的停止执行、审查标准与判决方式等事项。而1950年颁布的《行政命令审查法》，针对联邦通讯委员会、联邦海事委员会等特定机构作出的行政命令的诉讼规则作了规定。除了司法审查制度之外，1946年的《联邦侵权求偿法》对国家赔偿制度作了规定。

而在州层面，1946年统一州法全国委员会制定的《示范州行政程序法》对司法审查的范围、原告资格、起诉期限、审查方式、审查理由等内容作了系统规定。它作为示范性的司法审查规则，推荐给各州参考适用。该法分别在1961年、1981年和2010年经历过3次修订。

以上立法构成了美国制定法上的行政诉讼制度的主要内容。本书收录的美国行政诉讼立法，由 3 个部分组成：一是经 2011 年修订的《联邦行政程序法》中的"司法审查"部分；二是经 2010 年修订的《示范州行政程序法》中的"司法审查"部分；三是经 1981 年修订的《联邦侵权求偿法》。

美国联邦行政程序法(节译)

(1946 年制定,经 2011 年修改)

施立栋[*] 译

目 录

美国法典第五编 政府组织与职员
第七章 司法审查
　　第 701 条 适用范围;定义
　　第 702 条 申请司法审查的权利
　　第 703 条 诉讼的形式与场域
　　第 704 条 可受审查的行为
　　第 705 条 司法审查期间的救济
　　第 706 条 司法审查的范围

---

[*] 施立栋,男,1987 年生,法学博士,现任苏州大学王健法学院讲师。译者在翻译过程中,参考了王名扬教授早先的一个译本,该译本作为附录一,刊载于王名扬教授所著的《美国行政法》(中国法制出版社 2005 年版)一书中。

美国法典第五编 政府组织与雇员

第七章 司法审查

第701条 适用范围;定义

(a) 本章的条款不适用于:

(1) 制定法排除司法审查的行为;或者

(2) 法律赋予了行政机关裁量权的行政行为(agency action)。

(b) 在本章中:

(1) "机关(agency)"一词是指合众国的任何一个政府机关,不论该机关是否从属于其他机关或者受到其他机关的审查,但不包括下列机关:

(A) 国会;

(B) 合众国法院;

(C) 合众国海外领地或属地政府;

(D) 哥伦比亚特区政府;

(E) 由纠纷当事人的代表或由纠纷当事人所在组织的代表组成的用以解决纠纷的机关;

(F) 军事法庭或军事委员会;

(G) 战时作战或在占领区的军事组织;或者

(H)《美国法典》第12编第1738条、第1739条、第1743条和

第1744条所授予的政府职能；第49编第471章第2分章所授予的政府职能；或者第50编第1884条、第1891至1902条和之前第1641条b款第2项及其附录所授予的政府职能。

（2）"人""规章""命令""许可证""制裁""救济"和"行政行为"的含义与本编第551条的规定相同。

第702条　申请司法审查的权利

由于行政行为而受到不法侵害的人，或者因行政行为而受到相关制定法的语义涵摄范围内的不利影响或侵害的人，有权针对该行政行为提出司法审查申请。在合众国法院提出的诉讼，该诉讼旨在寻求除金钱赔偿以外的救济，以及控告机关或其官员、雇员以官方身份或以法定职权为幌子的作为、不作为，不得因该诉讼以合众国为被告或者因合众国是必要共同诉讼中的一方当事人而予以驳回或拒绝提供救济。在此类诉讼中，合众国可以成为被告，法院也可以针对合众国作出判决。但是，任何强制性或禁止性判决应指明联邦官员（称其姓名或职务头衔）或其继任者，指出他们个人须服从这些判决。本条规定并不：(1)影响到对司法审查施加的其他限制，以及法院基于其他任何制定法或衡平法上的理由，行使驳回诉讼或拒绝提供救济之权力或职责；(2)授予法院提供救济的权力，如果任何其他允许起诉的制定法明文或隐含地禁止提供这类救济。

第703条　诉讼的形式与场域

司法审查的诉讼形式是指在制定法所规定的法院中，适用于相关审查对象的特殊法定审查程序，或者在缺乏法律规定或法律规定不充分时，有管辖权的法院可以适用的任何法律上的诉讼形式,包括申请确认判决、禁止或强制禁止令状、人身保护令状等诉讼形式。如果没有特殊的法定审查程序可以适用,可以针对合众国、机关(以其官方名称)或合适的官员提起司法审查诉讼。除非法律提供了事先的、充分的和排他性的申请司法审查机会,行政行为在民事或刑事司法执行程序中应当受到法院的审查。

第704条 可接受审查的行为

制定法规定可以接受司法审查的行政行为,以及没有其他充分司法救济途径的最终的行政行为(final agency action),可以接受司法审查。预备性、程序性或中间性的行政行为或裁决,不可直接接受审查,它们可以在对最终的行政行为进行审查时接受审查。除非制定法另有明文规定,本条中的"最终的行政行为"的含义与别处相同,不论对该行为是否已经申请了确认判决、提出了任何形式的复议申请或向更高级别的机关提出了上诉,除非机关通过制定规章规定行政行为在上诉期间内不发生效力。

第705条 司法审查期间的救济

机关认为出于实现正义的需要,可以在司法审查过程中推迟其作出的行政行为的生效日期。审查法院,包括上诉法院和依申请向审查法院发出调卷令或其他令状的法院在内,可以在司法审查程序结束前,发布一切必要且适当的令状,推迟行政行为的生效日期,或者维持原状或权利。

第706条 司法审查的范围

在当事人提出的主张以及作出判决所必要的范围内,审查法院应决定所有相关的法律问题,解释宪法和成文法条文的规定,并决定行政行为中的术语的含义或可适用性问题。审查法院应当:

(1) 对于机关违法拒绝履行职责或不合理的拖延履行职责的行为,强制机关履行职责;以及

(2) 有下列情形之一的,认定行政行为、决定或结论违法,并撤销之:

(A) 专断、反复无常、滥用裁量权,或其他违法;

(B) 违反宪法上的权利、权力、特权或豁免;

(C) 超越法定管辖权、职权或限制性条件,或者欠缺法定权利;

(D) 未遵循法定程序;

(E) 本编第 556 条和第 557 条规定的案件或者其他成文法规定须依据行政听证记录进行审查的案件,缺乏实质性证据的支持;或者

(F) 缺乏事实根据,达到应由审查法院对案件事实进行重新审查的程度。

法院在作出上述决定时,应审查全部记录或为一方当事人所引用的部分记录,并充分注意有害错误规则(rule of prejudicial error)。①

---

① "有害错误规则"(rule of prejudicial error)是指对于行政机关在行政活动中所发生的错误,只有在该错误对当事人造成损害时,法院才能以此为理由撤销该行政行为。——译者注

美国示范州行政程序法(节译)

(1946 年制定,经 2010 年修改)

施立栋[*] 译

目 录

第五章 司法审查
 第 501 条　申请司法审查的权利;可接受审查的最终的行政行为
 第 502 条　关于其他司法审查的法律与规则
 第 503 条　行政行为司法审查的申请期限;限制
 第 504 条　上诉期间行政行为的中止
 第 505 条　原告资格
 第 506 条　穷尽行政救济
 第 507 条　接受司法审查的行政机关记录;例外规定
 第 508 条　司法审查的范围

---

[*] 施立栋,男,1987 年生,法学博士,现任苏州大学王健法学院讲师。

第五章　司法审查

第 501 条　申请司法审查的权利；可接受审查的最终的行政行为

(a) 在本章中，"最终的行政行为"是指行政机关在行政程序中作出的，对相对人课予义务、赋予或者拒绝权利、提供补助金或者确认法律关系的行为。该术语不包括行政不作为行为。

(b) 除非本法以外的州的法律对司法审查作出限制或排除，任何符合本法规定的人有权对最终的行政行为提出司法审查申请。

(c) 对于本条 b 款中对最终的行政行为享有申请司法审查权利的人，如果推迟司法审查将导致不充分的救济或造成无法弥补的损害的后果，并且上述后果超出了因推迟司法审查可得的公共利益，则其有权针对该非最终的行政行为提出司法审查申请。

(d) 对于行政机关违法拒绝履行职责或不合理的拖延履行职责的行为，法院可以强制其履行。

第 502 条　关于其他司法审查的法律与规则

(a) 除非本法以外的州的法律作出特别规定，对最终的行政行为的司法审查只能依照该州民事上诉程序规则的规定进行。法院可以提供在法律上或衡平法上其认为适当的任何种类的救济。

(b) 对于本法以外的州的法律规定的其他审查、赔偿、救济或重新审理方式的运用或范围，本法不构成对其的限制。除非在本法或者本法以外的州的法律中存在着事先的、充分的和排他性的申请司法审查机会,最终的行政行为在民事或刑事司法执行程序中应当受到法院的审查。

第 503 条　行政行为司法审查的申请期限;限制

(a) 以未遵循本法规定的程序要件为由对规章进行司法审查,必须在该规章生效之日起 2 年内进行。以其他理由对规章或指引性文件进行司法审查,可以在任何时候进行。

(b) 对命令或者除规章、指引性文件之外的其他最终的行政行为进行司法审查,必须在行政机关将该命令或其他最终的行政行为通知当事人之日起 30 日内进行。

(c) 本条中规定的申请司法审查的期限,因一方当事人向行政机关提出司法审查的前置性行政救济申请而中断。

(d) 在本法第 416 条规定的复议过程中,当事人不得提出司法审查申请。本条 b 款中的司法审查期限,因当事人向行政机关提出复议申请而中断。

第 504 条　上诉期间行政行为的中止

司法审查申请并不自动产生中止行政决定的效力。对行政决定提出挑战的一方当事人,可以基于与民事上诉程序规则中的相同理由,请求审查法院作出中止该行政决定的决定,审查的法院可以据此作出中止决定,无论提出挑战的一方当事人是否事先向行政机关提出过中止该行政决定的申请。

第 505 条　原告资格

下述人员具有获取对最终的行政行为进行司法审查的原告资格:

(1) 受到行政行为侵害或不利影响的人;以及

(2) 除本法以外的州的法律规定的具有原告资格的人。

第 506 条　穷尽行政救济

(a) 除非本条 d 款或本法以外的州的法律规定不必穷尽行政救济,本法规定的司法审查申请,只能在作出系争行政行为的机关或者其他被批准行使行政审查职权的机关提供的所有行政救济被穷尽之后才能提出。

(b) 获取司法审查并不以提出复议申请或程序中止申请为前提条件。

(c) 对规章提出司法审查申请的人,不必事先参与据以制定规章的程序或提出本法第 318 条中要求行政机关接受某一规章的请求。

(d) 当行政救济是不充分的或者穷尽行政救济的要求将会造成无法弥补的损害后果时,法院可以对请求权人须穷尽任一或全部行政救济的要求进行放宽。

第 507 条　接受司法审查的行政机关记录;例外规定

(a) 如果本法第三章或第四章或者除本法以外的州的法律作出规定,要求行政机关在据以产生系争行政行为的行政程序中作成行政机关记录,则法院的审查权力限于该记录以及该记录所涉及的事项范围之中。

(b) 在不适用本条 a 款的任何案件中,用于进行司法审查中的记录包括行政决定者直接或间接考虑的非特权性资料,或者任何人提交给行政决定者考虑的、与系争行政行为有关的资料(包括对行政机关不利的信息)。如果行政行为是由部长作出的,或是在极少的或没有行政机关记录的基础上作出的,法院可以接受行政机关据以作出行政行为的相关证据。

(c) 法院可以对行政机关编制行政机关记录的活动进行监督。如果提出挑战的一方当事人令人信服地展示存在着必要性,法院可以允许进行证据开示或其他证据程序,并考虑行政机关记录以外的证据,以便:

(1) 确保本法或其他可适用的法律所要求的行政机关记录是完整的;

(2) 对当事人提出的、无法在行政机关记录中发现的程序性错误主张进行裁断;或者

(3) 防止明显的不公正现象。

第508条 司法审查的范围

(a) 除非本法以外的州的法律作出规定,在对行政行为的司法审查中,适用下述规则:

(1) 主张行政行为无效(invalidity)的一方当事人承担行政行为无效的举证责任。

(2) 法院必须对据以作出判决的每一个重要问题作出裁决。

(3) 只有在法院确认寻求司法审查的人受到下述一种及以上事由的侵害之时,法院才可以为其提供救济:

(A) 行政机关错误地解释法律;

(B) 行政机关违反程序规定;

(C) 行政机关存在专断、反复无常、滥用裁量权,或其他违法;

(D) 在有争议的案件中,行政机关作出的事实认定,在整体上缺乏记录中的实质性证据的支持;或者

(E) 行政行为缺乏事实根据,达到应由审查法院对事实作出

重新审理的程度。

（b）法院在作出本条的决定时，应当审查行政机关记录或行政机关记录中为当事人所引用的部分，并且应适用无害错误规则（rule of harmless error）。①

---

① "无害错误规则"是指对于行政机关在行政活动中所发生的错误，如果该错误不构成对当事人的重要权利的损害（如技术性错误），则法院不得以此为理由撤销该行政行为。它与《联邦行政程序法》第 706 条规定的"有害错误规则"（rule of prejudicial error）的含义相同。这两种表述犹如一个硬币的两面，在很多情况下被交替使用。——译者注

美国联邦侵权求偿法

(1946年8月2日公布,经1981年修改)

于安[*] 译

目 录

美国法典第二十八编 司法制度与司法程序

第1291条 地区法院的终审判决

第1346条 作为被告的合众国

第1402条 作为被告的合众国

第2401条 诉合众国的诉讼开始时间

---

[*] 于安,男,1956年生,法学博士,现任清华大学公共管理学院教授、博士生导师。本译稿中的第2671条至2680条,最初刊载于《国外法学》1988年第6期;后全文收录于行政立法研究组编译的《外国国家赔偿、行政程序、行政诉讼法规汇编》(中国政法大学出版社1994年版)一书中。本译稿在发表时经邓正来审校。本文所收录的《美国联邦侵权求偿法》,来自于《外国国家赔偿、行政程序、行政诉讼法规汇编》一书。

在收录本书的过程中,编者对原译文作了两个方面的改动:(1)原译文中对于各款、项、目的序号,分别用中文进行标明,如"第1款""第1项""第1目"等。本书将其还原为原文的体例,分别用英文字母(小写)加括号、阿拉伯数字加括号和英文字母(大写)加括号的方式显示。相应地,正文中对款、项、目的指称,也改为原文中的序号进行标明。(2)对原译文中的个别标点符号和字词作了订正。

第 2402 条　诉合众国的诉讼中的陪审团
第 2411 条　利息
第 2412 条　费用和酬金
第 2671 条　定义
第 2672 条　权利请求的行政裁定
第 2673 条　给国会的报告
第 2674 条　合众国的责任
第 2675 条　作为前提条件的联邦机关的处理证据
第 2676 条　作为阻止申请的裁决
第 2679 条　救济的排他性
第 2680 条　例外

美国法典第二十八编
司法制度与司法程序

第 1291 条　地区法院的终审判决

上诉法院(除美国联邦巡回上诉法院外),在联邦最高法院没有直接接受复审时,对下列法院的所有终审判决有上诉管辖权:美国地区法院、运河区的美国地区法院、关岛地区法院、维尔京群岛地区法院,美国联邦巡回上诉法院的管辖权限定在由本编第 1292 条 c 款、d 款和第 1295 条规定的范围内。

第 1346 条　作为被告的合众国

(a) 地区法院与美国联邦索赔法院共同行使对以下诉讼的初审管辖权:

(1) 为以下各项对合众国提起的任何民事诉讼:被控错误地和非法地估算和征收的任何国内税的返还,被控没有管辖权而收取的罚款的返还,被控根据国内税收法超额或以任何错误方式收缴的任何款项的返还。

(2) 除地区法院没有管辖权的,数额不超过 1 万美元的,基于以下根据的其他民事诉讼或请求:依据宪法或国会的任何法律,行政机关的任何规章,与合众国的任何明示的或默示的契约,以及为了取得未得宣告为侵权的已清偿或尚未清偿的损害赔偿。地区法院对根据属于 1978 年《合同纠纷法》第 8 条 g 款第 1 项和第 10 条

a 款第 1 项规定范围的与合众国缔结的明示的或默示的契约和未宣告为侵权的已清偿或尚未清偿的损害赔偿所提起的诉合众国的任何民事诉讼或请求没有管辖权。为了本项规定的目的,同陆军和空军交易部门、海军交易部门、海军陆战队交易部门、海岸警卫队交易部门或国家航空和宇宙管理局交易理事会缔结的明示的或默示的契约,应被视为同合众国缔结的明示的或默示的契约。

(b) 根据本编第 171 章的规定,各地区法院以及美国运河区地区法院和维尔京群岛地区法院对为以下各项对合众国提起的民事诉讼请求享有专属管辖权:自 1945 年 1 月 1 日当日起,按利息自然增长计算的金钱损害赔偿;由政府雇员在他的职务或工作范围内活动时的疏忽或错误的作为或不作为所引起的财产的破坏或损失、人身的伤害或死亡。在上述情况下,如果受害者是私人的话,合众国将根据作为或不作为发生地的法律对申请人承担责任。

(c) 根据本条规定获得的管辖权,包括对合众国一方对根据本条提起诉讼的原告的任何抵销诉讼、反诉或者其他的申请或要求的管辖。

(d) 地区法院根据本条规定对为抚恤金提起的诉讼或请求没有管辖权。

(e) 地区法院对 1954 年《国内税法典》以下各条规定的诉合众国的民事诉讼有初审管辖权:第 6226 条、第 6228 条 a 款、第 7426 条或 7428 条(指哥伦比亚特区美国地区法院)或第 7429 条。

(f) 地区法院对由合众国对不动产的利益提起的不动产财产和利息归属判决的民事诉讼享有初审专属管辖权。

第 1402 条 作为被告的合众国

(a) 任何根据本编第 1345 条 a 款在地区法院诉合众国的民事诉讼只能依下列条件提起：

(1) 除了在本款第 2 项规定的情况外，在原告居住的司法区；

(2) 由法人根据第 1346 条 a 款第 1 项提起的民事诉讼，在该法人主要营业地、主要办公地或法人机关所属地的司法区；如果它在任何司法区内都没有主要的营业地、办公地或机关，那么：(A) 在该法人所指向的要求其返还税款的政府机关所在的司法区内提起；(B) 如果没有提起税款返还，则在哥伦比亚特区所属的司法区内提起。尽管有本项的上述规定，考虑到各当事人和证明人的方便和司法审判的需要，有关地区法院可以将这些诉讼案件移送其他地区法院或法庭。

(b) 根据本编第 1346 条 b 款对合众国的侵权求偿民事诉讼只能在原告居住地或被控的作为或不作为发生地所属的司法区内提起。

(c) 根据本编第 1346 条 e 款对合众国提起的民事诉讼只能在发生扣押时财产所在地所属司法区提起；如果不存在财产扣押，则在导致诉讼原因的事件发生地所属的司法区内提起。

(d) 根据第 2409a 条，由合众国提出利益请求的不动产财产或利息的归息判决的民事诉讼在财产所在地的地区法院提起，如果财产分别在不同的地区，则在这些地区的任何一个地区法院提起。

第 2401 条 诉合众国的诉讼开始时间

(a) 除 1978 年《合同纠纷法》规定的情况外，如果在诉讼权开始累计计算 6 年内不提出申请的话，每个诉合众国的民事诉讼都不得允许开始诉讼程序。不具法律资格的人或申请权开始累计计算时在海外的人的诉讼，可以在恢复法律资格后的 3 年内开始。

(b) 对合众国的侵权求偿诉讼，应当在请求权开始累计计算后的 2 年内，或者被申请侵权赔偿的行政机关最后拒绝以证明或登记邮寄通知日以后的 6 个月内提起。否则，该诉讼永远不得开始。

第 2402 条　诉合众国的诉讼中的陪审团

任何根据第 1346 条诉合众国的诉讼由法院进行无陪审团审理。除非根据第 1346 条 a 款第 1 项提起的对合众国的诉讼，在参加该诉讼的双方当事人中的任何一方的要求下，由法院进行陪审团参加的审理。

第 2411 条　利息

在任何法院作出的任何关于超付的国内税的判决中（不论是诉合众国、征税员或是国内税助理征税员、前征税员或助理征税员或是死亡时的私人代表），利息应允许以 1954 年《国内税法典》第 6621 条规定的超付数额的年率计算，起止时间是从支付或征收日到返还支票签发日前的 30 天内，确切日期由国内税专员确定。专员被授权在判决生效时，依据上述关于利息的规定，以支票偿付执行关于返还的判决。不论对该偿付的请求是否已正式提出，对返还清偿的判决的执行都将终止利息的继续计算，无论该返还支票是否为判决债权人所接受。

第 2412 条　费用和酬金

(a) 除制定法特别规定的其他情况外，对于诉讼费用的判决，应将像本编第1920条所列举的各项的规定(但不包括律师的酬金和费用),判给民事诉讼的胜诉方。该民事诉讼是由或对合众国或任何行政机关和在其职权范围内活动的美国官员,在对该诉讼有管辖权的法院提起。评定诉合众国的诉讼费用的判决,在数额上,根据制定法、法院规则或命令的规定,应当限于全部地或部分地补偿胜诉方在该诉讼中花销的费用。

(b) 在由或对合众国或任何行政机关和在其职务权限内活动的美国官员提起的,并为有管辖权的法院受理的任何民事诉讼中,除法律明文禁止以外,法院应当将适当的律师酬金和费用,连同根据本条a款规定的诉讼费用一起判给胜诉方。合众国将同其他当事人一样,根据普遍法和特别规定该种给付判决的制定法,在相同程度上对该酬金和费用履行支付义务。

(c)(1)任何诉合众国或任何行政机关和在其职权范围内活动的美国官员的案件中,依本条a款规定判决的诉讼费用,应当依据本编第2414条和2517条的规定支付。判决予以免除的例外。

(2) 任何诉合众国或任何行政机关和在其职权范围内活动的美国官员的案件中,依本条b款规定判决的律师酬金和费用,应当按照本编第2414条和第2517条的规定支付。如果给付判决是基于合众国曾有欺诈行为的裁定,那么应由被确认曾有欺诈行为的行政机关履行支付义务。判决予以免除的例外。

(d)(1)(A) 如果制定法没有其他的特别规定,法院除依a款规定将诉讼费用判于胜诉方外,还应将酬金和其他费用判于除合众国外的胜诉方。该酬金和费用是由胜诉方在除尚未宣告为侵权的案件以外的任何由或诉合众国的民事诉讼中支付的。该诉讼应在对此有管辖权的法院提起。如果法院发现合众国的立场有实质性正当理由或特殊情况使这种判决缺乏公正,则不适用上述规定。

(B) 请求酬金和其他费用的给付判决的当事人,应当在作出终审判决的30天内,向法院呈交请求酬金和其他费用给付的申请。该申请报告应表明报告人是胜诉方,根据本项规定接受给付的资格、所请求的数额,其中包括逐条列明由律师或专家证人代表或以当事人名义出庭所作的陈述,说明他们实际花费的时间和计算酬金和其他花销的比率。该当事人还应指出合众国的立场缺乏实质性根据。

(C) 如果胜诉方在诉讼过程中曾以不当和无理行为拖延了争议事项的最后解决,法院可以运用自由裁量权,根据本项规定减少已经判予的数额,或者拒绝作出给付判决。

(2) 为了本项规定之目的:

(A)"酬金和其他费用"包括因专家作证所花的合理费用,任何研究、分析、工程报告、试验和法院认为对当事人的案情准备有必要的工程的合理开支,给律师的合理报酬(依本项判予的酬金数额应当根据所提供的服务的种类和质量的通行市场比率计算。除非:(ⅰ)因超出合众国对专家证人支付补偿的最高比率,使专家证人不能取得补偿;(ⅱ)对律师酬金的判予不得超过每小时75美元,除非法院确认生活费用的上涨,或者考虑到该诉讼中适格的律师有限等特殊因素,才构成提高酬金的理由)。

(B)"当事人"是指:(ⅰ)提起民事诉讼时财产净值不超过100万美元的个人;(ⅱ)未组成公司的商业个体所有者、合伙、公司、社团和在提起民事诉讼时财产净值不超过500万美元的组织。除非由以下法律规定的组织或联合社团可以不因财产净值而成为当事人：1954年美国《国内税法典》第501条a款第3项（载《美国法典》第26编第501条a款第3项）规定的组织；该组织根据上述法典第501条a款免纳税款；以及美国《农产品销售法》第15条a款（载《美国法典》第12编第1141j a款）规定的联合社团。(ⅲ)在民事诉讼提起时，拥有500名以下雇员的未组成公司的商业个体所有者、合伙、公司、社团或组织。

(C)"合众国"包括在其职责权限内活动的美国任何机关和官员。

(3) 在《美国法典》第五编第504条b款第1项C目限定的对抗式诉讼裁决提请司法复审的诉讼，或根据1978年《合同纠纷法》规定的对抗式诉讼裁决提请司法复审的诉讼中，法院依据本项将酬金和其他费用判于胜诉方时，应当在该法a款允许的相同范围内将判予的酬金和其他费用包括在内。除非法院发现在对抗式诉讼裁决中，合众国的立场具有实质性理由，或者特定情形使这种判决失去公正。

(4)(A) 根据本项判予胜诉方的酬金和其他费用，应当由败诉的机关从供其使用的任何基金中以拨款或为实现该目的其他方法支付。如果有关机关没有支付，就应以本编第2414条和第2517条规定的终审判决的支付执行方式，向胜诉方支付酬金和其他费用。

(B) 这里授权按1982年、1983年、1984年每个财政年度，拨款给每个有关机关以在各有关年度中支付根据本项所裁定的酬金和费用。

（5）美国法院管理署主任根据本编第604条准备的年度报告应当包括根据本款在前一个财政年度里判予的酬金和其他花费的数额。报告应当说明给付的数目、性质和数量，争议中涉及的权利请求，以及能够帮助国会估价这种给付的范围和影响的其他有关情况。

（e）本条的规定不适用于与1954年《国内税法典》第7430条拘束的任何诉讼（这种裁定不考虑该条b款和f款的规定）有关联的任何诉讼费用、酬金和其他支出。以前的判决不妨碍根据第28编第2412条a款和在该编第1920条列举的诉讼费用（于1981年10月1日生效）的规定所判予的给付。

第2671条 定义

本章和本编第1346条b款、第2401条b款使用的"联邦机关"一词，包括各行政部门、各军事部门、美国各独立机关、主要为实现合众国目的服务或作为合众国机关活动的各种公司，但是不包括与合众国进行交易的缔约者。

"政府雇员"包括任何联邦机关的官员或雇员、合众国陆军或海军官兵，根据第32编第316、502、503、504或505条规定正从事训练或执勤的国民警卫队成员，以及以联邦机关的名义，暂时地或永久地在合众国的工作部门中，根据官方职权活动的人员，而不考虑其是领取还是不领取报偿。

"在其职务或雇用范围内活动"，对于美国陆军或海军官兵和第32编第101条c款规定的国民警卫队成员，是指进行不超出职责界限的活动。

第 2672 条 权利请求的行政裁定

联邦机关的负责人或他指定的人员,依据司法部长颁发的规章,应当考虑、查明、评定、确认、调解和解决诉合众国的金钱赔偿的请求。该请求是由机关雇员在职务或雇用范围内活动时的疏忽或错误的作为与不作为造成财产的破坏或损失、人身的伤害或死亡所引起的。在上述情况中,如果受害者是非官方的私人,合众国将依照该作为或不作为发生地的法律向申请人承担责任。如果任何给付裁决、调解或决定超出 2.5 万美元,它只能在首先得到司法部长或他的代表的书面批准方能生效。

任何根据本编关于诉合众国的侵权求偿的民事诉讼条款作出的给付裁决、调解、决定或确认,对整个政府部门都具有最终和确定性质,除非它们是通过欺诈手段达成的。

任何根据本条作出的数额在 2500 美元或低于此数的给付裁决、调解或决定,应当由有关联邦机关负责人从给予该机关的拨款中支付。任何对根据本条作出的超过 2500 美元数额的给付裁决、调解或决定,或对司法部长根据本编第 2677 条作出的任何数额的给付裁决、调解或决定的支付,都应当以与相同原因形成的裁决和调解的相同方式执行。用于支付该裁决和调解的拨款或基金,以与根据本章用于支付给付裁决、调解和决定的拨款和基金的相同方式取得。

权利申请人对该给付裁决、调解或决定的接受,对他都是最终的和确定的,并将构成对以相同问题的理由提起对合众国或对以其作为或不作为引起权利请求的政府雇员追诉的完全免除。

第 2673 条　给国会的报告

每一联邦机关负责人应当就根据本编第 2672 条支付的权利请求向国会提供年度报告。报告应陈述每一申请人的姓名、申请的数额、判予的数额和对申请的简要介绍。

第 2674 条　合众国的责任

在本编关于侵权求偿的规定方面,合众国应当同非官方的私人在相同条件下一样,以相同的方式和在相同的范围内承担责任。但是判决前的利息和处罚性损失不在此列。

不过,在引起死亡的任何情形中,如果被控的作为或不作为发生地的法律规定或曾被解释为规定只对性质上是处罚性损害予以赔偿时,那么合众国应当承担实际的或补偿性的赔偿责任。责任根据是导致单独人身死亡的特别伤害。合众国对在诉讼中提出的死者的利益负责,而不对由此产生的其他利益负责。

第 2675 条　作为前提条件的联邦机关的处理证据

(a) 诉合众国的,因政府雇员在其职务或雇佣范围内活动时的疏忽或错误的作为或不作为引起的财产的破坏和损失或人身的伤害或死亡而提起的金钱赔偿请求,只有首先向适当的联邦机关提起并被该机关以书面形式最终拒绝,该拒绝以证明或挂号邮件送达时,法院才予受理。有关机关在申请提出 6 个月内未作出最终处理,那么在那以后申请人选择的任何时间都可以被视为在本条意义上的对申请的最终拒绝。本款规定不适用于依据《联邦民事诉讼规则》由第三方控告、交叉申请或反申请提出的债权主张。

(b) 依据本条提起的诉讼,如果超出在联邦机关申请中提出的数额将不被受理。但是如果发现了新的证据,而不是那时推理性的发现或向联邦机关提出申请时的证据,或者根据关于申请数额的辩解和有关事实的证据,其数额才可以提高。

(c) 司法部长或其他联邦机关负责人对申请的处理都不构成关于赔偿责任或赔偿数额的充分证据。

第 2676 条 作为阻止申请的裁决

对于依据本编第 1346 条 b 款所提出的诉讼中的裁决,将构成对申请人以相同内容的理由对因其作为或不作为而引起该申请的政府雇员提起任何诉讼的完全阻止。

第 2677 条 调解

司法部长或他指定的代表在对申请的诉讼开始后,可以根据本编第 1346 条 b 款的规定,对可由他处理的申请进行仲裁、调解或者作出决定。

第 2678 条 律师酬金;处罚

律师不得索价、要求、接受或收取超出本条规定限额的酬金。在根据本编第 1346 条 b 款作出的判决,或根据本编第 2677 条作出的决定中所取酬金不得额过 25%;在根据本编第 2677 条作出的给付判决、调解或决定中所取酬金不得超过 20%。

任何律师对他提供的服务的索价、要求、接受或收取的酬金,如果高于本条对与他提供服务相联系的那种申请的允许限额,在被发现后,将处以 2000 美元以下的罚款或 1 年以下的监禁,或者同时给予这两种处罚。

第 2679 条 救济的排他性

(a) 任何联邦机关以它自己的名义起诉或应诉的权限,不应被认为是对本编第 1346 条 b 款规定可以进行审理的权利请求中的联邦机关提起诉讼的授权。本编对该种案件所提供的救济是排他性的。

(b) 对于本编第1346条b款和本编第2672条规定的政府雇员在其职务或工作范围内活动时使用机动车辆造成财产的破坏或损失和人身的伤害或死亡提起对合众国的诉讼所给予的救济,将排除以后以相同事件的理由对引起该权利请求的作为或不作为的雇员或他的同行提起任何其他民事诉讼。

(c) 司法部长应对因这种损坏或伤害而在任何法院对政府雇员或他的同行提起的控告和诉讼程序进行答辩。受到民事指控或被诉的雇员应当在得到司法部长对传票送达日期和传票送达的内容确认后的时间内,将对他发出的全部传票或经证明的传票真实文本复印件呈交给他的直接上级或他所在部门的负责人指定接受该文件的任何人。文件接受人应当尽快将答辩状若干副本连同传票提交给包括诉讼提起地在内的合众国地区律师、司法部长以及他供职的联邦机关负责人。

(d) 根据司法部长提供的关于引起诉讼的事件发生时,被告的雇员正在他的工作范围内活动的证明,司法部长可以在未审判前的任何时候不需任何书面协议,将在州法院开始的控告和诉讼移交给包括正等待判决的案件所在地在内的地区或区域的美国联邦地区法院。被认为是侵权控告的诉合众国的诉讼,根据本编的规定和有关的材料提起。如果美国地区法院根据判决前提出的发回原审法院的申请而举行的听证确定,根据案件是非曲直,被移送的案件虽然属于本条b款意义上的请求救济的案件,但这种救济并非为诉合众国可以得到的,该案应当发回州法院审理。

对于在以第2677条规定的方式提起的民事指控或诉讼中主张的权利申请,司法部长可以进行调解或处理解决,并且有同等效力。

第 2680 条 例外

本章条款和本编第1346条b款不适用以下各项:

(a) 基于政府雇员以应有的谨慎实施制定法或规章的作为或不作为提起的权利请求,无论该制定法或规章是否有效;或者基于联邦机关或政府雇员行使或执行、未能行使或执行自由裁量职责提起的权利请求,无论应自由裁量是否被滥用。

(b) 对于因信件或邮件的丢失、误投或疏漏传递的权利请求。

(c) 对于因任何税或海关税的评估或征收,或者因海关官员、其他执行官员对任何私人财产或商品货物的扣押而引起的权利请求。

(d) 依照本编第741~752条、第781~790条规定提供救济的,有关在海事法庭提起的诉合众国的请求或诉讼。

(e) 对于因政府雇员实施第50编第1~31条的条款及其附录的作为或不作为而引起的权利请求。

(f) 对于因合众国实施检疫或强制检疫行为而引起的损害赔偿申请。

(g)(已废除)

(h) 对于因威胁、殴打、错误拘禁、错误逮捕、恶意控告、滥用传票、诽谤、中伤、歪曲、欺骗或干涉契约权利引起的权利请求。如果涉及合众国政府的调查和执法官员的作为或不作为,本章和本编第1346条b款的规定,在本限制规定生效日或该日以后,将适用于因威胁、殴打、错误拘禁、错误逮捕、滥用传票或恶意控告引起的权利请求。为本款之目的,所谓"调查官员或执法官员",是指法律授权执行搜查、收集证据或对违反联邦法律的人执行逮捕的任何合众国官员。

(i) 对于因财政部的财政措施或金融系统的规章而引起的损害赔偿权利请求。

(j) 对于因陆军或海军以及海岸警卫队在战争时期的战斗活动而引起的权利请求。

(k) 对于发生在外国的事项而引起的权利请求。

(l) 对于因田纳西流域管理局的活动而引起的权利请求。

(m) 对于因巴拿马运河公司的活动而引起的权利请求。

(n) 对于因联邦土地银行、联邦中级信贷银行或合作银行的行为而引起的权利请求。

澳大利亚

导读

澳大利亚在1977年6月16日通过了《行政决定(司法审查)法》。该法在颁布时共有20个条文,自1980年10月1日起施行。随后历经数次修改,最近一次修改发生在2012年,但其基本内容并未发生根本改变。该法的出台,标志着作为普通法法系成员的澳大利亚,在探索行政诉讼制度法典化的道路上迈出了坚实的一步。

在具体内容上,《行政决定(司法审查)法》一方面对普通法上的司法审查规则作了系统整理。该法中有关行政诉讼审查理由的规定,便是普通法上相关实践的成文法化。另一方面也对普通法上的诉讼规则作了完善。例如,它规定的统一的"审查令"制度,使得当事人在向法院寻求救济之时,只需要向法院申请单一的审查令即可。这是对原先普通法上的各种复杂救济方式所作的简化与整合。此外,《行政决定(司法审查)法》还对法院的审查权限、审理程序、证据、审理与判决等事项作了全面的规定。

本书收录的澳大利亚行政诉讼立法是1977年通过的《行政决定(司法审查)法》。

澳大利亚行政决定(司法审查)法

(1977年6月16日通过)

叶必丰[*] 译

第1条 简称[①]

本法简称为行政决定(司法审查)法。

第2条 生效日期

本法自公布之日起生效。

第3条 解释

(1) 在本法中,除非另有规定:

"法院",是指澳大利亚联邦法院。

"本法所适用的决定",是指依法针对具体情况所作的,准备作的或者应申请所作的(无论是否行使自由裁量权)具有行政性质的

---

[*] 叶必丰,男,1963年生,法学博士,现任上海社会科学院法学研究所所长,上海交通大学法学院博士生导师。原译稿经邵莎萍审校,发表于《行政法学研究》1996年第1期上。

在收录本书的过程中,编者对原译文作了两个方面的改动:(1)原译文中的款、项、目之前的序号,分别用中文数字加括号、阿拉伯数字和阿拉伯数字加括号的方式显示。本书将其还原为原文的体例,分别用阿拉伯数字加括号、英文字母加括号和罗马数字加括号的方式显示。相应地,正文中对款、项、目的指称,也改为原文中的序号进行标明。(2)原译文中将条文中的"款"(二级条款)称为"项",将"项"(三级条款)称为"目"。本书按照当前学界的通行体例,将其分别改为"款"和"项"。

[①] 原译文中没有条旨,系本书编者所加。——编者注

决定,而不是总督所作的决定。

"职责",是指具有王国政府公务员身份的人所应负的职责。

"法规"是指:

(a) 不同于1970年《联邦地方(法律适用)法》的法律;

(b) 州的法令;

(c) 根据上述法律或法令制定的规范性文件(包括规则、规章或细则);

并且,"法规"包括一个法规中的某一部分。

"拖延",关于决定的作出,包括拒绝作出决定。

"审查令",关于决定,为作出决定所采取的措施或者拖延作出决定,是指根据本法第5条、第6条和第7条的规定对上述决定、措施或者拖延基于申请所颁发的令状。

"法院规则",是指根据1976年《澳大利亚联邦法院法》所制定的《法院规则》。

"法院或法官",是指1976年《澳大利亚联邦法院法》所规定的法院或法官。

(2) 本法中所称的作出决定,系包括:

(a) 作出、中止、撤销或拒绝作出命令、认定或确定;

(b) 给予、中止、撤销或者拒绝给予执照、指导、认可、同意或者许可;

(c) 授予、中止、撤销或者拒绝授予许可证、权力或者其他法律文件;

(d) 规定条件或者限制;

(e) 答复申诉、查问或者要求;

（f）作或者拒绝作任何其他行为或者事项。

本法所称的拖延作出决定,可解释为相应的决定。

（3）法规明文规定在作出决定前应运用法定权力作出报告或者建议的,为本法的目的,作出该报告或者建议本身将被视为是作出决定。

（4）在本法中：

（a）关于受决定侵害的个人包括：

（ⅰ）其利益受决定不利影响的个人；

（ⅱ）至于经由报告或者建议的决定,则其作出决定依据了上述报告或者建议的,其利益会受决定不利影响的个人；以及

（b）受到为作出决定或者拖延作出决定而采取的,正在采取或者准备采取的措施侵害的个人,包括其利益受到或将受到上述措施或拖延不利影响的个人。

（5）本法中关于为作出决定所采取的措施,包括为作出决定而进行的准备工作,以及搜集证据,进行询问或调查。

（6）本法要求向个人提供的公文或报告书,或者本法要求发给个人的通知书,可以以函件的形式邮寄给个人：

（a）个人在所提交的文件中已提供了其地址的,按所提供的地址邮寄；

（b）个人未提供地址的,按下列办法处理：

（ⅰ）对未组成公司的个人,按最新了解到的其居住地或者工作地的地址向该个人邮寄公文、报告书或者通知书；

（ⅱ）对于公司,按该公司已登记的地址邮寄。

如果公文、报告书或者通知书是按上述方式邮寄的,那么就本

法规定而言,根据具体情况,在该公文、报告书或者通知书被邮出时,视为该公文、报告书或者通知书即已送达。

第4条 本法优于现行法规

从本法生效之时起,现行有关法规同本法规定不一致的,以本法规定为准。

第5条 对决定提出审查申请

(1) 在本法生效后,受本法所适用的决定侵害的个人,具有下列理由之一的,可以就该决定向法院申请审查令:

(a) 该决定的作出违反自然公正原则的;

(b) 该决定的作出违反法定程序的;

(c) 作出该决定的公务员无权作出该决定的;

(d) 该决定不属法律授权范围的;

(e) 作出该决定属滥用职权的;

(f) 该决定具有法律上的错误,是否错误在该决定的卷宗上很明显的;

(g) 该决定系因欺诈行为引起或者受欺诈行为影响的;

(h) 该决定系证据不足的;

(i) 该决定具有其他违法情形。

(2) 有下列情形之一的,属于本条第1款 e 项所称的滥用职权:

(a) 行使权力时考虑了不相关因素的;

(b) 行使权力时没有考虑相关因素的;

(c) 行使权力不合法定目的的;

(d) 行使自由裁量权系基于不道德信念的;

(e) 行使自由裁量权系基于他人的指示或命令的;

(f) 行使自由裁量权虽符合法律或政策,但不考虑特定案件的是非曲直的;

(g) 行使权力是那么的不合理,以致任何一个有理智的人都不会那样行使权力的;

(h) 行使权力时反复无常的;

(i) 以其他方式滥用职权的。

(3) 本条第 1 款 h 项所称的证据不足是指:

(a) 根据法律要求,只有当特定的事项已经确立时,作决定的公务员才能作出该决定,然而却没有任何证据或者其他材料(包括他有权考虑的事实)能合理地证明该事项已经确立的;或者

(b) 作决定的公务员基于特定事实的存在所作出的决定,而该事实却并不存在的。

第 6 条　对与作成的决定相关的措施提出审查申请

(1) 公务员为作出本法所适用的决定而已经采取、正在采取或者准备采取措施的,受该措施侵害的个人可以以下列一项或者数项理由就该措施向法院申请审查令:

(a) 该措施已经、正在或者有可能违反自然公正原则的;

(b) 该措施已经、正在或者有可能违反法定程序的;

(c) 已经采取、正在采取或者准备采取措施的公务员无权采取该措施的;

(d) 建议性决定的作出未经法规授权的;

(e) 建议性决定的作出系滥用职权的;

(f) 在采取措施的过程中,具有、正发生或者很可能发生法律

错误的；或者在作出建议性决定时很可能会发生法律错误的；

(g) 在采取措施的过程中,欺诈行为已经正在或很可能会发生的；

(h) 建议性决定证据不足的；

(i) 建议性决定具有其他违法情形的。

(2) 具有下列情形之一的,属于本条第 1 款 e 项所称的滥用职权：

(a) 行使权力时考虑了不相关因素的；

(b) 行使权力时没有考虑相关因素的；

(c) 行使权力不合法定目的的；

(d) 行使自由裁量权系基于不道德信念的；

(e) 行使自由裁量权系基于他人的指示或命令的；

(f) 行使自由裁量权虽符合法律或政策,但不考虑特定案件的是非曲直的；

(g) 行使权力是那么的不合理,以致任何一个有理智的人都不会那样行使权力的；

(h) 行使权力时反复无常的；

(i) 以其他方式滥用职权的。

(3) 本条第 1 款 i 项所称的证据不足是指：

(a) 根据法律要求,只有当特定的事项已经确立时,作建议性决定的公务员才能作出该建议性决定,然而却没有任何证据或者其他材料（包括他有权考虑的事实）能合理地证明该事项已经确立的；或者

(b) 作出建议性决定的公务员基于特定事件存在所作出的建

议性决定,而该事实并不存在的。

第 7 条　对有关拖延行为提出审查申请

（1）在下列情况下：

（a）公务员有职责作出本法所适用的决定；

（b）没有任何法规规定公务员应当作出决定的期限；以及

（c）公务员没有作出该决定。

受上述公务员拖延侵害的个人,可以以过分拖延作出决定为由,就拖延作出决定向法院申请审查令。

（2）在下列情况下：

（a）公务员有职责作出本法所适用的决定；

（b）法规明文规定了公务员作出决定的期限；

（c）公务员在规定期限届满前未作出决定。

受上述公务员拖延侵害的个人,可以以该公务员有职责作出决定为由,就在规定期限内拖延作出决定的行为向法院申请审查令。

第 8 条　法院的管辖权

法院有权审理和判决根据本法规定向法院提出的申请。

第 9 条　州法院管辖权的限制

（1）尽管除本法以外的其他法律已有规定,州法院仍无权审查下列行为：

（a）本法所适用的决定；

（b）为作出本法所适用的决定,已经、正在或准备采取的措施；

（c）拖延作出本法所适用的决定；

(d) 联邦政府官员所作的任何其他决定或命令,或者联邦政府官员已经、正在或准备采取的任何其他措施,包括在行使权力中根据具体情况所作的决定、命令或处理。

(2) 在本条中:

"联邦政府官员"是指《宪法》第 75 条第 4 款所规定的人员。

"审查"是指通过下列方法所进行的审查:

(a) 颁发禁止令;

(b) 颁发特别令状或者法律令状(除人身保护令以外),或者发布具有与上述令状相同性质或相同效果,或者具有类似性质或类似效果的命令;或者

(c) 颁发宣告令。

第 10 条 本法赋予的权利系其他权利以外的权利

(1) 本法第 5 条、第 6 条和第 7 条赋予个人就决定、为作出决定所采取的措施或者拖延作出决定,向法院提出申请的权利:

(a) 是除了个人寻求法院、另一个法院①或者另一个裁判所、当局或官员审查上述决定、措施或者拖延的权利以外的权利,而不是废除这些权利;

(b) 是与 1976 年的《议会监察专员法》第 6 条第 3 款所规定的申请权不同的权利。

(2) 尽管有本条第 1 款的规定:

(a) 法院或任何其他法院,在根据本法以外的法律所建立的诉讼程序中,可以根据自己的自由裁量权,以对上述决定、措施或

---

① 指澳大利亚联邦法院以外的法院。下同。——译者注

者拖延的申请应根据本法第 5 条、第 6 条和第 7 条的规定向法院提出为理由,拒绝受理对决定、为作出决定所采取的措施或者拖延作出决定的审查申请;

(b) 法院可以根据其自由裁量权,以下列任一理由拒绝受理根据本法第 5 条、第 6 条和第 7 条的规定而对决定、为作出决定所采取的措施或者拖延作出决定向其提出的申请:

(ⅰ) 申请人没有根据本法规定寻求法院或者另一个法院审查上述决定、措施或者拖延的;

(ⅱ) 本法以外的法规已赋予申请人寻求法院、另一个法院或者另一裁判所、当局或者官员审查上述决定、措施或者拖延的权利的;

(3) 本条所称的"审查"包括:重新审议、重新听证、上诉,颁发禁止令、特别令或法定令状,或者作出宣告或其他命令等审查方法。

第 11 条 提出申请的方式

(1) 对法院审查令的申请:

(a) 应按《法院规则》规定的方式提出;

(b) 应说明申请的理由;以及

(c) 应向法院的登记处提出。对已作出的决定,并向申请人提供的公文中已载明该决定内容的申请,包括公务员应在规定期间内作出却意图在规定期间届满后作出的决定的申请,应在规定期间内或者法院(无论规定的期间届满之前或者之后)所允许的期限内向法院的登记处提出。

(2) 根据本法规定向法院提出的任何其他申请,都应符合《法院规则》的规定。

(3) 本条第 1 款 c 项所称的期间,自决定作出之日起算,至下列日期后的第 28 日时止:

(a) 如果决定对事实的实质性问题作出了认定,提到该认定所基于的证据或者其他材料,并列举了作出该决定的理由,则该日期是向申请人送达载有上述决定内容的公文之日。

(b) 本款 a 项的规定不适用于下列情形:

(ⅰ) 如果向申请人送达的报告书载明了某项证据或者其他材料以及理由等认定内容的,除了根据第 13 条第 1 款规定应在向申请人送达载有决定内容的公文之日起 28 日内提出申请外,则该日期是报告书送达之日。

(ⅱ) 如果申请人根据第 13 条第 1 款的规定,请求作出该决定的公务员提供该款所称的报告书的,则该日期是法院根据第 13 条第 4 款的规定发布命令宣告该申请人无权提出该请求之日,或者是根据第 13 条第 3 款的规定通知申请人不能向其提供该报告书之日。

(ⅲ) 在任何其他情况下,该日期是向申请人送达载有决定内容的公文之日。

(4)(a) 在对一个特定决定提出审查令申请的期间未作规定的情况下;

(b) 在对由一个特定申请人对一个特定决定提出审查令申请的期间未作规定的情况下;

(c) 法院如果认为本款 a 项所适用的申请未在决定作出后的合理期限内提出的,则可以拒绝受理要求审查该决定的申请;

(d) 法院如果认为本款 b 项所适用的申请未在决定作出后的合理期限内提出的,则可以拒绝受理由该项所指的申请人提出的要求审查该决定的申请。

(5) 在形成本条第 4 款所规定的意见的过程中,法院应同时考虑下列因素:

(a) 申请人知道作出决定的时间;

(b) 在具有本条第 4 款 b 项所规定的情形时,一个申请人或其他申请人对决定申请审查的时间期限。

法院还可以考虑它认为有关的其他事项。

(6) 申请人申请审查令,不受申请书上所规定理由的限制,可以依靠规定以外的理由,但法院可以要求对申请书进行修改以说明该理由。

(7) 法院对符合条件的,可以允许对根据本法规定存放在法院登记处与申请有关的法律文件进行修改,法院也可以要求对该法律文件按照所规定的方式进行修改。

(8) 《法院规则》可以作出规定,对根据本法规定把法律文件副本存放在法院登记处的有关人员提供服务。

(9) 本条的目的并不是要求严格按《法院规则》提出申请,而只是要求申请应在实质上符合《法院规则》。

第 12 条　申请成为诉讼的当事人

(1) 与所作决定,与为作出该决定所采取、正在采取或者准备采取的措施或者与拖延作出决定有利害关系的个人,对决定、措施或者拖延根据本法已向法院提出申请的,可以向法院请求成为上述申请的当事人。

(2) 法院可以运用其自由裁量权：

(a) 无条件地或者按照它认为合适的某些条件批准该申请；或者

(b) 拒绝该申请。

第 13 条　获取决定的理由

(1) 在公务员作出本法所适用的决定(不同于 1975 年的《行政申诉庭法》第 28 条所规定适用的有关决定或者所包括的有关决定，或者随报告的提出、事实的认定而作的决定，有关上述认定所基于的证据或者其他材料和决定的理由的情况下，就该决定有权根据本法第 5 条的规定向法院提出申请的任何个人，可以通过书面通知形式请求作出该决定的人员发给对事实的实质性问题作出认定的，以及对认定所基于的证据或者其他材料和决定理由的报告书。

(2) 在提出上述请求时，作出决定的公务员应根据本条的规定，在收到请求后 14 日内，准备报告书并将报告书提供给提出请求的个人。

(3) 根据本条第 1 款规定被请求提供有关决定的报告书的公务员可以在收到请求后 14 日内向法院申请令状，要求宣告提出请求的个人无权提出该请求。

(4) 在根据本条第 3 款的规定申请令状时，不得要求作出决定的公务员在法院对该申请作出裁定以前发给报告书；并且：

(a) 如果法院颁发令状，宣告提出请求的个人无权提出该请求的，则不得要求作出决定的公务员发给报告书；

(b) 如果法院拒绝此令状的申请，则作出决定的公务员应在法院作出裁定后 14 日内准备报告书,并将它发给提出请求的个人。

(5) 因本条第 1 款的规定而被请求给有关《澳大利亚 1977 年行政决定(司法审查)法》决定的报告书的公务员,在有下列情形之一时,可以拒绝准备和发给报告书:

(a) 对决定内容在案卷中已作记载,并且已在送达给请求人的公文中载明,请求没有在从公文送达之日起 28 日内提出的;

(b) 在任何其他情况下,在作出决定后的合理时间期限内未提出请求的。

但无论在哪种情况下,被请求的公务员在收到请求后 14 日内,应向提出请求的个人发给说明不向其发给报告书及其理由的通知书。

(6) 鉴于本条第 5 款的规定,请求人可就是否在决定作出后的合理期限内提出请求问题向法院申请审查令。如果法院宣布其请求是在决定作出后的合理期限内提出的,则有关发给决定报告书的请求应视为是在作出决定后的合理期限内提出。

(7) 对已经得到报告书而又按照第 1 款的规定提出请求的个人根据本款申请令状的,如果法院认为已提供的报告书缺乏认定事实的实质性问题的详细情况,缺乏认定所基于的紧密相关的证据或者其他材料,或者缺乏该决定的充分详细的理由,则法院可以发布令状,要求已发给报告书的公务员,在该令状所规定的时间期限内,向请求人发给 1 份或几份补充报告书。补充报告书应包括法院令状中所规定的有关认定、证据或其他材料或者理由等内容的更深入和更多的细节。

第 14 条　总检察长对情报公开的认证

（1）如果总检察长通过签署书面意见而证实，有关特定事项的情报公开，基于以下理由将是违背公共利益的：

（a）它有损澳大利亚的安全、防御或者对外关系；

（b）它涉及泄露内阁、内阁委员会的评议意见或决定；

（c）任何在司法程序中能够成为英王凭借英联邦权利主张情报不得泄露根据的其他理由，[①]

则本条的下列规定有效。

（2）在根据本法第 12 条的规定请求公务员向个人提供报告书时：

（a）不得要求该公务员在报告书中包括有关经总检察长证实属于本条第 1 款所规定的任何情报；并且

（b）即使因不包括这样的情报而导致该报告书的虚伪或错误，根据上述条款也不能要求该公务员提供报告书。

（3）基于本条第 2 款规定的理由，公务员对在所提供的报告书中不包括有关情报或者对报告书不予提供的，应书面通知请求发给报告书的个人：

（a）报告书不包括有关情报的，应说明该报告书不包括有关情报的情况及其理由；

---

①　按照我国的立法习惯，本项应为："有下列情形之一的有关特定事项的情报公开，经总检察长证实并签署书面意见，属于违背公共利益：
（a）有损澳大利亚的安全、防御或者对外关系的；
（b）涉及泄露内阁、内阁委员会的评议意见或决定的；
（c）能形成英王凭借英联邦权利在情报不得泄露的司法程序中提出要求的基础的。"——译者注

(b) 报告书不予提供的,应说明报告书不予提供的情况及其理由。

(4) 法院发布命令,要求向法院公开公文或者提供证据、公文的权力,不受本条规定的影响。

第 15 条　行政决定在诉讼中的中止执行

(1) 根据第 5 条规定对决定向法院提出的申请,既不影响决定的执行,也不能阻止采取相应措施执行决定。但是:

(a) 法院或者法官可以按规定条件或者它认为合适的条件,下令中止决定的执行;

(b) 法院或者法官可以按规定条件或者它认为合适的条件,下令暂缓办理根据决定应该办理的一切事项或者任何事项。

(2) 法院或者法官可以根据本条第 1 款赋予其的权力、它自己的意志或者个人根据第 5 条规定而提出的申请,颁发令状。

第 16 条　法院针对审查令申请所享有的权力

(1) 法院可以运用其自由裁量权,对有关决定的审查令申请,同时颁发下列各项令状,或者颁发下列任一令状:

(a) 对决定予以撤销或者宣布其为无效的令状,或者对决定的部分内容予以撤销或者宣布其为无效的令状,该令状从领发之日起生效或者从法院规定之日起生效;

(b) 要求作出决定的公务员按法院认为合适的自由裁量权对决定作进一步考虑的令状;

(c) 对与决定有关的任何问题,宣布当事人权利的令状;

(d) 对双方当事人中的任何一方当事人的作为或不作为,法院认为有必要作出公正评判的令状。

（2）对为作出决定而已采取、正在采取或准备采取的措施申请审查令的，法院可以运用其自由裁量权同时颁发下列两种令状，或者颁发下列任一令状：

（a）对与措施有关的任何问题确认当事人权利的令状；

（b）对双方当事人中的任何一方当事人的作为或不作为，法院认为有必要作出公正评判的令状。

（3）对未作出决定的拖延或者未在规定期限内作出决定的拖延而申请审查令的，法院可以运用其自由裁量权，同时颁发下列各项令状或者颁发下列任一令状：

（a）责令作出决定的令状；

（b）宣布与作出决定有关的当事人权利的令状；

（c）对双方当事人中的任何一方当事人的作为或不作为，法院认为有必要作出公正评判的令状。

（4）法院可以在任何时候按自己的意志或者基于任何当事人的申请，撤销、变更或者中止根据本条规定而颁发的任何令状的效力。

第 17 条[①]　**履行职责的公务员的变更**

公务员在履行职责时作出了依本法规定可向法院提出申请的

[①] 严格遵循原文的译文是"在下列情况下，

（a）公务员在履行职责时，作出了依法规定可向法院提出申请的决定；并且

（b）该公员已不再担任原公职，如果该作出决定的公务员属于下列情形之一的，则本法规定仍然有效；

（c）该作出决定的公务员此时仍担任或者履行着原职责；

（d）如果此时无人担任或者履行原职责或者原机关已不再存在，则该作出决定的公务员推定为负责执行作为作出该决定依据的法规的部长或者他所授权的公务员"。为了便于理解并在完全符合原意的前提下，译文按我国的立法惯例作了相应的调整。——译者注

决定，并且该公务员已不再担任原公职的，如果该作出决定的公务员属于下列情形之一，则本法规定仍然有效：

（1）该作出决定的公务员此时仍担任或者履行着原职责；

（2）如果此时无人担任或者履行原职责，或者原机关已不再存在，则作出决定的公务员应推定为负责执行作为作出该决定依据的法规的部长或者他所授权的公务员。

第 18 条　总检察长参与诉讼

（1）总检察长根据本法，可以代表联邦在法院参与诉讼活动。①

（2）在总检察长根据本条规定参与诉讼活动时，法院在上述诉讼活动中可以就联邦的诉讼费颁发它认为合适的令状。

（3）在总检察长根据本条规定参与该诉讼活动时，他应被认为是该诉讼活动的当事人。

第 19 条　不受司法审查的特定决定

（1）规章可以规定某一类或某几类决定为不受法院按本法规定进行司法审查的决定。

（2）如果规章对某决定作出上述规定，则：

（a）本法第 5 条不适用于该类决定；

（b）本法第 6 条不适用于为作出该类决定，已采取、正在采取或者准备采取的措施；

（c）本法第 7 条不适用于拖延作出该类决定。

并且，规章的规定并不影响按本法第 9 条的规定将这类决定、

---

①　即申请审查令程序，下同。——译者注

措施或者拖延排除在州法院司法审查范围以外。

（3）为本条第 1 款的目的而制定的规章，可以任何方式规定这类决定的性质或主要内容，作出这类决定所依据的法规或法规条款、作出这类决定的公务员或其他问题。

（4）按照本条第 1 款规定而制定的规章，仅仅适用于该规章生效后作出的决定。

第 20 条　规章

总督可以发布与本法相一致的规章，规定本法要求或允许由规章加以规定的一切事项，或者规定必须或便于由规章加以规定的一切事项，以实现本法的规定或使本法发挥作用。

法　国

导读

　　作为行政法的"母国",法国行政法的形成与发展主要依赖于行政法院判例的推动。但在行政诉讼领域,制定法也是一种重要的法律渊源。早在1799年,法国就颁布了第一部有关行政法院组织事项的法律——《国家参事院组织条例》。此后,又陆续出台了包括议会立法和行政立法在内的众多行政诉讼法律文件。但随着立法的增加,也引发了行政诉讼规则分散、内容彼此矛盾等弊端。为克服这些缺陷,法国从20世纪70年代起开始致力于实现行政诉讼的法典化。1973年制定的《行政法庭法典》和1989年制定的《行政法庭和行政上诉法院法典》,便是这一法典化进程中形成的初步成果。而2000年5月4日出台的《行政诉讼法典》,对行政诉讼规则作了更为系统的整合,这标志着行政诉讼法典化进程的基本完成。

　　从性质上看,制定《行政诉讼法典》并非严格意义上的法典编纂活动,而是一项官方法律汇编活动。该法典由法律和规章两部分组成。其中,法律部分经议会批准通过,规章部分则由政府颁布。在内容上,《行政诉讼法典》由"前言"和正文9编组成。其中,"前言"规定了行政诉讼的10项基本原则;正文前2编涉及的是行政法院的组织、人事等事项,其余 7 编则分别规定行政诉讼管辖、一审、紧急审理、预审、裁判、救济制度、执行等诉讼规则。

《行政诉讼法典》在出台后,经历过多次修改。本书收录的立法文本,系根据 2013 年 9 月 1 日有效的版本译出。

法国行政诉讼法典[*]

(2000 年 5 月 4 日公布,吸收了 2013 年 9 月 1 日前的修改)

陈天昊[**] **译**

[*] 本翻译稿根据 2013 年 9 月 1 日有效的《行政诉讼法典》(Code de justice administrative)版本译出。法语电子版可参见:http://www.legifrance.gouv.fr/affichCode.do? cidTexte=LEGITEXT000006070933。

关于法典名" Code de justice administrative"的翻译,之前曾有学者认为应该将其译为"行政司法法典",而不能译为"行政诉讼法典",其原因乃在于"justice"一般指"正义""司法"等,而无"诉讼"之意。的确,"justice"一般可译为"司法",法语中"诉讼"也有其他对应词,但是将"Code de justice administrative"译为"行政司法法典",却可能引发比较严重的误解。因为法国法的一大特点即为行政审判与司法审判的分离,前者常被称为"Juridiction administrative",后者则被称为"Juridiction judiciaire"。"Code de justice administrative"即规范的是行政审判的组织与程序,而非司法审判,如果将其翻译为"行政司法法典",则难免导致读者混淆"行政审判"与"司法审判",而此区分对于法国法而言乃是根基性的。因此,为了避免读者可能的误解,笔者认为不宜采用"行政司法法典"的翻译。

而本译本之所以采用"行政诉讼法典",乃是为了与我国《行政诉讼法》相对应,便于学者理解。当然,法国《行政诉讼法典》与我国《行政诉讼法》的内容体例并不完全一致。比如,后者主要涉及我国行政诉讼法律程序,而没有对法院组织进行规定,前者则在第一编、第二编中详细规定了法国最高行政法院和下级行政法院的组织问题,但是两部法律的内容仍然存在较高程度的相似性,比如都对行政审判的管辖权、审判程序如何展开、生效裁判如何执行等程序性问题进行了详细规定。基于此相似性,笔者仍然采用王敬波教授此前所用的"行政诉讼法典"这一译法。当然,需要提醒读者注意的是,法国《行政诉讼法典》并不仅限于对行政诉讼的程序性问题进行规定,也包括了部分法院组织法的内容,这一点与我国《行政诉讼法》存在着明显差别。

[**] 陈天昊,男,湖北荆州人,公法学博士(法国波尔多大学),现任清华大学公共管理学院助理教授。

本法典的翻译得到了波尔多大学芙德瑞珂 · 慧达(Frédérique RUEDA)教授的多次帮助,特此表示感谢。本法典的翻译获得了教育部国家留学基金的支持(资助号:201208500113)。

目　录

前言(第 L1~L11 条)[①]

第一编　最高行政法院

  第一卷　职权

    第一章　审判职权(第 L111-1 条)

    第二章　行政职权与立法职权(第 L112-1~L112-6 条;第 R112-1~R112-3 条)

    第三章　关于法律问题的指示意见(第 L113-1 条;第 R113-1~R113-4 条)

  第二卷　组织和运作

    第一章　总则(第 L121-1 条)

      第一节　组织(第 L121-2~L121-3 条;第 R121-1~R121-14 条)

      第二节　特别职最高行政法院法官(第 L121-4~L121-8 条;第 R121-15 条)

    第二章　行使审判职权的最高行政法院

      第一节　组织(第 R122-1~R122-10 条)

      第二节　审判庭(第 L122-1 条;第 R122-11~R122-25 条)

[①]　法典由处于不同规范位阶的条文组成,每个条文编号前的字母都表示该条文源于哪种规范位阶,"L"表示法律规范,"LO"表示组织法规范,"R"表示规章规范。为方便读者理解阅读,本翻译稿将法律卷和规章卷中相互对应的章节一起编排,在每卷、每章或每节后分别标注"法律部分"和"规章部分"以示区别。对于少数未完全对应的章节,则分别在章节的标题后标注"法律部分"或"规章部分"。

第二节（次） 最高行政法院全国专家库（第 R122-25-1 条）

第三节 诉讼组秘书处（第 R122-26～R122-29 条）

第四节 审判助理（第 R122-2 条；第 R122-30～R122-32 条）

第三章 行使行政和立法职权的最高行政法院

单节（法律部分） 对法律提案的咨询意见（第 L123-1～L123-3 条；第 R123-1 条）

第一节（规章部分） 行政组（第 R123-2～R123-11 条）

第二节（规章部分） 最高行政法院大会（第 R123-12～R123-20 条）

第三节（规章部分） 常设委员会（第 R123-21～R123-23 条）

第四节（规章部分） 共同条款（第 R123-24～R123-26 条）

第三卷 关于身份级别的规定

第一章 总则（第 L131-1～L131-3 条；第 R131-1～R131-2 条）

第二章 咨询委员会（第 L132-1～L132-3 条；第 R132-1～R132-3 条）

第三章 任命

第一节 总则（第 L133-1～L133-8 条；第 R133-1～R133-2-1 条）

第二节 从上诉行政法院和基层行政法院成员中选任最高行政法院成员（第 R133-3～R133-9 条）

第三节 特别职查案官（第 L133-9～L133-12 条；第 R133-10～R133-12 条）

第四章 晋升（第 R134-1～R134-8 条）

第五章 职位（第 R135-1～R135-11 条）

第六章 纪律（第 L136-1～L136-2 条）

第七章 最高行政法院成员参加行政活动或参加与公共利益

相关的活动（第 L137-1 条；第 R137-1～R137-4 条）

第二编　基层行政法院和上诉行政法院

　第一卷　职权

　　第一章　审判职权（第 L211-1～L211-4 条）

　　第二章　行政职权（第 L212-1～L212-2 条；第 R212-1～R212-4 条）

　第二卷　组织和运作

　　第一章　基层行政法院和上诉行政法院的组织

　　　第一节　总则（第 L221-1 条；第 R221-1～R221-2 条）

　　　第二节　基层行政法院的组织（第 L221-2～L221-2-1 条；第 R221-3～R221-6 条）

　　　第三节　上诉行政法院的组织（第 L221-3 条；第 R221-7～R221-8 条）

　　第二章　基层行政法院和上诉行政法院的运作

　　　第一节　总则（第 L222-1～L222-2 条；第 R222-1～R222-12 条）

　　　第二节　基层行政法院的运作（第 L222-2-1 条；第 R222-13～R222-24 条）

　　　第三节　上诉行政法院的运作（第 L222-3～L222-4 条；第 R222-25～R222-32 条）

　　第三章　适用于海外省、海外大区以及圣巴尔代莱弥、圣马尔旦、圣皮埃尔岛和密克隆岛基层行政法院的特别规定

　　　第一节　圣巴尔代莱弥、圣马尔旦、圣皮埃尔岛和密克隆岛基层行政法院就撤销之诉的案件或评估合法性的案件提请咨询（第 R223-5～R223-8 条）

　　　第二节　圣巴尔代莱弥、圣马尔旦地方委员会介入法律领域作出行为的法律监督（第 R223-9～R223-10 条）

第四章 适用于新喀里多尼亚的特别规定

第一节 新喀里多尼亚基层行政法院就撤销之诉的案件或评估合法性的案件提请咨询(第 L224-3 条;第 R224-3~R224-6 条)

第二节 提请新喀里多尼亚基层行政法院给予咨询意见(第 LO224-4 条;第 R224-7~R224-9 条)

第三节 新喀里多尼亚法律条文的法律性质(第 L224-5 条;第 R224-10~R224-12 条)

第四节 1999 年 3 月 19 日第 99-209 号关于新喀里多尼亚法律第 197 条的适用(第 R224-13 条)

第五节 选民或纳税人采取的属于新喀里多尼亚或省管辖的诉讼行为(第 R224-14 条)

第五章 适用于法属波利尼西亚的特别规定

第一节 法属波利尼西亚就撤销之诉的案件或评估合法性的案件提请咨询(第 R225-2~R225-5 条)

第二节 提请法属波利尼西亚基层行政法院给予咨询意见(第 R225-5-1~R225-8 条)

第三节 对地区性法律的特别法律监督(第 R225-8-1 条)

第四节 关于地方公投和咨询选民意见的规定(第 R225-8-2 条)

第五节 关于适用 2004 年 2 月 27 日第 2004-192 号关于法属波利尼西亚自治地位的法律第 112 条的规定(第 R225-8-3 条)

第六节 选民或纳税人采取的属于法属波利尼西亚管辖的诉讼行为(第 R225-8-4 条)

第五章(次) 适用于瓦利斯群岛和富图纳群岛的特别规定(第

L225-4 条;第 R225-9~R225-12 条)

第六章 书记室

第一节 关于基层行政法院和上诉行政法院书记室的基本规定(第 R226-1~R226-6 条)

第二节 关于部分书记室的特别规定(第 R226-8 条~R226-14 条)

第七章 审判助理(第 L227-1 条;第 R227-1~R227-10 条)

第三卷 关于身份级别的规定

第一章 总则(第 L231-1~L231-9 条;第 R231-1~R231-3 条)

第二章 基层行政法院和上诉行政法院高级委员会

第一节 总则(第 L232-1~L232-4 条)

第二节 高级委员会成员的任命(第 R232-1~R232-18 条)

第三节 高级委员会的运作(第 L232-4-1 条;第 R232-19~R232-26 条)

第四节 基层行政法院和上诉行政法院秘书长(第 L232-5 条;第 R232-27~R232-29 条)

第三章 任命与招募

第一节 总则(第 L233-1~L233-2 条;第 R233-1~R233-3 条)

第二节 外部任命(第 L233-3~L233-4-1 条;第 R233-4~R233-6 条)

第三节 外调人员的招募(第 L233-5 条;第 R233-7 条)

第四节 直接招募(第 L233-6 条;第 R233-8~R233-14 条)

第五节 超编留职(第 L233-7~L233-8 条)

第四章 晋升(第 L234-1~L234-6 条;第 R234-1~R234-7 条)

第五章 职位(第 R235-1~R235-2 条)

第六章 纪律处分(第 L236-1~L236-3 条)
第七章 基层行政法院和上诉行政法院系统的成员参加行政活动或参加与公共利益相关的活动(第 R237-1~R237-2 条)

第三编 管辖权

第一卷 一审管辖权

第一章 基于案件内容的管辖权(第 L311-1~L311-12 条;第 R311-1~R311-2 条)

第二章 基层行政法院的地域管辖权
  第一节 原则(第 R312-1~R312-5 条)
  第二节 例外(第 R312-6~R312-19 条)

第二卷 上诉管辖权

第一章 基于案件内容的管辖权(第 L321-1~L321-2 条;第 R321-1~R321-2 条)

第二章 上诉行政法院的地域管辖权(第 R322-1~R322-3 条)

第三卷 作为复审法院的最高行政法院(第 L331-1 条)

第四卷 关联性

第一章 基层行政法院一审管辖的案件与最高行政法院一审管辖的案件之间的关联性(第 R341-1~R341-4 条)

第二章 两所基层行政法院管辖的案件之间的关联性(第 R342-1~R342-3 条)

第三章 上诉行政法院管辖的案件与最高行政法院上诉管辖的案件之间的关联性(第 R343-1~R343-4 条)

第四章 两所上诉行政法院管辖的案件之间的关联性(第 R344-1~R344-3 条)

第五卷 管辖权争议的解决(第 R351-1～R351-9 条)

第四编 一审起诉

第一卷 起诉状

第一章 起诉(第 R411-1～R411-7 条)

第二章 附带或制作的文件(第 R412-1～R412-3 条)

第三章 提交诉讼状(第 R413-1～R413-6 条)

第二卷 时效(第 R421-1～R421-7 条)

第三卷 各方当事人的代理

第一章 在基层行政法院代理各方当事人(第 R431-1～R431-10-1 条)

第一章(次) 在上诉行政法院代理各方当事人(第 R431-11～R431-13 条)

第二章 在最高行政法院代理各方当事人(第 R432-1～R432-4 条)

第四卷 法律援助(第 R441-1 条)

第五编 紧急审理

第一卷 紧急审法官(第 L511-1～L511-2 条)

第二卷 紧急审法官在紧急情况下进行裁决

第一章 职权(第 L521-1～L521-4 条)

第二章 程序(第 L522-1～L522-3 条;第 R522-1～R522-14 条)

第三章 救济途径(第 L523-1 条;第 R523-1～R523-3 条)

第三卷 紧急审法官认定事实或实施预审

第一章 认定事实(第 R531-1～R531-2 条)

第二章 紧急预审(第 R532-1～R532-4 条)

第三章 救济途径(第 R533-1～R533-3 条)

第四卷 紧急审法官裁定保全

单章(第 R541-1~R541-6 条)

第五卷 对某些诉讼的特别规定

第一章 行政合同紧急审理

第一节 先合同紧急审理

第一小节 招标机关签订的合同(第 R511-1~L551-4 条;第 R551-1 条)

第二小节 招标实体签订的合同(第 L551-5~L551-9 条;第 R551-2 条)

第三小节 共同条款(第 L551-10~L551-12 条;第 R551-3~R551-6 条)

第二节 合同紧急审理

第一小节 提起诉讼及诉讼的性质(第 L551-13~L551-16 条;第 R551-7~R551-10 条)

第二小节 法官的权力(第 L551-17~L551-23 条)

第三节 关于新喀里多尼亚、法属波利尼西亚以及瓦利斯群岛和富图纳群岛的条款(第 L551-24 条)

第二章 财税紧急审理(第 L552-1~L552-3 条)

第三章 视听通讯紧急审理(第 L553-1 条)

第四章 暂停执行的特别制度

第一节 国家代表提起控告时的暂停执行(第 L554-1~L554-9 条)

第二节 城市规划和保护自然环境领域的紧急审理(第 L554-10~L554-13 条)

第三节 适用于《宪法》第 74 条规定的海外领地和新喀里多尼亚关于紧急审理的特别规定(第 L554-14 条;第

R554-1 条)

第五章(法律部分) 其他规定(第 L555-1～L555-2 条)

第五章(规章部分) 关于信息与自由的紧急审理(第 R555-1～R555-2 条)

第六章(规章部分) 关于危楼和集体居住性房屋的紧急审理(第 R556-1 条)

第七章(规章部分) 权利卫士提起的紧急审理(第 R557-1～R557-2 条)

第六编 预审

第一卷 普通程序

第一章 发送诉讼状与答辩状

第一节 总则(第 R611-1～R611-8-1 条)

第二节 适用于基层行政法院的规定(第 R611-9～R611-15-1 条)

第三节 适用于上诉行政法院的规定(第 R611-16～R611-19 条)

第四节 适用于最高行政法院的规定(第 R611-20～R611-29 条)

第二章 补正请求和催告信(第 R612-1～R612-6 条)

第三章 预审结束

第一节 适用于基层行政法院和上诉行政法院的特殊规定(第 R613-1～R613-4 条)

第二节 适用于最高行政法院的规定(第 R613-5 条)

第二卷 调查手段

第一章 专家鉴定(第 R621-1～R621-1-1 条)

第一节 专家的人数与指派(第 R621-2～R621-6-4 条)

第二节 鉴定活动(第 R621-7～R621-8-1 条)

第三节 专家鉴定报告(第 R621-9～R621-10 条)

第四节 专家鉴定费用(第 R621-11～R621-14 条)

第二章 现场调查(第 R622-1 条)

第三章 调查

第一节 调查程序(第 R623-1～R623-5 条)

第二节 调查记录(第 R623-6～R623-7 条)

第三节 调查费用(第 R623-8 条)

第四章 笔迹鉴定(第 R624-1～R624-2 条)

第五章 其他预审措施(第 R625-1～R625-3 条)

第六章 其他规定(第 R626-1～R626-4 条)

第三卷 预审阶段的各类附带诉讼

第一章 附带诉讼请求(第 R631-1 条)

第二章 第三人参加诉讼(第 R632-1 条)

第三章 申明伪造文件(第 R633-1 条)

第四章 重启审理和任命新律师(第 R634-1～R643-2 条)

第五章 申明否认(第 R635-1～R635-3 条)

第六章 撤回诉讼(第 R636-1 条)

第七编 裁判

第一卷 在庭期表上注册

第一章 适用于基层行政法院和上诉行政法院的规定(第 R711-1～R711-4 条)

第二章 适用于最高行政法院的条款(第 R712-1～R712-2 条)

第二卷 主动回避与申请回避(第 L721-1 条;第 R721-1～R721-9 条)

第三卷(法律部分) 召开庭审

第一章　总则(第 L731-1 条)

第二章　适用于基层行政法院和上诉行政法院的规定(L732-1)

第三卷(规章部分)　召开庭审和进行合议

第一章　总则(第 R731-1～R731-5 条)

第二章　适用于基层行政法院和上诉行政法院的规定(第 R732-1～R732-2 条)

第三章　适用于最高行政法院的规定(第 R733-1～R733-3 条)

第四卷　裁判

第一章　总则

第一节　裁判的作出(第 R741-1 条)

第二节　裁判书必须包括的内容(第 R741-2～R741-6 条)

第三节　裁判书原件(第 R741-7～R741-10 条)

第四节　对不影响裁判内容的书面错误进行改正(第 R741-11 条)

第五节　对滥诉的处罚(第 R741-12 条)

第六节　其他规定(第 L741-1～L741-3 条)

第二章　关于裁定的规定(第 R742-1～R742-6 条)

第五卷　裁判的通知(第 R751-1～R751-13 条)

第六卷　诉讼费(第 L761-1 条;第 R761-1～R761-5 条)

第七卷　特别规定

第一章　向权限争议法庭起诉(第 R777-1～R777-2 条)

第一章(次)　合宪性问题先决机制(第 LO771-1～LO771-2 条)

第一节　适用于基层行政法院和上诉行政法院的规定(第 R771-3～R771-12 条)

第二节　适用于最高行政法院的规定(第 R771-13～R771-21 条)

第一章(再次)　第三人调解(第 L771-3～ L771-3-2 条)

第二章 关于直接税、基于商贸总额计算的税以及其他类似税的诉讼(第 R772-1～R772-4 条)

第三章 关于选举的诉讼(第 R773-1～R773-6 条)

第四章 关于道路交通违法的诉讼(第 L774-1～L774-13 条)

第五章 关于危楼的诉讼(条文已废止)

第六章 针对要求离开法国领土的命令和驱逐出境的决定的诉讼(第 L776-1～L776-2 条)

 第一节 总则(第 R776-1～R776-9 条)

 第二节 适用于未实施拘留和软禁之情况的规定(第 R776-10～R776-13 条)

 第三节 适用于实施了拘留和软禁之情况的规定(第 R776-14～R776-28 条)

第七章 关于拒绝庇护于法国领土的申请的诉讼(第 L777-1 条;第 R777-1～R777-2 条)

第八章(法律部分) 关于居住权和城市规划的诉讼(第 L778-1～L778-2 条)

第八章(规章部分) 关于居住权的诉讼(第 R778-1～R778-8 条)

第九章(法律部分) 关于流浪人群的移动住所占用公共用地的诉讼(第 L779-1 条)

第九章(规章部分) 其他规定

 第一节 关于流浪人群的移动住所占用公共用地的诉讼(第 R779-1～R779-8 条)

 第二节 关于歧视行为的诉讼(第 R779-9 条)

 第三节 关于地方行政区举行的地方公投或咨询地方选民的规定(第 R779-10 条)

第八卷　适用于海外领地基层行政法院的特别规定（第L781-1条；第R781-1～R781-3条）

第八编　救济制度

　　第一卷　上诉（第L811-1条；第R811-1～R811-19条）

　　第二卷　复核审

　　　　第一章　总则（第L821-1～L821-2条；第R821-1～R821-6条）

　　　　第二章　复核审受理程序（第L822-1条；第R822-1～R822-6条）

　　第三卷　其他救济途径

　　　　第一章　异议（第R831-1～R831-6条）

　　　　第二章　第三人异议（第R832-1～R832-5条）

　　　　第三章　请求改正书面错误的诉讼（第R833-1～R833-2条）

　　　　第四章　请求重审的诉讼（第R834-1～R834-4条）

第九编　裁判的执行

　　第一卷　原则（第L911-1～L911-10条；第R911-1条）

　　第二卷　适用于基层行政法院和上诉行政法院的规定（第R921-1～R921-8条）

　　第三卷　适用于最高行政法院的规定（第R931-1～R931-9条）

前言

第 L1 条 本法典适用于最高行政法院、上诉行政法院和基层行政法院。

第 L2 条 法院之裁判以法兰西人民的名义作出。

第 L3 条 法院之裁判依合议制方式作出,法律另有规定的除外。

第 L4 条 若无法律的特别规定,诉讼状无暂停效力,除非由法院另外作出裁定。

第 L5 条 案件预审采用对抗式。对抗式也适用于紧急情况。

第 L6 条 辩论应当公开进行。

第 L7 条 由一名法官担任公共报告人对诉讼请求和诉讼状中提出的有待裁判的问题公开地并且完全独立地发表意见。

第 L8 条 法庭合议应当秘密进行。

第 L9 条 裁判应当说明理由。

第 L10 条 裁判应当公开。判决中应该载明作出该判决的法官姓名。

第 L11 条 裁判具有执行力。

第一编　最高行政法院

第一卷　职权

第一章　审判职权

法律部分

第 L111-1 条　最高行政法院是最高行政审判机关。有权复核审其他行政审判机关作出的终审裁判,并有权对由最高行政法院自己一审管辖或上诉管辖的案件作出终审裁判。

规章部分

（无）

第二章　行政职权与立法职权

法律部分

第 L112-1 条　最高行政法院参与法律和法令的起草。政府拟定的草案由总理向最高行政法院提请咨询。

提交至议会办公室的法律提案,在交付委员会审读之前,可由议会主席向最高行政法院提请咨询。

最高行政法院还对行政法规的草案和其他文件的草案提出咨询意见,其他文件包括由宪法、法律或规章规定的需要最高行政法院参与起草的所有文件,以及政府向其提请咨询的所有的文件。

在向最高行政法院提请咨询后,最高行政法院给出意见并提出其认为必要的修改建议。

此外,最高行政法院准备并起草其他被要求的文件。

第 L112-2 条 总理或部长可以将其在行政过程中遇到的问题向最高行政法院提请咨询。

第 L112-3 条 当最高行政法院认为某项关于法律体系、规章体系或行政体系的改革将有利于公共利益时,其可主动提醒公权力机关关注此方面的改革。

第 L112-4 条 应总理或部长的请求,最高行政法院副院长有权指派最高行政法院的一名成员承担相关监察工作。

应部长的请求,最高行政法院副院长有权指派最高行政法院的一名成员出席该部门相关文件的起草工作。

第 L112-5 条 最高行政法院自行负责对各行政审判机关的监察工作。

第 L112-6 条 如 1999 年 3 月 19 日第 99-209 号关于新喀里多尼亚的组织法第 100 条的规定:"国家法律草案在被政府通过委员会合议采纳之前应该向最高行政法院提请咨询。

国家的法律提案由议会议长在第 1 次审读之前向最高行政法院提请咨询。在该咨询意见作出后,议会才能对该提案进行投票。

若1个月之后仍未作出咨询意见,即视为其已经作出。

本条规定的咨询意见应该送达政府主席、议会议长、高级专员和宪法委员会。

规章部分

第 R112-1 条 在最高行政法院副院长的领导之下,对各行政审判机关的自行监察工作由一名最高行政法官具体负责,其他最高行政法院成员协助履行。

该监察工作监督各行政审判机关的组织和运作,并有权领导涉及多个行政审判机关的某项主题的研究工作。

最高行政法院副院长制定监察和研究的年度计划。若某所行政审判机关的情形要求实施监察,副院长也可决定开展计划外的监察工作。

该监察工作应该注意推广普及那些有助于各级行政审判机关履行职权的实践经验,为此可以提出各种有益的建议。

第 R112-1-1 条 上诉行政法院和基层行政法院的法官可以被邀请参加第 R112-1 条所述的工作。但拥有主席职称的法官才能够被邀请参加该条第 2 款所述的工作。

曾经在上诉行政法院和基层行政法院担任过主任书记员的公务员可以被指派协助各级行政审判机关的监察工作。

第 R112-2 条 若当事人认为在基层行政法院或上诉行政法院的审理期限过长,可向监察工作负责人提出,监察工作负责人有权提出解决该问题的建议。

第 R112-3 条 为了弥补行政审判机关审期过长所造成的损

害而作出的行政赔偿决定或诉讼赔偿决定都应当告知对各行政审判机关开展自行监察工作的负责人。

该负责人应该通知由于审限过长而涉案的基层行政法院的院长或上诉行政法院的院长，可以对他们提出建议以解决审限过长的问题，也可以向有权机关提出采取各种措施解决该问题的提议。

第三章　关于法律问题的指示意见

法律部分

第 L113-1 条　若诉讼状中提出了一个新的法律问题，且该法律问题表现出严重困难，并曾在多起诉讼中出现，基层行政法院和上诉行政法院在作出裁判之前有权将该案案卷移送最高行政法院，最高行政法院应该在 3 个月内审查该法律问题并给出指示意见。基层行政法院和上诉行政法院的移送决定不可诉。在指示意见作出之前，决定移送的行政审判机关暂停对案件作出实体性判决，除非 3 个月期限届满。

规章部分

第 R113-1 条　基层行政法院和上诉行政法院依第 L113-1 条作出的移送案卷决定书以及相关案卷，均由决定移送的行政审判机关的书记员在移送决定作出后 8 日内送交最高行政法院诉讼秘书。对各方当事人及涉案部长的通知依第 R751-2 至第 R751-8 条进行。

第 R113-2 条 在尊重后续条文的前提下，最高行政法院审查法律问题的程序依照最高行政法院的诉讼程序进行。各方当事人及涉案部长均有权向最高行政法院提交答辩意见，答辩意见必须在其接到移送决定的通知之日起 1 个月内提出。最高行政法院诉讼组组长有权缩短该期限。

若法律问题所属之原诉属于无需聘请律师参加的诉讼，那么向最高行政法院答辩的过程同样无需聘请律师参加。若原诉不属于无需聘请律师参加的诉讼，那么答辩意见必须由律师向最高行政法院和最高司法法院作出，除非该答辩意见是涉案部长亲自作出的。

第 R113-3 条 最高行政法院依第 L113-1 条作出的指示意见应采用下述抬头：

"最高行政法院"；

或"最高行政法院（诉讼组）"；

或"最高行政法院（诉讼组，X 号及 X 号联合诉讼小组）"；

或"最高行政法院（诉讼组，X 号诉讼小组）"。

第 R113-4 条 最高行政法院的指示意见应告知各方当事人及涉案部长；并告知移送该法律问题的行政审判机关，同时向其返还案卷。该指示意见可载明其将在《法兰西共和国公报》上发布。

第二卷 组织和运作

第一章 总则

法律部分

第 L121-1 条 最高行政法院由副院长领导工作。

最高行政法院大会由总理主持,总理缺席时,由司法部长主持。

规章部分

(无)

第一节 组织

法律部分

第 L121-2 条 最高行政法院包括下列成员:

1. 副院长;
2. 各组组长;
3. 普通职最高行政法官;
4. 特别职最高行政法官;
5. 查案官;

6. 特别职审案官；

7. 一等助理办案员；

8. 二等助理办案员。

最高行政法院成员依其任命的时间和顺序划定各自的职称。

第 L121-3 条 最高行政法院由一个诉讼组和若干行政组组成。

规章部分

第 R121-1 条 最高行政法院成员在最高行政法院大会中根据各自的职位就座。

第 R121-2 条 最高行政法院成员在最高行政法院大会中依人员次序表就座，诉讼组成员依第 R122-3 条的规定就坐。

第 R121-3 条 普通职最高行政法官、查案官以及助理办案员可任职于 1 个组或同时任职于 2 个组。

但在行政审判机关内任职低于 3 年的查案官和助理办案员仅能任职于诉讼组。

诉讼组副组长及诉讼小组的组长都仅能任职于诉讼组。

第 R121-4 条 （被 2010 年 2 月 22 日第 2010-164 号行政法规第 3 条废除）

第 R121-5 条 任职于行政组的最高行政法院成员，除了完成该行政组的工作之外，还参与实施本编第三卷规定的其他行政工作。

第 R121-6 条 最高行政法院副院长在听取各组组长的意见之后发布决定进行第 R121-3 和第 R121-4 条规定的任命。

第 R121-7 条 最高行政法院副院长有权发布决定采取本编未规定的其他内部措施。

第 R121-8 条 若最高行政法院副院长缺席或因故不能出席,由人员次序表(l'Ordre du tableau)中排第 1 的组长替补,第 R122-21 和第 R123-23 条规定的情况除外。

第 R121-9 条 在副院长的领导下,秘书长负责最高行政法院日常行政事务,采取必要措施完成最高行政法院各项工作的准备工作、组织工作以及基层行政法院和上诉行政法院的人员管理工作。

最高行政法院秘书长的人选应该在最高行政法官和查案官中产生,具体由最高行政法院副院长在听取各组组长的意见后推荐,再经司法部长提名,最后由共和国总统任命。

第 R121-10 条 由副院长任命秘书长的助理人员,他们协助最高行政法院秘书长履行职务,并在秘书长缺席或因故不能出席时替补其工作。

第 R121-11 条 秘书长和秘书长助理共同协助最高行政法院副院长完成基层行政法院和上诉行政法院的人员管理工作。副院长可委托秘书长或秘书长助理签署所有涉及最高行政法院行政及预算管理的文件及决定。

出于同样目的,也可委托最高行政法院内部事务负责人以及秘书处内级别属于 A 类的公务员和达到同一级别的合同制工作人员。

还可委托其他在最高行政法院内任职的公务员签署所有关于收入和支出的文件,但由上两款所述人员承担责任。

第 R121-12 条 副院长决定最高行政法院的年度假期安排，并有权采取恰当的措施保障假期期间各行政组工作的连续性。若有必要，副院长有权建立临时组并作出必要的临时任命。

第 R121-13 条 根据秘书长的建议，最高行政法院副院长管理最高行政法院的行政人员，除下述事项以外：举行考试的决定、举行 A 类公务员的职业考试的决定、人员的任命、正式任职的决定、完全停职的决定、短期外派编外工作的决定以及 1984 年 1 月 11 日第 84-16 号法律第 66 条规定的第 3 类和第 4 类纪律处分的决定。

第 R121-14 条 最高行政法院副院长是最高行政法院预算的拨款审核人。其签署最高行政法院订立的合同。

第二节 特别职最高行政法官

法律部分

第 L121-4 条 特别职最高行政法官的人选由司法部长从为国家服务的不同领域的优秀人士中选择，向部长会议提名，再由部长会议发布行政法规任命。

他们出席最高行政法院大会，并可被邀请参加其他行政机构的会议。

特别职最高行政法官不能任职于诉讼组。

第 L121-5 条 特别职最高行政法官任期 5 年，一届任期后未过 2 年者不得续任。

第 L121-6 条 除了最高行政法院的正常待遇之外，特别职最高行政法官还可就其为最高行政法院所做的工作领取津贴。

第 L121-7 条 从事私人职业活动的特别职最高行政法官,在进行该私人职业活动时,不得提及或被提及自己在最高行政法院的任职情况。从其赴任最高行政法院之日起,其不得再从事其他最高行政法院成员也被禁止从事的营利性私人职业活动,除非得到了副院长的事先许可。

第 L121-8 条 第 L131-2 和第 L131-3 条的规定也适用于特别职最高行政法官。

规章部分

第 R121-15 条 最高行政法院副院长与各组组长协商后决定如何分配特别职最高行政法官参与各行政组及常设委员会或其他委员会的工作。

第二章 行使审判职权的最高行政法院

第一节 组织

法律部分

(无)

规章部分

第 R122-1 条 诉讼组审判所有由最高行政法院管辖的案件,

第 R122-17 条规定的内容除外。

诉讼组分为 6 个诉讼小组,根据本编的规定对案件进行预审和裁判。

第 R122-2 条 诉讼组由下列人员组成:

1. 1 名组长及 3 名协助其工作的副组长;

2. 每个诉讼小组由 1 名普通职最高行政法官主持,2 名普通职最高行政法官担任陪审官;

3. 各普通职最高行政法官、查案官及助理办案员行使报告人或公共报告人的职责。

第 R122-3 条 诉讼组的成员依下列顺序就坐:

1. 诉讼组组长;

2. 各诉讼组副组长依担任副组长的年资排座;

3. 各诉讼小组组长依担任诉讼小组组长的年资排座;

4. 其他人员依人员次序表排座。

第 R122-4 条 各诉讼组副组长人选由副院长与各组组长协商后推荐,再由司法部长提名,最后通过行政法规任命。

第 R122-5 条 公共报告人人选由诉讼组组长提名,由最高行政法院副院长决定任命。

各名公共报告人履行该职责的期限都不得超过 10 年。但若确有必要,副院长可决定该期限延期 1 年。

第 R122-6 条 各诉讼小组的组长人选由最高行政法院副院长听取诉讼组组长及副组长的建议后推荐,再经司法部长提名,最后由总理通过命令任命。各诉讼小组组长的任期于任命之后第 4 年的 12 月 31 日截止。最高行政法院副院长有权决定诉讼小组组长连任。

第 R122-7 条 担任陪审官的最高行政法官,由最高行政法院副院长在听取诉讼组组长及副组长的建议后任命。其任期于任命后第 4 年的 12 月 31 日截止。任期截止后,其既可依同样的程序延长任期,也可被任命其他职务,任期 1 到 4 年。

当 1 位陪审官缺席或因故不能出席时,最高行政法院副院长在听取诉讼组组长、副组长的建议后,有权决定任命 1 位最高行政法官在原陪审官缺席或因故不能出席期间代行陪审官之职责。

第 R122-8 条 (根据 2008 年 3 月 6 日第 2008-225 号行政法规被废止)

第 R122-9 条 第 R122-2 条第 3 点所述其他最高行政法院成员,由诉讼组组长在听取副组长及各小组组长的建议后分别任命于各诉讼小组。

第 R122-10 条 诉讼小组只有在其组长和 1 名陪审官出席或 2 位陪审官共同出席的情况下才能合议。若由于假期、缺席或因故不能出席导致某诉讼小组无法达到合议的法定人数,该诉讼小组可以召集其他的最高行政法官替补;在例外情况下,也可召集载于人员次序表(l'Ordre du tableau)上的查案官。上述最高行政法官和查案官的替补均由诉讼组组长决定。当诉讼小组组长缺席或因故不能出席时,诉讼小组由年资最长的陪审官主持。

诉讼小组预审庭可由偶数人员参加合议。小组组长、陪审官及报告人对所有案件皆有表决权。当双方意见票数相等时,则依小组组长所投票支持的意见。

第二节 审判庭

法律部分

第 L122-1 条 最高行政法院对争议案件的裁判通过审判大会、诉讼组或联合诉讼小组审理作出。也可由各诉讼小组审理作出。

诉讼组组长、诉讼组副组长以及诉讼小组组长可以通过裁定的方式审结那些依性质不需要移送至合议制审判庭的案件。

规章部分

第 R122-11 条 除第 R122-12 条和第 R122-17 条规定的情况之外,案件由1个诉讼小组或2、3、4个诉讼小组联合审理裁判。

诉讼小组的联合审理裁判需由最高行政法院副院长在听取诉讼组组长的建议后决定。

第 R122-12 条 诉讼组组长和诉讼小组组长有权裁定下列事项:

1. 撤回诉讼;
2. 驳回明显不属于行政审判管辖范围的起诉;
3. 确定不存在可裁判的内容;
4. 当起诉明显不可受理,且法院无义务邀请原告修改诉讼状,或原告在指定期限内未按要求修改诉讼状,驳回起诉;
5. 诉讼状中需要裁判的问题仅涉及第 L761-1 条规定的处罚或诉讼费的案件;

6. 类型化案件，即一方面案件事实不需要进行新的法律评估或定性，另一方面需要裁判的法律问题或是已经被最高行政法院在其他裁判中明确解决或是已经由最高行政法院通过第 L113-1 条的对法律问题的意见审查答复。

7. 因诉讼时效届满驳回起诉，或者因已经提交了 1 份补充文件后的诉讼状仍然仅包括明显无根据的外在违法性理由、明显不可受理的理由、无效的理由、那些以其明显无法证实之事实为基础的理由或未详细阐述以至于无法判断是否有根据的理由，因而驳回起诉。

此外，有权裁定驳回一项旨在暂缓执行某项诉讼决定的诉讼请求。

第 R122-14 条 诉讼小组审判庭只有在至少 3 名拥有表决权的成员参加的情况下才能合议。

第 R122-16 条的第 2、3 款也可适用于诉讼小组组成审判庭的情形。

最高行政法院副院长、诉讼组组长及副组长可直接主持任何诉讼小组。

第 R122-15 条 联合诉讼小组由诉讼组副组长出任审判长。也可由最高行政法院副院长或诉讼组组长出任审判长。

除审判长和报告人之外，审判庭由下列人员组成：

1. 相关诉讼小组的组长；

2. 相关诉讼小组的陪审官，若联合诉讼小组由 4 个诉讼小组组成，则由每个诉讼小组中担任陪审官年资最长者参加；

3. 若联合诉讼小组由 2 个或 4 个诉讼小组组成，诉讼组组长指定一名隶属于诉讼组的最高行政法官参加，该法官从组成联合诉讼小组的各诉讼小组之外召集，并且每年依次轮换 2 次。

若前述出任审判长的人选不能出席，联合诉讼小组审判长由内部各诉讼小组组长中担任小组组长年资最长者担任。若联合诉讼小组由 4 个诉讼小组组成，诉讼小组的组长由该小组中担任陪审官年资最长者替补，该陪审官则由另一名陪审官替补。

第 R122-16 条　联合诉讼小组必须有至少 5 名拥有表决权的成员出席时才能审判案件。若联合诉讼小组由 3 个或 4 个诉讼小组组成，则必须有至少 7 名拥有表决权的成员出席。

联合诉讼小组审判案件需有奇数成员参加。若出席的有表决权的成员为偶数，则召集人员次序表（l'Ordre du tableau）中年资最长的最高行政法官、查案官或助理办案员参加。

若联合诉讼小组的成员由于假期、缺席或因故不能出席而无法达到法定人数，也依上述规定处理。

第 R122-17 条　下列人员有权将案件提交诉讼组或审判大会审理：最高行政法院副院长、诉讼组组长、审判长、审判庭、实施案件预审的诉讼小组、公共报告人。

依第 R611-20 条第 1 款由诉讼组实施预审的案件由审判大会审判。

下列人员有权将本由诉讼小组审理的案件提交联合诉讼小组审理，也有权将本由 2 个诉讼小组组成的联合诉讼小组审理的案件提交到由 3 个或 4 个诉讼小组组成的联合诉讼小组审理：审判长、审判庭、实施案件预审的诉讼小组、公共报告人。

第 R122-18 条　诉讼组组成审判庭由下列人员参加：

1. 诉讼组组长；
2. 3 位副组长；
3. 各诉讼小组组长；
4. 报告人。

第 R122-19 条 若诉讼组组长缺席或因故不能出席，审判庭由担任副组长之职务年资最长者出任审判长，若年资最长者亦缺席或因故不能出席，则由能够出席的副组长中担任副组长之职务年资最长者出任审判长。

若诉讼小组组长缺席或因故不能出席，由该诉讼小组中担任陪审官年资最长者替补。

诉讼组必须有至少 9 名拥有表决权的成员参加才能审判案件。

诉讼组审判案件需有奇数成员参加。若出席的有表决权的成员为偶数，则从人员次序表中召集 1 位陪审官。若诉讼组的成员由于假期、缺席或因故不能出席而无法达到法定人数，也依上述规定处理。

第 R122-20 条 审判大会由下列人员组成：
1. 最高行政法院副院长；
2. 各组组长；
3. 诉讼组 3 名副组长；
4. 原负责审理该案的诉讼小组的组长，或者，若该案已经依第 R611-20 条第 1 款实施预审，则是原被分配审理该案的诉讼小组的组长；
5. 除前述诉讼小组组长外，其他 4 名担任诉讼小组组长职务年资最长者；

6. 报告人。

审判大会的审判长由最高行政法院副院长担任。

审判大会必须有至少9名成员或其替补出席。

审判大会审判案件需有奇数成员参加。若出席的有表决权的成员为偶数，则召集1名前述第4、5点中未包括的担任诉讼小组组长年资最长者，若仍然缺席，则召集1名担任陪审官之职务年资最长者。

第 R122-21 条　若最高行政法院副院长不能出席，由诉讼组组长出任审判长。最高行政法院副院长之名额由人员次序表中排名第1的行政组组长替补，该行政组组长的名额则由载于人员次序表中的该组1名副组长替补。

若诉讼组组长不能出席，其名额由诉讼组副组长中担任该职务年资最长者替补。诉讼组副组长及第 R122-20 条第5点所列之诉讼小组组长都由该条第4、5点所列人员之外的诉讼小组组长依其担任该职务年资长短依次替补。

若一名行政组组长不能出席，则由载于人员次序表上的该组副组长替补。

若第 R122-20 条第4点所列诉讼小组组长不能出席，则由载于人员次序表上的该诉讼小组的陪审官替补。

当审判大会受理的案件中涉案行为是依最高行政法院之咨询意见作出的，曾负责提供咨询的行政组组长不得出席审判大会。其名额由载于人员次序表上年资最长的其他行政组副组长替补，除依本条第1款和第3款出席审判大会的人员外。

第 R122-21-1 条 在不违背第 R721-1 条的前提下,最高行政法院中曾参加涉案行为咨询会议的成员不得参与对该行为的审理。

第 R122-21-2 条 最高行政法院受理对其曾提供咨询的行为的诉讼后,应原告的要求,最高行政法院应告知其曾经参加涉案行为咨询会议的人员名单。

第 R122-21-3 条 若对涉案行为的咨询意见未公布,参与对最高行政法院曾提供咨询的行为的审理工作的最高行政法院成员不得知晓意见的内容,也不得知晓与该意见相关的咨询会议文件的内容。

第 R122-22 条 最高行政法院审理案件,报告人有表决权。

第 R122-23 条 诉讼组组长有权决定授权一位副组长审理依本法典第五编之规定提交的案件,以及依本法典第三编之规定处理管辖权问题和由于案件之间的关联性导致的移送问题。若诉讼组组长提前知晓副组长将不能出席,那么可决定授权一位隶属于诉讼组的最高行政法官负责前述工作。

第 R122-24 条 若诉讼组组长缺席或因故不能出席,诉讼组副组长依其担任该职务的年资依序拥有全权处理上一款中的问题。

在同样的情况下,诉讼组副组长依其担任该职务的年资依序拥有全权行使第 R122-5、R122-9、R122-10、R122-15、R122-17 条,以及第 R611-20 条第 1 款、第 R635-2 条、第 R712-1 条第 1 款授予诉讼组组长的职权。

第 R122-25 条 若诉讼组组长缺席或因故不能出席,由诉组副组长依其担任该职务的年资依序负责领导本部门日常工作，若副组长亦缺席或因故不能出席，则由诉讼小组组长中担任该职务年资最长者负责。

第二节（次） 最高行政法院全国专家库

法律部分

（无）

规章部分

第 R122-25-1 条 为了便于法官了解信息，诉讼组组长每年在听取各上诉行政法院院长的意见后有权建立最高行政法院全国专家库。

第三节 诉讼组秘书处

法律部分

（无）

规章部分

第 R122-26 条 诉讼组秘书处由诉讼秘书负责。

诉讼秘书人选由副院长和诉讼组组长推荐，经司法部长提名，最后由总理通过决定任命。对其撤职也需依此程序。

第 R122-27 条 由 1 名秘书助理协助诉讼秘书开展工作，秘书助理人选由诉讼组组长推荐,由最高行政法院副院长任命。

第 R122-28 条 此外,每个诉讼小组内皆有 1 名秘书协助诉讼秘书开展工作,秘书人选由诉讼组组长推荐,由最高行政法院副院长任命。

第 R122-28-1 条 庭审秘书处由下列人员组成:诉讼秘书、秘书助理、诉讼小组秘书以及诉讼组组长指派参与此项工作的其他诉讼组公务员。

第 R122-28-2 条 在获得诉讼组组长同意的条件下,诉讼秘书可以委托其指定的诉讼组公务员就其承担的部分职责代为签字。

第 R122-29 条 若诉讼秘书缺席或因故不能出席,由秘书助理替补行使其职权,若该秘书助理亦缺席或因故不能出席,则由诉讼组组长指定 1 位诉讼小组秘书替补之。

第四节 审判助理

法律部分

第 R122-2 条 满足第 L227-1 条规定之条件的人员才能被任命为最高行政法院审判助理。

审判助理任期 2 年,并可续任 2 次。有义务保守职业秘密,否则依《刑法典》第 226-13 条处理。

由一部须交最高行政法院审查的行政法规规定本条的具体实施。

规章部分

第 R122-30 条 依第 L122-2 条招募的审判助理协助完成最高行政法院成员履行职权所需的准备工作。

第 R122-31 条 审判助理不得同时从事其他职业活动,除非获得了其任职组的组长的许可。

司法或法律自由职业者以及为其工作的人都不得担任审判助理。

第 R122-32 条 第 R227-2、R227-4、R227-10 条的规定同样适用于供职于最高行政法院的审判助理。这些条文授予给行政审判机关负责人的职权则由审判助理任职组的组长行使。

第三章 行使行政和立法职权的最高行政法院

法律部分

单节 对法律提案的咨询意见

第 L123-1 条 对于提请最高行政法院咨询的法律提案,副院长可以将其分配给一个组,也可特别召集相关组的代表组成一个委员会以商讨咨询意见。

除依本法典规定的情况和条件确定的特殊情况外,最高行政法院的咨询意见都由最高行政法院大会作出。当提请咨询的文件载明的紧急情况发生时,咨询意见可由常设委员会作出。

第 L123-2 条 法律提案的提起人有权向最高行政法院陈述自己的意见。其提出请求后,由报告人听取其意见。起草人也有权参加最高行政法院商讨咨询意见的会议,并可发表意见。

第 L123-3 条 最高行政法院的咨询意见作出后,反馈给向其提请咨询的议会主席。

规章部分

第 R123-1 条 最高行政法院商讨可选择下列形式:组、联合组、相关组的代表共同组成委员会、最高行政法院大会。

第一节 行政组

第 R123-2 条 最高行政法院行政组包括:
— 内政组
— 财政组
— 公共工程组
— 社会组
— 行政组
— 报告和研究组

第 R123-3 条 由最高行政法院副院长提议咨询事务在前5组如何分配的章程,再由司法部长和总理通过命令颁布。

第 R123-3-1 条 审查一份法律提案或审查权利卫士的咨询请求的任务由最高行政法院副院长分配给第 R123-2 条所列的前5组中的1组。

第 R123-4 条 新喀里多尼亚的法律草案与提案提请最高行

政法院各行政组咨询,由总理及负责海外事务的部长根据1999年3月19日第99-209号关于新喀里多尼亚的组织法第99条所列事项发布命令规定如何分配的章程。

最高行政法院作出的咨询意见反馈给总理、负责海外事务的部长、其他相关部长以及前述法律第100条所列的新喀里多尼亚的公共机构。

第R123-5条 报告和研究组负责撰写最高行政法院依第L112-3条向各公权力机关提交的报告,并负责开展由总理或副院长提出的研究事项。

在尊重本法典第九编规定的条件之下,报告和研究组还负责解决最高行政法院及其他行政审判机关作出的裁判的执行困难。

报告和研究组负责准备最高行政法院的年度工作报告。工作报告草案提交给副院长,副院长再与各组组长协商,最后由最高行政法院大会通过。最高行政法院可在该工作报告中提醒政府关注立法体系、规章体系及行政体系的改革;工作报告中可包括新的建议,可公布最高行政法院及其他行政审判机关作出的裁判在执行中遇到的争议和困难,若确有此类情况的话。

该工作报告需提交给共和国总统。

第R123-6条 每个行政组都由1名组长、至少6名普通职最高行政法官、数名特别职最高行政法官、查案官及助理办案员组成。

副院长在听取该组组长的建议后,在该组的普通职最高行政法官中任命1名或数名副组长。副组长协助组长行使其职权,并在必要时替补之。依1986年12月23日第86-1304号关于国家文职公务员年龄限制和招募方法的法律第 1 条仍然坚持在职工作的原行政组组长自然担任该组的副组长。

若 1 项涉及不同组管辖范围的咨询事务分配给了 1 个行政组，则该行政组商讨咨询意见的会议可以召集相关行政组的 1 名或数名最高行政法官参加。

行政组的成员对于所有咨询事务都拥有表决权。

第 R123-6-1 条 若行政组组长认为日程表上安排的咨询事务足够重要，即可召集该行政组全体成员开会协商。

其他情况下，行政组依日常模式召集，日常模式的具体组成由组长规定。日常模式下出席成员不得低于 7 名。

第 R123-7 条 副院长在听取了各组组长的建议后，有权任命 1 名最高行政法官或查案官担任报告和研究组的总报告人。担任总报告人的最高行政法官或查案官仅任职于报告与研究组，并对所有事务皆有表决权。

另可配置数名查案官或助理办案员协助总报告人工作；他们都仅任职于报告与研究组。

第 R123-8 条 行政组只有在除组长外还包括至少 3 名成员出席的情况下才能商讨。

第 R123-9 条 行政组组长可以决定由 1 名副组长出任会议主席，若副组长缺席，也可以决定由人员次序表中排名第 1 的普通职最高行政法官出任会议主席。

最高行政法院副院长有权主持行政组的会议。

若会议各方票数相等，则依会议主席所投票支持的意见。

第 R123-10 条 最高行政法院副院长可以联合 2 个行政组共

同商讨特定的咨询事务。

若有必要联合 2 个以上的组,最高行政法院副院长可组建 1 个委员会,该委员会由各相关行政组派代表参加,若有必要,诉讼组也可派代表参加。副院长具体确定组成人员。

第 R123-8、R123-9 条及最后 1 款都可适用于研究和报告组。

第 R123-6 条最后 1 款适用于联合行政组及委员会。

最高行政法院副院长主持联合行政组或委员会召开的商讨会议,也可由人员次序表中排名第 1 的组长主持。

第 R123-11 条 各组或委员会的秘书负责寄送会议作出的咨询意见,并通知相关行政机关。对于法律提案作出的咨询意见反馈给向最高行政法院提请咨询的议会主席。

第二节 最高行政法院大会

第 R123-12 条 最高行政法院大会或是以全体模式召开,或是以普通模式召开。

第 R123-13 条 全体大会由下列人员组成:最高行政法院副院长、各组组长、最高行政法院法官,此 3 类人员拥有表决权。查案官、助理办案员列席会议并有发言权,在其担任报告人的事项上有表决权。

第 R123-14 条 普通大会包括下列拥有表决权的成员:

1. 最高行政法院副院长和各组组长;

2. 诉讼组 1 名副组长,必要时由另 1 名副组长替补;

3. 各行政组副组长;

4. 最高行政法院副院长在听取诉讼组组长的建议后,每年从任职于诉讼组的最高行政法官中挑选10名最高行政法官；

5. 最高行政法院副院长在听取各行政组组长的建议后，每年从各行政组中各挑选1名最高行政法官；

另从最高行政法官和查案官中为第3、4、5点所述的每位最高行政法官挑选2名替补。替补人员拥有表决权。

最高行政法院其他成员皆有权出席日常模式的全员会议，并拥有发言权；对于自己担任报告人的事务，其拥有表决权。

第 R123-16 条　在尊重第 L121-1 条规定的前提下，由最高行政法院副院长担任最高行政法院大会的主席，若缺席，则由人员次序表中位列第1的组长担任。

第 R123-17 条　最高行政法院全体大会只有在至少一半的拥有表决权的成员出席的情况下才能进行表决。但是若全员会议以全体模式召开或全员会议在年假期间召开（不论何种模式），法定最低人数改为四分之一拥有表决权的成员。

全体大会的主席有权行使会议的警察权并引导辩论的进行。

当各方意见票数相等时，则依全体大会的主席所投票支持的意见。

第 R123-18 条　最高行政法院选举1名成员，选举应通过全体大会进行秘密投票，当选需得到到会成员的绝对多数支持。

第 R123-19 条　由最高行政法院秘书长或由1名秘书长助理负责最高行政法院大会的秘书处工作。具体包括制作会议记录、签署并确保法律草案、法令草案、行政法规草案以及最高行政法院咨询意见送至有资格接收的人手中，签署并确保最高行政法院关于法律提案的咨询意见送至议会主席。

最高行政法院秘书长的上述职责可由1个行政组的秘书代理。

第 R123-20 条 下列事项列入最高行政法院普通大会的议事日程,副院长在听取了负责具体事务的组或委员会之负责人的建议后,有权决定将下列事项列入最高行政法院全体大会的议事日程:

1. 在尊重第 R123-21 条的规定的前提下,法律草案、法律提案、法令草案;

2. 依《宪法》第 37 条作出的行政法规草案;

3. 考虑到事务的重要性,相关部长、最高行政法院副院长、负责商讨咨询意见的组或委员会之负责人或该组或委员会全体提请最高行政法院大会审议的事项;

但是,最高行政法院副院长根据负责商讨咨询意见的组或委员会之负责人的提议,有权决定不将关于下述文件的草案提交全体大会审议:

a) 上述第 2 点中所列行政法规草案;

b) 主要目的为核准一部法令的法律草案;

c) 内容为核准或批准一部国际协定的法律草案;

d) 内容为将某法律条文适用于海外领地或新喀里多尼亚,或是将某法律条文的适用范围扩展至一个或多个海外领地或新喀里多尼亚的法律提案、法律草案或法令草案;

e) 主要目的为将欧盟指令的内容吸纳进国内法体系的法律提案、法律草案或法令草案;

f) 内容为实施立法条文法典化的法律提案、法律草案或法令草案；

g）并不困难的法律提案、法律草案或法令草案。

普通大会有权决定将某事务提交全体大会审议。

第三节　常设委员会

第 R123-21 条　常设委员会负责审查那些宜尽快处理的法律草案和法令草案，其紧迫性体现在不仅负责起草的部长声明该草案带有紧迫性，且总理亦作出特定决定确认该紧迫性的存在。

当国民大会主席或参议院主席在提请最高行政法院咨询一部法律提案的信件中确认该法律提案带有紧迫性，最高行政法院副院长有权决定将该法律提案交由常设委员会审查。

在完成初步审查后，常设委员会有权将任何咨询事务转送给最高行政法院大会审议。

第 R123-22 条　常设委员会由下列人员组成：

1. 最高行政法院副院长；

2. 总理选派的 1 名行政组组长，人选由最高行政法院副院长推荐，再经司法部长提名。若有必要，人选由最高行政法院副院长与相关行政组组长共同推荐；

3. 每组选派 2 名最高行政法官，具体由最高行政法院副院长听取各组组长建议后决定。

第 3 点中所列的每位最高行政法官分别配备 2 位替补，依同样的程序在相关组的最高行政法官及查案官中选择。替补拥有表决权。

常设委员会可依咨询事务的重要程度召集 1 名或 2 名最高行

政法官参加，其人选由若不存在紧迫性本应负责该咨询事务的行政组组长推荐，由副院长决定。

此外，最高行政法院副院长有权特别指派任何 1 位本院成员负责某项咨询事务的报告工作。

第 R123-23 条 常设委员会由最高行政法院副院长担任主席，若其缺席，则由总理依第 R123-22 第 1 款第 2 点指派 1 名组长担任主席。

若会议各方票数相等，则依主席所投票支持的意见。

第 R123-6 条的最后 1 款、第 R123-8 条的最后 2 款、第 R123-17 条及第 R123-19 条也适用于常设委员会。

第四节 共同条款

第 R123-24 条 在政府各部中，根据相关部长的提议颁布的行政法规可任命最低司长级别的公务员为政府特派员，出席最高行政法院中所有与其所属部门相关的会议。此外，各部部长有权发布部长令指派公务员参加特定问题的讨论。

第 R123-24-1 条 法律提案的提起人可与自己的助理共同参加商讨该法律草案咨询意见的会议，其助理有发言权。

第 R123-24-2 条 权利卫士可与其指定的公务员共同参加其向最高行政法院提前咨询的事务的商讨会议，权利卫士与该公务员皆有发言权。

第 R123-25 条 为了审查新喀里多尼亚的法律草案和法律提案，新喀里多尼亚政府总统可任命至少拥有部门负责人级别的公务员作为新喀里多尼亚政府特派员出席最高行政法院的商讨会议，并拥有发言权。此外，政府总统还可指派其他公务员参加特定事务的讨论。

根据前款规定的条件，相关公务员代表共和国政府。

第 R123-26 条 最高行政法院法官和相关行政组组长有权邀请那些拥有能启发讨论的专业知识的专家参加行政组或委员会的商讨会议以及最高行政法院大会。专家拥有发言权。

第三卷　关于身份级别的规定

第一章　总则

法律部分

第 L131-1 条 最高行政法院成员的身份级别由本编和关于国家公务员身份级别的规定进行规范，前提是后者不与本编规定相冲突。

第 L131-2 条 任何最高行政法院成员不得利用其在本院的任职支持某种政治活动。

第 L131-3 条 所有最高行政法院成员，不论其在院内任职还是派赴外任，都应该避免实施任何与其所承担之职责不符的政治性的表示。

规章部分

第 R131-1 条 最高行政法院成员可以从事那些就性质而言不会伤害他们的尊严和独立性的科学、文学或艺术以及其他所有智识性特别是教育类的工作。

第 R131-2 条 除例行假期之外,最高行政法院成员都不得缺席,除非副院长在听取该成员所任职的组的组长之意见后准许其休假。

最高行政法院的所有成员,若在未得到休假准许的情况下缺席,或缺席时间超出了休假准许的期限,除了应当承受纪律处分外,还应该完全扣除该成员非法缺席期间的报酬。

第二章 咨询委员会

法律部分

第 L132-1 条 最高行政法院副院长在其身边设置一个咨询委员会,由副院长担任主席。该咨询委员会的成员包括各组组长以及同等数量的其他最高行政法院成员,后者由最高行政法院选举产生。

第 L132-2 条 可向咨询委员会咨询所有关于最高行政法院成员之身份级别的问题。

咨询委员会必须就对最高行政法院成员的纪律处分、晋升等具体措施以及本部分规定的其他情形给出建议。

第 L132-3 条 可以向咨询委员会提请咨询所有关于最高行政法院组织和运作的问题。

规章部分

第 R132-1 条 咨询委员会的组成人员中,除了担任主席的副院长及各组组长外,还包括 7 名由最高行政法院选举产生的在职成员或接受委托的成员,其中应当包括 3 名普通职或特别职最高行政法官、3 名查案官和 1 名助理办案员。

选举产生的组成人员任职 2 年。具体选举办法由副院长决定。并依同样程序选出 7 名替补成员。

最高行政法院秘书长出席咨询委员会的会议,有发言权,并做会议记录。

第 R132-2 条 若副院长不能出席,由人员次序表上最年长的组长替补副院长。各组组长及选举产生的咨询委员会成员依人员次序表上的顺序就座,若有必要,也依人员次序表上的顺序递补。

第 R132-3 条 为了审查具体措施,咨询委员会的会议由两部分人员组成:第一部分包括副院长和人员次序表上年龄最长的 2 位组长,若具体措施关乎助理办案员,则为副院长和人员次序表上年资最长的组长;第二部分人员依具体措施的对象而不同,若具体措施关乎最高行政法官,则由 3 名最高行政法官组成,若关乎查案官,则由 3 名查案官组成,若关乎助理办案员,则由 1 名助理办案员和其替补组成。

第三章 任命

法律部分

第一节 总则

第 L133-1 条 最高行政法院副院长人选从最高行政法院各组组长或普通职最高行政法官中选择,经司法部长提名,由部长会议颁布行政法规任命。

第 L133-2 条 最高行政法院各组组长人选从普通职最高行政法官中选择,经司法部长提名,由部长会议颁布行政法规任命。

第 L133-3 条 普通职最高行政法官经司法部长提名,由部长会议颁布行政法规任命。

最高行政法官职位至少三分之二的空缺保留给查案官通过晋升填补。

除了必须担任查案官外,只有年满 45 岁,才能被任命为普通职最高行政法官。

第 L133-4 条 查案官人选经司法部长提名,由行政法规任命。

查案官职位至少四分之三的空缺保留给一等助理办案员通过晋升填补。

除了必须担任一等助理办案员外,只有年满 30 岁且能够证明自己已经履行公职(不论文职或军职)至少 10 年,才能被任命为查案官。

第 L133-5 条 在不违背《国防法典》第 L4139-2 条的前提下，一等助理办案员的人选从二等助理办案员中选择，经司法部长提名，通过行政法规任命。

第 L133-6 条 二等助理办案员根据国家行政学院内部排名的规则从该学院的毕业生中任命。

第 L133-7 条 必须咨询最高行政法院副院长的意见后，才能任命最高行政法院之外的人员担任最高行政法官和查案官。

最高行政法院副院长意见的提出，应考虑当事人曾经担任过的职务、职业经验以及最高行政法院成员团队的具体需求，每年该成员团队的具体需求都由副院长发布；任命意见与任命状同时在《法兰西共和国公报》上公布。

若当事人提出请求，副院长的任命意见可告知该当事人。

前述条文不适用于由本章第二节规定的最高行政法官和查案官的任命。

规章部分

第 R133-1 条 二等助理办案员从其结束国家行政学院学习的第 2 天开始正式任职，并直接授予第 3 职级。

但是若他们在原工作单位所积累的资历指数高于二等助理办案员职称的第 3 职级所对应的资历指数，那么通过国家行政学院内部考试方式招募的助理办案员应该被授予其待遇等于其在原工作单位的待遇的相应职级，若没有待遇完全对等的职级，则授予其略高的职级。

通过国家行政学院第 3 次考试方式招募的助理办案员应该授予二等助理办案员职称的第 6 职级。

第 R133-2 条 上一条提到的助理办案员根据其所授予的二等助理办案员职称的各个等级进行划分,并逐级晋升至一等助理办案员和查案官。

二等助理办案员	一等助理办案员	查 案 官
第 4 职级	第 1 职级	第 1 职级
第 5 职级	第 2 职级	第 1 职级,附加取得的 6 个月年资
第 6 职级	第 3 职级	第 2 职级
第 7 职级	第 4 职级	第 2 职级,附加取得的 6 个月年资

第 R133-2-1 条 若根据第 L133-7、L133-8 条和第 L133-12 条任命的最高行政法官和查案官曾经担任公务员或非正式编制的工作人员,那么他们应该被授予各自职称中对应于其在原工作单位或原非正式编制的岗位的待遇的相应职级,若没有待遇完全对等的职级,则授予其略高的职级。

在尊重关于晋升的年资门槛的前提下,若前述最高行政法官和查案官晋升后所增加的待遇低于其在原工作单位职务晋升所可能增加的待遇,或者其在原工作单位时已经达到了他之前职称的最高职级,那么该成员仍保留其在之前的职称所获得的年资。

法律部分

第 L133-8 条 除非考虑到第 L133-3 条第 2 款的适用,否则每两年从基层行政法院和上诉行政法院成员中选择 1 名担任普通职最高行政法官。

除非考虑到第 L133-4 条第 2 款的适用，否则每年从基层行政法院和上诉行政法院成员中选择 1 名担任查案官。依同样的条件，还可再任命 1 名。

最高行政法院副院长在听取了"基层行政法院和上诉行政法院高级委员会"的建议后，与各组组长协商实施本条款规定的任命。

第二节　从上诉行政法院和基层行政法院成员中选任最高行政法院成员

规章部分

第 R133-3 条　依第 L133-8 条第 1 款任命最高行政法官的人选从基层行政法院和上诉行政法院中拥有主席职称且担任第 L234-4 条或第 L234-5 条规定之职务的法官中选择。

第 R133-4 条　依第 L133-8 条第 2 款任命查案官的人选从基层行政法院和上诉行政法院中拥有主席职称或一等行政法官职称的法官中选择。

第 R133-5 条　（根据 2012 年 9 月 28 日第 2012-1088 号行政法规第 1 条被废止）

第 R133-6 条　（根据 2012 年 9 月 28 日第 2012-1088 号行政法规第 1 条被废止）

第 R133-7 条　符合第 L133-3 条和第 R133-3 条规定的条件的基层行政法院成员和上诉行政法院成员可以被任命为最高行政法官，并担任上诉行政法院院长。

第 R133-8 条 在适用第 L133-8 条第 1 款时不考虑依第 R133-7 条实施的任命。

第 R133-9 条 被任命为上诉行政法院院长的基层行政法院和上诉行政法院成员应该被授予最高行政法官的职称,此为从最高行政法院外部选任的最高行政法官。

第三节 特别职查案官

法律部分

第 L133-9 条 最高行政法院副院长有权任命下列人员担任特别职查案官:隶属于从国家行政学院招募的公务员队伍的公务员、司法系统的法官、大学教授和副教授、议会的行政管理者、电信和邮政机构的行政管理者、国家文职或军职公务员、同级别的地方或医疗系统公务员以及同级别的欧盟公务员。这些特别职查案官行使查案官之职权,任期不得超过 4 年。

第 L133-10 条 特别职查案官与最高行政法院成员负担同样的义务。

第 L133-11 条 在任期截止前,不能终止特别职查案官的长期外调或短期外调,除非最高行政法院副院长基于纪律原因决定终止其外调至最高行政法院的任职,副院长作出决定必须听取本卷第二章规定的咨询委员会的建议。

第 L133-12 条 每一年,仍然在 4 年任期内的担任特别职查案官的公务员或法官可以被授予查案官职称。具体人选由最高行政法院副院长与各组组长协商后提名。

适用第 L133-4 条时不考虑上述任命。

规章部分

第 R133-10 条 特别职查案官由最高行政法院副院长决定任命，任期 4 年。

特别职查案官可以长期外调或短期外调赴最高行政法院工作。

若有必要，担任特别职查案官所完成的工作可计入电信和邮政系统行政管理者以及从国家行政学院招募的公务员按照规定需完成的轮岗。

第 R133-11 条 除第 R121-3 条第 2 款的规定之外，本法典关于查案官之规定皆适用于特别职查案官。

第 R133-12 条 特别职查案官在至少履行其职责 30 个月后才有权提出申请依第 L133-12 条之规定授予查案官职称。

第四章　晋升

法律部分

（无）

规章部分

第 R134-1 条 最高行政法官职称包括 2 个职级，查案官职称包括 8 个职级；一等助理办案员职称包括 4 个职级，二等助理办案员职称包括7个职级。

由低职级向高职级晋升所需的时间为：

1. 二等助理办案员的最初3个职级，每个职级的晋升需要1年；

2. 二等助理办案员的第4、5、6职级，每个职级的晋升需要2年；若助理办案员表现出了杰出的工作能力，最高行政法院副院长有权决定缩短该期限，但最短不得少于18个月；

3. 一等助理办案员的每个职级和查案官的最初5个职级，每个职级的晋升需要2年；若助理办案员和查案官表现出了杰出的工作能力，最高行政法院副院长有权决定缩短该期限，但最短不得少于1年；

4. 查案官在其获得该职称12年后可晋升至第7职级，或者，当其升至第6职级已至少1年且从担任助理办案员进入最高行政法院已经16年，也可晋升至第7职级；查案官在其获得该职称15年后可晋升至第8职级，或者，当其升至前两个职级已至少1年且从担任助理办案员进入最高行政法院已经19年，也可晋升至第8职级；

最高行政法官获得第1职级至少工作5年后才能晋升至第2职级。最高行政法官担任某中央行政机构负责人以及同等或更高的其他职务的时间也被视为其以第1等级最高行政法官工作的时间。

第R134-2条 无需编制最高行政法院成员晋升表。

第R134-3条 若要晋升为最高行政法官职称，至少需要已经担任12年的查案官，或至少已经担任17年被视为最高行政法院成员的职务。

为了适用该规定,直接被授予查案官职称的人员视为获得了与从二等助理办案员逐级晋升获得查案官职称的人员相同的工作时间。

第 R134-4 条 查案官的晋升从载有 3 人姓名的名单中选择,该名单由最高行政法院副院长与各组组长协商后确定。

第 R134-5 条 若已经获得查案官职称 18 年,不论其是在最高行政法院工作,还是委派他处亦或外调工作,即便满足上述条文规定的条件但却未得到晋升,那么在预算条件允许的情况下,该查案官可以被任命为最高行政法官。

若由于前述任命而出现人员超编的情况,则优先通过最高行政法官的假期制度缓解,除非源于外部任命或依第 R135-6 和 R135-8 条的任命。

依本条被任命为最高行政法官的查案官之前所占据的职位,在人员超编问题依前款规定之条件解决之前,不得被视为职位空缺。

若在最高行政法官中出现本条所规定的人员超编的情况,就不再从最高行政法院外部选任最高行政法官。

若查案官曾经作为助理办案员的工作时间最低不足 7 年,其不能适用本条第 1 款的规定,除非其在查案官这一职称上的工作时间除了第 1 款规定的 18 年之外再加上其本应该作为助理办案员工作的 7 年;为了适用该规定,直接被授予查案官职称的人员视为获得了与从二等助理办案员逐级晋升获得查案官职称的人员相同的作为助理办案员的工作时间。

第 R134-6 条 最高行政法院副院长在与各组组长协商之后从一等助理办案员中确定授予查案官职称的人选。

第 R134-7 条 若已经获得助理办案员职称 8 年，不论其是在最高行政法院工作还是委派他处亦或外调工作，在预算条件允许的情况下，该助理办案员可以被任命为查案官。

若由于前述任命而出现人员超编的情况，则优先通过查案官的假期制度缓解，除非源于外部任命或依第 R135-6 和 R135-8 条的任命。

依本条被任命为查案官的助理办案员之前所占据的职位，在人员超编问题依前款规定之条件解决之前，不得被视为职位空缺。

若在查案官中出现本条所规定的人员超编的情况，就不再从最高行政法院外部选任最高行政法官。

第 R134-8 条 最高行政法院副院长在与各组组长协商之后从二等助理办案员中确定授予一等助理办案员职称的人选。

第五章 职位

法律部分

（无）

规章部分

第 R135-1 条 在职的最高行政法院成员包括在编并且在最高行政法院担任职务的人员以及被委派或短期外调至其他公共机

关工作的人员。

若出现 1985 年 9 月 16 日第 85-986 号行政法规第 14 条之情形，最高行政法院成员可以被长期外调。

这些成员需要完成为从国家行政学院中招募的公务员队伍规定的轮岗。但是他们不能通过在律师事务所工作，或跟随一位最高行政法院和最高司法法院律师工作来完成该轮岗义务。

关于适用上一款的个人性措施应该按照第 R135-2 条规定的形式作出。

从最高行政法院外部选任的最高行政法院成员被视为已经完成了上述轮岗义务。

除了必须外调的情况外，最高行政法院的助理办案员、查案官只有在已经为最高行政法院服务至少 4 年后才能被长期外调、短期外调或委派。但是，上述限制不能阻碍其为了完成轮岗义务而赴某职位任职，也不能阻碍其赴某由政府决定任命的职位任职。

第 R135-2 条 委派最高行政法院成员至行政机关或长期外调都由司法部长提议，由总理决定。司法部长的提议应该听取最高行政法院副院长的建议。

第 R135-3 条 委派的期限不得超过 4 年。

长期外调的期限不得超过 5 年；若在长期外调之前曾被委派，则长期外派的最高期限应该减去被委派的期限。

外调期限以 5 年为一届，根据最高行政法院副院长的建议可以继续续期。

第 R135-4 条 若最高行政法院的成员在议会中当选，则以其在议会的任期为限实施外调。

第 R135-5 条 最高行政法院委派至行政机关的公务员人数不得超过各职务人数的五分之一。

被委派至行政机关的最高行政法官、查案官和助理办案员仍然保留其在最高行政法院中的职位，无需他人替补。

委派至行政机关的最高行政法院成员依其被委派的职位在行政机关领取相应报酬。若该报酬低于其在最高行政法院所领取的报酬，则可同时领取最高行政法院依其在最高行政法院的职位和级别所给予的报酬；但此时最高行政法院的报酬也应该合法地扣除一部分。若其被委派职位的报酬不是来源于国家财政而是源于其他公法人，也应该如前文所述合法地扣除一部分。

第 R135-6 条 长期外调的最高行政法院成员由他人替补其职位。在外调期间，其如何晋升依 1984 年 1 月 11 日第 84-16 号法律第 45 条规范，其晋升按照从最高行政法院外部选任的途径进行。

外调人员假期期间若其提出请求，可以返回最高行政法院，之前的职务和级别不变。不能援引如何填补空缺职位的规范来反对外调人员返回最高行政法院。

若外调人员的外调职务中止后 3 个月内未请求返回最高行政法院，或其外调职务的任期满后未请求返回最高行政法院，那么最高行政法院将该外调人员除名。

第 R135-7 条 最高行政法院成员的超编任职应该根据 1984 年 1 月 11 日第 84-16 号法律第 49 条规定的条件进行，并应该符合第 R135-2 条规定的形式。

第 R135-8 条 满足 1984 年 1 月 11 日第 84-16 号法律第 51

条规定之条件，最高行政法院成员可被停职，具体程序依第 R135-2 条的规定。

停职期间无任何报酬。停职的时期不纳入第 R134-3、R134-5、R134-7 条规定的退休、晋升以及担任查案官或助理办案员的工作时间的计算。

停职期间的最高行政法院成员，其职位由他人替补。

停职期间结束后，当事人或是被彻底开除，或是在满足第 R135-9、R135-10、R135-11 条规定的条件后恢复职位，除非有必要考虑适用关于任命空缺职位的规范。

第 R135-9 条 若最高行政法院成员为了从事某项私人企业的工作而短期离开最高行政法院，即便该私人企业是由国家监督的企业，或被国家授予某种特权的企业，只要其所从事的工作没有政府文件授权或确认，那么该成员因违背工作人员行为准则而被停职。

所有因违背工作人员行为准则而被停职的最高行政法院成员都必须将导致自己被停职的职位变动情况在 1 个月内告知总理。具体由最高行政法院副院长上报，经司法部长向总理转交。此处所谓的职位变动包括接受新的职位、换职位或职位的撤销。

若总理认为被停职最高行政法院成员的行为不适当或违背公共利益，根据司法部长的建议，总理有权决定将当事人开除。司法部长提出建议应当听取咨询委员会的看法。

因违背工作人员行为准则被停职的最高行政法院成员，若希望返回最高行政法院，应该在为期 3 年的停职期内提出请求。从当事人提出请求之日起出现的与该当事人的职称相符合的前 3 个空缺职位中,必须为该当事人保留1个,以供其返回任职。

但是,总理在与咨询委员会看法一致且听取了司法部长的建议之后,可基于当事人在停职期间内所从事活动的恰当性,有权拒绝当事人返回最高行政法院的申请。

若当事人在前述3年期限内未提出返回最高行政法院的申请,该当事人应被最高行政法院除名。

第 R135-10 条 最高行政法院的成员存在健康问题的,在其发放治疗津贴或发放部分治疗津贴的假期结束后,可以自己申请停职,也可由咨询委员会提出建议或最高行政法院自行决定让其停职。发放治疗津贴的假期需符合1986年3月14日第86-442号行政法规规定的条件。

第R135-8条规定的3年期限结束后,因为健康原因而停职的最高行政法院成员必须仍然根据健康原因请求延长停职期限,延长的期限最长不得超过3年,或者证明自己已经可以恢复工作请求返回最高行政法院;若当事人没有提出上述请求或没有提交必须的证明材料,最高行政法院应该将其除名。

返回最高行政法院应该依关于长期外调的最高行政法院成员返回工作的第R135-6条之规定处理。

第 R135-11 条 若最高行政法院副院长收到了多份请求返回最高行政法院的申请,副院长应该优先满足长期外调成员和因为健康原因停职的成员的请求;从最早提交的申请开始处理,各份申请依其提交时间的先后依次处理。若出现同日提交申请的情形,优先处理较为年长的最高行政法院成员提交的申请。

因违背工作人员行为准则而被停职的成员,准许其返回最高行政法院的决定也应该考虑申请提交的先后顺序,必要时也应该考虑当事人的年龄。

第六章 纪律

法律部分

第 L136-1 条 适用于最高行政法院成员的纪律处分包括:

1. 警告;
2. 训诫;
3. 短期停职,最长不得超过 6 个月;
4. 强制退休;
5. 解除职务。

第 L136-2 条 拥有任命权的机关有权对其任命之人发布纪律处分。其纪律处分决定的作出应该考虑司法部长的提议,且听取咨询委员会的建议。

但是,警告和训诫可由最高行政法院副院长直接作出,不用听取咨询委员会的建议。

规章部分

(无)

第七章　最高行政法院成员参加行政活动或与公共利益相关的活动

法律部分

第L137-1条　当相关文件规定需要1位最高行政法院成员参加行政性或司法性的委员会或者考试评委会，有权任命的机关在听取最高行政法院副院长的建议后，可以选择1位最高行政法院荣誉成员或者1位正在担任或曾经担任特别职的最高行政法院成员。

规章部分

第R137-1条　最高行政法院成员可以参加由行政机关、公共机构或公共企业创建的行政性或司法性委员会的相关工作，并且可以承担与行政机关、公共机构或公共企业以及有法国加入的国际组织的各类相关工作，但前提是其所承担的这些工作必须与其在最高行政法院中所承担的职责能够相互协调，并且事先获得了最高行政法院副院长的同意。

若上述外部工作可能会减少当事人在最高行政法院中的本职工作，那么副院长不得同意在最高行政法院任职少于3年的查案官和少于4年的助理办案员接受之。

需要注意，本条第2款也适用于参加部长办公室的工作。

第R137-2条　从事上述外部工作的最高行政法院成员视同

委派的情况,在最高行政法院中只任职于一个行政组;其参加该行政组以及最高行政法院大会的相关工作。

第 R137-3 条 总理可以要求最高行政法院副院长指派一位最高行政法院成员到部长身边工作,专门负责准备某部法律的实施所必要的规章文件。

部长可以请求最高行政法院副院长允许最高行政法院成员协助处理他们的行政事务。此外,他们还可以请求最高行政法院副院长要求上述成员集中完成某项任务。此种情况下,该任务的总负责人应该由相关部长和最高行政法院副院长共同任命。

协助完成该任务的行政组组长应该注意保证本组与相关部门对于具体工作的协作;行政组组长既可主持该任务,也可以作为成员参与,撰写部门向行政组陈述的各类文件的报告,或者担任此文件的报告人。

最高行政法院成员或前述的任务可以为部长及与之相关的机构的法律问题提供建议,也可为上述机构准备的文件草案提供建议,特别是对于那些将要送交最高行政法院审查的草案,还可出席相关的法律草案在议会的陈述,并为上述机构解决其所遇到的困难提供建议。

第 R137-4 条 在最高行政法院副院长的领导下,各行政组组长负责协调各自组的成员从事外部工作或召集其参加本组的本职行政工作。最高行政法院秘书长协助各行政组组长履行上述职责。

第二编 基层行政法院和上诉行政法院

第一卷 职权

第一章 审判职权

法律部分

第 L211-1 条 基层行政法院是行政诉讼的普通审判机关,负责案件的一审,特别授权其他行政审判机关负责一审的情况除外。

第 L211-2 条 上诉行政法院负责审理由基层行政法院作出的一审裁判,最高行政法院作为上诉审法官管辖的案件及第 L552-1、L552-2 条特别授予给其他行政审判机关的案件除外。

第 L211-3 条 (根据 2011 年 12 月 13 日第 2011-1862 号法律第 53 条被废止)

第 L211-4 条 在基层行政法院和上诉行政法院,若各方当事人同意,审判机关负责人有权组织司法调解,并指定 1 人或多人具体实施。

规章部分

（无）

第二章 行政职权

法律部分

第 L212-1 条 除了上述审判职权外，基层行政法院和上诉行政法院还承担咨询职责。

第 L212-2 条 依《地方行政区基本法典》规定的条件，收到纳税人的请求后，基层行政法院对地方行政区及其公共服务机关的行为发表意见。

规章部分

第 R212-1 条 基层行政法院和上诉行政法院可就省长向其提出的问题发布咨询意见。

与法国本土各大区省长的职权相关的问题由省长向上诉行政法院提请咨询，其他问题则向基层行政法院提请咨询。

第 R212-2 条 最高行政法院副院长，应部长的请求，有权任命 1 位基层行政法院或上诉行政法院的法官协助国家行政机关的工作。该任命应该得到当事法官和其所属的行政审判机关负责人的同意。

第 R212-3 条 基层行政法院或上诉行政法院的院长，应辖区内省长的请求,有权任命1位隶属于本行政审判机关的法官协助国家行政机关的工作。该任命应该得到当事法官的同意。

省长也有权向最高行政法院副院长提出此请求。

第R212-4条 第R212-1和R212-3条规定的省长的职权,在法属波利尼西亚和新喀里多尼亚由高级专员行使,在马约特岛、圣巴尔代莱弥、圣马尔旦、圣皮埃尔岛和密克隆岛由国家代表行使,在瓦利斯群岛和富图纳群岛及法属南半球和南极领地由高级行政官行使。

第二卷 组织和运作

第一章 基层行政法院和上诉行政法院的组织

第一节 总则

法律部分

第L221-1条 基层行政法院和上诉行政法院分别由1名法院院长和数名基层行政法院成员或上诉行政法院成员组成。也可包括其他依相关法律和规章外调到基层行政法院或上诉行政法院工作的人员。

规 章 部 分

第 R221-1 条 基层行政法院和上诉行政法院根据其所在城市名命名。但是在马穆的基层行政法院命名为马约特基层行政法院，在圣皮埃尔的基层行政法院命名为圣皮埃尔岛和密克隆岛基层行政法院，在帕皮提的基层行政法院命名为法属波利尼西亚基层行政法院，在努美阿的基层行政法院命名为新喀里多尼亚基础行政法院，在圣巴尔代莱弥和圣马尔旦的基层行政法院按此名命名。

第 R221-2 条 基层行政法院和上诉行政法院服从第 L112-5 条规定的行政审判机关自行监察工作的监督。

第二节 基层行政法院的组织

法 律 部 分

第 L221-2 条 若在假期期间或部分法官不能出席，基层行政法院可召集其他基层行政法院的法官替补实施合议。

第 L221-2-1 条 若有必要立即增加某个基层行政法院的人员，最高行政法院副院长有权委派 1 名在其他行政审判机关任职的法官，不论该法官在原法院拥有何职称，至该基层行政法院从事各类审判工作。该委派的期限应该事先确定，且需得到当事法官的同意。

副院长的命令应该详细指明委派的目的和期限以及被委派后具体承担何种性质的工作。

最高行政法院应颁布行政法规明确规定1位法官每年能够被委派的次数和期限。

规章部分

第 R221-3 条 基层行政法院所在的城市和其管辖的区域分别规定如下：

亚眠：埃纳、瓦兹、索姆；

巴斯蒂亚：南科西嘉、上科西嘉；

贝藏松：杜、汝拉、上索恩、贝尔福；

波尔多：多尔多涅、纪龙德、洛特-加龙；

卡昂：卡尔瓦多斯、芒什、奥恩；

蓬图瓦兹：上塞纳、瓦尔德瓦兹；

香槟沙隆：阿登、奥布、马恩、上马恩；

克莱蒙费朗：阿利埃、康塔勒、上卢瓦尔、多姆山；

第戎：科多尔、涅夫勒、索恩-卢瓦尔、荣纳；

格勒诺布尔：德龙、伊泽尔、萨瓦、上萨瓦；

里尔：诺尔、加来海峡；

里摩日：科雷兹、克勒兹、安德尔、上维埃纳；

里昂：安、阿尔代什、卢瓦尔、罗讷；

马赛：阿尔卑斯上普罗旺斯、上阿尔卑斯、罗讷河口；

默伦：塞纳-马恩、瓦尔德马恩；

蒙彼利埃：奥德、埃罗、东比利牛斯；

蒙特利尔：塞纳-圣德尼；

南希：默尔特-摩译尔、默兹、孚日；

南特:大西洋岸卢瓦尔、曼恩-卢瓦尔、马延、萨尔特、旺代;
尼斯:阿尔卑斯滨海省;
尼姆:加尔、洛泽尔、沃克吕兹;
奥尔良:歇尔、厄尔-卢瓦尔、安德尔-卢瓦尔、卢瓦尔-歇尔、卢瓦雷;
巴黎:巴黎市;
波城:热尔、比利牛斯-大西洋、上比利牛斯;
普瓦提埃:夏朗德、夏朗德滨海省、德塞夫勒省、维埃纳;
雷恩:阿摩尔滨海省、菲尼斯太尔、伊尔-维兰、莫尔比昂;
鲁昂:厄尔、塞纳滨海省;
斯特拉斯堡:摩泽尔、下莱茵、上莱茵;
土伦:瓦尔;
图卢兹:阿里埃日、阿韦龙、上加龙、洛特、塔尔纳、塔尔纳-加龙;
凡尔赛:埃松、伊夫林;
巴斯特尔:瓜特罗普岛;
卡宴:圭亚那;
法兰西堡:马尔提尼克;
马穆:马约特岛;
马塔乌图:瓦利斯群岛和富图纳群岛;
努美阿:新喀里多尼亚;
帕皮提:法属波利尼西亚、克利珀顿岛;
圣德尼:留尼汪、法属南半球和南极领地;
圣巴尔代莱弥:圣巴尔代莱弥;

圣马尔旦:圣马尔旦;

圣皮埃尔:圣皮埃尔岛和密克隆岛;

但是,默伦基层行政法院的辖区包括巴黎奥利机场的全部范围,蒙特利尔基层行政法院包括巴黎戴高乐机场的全部范围;

圣巴尔代莱弥和圣马尔旦基层行政法院坐落于巴斯特尔。

第 R221-4 条 每个基层行政法院内设法庭数量由最高行政法院副院长发布决定确定。

第 R221-5 条 若基层行政法院内设至少 9 所法庭,该法院院长需由职级达到第 7 级的法官担任。若基层行政法院内设 5 到 8 所法庭,该法院院长需由其职级达到第 6 级的法官担任。若基层行政法院内设 5 所以下的法庭,该法院院长需由职级达到第 5 级的法官担任。

第 R221-6 条 巴黎基层行政法院内设的各法庭划分为不同的组,每组内法庭的数量由最高行政法院副院长发布决定确定。巴黎基层行政法院由 1 位职级达到第 7 级的法官担任。

第三节 上诉行政法院的组织

法律部分

第 L221-3 条 各上诉行政法院内设数所法庭。

规章部分

第 R221-7 条 各上诉行政法院所在的城市和管辖的范围分别规定如下:

波尔多：波尔多、里摩日、波城、普瓦提埃、图卢兹、巴斯特尔、卡宴、法兰西堡、圣德尼、马约特岛、圣巴尔代莱弥、圣马尔旦、圣皮埃尔岛和密克隆岛基层行政法院；

杜埃：亚眠、里尔、鲁昂基层行政法院；

里昂：克莱蒙费朗、第戎、格勒诺布尔、里昂基层行政法院；

马赛：巴斯蒂亚、马赛、蒙彼利埃、尼斯、尼姆、土伦基层行政法院；

南希：贝藏松、香槟沙隆、南希、斯特拉斯堡基层行政法院；

南特：卡昂、南特、奥尔良、雷恩基层行政法院；

巴黎：默伦、巴黎、马塔乌图、新喀里多尼亚、法属波利尼西亚基层行政法院；

凡尔赛：塞尔吉蓬图瓦兹、蒙特利尔、凡尔赛基层行政法院。

第 R221-8 条 每所上诉行政法院内设法庭的数量由最高行政法院副院长发布决定确定。

第二章 基层行政法院和上诉行政法院的运作

第一节 总则

法律部分

第 L222-1 条 基层行政法院和上诉行政法院应该以合议制方式作出裁判，因特殊的争议客体和待裁判问题的特殊性质产生的情况除外。

参加合议的法官人数应为奇数。

第 L222-2 条 若相关条文规定某个委员会需要 1 位基层行政法院的法官参加,可指派 1 位上诉行政法院的法官参加。

若相关条文规定由基层行政法院院长指派或推荐,基层行政法院院长可请求其所在辖区的上诉行政法院院长指派或推荐该法院的 1 位法官。

当相关条文规定某个委员会需要 1 位基层行政法院或上诉行政法院的法官参加时,可指派 1 名荣誉法官参加。

规章部分

第 R222-1 条 巴黎基层行政法院副院长、各基层行政法院和上诉行政法院院长、各基层行政法院和上诉行政法院审判庭庭长有权裁定下列事项:

1. 撤回诉讼;

2. 驳回明显不属于行政审判管辖范围的起诉;

3. 确定不存在可裁判的内容;

4. 当起诉明显不可受理,且法院无义务邀请原告修改诉讼状,或原告在指定期限内未按要求修改诉讼状,驳回起诉;

5. 诉讼状中需要裁判的问题仅涉及第 L761-1 条规定的处罚或诉讼费的案件;

6. 类型化案件,即一方面案件事实不需要进行新的法律评估或定性,另一方面需要裁判的法律问题或是已经被最高行政法院在其他判决中明确解决或是已经由最高行政法院通过第 L113-1 条的对法律问题的意见审查答复。

7. 因诉讼时效届满驳回起诉,或者因已经提交了一份补充文书后的诉讼状仍然仅包括明显无根据的外在合法性事由、明显不可受理的事由、无效的事由、那些以其明显无法证实之事实为基础的事由或未详细阐述以至于无法判断是否有根据的事由,因而驳回起诉。

此外,各上诉行政法院院长和各审判庭庭长有权裁定驳回一项旨在缓期执行司法裁判的决议的上诉;并有权裁定所有对本条第1—6点裁定的上诉。同时,还有权撤销依本条第1—5点作出的裁定,但前提是必须依本条第1—5点重新裁定案件的实体争议。

第 R222-2 条 基层行政法院和上诉行政法院通过合议制审判庭的形式履行第 R212-1 条规定的行政职权。该合议制审判庭应该包括行政审判机关的院长或其专门委托的法官和由院长指派的至少两名行政审判机关成员。

第 R222-3 条 院长制定必要的规章制度保证其所领导的行政审判机关的运作。院长领导该行政审判机关的工作方向,并维持内部的纪律。

第 R222-4 条 基层行政法院大会或上诉行政法院大会每年至少举行1次,由该行政审判机关的所有法官参加。大会由院长召集并担任主席。大会审议与集体利益相关的主题。大会的决定是建议性的。

基层行政法院院长或上诉行政法院的院长每年至少召集1次书记室全体会议。院长通告与书记室相关的问题并听取他们的意见。

第 R222-5 条 院长每年为其所领导的行政审判机关建立专家库。

第 R222-6 条 院长可直接与其他审判机关和所有行政机关的负责人就本院的组织和运作问题进行沟通。

第 R222-7 条 人员次序表依下列方式编制:基层行政法院和上诉行政法院内拥有同等职称的成员之间,根据其被授予该职称的日期确定次序,若为同一日授予的,则年长者优先;在上诉行政法院,排名第 1 的副院长优先于各庭庭长,各庭庭长优先于陪审官;在巴黎基层行政法院,副院长和各组组长优先于各庭庭长;若基层行政法院中也有排名第 1 的副院长,其优先于各庭庭长。

但是,在 1998 年 1 月 1 日重新调整之后被授予职称的基层行政法院成员和上诉行政法院成员仍然依其之前获得的职称及授予该职称的时间确定在人员次序表上的位置。

第 R222-8 条 行政审判机关院长有权决定该行政审判机关的成员如何在各庭分配以及每所法庭的人员编制,还有权决定该行政审判机关所受理的案件如何在各庭分配。

第 R222-9 条 院长向"基层行政法院和上诉行政法院高级委员会"陈述其对于本院成员的晋升的意见。

由院长草拟本院书记室工作人员的任命和晋升安排。

第 R222-10 条 每年在 2 月 1 日之前,院长都应该向担任"基层行政法院和上诉行政法院高级委员会"主席的最高行政法院副院长提交一份工作报告,介绍本院在去年的工作情况,附上本院审结案件和正在审理的案件的数据统计。

院长可以在工作报告中陈述自己对于与本院工作相关的涉及

公共利益的问题的意见。

第 R222-11 条　最高行政法院副院长拨款支付基层行政法院和上诉行政法院的运作。副院长签署所有以行政审判机关为当事人的合同，特别授权各行政审判机关负责人签订的事项除外。

最高行政法院副院长可委托最高行政法院的秘书长和秘书长助理签署所有涉及最高行政法院行政及预算管理的文件及决定。出于同样目的，也可委托给最高行政法院内部事务负责人以及秘书处内级别属于 A 类的公务员和达到同一级别的合同制工作人员。

还可委托其他在最高行政法院内任职的公务员签署所有关于收入和支出的文件，但由上两款所述人员承担责任。

第 R222-12 条　各基层行政法院院长和上诉行政法院的院长是各自法院运作经费的次级拨款审核人。若院长缺席或因故不能出席，其有权委托本院一位成员或书记室内的 1 位 A 类公务员代为签字，但仍然由院长承担责任。

第二节　基层行政法院的运作

法 律 部 分

第 L222-2-1 条　基层行政法院院长有权任命一位荣誉行政法官负责审理依《外国人入境、居留及避难权法典》第 L512-1 条第 III 点向基层行政法院提起的撤销之诉，并负责审理对遣送出境决定的撤销之诉。荣誉行政法官的人选从最高行政法院副院长通过决定发布的一份名单中选择，该名单每 3 年更新一次。

规章部分

第 R222-13 条 在尊重第 R732-1-1 条的前提下,基层行政法院院长可独任审判下述案件。院长也可指派一名法官行使该职权,该被指派法官必须至少为一等法官或至少有 2 年的年资。独任审判应该公开进行,裁判前应听取公共报告人的意见。

1. 关于《城市规划法典》第 L421-4 条规定的"事前声明"的案件;

2. 关于国家公务员和其他人员或其他公共机关以及法国银行的工作人员或雇用的员工的个人情况的案件,与人员的招录、纪律处分和离职相关的案件除外;

3. 关于养老金、个人住房救助、行政文件的传递和国家服务的案件;

4. 关于视听特许权使用费的案件;

5. 关于工会收费和除职业税以外的地方税的案件;

6. 因公权力机关拒绝协助执行一项裁判而产生国家赔偿责任的案件;

7. 因请求的补偿金额低于第 R222-14 和 R222-15 条规定的金额产生补偿请求人的责任案件;

8. 关于财政机关对免税请求作出的决定的案件;

9. 关于危楼的案件;

10. 关于驾驶执照的案件。

第 R222-14 条 前述条款第 7 点涉及的请求补偿的金额不得超过 10000 欧元。

第 R222-15 条 前述金额根据诉讼状中主张金额的总数确定。主张利息或依第 L761-1 条提出的主张不对确定该金额产生影响。

若其他的附带请求、反诉请求的金额超过了限制，独任法官不得依据第 R222-13 条第 7 点裁判。

若在一份诉状中有多名原告或多名被告请求赔偿，独任法官是否有管辖权则由其中主张的最高金额是否超过限制来判断。

第 R222-16 条 对于第 R222-13 条所列举的案件，本法典的规章部分授予审判庭或审判长的职权由该条规定的法官行使。

第 R222-17 条 第 R221-4 和 R221-6 条提到的法庭，或是由法庭庭长主持，或是由基层行政法院副院长主持。在巴黎基层行政法院中，上述法庭则由法庭庭长、副院长或副组长主持。

若法庭庭长缺席或因故不能出席，基层行政法院院长可指定 1 位法官主持，被指定的法官必须至少拥有一等行政法官职称。

第 R222-18 条 除属于独任法官管辖的案件外，基层行政法院裁判案件由 3 名成员组成的审判庭作出。

第 R222-19 条 审判庭或基层行政法院法官有权在诉讼程序的任何阶段将案件编入需通过第 R222-19-1 和 R222-20 条规定的审判形式审理的庭期表，对于巴黎基层行政法院则编入需通过第 R222-21 条的审判形式审理的庭期表。

对于第 R222-13 条规定的案件，基层行政法院院长或接受其委托的法官有权自己决定或听从公共报告人的建议将第 R222-13 条规定的案件编入合议制审判庭的庭期表中，或编入依前款提到的审判形式审理的案件目录中。

第 R222-19-1 条 由两所以上的法庭组成的基层行政法院，除巴黎基层行政法院外，可以组织多所法庭组成联合审判庭审判案件，该联合审判庭可由基层行政法院院长担任审判长，若相关基层行政法院设有排名第一的副院长，则院长可委托该副院长担任审判长，此外，联合审判庭还包括报告人、被指派担任报告人的法官所属的法庭的庭长，并根据情况包括另所法庭的庭长及该庭担任陪审官的法官或另外 2 所法庭的庭长及这 2 所法庭 2 位担任陪审官的法官。担任陪审官的法官从人员次序表中选择。

基层行政法院院长每年决定如何将下辖各所法庭组成不同的联合审判庭。

若依前款组成的联合审判庭的人数不是奇数，可依人员次序表召集相关法庭中的另 1 名法官参加。

第 R222-20 条 在例外情况下，基层行政法院可以组织包括全体成员的全员审判庭。当出席全员审判庭的成员为偶数时，人员次序表上排名最末的法官不出席。

由两所以上的法庭组成的基层行政法院，除巴黎基层行政法院外，可以组织扩大审判庭审判案件。该扩大审判庭由基层行政法院院长主持，包括报告人、被指派担任报告人的法官所属的法庭的庭长、被指派担任报告人的法官所属的法庭的 1 位担任陪审官的法官，担任陪审官的法官从人员次序表上选择。若该基层行政法院设有副院长，可从人员次序表中选择最多 3 名副院长参加。

若依前款确定的扩大审判庭的组成人员人数不是奇数，可依人员次序表召集另外一名法官参加。

第 R222-21 条 巴黎基层行政法院可组成下列审判庭：

1. 全员审判庭，由院长担任审判长，包括报告人、副院长、各组组长。

2. 联合组审判庭，由院长担任审判长，包括报告人、被指派担任报告人的法官所属组的组长和副组长、另一组的组长。若设有副组长，则依人员次序表选择另一组的两位副组长参加。

3. 单组审判庭，由该组组长担任审判长，包括报告人、被指派担任报告人的法官所属组的副组长。若有必要，可依人员次序表选择其他成员参加，但人数不得超过两人。

基层行政法院院长每年决定如何将下辖各组组成不同的审判庭。

在不违背第 R222-22 条的前提下，若依前款规定组成的审判庭的人员人数不是奇数，可依人员次序表召集另外 1 名法官参加。对于单组审判庭或联合组审判庭，该法官从相关的单组或两个组的成员中召集。

第 R222-21-1 条　巴黎基层行政法院院长有权委托副院长行使本法典第三编第三、四卷，第四编第二卷，第七编第六卷和第四卷的第二节以及第九编第二卷授予院长的职权。

由少于八所法庭组成的基层行政法院的院长也可委托第一副院长行使前款所述职权。

第 R222-22 条　除巴黎基层行政法院院长外，若基层行政法院院长缺席或因故不能出席，由排名第 1 的副院长或人员次序表中年资最长的副院长替补，若该基层行政法院不设副院长，则由人员次序表中最年长的法官替补。

若巴黎基层行政法院院长缺席或因故不能出席，由副院长替补，若副院长亦不能出席，由人员次序表中年资最长的组长替补，该组长则由副组长替补，若组长亦不能出席，则由人员次序表中该组最年长的法官替补。

第 R222-23 条　各所基层行政法院根据所辖法院的需要任命1名或多名拥有一等行政法官职称或行政法官职称的法官担任公共报告人，公共报告人的人选由相关行政审判机关院长提名，最高行政法院副院长在听取了"基层行政法院和上诉行政法院高级委员会"的建议后任命。

若在基层行政法院的实际运作中确有需要，一等行政法官或一名担任公共报告人的法官可以担任案件的报告人，即便该法官在此之前并未被召集作该案的报告。

第 R222-24 条　若一名公共报告人缺席或因故不能出席，则由另外一名公共报告人直接替补。

若无其他公共报告人替补，且基层行政法院或上诉行政法院的实际运作确有需要，相关法院院长可任命一位法官或一位一等行政法官暂时担任公共报告人。

第三节　上诉行政法院的运作

法律部分

第 L222-3 条　上诉行政法院由普通职最高行政法官担任院长。

第 L222-4 条　最高行政法院副院长与各组组长协商后提名各上诉行政法院院长的人选，最后通过颁布行政法规任命。

上诉行政法院院长在同一地方担任该职务不得超过7年。

规章部分

第 R222-25 条 上诉行政法院审判案件由单所法庭组成审判庭，或由联合法庭组成审判庭，或由该上诉行政法院的全体成员组成审判庭，参加合议的人员的人数应该为奇数。

第 R222-26 条 若由单所法庭组成审判庭，该法庭的庭长担任审判长，若庭长缺席或因故不能出席，则由上诉行政法院院长指派1名至少担任庭长职务的法官担任审判长。除审判长外，该审判庭由下列人员组成：

1. 依人员次序表，在本法庭的在庭法官中指派1位法官；
2. 担任报告人的法官。

第 R222-27 条 由于案件的特殊性质或审理的难度，在不违背第 R222-29 条的前提下，法庭庭长可建议上诉行政法院院长除上一条所列人员外再召集下列人员参加审判庭：

1. 依人员次序表，在本法庭的在庭法官中再指派1位法官；
2. 依人员次序表，在另外一所法庭的在庭法官中指派1位法官，该法庭的庭长除外。

第 R222-28 条 上诉行政法院院长可担任单所法庭组成的审判庭的审判长。该法庭的庭长以第 R222-26 条第1点规定的身份出席。

第 R222-29 条 上诉行政法院院长或审判庭有权在诉讼程序的任何阶段决定将案件编入需通过联合法庭组成的审判庭审理的庭期表，或编入需通过上诉行政法院组成的全员审判庭审理的庭期表。

第 R222-29-1 条 联合法庭组成的审判庭由上诉行政法院院长担任审判长,院长也可委托排名第 1 的副院长担任审判长。除审判长外,该审判庭包括报告人、被指派担任报告人的法官所属的法庭的庭长和该法庭的 1 位主任陪审官。若该审判庭由两所法庭联合组成,则还包括另一所法庭的庭长和该法庭的 1 位主任陪审官以及依人员次序表在第 2 所法庭的成员中指派的另一名法官;若该审判庭由 3 所法庭联合组成,则还包括另外两所法庭的庭长和这两所法庭的主任陪审官以及依人员次序表在第 3 所法庭的成员中指派的另 1 名法官。

上诉行政法院院长每年决定如何将下辖各所法庭组成不同的联合审判庭。

若依前款组成的联合审判庭的人数不是奇数,可依人员次序表召集相关法庭中的另 1 名法官参加。

第 R222-30 条 上诉行政法院组成全员审判庭由上诉行政法院院长担任审判长。

除审判长外,全员审判庭包括:

1. 排名第 1 的副院长,上诉行政法院各法庭庭长,各庭长若缺席或因故不能出席,则依人员次序表由该庭的 1 位至少拥有主席职称的法官替补;

2. 担任报告人的法官;

3. 若有必要,依人员次序表指派 1 位作为票数相等时的裁决者的法官,该法官必须至少拥有主席职称。

第 R222-31 条 若上诉行政法院院长缺席或因故不能出席,则由排名第 1 的副院长替补,否则,则由依人员次序表年资最长的法庭庭长替补。

上诉行政法院院长可委托排名第1的副院长行使本法典第二编第一卷，第三编第四、五卷，第四编第二卷，第七编第六卷和第四卷第四节以及第九编第二卷授予院长的职权。

第R222-32条 第R222-23和R222-24条的规定也适用于上诉行政法院。

第三章 适用于海外省、海外大区以及圣巴尔代莱弥、圣马尔旦、圣皮埃尔岛和密克隆岛基层行政法院的特别规定

法律部分

第L223-1条 在海外省、海外大区以及圣巴尔代莱弥、圣马尔旦、圣皮埃尔岛和密克隆岛，司法系统的法官可永久性地或补充性地任职于基层行政法院。

圣巴尔代莱弥、圣马尔旦的基层行政法院以及对瓜德罗普岛行使管辖权的基层行政法院可设置于一处。

第L223-3条 圣巴尔代莱弥地方委员会主席向圣巴尔代莱弥基层行政法院提请咨询意见的程序由《地方行政区基本法典》第LO6252-14条规定，转录如下：

"**第LO6252-14条** 地方委员会主席可以在与执行委员会商议之后向基层行政法院提出请求，请求其就如何解释圣巴尔代莱弥的地位问题给予咨询意见，或就某部法律或规章能否在该地

行政区适用的问题给予咨询意见。

在存在严重困难的情况下，基层行政法院院长可以将该咨询意见的请求转送最高行政法院。

当被提请咨询的问题涉及国家与地方行政区之间的分权问题时，基层行政法院应该立即将该咨询意见的请求转送给最高行政法院，由最高行政法院审查之。并应当立即通知当地的国家代表。"

第 L223-4 条　圣马尔旦地方委员会主席向圣马尔旦基层行政法院提请咨询意见的程序由《地方行政区基本法典》第 LO6352-14 条规定，转录如下：

"第 LO6352-14 条　地方委员会主席可以在与执行委员会商议之后向基层行政法院提出请求，请求其就如何解释圣马尔旦的地位问题给予咨询意见，或就某部法律或规章能否在该地方行政区适用的问题给予咨询意见。

在存在严重困难的情况下，基层行政法院院长可以将该咨询意见的请求转送最高行政法院。

当被提请咨询的问题涉及国家与地方行政区之间的分权问题时，基层行政法院应该立即将该咨询意见的请求转送给最高行政法院，由最高行政法院审查之。并应当立即通知当地的国家代表。"

第 L223-5 条　圣皮埃尔岛和密克隆岛地方委员会主席向圣皮埃尔岛和密克隆岛基层行政法院提请咨询意见的程序由《地方行政区基本法典》第 LO6462-9 条规定，转录如下：

"第 LO6462-9 条　地方委员会主席可以在与执行委员会商议之后向基层行政法院提出请求，请求其就如何解释圣皮埃尔岛和密克隆岛的地位问题给予咨询意见，或就某部法律或规章能否在该地方行政区适用的问题给予咨询意见。

在存在严重困难的情况下，基层行政法院院长可以将该咨询意见的请求转送最高行政法院。

当被提请咨询的问题涉及国家与地方行政区之间的分权问题时，基层行政法院应该立即将该咨询意见的请求转送给最高行政法院，由最高行政法院审查之。并应当立即通知当地的国家代表。"

规章部分

第 R223-1 条　由同一位其职称的职级为 5 的院长主持法兰西堡基层行政法院和圣皮埃尔岛和密克隆岛基层行政法院。上述基层行政法院可以拥有相同的成员。

由同一位其职称的职级为 5 的院长主持巴斯特尔基层行政法院、圣巴尔代莱弥基层行政法院和圣马尔旦基层行政法院。由 1 名或多名拥有主席职称的法官协助院长。上述基层行政法院可以拥有相同的成员。

由同一位其职称的职级为 5 的院长主持马约特基层行政法院和圣德尼基层行政法院。由 1 名或多名拥有主席职称的法官协助院长。上述基层行政法院可以拥有相同的成员。

第 R223-2 条　由相同的 1 名或多名法官担任法兰西堡基层行政法院和圣皮埃尔岛和密克隆岛基层行政法院的公共报告人。对于巴斯特尔基层行政法院、圣巴尔代莱弥基层行政法院和圣马尔旦基层行政法院也由相同的 1 名或多名法官担任公共报告人，对于马约特基层行政法院和圣德尼基层行政法院也同样由相同的 1 名或多名法官担任公共报告人。

第 R223-3 条 加入海外省、海外大区基层行政法院以及马约特基层行政法院、圣巴尔代莱弥基层行政法院、圣马尔旦基层行政法院和圣皮埃尔岛和密克隆岛基层行政法院的司法系统的法官应该在各自辖区内的在职法官中选择。

第 R223-4 条 第 R223-3 条规定的法官应该由上诉法院的首席院长在每年 12 月的前 15 日内任命,特殊情况下由高级上诉法院的院长任命。对补充性成员的任命也按照相同的规定处理。

第一节 圣巴尔代莱弥、圣马尔旦、圣皮埃尔岛和密克隆岛基层行政法院就撤销之诉的案件或评估合法性的案件提请咨询

法律部分

(无)

规章部分

第 R223-5 条 圣巴尔代莱弥、圣马尔旦、圣皮埃尔岛和密克隆岛基层行政法院根据《地方行政区基本法典》第 LO6242-5 条、第 LO6342-5 条和第 LO6452-5 条的规定宣布移送提起咨询的案卷的决定,由相关基层行政法院的书记员将其移送给最高行政法院的诉讼秘书。对各方当事人、所在地方行政区国家代表及负责海外事务的部长的通知依第 R751-2 至 R751-8 条进行。

第 R223-6 条 在尊重后续条文的前提下,最高行政法院审查提请咨询的案卷的程序依照最高行政法院的诉讼程序进行。各方

当事人及负责海外事务的部长均有权向最高行政法院提交答辩意见，答辩意见必须在其接到移送决定的通知之日起1个月内提出。最高行政法院诉讼组组长有权缩短该期限。

第 R223-7 条 最高行政法院依上述2条作出的指示意见应采用下述抬头：

"最高行政法院"；

或"最高行政法院（诉讼组）"；

或"最高行政法院（诉讼组，X 号及 X 号联合诉讼小组）"；

或"最高行政法院（诉讼组，X 号诉讼小组）"。

第 R223-8 条 最高行政法院的指示意见应告知根据《地方行政区基本法典》第 LO6242-6 条、第 LO6342-6 条或第 LO6452-6 条提请咨询的相关地方行政区的地方委员会主席，以及各方当事人、国家代表和负责海外事务的部长，并告知移送该法律问题的行政审判机关，同时向其返还案卷。该指示意见载明其将在《法兰西共和国公报》上发布。国家代表负责将其公布在地方行政区的《公报》上。

第二节　圣巴尔代莱弥、圣马尔旦地方委员会介入法律领域作出行为的法律监督

法律部分

（无）

规章部分

第 R223-9 条 最高行政法院根据《地方行政区基本法典》第

LO6243-1条或第LO6343-1条作出的决定应告知各方当事人、地方委员会主席、国家代表以及负责海外事务的部长。

第R223-10条 对于行政审判机关根据《地方行政区基本法典》第LO6243-5条或第LO6343-5条的规定提起的请求，依照最高行政法院诉讼程序实施审查。

最高行政法院的决定应告知向其提出请求的行政审判机关。副本则应送交国家代表以及负责海外事务的部长。该决定可载明其将在《法兰西共和国公报》上发布。国家代表负责将其公布在地方行政区的《公报》上。

第四章 适用于新喀里多尼亚的特别规定

法律部分

第L224-1条 当新喀里多尼亚基层行政法院的1位成员缺席或不能出席时，对其管辖的事务可通过增补1位司法系统的法官参加合议，此种情况下的合议合法有效。

第L224-2条 为履行咨询职责，基层行政法院可由行政审判系统的法官或司法系统的法官补充。

规章部分

第R224-1条 加入新喀里多尼亚基层行政法院的司法系统的法官应在辖区内的在职法官中选择。

第R224-2条 在履行咨询职责的情况下，若审查相关咨询事务确有必要，新喀里多尼亚基层行政法院可在院长的提议下增补1位由努美阿上诉法院首席院长任命的法官和1位由新喀里多尼亚地方会计法庭院长任命的该法庭的法官，或仅增补其中的1位。若各方票数相等，则依院长所投票支持的意见。

第一节　新喀里多尼亚基层行政法院就撤销之诉的案件或评估合法性的案件提请咨询

法律部分

第 L224-3 条　基层行政法院在 1999 年关于新喀里多尼亚的第 99-209 号组织法第 205 条规定的条件下，向最高行政法院提起涉及国家与新喀里多尼亚及新喀里多尼亚的省和市镇之间的权限划分的先决问题。

规章部分

第 R224-3 条　新喀里多尼亚基层行政法院根据第 L224-3 条的规定宣布移送案卷的决定，由该基层行政法院的书记员移送给最高行政法院的诉讼秘书。对各方当事人、新喀里多尼亚的国家代表及负责海外事务的部长的通知依本法典第 R751-2 至 R751-8 条进行。

第 R224-4 条　在尊重后续条文的前提下，最高行政法院审查提请咨询的案卷的程序依照最高行政法院的诉讼程序进行。各方当事人、新喀里多尼亚政府及负责海外事务的部长均有权向最高行政法院提交答辩意见，答辩意见必须在其接到移送决定的通知之日起 1 个月内提出。最高行政法院诉讼组组长有权缩短该期限。

第 R224-5 条 最高行政法院依第 L224-3 条作出的指示意见应采用下述抬头：

"最高行政法院"；

或"最高行政法院（诉讼组）"；

或"最高行政法院（诉讼组，X 号及 X 号联合诉讼小组）"；

或"最高行政法院（诉讼组，X 号诉讼小组）"。

第 R224-6 条 最高行政法院的指示意见应告知各方当事人、新喀里多尼亚的共和国高级专员和负责海外事务的部长，并告知新喀里多尼亚基层行政法院，同时向其返还案卷。该指示意见可载明其将在《法兰西共和国公报》上发布。高级专员负责将其公布在地方行政区的《公报》上。

第二节 提请新喀里多尼亚基层行政法院给予咨询意见

法律部分

第 LO224-4 条 政府主席、议会议长、常务参议院议长、省委会主席或高级专员在 1999 年 3 月 19 日第 99-209 号关于新喀里多尼亚的组织法第 206 条规定的条件下，有权向基层行政法院或最高行政法院提请咨询意见。

规章部分

第 R224-7 条 新喀里多尼亚基层行政法院书记官将根据第

LO224-4 条提请咨询的请求移送至最高行政法院秘书长。

第 R224-8 条 审查提请咨询的案卷的程序依照最高行政法院各行政组的程序处理。

第 R224-9 条 最高行政法院的指示意见应告知提请咨询的提请人、新喀里多尼亚政府、新喀里多尼亚的共和国高级专员和负责海外事务的部长,并告知新喀里多尼亚基层行政法院。

第三节 新喀里多尼亚法律条文的法律性质

法律部分

第 L224-5 条 如 1999 年 3 月 19 日第 99-209 号关于新喀里多尼亚的组织法第 100 条的规定:"地区性法律在第 99 条规定的范围内具有法律效力。公布之后不能被任何方式提起质疑。

地区性法律中涉及第 99 条规定范围之外的条文具有规章效力。如果在行政诉讼或司法诉讼过程中,对地区性法律的某条文的性质存在严肃的争议,审判机关有权将该争议提请最高行政法院裁决,该提请决定不可诉,最高行政法院应该在 3 个月内作出裁决。在最高行政法院对争议条文的性质作出裁决前,审判机关延期对案件的实体性问题作出任何裁判。"

规章部分

第 R224-10 条 根据第 L224-5 条作出的向最高行政法院就地区性法律的某个条文的性质提请裁决的判决、决定或裁决,都由相关提请裁决的审判机关的秘书或书记官在决定作出后 8 日内移送至最高行政法院秘书长,并附上相关案件的案卷材料。提请裁决的判决、决定或裁决应该告知各方当事人、议会议长、新喀里多尼亚政府和负责海外事务的部长。

第 R224-11 条 在尊重后续条文的前提下,最高行政法院审查提请裁决的问题的程序依照最高行政法院的诉讼程序进行。各方当事人、议会议长、新喀里多尼亚政府及负责海外事务的部长均有权向最高行政法院提交答辩意见,答辩意见必须在其接到移送决定的通知之日起1个月内提出。最高行政法院诉讼组组长有权缩短该期限。

第 R224-12 条 最高行政法院的裁决应告知各方当事人、议会议长、新喀里多尼亚政府、新喀里多尼亚的共和国高级专员和负责海外事务的部长,并告知提请裁决的审判机关,同时向其返还相关争议案件的案卷。该裁决可载明其将在《法兰西共和国公报》上发布。高级专员负责将其公布在新喀里多尼亚的《公报》上。

第四节 1999年3月19日第99-209号关于新喀里多尼亚法律第197条的适用

法律部分

(无)

规章部分

第 R224-13 条 根据1999年3月19日关于新喀里多尼亚第99-209号组织法第197条第2、4、5款的规定提出的请求,应该依照最高行政法院的诉讼程序进行。

相关决定应该通知相关代表、新喀里多尼亚参议院议长或相关省委会主席、共和国高级专员，必要时也应通知提起相关请求的代表。

第五节 选民或纳税人采取的属于新喀里多尼亚或省管辖的诉讼行为

法律部分

（无）

规章部分

第 R224-14 条 I. 在 1999 年 3 月 19 日关于新喀里多尼亚第 99-209 号组织法第 209-1 条规定的情况下，应向提出请求的纳税人或选民发放收据，详细载明其向基层行政法院提出的请求。

基层行政法院院长向共和国高级专员提交请求，高级专员应该立即将相关案卷转送给：

——新喀里多尼亚政府主席，并要求其向政府提出，如果该请求涉及一项纳税人或选民认为由新喀里多尼亚政府作出的行为。

——省委会主席，并要求其向省委会提出，如果该请求涉及一项纳税人或选民认为由省作出的行为。

基层行政法院应该在授权请求提交之日起 2 个月内作出决定。

所有拒绝授权的决定都应该说明理由。

II. 若基层行政法院未在 2 个月内作出决定，或作出拒绝的决定，纳税人或选民可以向最高行政法院提起上诉。

III. 向最高行政法院提起上诉应该在 3 个月内提出，否则失去诉权，该期限从基层行政法院超过规定期限之日起算，或从基层行政法院的拒绝决定通知之日起算。

最高行政法院应在 3 个月内对上诉作出裁判，该期限从案件在最高行政法院诉讼秘书处注册之日起算。

IV. 如果基层行政法院或最高行政法院判决准许授权，其有权规定准许授权的判决的效力以提前交存诉讼费为前提，此时由法院确定需要交存诉讼费的数额。

第五章 适用于法属波利尼西亚的特别规定

法律部分

第 L225-1 条　当法属波利尼西亚基层行政法院的 1 位成员缺席或不能出席时，对其管辖的事务可通过增补 1 位司法系统的法官参加合议，此种情况下的合议合法有效。

第 L225-2 条　法属波利尼西亚基层行政法院行使 2004 年 2 月 27 日第 2004-192 号关于法属波利尼西亚的自治地位的组织法所授予的职权，特别是其中第 159-1 条、第 174 条和第 175 条所授予的职权。

规章部分

第 R225-1 条　加入法属波利尼西亚基层行政法院的司法系

统的法官应在辖区内的在职法官中选择。

第一节　法属波利尼西亚就撤销之诉的案件或评估合法性的案件提请咨询

法律部分

（无）

规章部分

第 R225-2 条　法属波利尼西亚基层行政法院根据第 L225-2 条的规定宣布移送案卷的决定，由该基层行政法院的书记员移送给最高行政法院的诉讼秘书。对各方当事人、法属波利尼西亚的共和国高级专员及负责海外事务的部长的通知依本法典第 R751-2 至 R751-8 条进行。

第 R225-3 条　在尊重后续条文的前提下，最高行政法院审查提请咨询的案卷的程序依照最高行政法院的诉讼程序进行。各方当事人、负责海外事务的部长均有权向最高行政法院提交答辩意见，答辩意见必须在其接到移送决定的通知之日起 1 个月内提出。最高行政法院诉讼组组长有权缩短该期限。

第 R225-4 条　最高行政法院依第 L225-2 条作出的指示意见应采用下述抬头：

"最高行政法院"；

或"最高行政法院（诉讼组）"；

或"最高行政法院（诉讼组，X 号及 X 号联合诉讼小组）"；

或"最高行政法院(诉讼组,X 号诉讼小组)"。

第 R225-5 条 最高行政法院的指示意见应告知各方当事人、法属波利尼西亚的共和国高级专员和负责海外事务的部长,并告知法属波利尼西亚基层行政法院,同时向其返还案卷。该指示意见可载明其将在《法兰西共和国公报》上发布。高级专员负责将其公布在地方行政区的《公报》上。

第二节 提请法属波利尼西亚基层行政法院给予咨询意见

法律部分

(无)

规章部分

第 R225-5-1 条 法属波利尼西亚基层行政法院根据第 L225-3 条作出的指示意见应告知提请咨询的提请人、法属波利尼西亚的共和国高级专员和负责海外事务的部长。

第 R225-6 条 法属波利尼西亚基层行政法院书记官将根据第 L 225-3 条提请咨询的请求移送至最高行政法院秘书长。

第 R225-7 条 审查提请咨询的案卷的程序依照最高行政法院各行政组的程序处理。

第 R225-8 条 最高行政法院的指示意见应告知提请咨询的提请人、法属波利尼西亚的共和国高级专员和负责海外事务的部长,并告知法属波利尼西亚基层行政法院。

第三节　对地区性法律的特别法律监督

法律部分

（无）

规章部分

第 R225-8-1 条　由 2004 年 2 月 27 日第 2004-192 号关于法属波利尼西亚的自治地位的组织法第 180 条第 2 款规定的机关依据该条提出的请求，应该依照最高行政法院的诉讼程序进行。

相关决定应该通知法属波利尼西亚主席、法属波利尼西亚议会议长、负责海外事务的部长以及共和国高级专员。该决定可载明其将在《法兰西共和国公报》上发布。

高级专员负责将其公布在法属波利尼西亚的《公报》上。

第四节　关于地方公投和咨询选民意见的规定

法律部分

（无）

规章部分

第 R225-8-2 条　对根据 2004 年 2 月 27 日第 2004-192 号关于法属波利尼西亚的自治地位的组织法第 159 条和第 159-1 条参加法属波利尼西亚地方公投或咨询地方选民活动的党派和政治团

体的名单所引发争议的审理，应该适用 2008 年 6 月 23 日第 2008-598 号关于法属波利尼西亚地方公投和咨询地方选民的活动的行政法规第 2 条第 5 款的规定。

第五节 关于适用 2004 年 2 月 27 日第 2004-192 号关于法属波利尼西亚自治地位的法律第 112 条的规定

法律部分

（无）

规章部分

第 R225-8-3 条 根据 2004 年 2 月 27 日第 2004-192 号关于法属波利尼西亚的自治地位的组织法第 112 条的第 II 或第 III 点的规定提出的请求，应该依照最高行政法院的诉讼程序进行。

相关决定应该通知相关代表、法属波利尼西亚议会议长、共和国高级专员，必要时也应通知提起相关请求的提起人。

第六节 选民或纳税人采取的属于法属波利尼西亚管辖的诉讼行为

法律部分

（无）

规章部分

第 R225-8-4 条 I. 在 2004 年 2 月 27 日第 2004-192 号关于

法属波利尼西亚的自治地位的组织法第186-1条规定的情况下，应向提出请求的纳税人或选民发放收据，详细载明其向基层行政法院提出的请求。

基层行政法院院长向共和国高级专员提交请求，高级专员应该立即将相关案卷转送给法属波利尼西亚主席，并要求其向部长会议提交。

基层行政法院应该在授权请求提交之日起2个月内作出决定。

所有拒绝授权的决定都应该说明理由。

II. 若基层行政法院未在2个月内作出决定，或作出拒绝的决定，纳税人或选民可以向最高行政法院提起上诉。

III. 向最高行政法院提起上诉应该在3个月内提出，否则失去诉权，该期限从基层行政法院超过规定期限之日起算，或从基层行政法院的拒绝决定通知之日起算。

最高行政法院应在3个月内对上诉作出裁判，该期限从案件在最高行政法院诉讼秘书处注册之日起算。

IV. 如果基层行政法院或最高行政法院判决准许授权，其有权规定准许授权的判决的效力以提前交存诉讼费为前提，此时由法院确定需要交存诉讼费的数额。

第五章(次) 适用于瓦利斯群岛和富图纳群岛的特别规定

法律部分

第 L225-4 条 在瓦利斯群岛和富图纳群岛，基层行政法院的一位成员缺席或不能出席时，对其管辖的事务可通过增补一位司法系统的法官参加合议，此种情况下的合议合法有效。

规章部分

第 R225-9 条 由同一位其职称的职级为 5 的院长主持马塔乌图和新喀里多尼亚基层行政法院。上述基层行政法院可以拥有相同的成员。

第 R225-10 条 由相同的 1 名或多名法官担任马塔乌图和新喀里多尼亚基层行政法院的公共报告人。

第 R225-11 条 加入马塔乌图基层行政法院的司法系统的法官应在辖区内的在职法官中选择。

第 R225-12 条 第 R225-11 条规定的法官应该由上诉法院的首席院长在每年 12 月的前 15 日内任命，特殊情况下由高级上诉法院的院长任命。对补充性成员的任命也按照相同的规定处理。后者可以从新喀里多尼亚的在职法官中选择。

第六章　书记室

法律部分

（无）

规章部分

第一节　关于基层行政法院和上诉行政法院书记室的基本规定

第一小节　人事

第 R226-1 条　各基层行政法院的书记室包括 1 位主任书记官，若有必要，还包括一名或数名书记官和其他书记室工作人员。

各上诉行政法院的书记室包括 1 位主任书记官，数名书记官和其他书记室工作人员。

在行政审判机关负责人的领导下，主任书记官管理书记室的工作并监督审判程序的良好运转。主任书记官协助行政审判机关负责人管理书记室的工作人员并协助管理该行政审判机关的办公场所、办公物品和办公经费。

在行政审判机关负责人、各组组长或各法庭庭长的领导下，书记官负责处理由其管理的各类文件文书以保证审判程序的良好运作。书记官管理协助其工作的书记室其他工作人员。

主任书记官和书记官的人选由最高行政法院副院长在咨询上诉行政法院或基层行政法院院长的意见后推荐，由内政部长任命。

部分上诉行政法院和基层行政法院的主任书记官根据2007年10月17日第2007-1488号行政法规规定的条件在法国本土或海外的行政顾问中任命，此类上诉行政法院和基层行政法院的名单由内政部长和司法部长联名发布的部长令规定。

其他行政审判机关的主任书记官和书记官都在法国本土或海外的公务员队伍中任命。主任书记官的人选必须至少拥有专员级别，书记官的人选必须至少拥有行政秘书级别。

第R226-2条 书记官和书记室其他工作人员的编制人数由最高行政法院秘书长决定，秘书长应该在咨询各相关行政审判机关负责人的意见后根据各基层行政法院和上诉行政法院秘书长的建议作出决定。

通过考试的方式成为法国本土或海外公务员并进入基层行政法院书记室和上诉行政法院书记室的编制人数及分配方式需根据最高行政法院副院长的建议规定。若招考书记室的职位，考试委员会必须至少包括1名根据最高行政法院副院长的建议任命的成员。

第R226-3条 主任书记官和书记官以及所有其他书记室工作人员都根据其各自所属的公务员队伍的规定进行管理，特别是其晋升和纪律处分。

上一款相关的规定对主任书记官、书记官及所有其他书记官工作人员的具体实施都必须得到最高行政法院副院长的同意。

第R226-4条 院长领导主任书记官、书记官和其他书记室工作人员行使书记室的各项职权。对于此类职权的行使，院长有评分的权力。

院长将每年对相关工作人员的工作评分通知负责管理该工作人员所在的公务员队伍的行政机关。

第二小节　运作

第 R226-5 条　主任书记员和书记员负责庭审的书记工作和诉讼文书的制作，院长也可指派书记室其他工作人员负责该项工作。

第 R226-6 条　主任书记官可将部分职权的签字权委托给书记室的工作人员。但该委托必须得到院长的同意。

院长指定书记室的 1 名工作人员在必要时临时代理或替补主任书记官的工作。

第二节　关于部分书记室的特别规定

第 R226-8 条　马约特岛、法属波利尼西亚、马塔乌图和新喀里多尼亚基层行政法院的主任书记官和书记官属于国家公务员，由基层行政法院院长任命。

第 R226-9 条　在新喀里多尼亚和法属波利尼西亚，根据基层行政法院院长的建议，高级专员有权决定设立 1 所或多所书记附属办公室。该决定公布在新喀里多尼亚或法属波利尼西亚的《公报》上。

第 R226-10 条　每所书记附属办公室都由 1 名书记官负责。

第 R226-11 条　所有负责各书记附属办公室的书记官都在行

政管理和组织纪律方面由高级专员领导。

第 R226-12 条 书记官直接从基层行政法院院长处接受各种有助于书记附属办公室的运作的命令。

第三小节 关于圣皮埃尔岛和密克隆岛基层行政法院书记室的特别规定

第 R226-13 条 圣皮埃尔岛和密克隆岛基层行政法院的书记工作由1位至少拥有行政秘书职称的书记官负责,若有必要,还可配备1位助理书记官。

第 R226-14 条 圣巴尔代莱弥、圣马尔旦基层行政法院的书记工作由巴斯特尔基层行政法院的书记室负责。

第七章 审判助理

法律部分

第 L227-1 条 最低4年法学高等教育的文凭的获得者,且其能力胜任审判助理工作才可被任命为审判助理协助基层行政法院和上诉行政法院成员。

审判助理任期2年,可续任期2次。有义务保守职业秘密,否则依《刑法典》第226-13条处理。

由1部须交最高行政法院审查的行政法规规定本条的具体实施。

规章部分

第 R227-1 条 根据第 L227-1 条招募的审判助理协助完成基层行政法院成员和上诉行政法院成员履行职权所需的准备工作。

第 R227-2 条 满足 1986 年 7 月 13 日第 83-634 号关于修改公务员权利义务的法律第 5 条和次 5 条规定的条件的人员可被任命为审判助理。

第 R227-3 条 审判助理不得同时从事其他职业活动，除非获得了其任职的基层行政法院或上诉行政法院院长的许可。

司法或法律自由职业者或为其工作的人，若其职业地域属于某基层行政法院或上诉行政法院的管辖范围，则其不得担任该法院的审判助理。

第 R227-4 条 希望担任审判助理的人员向其拟任职的行政审判机关负责人提交申请。

担任审判助理的人选由各行政审判机关负责人推荐，由最高行政法院副院长任命。

第 R227-5 条 招募审判助理需要签署书面合同。

该合同约定任职的起始日期和期限、工作的性质、任职的行政审判机关以及安排工作时间的制度。根据具体工作的需要，在合同履行过程中，还可以修改安排工作时间的制度。

第 R227-6 条 审判助理需试用 3 个月，在此期间内可被解职且不用提前告知也不需赔偿损失。

第 R227-7 条 在合同约定的期限届满前，在下列情况下审判助理可被解职：

a) 审判助理犯有严重过错的情况，可在不提前通知且无赔偿的情况下解职；其有权获得他的个人文件及所有附属文件，并可在其选择的辩护人的协助下完成；

b) 出于非纪律处分的原因被解职，需要按照 1986 年 1 月 17 日第 86-83 号关于非国家公务员的一般条款的行政法规第 7 卷规定的条件给予赔偿。

c) 审判助理以挂号信的形式提出辞职，该审判助理需提前 15 日告知。

第 R227-8 条 合同约定的期限结束前至少 2 个月，有关机关应该询问审判助理是否希望续任。若该审判助理希望续任，则需在 15 日内告知该机关。若超过该期限，则被视为放弃续任。

第 R227-9 条 审判助理享受年假，年假期限等于其每周法定工作时间的 5 倍。

第 R227-10 条 审判助理的工作津贴根据其完成被指派的工作的时间来计算，具体计算方法由司法部长与负责预算的部长以及负责管理公务员的部长联署发布部长令确定。

由审判助理任职的行政审判机关负责人证明其完成工作的确实性。

一位审判助理所获得的工作津贴每个月不能超过 120 欧元，全年不能超过 1080 欧元。

第三卷 关于身份级别的规定

第一章 总则

法律部分

第 L231-1 条 基层行政法院的成员和上诉行政法院的成员指由本编规范其身份级别的法官,其同时也服从关于国家公务员身份级别的规定,前提是后者不与前者相冲突。

第 L231-2 条 基层行政法院和上诉行政法院的人员可被授予下述3个职称:
——主席
——一等行政法官
——行政法官

第 L231-3 条 当基层行政法院和上诉行政法院的法官在行使审判职权时,若无本人的同意,禁止调任其他职务,即便晋升也同样禁止。

第 L231-4 条 基层行政法院和上诉行政法院的成员除了从事其本职工作外不得从事其他公共服务,但为国家服务的工作除外。

第 L231-5 条 任何正在从事或在近3年内曾从事下列工作的人员,若其工作区域在某基层行政法院或上诉行政法院管辖区

内,那么该人员不得被任命为该基层行政法院或上诉行政法院的成员:

1. 担任通过选举获得的公职;但欧洲议会内的法国代表在其结束该工作后可以被任命为基层行政法院和上诉行政法院的成员;

2. 担任国家在大区或省的代表,或担任国家在省的代表向区委派的代表,或担任国家公共行政机关在大区或省的负责人;

3. 担任地方行政区的行政机关负责人。

第 L231-6 条 任何近5年内从事律师职业的人员,若其执业区域在某所基层行政法院或上诉行政法院的管辖区域内,不得被任命为该基层行政法院或上诉行政法院的成员。

第 L231-7 条 基层行政法院或上诉行政法院的成员不得同时担任大区议会或省议会的议会主席。

如1999年3月19日第99-209号关于新喀里多尼亚的组织法第112条和第196条规定的那样,新喀里多尼亚政府成员及省委会成员不得兼任行政审判机关的法官。

如2004年2月27日第2004-192号关于法属波利尼西亚的自治地位的组织法第74条和第109条规定的那样,法属波利尼西亚政府主席和政府成员以及法属波利尼西亚议会议员都不得兼任行政审判机关的法官。

根据同一法典的第LO493条、第LO520条和第LO548条,圣巴尔代莱弥、圣马尔旦或圣皮埃尔岛和密克隆岛的地方参赞都不得兼任行政审判机关的法官。

第 L231-8 条 若基层行政法院或上诉行政法院的成员当选

大区议会或省议会的主席,其必须在当选之日起 15 日内作出选择,若当选之日存在争议,则需在从最终认定当选之日起的 15 日内作出选择。若大区议会或省议会的主席被任命为某所基层行政法院或上诉行政法院的成员,其应该在相同的期限内作出选择。

若在前述期限内未作出选择,其应该被停职。

若基层行政法院或上诉行政法院的成员当选或被任命担任第 L231-7 条最后 4 款所列的职位,也依前款规定处理。

第 L231-9 条 基层行政法院的成员和上诉行政法院的成员都必须居住在其任职法院的管辖区域内,其任职法院的院长可以许可临时的个人性质的例外。

规章部分

第 R231-1 条 基层行政法院和上诉行政法院的成员在其任职的行政审判机关内行使其作为行政法官的职权。

第 R231-2 条 一等行政法官和行政法官可担任基层行政法院或上诉行政法院的报告人或公共报告人。

第 R231-3 条 最高行政法院副院长负责管理基层行政法院和上诉行政法院的人员。

副院长可委托最高行政法院秘书长或秘书长助理代为签字。还可委托给最高行政法院内部事务负责人以及秘书处内级别属于 A 类的公务员和达到同一级别的合同制工作人员。

第二章　基层行政法院和上诉行政法院高级委员会

第一节　总则

法律部分

第 L232-1 条　"基层行政法院和上诉行政法院高级委员会"对基层行政法院和上诉行政法院系统行使 1984 年 1 月 11 日第 84-16 号关于国家公务机关法律第 14、15 条对行政平席委员会、技术委员会以及特设为系统外人员调动、外调、外调后返回以及补充招募等事项提供咨询的委员会的授权。"基层行政法院和上诉行政法院高级委员会"受理所有关于基层行政法院和上诉行政法院系统的人员特殊身份地位的问题。

此外,该委员会对第 L233-3、L233-4、L233-5 条规定的人员任命、外调及外调后的返回问题提出建议。

第 L232-2 条　"基层行政法院和上诉行政法院高级委员会"由最高行政法院副院长担任主席,此外还包括下列人员:

1. 负责对各行政审判机关开展本职监察工作的最高行政法官;
2. 公务员管理部分负责人;
3. 最高行政法院秘书长;
4. 司法部司法服务部门负责人;
5. 基层行政法院和上诉行政法院系统的 5 名代表,在基层行政法院和上诉行政法院全体成员以及被外调至基层行政法院和上诉行政法院系统已经两年的工作人员中选举产生。每份候选人名单可以不包括完整的 5 名候选人；

6. 分别由共和国总统、国民大会主席和参议院主席任命的 3 位知名人士，任期 3 年，不可续任，其不能同时兼任任何选举职务。

基层行政法院和上诉行政法院系统的代表任期 3 年，可续任 1 次。但若是外调至基层行政法院和上诉行政法院系统的人员当选，当其外调期截止时在该委员会的任职自动结束。

第 L232-3 条 若最高行政法院副院长不能出席，由负责对各行政审判机关开展自行监察工作的最高行政法官主持该委员会。若该最高行政法官亦不能出席，则由最高行政法院副院长指定的 1 位最高行政法官替补。

所有出席"基层行政法院和上诉行政法院高级委员会"的行政机关工作人员的替补都由各自任职的部门的部长指定。

第 L232-4 条 若在审议第 L232-1 条第 2 款规定的内容时各方票数相等，则依委员会主席所投票支持的意见处理。

规章部分

（无）

第二节 高级委员会成员的任命

法律部分

（无）

规章部分

第 R232-1 条 "基层行政法院和上诉行政法院高级委员会"

中基层行政法院和上诉行政法院系统的代表任期3年,按照比例代表制选择产生:

1. 1名行政法官职称的代表,以及1名替补;
2. 2名一等行政法官职称的代表,以及2名替补;
3. 2名主席职称的代表,以及2名替补。

第R232-2条 高级委员会代表的选举应该在上一届任期届满前最多4个月最少15天举行。具体选举日期由最高行政法院副院长决定。

第R232-3条 选举人包括:基层行政法院和上诉行政法院的在职成员、休产假的成员、外调的成员以及被外调至基层行政法院和上诉行政法院系统已经2年的工作人员。

第R232-4条 选举人名单由最高行政法院秘书长决定。该名单应该在选举日之前至少15日张贴在最高行政法院和所有基层行政法院及上诉行政法院。

名单公布后8日内,各选举人应该核实自己是否完成注册或提请注册。在此期限内以及期限截止后3日内,可就选举人名单及其疏漏提出异议。

最高行政法院副院长应该立即对提出的异议作出裁决。

第R232-5条 下列人员有权担任候选人:基层行政法院和上诉行政法院系统的成员,被外调至基层行政法院和上诉行政法院系统已经2年的工作人员,以及那些符合注册选举人名单的条件的人员。

第R232-6条 高级委员会代表的各份候选人名单应该在选举前至少1个月提交。每份名单应对不同级别的候选人按照其职称分类并标注其职级，以及正式代表候选人和替补代表候选人的姓名。

提交候选人名单时应该一同提交一份由所有正式代表候选人和替补代表候选人及其委托人签署的候选资格声明。

第 R232-7 条　前款规定的日期截止后，不得再对候选人名单进行更改。但若发现名单上的一位候选人不具有候选人资格，那么该名单中同一职称的所有候选人全部作废。候选人资格应该在候选人名单提交的截止日之前完成审查。候选人名单提交后，任何候选人不得退选。

第 R232-8 条　向候选人通报以及选票、信封的制作费用都算作行政经费，具体费用的计算和支付方式由行政审判机关内的行政机构确定。上述文件的制作数量不得低于选举人的人数。上述文件由行政审判机关内的行政机构负责寄送给各选举人。

第 R232-9 条　投票通过寄信的方式实施。选举人可以：

a) 不划掉某份候选人名单上的任何姓名，投票支持该名单上的全部候选人；

b) 划掉名单上的 1 位或多位正式代表候选人及其替补候选人的姓名，并且不提出代替的人选；

c) 将不同名单中的候选人混合圈选，但不能违背各职称的法定当选人数，并且不能将正式代表候选人及其替补候选人分开。

第 R232-10 条　在最高行政法院中设立的选举办公室开展计票工作并宣布选举结果。该选举办公室包括 1 位主任、1 位秘书以及正在计票的选举委托人，主任和秘书都由最高行政法院副院长任命。

第 R232-11 条 选举办公室确定每位正式代表候选人所获得的票数、每份候选人名单所获得的总票数以及每份候选人名单所获得的平均票数。

每份候选人名单所获得的总票数等于该名单上每位候选人所获票数之和。

每份候选人名单所获得的平均票数等于每份候选人名单获得的总票数除以席位数。

此外,选举办公室还确定选举商数,即用拟选举的正式代表人数除以所投票的总数。

第 R232-12 条 每份候选人名单有权拥有与该名单获得的平均票数乘以选举商数所得结果相同的代表席位。

若仍有代表席位剩余,则将其授予给获得最高平均票数的候选人名单。

第 R232-13 条 有权拥有最多席位的候选人名单可在这些席位中自由选择,但不得妨碍另 1 份有权在其包括的候选人所竞选的职称范围内的职位的候选人名单获得该职称的席位。

其他候选人名单分别依降序根据上一款规定的条件和但书进行选择。

若获得的席位相等,选择的顺序根据相关候选人名单所获得的总票数的多寡来决定。若获得的总票数也相等,选择的顺序则通过抽签决定。

若上述程序无法使 1 份或多份候选人名单获得所有其希望获得的席位,那么这些席位应该授予给在空缺席位的职称范围内获得最多投票的候选人名单。

若没有任何候选人名单拟竞选某职称,那个该职称的代表人选应该从所有拥有该职称的正式公务员中抽签决定。若抽中的公务员不愿意担任该代表,那么该代表席位保持空缺。

第 R232-14 条 若两份候选人名单获得了同样多的平均票数,且只有 1 个代表席位空缺,那么该代表席位授予获得最多投票的候选人名单。若两份候选人名单获得了同样多的投票,那么该代表席位授予这 2 份名单中获得投票最多的候选人。若两份候选人名单中的正式代表候选人得票一样多,那么最年长的正式代表候选人及其替补候选人一同当选。

第 R232-15 条 选举办公室编制选举活动的工作记录,并立即呈送最高行政法院副院长、司法部长以及代表各候选人的选举委托人。

第 R232-16 条 对选举活动的有效性存在异议的应该在选举结果公布后 5 日内向司法部长提出异议,司法部长应该在 15 日内作出裁决。对司法部长的裁决不满的,有权在裁决作出后或者前述 15 日期限截止后 2 个月内向最高行政法院起诉。

第 R232-17 条 若基层行政法院和上诉行政法院系统的代表在任期截止之前提出辞职或无法履行代表职务或高级委员会认为其不再具有担任代表的资格,那么由其替补接替其代表席位。如果其替补也由于同样的原因无法履行代表职务,若可能的话,则由同一份候选人名单上的另一位未当选的拥有同样职称的正式代表候选人接替,若该正式代表候选人也无法接替,则由该正式代表候选人的替补候选人接替。若仍然无法接替,则需在 2 个月内举行补充选举。依前述规定接替代表席位的人员履行其所接替的代表职务。

若可能的话,替补候选人也可按前述规定由同一份候选人名单上拥有同样职称的正式代表候选人接替,若该正式代表候选人无法接替,则由其替补候选人接替。

若1位代表在履行代表职务期间获得职称晋升,他仍然继续代表其当选时所代表的职称的法官。

第 R232-18 条 依第 L232-2 条第 6 点任命的知名人士必须至少在其前任任期截止前的 15 日任命。若该席位空缺,应该在 3 个月之内接替。

若担任代表的知名人士被剥夺政治与公民权利或者获得某选举职务,由于其不能兼任高级委员会的成员和任何的选举职务,基层行政法院和上诉行政法院高级委员会应该宣布其自动辞职。此时,应该在 3 个月之内任命一位知名人士接替。

第三节 高级委员会的运作

法律部分

第 L232-4-1 条 "基层行政法院和上诉行政法院高级委员会"举行会议,不论与其审查事务相关的法官拥有什么级别或等级,会议的出席人员都不变。

规章部分

第 R232-19 条 高级委员会的第 1 次会议在代表人员选举结

果公布后1个月内举行。

第 R232-20 条 高级委员会举行会议由委员会主席负责召集。委员会主席既可自发召集,也可受司法部长的请求召集,此外5位选举产生的代表中的3位代表可联名写信请求召集高级委员会举行会议,此种情况下,会议应该在请求提交后的2个月内举行。

召集令上应该载明议事日程。3位选举产生的代表即可联名请求将某问题加入高级委员会的议事日程,只要该问题属于高级委员会的管辖范围。

第 R232-20-1 条 高级委员会必须有至少9名成员出席时才能举行。

若第1次召集未达到该法定最低人数,应该再次召集高级委员会的成员,再次召集后不论出席会议的成员人数是否达到该法定最低人数,会议都必须召开并且讨论上次会议原定的议事日程。

第 R232-20-2 条 I. 在例外的紧急情况下,若无法在必要的时间内召集法定最低人数,高级委员会可以通过电视会议的方式召开会议,审议政府向高级委员会提交的法律草案并提供咨询意见。

法律草案和所有必要的文件和存在紧急情况的证明都应该在会议召开前至少7天通过邮寄或发送电子邮件的方式送达各高级委员会成员。

会议召开时应该保证能够进行集体的辩论。

II. 若确实无条件举行电视会议,可以请求高级委员会各成员提供书面的咨询意见,各成员的意见应该立即告知其他成员。

高级委员会的任何成员都可以反对按照此种方式开会,若有人反对,则终止这种方式的会议,由高级委员会再次召集各位成员出席召开会议。

III. 只要至少9名成员参加会议并且在会议主席规定的日期内完成投票,会议发布的咨询意见即合法有效,即便是依照前述的书面咨询意见的程序召开的会议。

咨询意见的内容和投票的结果应该告知各高级委员会成员。

会议结束后,基层行政法院和上诉行政法院秘书长应该编制会议记录。

会议记录应该按照第 R232-25 条规定的条件签署并呈送。

第 R232-21 条 高级委员会成员和其他出席会议的人员,不论其职务,都有义务保守职业秘密。

第 R232-22 条 高级委员会主席为需要审议的每件事务指派1位报告人,基层行政法院和上诉行政法院秘书长以及高级委员会的成员可以担任该报告人。若高级委员会发布1项提案,该文件应该载明由负责各行政审判机关本职监察工作的最高行政法官的书面意见。

报告人为了撰写第 L233-3、L233-4 和 L233-5 条规定的关于任命、外调和外调后的返回的提案的报告,可由高级委员会组织1个小型委员会协助。该小型委员会有权采取各种必要的调查措施,包括举行听证会。由高级委员会决定成立小型委员会,其成员包括1名或多名选举产生的基层行政法院和上诉行政法院系统的代表。

负责管理基层行政法院和上诉行政法院事务的最高行政法院秘书长助理出席高级委员会的会议,但无表决权。在高级委员会主席的邀请下,最高行政法院内部事务负责人或者其代理人以及专家都可出席高级委员会召开的会议。

第 R232-23 条 若按照议事日程高级委员会拟审议的事务涉及该委员会的一位成员,那么该成员不得出席该会议。

第 R232-24 条 高级委员会根据表决的多数意见发布咨询意见和提议或提案。

对于涉及人事的事务,若 1 位成员要求进行秘密投票,即应该通过秘密投票的方式表决。对于涉及纪律处分的事务,必须按照秘密投票的方式表决。

第 R232-25 条 高级委员会每次会议结束之后都必须编制会议记录,具体由基层行政法院和上诉行政法院秘书长负责。该会议记录由该秘书长和高级委员会主席签字。

高级委员会主席应该立即将该委员会提出的咨询意见和提案通知司法部长。会议记录应该在签字后立即呈送司法部长。

第 R232-26 条 高级委员会的成员不得因其在该委员会从事的工作而享受任何补贴。但是他们的交通费用和住宿费用都可按 2006 年 7 月 3 日第 2006-781 号行政法规规定的条件报销。

第四节 基层行政法院和上诉行政法院秘书长

法律部分

第 L232-5 条 基层行政法院和上诉行政法院秘书长属于基层行政法院和上诉行政法院系统,根据高级委员会的提案任命。在其履行职务期间,不得晋升。任期不得超过 5 年。具体承担下述职责:

——领导高级委员会的秘书处;

——管理各基层行政法院和上诉行政法院的书记室,并组织书记室工作人员的培训;

——协调各基层行政法院和上诉行政法院对办公设备、技术手段及文献资料的需求。

规章部分

第 R232-27 条 秘书长由总理根据高级委员会的提议发布行政法规任命,人选应该在基层行政法院和上诉行政法院的在职成员中选择,并且必须已经在基层行政法院和上诉行政法院系统中连续任职 4 年。

若无秘书长本人同意,不得解除其职务,除非是高级委员会提议解除其职务。

第 R232-28 条 秘书长承担第 L232-5 条所列各项职责。

为此:

1. 秘书长应该负责编制会议的议事日程和召集高级委员会

的准备工作。其向高级委员会反馈其提出咨询意见和提议或提案的后续情况；

2. 秘书长应该确定对基层行政法院和上诉行政法院书记室工作人员的培训内容，并跟踪对他们的培训工作；

3. 秘书长应该参与确定各基层行政法院和上诉行政法院对办公设备、技术手段和文献资料的需求，并参与确定相应设备物品的分配方式，此时应该考虑预算的承受能力；

4. 秘书长应该参与确定各基层行政法院和上诉行政法院书记室的组织及运作章程，并跟踪该章程的实施；

5. 若依据议事日程将讨论在基层行政法院或上诉行政法院书记室工作的公务员的相关行政性问题，那么秘书长有权出席法国本土或海外领地的国家级行政平席委员会的会议，并有发言权；

6. 若依据议事日程将讨论与基层行政法院或上诉行政法院书记室的工作人员相关的问题，那么秘书长有权出席内政部召开的中央技术委员会会议，并有发言权；

7. 秘书长应该根据高级委员会或其主席的要求开展对基层行政法院和上诉行政法院的组织、运作及诉讼程序的研究；

8. 秘书长应该定期向高级委员会汇报其职务履行的情况。

秘书长在履行第5、6点所述的职责时可以委派代表参加。

第 R232-29 条 为了完成第 R232-28 条规定的各项职责，基层行政法院和上诉行政法院秘书长可获得最高行政法院秘书长的协助，若有必要，也可获得司法部和内政部的协助。

第三章 任命和招募

第一节 总则

法律部分

第 L233-1 条 由共和国总统发布行政法规任命和晋升基层行政法院的成员和上诉行政法院的成员。

第 L233-2 条 基层行政法院的成员和上诉行政法院的成员从国家行政学院的毕业生中招募，第 L233-3、L233-4、L233-5 和 L233-6 条规定的情况除外。

规章部分

第 R233-1 条 基层行政法院和上诉行政法院在国家行政学院的毕业生中招募行政法官职称的成员，招募后直接授予行政法官职称的第 3 职级，毕业后的第 2 日开始正式任职。

但是若他们在原工作单位所积累的资历指数高于行政法官职称的第 3 职级所对应的资历指数，那么通过国家行政学院内部或外部考试方式招募的基层行政法院成员和上诉行政法院成员应该被授予其待遇等于其在原工作单位或原非正式编制的岗位的待遇的相应职级，若没有待遇完全对等的职级，则授予其略高的职级。

在尊重第 R234-1 条关于晋升年资门槛的规定的前提下，若前述基层行政法院成员或上诉行政法院成员晋升后所增加的待遇低于其在原工作单位职务晋升所可能增加的待遇，或者其在原工作单位时已经达到了他之前职称的最高职级，那么该成员仍保留其在之前的职称所获得的年资。

若刚刚任命的工作人员，其任命后的待遇低于其在原工作单位晋升后所可能获得的待遇，且该工作人员在原单位已经达到了他所在职称的最高职级，那么该工作人员仍保留他的原职称的年资。

通过第3次考试招募的成员授予行政法官职称的第7等级。

第 R233-2 条 在其正式开始工作之前，一等行政法官和行政法官都需要接受最高行政法院组织的为期6个月的补充培训，不论上述法官是通过哪种途径招募的。培训的时间算作其为基层行政法院和上诉行政法院工作的时间。

第 R233-3 条 司法部长通过发布部长令为成员分派职务和调职，司法部长可将该职权委托给最高行政法院副院长。

第二节　外部任命

法律部分

第 L233-3 条 若从国家行政学院的毕业生中招募2名行政法官职称的成员，即应该从下列人员中任命1名行政法官职称的成员：

1. 国家文职或军职公务员或者地方公务机关的公务员或者医院系统的公务员，并且能够证明至招募当年的12月31日止已经作为A类公务员或其他类似等级的职位从事公共服务至少

10年；

2．司法系统的法官。

第L233-4条 若有7名行政法官职称的成员晋升为一等行政法官，那么应该在下列人员中任命1位，只要其能够证明在上一条文所述的职位已经从事至少8年的公共服务：

1．从国家行政学院毕业生中招募成员的公务员队伍中的公务员；

2．拥有参加国家行政学院入学考试所要求的学历文凭，并且达到一定的级别和年资等级的属于A类的公务员或其他同等级别的职位的公务员，前述的一定级别和年资等级由1部须交最高行政法院审查的行政法规规定；

3．司法系统的法官；

4．大学的教授和副教授；

5．地方行政管理者；

6．卫生机构的管理人员以及1986年1月9日第86-33号关于医疗系统公务员的章程条例的法律第2条第1、2、3点所列的各机构的管理人员。

有义务进行轮岗的上述公务员或其他工作人员必须完成其轮岗义务后才能依本条任命。

第L233-4-1条 若晋升一等行政法官的人数没有达到第L233-4条所述的人数，"基层行政法院和上诉行政法院高级委员会"可以推迟任命行政法官职称的成员。

规章部分

第 R233-4 条 最高行政法院副院长每年确定拟适用第 L233-3 和 L233-4 条授予或晋升行政法官级别和一等行政法官级别的人数。有意者应该向副院长提交申请，副院长规定提交申请的截止日期。

招募信息应该至少在注册截止日期之前 1 个月公布在《法兰西共和国公报》上。

申请人的行政文件由其所在的行政机关发送给最高行政法院秘书长。该行政机关应该说明申请人是否具有第 L233-3 和 L233-4 条规定的年资要求，以及申请人职位的职称和职级。

根据第 L233-4 条第 2 点申请成为一等行政法官的申请人，其拥有职称的年资指数不得低于"821"，其职称所对应的年资指数也不得低于一等行政法官的第 1 职级所需的年资指数。

第 R233-5 条 若根据第 L233-3 和 L233-4 条所规定的计算方法得到的拟任命人数不是整数，该数字的小数加入下一年来计算得到的拟任命人数。

第 R233-6 条 从法院系统外部招募的法官和公务员进入基层行政法院和上诉行政法院任职，其职级的确定根据其在原单位所任职位上获得的年资指数来确定，若无相对应的，则授予高于原年资指数的职级。其在基层行政法院或上诉行政法院的工作时间和职级年资从其被任命之日起计算。若其在原单位所任职位所获得的报酬要高于其刚刚获得的职称和职级所对应的报酬，则其可以享受到 1 份补偿性津贴。

第三节　外调人员的招募

法律部分

第 L233-5 条　下列人员可被外调至基层行政法院或上诉行政法院工作,被授予行政法官或一等行政法官的职称:隶属于从国家行政学院毕业生中招募的公务员队伍的公务员、司法系统的法官、大学教授和副教授、议会的行政管理者以及与基层行政法院和上诉行政法院成员属于同一级别的电信和邮政机构的行政管理者、国家文职或军职公务员、同级别的地方或医疗系统公务员。若上述人员希望正式调入基层行政法院或上诉行政法院,其必须至少以外调的名义在基层行政法院或上诉行政法院工作 3 年,若其希望获得相应的职称,则必须满足第 L233-3 和 L233-4 条规定的条件。

不能任意解除上述人员在基层行政法院或上诉行政法院的外调任职,除非其自己提出申请或受到纪律处分。

司法系统的法官也可外调至各基层行政法院和上诉行政法院任职 3 年,可续任 1 次,职称为主席,担任国家避难权法庭的庭长。

规章部分

第 R233-7 条　被外调至基层行政法院和上诉行政法院任职的法官和公务员的职级的确定根据其在原单位所任职位上获得的年资指数来确定,若无相对应的,则授予略高于原年资指数的职级。外调任职的成员根据第 R233-1 条规定的条件保留在原单位获得的年资职级。外调任职的成员与行政法院系统的其他成员通过竞争来获得晋升。

第四节 直接招募

法律部分

第 L233-6 条 可以通过考试的方式直接招募基层行政法院的成员和上诉行政法院的成员。

基层行政法院和上诉行政法院通过考试直接招募的职位数量不得超过从国家行政学院毕业生中招募和从法院系统外部招募的职位数量的 3 倍。

参加外部招募考试的人员必须拥有参加国家行政学院入学考试的初试所要求的文凭。

有资格参加内部招募考试的人员包括能够证明至招募考试当年 12 月 31 日止已经从事公共服务至少 4 年的公务员、司法系统法官和其他属于或等同于 A 类职位的文职或军职工作人员。

规章部分

第 R233-8 条 为了依第 L233-6 条直接招募基层行政法院和上诉行政法院的成员而举行的招募考试应该公开透明,考试信息应该在笔试前至少 1 个月通过《法兰西共和国公报》公布。该考试信息应该载明笔试的日期和参加考试人员提交材料的截止日期和提交地点。

最高行政法院副院长确定拟招募职位的数量及这些拟招募职

位在内部招募考试和外部招募考试之间的分配方法。分配给内部招募考试或外部招募考试的拟招募职位不得超过拟招募职位总数的 60%。

无论内部招募考试还是外部招募考试,各自的考试委员会都有权不全部授予拟招募职位,而将最多 20% 的拟招募职位转给另一场招募考试,这些拟招募职位即通过另一场考试授予。

考试委员会根据考试成绩确定外部招募考试和内部招募考试的录取名单,录取人数以拟招募职位的数量为限,并且应该考虑前 1 款所述的被转给其他考试的拟招募职位数量。

考试委员会根据考试成绩确定每场考试的补充名单,防止录取名单上的人员辞职或死亡产生职位空缺。该补充名单在第 R233-2 条规定的补充培训开始后失去效力。

第 R233-9 条 内部招募考试和外部招募考试的考试委员会由负责对各行政审判机关开展自行监察工作的最高行政法官担任主席,并包括 1 位最高行政法院成员、2 位大学教授、最高行政法院副院长发布决定任命的 2 位来自基层行政法院和上诉行政法院的法官以及最高司法法院首席院长任命的 1 位司法系统的法官。来自基层行政法院和上诉行政法院的法官人选由"基层行政法院和上诉行政法院高级委员会"提议推荐。

若考试委员会主席不能履行其职务,上一款提到的任命来自基层行政法院和上诉行政法院的法官的决定中可指派考试委员会主席的替补人员。

最高行政法院副院长发布决定任命助理阅卷人,助理阅卷人协助考试委员会成员批阅笔试试卷。

助理阅卷人有权参加考试委员会关于确定其所批阅的试卷的分数的会议,并拥有发言权。

第 R233-10 条 任何人参加第 L233-6 条规定的考试次数最多不能超过 3 次。

第 R233-11 条 第 L233-6 条规定的招募考试包括初试和复试,初试为 3 场笔试,复试为 2 场面试。

1. 初试:

a) 1 场为研究一份行政诉讼的案件材料(时间:4 个小时,分值系数:3);

b) 1 场为关于法律、制度或行政的简答题(时间:1 个半小时,分值系数:1);

c) 对于外部招募考试:围绕 1 项公法主题撰写 1 篇论文(时间:4 个小时,分值系数:1)。

对于内部招募考试:就如何解决 1 项引发法律问题的实际案件撰写 1 份行政评析(时间:4 个小时,分值系数:1)。

2. 复试:

a) 与考试委员会围绕 1 项公法主题讨论与之相关的法律问题(时间:30 分钟,准备:30 分钟,分值系数:2)。待讨论的公法主题由考生抽签决定。

b) 与考试委员会就考生自己的职业经历、报考的动机和主要关心的问题,以及考生自己从事行政法官工作的能力、遵守相关职业规范的能力进行交谈(时间:20 分钟,分值系数:2)。关于考生自己的职业经历、报考动机和主要关心的问题的交谈以考生事先填写的 1 份《个人情况表》为基础。

由司法部长和负责公务员管理的部长联合发布部长令规定初试和第一场面试的考试计划。

第 R233-12 条 考试分数为 0 到 20 分。低于 5 分的考卷不用计算分值系数直接淘汰。

第 R233-13 条 考试通过者按照分数排名来分派职务，分派职务的人选从外部招募考试和内部招募考试的两份录取名单中轮流选择，若有必要，也从两份补充名单中轮流选择。通过抽签决定从两份名单中的哪一份开始分派职务。

第 R233-14 条 依照本节的规定招募的基层行政法院和上诉行政法院的法官都被授予行政法官职称，职级为第 1 级。

若被招募的基层行政法院和上诉行政法院的法官曾经从事过下述工作，并且正常情况下为全职工，那么划定其行政法官职称的职级需要结合第 R234-1 条关于等级晋升的规定，并且将其曾从事下述工作的年资部分地纳入计算：属于 A 类的公共机关工作人员、集体协议机构的管理人员、最高行政法院和最高司法法院律师、律师、诉讼代理人、公证员、司法执达员。纳入计算的年资为其从事上述工作的年资的一半，但最长不得超过 7 年。

但公务员、军人和法官的任命及职称职级授予都由第 R233-6 条规定。

第五节　超编留职

法律部分

第 L233-7 条 若基层行政法院成员和上诉行政法院成员的

年龄达到了 1984 年 9 月 13 日第 84-834 号关于公共部门和公共机关年龄限制的法律对年龄的限制,若其提出申请,虽然属于超编情况,但仍然可以留职工作,履行一等行政法官的相关职责直到其年龄达到 1986 年 12 月 23 日第 86-1304 号关于特定国家文职公务员的招募方式及年龄限制的法律第 1 条所规定的最高年龄限制。

任何人都不能在自己曾经担任院长的行政审判机关超编留职。

第 L233-8 条 上一条所涉及的人员仍然维持其在达到年龄限制时所获得的职称和职级所对应的报酬。并对其适用《文职和军职退休养老法典》第 L26(次)条和第 L63 条。

规章部分

(无)

第四章 晋升

法律部分

第 L234-1 条 在晋升表上注册后,基层行政法院和上诉行政法院的成员按照职称逐级晋升,该晋升表根据"基层行政法院和上诉行政法院高级委员会"的提案编制。

第 L234-2 条 在晋升表上注册后,从"基层行政法院和上诉行政法院高级委员会"提议的人选中遴选授予主席职称。提议的人选从基层行政法院成员和上诉行政法院成员中选择,人选必须已经在法院系统工作8年,并且曾经在一所上诉行政法院中从事3年审判工作,或者若其是1971年3月12日之后招募的,其必须已经完成了轮岗义务。

但是,轮岗工作的工作时间也纳入其在基层行政法院和上诉行政法院系统工作时间的计算,但最多只能将2年纳入计算。

第L234-3条 主席职称的成员在上诉行政法院可担任副院长、法庭庭长或陪审官,在基层行政法院可担任院长、副院长或法庭庭长,在巴黎基层行政法院还可担任组长或副组长。其也可在最高行政法院负责开展对行政审判机关的监察工作。

在国家避难权法庭,主席职称的成员可担任组长,任期3年,若其请求可续任1次。若有必要,其可同时兼任一所上诉行政法院的陪审官。

第L234-3-1条 国家避难权法庭的各组组长在获得任命后也可被分派至1所上诉行政法院或1所基层行政法院。若其必须同时兼任行政审判的工作,那么只能分派至上诉行政法院。

在国家避难权法庭任职结束后,除非调任他职,各组组长都返回其根据上1条曾经被分派的基层行政法院或上诉行政法院。若其返回基层行政法院时没有空缺,导致不能担任1所法庭的庭长,则应该在出现空缺后首先填补。

第L234-4条 基层行政法院成员和上诉行政法院成员中已经获得主席职称至少2年的成员可以担任下述职务:上诉行政法院的法庭庭长、内设至少5所法庭的基层行政法院的院长、巴黎基层行政法院的组长、内设至少8所法庭的基层行政法院的副院长。

对于第 1 次被任命担任上述职务的人员,其必须已经在《年度能力表》上注册,该《年度能力表》的内容由"基层行政法院和上诉行政法院高级委员会"提议。

第 L234-5 条　基层行政法院和上诉行政法院成员中已经获得主席职称至少 4 年的成员可以担任下述职务:巴黎基层行政法院的院长或副院长、上诉行政法院排名第 1 的副院长、内设至少 5 所法院的基层行政法院的院长。

对于第 1 次被任命担任上述职务的人员,他的任命应该根据其在《年度能力表》上的位置来确定,该《年度能力表》根据"基层行政法院和上诉行政法院高级委员会"的提议每年修订。

第 L234-6 条　基层行政法院院长在同一地方担任该职务不得超过 7 年。

上述 7 年任期结束后,若其未被分派至其他行政审判机关担任院长,那么其应该被分派至 1 所上诉行政法院任职,具体哪所上诉行政法院由其选择。

若上述任职导致相关行政审判机关中的主席职称成员超编,当出现恰当的职位空缺时,应该由其优先填补。

规章部分

第 R234-1 条　I. 主席职称包括 7 个职级,其中 3 个职级是职务性的。一等行政法官包括 7 个普通职级和 1 个特别职级。行政法官包括 7 个职级。

II. 由低职级向高职级晋升所需的时间为:

1. 行政法官的第 1、2、3、4 职级和一等行政法官的第 1、2 职

级,每个职级向上一职级的晋升需要1年;

2. 行政法官的第5、6职级、一等行政法官的第3、4职级以及主席的第1职级,每个职级的晋升需要2年;

3. 一等行政法官的第5、6职级和主席的第2、3职级,每个职级的晋升需要3年。

III. 一等行政法官在达到第7职级至少5年后才可获得晋升至特别职级的资格,按照其在第7职级的年资排名,一定数量的一等行政法官可最终晋升。该数量需根据一定的比例来确定,总理、司法部长、负责预算的部长和负责管理公共机构的部长联署发布部长令规定这一比例。

IV. 最高行政法院副院长发布决定宣布晋升。

第 R234-2 条　在晋升表上注册后,从已经在基层行政法院和上诉行政法院系统中至少工作3年并且已经授予行政法官职称第6职级的成员中遴选授予一等行政法官职称。

其被授予行政法官职称,职级为第1级。那些在达到行政法官职称第7职级后才晋升为一等行政法官的成员,在一等行政法官职称上保留其在第7等级的年资,但最多只能保留1年。

第 R234-3 条　为了适用上述第 R233-7 和 R234-2 条,相关人员在从国家行政学院毕业生中招募成员的系统中工作的时间也被视为其在基层行政法院和上诉行政法院工作的时间。

第 R234-4 条　当相关人员晋升至主席职称,其职级根据他曾经获得的职级所对应的年资指数来确定。此时,保留其在前一职级所获得的年资,但以其晋升至下一职级所需的年数为限。但是,那些在达到一等行政法官职称的第5职级之前就被晋升为主席职称的成员应该被授予主席职称的第 1 职级,并且该职级的年资为零。

第 R234-5 条 第 L234-4 和 L234-5 条规定的《年度能力表》由共和国总统发布行政法规确定,各成员按字母顺序排列。

只有达到一定年资的行政法院系统成员才能在该表上注册,特定职位仅对该表成员开放。希望加入该表的成员应该提出申请,若经审查认为其有能力胜任该表所开放的职位,才允许加入。

第 R234-6 条 巴黎基层行政法院院长和内设至少 9 所法庭的基层行政法院的院长应该为主席职称第 7 职级。

巴黎基层行政法院的副院长、内设 5 到 8 所法庭的基层行政法院的院长以及上诉行政法院排名第 1 的副院长应该为其所在职称的第 6 职级。

上诉行政法院内设法庭的庭长、内设少于 5 所法庭的基层行政法院的院长、巴黎基层行政法院的组长以及内设至少 8 所法庭的基层行政法院的副院长应该为其所在职称的第 5 职级。

第 R234-7 条 应该根据 2002 年 4 月 29 日第 2002-682 号关于对国家公务员进行评估、评分和晋升的基本规范的行政法规的第一卷和第二卷的规定对基层行政法院和上诉行政法院系统的成员进行评估和评分。为此,负责对行政审判机关开展自行监察的负责人领导和组织对基层行政法院院长的评估工作,并行使评分权。

上述行政法规第三卷的规定不适用于基层行政法院和上诉行政法院系统的成员。

第五章 职位

法律部分

（无）

规章部分

第 R235-1 条 基层行政法院的法官和上诉行政法院的法官只有在从事了两年的审判工作之后才能执行 2008 年 1 月 4 日第 2008-15 号关于通过国家行政学院招募的公务员的轮岗和外调的行政法规规定的轮岗期。补充培训的时间不纳入前述审判工作时间的计算。

在律师事务所的工作或协助最高行政法院和最高司法法院律师的工作都不能被视为轮岗。

轮岗期结束后，若轮岗期未超过 4 年，法官可返回原行政审判机关恢复原分派职位，即便有可能出现超编情况。若轮岗期超过了 4 年或者当事法官不愿恢复其在行政审判机关原分派职位，那么应该根据职位空缺的情况为其分派职位。

第 R235-2 条 基层行政法院和上诉行政法院系统的法官只有在至少工作 4 年后才能被长期或短期外调，但前提是不违反第 R235-1 条的规定，并且尊重法定外调的情况、外调担任区长的情况、外调担任一项临时性专门职位以及外调担任由政府决定任命的职位情况。

当事人提出相关申请后，对基层行政法院和上诉行政法院系统的成员的长期或短期外调决定以及维持在某职位的决定应该在听取了负责对各行政审判机关开展监察工作的负责人意见之后作出。

第六章 纪律处分

法律部分

第 L236-1 条 纪律处分应该根据"基层行政法院和上诉行政法院高级委员会"的提案作出,各基层行政法院的院长和上诉行政法院的院长有权向高级委员会提请处分隶属于本院的成员,负责对各基层行政法院和上诉行政法院开展监察工作的负责人也有权向高级委员会提请处分。

第 L236-2 条 若 1 位基层行政法院和上诉行政法院系统的成员犯有严重过错以至于不可能再维持其职务,并且情况紧急,那么可以根据"基层行政法院和上诉行政法院高级委员会"的提议立即暂停其工作。暂停工作的决定不能公开。

从向高级委员会提请处分之日起,当事人有权要求完整地获得与自己相关的文件及附属文件。当事人可在其选择的 1 名或多名辩护人的协助下完成上述工作。

第 L236-3 条 若基层行政法院和上诉行政法院系统的 1 位成员因为纪律处分而被自动调职,那么第 L231-3 条的规定不能对其适用。

规章部分

(无)

第七章　基层行政法院和上诉行政法院系统的成员参加行政活动或与公共利益相关的活动

第 R237-1 条　基层行政法院的成员和上诉行政法院系统的成员在得到其任职的行政审判机关负责人的授权后可以参加公共行政机关的相关工作,该类工作独立于成员承担的审判工作。

第 R237-2 条　所有拟规定要求基层行政法院和上诉行政法院成员参与工作的条文都应该提交"基层行政法院和上诉行政法院高级委员会"听取其意见,第 R231-1 条所列的各项工作除外。

第三编　管辖权

第一卷　一审管辖权

第一章　基于案件内容的管辖权

法律部分

第 L311-1 条　基层行政法院是行政诉讼的普通审判机关,负责案件的一审。基于诉讼客体的特殊性或为了更好地管理行政审判活动而特别授权其他行政审判机关负责一审的情况除外。

第 L311-2 条 最高行政法院有权一审管辖根据《民法典》第61条改变姓名所引发的争议，最高行政法院对该类案件的判决为终审判决。

第 L311-3 条 最高行政法院有权一审管辖下列行为或活动所引发的争议，最高行政法院对下述案件的判决为终审判决：

1. 根据1977年7月7日第11-729号关于欧洲议会代表选举的法律第25条举行的欧洲议会代表的选举活动。

2. 根据《选举法典》第L361和L381条举行的各大区议会和科西嘉大会的选举活动。

3. 根据1999年3月19日第99-209号组织法第199条举行的新喀里多尼亚省议会选举活动，根据该组织法第72、110、111、112、115、116、165、195和第197条举行的新喀里多尼亚政府总统、副总统和政府成员的选举活动以及由于新喀里多尼亚政府成员和省议会议员被命令辞职引发的争议。

4. 根据2004年2月27日第2004-192号组织法第116条举行的法属波利尼西亚议会选举活动，根据该组织法第82和117条举行的法属波利尼西亚总统选举活动以及由于法属波利尼西亚政府成员和议会议员被命令辞职引发的争议。

5. 根据1961年7月29日第61-814号关于授予瓦利斯群岛和富图纳群岛海外领地地位的法律第13-12条举行的瓦利斯群岛和富图纳群岛议会选举活动。

6. 根据《选举法典》第LO497条举行的圣巴尔代莱弥地方委

员会选举活动,根据该法典第 LO495 条举行的地方委员会主席、执行委员会成员的选举以及由于地方委员会成员被命令辞职引发的争议。

7. 根据该法典第 LO524 条举行的圣马尔旦地方委员会选举活动,根据该法典第 LO522 条举行的地方委员会主席、执行委员会成员的选举以及由于地方委员会成员被命令辞职引发的争议。

8. 根据该法典第 LO552 条举行的圣皮埃尔岛和密克隆岛地方委员会选举活动,根据该法典第 LO550 条举行的地方委员会主席执行委员会成员的选举以及由于地方委员会成员被命令辞职引发的争议。

9. 领事参赞、领事代表以及在外法国人大会的参赞的选举活动。

10. 根据《宪法》第 72-4 和 73 条组织的咨询活动。

第 L311-4 条　依据下列规范,最高行政法院一审管辖对下列活动提起的完全管辖权之诉,最高行政法院对下述案件的判决为终审判决:

1.《货币与财政法典》第 L612-16 条第 IV 点关于"决策与审慎监管局"作出的处罚决定的争议;

2.《建设与住房法典》第 L313-13 条关于负责住房的部长作出的处罚决定的争议;

3.《电信和邮政法典》第 L5-3 和 L36-11 条关于"电信和邮政规制监管局"作出的处罚决定的争议;

4.(撤销)

5. 1986年9月30日第86-1067号法律第42-8条关于"视听高级委员会"根据该法第42-1、42-3和42-4条作出的决定的争议；

6. 1996年7月2日第96-597号法律第71条关于"金融市场监管局"针对投资服务行业的经营者作出的处罚决定的争议；

7.《货币与财政法典》第623-3条；

8.《体育法典》第L232-24和L241-8条；

9. 2000年2月10日第2000-108号法律第40条；

10. 2009年12月8日第2009-1503号关于铁路交通组织与规制的法律第17条关于"铁路工作规制管理局"作出的处罚决定引发的争议。

第L311-5条 最高行政法院有权一审管辖基层行政法院适用本法典第L212-2条作出的决定，最高行政法院的判决为终审判决。

第L311-6条 作为本法典对行政审判机关一审管辖权规定的例外，下列法律规定的情况可以通过仲裁解决：

1.《政府采购法典》第132条重述的1906年4月17日关于1906年财政年度收支预算的法律第69条；

2. 1975年7月9日第75-596号关于民事诉讼改革的法律第7条；

3.《研究法典》第L321-4条；

4. 1982年12月30日第86-1153号关于内部交通方针的法律第25条；

5. 1986年8月19日第86-972号关于地方行政区的法律第

9条；

6. 1990年7月2日第90-568号关于电信和邮政公共服务的组织的法律第28条；

7. 1995年8月3日第95-877号关于吸纳欧共体于1993年3月15日作出的93/7号指令(关于返还从各成员国非法离境的文物的指令)的法律第24条；

8. 1997年2月13日第97-135号关于创建"法国铁路网"以更新法国铁路交通的法律第3条。

第L311-7条 根据2004年2月17日第2004-192号关于法属波利尼西亚自治地位的法律，最高行政法院有权一审管辖下述案件，最高行政法院对下述案件的判决为终审判决：

1. 法属波利尼西亚议会内部规章引发的争议；

2. 上述组织法第70和82条规定的争议；

3. 上述组织法第116和117条规定的争议；

4. 上述组织法第140条规定的行为所引发的特别诉讼争议；

5. 上述组织法第159条规定的关于组织地方全民公投的决议所引发的争议。

第L311-8条 根据《地方行政区基本法典》第LO3445-5、LO3445-7、LO4435-5、LO4435-7条，最高行政法院有权一审管辖各海外大区和海外省的议会根据《宪法》第73条第2、3款作出的决定所引发的诉讼争议。最高行政法院对此类案件的判决为终审判决。

第L311-9条 (根据2010年12月7日第2010-1487号法律第14条被废止)

第 L311-10 条 根据《地方行政区基本法典》第 LO6243-1、LO6251-7 和 LO6251-9 条,最高行政法院有权一审管辖圣巴尔代莱弥地方委员会作出的决定所引发的诉讼争议。最高行政法院对此类案件的判决为终审判决。

第 L311-11 条 根据《地方行政区基本法典》第 LO6343-1、LO6351-7 和 LO6351-9 条,最高行政法院有权一审管辖圣马尔旦地方委员会作出的决定所引发的诉讼争议。最高行政法院对此类案件的判决为终审判决。

第 L311-12 条 根据《地方行政区基本法典》第 LO6451-7 和 LO6451-9 条,最高行政法院有权一审管辖圣皮埃尔岛和密克隆岛地方委员会作出的决定所引发的诉讼争议。最高行政法院对此类案件的判决为终审判决。

规章部分

第 R311-1 条 最高行政法院有权一审管辖下述案件,最高行政法院对此类案件的判决为终审判决:

1. 对行政法规和共和国总统颁布的法令不满提起的争议;

2. 对具有普遍效力的通函和训令以及部长或其他全国性管理机关发布的规章不满提起的争议;

3. 对总统根据《宪法》第 13 条(第 3 款)和 1958 年 11 月 28 日第 58-1136 号关于国家文职和军职人员的任命的法令的第 1、2 条作出的任命所引发的争议;

4. 对下列机关以监管和规制为目的作出的决定不满引发的

争议：

— 法国反兴奋剂中心；

— 决策与审慎监管局；

— 竞争监管局；

— 金融市场监管局；

— 电信和邮政规制监管局；

— 网络博彩规制监管局；

— 铁路交通规制监管局；

— 核能安全监管局；

— 能源规制委员会；

— 视听高级委员会；

— 国家信息与自由委员会；

— 国家安全拦截监督委员会；

— 国家商业治理委员会；

5. 由于行政审判机关审限过长提起的国家赔偿诉讼；

6. 对由最高行政法院一审并终审管辖的行为进行合法性评估和解释的诉讼；

7. 对部长在监管经济集中化时作出的决定不满提起的诉讼。

第 R311-2 条 巴黎上诉行政法院有权一审管辖对负责劳动就业的部长根据《劳动法典》第 L2122-11 条作出的涉及工会组织代表性的部长令不满提起的争议，巴黎上诉行政法院对该类案件的判决为终审判决。

第二章 基层行政法院的地域管辖权

法律部分

（无）

规章部分

第一节 原则

第 R312-1 条 作出被诉行为或签订被诉合同的行政机关所在地的基层行政法院对其享有地域管辖权,不论该行为或合同是该机关亲自作出或签订还是委托他人作出或签订。若被诉行为是由多个行政机关联署作出,那么被诉行为文件中最先署名的行政机关所在地的基层行政法院享有地域管辖权。本章第二节或其他规范文件的不同规定除外。

若原告首先启动前置救济制度,然后再诉至基层行政法院,那么应该根据原争议行政行为来判断由哪所基层行政法院拥有地域管辖权,该原争议行政行为即为被提交至前置行政救济制度或向另一所无管辖权的审判机关提起诉讼的争议行政行为。本章第二节或其他规范文件的不同规定除外。

第 R312-2 条 除涉及合同的争议外,其他争议的地域管辖权规则不容许例外情况,不能根据住所所在地确定或双方当事人协商确定。

在未适用第R351-3条规定的移送的前提下，若当事人在一审的预审结束前未提出用来支撑地域管辖权异议的某事由，那么此后当事人再不能提出该事由，并且上诉审法官或复核审法官也无权主动提出该事由。

第R312-3条 对主诉拥有地域管辖权的基层行政法院同样有权管辖与主诉相关的关联诉讼、附属诉讼或反诉，只要其属于基层行政法院的受案范围；其同样有权管辖属于行政诉讼受案范围的例外案件。

第R312-4条 对一个行为拥有地域管辖权的基层行政法院有权管辖对该行为提起的解释诉讼和合法性评估诉讼。

第R312-5条 基层行政法院根据管辖权规定受理案件之后，若基层行政法院院长认为本院的一名成员会影响本院的中立性或存在其他的客观理由表明该成员可能会影响本院的中立性，那么基层行政法院院长应该将案件移送至最高行政法院诉讼组组长，由其指定一所行政审判机关管辖。

第二节 例外

第R312-6条 基层行政法院有权管辖关于确定战斗人员、越狱者、被关押于集中营者、抵抗运动成员的身份的诉讼以及与上述身份带来的利益相关的诉讼。具体根据相关利益的受益人或申请人在提起诉讼时的居住地来确定。

下列诉讼也根据上一款的规定处理：

1. 与各种勋章相关的诉讼；
2. 与保护性职业相关的诉讼；但若对一项任命不满，认为其侵犯了保护性职业立法保护的对象的利益时，引发的诉讼由被诉任命行为所任命的人员的分派地的基层行政法院管辖，但该管辖权规定不得违反第 R312-12 条的规定。

第 R312-7 条 基层行政法院对与下述相关的诉讼的地域管辖权按照涉案不动产所在地确定：宣布存在公共利益、公产、不动产的划拨、土地的合并、城市规划、居住、建筑许可证、建筑改造许可证或建筑拆除许可证、对遗迹和景点的分级以及所有与不动产相关的诉讼。

征用征收行为也同样适用上述规定，基层行政法院的地域管辖权根据被征用征收的动产或不动产在征用征收时的所在地来确定。

第 R312-8 条 基层行政法院有权管辖行政机关运用警察权对行政相对人作出的具体行政行为所引发的诉讼，其地域管辖权根据被诉具体行政行为的行政相对人在该行为作出时的住所地确定。

上一款构成了第 R312-1 条对管辖权规定的例外，但该例外不得适用于由部长作出的对外国侨民驱逐出境的决定、确定该侨民遣返国的决定、为驱逐出境的外国侨民指定住处的决定以及为禁止入境的外国侨民指定住处的决定，该禁止入境的决定由司法审判机关作出，且相对人不得起诉。

第 R312-9 条 基层行政法院有权管辖下列人员通过选举或任命而担任职务所引发的争议：议会议员、行政系统或组织的成员、职业系统或组织的成员。其地域管辖权根据相关议会、系统或组织的所在地确定。但是，对议会选举的初选的争议，若该争议的具体类型属于行政诉讼的管辖范围，则根据举行初选的省确定地域管辖权。

第 R312-10 条 基层行政法院有权管辖对某种职业活动进行规范的立法引发的争议，特别是关于自由职业、农业、工商业、对价格的管制、对工作的管制、对雇员的保护或代表，并有权管辖行政机关根据上述立法作出的处罚决定所引发的争议，前提是该处罚决定不属于抽象行政行为。具体根据提起诉讼的职业机构所在地、职业地域所在地或任职地来确定地域管辖权。

对于上述争议，若被诉行为为抽象行政行为并且该抽象行政行为仅在一所基层行政法院的管辖地域内实施，那么该基层行政法院有权管辖该抽象行政行为所引发的争议。

作为本条第1款规定的例外，行政机关根据《劳动法典》第二部分第三编第一、二、三卷的规定作出的关于企业员工的代表机构的成员的选举和组成的决定由基层行政法院管辖，但其地域管辖权根据涉案企业所在地确定。

第 R312-11 条 基层行政法院有权管辖关于合同、准合同或特许协议的争议，其地域管辖权根据涉案合同、准合同或特许协议的履行地确定。若涉案合同的履行地超出了单所基层行政法院的管辖地域，或者涉案合同中未明确规定合同履行地，基层行政法院的地域管辖权根据合同的公共机关当事人所在地确定，或者根据签订了合同的并且在合同上最先署名的公共机关所在地确定，除非该合同的签订还需要上级机关的批准。

但是，在不违背公共利益的前提下，合同当事人可以约定将产生的争议提交给一所依上款条文确定的基层行政法院之外的另一所基层行政法院管辖，该约定可在原始合同中载明也可在争议发生之前通过补充协定载明。

第 R312-12 条 基层行政法院有权管辖涉及国家或其他公法人的公务员或工作人员以及法国银行的工作人员或雇佣人员的个人性命令的争议，其地域管辖权根据被诉行政命令所指向的公务员或工作人员任职的地点来确定。

若上述命令的内容为任命或改派任职，则地域管辖权根据新任职地点来确定。

若上述命令的内容为撤职、准许退休或通过其他方式导致职业活动的停止，或者该命令的对象为一位原公务员或原工作人员，或者一位在命令发布时没有被分派职位的公务员或工作人员，其地域管辖权根据其最后任职地点来确定。

若上述命令的对象涉及一个群体（特别是晋升表、年度能力表、考试委员会的工作记录、以及具有牵连性的任命、晋升或调职），或者该命令的对象的任职地涵盖多所基层行政法院的管辖地域，其地域管辖权根据被诉命令的作出机关所在地确定。

第 R312-13 条 基层行政法院有权管辖与地方行政区工作人员的养老金相关的争议，其地域管辖权根据涉案工作人员退休时所在的公法人所在地来确定。

对于其他属于基层行政法院管辖的养老金争议，地域管辖权根据养老金的拨付地点，若无拨付地点或拒绝拨付养老金，地域管辖权根据申请人提起诉讼时的住所地确定。

第 R312-14 条 对于基于违反合同或违反准合同之外的其他原因引发的针对国家、其他公法人或管理公共服务的私立机构的赔偿诉讼：

1. 若其主张的损害由一个行政行为引起，并且该行政行为属于基层行政法院撤销之诉的受案范围，那么该赔偿诉讼由同一所基层行政法院管辖；

2. 若其主张的损害为公共工程引起的损害，或为交通事故引起的损害，或为一个行政行为或行政事实引起的损害，那么该赔偿诉讼由损害发生地的基层行政法院管辖；

3. 其他情况下，赔偿诉讼由赔偿请求人在提起赔偿请求时的住所地（自然人）或所在地（法人）的基层行政法院管辖，若有多名赔偿请求人，则根据第一位赔偿请求人的住所地（自然人）或所在地（法人）确定。

第 R312-14-1 条 基层行政法院有权管辖对"国家医疗事故、医源性疾病和医疗感染赔偿中心"作出的拒绝赔偿的决定不满或对其赔偿的数额不满并根据《公共健康法典》第 L1221-14 条提起的诉讼，其地域管辖权根据赔偿请求人的住所地来确定。

第 R312-14-2 条 基层行政法院有权管辖 2010 年 1 月 5 日第 2010-2 号法律第 4 条第 III 点规定的关于确认法国核试验受害者并给予赔偿的决定所引发的争议，其地域管辖权根据请求人在提出请求时的住所地来确定。

第 R312-15 条 在不违背第 R312-6 和 L312-14 条的前提下，基层行政法院有权管辖所有除国家之外的公法人以及所有公共或私立机关，特别是负责行政监督或监管的公共或私立机关的组织或运作所引发的争议，其地域管辖权根据涉案公法人或机关所在地来确定。

第 R312-16 条 基层行政法院有权管辖在适用《劳动法典》第 L8253-1 和 L8253-7 条规定的特别份额时引发的争议，以及在适用《外国人入境、居留及避难权法典》第 L626-1 条规定的包干份额时引发的争议，其地域管辖权根据违法行为发生地确定。

第 R312-17 条 基层行政法院有权管辖体育协会对自然人或法人行使其公权力时作出的具体行政行为所引发的争议，其地域管辖权根据具体行政行为作出时原告的住所地（自然人）或所在地（法人）确定。

第 R312-18 条 南特基层行政法院有权管辖各领事馆拒绝发放进入法兰西共和国国境的签证的决定。

作为第 R312-1 条第 2 款对管辖权规定的例外，南特基层行政法院有权管辖负责归化（法国籍）的部长根据 1993 年 12 月 30 日第 93-1362 号行政法规第 45 条作出的决定所引发的争议。

第 R312-19 条 对于第 R312-1 条和第 R312-6 条到第 R312-18 条的规定没有涵括的争议，由巴黎基层行政法院管辖。

第二卷　上诉管辖权

第一章　基于案件内容的管辖权

法律部分

第 L321-1 条 上诉行政法院有权管辖基层行政法院作出的一审裁判。为了更好地管理行政审判活动而特别授权最高行政法院管辖的情况以及第 L552-1 和 L552-2 条规定的情况除外。

第 L321-2 条 若法律无其他规定，最高行政法院管辖所有不满其他行政审判机关作出的一审裁判提起的上诉。

规章部分

第 R321-1 条 最高行政法院有权管辖对下列裁判不满提起的上诉：基层行政法院受理起诉作出的裁判、基层行政法院接收司法审判机关移送案件作出的裁判以及基层行政法院对市镇选举和区选举引发的争议作出的裁判。

第 R321-2 条 对"海上俘获委员会"作出的决定不满提起的上诉仍然按照其内部规定处理。

第二章 上诉行政法院的地域管辖权

法律部分

（无）

规章部分

第 R322-1 条 对基层行政法院的裁判不满提起的上诉，或对"海外法国人赔偿争议委员会"作出的决定不满提起的上诉，都由该基层行政法院或该委员会所在地的上诉行政法院管辖。

第 R322-2 条 上诉行政法院的地域管辖权的确定属于职权调查的问题。

第 R322-3 条 上诉行政法院根据管辖权规定受理案件之后，若上诉行政法院院长认为本院的一名成员会影响本院的中立性或存在其他的客观理由表明该成员可能会影响本院的中立性，那么上诉行政法院院长应该将案件移送至最高行政法院诉讼组组长，由其指定一所行政审判机关管辖。

第三卷 作为复核审法院的最高行政法院

法律部分

第 L331-1 条 仅最高行政法院有权复核审所有行政审判机关作出的终审裁判。

规章部分

（无）

第四卷 关联性

法律部分

（无）

规章部分

第一章 基层行政法院一审管辖的案件与最高行政法院一审管辖的案件之间的关联性

第 R341-1 条 若最高行政法院受理了归其一审管辖的案件，

那么最高行政法院同样有权管辖与该案件有关联的诉讼请求,即便此诉讼请求本应属于基层行政法院一审管辖。

第 R341-2 条 若基层行政法院受理了归其一审管辖的案件,但与该案件有关联的诉讼请求属于最高行政法院一审并终审的管辖范围,并且与该案件有关联的诉讼请求已经提交至最高行政法院,那么基层行政法院院长应该将其受理的案件移送至最高行政法院。

此时,最高行政法院诉讼组组长裁定将本由基层行政法院管辖的案件移送至最高行政法院,由相关的诉讼小组受理。

第 R341-3 条 若基层行政法院受理的诉讼请求虽可区分但又相互关联,其中一部分属于基层行政法院管辖权范围,另一部分属于最高行政法院一审并终审管辖权范围,那么基层行政法院院长应该将全部案件移送至最高行政法院。

第 R341-4 条 上述第 R341-2 和 R341-3 条规定的情况下,下述的第 R351-2、R351-6 和 R351-7 条同样适用。

第二章 两所基层行政法院管辖的案件之间的关联性

第 R342-1 条 受理了一起归其地域管辖的案件的基层行政法院同样有权管辖与该案件有关联的诉讼请求,即便此诉讼请求本应属于其他基层行政法院地域管辖。

第 R342-2 条 若两所基层行政法院同时受理虽可区分但又相互关联的诉讼请求,并且分别属于各基层行政法院的地域管辖权范围,那么应该由两所基层行政法院的任意一所的院长向最高行政法院诉讼组组长提出请求,并呈送诉讼材料。

最高行政法院诉讼组组长裁定要求另一所基层行政法院的院长将其受理的诉讼材料呈送给最高行政法院诉讼组组长。

第 R342-3 条 最高行政法院诉讼组组长认定是否存在关联性，并决定由哪一所或哪几所行政审判机关管辖各诉讼请求。第 R351-2、R351-6 和 R351-7 条在此同样适用。

第三章 上诉行政法院管辖的案件与最高行政法院上诉管辖的案件之间的关联性

第 R343-1 条 若最高行政法院受理了归其上诉管辖的案件，那么最高行政法院同样有权管辖与该案件有关联的诉讼请求，即便此诉讼请求本应属于上诉行政法院上诉管辖。

第 R343-2 条 若上诉行政法院受理了归其一审管辖的案件，但与该案件有关联的诉讼请求属于最高行政法院上诉审的管辖范围，并且与该案件有关联的诉讼请求已经提交至最高行政法院，那么上诉行政法院院长应该将其受理的案件移送至最高行政法院。

此时，最高行政法院诉讼组组长裁定将本归上诉行政法院管辖的案件移送至最高行政法院，由相关的诉讼小组受理。

第 R343-3 条 若上诉行政法院受理的诉讼请求虽可区分但又相互关联，其中一部分属于上诉行政法院管辖权范围，另一部分属于最高行政法院上诉审管辖权范围，那么基层行政法院院长应该将全部案件移送至最高行政法院。

第 R343-4 条 上述第 R343-2 和 R343-3 条规定的情况下，第 R351-2 和第 R351-4 至 R351-7 条同样适用。

第四章 两所上诉行政法院管辖的案件之间的关联性

第 R344-1 条 受理了一起归其地域管辖的案件的上诉行政法院同样有权管辖与该案件有关联的诉讼请求，即便此诉讼请求本应属于其他上诉行政法院地域管辖。

第 R344-2 条 若两所上诉行政法院同时受理虽可区分但又相互关联的诉讼请求，并且分别属于这两所上诉行政法院地域管辖，那么应该由这两所上诉行政法院的任意一所的院长向最高行政法院诉讼组组长提出请求，并呈送诉讼材料。

最高行政法院诉讼组组长裁定要求另一所上诉行政法院的院长将其受理的诉讼材料呈送给最高行政法院诉讼组组长。

第 R344-3 条 最高行政法院诉讼组组长认定是否存在关联性，并决定由哪一所或哪几所行政审判机关管辖各诉讼请求。第 R351-2 条和第 R351-4 至 R351-7 条在此同样适用。

第五卷 管辖权争议的解决

法律部分

（无）

规章部分

第 R351-1 条 若最高行政法院受理了本属于其他行政审判

机关管辖的案件，在不违反第 R351-4 条的前提下，由负责对诉讼材料进行预审的诉讼小组向诉讼组组长提出请求，由诉讼组组长判断管辖权的归属，若其认为有必要，可以将案件整体地或部分地移送至一所其认为拥有管辖权的行政审判机关。

第 R351-2 条 若一所上诉行政法院或一所基层行政法院受理了一起其认为可能应该由最高行政法院管辖的案件，那么该法院的院长应该立即将诉讼材料呈送最高行政法院，由最高行政法院对案件实施预审。若预审认为该案全部或部分归属另一所行政审判机关管辖，那么负责预审的诉讼小组应该向诉讼组组长提出请求，由诉讼组组长判断管辖权的归属，若其认为有必要，可以将案件整体地或部分地移送至一所其认为拥有管辖权的行政审判机关。

第 R351-3 条 若一所上诉行政法院或一所基层行政法院受理了一起其认为可能应该由除最高行政法院之外的其他行政审判机关管辖的案件，那么该法院的院长或其委托的法官应该立即将案件材料移送给其认为拥有管辖权的行政审判机关。

但是若存在特殊的困难，其可以立即将诉讼材料呈送最高行政法院诉讼组组长，由其判断管辖权归属并将案件整体地或部分地移送至一所其认为拥有管辖权的行政审判机关。

第 R351-4 条 若基层行政法院、上诉行政法院或最高行政法院受理全部或部分属于某一所行政审判机关管辖范围的诉讼请求,尽管有关于管辖权分配的规则,但基层行政法院、上诉行政法院或最高行政法院根据具体情况,若其诉讼请求明显不可受理且这种不可受理性不可治愈,则有权在起诉时直接驳回起诉,或者确认其全部或部分诉讼请求不存在可裁判的内容。

第 R351-5 条 若最高行政法院受理全部或部分属于某一所除基层行政法院和上诉行政审判机关之外的其他行政审判机关管辖范围的诉讼请求,尽管有关于管辖权分配的规则,但若其诉讼请求明显不可受理且这种不可受理性不可治愈,最高行政法院有权在起诉时直接驳回起诉,或者确认其全部或部分诉讼请求不存在可裁判的内容。

第 R351-6 条 最高行政法院诉讼组组长、上诉行政法院院长和基层行政法院院长根据第 R312-5、R322-3、R341-2、R341-3、R342-2、R343-2、R343-3、R344-2 条、第 R344-3 至 R351-3 条、第 R351-6 条第 2 款、第 R351-8 条作出的决定应该立即通知各方当事人。上述决定以裁定的形式作出,无需说明理由,并且不可诉。上述决定无既判力。

若根据第 R351-3 条第 1 款将一起案件的诉讼材料移送至一所基层行政法院或上诉行政法院,但该院院长认为本院并无管辖权,其应该在收到材料之日起 3 个月内将诉讼材料移送至最高行政法院诉讼组组长,由其决定管辖权的归属并将案件整体地或部分地移送至一所其认为拥有管辖权的行政审判机关。

若根据第 R351-3 条第 1 款将一起案件的诉讼材料移送至除基层行政法院和上诉行政法院之外的其他行政审判机关，但该行政审判机关的负责人认为本机关并无管辖权，其应该在收到材料之日起 3 个月内将诉讼材料移送至最高行政法院诉讼组组长，由其决定管辖权的归属并将案件整体地或部分地移送至一所其认为拥有管辖权的行政审判机关。

第 R351-7 条 案件移送前在原审判机关完成的诉讼程序待案件移送后仍然有效，除非由于新审判机关规定有特殊的程序规则，需要据此对在原审判机关完成的诉讼程序进行调整。

第 R351-8 条 若为了更好地管理行政审判活动，最高行政法院诉讼组组长有权主动或应基层行政法院院长、上诉行政法院院长的请求将一起或多起案件授予给其指定的审判机关管辖，该授予管辖权的决定以裁定的形式作出，但无需说明理由，且不可诉。

第 R351-9 条 若根据第 R351-3 条第 1 款一起案件被移送至一所行政审判机关，并且该接受移送的行政审判机关并未适用第 R351-6 条第 2 款的规定或已经被最高行政法院诉讼组组长宣布对该案拥有管辖权，那么无论是接受移送的行政审判机关自己，还是各方当事人，还是上诉审法官或复核审法官都无权争议该接受移送的行政审判机关对该案件的管辖权，除非上述主体提出该案不属于行政诉讼的受案范围。

第四编 一审起诉

法律部分

（无）

规章部分

第一卷 诉讼状

第一章 起诉

第 R411-1 条 向行政审判机关起诉需要提交诉讼状。诉讼状中应该载明各方当事人的姓名和住址。诉讼状包括对事实和理由的陈述，以及向法官提出的诉讼请求。

若诉讼状中未陈述任何的理由，其必须在诉讼时效截止前向法院提交一份包括了一项或数项理由的补充诉讼状，该诉讼状才得到补正变得合法有效。

第 R411-2 条 若原告的起诉属于《税务基本法典》第 1635（次 Q）条规定的应缴纳用于开展法律援助的捐税的情况，并且原告未缴纳该税，那么不得受理该原告的诉讼状。

上述不可受理的情况在诉讼时效截止后仍然可补正。若原告能够证明其已经提交了诉讼援助的申请，那么在对该申请作出最终决定时，他的诉讼状即得到补正变得合法有效。

作为第L612-1条第1款的例外，若原告在事前未提出补正诉讼状中的不足，并且在被诉行政行为决定书中已经载明了起诉时应该缴纳用于开展法律援助的捐税，否则就要证明已经提交了司法援助的申请，或者诉讼状是由律师提交的，那么行政审判机关可以依职权驳回依第1款不得受理的诉讼状。

第R411-2-1条 若原告证明其在一审起诉时已经缴纳用于法律援助的捐税，那么其在依第L911-4或L911-5条提出执行请求、提出对判决进行解释的请求或在裁定无管辖权后另行起诉时，应该免缴该捐税。

若原告在提起主诉的同时，以同样的事实为基础根据本法典第五编第三卷附带性地提起一项紧急诉讼，那么原告也只需缴纳一次用于法律援助的捐税。

第R411-3条 提交诉讼状时应该一同提交数份副本，副本的数量应该等于其他涉案当事人的数量再另加2本副本。否则不得受理该诉讼状。

第R411-4条 若有必要，审判庭庭长或最高行政法院负责案件预审的诉讼小组的组长可要求当事人补充提交更多的副本。

第R411-5条 若一份诉讼状是由多名自然人或法人提交，原告方的唯一代理人也应该在诉讼状上签字，除非该诉讼状已由通过合法方式任命的一位委托人签字。

否则，书记室就自动视诉讼状上的第一位签字人为上一款所述的唯一代理人，除非其他签字人在他们中任命一位唯一代理人并通知行政审判机关。

第 R411-6 条 程序性行为应该以第 R411-5 条所述的委托人或唯一代理人为执行对象，第 R751-1 至第 L751-4 条规定的决定的通知行为除外。

第 R411-7 条 不服与城市规划相关的文件或不服关于占用或使用土地的决定而提起的诉讼由《城市规划法典》第 R600-1 条规范，该条内容转录如下：

"第 R600-1 条 若不服城市规划许可证、关于事前声明无异议的决定或建筑许可证、建筑改造许可证或建筑拆除许可证提起省长诉讼或行政诉讼，省长或原告应该将其起诉的情况通知被诉行为的作出机关和上述许可的被许可人，否则起诉不得受理。若起诉要求撤销或修改关于城市规划许可证、关于事前声明无异议的决定或建筑许可证、建筑改造许可证或建筑拆除许可证的判决，同样需要履行上述的通知义务。若原告向行政机关提起救济，也同样需要履行上述的通知义务，否则，若行政机关拒绝了救济请求，原告再向行政审判机关提起的诉讼也不得受理。

上款规定的通知必须在提起省长诉讼或行政诉讼后的 15 整日内以带回执的挂号信形式发出。

投寄带回执的挂号信之日视为向作出被诉行为的机关以及被许可人发出通知的义务完成之日，具体日期应该由邮政服务机关出具关于投寄挂号信日期的证明来确定。"

第二章　附带或制作的文件

第 R412-1 条　诉讼状应该附带被诉行为的决定书,否则不得受理,除非原告提出证据证明无法提交该决定书。若是第 R421-2 条规定的情况,诉讼状应该附带能够证明向行政机关提出请求的日期的文件。

同时需根据第 R411-3 条规定的条件提交被诉行为的决定书或证明提出请求的文件的副本。

第 R412-2 条　当各方当事人根据各自的诉讼状和补充诉讼状的内容附带提交各类文书时,其应该同时编制一份详细的文件清单。各份附带文件应该提交与其他当事人数量相等的副本,再另加两份副本,除非附带文件的数量、体积或性质导致不可能提交如此多的副本。

第 R412-3 条　在最高行政法院,若附带文件因为其数量、体积或性质导致不可能制作如此多的副本,那么附带文件直接发送给各方当事人、诉讼秘书处或省政府。

若部长或各方当事人在指定的期限内未制作提交答辩状或答辩意见,最高行政法院应该直接根据上述副本进行审判。

各方当事人的律师有权在秘书处获取所有诉讼时制作的文件,无需缴纳费用。

第三章 提交诉讼状

第 R413-1 条 诉讼状应该提交或邮寄至书记室,除非其他规范有不同规定。

第 R413-2 条 若根据其他规定,诉讼状和附带文件被提交或邮寄至非书记室的其他办公室,该办公室的负责人应该在全部文件上盖章注明收到全部文件的日期后,将全部文件转送至书记室。

第 R413-3 条 根据下列条文在新喀里多尼亚和法属波利尼西亚提起的诉讼应该向最高行政法院或共和国的高级专员提交诉讼状:1999 年 3 月 19 日第 99-209 号关于新喀里多尼亚的组织法第 113、116、130 和 197 条,2004 年 2 月 27 日第 2004-192 号关于法属波利尼西亚自治地位的组织法第 82、116、117 和 123 条。

当向共和国高级专员提起诉讼时,高级专员应该在文件上盖章注明收到文件的日期,然后转送至最高行政法院诉讼秘书处。若原告提出请求,最高行政法院诉讼秘书处应该向其出具回执。

第 R413-4 条 若基层行政法院根据一项特别规定应该在一定的期限内作出裁判,那么在任何情况下,该期限都从书记室收到文件时起算。

第 R413-5 条 诉讼状由主任书记员登记,若在最高行政法院则由诉讼秘书登记。

此外,诉讼状和附带文件还必须盖章注明收到文件的日期。

第 R413-6 条 主任书记员应该向各方当事人出具一份证明,其中注明诉讼状到达书记室的日期,若在最高行政法院则由诉讼秘书出具该证明。若当事人提出请求，该证明也可以证明提交了各项补充诉讼状。

第二卷 时效

第 R421-1 条 除了关于公共工程的行政诉讼外，提起行政诉讼必须以一个行政法律行为为争议对象，并且必须在被诉行政法律行为通知或公布之日起 2 个月内提出。

第三人对下列具体行政行为享有诉权，诉讼时效从其以电子形式公布在《法兰西共和国公报》之日起算：

1. 关于公务员、公共机关工作人员、法官或军事人员的招募及个人情况的具体行政行为；

2. 关于 1984 年 1 月 11 日第 84-16 号关于国家公共机关章程的法律第 12 条所规定的各类咨询委员会成员的任命决定，不论该人员是通过选举担任还是职权任命的；

3. 负责经济事务的部长作出的在竞争领域的具体行政行为；

4. 独立行政机关或独立公共机关对法人作出的具体行政行为。

第 R421-2 条 除非法律或规章的相反规定，若有权机关对于一个申请保持沉默超过 2 个月，则视为拒绝该申请。

不服该默示行为的当事人有权在上一款规定的期限结束之日起的 2 个月内起诉。但是，若行政机关在本款规定的 2 个月的期限内作出明示的拒绝决定，则当事人的诉讼时效重新起算。

为了支撑提起的诉讼，应该通过各种可能的方式确定当事人向行政机关提出申请的时间。

第 R421-3 条　但是在下列情况下,只有在明示拒绝决定通知之日起的 2 个月时效经过之后,当事人的诉权才因超过诉讼时效而消失:

1. 被诉行为属于完全管辖权之诉范围内;

2. 被诉行为属于越权之诉范围内,并且必须在地方议会或任何其他集体机关作出决定或提出意见后才能作出;

3. 申请执行一项行政审判机关作出的裁判。

第 R421-4 条　第 R421-1 条至第 R421-3 条的规定并不禁止其他规范文件规定不同期限的特别时效。

第 R421-5 条　只有在被诉行为的通知书中已经载明救济途径和诉讼时效的情况下,诉讼时效才可作为抗辩理由。

第 R421-6 条　第 R421-1 条和第 R421-2 条第 2 款规定的 2 个月的诉讼时效在马约特岛基层行政法院、法属波利尼西亚基层行政法院、马塔乌图基层行政法院和新喀里多尼亚基层行政法院的诉讼中改为 3 个月。

第 R421-7 条　若原告居住在瓜德罗普岛、圭亚那、马尔提尼克、留尼汪岛、圣巴尔代莱弥、圣马尔旦、马约特岛、圣皮埃尔岛和密克隆岛、法属波利尼西亚、瓦利斯群岛和富图纳群岛、新喀里多尼亚或其他法属南半球和南极领地,并且该原告向法国本土的基层行政法院或最高行政法院起诉,那么第 R421-1 条规定的诉讼时效应该增加 1 个月。

若受案法院是巴斯特尔基层行政法院、法兰西堡基层行政院、卡宴基层行政法院、圣德尼基层行政法院、圣巴尔代莱弥基层行政法院、圣马尔旦基层行政法院、马约特岛基层行政法院、圣皮埃尔岛和密克隆岛基层行政法院、法属波利尼西亚基层行政法院、马塔乌图基层行政法院或新喀里多尼亚基层行政法院，并且原告不居住在上述各基层行政法院所在的地方行政区内，那么诉讼时效应该增加 1 个月。

对于居住在外国的原告，诉讼时效增加 2 个月。

但是那些根据特别法律有权向国家代表机构或国家在城市区、小区或行政区内的代表提交诉状的原告不享受由于距离原因增加的补充时效。

第三卷 各方当事人的代理

第一章 在基层行政法院代理各方当事人

第 R431-1 条 若一位当事人在基层行政法院由第 R431-2 条所述的一位委托人代理，则程序性行为应该以该委托人为执行对象，第 R751-3 条及之后的条文规定的决定的通知行为除外。

第 R431-2 条 若原告的诉讼请求是支付一笔金额、解除或减轻被宣称由自己负担的债务或者解决其他由合同产生的纠纷，那么诉讼状和补充诉讼状必须由律师或者最高行政法院和最高司法法院律师提交，否则不得受理。

若诉讼状和答辩状由一位委托人签字，即以该委托人的住址为联系地址。

第 R431-3 条 但是,第 R431-2 条第 1 款不适用于下列争议或行为:

1. 关于公共工程的争议、涉及公产合同的争议、交通违章的争议;

2. 关于直接税的争议,基于商贸总额计算的税的争议以及其他类似税的争议;

3. 关于对国家或其他公法人的公务员或工作人员以及法国银行的工作人员或雇佣人员的个人性命令的争议;

4. 关于养老金、社会救助、个人住房救助、保护性职业和对被遣返回国之人的赔偿的争议;

5. 被告为地方行政区、地方行政区管理的公共机构或公共健康机构的争议;

6. 执行一项确定判决的申请。

第 R431-4 条 对于不适用第 R431-2 条的案件,诉讼状和补充诉讼状必须由原告签字,若原告是法人,则由有权代表该法人的人签字。

第 R431-5 条 各方当事人也可由下列人员代理:

1. 第 R431-2 条规定的委托人;

2. 满足《环境法典》第 L142-3、L611-4、L621-4 条规定的条件,并根据此法典第 L141-1、L611-1、L621-1 或 L631-1 条获得授权同意的联合会,具体根据此法典第 R142-1 条至第 R142-9 条、第 R611-10、R621-10、R631-10 条规定的形式实施代理。

第 R431-6 条 在财税领域,纳税人的代理由《财税程序法典》第 R200-2 条规范,该条内容转录如下:

"第 R200-2 条 作为《行政诉讼法典》第 R431-4 条和第

R431-5 条的例外,向基层行政法院提交的诉讼状也可由第 R431-2 条规定的委托人之外的另一位委托人签署。此时,适用本卷第 R197-4 条。

原告只能向基层行政法院起诉争议那些其已经向行政机关提出异议的征税行为。

若行政机关根据第 R197-3 条第 a、b、c、d 点规定的形式瑕疵拒绝了原告提出的异议,那么其在向基层行政法院提起诉讼时可以修复这些瑕疵。

若原告提出异议时没有签字,行政机关也遗忘了要求其根据同一条的第 c 点补正,也依上一款规则处理。"

第 R431-7 条 国家的起诉、答辩或作为第三人应诉都可不用聘请律师。

第 R431-8 条 若未聘请代理人的原告的居住地在法国之外,其向一所基层行政法院起诉必须登记一个在该基层行政法院辖区内的居住地地址。

第 R431-9 条 由相关部长代表国家签署诉讼状、答辩状和第三人应诉状。本法典第 R431-10 条规定的内容除外,特殊规范授权另一机关签署的除外,特别是授权"国家医务管理中心"主任和公共医疗机构管理人员或者大区卫生机关负责人签署的除外。

部长可根据现行有效的规章规定的条件委托他人行使签字权。

此外,部长的职权可通过行政法规委托给下列人员:

1. 国家文职行政机关权力下放后的机关负责人,但限于 2004 年 4 月 29 日第 2004-374 号关于省长的权力、国家在省和大区之组织与服务的提供的行政法规的第 33 条列举的领域内；

2. 国防大区负责人、国防区负责人和其他的省长。

第 R431-10 条 当纠纷是由国家行政机关在省或大区的活动引发的，不论该纠纷的性质为何，国家都由省长代表答辩，2004 年 4 月 29 日第 2004-374 号关于省长的权力、国家在省和大区之组织与服务的提供的行政法规第 33 条规定的任务引发的纠纷除外。

在法属波利尼西亚和新喀里多尼亚基层行政法院，由负责海外事务的部长或其委托人，或者由高级专员或其委托人，代表国家签署诉讼状、答辩状和第三人应诉状。

在马约特岛、圣巴尔代莱弥、圣马尔旦和圣皮埃尔岛和密克隆岛基层行政法院，由负责海外事务的部长或其委托人，或者由国家代表或其委托人，代表国家签署诉讼状、答辩状和第三人应诉状。

在马塔乌图基层行政法院，由负责海外事务的部长或其委托人，或者由最高行政长官或其委托人，代表国家签署诉讼状、答辩状和第三人应诉状。

对于其他法属南半球和南极领地的诉讼，由最高行政长官或其委托人，代表国家或地方行政区签署诉讼状、答辩状和第三人应诉状。

第 R431-10-1 条 在根据 1993 年 12 月 30 日第 93-1362 号行政法规第 43、44 条作出的行政行为引发的纠纷中，作为第 R431-10 条的例外，国家由负责归化（法国籍）的部长代理进行答辩。

第一章（次） 在上诉行政法院代理各方当事人

第 R431-11 条 诉讼状和补充诉讼状必须由律师或者最高行

政法院和最高司法法院律师提交,否则不得受理。

但上一款不适用于越权之诉和提出执行一项最终判决的请求。

诉讼状和补充诉讼状由一位委托人签字即以该委托人的住址为联系地址。

第 R431-12 条　国家的起诉、答辩或作为第三人应诉都无需聘请律师。

由相关部长代表国家签署诉讼状、答辩状和第三人应诉状。

第 R431-13 条　此外,适用于基层行政法院的第 R431-1、R431-4、R431-5 条和第 R431-8 条也同样适用于上诉行政法院。

第二章　在最高行政法院代理各方当事人

第 R432-1 条　各方当事人的诉讼状和补充诉讼状必须由最高行政法院律师提交,否则不得受理。

诉讼状和补充诉讼状由律师签字即以该律师的住址为联系地址。

第 R432-2 条　但是,第 R432-1 条不适用于下列情况：

1. 对各类行政机关作出的行为提起越权之诉；
2. 提起合法性评估之诉；
3. 关于选举的争议；
4. 关于特许权或拒绝发放养老金的争议。

在上述情况下,诉讼状必须由相关当事人或其委托人签字。

第 R432-3 条　下列诉讼可以不用聘请最高行政法院和最高

司法法院律师；1999年3月19日关于新喀里多尼亚的组织法第113、116、130和197条规定的诉讼，以及2004年2月17日第2004-192号关于法属波利尼西亚自治地位的组织法第82、116、117和123条规定的诉讼。

第R432-4条 国家提起诉讼、答辩或作为第三人应诉都不用聘请最高行政法院律师。

当诉讼状或补充诉讼状不是由最高行政法院律师提交时，上述文书必须由相关部长或受该部长专门委托的公务员签署。

第四卷 法律援助

第R441-1条 若有必要，各方当事人可申请享受1991年7月10日第91-647号关于法律援助的法律规定的诉讼援助。

第五编 紧急审理

第一卷 紧急审法官

法律部分

第L511-1条 紧急审法官通过发布临时性措施裁决案件。其不受理主诉，且应在尽量短的时间内作出裁决。

第 L511-2 条 基层行政法院院长和上诉行政法院院长担任紧急审法官,其也可专门委托其他法官担任,接受委托的法官必须至少拥有 2 年的年资并且至少拥有一等行政法官的职称。

对于由最高行政法院管辖的案件,诉讼组组长担任紧急审法官,其也可专门委托其他最高行政法官担任。

规章部分

(无)

第二卷 紧急审法官在紧急情况下进行裁决

法律部分

第一章 职权

第 L521-1 条 原告起诉要求撤销或修改一项行政行为的,包括拒绝性行政行为,若在预审阶段原告提出了恰当理由并引起对被诉行政行为之合法性的严肃怀疑,并且由于存在紧急情况需要全部地或部分地暂停被诉行政行为的执行,那么在原告提出暂停请求的前提下,紧急审法官有权裁定全部地或部分地暂停被诉行政行为的执行。

作出暂停执行的裁定后,法官应该尽快对撤销或修改被诉行政行为的诉讼请求作出裁判。暂停效力最晚应该在法官对被诉行政行为的撤销或修改之诉作出裁判时结束。

第 L521-2 条 若公法人或负责管理公共服务的私立机构在行使其权力时对一项基本自由造成了严重且明显违法的伤害,在紧急情况下原告提起诉讼,紧急审法官有权裁定所有必要的措施保护该基本自由。紧急审法官应该在 48 小时之内作出裁决。

第 L521-3 条 在紧急情况下原告提起诉讼,紧急审法官有权裁定所有的有效措施,但不能妨碍任何行政法律行为的执行。即便诉讼之前并不存在一项行政法律行为,原告的起诉也仍然可以受理。

第 L521-3-1 条 未经授权占据"五十步几何区域"[①]不属于第 L521-3 条规定的紧急情况。

在强制驱离的情况下,负责执行法官判决的行政机关应该采取各种手段为无法国国土合法居留证件的住户另行安排住处。当住处另行安排后,法官即有权作出裁定拆除违法建筑。

第 L521-4 条 任何利害关系人都有权向紧急审法官提出存在新的情况,据此,紧急审法官有权在任何阶段修改或终止其在之前裁定的措施。

---

① 五十步几何区域(La zone des cinquante pas géométriques),其具体指留尼汪、瓜德罗普岛和马提尼克海外行省的沿海狭长地带。其具体海岸线的长度由相关法律法规划定,宽度若无特别规定则为 81.20 米。为了发展旅游业,1986 年 10 月 13 日的《沿海法》(*Loi Littoral*)将"五十步几何区域"划归沿海公产,以保障其能够满足公共用途,但 1989 年 10 月 13 日行政法规又授权国家法人将 1986 年之前已经被私人占据的部分地域出让给私人,前提是其所占据的地域已经有了基本的基础设施。今天,在"五十步几何区域"内仍然有许多无合法居留证件的家庭居住。——译者注

规章部分

（无）

第二章 程序

法律部分

第L522-1条 紧急审法官审理案件应该采用书面或口头的对抗式程序。

若紧急审法官决定采取、修改或终止第L521-1、L521-2条规定的措施,紧急审法官应该立即通知各方当事人公开庭审的时间。

庭审时不需要公共报告人发表意见,除非将案件移送至合议制审判庭审理。

第L522-2条（根据2003年12月22日第2003-1235号法令第2条被废止）

第L522-3条 若提起的诉讼没有表现出紧急情况,或者明显不属于行政诉讼受案范围,或者明显不可受理,或者明显缺乏根据,紧急审法官有权裁定驳回起诉,并说明驳回的理由,无需适用第L522-1条前两款的规定。

规章部分

第R522-1条 旨在请求法院采取紧急措施的诉讼状应该至少包括案件事实和理由的概要,并且应该证明本案存在紧急情况。

请求法院全部地或部分地暂停被诉行政法律行为的诉讼状应该单独撰写,其区别于请求法院撤销或修改被诉行政法律行为而撰写的诉讼状,提交暂停紧急审的诉讼状时也应该提交一份请求撤销或修改被诉行政法律行为而撰写的诉讼状的副本,否则不得受理。

第 R522-2 条 第 R612-1 条的规定不适用于此。

第 R522-3 条 诉讼状应该注明"紧急审",若由信封包裹诉讼状,那么信封上应该注明"紧急审"。若采用邮寄的方式提交诉讼状,则必须采用挂号信。

第 R522-4 条 诉讼状应该通知被告。

指定给各方当事人提交答辩意见的时限应该尽量压缩。各方当事人应该严格遵守时限,法院不会发送催告信,若指定时限内未提交,则其答辩意见将被忽略。

第 R522-5 条 请求紧急审法官根据第 L521-2 条采取措施的诉讼无需聘请律师。

对于其他的诉讼,若其涉及的争议属于无需聘请律师的争议,则也无需聘请律师。

提交答辩状或第三人应诉状也适用同样的规则。

第 R522-6 条 若紧急审法官受理了一项根据第 L521-1 条或第 L521-2 条提起的诉讼,则应该立即通过各种方式召集各方当事人举行庭审。

第 R522-7 条 当完成第 R522-4 条第 1 款规定的程序,并且各方当事人都被按规定的方式召集参加庭审以发表各自的辩论意见,案件即被视为正在审理。

第 R522-8 条 庭审结束后预审即完成,除非紧急审法官将预审结束的时间推迟,并通过各种方式告知各方当事人。若紧急审法官推迟预审结束的时间,原定于在庭审结束后至预审完成前当事人提交的补充意见应该直接发送给其他各方当事人,但是发送补充意见的当事人应该向法官证明自己的勤勉。

若案件被移送,重新举行庭审时预审重新进行。

第 R522-8-1 条　作为本法典第三编第五卷的例外,若紧急审法官认为案件不属于本行政审判机关管辖,则应该通过裁定驳回诉讼请求。

第 R522-9 条　第 R611-7 条规定的各方当事人的信息可以在庭审时补充。

第 R522-10 条　当适用第 L522-3 条时,第 R522-4、R522-6 条和第 R611-7 条的规定不适用。

第 R522-11 条　紧急审法官作出的裁定书中应该载入第七编第四卷第二章规定的内容。若有必要,裁定书应该载明第 R522-8 条和第 R522-9 条规定的适用情况,除非紧急审法官未撰写本应该由法官和负责庭审书记的工作人员签字的庭审记录,若如此则紧急审法官应该承担责任。

若庭审后案件被移送至合议制审判庭审理,原庭审记录应该整理后归入案件诉讼材料。

第 R522-12 条　裁定作出后应该通过各种方式立即通知各方当事人。

第 R522-13 条　被裁定科以义务的当事人收到裁定的通知书之日起裁定发生法律效力。

但是紧急审法官也可决定从其作出之日起裁定即拥有执

行力。

此外，若紧急情况表明确有必要，裁定的内容应该当场告知各方当事人，同时附带第 R751-1 条规定的执行表格。

第 R522-14 条 若紧急审法官裁定暂停执行了一项授予建筑许可证、建筑改造许可证或建筑拆除许可证的决定或暂停执行一项警察行为，应该立即将该裁定的副本送交享有地域管辖权的大审法院的共和国检察官。

若紧急审法官裁定暂停执行一项作为国库拨款凭据的行为，应该立即将该裁定的副本送交被暂停行为作出机关所在地的省的国库主计官。

修改或终止暂停措施的裁定也按照相同的规定送交。

若最高行政法院复核审撤销了紧急审法官暂停授予建筑许可证、建筑改造许可证、建筑拆除许可证的决定的裁定，或者复核审撤销了暂停一项警察行为的裁定，或者复核审撤销了暂停执行一项作为国库拨款凭据的行为的裁定，最高行政法院作出的该复核审撤销决定也按照相同的规定送交。

第三章　救济途径

法律部分

第 L523-1 条 根据第 L521-1、L521-3、L521-4 条和第 L522-3 条作出的裁定为终审裁定。

对于根据第 L521-2 条作出的裁定，当事人可以在通知之日起

15 日向最高行政法院上诉。此时,由最高行政法院诉讼组组长或专门委托的一位最高行政法官在 48 小时内裁决,若有必要,其可行使第 L521-4 条规定的权力。

规章部分

第 R523-1 条 对于紧急审法官根据第 L521-1、L521-3、L521-4 条和第 L522-3 条作出的裁定,必须在根据第 R522-12 条规定的通知之日起 15 日提起复核审。

第 R523-2 条 对于根据第 L522-3 条作出的裁定提起的复核审,最高行政法院应该在 1 个月内作出裁判。

第 R523-3 条 对于紧急审法官根据第 L521-2 条作出的裁定向最高行政法院诉讼组组长提起的上诉无需聘请律师,若有必要,可适用第二章关于程序的规定。

第三卷 紧急审法官认定事实或实施预审

法律部分

(无)

规章部分

第一章 认定事实

第 R531-1 条 若原告仅请求认定某项事实,紧急审法官有权指派一名专家，要求其立即对相关事实进行认定。该诉讼状可以不用律师提交，甚至不需要在诉讼之前存在一项行政法律行为。认定的相关事实可以被用来向审判机关提起某项争议。

对事实的认定意见应该立即通知可能的被告。

作为第R832-2条和第R832-3条规定的例外，此时第三人提出异议的期限为15日。

第R531-2条 第R621-3条至第R621-11条（其中第R621-9条除外）以及第R621-13条和第R621-14条可适用于第R531-1条规定的认定事实。

第二章 紧急预审

第R532-1条 仅需提交一份简单的诉讼状，紧急审法官即有权裁定进行各种有益的专家鉴定或裁定采取各种有效的预审措施，即便诉讼之前并不存在一项行政法律行为。

特别是在执行公共工程时，紧急审法官有权任命一位专家对可能受到损害的建筑物的情况进行记录，并且对该项公共工程造成损害的原因和范围进行记录。

若根据本章的规定提出的请求涉及无需聘请律师的争议，那么上述请求的提起也不用聘请律师。

第R532-2条 向紧急审法官提交的诉讼状应该立即通知可能的被告，并指定一个答辩期限。

第R532-3条 根据当事人或专家提出的请求，紧急审法官有权将专家鉴定的范围从原先裁定的各位当事人扩展至其他人员，或排除对原先裁定的当事人中的部分人员的怀疑。当事人必须在第一次鉴定会议之后 2 个月内提出该请求，专家则可在任何阶段提出该请求。

在满足同样的条件下，紧急审法官有权将专家鉴定的范围扩展至那些为了良好完成鉴定任务而必不可少的技术问题，或者相反，紧急审法官有权排除那些没有用处的研究，从而缩减专家鉴定的范围。

第 R532-4 条 紧急审法官只有在听取了各方当事人以及专家鉴定所涉及的人员关于扩展或缩减专家鉴定的范围是否有益的建议后才能允许根据第 R532-3 条提出的请求。

紧急审法官可以要求对上述请求所产生的问题在第 R621-8-1 条规定的会议上进行辩论，只要其认为适当。

第三章 救济途径

第 R533-1 条 基层行政法院院长或其委托人根据本卷的规定作出的裁定可以在裁定通知之后 15 日内被上诉至上诉行政法院。

第 R533-2 条 若基层行政法院院长或其委托人根据第 R532-1 条作出的一项裁定被上诉至上诉行政法院，该上诉行政法院院长或其委托的一位法官若认为该裁定会严重地伤害公共利益或上诉人的权利，则有权立即临时性地暂停该裁定的执行。

第 R533-3 条 上诉行政法院受理争议后，该上诉行政法院院长或其委托的法官有权行使第 R531-1 条和第 R532-1 条规定的权力。

上诉行政法院院长或其委托的法官作出的裁定可以在裁定通知之日起15日内被提起复核审。

第四卷 紧急审法官裁定保全

法律部分

(无)

规章部分

单章

第R541-1条 若一项债权存在与否并无严肃的争议,债权人有权起诉紧急审法官要求其为该债权裁定一项保全,即便债权人的诉讼并无实体性诉讼请求。紧急审法官可依职权要求债权人必须首先提供一份担保才裁定保全。

第R541-2条 向紧急审法官提交的诉讼状应该立即通知可能的被告,并指定一个答辩期限。

第R541-3条 基层行政法院院长或其委托人作出的裁定,可以在裁定通知之后15日内被上诉至上诉行政法院。

第R541-4条 若债权人并未就债权债务关系根据相关法律提起实体性的诉讼,被保全的当事人可向对该债权债务关系有实体管辖权的法官提起诉讼，请求最终确认相关债务的金额。该项诉讼必须在一审或上诉审作出的保全裁定的通知之日起 2 个月内提起。

第 R541-5 条　上诉行政法院受理争议后，该上诉行政法院院长或其委托的法官有权行使第 R531-1 条和第 R541-1 条规定的权力。

上诉行政法院院长或其委托的法官作出的裁定可以在裁定通知之日起 15 日内被提起复核审。

第 R541-6 条　上诉审法官或复核审法官有权裁定缓期执行紧急审法官作出的保全裁定，只要该保全裁定的执行有导致难以弥补之后果的危险，且在上诉审或复核审的预审阶段当事人提出了旨在支持撤销该保全裁定和驳回保全的严肃理由。

第五卷　对某些诉讼的特别规定

第一章　行政合同紧急审理

第一节　先合同紧急审理

第一小节　招标机关签订的合同

法律部分

第 R511-1 条　对于由招标机关签订的以建设公共工程、交付货物或提供服务为合同客体、以一定价款或开发权或经管公共服务的授权为经济性对价的行政合同，若该合同的签订没有满足其应当尊重的公开透明和强制竞争义务，则基层行政法院院长或受其委托的法官有权受理据此提出的相关诉讼。

法官有权在涉案合同签订之前受理。

第 L551-2 条 Ⅰ.法官有权裁定未尊重上述义务的行为人采取措施尊重该义务，并且有权裁定暂停所有与合同的签订相关的决定的执行，除非在考虑了上述措施所可能造成的全部损害特别是对公共利益的损害之后，法官认为上述措施所带来的消极影响可能大于积极影响。

此外，法官有权撤销与合同的签订相关的决定，并且有权删除那些拟载入合同文本但却违背上述义务的条款或规定。

Ⅱ.但是第Ⅰ条不得适用于涉及国防和安全领域签订的合同，国防与安全领域的具体范围由 2005 年 6 月 6 日第 2005-649 号关于部分不适用《公共采购法典》的公法人或私法人签订合同的法令第 2 条第 Ⅱ 点规定。

对于这类合同应该适用第 L551-6 条和第 L551-7 条的规定。

第 L551-3 条 基层行政法院院长或其委托的法官采用紧急审理的形式进行一审管辖，其作出的裁判也为终审裁判。

第 L551-4 条 向基层行政法院提起诉讼后合同即暂停签订，直到招标机关收到作出裁判的通知书。

规 章 部 分

第 R551-1 条 国家代表或原告有义务将提起诉讼的情况通

知招标机关。

应该在起诉的同时按照相同的方式进行通知。

招标机关收到通知之日视为完成通知义务之日。

第二小节　招标实体签订的合同

法律部分

第 L551-5 条　对于由招标实体签订的以建设公共工程、交付货物或提供服务为合同客体、以一定价款或开发权或经管公共服务的授权为经济性对价的行政合同,若该合同的签订没有满足其应当尊重的公开透明和强制竞争义务,则基层行政法院院长或受其委托的法官有权受理据此提出的相关诉讼。

法官有权在涉案合同签订之前受理。

第 L551-6 条　法官有权裁定未尊重上述义务的行为人在指定的期限内采取措施尊重该义务,并有权命令暂停执行所有与合同的签订相关的决定的执行。此外,法官有权裁定一项临时性的逾期罚款执行罚,从超过指定期限之日起实施。

临时性逾期罚款执行罚的罚金的收缴应该考虑行为人所采取的行动以及其在采取行动时所遇到的困难。

若在临时性执行罚收缴时,违反上述义务的情况仍未得到纠正,法官有权裁定一项永久性逾期罚款执行罚。此种情况下法官采用紧急审的形式作出裁判,提起上诉也按照对紧急审理的规定办理。

不论是临时性的还是永久性的逾期罚款执行罚都与任何损害

赔偿无关，不能与之折抵。若行为人是因为外部原因才未履行或迟延履行法官发布的命令，那么应该全部或部分地撤销该执行罚，不论其是临时性的还是永久性的。

第 L551-7 条　但是法官在考虑了上述措施所可能造成的全部损害特别是对公共利益的损害之后，若认为其所带来的消极影响可能大于积极影响，则可不采用第 L551-6 条规定的措施。

第 L551-8 条　基层行政法院院长或其委托法官采用紧急审理的形式进行一审管辖，其作出的裁判也为终审裁判。

第 L551-9 条　向基层行政法院提起诉讼后合同即暂停签订，直到招标实体收到作出裁判的通知书。

规章部分

第 R551-2 条　国家代表或原告有义务将提起诉讼的情况通知招标实体。

应该在起诉的同时按照相同的方式进行通知。

招标实体收到通知之日视为完成通知义务之日。

第三小节　共同条款

法律部分

第 L551-10 条　与合同的签订有利害关系并且可能因为合同签订违背公开透明和强制竞争义务而受到损害的人员有权提起第 L551-1 条和第 L551-5 条规定的诉讼，此外若涉案合同是由地方行政区或地方性的公共机构签订的，国家代表也可提起该诉讼。

对于由国家签订的合同,若欧盟委员会通知法国认为该合同的签订存在严重违背公开透明和强制竞争义务的行为,国家也可提起该诉讼。

第 L551-11 条　法官在一定期限届满之前不得作出裁判,该期限由规章规定。

第 L551-12 条　法官可依职权采取第 L551-2 条和第 L551-6 条规定的措施,但应该提前通知各方当事人,并邀请其按照规章规定的条件发表自己的意见。

规章部分

第 R551-3 条　在第 L551-10 条第 2 款规定的情况下,若合同由地方行政区签订,或由地方的公共机构签订,或由私法人为了上述公法人的利益签订,国家都由省长代表。

若涉及其他合同,国家则由相关部长代表。

第 R551-4 条　若法官希望依职权采取第 L551-2 条和第 L551-6 条规定的措施,其必须告知各方当事人,并要求各方当事人在指定的期限内表达自己的意见,若有必要,可举行庭审让各方当事人表达自己的意见。在最后一种情况下,适用第 R522-8 条的规定。

第 R551-5 条　基层行政法院院长或受其委托的法官应该在 20 日内裁判根据第 L551-1 条和第 L551-5 条提起的诉讼。

法官不得在 16 日内作出裁判,该期限从有权机关作出将合同授予给某位曾经投标的经济运营者或曾提出申请的经济运营者的决定之日起算。若招标机关或招标实体证明该授予合同的决定已经通过电子方式通知所有相关的经济运营者,则上述期限减少至11日。

若原告在第 L551-15 条第 1 款规定的合同签订之前提起诉讼,法官不得在 11 日内作出裁判,该期限从签订合同的意向公布之日起算。

第 R551-6 条 基层行政法院院长或受其委托的法官根据第 L551-2 条和第 L551-6 条作出的最终判决可在判决通知之日起 15 日内被诉至最高行政法院复核审。

只有当上述最终判决被诉至最高行政法院复核审时,才能对根据上述条文裁定的临时性措施提出争议。

第二节 合同紧急审理

第一小节 提起诉讼及诉讼的性质

法律部分

第 L551-13 条 第 L551-1 条和第 L551-5 条规定的合同签订后即可向基层行政法院院长或其委托的法官提起本节规定的诉讼。

第 L551-14 条 与合同的签订有利害关系并且可能因为合同签订违背公开透明和强制竞争义务而受到损害的人员有权提起第 L551-1 条和第 L551-5 条规定的诉讼,此外若涉案合同是由地方行政区或地方性的公共机构签订的,国家代表也可提起该诉讼。

但是只要涉案招标机关或招标实体在先合同紧急审时履行了

第 L551-4 条或第 L551-9 条规定的暂停义务，并且履行了先合同紧急审作出的裁判，那么提起第 L551-1 条和第 L551-5 条规定的诉讼的原告不得再提起本节规定的诉讼。

第 L551-15 条 本节规定的诉讼不适用于那些未要求承担提前公开义务的合同，即便相关招标机关或招标实体在合同签订之前主动公布了签订合同的意向，并在公布意向之后尊重了 11 日的期限，本节规定的诉讼仍然不适用。本节规定的诉讼不适用于那些虽被要求承担提前公开义务，但却未被要求承担将授予合同的决定告知落选人的义务的合同，即便相关招标机关或招标实体主动告知了落选人，本节规定的诉讼仍然不适用。

本节规定的诉讼同样不适用于以框架协议或以动态采购系统为基础签订的合同，即便相关招标机关或招标实体已经将授予合同的决定告知竞争合同者，并尊重了在告知决定与签订合同之间的 16 日期限（若决定通过电子方式告知所有竞争合同者，则该期限缩减至 11 日），本节规定的诉讼仍然不适用。

第 L551-16 条 提起本节规定的诉讼不得提出损害赔偿的诉讼请求，只有针对原诉提起的反诉中才可包括损害赔偿的诉讼请求。

规章部分

第 R551-7 条 本节规定的诉讼的诉讼时效为 31 日，从授予合同的信息公布之日起算，对于以框架协议或以动态采购系统为基础签订的合同，则从签订合同的通知之日起算。

若未如前款规定公布授予合同信息或通知签订合同，则本节规定的诉讼从合同签订的第 2 日起 6 个月内都可提起。

第 R551-8 条 若法官希望依职权采取第 L551-17 条至第 L551-20 条规定的措施，或根据第 L551-19 条至第 L551-22 条规定的条件作出罚款，其必须告知各方当事人，并要求各方当事人在指定的期限内表达自己的意见，若有必要，可举行庭审让各方当事人表达自己的意见。在最后一种情况下，适用第 R522-8 条的规定。

第 R551-9 条 基层行政法院院长或受其委托的法官应该在 1 个月内裁判根据第 L551-13 条提起的诉讼。

第 R551-10 条 基层行政法院院长或受其委托的法官根据第 L551-17 条至第 L551-20 条作出的最终判决可在判决通知之日起 15 日内被诉至最高行政法院复核审。

只有当上述最终判决被诉至最高行政法院复核审时，才能对根据上述条文裁定的临时性措施提出争议。

第二小节 法官的权力

法律部分

第 L551-17 条 基层行政法院院长或受其委托的法官有权裁定涉案合同在案件审理期内不得签订，除非在法官考虑了上述措施所可能造成的全部损害特别是对公共利益的损害之后，认为上述措施所带来的消极影响可能大于积极影响。

第 L551-18 条 若未采取任何措施履行合同的签订应当尊重的公开义务，或者未按照规定在《欧盟公报》上公布信息，法官有权宣布合同无效。

若以框架协议或以动态采购系统为基础的合同的签订没有尊重其应当尊重的竞争义务,法官有权宣布合同无效。

若在规定的授予合同的决定通知到所有曾经投标的经济运营者或曾提出申请的经济运营者之后的一段期限届满之前合同即被签订,或者在第 L551-4 条或第 L551-9 条规定的暂停期限内合同即被签订,并同时满足下面 2 个条件,法官即有权宣布合同无效:(1)对上述期限义务的违背导致原告无法行使第 L551-1 条和第 L551-5 条规定的救济权利;(2)对公开透明和强制竞争义务的违背影响了原告获得涉案合同的机会。

第 L551-19 条 但是,在第 L551-18 条规定的情况下,若法官认为宣布合同无效会与一项不能牺牲的公共利益相互冲突,为了对上述违背义务的行为进行惩罚,法官有权解除合同,或缩减合同的期限,或对相关招标机关或相关招标实体处以罚款。

此处的不能牺牲的公共利益不应该考虑经济利益,除非该合同的无效会导致不符合比例的后果,并且受损害的经济利益不属于合同旨在直接牟取的经济利益,或者合同的内容为公共服务委托合同,或者合同的无效会严重地威胁一项国防计划能否继续存在且该国防计划足够庞大以至于对于维护国家安全的利益至关重要。

第 L551-20 条 若合同在规定的授予合同的决定通知到所有曾经投标的经济运营者或曾提出申请的经济运营者之后的一段期限届满之前合同即被签订,或者在第 L551-4 条或第 L551-9 条规定的暂停期限内合同即被签订,法官有权宣布合同无效、解除合同、缩减合同期限或处以罚款。

第 L551-21 条 法官可依职权采取第 L551-17 条和第 L551-20 条规定的措施,但应该提前通知各方当事人,并邀请其按照规章规定的条件发表自己的意见。

法官处以罚款也同样如此处理。

第 L551-22 条 第 L551-19 条和第 L551-20 条规定的罚款的金额的确定,应该本着劝止的目的,符合比例,不能超过合同的税前价值的 20%。

罚款所得应该交付国库。

第 L551-23 条 基层行政法院院长或其委托的法官采用紧急审理的形式进行一审管辖,其作出的裁判也为终审裁判。

规章部分

(无)

第三节 关于新喀里多尼亚、法属波利尼西亚以及瓦利斯群岛和富图纳群岛的条款

法律部分

第 L551-24 条 在新喀里多尼亚、法属波利尼西亚以及瓦利斯群岛和富图纳群岛,根据当地相关规定签订的公共合同,若该合同的签订没有满足其应当满足的公开透明和强制竞争义务,则基层行政法院院长或受其委托的法官有权受理据此提出的相关争议。

与合同的签订有利害关系并且可能因为合同签订违背公开透

明和强制竞争义务而受到损害的人员有权提起该诉讼，若合同由或必须由地方行政区或地方性公共机构签订，则共和国高级专员也有权提起该诉讼。

基层行政法院院长有权在涉案合同签订之前受理。其有权裁定未尊重上述义务的行为人采取措施尊重该义务，并有权裁定暂停合同的签订或暂停与合同签订相关的决定的执行。其有权撤销这些决定，并且有权删除那些拟载入合同文本但却违背上述义务的条款或规定。

提起诉讼后，其有权命令推迟合同的签订直到诉讼程序结束，但最长不得超过 20 日。

基层行政法院院长或其委托的法官采用紧急审理的形式进行一审管辖，其作出的裁判也为终审裁判。

规章部分

（无）

第二章 财税紧急审理

第 L552-1 条 对直接税的争议和基于商贸总额计算的税的争议实施紧急审适用《财税程序法典》第 L279 条的规定。

第 L552-2 条 对会计员由于纳税人未提供足够的保证金而采取的保全措施所引起的争议实施紧急审适用《财税程序法典》第 L277 条第 5 款的规定。

第 L552-3 条 对《财税程序法典》第 L16-0 BA 条规定的财税

现行程序引起的争议实施紧急审适用该条文的规定。对《财税程序法典》第 L252B 条规定的保全措施引发的争议实施紧急审适用该条文的规定。

规章部分

（无）

第三章 视听通讯紧急审理

法律部分

第 L553-1 条 视听通讯方面的紧急审理适用 1986 年 9 月 30 日第 86-1067 号法律第 42-10 条的规定。

规章部分

（无）

第四章 暂停执行的特别制度

法律部分

第一节 国家代表提起控告时的暂停执行

第 L554-1 条 国家代表对市镇作出的行为提起控告所附带

提起的暂停执行被诉行为的诉讼请求适用《地方行政区基本法典》第L2131-6条的规定。

第L554-2条 国家代表对市镇作出的关于城市规划、合同、公私合伙合同和公共服务委托合同提起控告，暂停执行上述被诉行为应适用《地方行政区基本法典》第L2131-6条的规定。

第L554-3条 国家代表提出的暂停执行市镇、省或大区作出的涉及一项公共自由或个人自由的行为应适用《地方行政区基本法典》第L2131-6条第5、6款，第L3132-1条第6、7款，第L4142-1条第5、6款的规定。

对于地方行政区根据《地方行政区基本法典》第L3132-1、L4142-1、LO6152-1、LO6242-1、LO6342-1、LO6452-1条作出的行为，根据《新喀里多尼亚市镇法典》第L121-39-2条作出的行为，根据1999年3月19日第99-209号关于新喀里多尼亚的法律第204条作出的行为，以及根据2004年2月27日第2004-192号关于法属波利尼西亚自治地位的组织法第172条作出的行为，也依此处理。

第L554-4条 关系国防领域的暂停执行应适用《地方行政区基本法典》第L1111-7条第4、5款的规定。

第L554-5条 （根据2010年2月23日第2010-177号法令第5条被废止）

第L554-6条 监督委员会决议的暂停执行和公共卫生机构负责人的决定的暂停执行应适用《公共健康法典》第L6143-4条最后1款的规定。

第L554-7条 教育机构负责人作出的签订各种合同、协议的行为需要报送国家代表、相关地方行政区和学术机关审查 15 日之后才有执行力，对上述签订各种合同、协议的行为的暂停执行应适用 1983 年 7 月 22 日法律第 15-12Ⅱ 条第 2 款的规定。

第 L554-8 条　根据《体育法典》第 L131-14 条规定的委托作出的行为的暂停执行应适用该法典的第 L131-20 条。

第 L554-9 条　巴黎、马赛和里昂市长对区议会作出的决议提起争议应当适用《地方行政区基本法典》第 L2511-23 条最后 1 款的规定，区议会根据第 L2511-36 条至第 L2511-45 条作出的决议除外。

第二节　城市规划和保护自然环境领域的紧急审理

第 L554-10 条　由国家、市镇或跨市镇合作公共机构提起的暂停建筑许可证效力的诉讼请求应该向基层行政法院提出，并适用《城市规划法典》第 L421-9 条第 1 款的规定。

第 L554-11 条　对公法人提交的国土整治方案的授权或核准决定的暂停执行应适用《环境法典》第 L123-16 条的规定。

第 L554-12 条　对于应该提前进行民意调查的国土整治决定的暂停执行应适用《环境法典》第 L123-16 条的规定。

第 L554-13 条　（根据 2010 年 12 月 7 日第 2010-1487 号法律第 14 条被废止）

第三节　适用于《宪法》第 74 条规定的海外领地和新喀里多尼亚关于紧急审理的特别规定

法　律　部　分

第 L554-14 条　在新喀里多尼亚、法属波利尼西亚、圣巴尔代莱弥、圣马尔旦、圣皮埃尔岛和密克隆岛、瓦利斯群岛和富图纳群岛,若当地规定在作出城市规划或保护自然环境的决定之前必须提前进行影响性评估或民意调查,那么在下述情况下可暂停执行该关于城市规划或保护自然环境的决定:

1. 若没有进行影响性评估,从发现之日起即有权据此暂停执行的请求;

2. 或者,若调查专员或调查委员会作出了否定性结论,或者没有进行民意调查,并且原告在预审阶段提出了一项理由能够引发对被诉决定的合法性的严肃怀疑。

规章部分

第 R554-1 条 对于紧急审法官根据第 L554-1 条作出的裁判的上诉应该在裁判通知之日起 15 日内提出。

第五章(法律部分) 其他规定

第 L555-1 条 在不违背本法典第五编第二卷的规定的前提下,上诉行政法院院长或其专门委托的法官有权管辖向本法院提出的对紧急审法官作出的裁判的上诉。

第 L555-2 条 基层行政法院院长或其委托的法官有权通过

紧急审理的形式解除根据《环境法典》对保全措施的相关规定作出的带有暂停性质的执行异议。根据具体情况，解除执行异议应依据《环境法典》第 L162-14 条第 II 点和第 L541-3 条的规定。

第五章(规章部分)
关于信息与自由的紧急审理

第 R555-1 条 若国家信息与自由委员会主席根据 1978 年 1 月 6 日第 78-17 号关于信息、数据和自由的法律第 45 条第 III 点向行政法官提起关于国家、地方行政区、所有其他公法人或负责公共服务的私法人对公民的私人信息进行处理或开发的紧急审理，其应适用第 L521-2 条规定的关于紧急审理的程序。

第 R555-2 条 若行政法官受理了根据 1978 年 1 月 6 日第 78-17 号关于信息、数据和自由的法律第 39 条第 I 点提起的关于国家、地方行政区、所有其他公法人或负责公共服务的私法人为了防止隐藏或销毁公民的私人信息所采取的所有必要措施的紧急审理，其应适用第 L521-3 条规定的关于紧急审理的程序。

第六章(规章部分) 关于危楼和集体居住性房屋的紧急审理

第 R556-1 条 若市长根据《建筑和住房法典》第 L129-3 条或

第 L551-3 条向行政法官提出请求指派一名专家,应适用第 L531-1 条规定的关于紧急审理的程序。

第七章(规章部分)　权利卫士提起的紧急审理

第 R557-1 条　若权利卫士根据 2011 年 3 月 29 日关于权利卫士的组织法第 21 条向行政法官提起诉讼请求采取各种对权利卫士履行其职责有益的措施,应适用第 L521-3 条规定的关于紧急审理的程序。

第 R557-2 条　若权利卫士根据 2011 年 3 月 29 日关于权利卫士的组织法第 22 条向行政法官提起诉讼请求授权其进入行政机关办公场所,则应该适用第 L521-3 条规定的关于紧急审理的程序。法官应该在 48 小时内作出裁决。

若法官授权权利卫士进入搜查,只要法官认为必要,其可以在权利卫士进入搜查行政机关办公地点时亲临现场。

法官在任何时刻都有权决定暂停或终止权利卫士的搜查行动。

第六编 预审

法律部分

（无）

规章部分

第一卷 普通程序

第一章 发送诉讼状与答辩状

第一节 总则

第 R611-1 条 诉讼状、答辩状以及各方当事人出示的其他的文件都应该提交或邮寄至书记室。

诉讼状、原告提交的补充诉讼状以及各方被告提交的第一份答辩状分别发送至各方当事人，并附带第 R611-3、R611-5 条和第 R611-6 条规定的其他文件。

若一份当事人的答辩中有未包含在前述文书中的新内容，则也应该发送至各方当事人。

第 R611-2 条 若一份诉讼状是由多名自然人或法人提交,原告方的唯一代理人也应该在诉讼状上签字,除非该诉讼状已由通过合法方式任命的一位委托人签字。

否则,书记室就自动视诉讼状上的第一位签字人为上一款所述的唯一代理人,除非其他签字人在他们中任命一位唯一代理人并通知行政审判机关。

程序性行为应该以唯一代理人为执行对象,第 R751-1 至第 L751-4 条规定的决定的通知行为除外。

第 R611-3 条 关于案件预审的决定应该与各副本、第 R412-2 条和第 R411-3 条及其随后条文规定的文书、诉讼状、答辩状以及其他提交至书记室的文书同时送交可通过平邮信邮寄送达各方当事人。

但是下述文书的通知或发送应该通过带签名回执的信邮寄,或通过所有其他能够证明收信日期的信邮寄:诉讼状、进行补正的请求、催告信、结束预审的裁定、第 R621-1 条至第 R626-3 条规定的预审措施的决定、第 R611-7 条规定的通知。

诉讼状和答辩状的送达通知书应该载明若各方当事人没有尊重第 R611-10 条或第 R611-17 条规定的期限,预审可根据第 R613-1 条或第 R613-2 条的规定立即结束,无需发送催告信。

第 R611-4 条 上述文书也可通过行政方式送达。送达后应给予送达回执,若无回执,则负责送达的工作人员应该制作送达笔录。送达回执或送达笔录应该立即交付书记室。

第 R611-5 条 各副本、根据第 R412-2 条制作的文书、根据各自的诉讼状和答辩状的内容附带提交各类文书都应该按照与诉讼状和答辩状相同的方式送达。

若附带文件因为其数量、体积或性质导致不可能提交如此多的副本，则应该编制一份详细的文件清单，然后将该清单送达各方当事人，各方当事人或其委托人可赴书记室查看或复制其所需要的文件，但复制费用由当事人或委托人自己负担。

第 R611-6 条　行政审判机关负责人或最高行政法院负责案件预审的诉讼小组组长可以授权将文件移送至省政府或区政府，或移送至另一所行政审判机关的书记室，期限由行政审判机关负责人或诉讼小组组长决定。若确有必要，行政审判机关负责人或诉讼小组组长还可授权将上述文件暂时性地交给各方当事人的律师或行政机关代理人，期限由行政审判机关负责人或诉讼小组组长决定。

第 R611-7 条　若审判庭庭长或最高行政法院负责预审的诉讼小组组长拟依职权作出某项裁判，那么其应该在作出裁判之前将上述计划通知各方当事人，并指定一定期限，在此期限内——即便预审已经结束——各方当事人仍可就上述计划发表自己的意见。

在适用第 R122-12、R222-1、R611-8 条或第 L822-1 条时，不适用本条的规定。

第 R611-8 条　若仅通过对诉讼状的审查，就已经确定该案件应该如何裁判，那么基层行政法院院长、审判庭庭长、上诉行政法院内设法庭的庭长或最高行政法院诉讼小组组长有权决定不进行预审。

第 R611-8-1 条　审判庭庭长或最高行政法院负责案件预审

的诉讼小组组长有权要求一方当事人以概要文书的形式重新撰写其曾经向正在审理案件的法庭提交的诉讼请求和理由，并应该告知该当事人，若存在曾经提出的诉讼请求或理由未被载入重新撰写的概要文书中，那么视为当事人放弃该诉讼请求或理由。在上诉时，法官也有权要求一方当事人重新撰写其曾经向一审法院提交的且其仍然希望维持的诉讼请求和理由。

第二节　适用于基层行政法院的规定

第 R611-9 条　诉讼状在书记室注册后，基层行政法院院长，或巴黎基层行政法院中被分配审理该案的诉讼组组长应该立即指派一名报告人。

接受指派的报告人不得放弃为其指派的案件，除非其自己提出请求并得到基层行政法院院长的同意，或者基层行政法院院长命令其放弃该案件。

第 R611-10 条　在报告人所属的基层行政法院内设法庭的庭长的领导下，报告人根据案件的情况决定各方当事人提交答辩状的期限。为了准备各方当事人参加对抗程序，报告人有权要求各方当事人提交所有有益于纠纷解决的文件。

审判庭庭长有权将第 R611-7、R611-8-1、R611-11、R612-3、R612-5、R613-1 条和第 R613-4 条授予自己的职权委托给报告人行使。

第 R611-11 条　若案件的情况导致确有必要，审判庭庭长从诉讼状注册起即可行使第 R613-1 条规定的权力指定预审结束的日期。在将结束日期通知各方当事人时也一并告知开庭日期。但上述通知不得代替第 R711-2 条规定的通知。

第 R611-11-1 条　案件审理过程中,各方当事人可以被告知其可能被召集参加庭审的日期或时间段。告知的信息中应该包括根据第 R613-1 条最后 1 款和第 R613-2 条最后 1 款规定的条件预审结束的日期。上述告知行为不能代替第 R711-2 条规定的通知。

第 R611-12 条　向国家告知各诉讼请求和各类程序性行为应该通过在基层行政法院代表国家的有权机关实施。

第 R611-13 条　报告人研究了案件材料之后,当案件即将开庭时,案件材料应该交付公共报告人。

第 R611-14 条　在法属波利尼西亚和新喀里多尼亚基层行政法院,所有不服以国家名义作出的行为或为了国家利益作出的行为,或不满国家并要求其承担责任,或不服地方行政区作出的决议或行为而提起的诉讼,都由基层行政法院通知高级专员。

不满法属波利尼西亚议会或新喀里多尼亚议会作出的决议而提起的诉讼都通知相关议会的议会主席。

第 R611-15 条　在马约特岛基层行政法院,不满以国家或地方行政区名义作出的行为或决议而提起的诉讼,以及不满国家或地方行政区并要求其承担责任而提起的诉讼,都由基层行政法院通知政府代表。

第 R611-15-1 条　在马塔乌图基层行政法院,不满以国家或瓦利斯群岛和富图纳群岛地方行政区名义作出的行为或决议而提起的诉讼,以及不满国家或瓦利斯群岛和富图纳群岛地方行政区并要求其承担责任而提起的诉讼,都由基层行政法院通知高级行政官。

第三节　适用于上诉行政法院的规定

第 R611-16 条　诉讼状注册后,上诉行政法院院长将各案件分配给各内设法庭,并将诉讼文件交付报告人。

接受指派的报告人不得放弃为其指派的案件,除非其自己提出请求并得到上诉行政法院院长的同意,或者上诉行政法院院长命令其放弃该案件。

第 R611-17 条　在上诉行政法院内设法庭的庭长的领导下,报告人安排诉讼状的发送。报告人根据案件的情况决定各方当事人提交答辩状的期限。为了准备各方当事人参加对抗程序,报告人有权要求各方当事人提交所有有益于纠纷解决的文件。

第 R611-10 条第 2 款的规定在此适用。

第 R611-18 条　第 R611-11 条和第 R611-11-1 条的规定在此适用。

第 R611-19 条　每所内设法庭负责分配给其审理的案件的预审。若该法庭的庭长认为有益,法庭可以在将诉讼材料交付公共报告人之前举行预审会议。公共报告人出席预审会议。法庭成员以预审庭的形式就座,由法庭庭长主持,其身边就座一名根据人员次序表从能够出席的法官中指派的法官,以及担任报告人的法官。若缺席或因故不能出席,法庭庭长根据第 R222-26 条规定的方式确定替补。

第四节　适用于最高行政法院的规定

第 R611-20 条　诉讼组组长将案件分配至各诉讼小组。在分配之前，诉讼组组长有权采取必要的预审措施以开展对案件的审理。

由接受分配的诉讼小组负责被分配的案件的预审。每起案件的报告人都由诉讼小组组长指派，在指派之前诉讼小组组长应该完成第 R611-27 条规定的预审措施。

作为第 1 款的例外，诉讼组组长有权决定由诉讼组负责案件预审。此时，由诉讼组组长指派报告人并由诉讼组组长实施本法典赋予负责预审的诉讼小组的所有职权。

若诉讼组组长决定将一项根据第五编提起的案件移送至第 L122-1 条第 1 款规定的各类集体审判组织审理，只要不是将案件移送至诉讼小组审理，那么诉讼组组长都应该采取必要的预审行为，并指派一位报告人和一位公共报告人。

第 R611-21 条 在最高行政法院，若诉讼状中或诉讼过程中原告或部长都未表示希望提交一份补充诉讼状以细化或补充已经提出的理由，或通过该补充诉讼状增加其他新的有说服力的文件或要素，那么预审程序应该立即展开。

第 R611-22 条 若诉讼状中或诉讼过程中原告或部长表示希望提交一份补充诉讼状，则应该在诉讼状注册之日起 3 个月内将该补充诉讼状提交至最高行政法院诉讼秘书处。

若原告或部长未尊重该期限，则视为其已经在该期限届满时撤回提交补充诉讼状的请求，即便该补充诉讼状已经撰写完成。最高行政法院裁定其撤回请求。

第 R611-23 条 在选举案件中，或者在诉讼请求为缓期执行被诉司法裁判的案件中，上一条款规定的期限改为 1 个月。

若不服紧急审法官适用第五编作出的裁判提起复核审,则上一条款规定的期限改为 15 日,除非案件涉及第 L552-1 条和第 L552-2 条规定的紧急审理。

第 R611-24 条　此外,诉讼小组组长有权因为紧急情况而缩短上两条规定的期限。此时,缩短期限的决定应该通知诉讼状上的签字人。期限从该通知收到之日起起算。

若上述期限未得到尊重,则视为原告已经在该期限届满时撤回提交补充诉讼状的请求。最高行政法院裁定其撤回请求。

第 R611-25 条　若原告或部长希望重新撰写一份答辩状,并且已经向其送交了必要的材料,并且在送交材料时已经指明提交新答辩状的期限,若其未尊重该期限,则视为其已经在该期限届满时撤回提交新答辩状的请求,即便该新答辩状已经撰写完成。最高行政法院裁定其撤回请求。

第 R611-26 条　由诉讼组或诉讼小组指定提交答辩状的期限,除非适用第 R611-8 条的规定。

第 R611-27 条　诉讼小组实施向相关当事人和部长发送诉讼状和诉求、提出质疑、要求补充文件以及所有其他的预审措施,并指定答复期限。

此外,对行政法规提起的越权之诉诉讼状应该发送至总理。

第 R611-28 条　(根据 2005 年 12 月 19 日第 2005-1586 号行政法规第 10 条被废止)

第 R611-29 条　发送诉讼状、答辩状和所有其他文书都应根据第 R611-1 条至第 R611-6 条规定的条件实施。

第二章 补正请求和催告信

第 R612-1 条 当事人提出的诉讼请求不得受理,但若其不得受理的原因属于诉讼时效经过后仍可补正的类型,行政审判机关只有在邀请该当事人进行补正后才可能依职权直接驳回起诉。

但是,若诉讼不得受理是因为违背了第 R751-5 条规定的载于被诉行为的通知书上的义务,则上诉行政审判机关或复核审行政审判机关有权依职权直接驳回起诉而无需事先邀请该当事人请求补正。

补正请求应该载明若在指定的期限经过后仍未补正,则提起的诉讼可被直接驳回,该指定期限不得低于 11 日,除非存在紧急情况。补正请求可代替第 R611-7 条规定的通知。

第 R612-2 条 (根据 2006 年 12 月 23 日第 2006-1708 号行政法规被废止)

第 R612-3 条 若一方当事人被要求提供答辩状时未尊重根据第 R611-10、R611-17、R611-26 条指定的期限,审判庭庭长或最高行政法院负责案件预审的诉讼小组有权向其发送催告信。

在不可抗力的情况下,可重新指定一个期限,但此期限也是最后期限。

在基层行政法院和上诉行政法院,催告信可以注明拟开庭审理案件的日期或时间段。催告信中载入第 R613-1 条最后 1 款和第 R613-2 条最后 1 款。此也应通知其他当事人。

但上述通知不得代替第 R711-2 条规定的通知。

第 R612-4 条 若催告对象为国家行政机关,则催告信应该发送至有权代表国家的机关;在其他情况下,催告信应该发送至当事人,或者,若其指定了委托人,则发送至该委托人。

在法属波利尼西亚和新喀里多尼亚基层行政法院,若催告对象为国家行政机关,则催告信由基层行政法院院长发送至高级专员。

在马约特岛基层行政法院,若催告对象为国家行政机关或地方行政区行政机关,则催告信由基层行政法院院长发送至国家代表。

在马塔乌图基层行政法院,若催告对象为国家行政机关或瓦利斯群岛和富图纳群岛地方行政机关,则催告信由基层行政法院院长发送至高级行政官。

第 R612-5 条 在基层行政法院和上诉行政法院,若原告不顾向其发送的催告信而没有提交催告信中明确要求的补充诉讼状,或者发生第 R611-6 条第 2 款规定的情况,视为原告放弃。

第 R612-6 条 若被告不顾催告信没有提交任何答辩状,则视为其已经承认原告在诉讼状和其他诉讼文书中陈述的事实。

第三章 预审结束

第一节 适用于基层行政法院和上诉行政法院的特殊规定

第 R613-1 条 审判庭庭长可作出裁定指定预审结束的日期。

该裁定无需说明理由并且不可诉。

该裁定通过带签名回执的信或者所有其他能够证明收信日期的信邮寄给所有涉案当事人，邮寄应该在裁定规定的预审结束日期之前至少 15 日完成。在马约特岛、法属波利尼西亚、马塔乌图和新喀里多尼亚基层行政法院，送达的期限改为 1 个月，裁定的送达应该采用行政送达。

若一方当事人被要求提交答辩状但却超过期限 1 个月仍未提交，之前已经通过催告信告知了该期限，并且在催告信中载入了第 R612-3 条的第 3 款，或者，若第 R611-11-1 条规定的期限届满，预审可在发出第 1 款规定的裁定发出之日直接结束。

第 R613-2 条 若审判庭庭长未作出结束预审的裁定，预审应该在第 R711-2 条规定的庭审通知中载明的开庭日期前 3 日结束。庭审通知中应注明该内容。

但是，在第 R711-2 条规定的情况下，即由于存在紧急情况审判庭庭长作出明确决定将召集开庭的期限缩减为 2 日，此时预审应该在各方当事人或其委托人发表口头意见后结束，若各方当事人缺席或未派代表参加，预审则应该在向其发出参加庭审的召集后结束。

若一方当事人被要求提交答辩状但却超过期限 1 个月仍未提交，之前已经通过催告信告知了该期限，并且在催告信中载入了第 R612-3 条的第 3 款，或者若第 R611-11-1 条规定的期限届满，预审可在庭审通知公布之日直接结束。庭审通知中应该注明该内容。

第 R613-3 条 预审结束后提交的答辩状既不能发送给其他

当事人，也不能提交行政审判机关审查。

若当事人在预审结束前提出了新的诉讼请求或新的理由，行政审判机关必须进行补充预审后才能够采纳。

第 R613-4 条 审判庭庭长有权作出决定重新启动预审，该决定无需说明理由并且不可诉。该决定以宣布预审结束的裁定相同的形式进行通知。

一项要求补充预审的判决或调查措施也可重新启动预审。

在预审结束后至重新启动前提出的答辩状应该发送至各方当事人。

第二节 适用于最高行政法院的规定

第 R613-5 条 在最高行政法院，预审在最高行政法院律师发表口头意见后结束，若没有律师参加，则在向其发出庭审的召集之后结束。

第二卷 调查手段

第一章 专家鉴定

第 R621-1 条 行政审判机关可依职权或根据各方或一方当事人的请求，在对案件进行判决之前，要求对专门问题进行专家鉴定。还可委托专家调解各方当事人。

第 R621-1-1 条 行政审判机关负责人有权在内部成员中任

命 1 位法官负责解决与专家鉴定相关的问题并跟踪专家鉴定的开展情况。

任命一位法官负责解决与专家鉴定相关问题的任命文书中也可同时授权该法官全部地或部分地行使第 R621-2、R621-4、R621-5、R621-6、R621-7-1、R621-8-1、R621-11、R621-12、R621-12-1 条和第 R621-13 条规定的职权。

该法官可出席观看专家的鉴定活动。

第一节 专家的人数与指派

第 R621-2 条 若行政审判机关认为不必指派多位专家,可仅指派 1 位。基层行政法院或上诉行政法院院长或最高行政法院诉讼组组长负责挑选专家并指定该专家向书记室提交鉴定报告的期限。

若专家认为需要 1 名或多名知情人的协助以解决某特定问题,其必须事先申请获得基层行政法院或上诉行政法院院长或最高行政法院诉讼组组长的授权。该授权决定不可诉。

第 R621-3 条 主任书记官或最高行政法院诉讼秘书在 10 日内将指派决定和专家具体负责的事务通知 1 位专家或多位专家。并附带上宣誓文书,1 位或多位专家应该在 3 日内填写完成并提交至书记室以归入相关案件的诉讼文件。

通过宣誓,专家承诺秉承自己的良心,客观地、中立地并勤勉地完成其任务。

第 R621-4 条 若专家不接受行政审判机关委派的任务,则应该另外指派一名代替。

在接受委派任务后，若专家未完成该任务，或未在指定的期限内提交鉴定报告，行政审判机关负责人应该首先邀请专家发表自己的意见，然后有权发布命令替换该专家。此外，应当事人的请求，行政审判机关可通过对抗式诉讼程序判决该专家缴纳罚款和赔偿所有的损失。

第 R621-5 条 不论是基于何种原因对案情有所了解的人员，在其接受指派担任专家或知情人协助调查之前，必须将自己与涉案人员或事务的关系告知行政审判机关负责人或者最高行政法院诉讼组组长，由后者评估是否应该指派该人员担任专家或知情人。

第 R621-6 条 法官回避的情形也同样适用于第 R621-2 条所列的专家或知情人的回避。若专家鉴定是由法人承担，则该法人与以法人名义具体实施鉴定措施的自然人都需回避。当事人应该在鉴定活动开始之前或回避事由一经发现之时要求专家或知情人回避。若专家或知情人认为自己应该回避，其必须立即告知行政审判机关负责人或最高行政法院诉讼组组长。

第 R621-6-1 条 一方当事人的回避请求应该向决定进行专家鉴定的行政审判机关提出。若该回避请求是由委托人提出的，该委托人必须拥有特别授权。

回避请求中必须载明支持回避的理由并附带证明该理由的材料，否则不得受理。

第 R621-6-2 条 主任书记官或最高行政法院诉讼秘书向被要求回避的专家发送该回避请求。

回避请求一经发送，该专家即暂停所有的鉴定活动直到行政审判机关就回避请求作出裁判。

第 R621-6-3 条 在发送回避请求后 8 日内,专家通过书面方式或是表示接受回避或是陈述反对回避的理由。

第 R621-6-4 条 若专家接受回避请求,其立即被替换。

若专家不接受回避请求,行政审判机关在举行专家和各方当事人都通知参加的庭审后对回避请求作出裁决,该裁决无需说明理由。

除了专家鉴定是根据第五编第三卷的规定要求进行的情况下,上述裁决不能被上诉或被提起复核审而只能被将来的裁判所争议,只有在对主诉的裁判被提起上诉或提起复核审时才能对回避裁定提起争议。

被要求回避的专家不得对上述裁决提起争议。

第二节 鉴定活动

第 R621-7 条 1 名或多名专家应该将计划开展鉴定活动的时间通知各方当事人,应至少提前 4 日通过挂号信通知。各方当事人在鉴定活动开展过程中发表的意见应该载入鉴定报告中。

在马约特岛、法属波利尼西亚、马塔乌图和新喀里多尼亚基层行政法院,基层行政法院院长作出裁定规定专家向各方当事人履行上述通知义务的期限和方式。

第 R621-7-1 条 各方当事人应该立即向专家提交各种后者认为完成鉴定任务所需要的文件。

若有当事人怠于提交,专家可通知行政审判机关负责人,行政审判负责人在审查该当事人的书面意见后有权命令该当事人提交需要的文件,若有必要,还可规定逾期罚款执行罚,也可授权专家忽略这些文件或直接提交报告。

此外,行政审判机关负责人有权在第 R621-8-1 条规定的会议上审查当事人的怠惰所揭露的问题。

对于怠于向专家提交文件的情况,行政审判机关采取必要措施。

第 R621-7-2 条　若各方当事人达成调解,专家认为无需继续进行鉴定任务,其应该立即向指派其鉴定的法官提交鉴定报告。

该鉴定报告应该附带 1 份由双方签字的调解记录的副本,并注明费用和报酬的金额以及专家鉴定费如何分配。

若各方当事人对如何分配专家鉴定费未达成共识,在根据第 R621-11 条的规定完成计费后,应该依情况分别根据第 R621-13 条或第 R761-1 条的规定解决。

第 R621-8 条　若有多位专家,则他们共同开展专家鉴定活动并一起提交 1 份鉴定报告。若他们就鉴定结论无法达成统一意见,该鉴定报告中应该注明每位专家的意见和理由。

第 R621-8-1 条　在开展鉴定活动的过程中,行政审判机关负责人有权组织一次或数次会议以保证鉴定活动顺利展开。在这些会议上,可审查与执行期限、提交材料、预付鉴定费用或在紧急审理时扩大鉴定范围等问题,但不得审查涉及鉴定的任何实体性问题。

应该根据第 R711-2 条规定的条件召集各方当事人和专家参加上一款规定的会议。

应将辩论所得出的结论编制记录。该记录发送给各方当事人和专家,并归入诉讼文件中。

组织上述会议的决定或拒绝组织的决定都不可诉。

第三节 专家鉴定报告

第 R621-9 条 鉴定报告应该提交两份至书记室。鉴定报告的副本由专家送达相关各方当事人。在获得当事人的同意后，可通过电子方式送达。行政审判机关书记室应该邀请各方当事人在 1 个月的期限内表达自己的意见，该期限可被允许延期 1 次。

第 R621-10 条 行政审判机关有权决定一位或多位专家与所有审判庭成员或者审判庭的一位或多位成员以及被召集的各方当事人面谈，以向上述人员进一步提供有用的解释，特别是答复根据第 R621-9 条搜集的各方当事人的意见。

第四节 专家鉴定费用

第 R621-11 条 除鉴定支出费用和垫款外，第 R621-2 条规定的专家和知情人有权获得报酬。

每位专家或知情人都在鉴定报告中附加陈述每个人的酬金、支出费用和垫款。

酬金应该包括所有研究材料、撰写报告、提交报告的费用及其所有该专家或知情人所进行的个人工作和其为了完成此任务进行的活动的费用。

行政审判机关负责人在咨询了审判庭庭长的意见后有权，或者最高行政法院诉讼组组长有权根据第 R761-4 条的规定裁定酬金的数额，该裁定的作出应该考虑鉴定活动的困难程度、重要程度、有益性和专家或知情人所从事工作的性质，以及他们尊重第

R621-2 条规定的期限的勤勉程度。上述法官根据相关票据判决向专家支付的鉴定支出费用和垫款。

若有多位专家，或者若另指派了一位知情人，上一款规定的裁定中应该分别规定每位专家或知情人的酬金及鉴定支出的费用。

若法官拟裁定的酬金低于专家所要求的酬金，法官应该事先告知该专家减少酬金的要素和理由并邀请该专家发表意见。

第 R621-12 条 根据专家或知情人的请求，若行政审判机关负责人在咨询了审判庭庭长的意见之后认为，或者最高行政法院诉讼组组长认为鉴定活动的重要性或长期性导致确有必要，有权在鉴定活动开始时、鉴定过程中、鉴定报告提交至法官作出实体判决之间核准向专家或知情人预付鉴定费用，费用金额等于他们的酬金与垫款之和。

上述法官的决定中应该明确规定由哪位或哪几位当事人预付鉴定费用。该决定不可诉。

第 R621-12-1 条 若第 R621-12 条规定的决定通知后 1 个月内，相关当事人仍然未预付鉴定费用，专家可向行政审判机关提出申请，由该审判机关负责人签字发出催告信。

若相关当事人仍然违背该催告信中指定的期限，并且鉴定报告也尚未提交，则行政审判机关负责人可要求专家提交一份报告，该报告的内容仅限于陈述专家工作的勤勉和相关当事人的怠惰，并注明鉴定支出的费用和酬金，行政审判机关有权以此报告为基础采取必要措施，特别是根据第 R761-1 条的规定作出处理。

但是，行政审判机关负责人有权在要求专家提交怠惰报告之前将该问题提交第 R621-8-1 条规定的会议上讨论。

第 R621-13 条 若专家鉴定是根据第五编第三卷的规定展开的,基础行政法院或上诉行政法院院长在咨询了委托法官后或者最高行政法院诉讼组组长有权根据第 R621-11 条和第 R761-4 条作出裁定以确定鉴定费用和酬金。该裁定规定由哪位或哪几位当事人支付该费用和酬金,裁定作出后立即拥有执行力。获得上述费用和酬金的主体无论是私人还是公法人,都应该根据相关规定缴税。从裁定通知之日起 1 个月内,相关人员有权根据第 R761-5 条规定的救济途径对该裁定提起争议。

若上一款规定的鉴定费用包括在主诉的诉讼费中,审判庭可决定此费用由一位当事人最终承担,该当事人可以不同于前款规定的裁定所确定的当事人或不同于对这一裁定上诉的判决所确定的当事人。

在第 1 款规定的情况下,可适用第 R621-12 条和第 R621-12-1 条的规定。

第 R621-14 条 专家或知情人在任何情况或背景之下都不得向一方当事人或多位当事人索取超出第 R621-12 条规定的预付鉴定费用以及由基层行政法院或上诉行政法院院长或最高行政法院诉讼组组长决定的酬金、鉴定支出费用和垫款的其他费用。

第二章　现场调查

第 R622-1 条 行政审判机关有权决定内部的一名或多名成员赴现场进行调查,根据决定的要求进行观察和核对。

赴现场调查的法官在调查过程中为了收集信息有权与其要求

的人员谈话，并有权要求相关人员在自己的观察下开展某些活动，只要法官认为这有助于了解情况。

应该通知各方当事人开展现场调查的具体日期、时刻。

审判庭庭长或最高行政法院负责预审的诉讼小组有权在预审进行过程中开展现场调查。

第三章 调查

第一节 调查程序

第 R623-1 条 行政审判机关有权应当事人的请求或依职权对某些事实展开调查，只要其认为有助于案件的预审。

第 R623-2 条 调查决定应指明希望调查的是哪些事实，根据情况，该调查或是在审判庭或预审庭展开，或是由一名或多名行政审判机关成员赴现场调查。展开调查的决定应该通知各方当事人。

第 R623-3 条 各方当事人应该在调查决定所规定的日期和地点请各自的证人作证。

各方当事人有权通过司法执达员传唤证人，但此费用由该当事人支付。

审判庭或预审庭或负责调查的法官有权依职权召集或听取所有其认为有助于了解真相的人员的发言。

第 R623-4 条 发布调查决定后，证人可提供新的相反证据而无需重新发布新的调查决定。

任何人都可作为证人作证，没有作证能力的人除外。

可以按照相同的条件听取无作证能力的人的陈述，但其无需宣誓。

通过合法方式传唤的任何人都有义务作证。提出合理理由的人员可免除作证义务。一方当事人的父母、直系姻亲或同居者，包括已经离婚者，都有权拒绝作证。

第 R623-5 条 证人作证时应该与出席的当事人或被合法传唤的当事人隔离。作证前，每位证人都应该陈述自己的姓名、职业、年龄、住址，若证人与当事人有父母、姻亲关系或隶属关系、合作关系、有共同利益的关系，也应该陈述。证人应该宣誓所陈述的都是事实，否则作证无效。

证人可被重复要求作证，并且可让不同的证人相互对质。

第二节 调查记录

第 R623-6 条 若调查是在庭审中进行的，应该编制证人证言记录。该记录由审判庭庭长签字，并归入相关案件的诉讼文件。

若是委托审判庭中的一名成员进行调查，由该成员编制证人证言记录。该记录提交到书记室并归入相关案件的诉讼文件。

第 R623-7 条 在所有的情况下，证人证言记录应该包括：作证的日期、地点和时刻；各方当事人的出席或缺席情况；证人的姓名、职业、年龄、住址；证人的誓言或证人不能发誓的原因；证言的内容。

证言内容应该交证人审阅并由证人签字，或注明证人不能或不愿签字。

证人证言记录的副本应该送达各方当事人。

第三节 调查费用

第 R623-8 条 在调查中作证的证人有权请求结算应该为其支付的补贴。

该补贴根据民事领域的现行规章确定。

行政审判机关负责人或最高行政法院诉讼组组长负责结算该补贴。

第四章 笔迹鉴定

第 R624-1 条 行政审判机关有权决定由 1 名或多名专家对某笔迹进行鉴定,若有必要,笔迹鉴定在行政审判机关 1 名成员在场的情况下进行。

第 R624-2 条 上一条所述专家有权获得报酬,若有必要,应该依据第 R621-11 条的规定向其支付鉴定支出的费用和垫款。

第五章 其他预审措施

第 R625-1 条 若有必要,可适用第五编第三卷的规定。

第 R625-2 条 对于一项不需要复杂调查的技术问题,审判庭可委托 1 位人员就其提出的问题给予咨询意见。该咨询人无需进入与各方当事人的对抗程序,也无需向该咨询人提供该案件的各类诉讼文件。

应提交书面的咨询意见。并由行政审判机关发送给各方当事人。

对于技术性咨询意见，第 R621-3 条至第 R621-6 条，第 R621-10 条至第 R621-12-1 条和第 R621-14 条的规定都可适用。

第 R625-3 条 预审庭可以邀请那些拥有能对如何解决纠纷有所启发的专业能力或专业知识的人员就预审庭提出的问题发表咨询意见。

应提交书面的咨询意见。并由行政审判机关发送给各方当事人。

在相同的条件下，被合法召集的各方当事人可以邀请任何人在预审庭或审判庭面前发表口头意见。

第六章 其他规定

第 R626-1 条 审判庭或审判庭庭长或最高行政法院负责预审的诉讼小组有权委托行政审判机关的一名成员实施本卷第一章至第四章规定的预审措施之外的其他各种预审措施。

第 R626-2 条 实施预审措施时，行政审判机关有权对预审措施的实施进行全部或部分地录音、录像或音像记录。

第 R626-3 条 《民事诉讼法》第 730 条至第 732 条关于内部调查委员会的规定在此适用。

第 R626-4 条 行政审判机关或其中的成员适用第 R621-1 条至第 R626-3 条采取预审措施时发出通知的行为也需符合第 R611-3 条和第 R611-4 条的规定。

第三卷 预审阶段的各类附带诉讼

第一章 附带诉讼请求

第 R631-1 条 附带诉讼请求按照与诉讼状相同的方式提起和预审。附带诉讼请求附于主诉并通过同一裁判得到解决。

第二章 第三人参加诉讼

第 R632-1 条 第三人参加诉讼需要专门提交一份第三人应诉状。

审判庭庭长或最高行政法院负责预审的诉讼小组组长有权决定将第三人应诉状发送各方当事人并决定各方提交答辩的期限。

但是不能因为第三人参加诉讼而推迟对主诉作出裁判。

第三章 申明伪造文件

第 R633-1 条 若有人申明一份当事人提交的文件系伪造，行政审判机关应该要求提交该文件的当事人在一定期限内告知其是否仍然希望在诉讼中使用该文件。

若该当事人申明其不希望在诉讼中使用该文件，或未做答复，那么该文件不被行政审判机关采纳。若该当事人申明仍然希望在诉讼中使用该文件,行政审判机关可推迟主诉的审理直到对伪造文件的行为有管辖权的法院作出裁判,或者若行政审判机关认为该文件不影响判决内容,其即可对案件实体直接作出判决。

第四章 重启审理和任命新律师

第 R634-1 条 当案件尚未判决时,一方当事人死亡的通知或一方当事人律师的死亡、辞职、被禁止或被解聘的事实都会导致诉讼程序暂停。程序暂停直到为了重启审理或任命新律师的催告发出时。

第 R643-2 条 在最高行政法院,若一方当事人解聘律师后未重新任命律师,对对方当事人不造成任何影响。

第五章 申明否认

第 R635-1 条 一方当事人有权申明否认其律师以当事人的名义作出的行为或完成的程序,只要该行为或程序会影响裁判的内容。

应该将一方当事人的申明否认告知各方当事人。

第 R635-2 条 当申明否认涉及一位最高行政法院律师在除最高行政法院外的其他行政审判机关作出的行为或完成的程序,该申明否认应该移送至诉讼组组长。若诉讼组组长认为应该对该申明否认进行预审调查,其即将该申明否认退回原行政审判机关,由其在诉讼组组长指定的期限内对该申明否认作出裁判。

第 R635-3 条 若申明否认的是在最高行政法院作出的行为

或完成的程序,那么应该在受理该案的诉讼小组组长指定的期限内审查该申明否认。

第六章 撤回诉讼

第 R636-1 条 当事人或其委托人可以签署文件同意撤回诉讼,并提交给书记室。

撤回诉讼的请求按照与诉讼状相同的方式预审调查。

第七编 裁判

第一卷 在庭期表上注册

法律部分

(无)

规章部分

第一章 适用于基层行政法院和上诉行政法院的规定

第 R711-1 条 在基层行政法院,每场庭审的庭期都由基层行政法院院长决定并通知公共报告人。

在上诉行政法院，每场庭审的庭期都由公共报告人草拟，由上诉行政法院院长决定。

第 R711-2 条　案件庭审的日期应该通过带收信回执的挂号信的形式或第 R611-4 条规定的行政送达的方式通知各方当事人。

庭审通知中应该载入第 R731-3 条和第 R732-1-1 条的规定。庭审通知中还应该注明各方当事人或其委托人如何根据第 R711-3 条的规定了解公共报告人的意见，若案件属于第 R732-1-1 条规定的范围，则应该注明各方当事人或其委托人如何根据第 R711-3 条的规定了解免除公共报告人发表意见的决定。

庭审通知应该在庭审开始前至少 7 日发出。但是在紧急情况下，审判庭庭长有权通过明示的方式作出决定将该期限缩减至 2 日，庭审通知中应该注明该决定。

在马约特岛、法属波利尼西亚、马塔乌图、新喀里多尼亚基层行政法院，上述 7 日期限改为 10 日。

第 R711-3 条　若法官必须在公共报告人发表完意见后才能作出裁判，则应该赋予各方当事人或其委托人一定的途径在庭审召开之前了解公共报告人关于该案的意见。

若案件属于可以免除公共报告人发表意见的类型，根据第 R732-1-1 条，应该赋予各方当事人或其委托人一定的途径在庭审召开之前了解本案中公共报告人是否会发表意见，若本案不免除公共报告人发表意见，则赋予其一定的途径了解公共报告人关于该案的意见的内容。

第 R711-4 条　庭期表张贴于法庭大门。

第二章　适用于最高行政法院的条款

第 R712-1 条　每次庭审的庭期由负责对案件发表意见的公共报告人草拟，由审判庭庭长决定。

对于在审判大会的庭期表上注册的案件，应该通知总理该案的庭期。

在庭审开始前至少 4 日，应该通知最高行政法院和最高司法法院律师其代理的案件已经在庭期表上注册。在紧急情况下，诉讼组组长有权决定将该期限缩减至 2 日。

应该通知那些没有聘请最高行政法院和最高司法法院律师代理案件的当事人其案件在庭期表上注册的情况。

若法官必须在公共报告人发表完意见后才能作出裁判，则应该赋予各方当事人或其委托人一定的途径在庭审召开之前了解公共报告人关于该案的意见。

庭审通知中应该载入第 R731-1、R731-2、R731-3、R733-1、R733-2 条和第 R733-3 条的规定。庭审通知中还应该注明各方当事人或其委托人如何根据上一款的规定了解公共报告人的意见。

庭期表张贴于诉讼秘书处。

第 R712-2 条　对于适用第 R414-1 条的各方当事人或其委托人，通知其案件在庭期表上注册的情况应该按照该条规定的方式实施。

第二卷　主动回避与申请回避

法律部分

第 L721-1 条　若当事人申请要求行政审判机关的一名成员回避，并且存在严肃的理由怀疑该成员的中立性，则其应当回避。

规章部分

第 R721-1 条　若行政审判机关的成员认为自己存在能够适用申请回避的理由或根据自己的良心认为自己应当主动回避，则行政审判机关负责人应该指派另一名成员代替该成员，若在最高行政法院，则由诉讼组组长指派。

第 R721-2 条　若当事人拟申请要求一位法官回避，则其必须在知晓回避事由之后立即提出申请，否则不得受理。

在任何情况下，回避申请都不得在庭审结束后提起。

第 R721-3 条　回避申请必须由当事人本人提起，或者由拥有特别授权的委托人提起。

第 R721-4 条　回避申请可通过向行政审判机关书记室提交一份专门文书的方式提起，也可通过在存放于书记室的一份记录中申明回避申请的方式提起。

回避申请必须明确地阐述要求回避的理由并附带证明材料，否则不得受理。

收到回避申请后应该发给回执。

第 R721-5 条 书记室应该将回避申请的副本发送给被申请回避的行政审判机关成员。

第 R721-6 条 发送回避申请后,被申请回避的成员立即停止相关工作直到对该回避申请作出裁决。

在紧急情况下,应该指派行政审判机关的另一名成员从事必要的工作。

第 R721-7 条 在发送回避申请后的 7 日内,被申请回避的成员应该以书面的方式表示同意回避,或是陈述反对回避的理由。

第 R721-8 条 被申请回避的成员在知晓自己被申请回避前所完成的工作不应该被争议。

第 R721-9 条 若被申请回避的行政审判机关成员同意回避,则其立即被替换。

若不同意回避,行政审判机关对回避申请进行裁决,作出的决定无需说明理由。在裁决该回避申请的庭审的庭期确定之前,若申请回避的当事人提出希望口头表达自己的意见,那么庭期确定后应该通知该当事人,否则决定回避申请的庭审庭期可不通知该当事人。

行政审判机关裁决回避申请时,被申请回避的成员不得参加。

对回避申请的裁决不得提起上诉或复核审,只有在对主诉的裁判被提起上诉或提起复核审时才能对回避裁定提起争议。

第三卷(法律部分) 召开庭审

第一章 总则

第 L731-1 条 作为第 L6 条的规定的例外，基于保障公共秩序或尊重个人隐私或尊重法律保护的秘密的原因，审判庭庭长有权在例外情况下决定庭审全部或部分不公开进行。

上一款也适用于圣皮埃尔和密克隆岛、新喀里多尼亚、法属波利尼西亚和瓦利斯群岛和富图纳群岛。

第二章 适用于基层行政法院和上诉行政法院的规定

第 L732-1 条 在一部须交最高行政法院审查的行政法规所列举的范围内，审判庭庭长根据公共报告人的建议，鉴于待裁判问题的特殊性质，有权免除公共报告人面向公众对诉讼状发表意见的义务。

第三卷(规章部分) 召开庭审和进行合议

第一章 总则

第 R731-1 条 审判庭庭长维持庭审秩序。其作出的所有旨在维护庭审秩序的命令都必须立即执行。

行政审判机关成员在行使自己的职权的地点也拥有同样的权力。

第 R731-2 条　参加庭审的人员应该态度严肃并对法庭保持应有的尊重。在未经许可的情况下，参加庭审的人员不得随意发言，不得随意表示赞同或反对，不得以任何方式扰乱庭审秩序。

审判庭庭长有权驱逐所有不服从其命令的人员，该驱逐不与对该人员的任何可能的刑事或纪律处分相抵销。

第 R731-3 条　庭审结束后，所有参加庭审的当事人都有权向审判庭庭长提交一份合议意见。

第 R731-4 条　除行政审判机关的成员及其协助者之外，为了完成实习工作或经过特别授权跟踪合议庭工作的法官、实习律师、大学教授和副教授也可出席合议，不论其拥有法国国籍抑或外国国籍。

行政审判机关负责人在听取审判庭庭长的意见后决定是否给予特别授权，在最高行政法院，是否给予该特别授权由审判庭庭长决定。

第 R731-5 条　参加或出席合议的人员，不论其以何种名义参加或出席，都有义务保守秘密，否则适用《刑法典》第 226-13 条规定的处罚。

第二章　适用于基层行政法院和上诉行政法院的规定

第 R732-1 条　在审判庭的一位成员或第 R222-13 条规定的

法官发表报告后,若本法典要求,公共报告人应发表自己的意见。随后各方当事人有权亲自或由最高行政法院和最高司法法院律师代理或由律师代理进行口头发言以支持己方的书面意见。

若公共报告人不发表自己的意见,特别是适用第 R732-1-1 条的规定时,审判庭庭长应该在上一款规定的报告发表后允许各方当事人发言。

审判庭有权听取相关行政机关工作人员的发言或将其召集至审判庭对某问题进行解释。

在基层行政法院,若一方当事人希望听取行政机关工作人员的解释,那么在例外情况下,审判庭庭长有权在庭审过程中要求上述行政机关工作人员向全体出席庭审的人员进行解释澄清。

第 R732-1-1 条 在不影响特别文件规定在某些诉讼的庭审中可以免除公共报告人发表意见的义务的前提下,审判庭庭长或独任法官有权根据公共报告人的建议在涉及下述争议的诉讼中免除公共报告人在庭审中对争议发表意见的义务:

1. 驾驶证;

2. 拒绝协助公权力执行一项司法裁判;

3. 归化法国籍;

4. 外国人入境、居留和离境、驱逐出境的除外;

5. 住房税、《税务基本法典》第 1496 条规定的建筑于居住区但用于商业目的建筑物的不动产税以及公共视听税;

6. 以救助、社会救助、住房的名义发放的或为了帮助私立员工而发放的补贴或补助。

第 R732-2 条 合议时各方当事人和公共报告人都不得在场。

第三章 适用于最高行政法院的规定

第 R733-1 条 在发表报告后,代理各方当事人的最高行政法院律师有权口头发表各自的意见。公共报告人随后发表自己的意见。

公共报告人发表完自己的意见后,代表各方当事人的最高行政法院律师有权针对该意见进行简短的口头发言。

第 R733-2 条 合议时各方当事人不得在场。

第 R733-3 条 除非当事人提出反对,否则公共报告人列席案件的合议,但公共报告人不参与其中。

当事人提出反对应该采用书面形式。该反对可在合议前的任何阶段提出。

第四卷 裁判

第一章 总则

第一节 裁判的作出

法律部分

(无)

规章部分

第 R741-1 条 在不违反关于裁定的规定的前提下,裁判应该公开开庭宣布。

第二节 裁判书必须包括的内容

法律部分

（无）

规章部分

第 R741-2 条 裁判书中应该注明庭审是公开进行的,除非该案件适用第 L731-1 条的规定,此时则应该注明庭审的全部或部分是不公开进行的。

裁判书中应该包括各方当事人的姓名、对诉讼请求和各答辩状内容的分析以及本裁判适用的法律和规章。

裁判书中应该注明已经听取了报告人、公共报告人、各方当事人及其委托人或辩护人,以及庭长根据第 R731-2 条第 2 款的规定作出决定听取某人的意见。

根据第 R732-1-1 条,若免除公共报告人在案件中发表意见的义务,则应该在裁判书中注明。

裁判书中应该注明提交了合议意见。

裁判书中应该注明庭审的日期和作出裁判的日期。

第 R741-3 条 基层行政法院作出的裁判以"以法兰西人民的名义"为抬头,并注明：

"……（法院所在城市名）基层行政法院",

或

"……（法院所在城市名）基层行政法院……（第 X 庭）"若在巴黎则为"（第 X 组）"或"（第 X 组，第 X 庭）"。

若裁判由独任法官作出，裁判书中应注明：

"……（法院所在城市名）基层行政法院……（基层行政法院院长）"，

或

"……（法院所在城市名）基层行政法院……（受委托法官）"。

为了适用上述规定，马约特岛、圣巴尔代莱弥、圣马尔旦、圣皮埃尔岛和密克隆岛、法属波利尼西亚、新喀里多尼亚基层行政法院作出的裁判书中应该分别注明："马约特岛基层行政法院""圣巴尔代莱弥基层行政法院""圣马尔旦基层行政法院""圣皮埃尔岛和密克隆岛基层行政法院""法属波利尼西亚基层行政法院""新喀里多尼亚基层行政法院"。

第 R741-4 条 上诉行政法院作出的裁判以"以法兰西人民的名义"为抬头，并注明：

"……（法院所在城市名）上诉行政法院"，

或

"……（法院所在城市名）上诉行政法院……（第 X 庭）"。

第 R741-5 条 最高行政法院作出的裁判以"以法兰西人民的名义"为抬头，并注明：

"最高行政法院裁决诉讼"，

或

"最高行政法院裁决诉讼（诉讼组）"，

或

"最高行政法院裁决诉讼(诉讼组,第 X 号和第 X 号联合诉讼小组)",

或

"最高行政法院诉讼组组长",

或

"最高行政法院诉讼组委托最高行政法官"。

第 R741-6 条 裁判内容以"兹裁判如下"为抬头并分为数条。

第三节 裁判书原件

法律部分

(无)

规章部分

第 R741-7 条 在基层行政法院和上诉行政法院,裁判书原件由审判庭庭长、报告人和庭审书记员签字。

第 R741-8 条 若审判庭庭长担任报告人,裁判书原件除了由其庭长签字外,还由人员次序表上年资最长的陪审官签字。

若案件由独任法官裁判,裁判书原件由该法官和庭审书记员签字。

第 R741-9 条 在最高行政法院,裁判书原件由审判庭庭长、报告人和秘书签字。

若案件由诉讼组组长或其委托的一位最高行政法官裁判,裁判书原件由诉讼组组长或该被委托的最高行政法官,以及秘书签字。

第 R741-10 条 行政审判机关书记室对每个案件的裁判书原件分别保管,并保存相应的联系方式和预审材料。

属于当事人的材料,若其提出请求,可以返还,并且发给返还回执,除非行政审判机关负责人或者最高行政法院诉讼组组长命令将某些文件附于裁判书之后。

若向作出裁判的行政审判机关之外的其他审判机关对裁判提起争议,诉讼文件应该移送至该审判机关。

第四节 对不影响裁判内容的书面错误进行改正

法律部分

(无)

规章部分

第 R741-11 条 若基层行政法院院长、上诉行政法院院长、最高行政法院诉讼组组长发现裁判书原件中存在不影响裁判内容的书面错误或遗漏,其有权在通知各方当事人后的 1 个月内发布裁定申明改正。

若有必要,该改正裁定对各方当事人的通知可以重启对改正后的裁判提起上诉的时效或提起复核审的时效。

若一方当事人向基层行政法院院长、上诉行政法院院长申明裁判书中存在书面错误或遗漏并申请要求其行使第 1 款规定的权力,该申请不影响对该裁判提起上诉或提起复核审的时效计算,第

2款规定的情况除外。

第五节 对滥诉的处罚

法律部分

（无）

规章部分

第R741-12条 若法官认为原告提起诉讼属于滥诉行为，则其有权对原告处以罚款，罚款金额不得超过3000欧元。

第六节 其他规定

法律部分

第L741-1条 1881年7月29日关于新闻出版自由的法律第39条第4款的规定适用于此。

第L741-2条 1881年7月29日法律第41条第3款至第5款的规定适用于此。

第L741-3条 若一方当事人或其辩护人的口头发言或书面发言引发损害赔偿诉讼，审判机关保留正在进行中的诉讼以使得该损害赔偿诉讼能够根据1881年7月29日法律第41条第5款的规定由有管辖权的法院裁判。

若审判机关认为可能存在其他纪律处分，也按照上述规定办理，行政审判机关对律师或部门工作人员发出的命令除外。

规章部分

（无）

第二章 关于裁定的规定

法律部分

（无）

规章部分

第 R742-1 条 本卷第一章以及第五卷的规定也适用于裁定，但与本章的规定存在冲突的除外。

第 R742-2 条 裁定书应该包括各方当事人的姓名，对原告诉讼请求的分析以及本裁定适用的法律和规章。

裁定书应该注明签署裁定书的日期。

在第 R222-1 条和第 R122-12 条第 6 点规定的情况下，裁定书还应该注明哪些与本案诉讼状中提出的有待裁决的问题的相同，并且已经被裁判或被发布的意见解决的案件。

第 R742-3 条 裁定书以"以法兰西人民的名义"为抬头，并随后注明签字人的身份。

第 R742-4 条 裁定内容以"兹裁定如下"为抬头，并分为数条。

第 R742-5 条 裁定书原件由作出该裁定的独任法官签字。

第 R742-6 条 裁定不公开开庭宣布。

第五卷 裁判的通知

法 律 部 分

（无）

规 章 部 分

第 R751-1 条 邮寄给各方当事人的裁判通知书中应该载入下列关于执行的格式术语："共和国兹通告与裁判相关的……（一位或数位部长，或者一位或数位省长，或者裁判指定的一位或多位其他的国家代表），或者通告所有对私法当事人采取普通执行方式的司法执达员，有权执行本裁判。"

第 R751-2 条 裁判的邮寄应该由主任书记官或最高行政法院诉讼秘书签字并完成投寄。

第 R751-3 条 除非有相反规定，应该在同一日向所有相关当事人进行送达，通过带收件回执的挂号信邮寄至其实际住址，本规定不影响当事人拥有的要求通过司法执达员送达裁判的权利。

第 R751-4 条 若有必要，裁判的送达可以采用第 R611-4 条规定的行政送达的方式。

第 R751-5 条 裁判的送达通知上应该注明提起上诉或复核审的诉讼状应该附带本裁判的副本。

裁判的送达通知上应该注明提起上诉或复核审时必须证明自

己已经缴纳《税务基本法典》第 1635（次 Q）条规定的用于开展法律援助的捐税或证明原告享受法律援助。

若案件属于上诉行政法院管辖，该案件裁判的送达通知上应该注明对该裁判的上诉必须由一位第 R431-2 条规定的委托人提起，存在特别条款规定免除上诉律师的除外。

若裁判属于终审裁判，送达通知上应该注明只有最高行政法院和最高司法法院律师才能向最高行政法院提起对该裁判的复核审。

第 R751-6 条 若一所行政审判机关作出的裁判被提起争议，那么对该裁判进行上诉审或复核审所作出的裁判的副本应该发送至该行政审判机关负责人。

第 R751-7 条 各方当事人有权请求补充邮寄裁判书。

任何人都有权请求邮寄裁判书的简本，若有必要，应该隐去裁判书中的姓名。

第 R751-8 条 若基层行政法院或上诉行政法院作出的裁判需要送达国家法人，那么应该邮寄至管辖涉案行政机关的部长。

裁判书的副本送达省长，若有必要，还应该送达负责国防的行政机关。

但是，对于行政审判机关根据省长按照《地方行政区法典》的规定提起的控告作出的裁判，以及基层行政法院对第 R811-10-1 条规定中的一类情况作出的裁判，其裁判书都应该送达省长。

裁判书的副本送达相关部长。

在马约特岛、圣巴尔代莱弥、圣马尔旦、圣皮埃尔岛和密克隆岛、法属波利尼西亚、马塔乌图和新喀里多尼亚基层行政法院，以及管辖法属南半球和南极领地的圣德尼基层行政法院，裁判书都送达国家代表。裁判书的副本也可通过邮寄或电子方式送达负责海外事务的部长，若有必要，还应该送达管辖涉案行政机关的部长和负责国防的行政机关。

在上诉行政法院，若其对一起涉及海外领地的案件进行上诉审并作出裁判，则该裁判书应该送达国家法人，裁判书的副本也可通过邮寄或电子的方式送达负责海外事务的部长和相关海外领地的国家代表。

若行政审判机关根据国家代表按照《地方行政区法典》第六部分提起的诉讼作出裁判，裁判书应该送达负责海外事务的部长。裁判书的副本也可通过邮寄或电子的方式送达国家代表，若有必要，还应该送达其他相关部长。

但是，若行政审判机关根据共和国高级专员按照1999年3月19日第99-209号关于新喀里多尼亚的组织法第204条第Ⅵ点第6款的规定，或者按照2004年2月27日第2004-192号关于法属波利尼西亚自治地位的法律第172条第6款的规定作出的裁判，裁判书应该送达高级专员。裁判书的副本也可通过邮寄或电子的方式送达负责海外事务的部长，若有必要，还应该送达其他相关部长。

第R751-8-1条 对法属波利尼西亚的各种制度性行为的合法性裁判都应该送达法属波利尼西亚议会主席。

第R751-8-2条 对新喀里多尼亚的各种制度性行为的合法性裁判都应该送达新喀里多尼亚议会主席。

第R751-9条 若相关案件属于必须聘请最高行政法院律师

的案件,最高行政法院作出的裁判必须在通知一方当事人所聘请的最高行政法院律师后才能对该当事人执行。

第 R751-10 条 基层行政法院作出判决撤销授予建筑许可证的决定、授予建筑改造许可证的决定、授予建筑拆除许可证的决定或者撤销一项警察行为,该判决书的副本应该立即送达享有地域管辖权的大审法院的共和国检察官。

第 R751-11 条 对基层行政法院撤销授予建筑许可证的决定、授予建筑改造许可证的决定、授予建筑拆除许可证的决定或者撤销一项警察行为的判决提起上诉后的,上诉行政法院判决撤销或改变了原判决,该判决书的副本应该立即送达享有地域管辖权的大审法院的共和国检察官。

第 R751-12 条 基层行政法院、上诉行政法院或最高行政法院判决撤销一项作为国库拨款凭据的行为,该判决书的副本应该立即送达被撤销行为作出机关所在地的省的国库主计官。

第 R751-13 条 对于在圣巴尔代莱弥、圣马尔旦、圣皮埃尔岛和密克隆岛、法属波利尼西亚、瓦利斯群岛和富图纳群岛的《公报》和马约特岛、新喀里多尼亚的《公告》上登载的行政行为,若基层行政法院、上诉行政法院或最高行政法院判决撤销或确认其违法,则马约特岛、圣巴尔代莱弥、圣马尔旦、圣皮埃尔岛和密克隆岛、法属波利尼西亚、瓦利斯群岛和富图纳群岛和新喀里多尼亚以及法属南半球和南极领地的国家代表应该确保该判决的内容和支撑该判决的理由同样登载在上述《公报》或《公告》上。

第六卷 诉讼费

法律部分

第 L761-1 条 在所有的诉讼中，法官判决由哪一方当事人承担诉讼费或者判决由败诉一方向另一方当事人以未包括在诉讼费中的调查费的名义支付指定的金额。法官作出上述判决应该考虑衡平性或者考虑被判决承担诉讼费的当事人的经济情况。此外，法官也可以出于上述的考虑依职权宣布本案无需判决当事人承担诉讼费。

规章部分

第 R761-1 条 诉讼费包括《税务基本法典》第 1635（次 Q）条规定的用于开展法律援助的捐税、专家费、调查费和其他不由国家负担的预审调查的费用。

在不违反相关特别规定的情况下，上述费用由全体败诉当事人负担，除非案件的具体情况要求由另一方当事人负担或在当事人之间分担。

国家法人可以被判决负担诉讼费。

第 R761-2 条 在撤诉的情况下诉讼费由原告负担，除非撤诉是因为在诉讼状注册后行政机关全部或部分撤回了被诉行政行为，或者在完全管辖权之诉中，撤诉是因为在诉讼状注册后原告的请求得到了全部或部分地满足。

第 R761-3 条 当一方当事人要求由司法执达员向其送达一份裁判书时，该司法执达员有权根据在大审法院现行有效的价格表向该当事人索取报酬。

第 R761-4 条 诉讼费的结算，包括第 R621-11 条规定的专家鉴定费用和报酬的结算，都由行政审判机关的负责人在咨询审判庭庭长的意见后，或在紧急审、请求认定事实的诉讼中，咨询委托法官的意见后通过裁定作出。在最高行政法院，诉讼费的结算由诉讼组组长通过裁定作出。

第 R761-5 条 若专家鉴定费用是通过法律援助支付的，那么各方当事人、国家法人甚至专家本人都有权对第 R761-4 条规定的裁定向作出该裁定的行政审判机关提起诉讼。

但是当被诉裁定是由最高行政法院诉讼组组长作出时，提起争议的诉讼状应该根据诉讼组组长制定的案件分配表立即由行政审判机关负责人移送至一所基层行政法院。

作出被诉裁定的行政审判机关负责人或最高行政法院诉讼组组长应该对诉讼费问题提交自己的书面意见。

上款规定提到的诉讼应该在裁定通知后 1 个月内进行，无需等待关于如何分配诉讼费的决定的作出。

第七卷 特别规定

第一章 向权限争议法庭起诉

法律部分

（无）

规章部分

第 R777-1 条 为了避免管辖权的消极冲突，行政审判机关向权限争议法庭提起诉讼应该适用1849年10月26日行政法规第34条的规定，现转录如下：

"第34条 若行政序列或司法序列的审判机关否认向它提起的一项争议属于本序列审判机关的管辖范围，并且该否认管辖权的决定是通过一个已无争议余地的裁判作出的，此后当事人又向另一序列的审判机关提起诉讼，若受理该争议的审判机关仍然认为该争议由初次受理该争议的审判机关所在的序列管辖，那么其有权作出判决将该争议移送权限争议法庭，该移送判决不可诉，并且不可被复核审，由权限争议法庭对管辖权问题作出判决，在该判决作出前，所有诉讼程序皆暂停。"

第 R777-2 条 最高行政法院将一个管辖权问题移送权限争议法庭应该适用1849年10月26日行政法规第35条的规定，现转录如下：

"第35条 若最高行政法院、最高司法法院或所有其他既不属于最高行政法院也不属于最高司法法院管辖的进行最终裁判的审判机关受理了一起诉讼，该诉讼既可以源于起诉，也可源于抗辩，但该诉讼涉及一项存在严肃困难的管辖权问题并且关系到行政审判机关与司法审判机关的分权问题，受理该案的审判机关可以通过作出决定或判决将该案移送至权限争议法庭，该决定或判决需说理但不可诉，由权限争议法庭对该管辖权问题作出判决。在该判决作出前，所有诉讼程序皆暂停。"

第一章（次） 合宪性问题先决机制

法律部分

第 LO771-1 条　行政审判机关将一项合宪性先决问题移送最高行政法院应该适用 1958 年 11 月 7 日第 58-1067 号关于宪法委员会组织法的法令第 23-1 条至第 23-3 条的规定。

第 LO771-2 条　最高行政法院将一项合宪性先决问题移送宪法委员会应该适用上一条提到的 1958 年 11 月 7 日第 58-1067 号法令第 23-4、23-5 条和第 23-7 条的规定。

规章部分

第一节　适用于基层行政法院和上诉行政法院的规定

第 R771-3 条　若当事人认为一条法律条文对宪法保障的权

利和自由造成伤害，并将此视为支持自己诉讼请求的理由，那么根据 1958 年 11 月 7 日关于宪法委员会组织法的法令第 23-1 条的规定提出该理由必须专门撰写一份诉讼状并说明理由，否则不得受理。该诉讼状上应该注明"合宪性先决问题"，若该诉讼状由信封包裹，信封上也应该同样注明。

第 R771-4 条 由于没有专门撰写诉讼状或说明理由而不受理上一款提到的理由，该不受理决定可以被争议，除非适用了第 R611-7 条和第 R612-1 条的规定。

第 R771-5 条 除非根据该专门诉讼状发现明显不存在需要移送的合宪性先决问题，否则该专门诉讼状应该发送给各方当事人。各方当事人应该在指定的简短期限内提交答辩意见。

第 R771-6 条 对于已经作为审查客体在其他诉讼中向最高行政法院或宪法委员会提起合宪性问题先决机制的法律条文，若当事人以同样的理由对该法律条文提起移送合宪性先决问题，行政审判机关无需移送。基于上述规定不移送的情况下，行政审判机关应该推迟作出实体判决，直到该行政审判机关收到最高行政法院或宪法委员会关于该法律条文是否合宪的决定。

第 R771-7 条 基层行政法院院长、上诉行政法院院长、巴黎基层行政法院副院长、基层行政法院及上诉行政法院所有审判庭庭长或庭长专门委托的法官有权作出裁定决定是否移送合宪性先决问题。

第 R771-8 条 本节规定的适用不妨碍基层行政法院院长、上诉行政法院院长、巴黎基层行政法院副院长、基层行政法院及上诉行政法院所有审判庭庭长根据第 R222-1 条拥有的权力。

第 R771-9 条 决定是否移送合宪性先决问题的裁定应该通知各方当事人，该通知应该按照第 R751-2 条至第 R751-4 条和第 R751-8 条的规定的形式实施。

同意移送的通知书中应该载明被通知人可以在 1 个月内向最高行政法院提出意见。通知书还应该载明该意见的提出形式。

拒绝移送的通知书中应该载明该裁定不可被单独提起争议，而只能在对主诉裁判提起争议时才能争议拒绝移送裁定。拒绝移送的通知书中还应该载明在对拒绝移送的裁定提起争议时应该专门撰写一份诉讼状、说明理由，并附带该拒绝移送裁定的副本。

第 R771-10 条 决定拒绝移送后，当事人提出的法律条文违宪这一理由即失去效力。对主诉作出的裁判中应该注明该拒绝移送裁定。

但是若该拒绝移送裁定的作出仅仅是依据没有满足 1958 年 11 月 7 日第 58-1067 号关于宪法委员会组织法的法令第 23-2 条第 1 点的条件，并且如果涉案的合宪性先决问题所争议的法律条文在此之前就已经被提起作为合宪性先决问题，只是没有被移送，那么审判庭仍然可以宣布拒绝移送的裁定完全无效，从而移送该合宪性先决问题。

第 R771-11 条 若一项合宪性先决问题第一次在上诉行政法院提出，其适用与一审时提出的相同的规定。

第 R771-12 条 根据 1958 年 11 月 7 日第 58-1067 号关于宪法委员会组织法的法令第 23-2 条第 2 款的规定，若一方当事人对主诉裁判提起上诉时希望对拒绝移送合宪性先决问题的裁定提起争议，其应该在上诉时效届满前提交一份专门的诉讼状、说明理由，并附带拒绝移送裁定的副本，否则不得受理。

以附带诉讼的形式对拒绝移送裁定提起争议同样应该提交专门的诉讼状、说明理由，并附带拒绝移送裁定的副本。

第二节 适用于最高行政法院的规定

第 R771-13 条 1958 年 11 月 7 日第 58-1067 号关于宪法委员会组织法的法令第 23-5 条规定的专门诉讼状上应该注明"合宪性先决问题"，若该诉讼状由信封包裹，信封上也应该同样注明。

第 R771-14 条 由于没有专门撰写诉讼状或说明理由而不受理当事人提出的某法律条文伤害了宪法保障的权利和自由的理由，该不受理决定可以被争议，除非适用了第 R611-7 条和第 R612-1 条的规定。

第 R771-15 条 一方当事人向最高行政法院提交的用来支持认为一条法律条文对宪法保障的权利和自由造成伤害这一理由的专门诉讼状应该发送给各方当事人、相关部长和总理。各方当事人应该在指定的简短期限内提交答辩意见。

若根据该专门诉讼状可以确定申请不满足 1958 年 11 月 7 日第 58-1067 号关于宪法委员会组织法的法令第 23-4 条规定的条件，那么无需发送该专门诉讼状。

第 R771-16 条 若一方当事人对主诉裁判提起上诉或复核审时希望向最高行政法院对拒绝移送合宪性先决问题的裁定提起争议，其应该在上诉时效届满前提交一份专门的诉讼状、说明理由，并附带拒绝移送裁定的副本，否则不得受理。

以附带诉讼的形式对拒绝移送裁定提起争议同样应该提交专

门的诉讼状、说明理由,并附带拒绝移送裁定的副本。

第 R771-17 条 若当事人在提起复核审时提出合宪性先决问题,最高行政法院裁决是否将该问题移送宪法委员会,无需提前对是否受理复核审作出裁定。

第 R771-18 条 对于已经作为审查客体在其他诉讼中向宪法委员会提起合宪性问题先决机制的法律条文,若当事人以同样的理由对该法律条文提起移送合宪性先决问题,最高行政法院无需移送给宪法委员会。基于上述规定不移送的情况下,最高行政法院应该推迟作出实体判决,直至其收到宪法委员会关于该法律条文是否合宪的决定。

第 R771-19 条 本节规定的适用不妨碍最高行政法院诉讼小组组长根据第 R122-12 条和第 R822-5 条拥有的权力。

第 R771-20 条 当一项合宪性先决问题已经由基层行政法院或上诉行政法院移送至最高行政法院,各方当事人、相关部长和总理有权自同意移送决定通知之日起 1 个月内提交各自的答辩意见,或者,若有必要,诉讼组组长或负责预审的诉讼小组组长可以指定一个期限,上述人员在此期限内提交各自的答辩意见。

若在同意移送的行政审判机关审理的主诉属于可免除聘请律师的诉讼,那么在向最高行政法院提交答辩意见时也无需聘请律师;若主诉不属于可免除聘请律师的诉讼,答辩意见必须由一位最高行政法院和最高司法法院律师提交,部长或总理提交的答辩意见除外。

第 R771-21 条 最高行政法院作出的将一项合宪性先决问题移送宪法委员会的决定应该按照第 R751-2 条至第 R751-4 条规定

的形式通知各方当事人、相关部长和总理。

第一章(再次) 第三人调解

法律部分

第 L771-3 条 属于行政诉讼受案范围的跨国争议,在 1995 年 2 月 8 日第 95-125 号关于审判机关的组织和民事、刑事、行政诉讼的法律第 21 条、第 21-2 条至第 21-4 条规定的条件下,能够实施第三人调解,但涉及一方当事人行使公权力的争议除外。

上款所述的跨国争议的跨国性是指在提起第三人调解时至少一位当事人正居住在国外或者在其他欧盟成员国有习惯住所,并且至少另一位当事人正居住在法国或在法国有习惯住所。

跨国争议也扩展至下述情况:若各当事人在向审判机关或仲裁机构提起争议之前即已经启动了第三人调解,并且各当事人在提起第三人调解时均居住于法国以外的欧盟成员国,或在这些国家有习惯住所。

第 L771-3-1 条 在第 L771-3 条规定的情况下,本法典规定的审判机关在受理一起争议后有权命令开展第三人调解以促使各方当事人之间达成协议,但必须首先得到各方当事人的同意。

第 L771-3-2 条 在相关人员提出申请后,行政审判机关有权对根据本章规定实施第三人调解达成的协议进行核准并赋予执行力。

规章部分

（无）

第二章 关于直接税、基于商贸总额计算的税以及其他类似税的诉讼

法律部分

（无）

规章部分

第 R772-1 条 对于税基或征收被委托给税收总局确定或实施的直接税、基于商贸总额计算的税以及其他类似税的诉讼的起诉、预审和裁判都适用《财税程序法典》的相关规定。

对于第 1 款规定的税之外的其他税以及属于行政诉讼受案范围的税的诉讼，其起诉、预审都适用本法典的相关规定，有相反规定的除外。

第 R772-2 条 在提起上一条第 2 款规定的诉讼之前，当事人应该首先向制定涉案税的法人提起异议。

若没有任何文件规定该异议的提起期限，那么该异议最晚必须在纳税人收到征税单或收到该征税单副本的那一年的 12 月 31 日前提起。

第 R772-3 条 本章规定的诉讼在一审阶段都无需聘请律师。

对一审裁判不服,可以向上诉行政法院书记室提交上诉状,也可以向省政府、区政府提交上诉状,对于最后一种情况,应该适用第 R413-2 条。

第 R772-4 条 在法属波利尼西亚、马塔乌图和新喀里多尼亚基层行政法院,关于税务的争议,若其属于行政诉讼受案范围,其诉讼状应该适用本法典的规定向基层行政法院提起并由基层行政法院预审,修改后的 1881 年 8 月 5 日行政法规第 100 条至第 104 条(再次)的规定以及修改后的 1912 年 12 月 30 日行政法规第 172、173 条的规定除外。

在马约特岛基层行政法院,对于税基或征收被委托给税收总局确定或实施的直接税、基于商贸总额计算的税以及其他类似税的诉讼的起诉、预审和裁判都适用《财税程序法典》的关于马约特岛的规定。

第三章 关于选举的诉讼

第 R773-1 条 关于市镇选举和区选举的诉讼的提起、预审和裁判都适用本法典和《选举法典》的规定以及其他对该领域的专门规定。

第 R773-2 条 若提起争议的人群并无共同的委托人或辩护人,开庭时间的通知应该发送给在诉讼状上最先署名的争议人。

第 R773-3 条 在选举案件中,法官不判决诉讼费,也无需向参与调查的证人支付补贴。

第 R773-4 条 在选举案件中,向最高行政法院提起诉讼的诉讼状可以提交给原告居住地的省政府或区政府。

在马约特岛、圣巴尔代莱弥、圣马尔旦、圣皮埃尔岛和密克隆岛、法属波利尼西亚、瓦利斯群岛和富图纳群岛和新喀里多尼亚以及法属南半球和南极领地，诉讼状可以提交给由当地的国家代表所领导的机关。

第 R773-5 条 若向最高行政法院提起的诉讼状按照上一条的规定提交，应该由省长盖章注明收到文件的日期并将文件移送至最高行政法院诉讼秘书处。省长应该向提交诉讼状的当事人发放回执。

第 R773-6 条 最高行政法院作出的裁判书应该由诉讼秘书通过带收信回执的挂号信送达相关部长，再由部长送达省长，省长作为中间人将裁判书送达参加诉讼或被传唤参加诉讼的其他人员。

诉讼秘书同样应该将裁判书送达原告和被告，若有多名原告或多名被告，则应该送达原告方或被告方的唯一代表。

第四章　关于道路交通违法的诉讼

法律部分

第 L774-1 条 若无特别规定，由基层行政法院院长或其专门委托的法官审理道路交通违法方面的争议，被委托的法官应该至少拥有一等行政法官的职称。

第 L774-2 条 省长应该在道路交通违法笔录编制完成后的10日内将该笔录的副本送达违法人。

对于《交通运输法典》第 L4314-1 条规定的公产，由该法典第 L4313-3 条规定的机关代替该省的国家代表。

对于上述法典第 L4322-2 条规定的公产，该法典第 L4322-13 条规定的机关与该省的国家代表一同行使权力。

笔录的送达应该采用行政送达，但也可通过带收信回执的挂号信的方式送达。

送达通知书上应该注明若违法人希望提交书面答辩状，则其必须在送达之日起 15 日内提交。

应该提交一份收到笔录的证明文件；该文件应该送交基层行政法院，并作为提起诉讼的诉讼状在该法院注册。

第 L774-3 条 由基层行政法院院长负责将违法人的答辩状发送给相关行政机关，以及将行政机关的答辩状发送给违法人，主任书记员也可以院长的名义采用院长命令的形式完成上述工作。

但是，若院长认为可行，其也可将上述文件的发送工作交给基层行政法院处理。

第 L774-4 条 案件开庭的日期应该通知所有当事人。

该通知的送达应该采用行政送达。其也可通过带收信回执的挂号信的方式送达。

第 L774-5 条 若判决当事人没有违法，应该当庭释放，无需缴纳诉讼费。

第 L774-6 条 裁判书应该送达各当事人，即由第 L774-2 条规定的机关采用行政送达的方式送达各当事人的实际住所，本规定不影响当事人拥有的要求通过司法执达员送达的权利。

第 L774-7 条 提起上诉时效为 2 个月。对于行政机关而言，该时效从裁判作出之日起算，而对于违法人，则从裁判书送达该当事人之日起算。

第 L774-8 条 对基层行政法院作出的关于道路交通违法的裁决不服提起上诉，或对关于道路交通的法律或规章不服提起争议，或对其他由基层行政法院处罚的道路交通违法不服提起诉讼，都无需聘请律师。

第 L774-9 条　为了适用于新喀里多尼亚，第 L774-1 条至第 L774-8 条应该作如下修改：

1. 第 L774-2 条中"省长"由"高级专员"代替；

2. 第 L774-2 条规定的 15 日期限延长至 1 个月；

3. 第 L774-7 条规定的提起上诉的时效延长至 3 个月；

在本条规定的条件下，新喀里多尼亚政府主席和某省议会主席分别对新喀里多尼亚和该省的公产行使授予高级专员的权力。

为了适用上一款，第 L774-2 条中"省长"由"政府主席或省议会主席"代替。

第 L774-10 条　为了适用于瓦利斯群岛和富图纳群岛，第 L774-1 条至第 L774-8 条应该作如下修改：

1. 第 L774-2 条中"省长"由"高级行政官"代替；

2. 第 L774-2 条规定的 15 日期限延长至 1 个月；

3. 第 L774-7 条规定的提起上诉的时效延长至 3 个月。

第 L774-11 条　为了适用于法属波利尼西亚，第 L774-1 条至第 L774-8 条应该作如下修改：

1. 第 L774-2 条中"省长"由"高级专员"代替；

2. 第 L774-2 条规定的 15 日期限延长至 1 个月；

3. 第 L774-7 条规定的提起上诉的时效延长至 3 个月。

在本条规定的条件下，法属波利尼西亚总统对法属波利尼西亚的公产行使授予高级专员的权力。

为了适用上一款，第 L774-2 条中"省长"由"法属波利尼西亚总统"代替。

第 L774-12 条　为了适用于圣巴尔代莱弥，第 L774-1 条至第

L774-8条中的"省长"由"国家代表"替代；

在本条规定的条件下，圣巴尔代莱弥地方委员会主席对圣巴尔代莱弥地方行政区的公产行使授予国家代表的权力。

为了适用上一款，第L774-2条中"省长"由"圣巴尔代莱弥地方委员会主席"代替。

第L774-13条 为了适用于圣马尔旦，第L774-1条至第L774-8条中的"省长"由"国家代表"替代；

在本条规定的条件下，圣马尔旦地方委员会主席对圣马尔旦地方行政区的公产行使授予国家代表的权力。

为了适用上一款，第L774-2条中"省长"由"圣马尔旦地方委员会主席"代替。

第五章 关于危楼的诉讼[1]

法 律 部 分

（无）

规 章 部 分

（无）

---

[1] 本章曾有条文但后被废止，法典的编撰者为了不影响后续章节的条文的编号，所以仍然维持该章的编号。——译者注

第六章　针对要求离开法国领土的命令和驱逐出境的决定的诉讼

法律部分

第 L776-1 条　对于根据《外国人入境、居留及避难权法典》第 L533-1 条作出的要求离开法国领土的命令、相关居留的决定、禁止返回法国的命令和驱逐出境的决定，基层行政法院根据上述法典第 L512-1、L512-3 条和第 L512-4 条规定的方式审查对上述决定的撤销之诉，但不得违反上述法典第 L514-1、L514-2 条和第 L532-1 条的规定。

第 L776-2 条　对于根据《外国人入境、居留及避难权法典》第 L533-1 条作出的附带于要求离开法国领土的命令和驱逐出境的决定的确定遣返国的决定，基层行政法院根据上述法典第 L513-3 条规定的方式审查对上述决定的撤销之诉。

规章部分

第一节　总则

第 R776-1 条　对下列行为的起诉、预审和裁判适用《外国人入境、居留及避难权法典》第 L512-1 条以及本法典的规定，但不得违反本章的规定：

1.《外国人入境、居留及避难权法典》第 L511-1 条第 I 点和第 L511-3-1 条规定的要求离开法国领土的命令以及送达该命令时附带的关于居留的决定；

2. 上述法典第 L511-1 条第 II 点规定的关于自愿启程期限的决定；

3. 上述法典第 L511-1 条第 III 点规定的关于禁止返回法国的命令；

4. 上述法典第 L513-3 条规定的确定遣返国的决定；

5. 上述法典第 L533-1 条规定的驱逐出境的决定；

6. 上述法典第 L551-1 条和第 L561-2 条规定的拘留和软禁的决定。

对拘留或软禁决定不满提起诉讼时，对引发拘留或软禁决定的由上述法典第五编规定的其他驱离措施提起撤销之诉也应该按照相同的条件进行预审和裁判，驱逐出境的决定除外。

第 R776-2 条 I. 根据《外国人入境、居留及避难权法典》第 L512-1 条第 I 点的规定，要求离开法国领土的命令以及附带的自愿启程的期限的送达完成之日起 30 日内，当事人有权对该命令以及同时送达的关于居留的决定、自愿启程的期限、确定遣返国的决定提起诉讼。

若行政机关在第 1 款规定的期限届满前根据上述法典第 L511-1 条第 II 点通知当事人撤销自愿启程期限，那么在接到该通知之时起的 48 小时后上述的诉讼时效届满。撤销自愿启程期限的决定也可在 48 小时内被提起诉讼。

II. 根据《外国人入境、居留及避难权法典》第 L512-1 条第 II 点的规定，要求立即离开法国领土的命令的行政送达完成之时起

48小时内,当事人有权对该命令以及同时送达的关于居留的决定、自愿启程的期限、确定遣返国的决定提起诉讼。

第 R776-3 条　根据《外国人入境、居留及避难权法典》第 L512-1 条第 I 点第 1 款的规定,依据该法典第 L511-1 条第 III 点第 3 款对外国人作出的禁止返回法国的命令在自愿启程期限届满后仍然于法国领土范围内有效,在该命令的送达之日起 30 日内可被提起诉讼。

对根据上述法典第 L511-1 条第 III 点第 6 款的规定作出的延长禁止返回法国期限的命令提起诉讼也适用相同时效。

第 R776-4 条　根据《外国人入境、居留及避难权法典》第 L512-1 条第 III 点的规定,对依据该法典第 L561-2 条作出的拘留和软禁的决定的诉讼时效为 48 小时。该时效从决定书的行政送达之时起算。

对驱逐出境的决定以及附带的确定遣返国的决定提起的诉讼也适用相同时效。

第 R776-5 条　I. 第 R776-2 条和第 R776-3 条规定的 30 日的诉讼时效不会因为向行政机关提起行政救济而延长。

II. 第 R776-2 条和第 R776-3 条规定的 48 小时的诉讼时效不会因为任何原因而延长。

若诉讼时效为 48 小时,第 R411-1 条第 2 款不得适用,诉讼时效截止后原告仍然可以提出新的诉讼理由,而不论与该诉讼理由相关的案由为何。

在 48 小时内对前述的同时送达的决定中的一项决定或命令提起撤销之诉的原告在预审结束之前都有权对其他同时送达的决

定提出诉讼请求。

第 R776-6 条 对于第 R776-1 条提到的同时送达的各类决定提起诉讼，其诉讼请求可一并载于一份诉讼状中。

第 R776-7 条 为了预审案件而采取的措施、庭审通知以及裁判书都应该通过各种方式送达各方当事人。

第 R776-8 条 诉讼状提交后，基层行政法院院长将诉讼状副本及附带材料转送有权代表国家应诉的省长。

第 R776-9 条 上诉时效为 1 个月。该时效从一审裁判书送达之日起算。送达通知书中应该注明可以提起上诉以及上诉的时效。

上诉行政法院院长及其专门委托的法官在第 R222-1 条规定的情况下可以发布裁定。在相同的条件下，若根据诉讼状明显不可能导致撤销被诉行为，那么法官有权驳回起诉。

第二节 适用于未实施拘留和软禁之情况的规定

第 R776-10 条 本节规定适用于在外国人未被拘留或软禁的情况下对第 R776-1 条规定的各项决定不服提起的诉讼。

第 R776-11 条 诉讼状注册后，审判庭庭长或被专门委托的报告人有权行使第 R613-1 条第 1 款规定的决定预审结束日期的权力。在同一裁定中，法官有权确定案件的开庭日期和时刻。此时，该裁定代替第 R711-2 条规定的通知。

第 R776-12 条 若诉讼状概要提到原告希望提交一份补充诉讼状，该补充诉讼状应该在诉讼状注册后 15 日内提交到基层行政法院书记室。

若原告违反了该期限，则视为其已经在该期限届满时撤回提交补充诉讼状的请求，即便该补充诉讼状已经撰写完成。基层行政法院裁定其撤回请求。

第 R776-13 条　由作出被诉行为的省长代表国家应诉。

各方当事人应该严格遵守时限，法院不会发送催告信，若指定时限内未提交，则其答辩意见将被忽略。

审判庭庭长有权根据公共报告人的建议免除公共报告人在庭审中发表意见的义务。

基层行政法院应该在 3 个月之内作出裁判，该期限从《外国人入境、居留及避难权法典》第 L512-1 条第 I 点第 2 款规定的诉讼状完成注册时起算。

第三节　适用于实施了拘留和软禁之情况的规定

第 R776-14 条　本节规定适用于在外国人已被拘留或软禁的情况下对第 R776-1 条规定的各项决定不服提起的诉讼。

第 R776-15 条　基层行政法院院长或其专门委托的法官对案件作出裁判，无需公共报告人发表意见。

上述法官行使本法典的规章部分授予审判庭或该审判庭庭长的权力。

其有权裁定下列事项：

1. 撤回诉讼；
2. 确定不存在可裁判的内容；
3. 驳回明显不可受理且不可能在审理时补正的诉讼。

第 R776-16 条　原告提起诉讼时的被拘留或被软禁地点的基

层行政法院对该诉讼享有地域管辖权，若原告在被拘留或被软禁前已经提起了诉讼，那么拘留或软禁决定作出时原告被拘留或被软禁地点的基层行政法院对该诉讼享有地域管辖权。

但是，若在庭审前涉案外国人已经被移送至其他地点拘留，为了行政审判更好地运作，基层行政法院院长有权决定将该案的诉讼材料移送至新拘留地点的基层行政法院，该移送决定不可诉。

若基层行政法院院长认为当事人向其提起的诉讼属于另一所基层行政法院管辖，其应该采用各种方式按照第 R351-6 条第 1 款规定的形式将该案的诉讼材料立即移送至该基层行政法院。

作为第 R221-3 条第 1 款规定的例外，若原告被拘留在梅斯拘留中心，南希基层行政法院对其提起的诉讼拥有地域管辖权。

第 R776-17 条 涉案外国人针对要求离开法国领土的命令提起诉讼后，或为了提起该诉讼提交法律援助的申请后，若该涉案外国人被拘留或被软禁，诉讼程序依照本节的规定展开。此前完成的程序性行为仍然有效。若有必要，应该用庭审通知代替根据第 R776-11 条向各方当事人发出的通知。

但是，若原告已经对离开法国领土的命令所附带的关于居留的决定提起诉讼，合议制审判庭仍然受理该诉讼，并在第 2 节规定的条件下作出裁判。

若原告被拘留或被软禁的地点在其根据第二节提起诉讼的基层行政法院地域管辖范围之外，案件的诉讼材料应该移送至其被拘留或被软禁的地点的基层行政法院。但是，原基层行政法院仍然有权审理原案中关于居留决定的诉讼。

第 R776-18 条 起诉状只需提交一份。

被诉行为的文件由行政机关提交。

第 R776-19 条　若在第 R776-1 条规定的送达完成之时外国人被行政机关拘留，只要仍然在诉讼时效内，其可以向拘留他的行政机关提交诉讼状，该提交合法有效。

在上一款规定的情况下，诉讼状应该在一个专门的登记簿上注册。并向原告发放载有诉讼状提交日期和时刻的回执。

收到诉讼状的行政机关应该立即通过各种方式将其送达基层行政法院院长。

第 R776-20 条　由作出拘留或软禁决定的省长代表国家应诉。

但是，拘留涉案外国人的行政拘留中心所在省的省长也有权代表国家发表口头意见，若行政拘留中心在巴黎，则由巴黎警察局长代表国家发表口头意见。

第 R776-21 条　基层行政法院院长或其专门委托的法官应该在《外国人入境、居留及避难权法典》第 L512-1 条第 III 点第 2 款规定的 72 小时内作出裁判。

该时效从诉讼状在基层行政法院书记室注册之时起算。若涉案外国人在针对要求离开法国领土的命令提起诉讼后被拘留或软禁，上述时效从省长通知拘留决定或软禁决定时起算。

第 R776-22 条　最晚在庭审开始前，涉案外国人有权要求法院依职权指派一位律师。基层行政法院书记室在受理其诉讼状时应该向其告知该权利。

若涉案外国人已经请求法院依职权指派一位律师，基层行政法院院长或委托法官立即通知庭审所在地的大审法院的律师公会会长。由会长立即指派一位律师。

第 R776-23 条 若涉案外国人无法清晰地用法语进行表达，其有权请求指派一名口译人员，基层行政法院院长负责指派口译人员，该口译人员必须宣誓以自己的荣誉和良心为司法提供协助。提交诉讼状时即可提起该请求。当诉讼状注册时，书记室应该为了当事人的利益告知其有权提出此请求。

口译人员的费用按照《刑事诉讼法典》第 R122 条规定的条件结算。

第 R776-24 条 在基层行政法院院长或委托的法官进行报告后，各方当事人有权亲自或由其律师代理发表口头意见。各方当事人也可以提交书面文件支持自己的意见。若这些书面文件中包含新内容，法官应该要求另一方当事人仔细阅读并邀请其在庭审中对该新内容发表意见。

第 R776-25 条 第 R611-7 条和第 R612-1 条规定的向各方当事人的通知可在庭审进行过程中完成。

第 R776-26 条 各方当事人发表口头意见后预审即结束，若有当事人缺席或未派代表参加，则预审在发出了参加庭审的召集后结束。

第 R776-27 条 若涉案外国人被行政机关拘留，裁判应该当庭宣布。

若未编制由法官和负责庭审的书记员签字的庭审记录，则裁判书中应该载明各方当事人在庭审过程中提出的新的诉讼理由。

裁判书中应该载入第 R751-1 条规定的内容，并当场送交出席庭审的当事人，该当事人应该立即签收。

若仅撤销了拒绝设定自愿启程期限的决定,判决书送达时仍然应该提醒涉案外国人有义务在行政机关指定的期限内离开法国领土。

第 R776-28 条 在上诉行政法院,审判庭庭长有权根据公共报告人的建议免除公共报告人在庭审中发表意见的义务。

第七章 关于拒绝庇护于法国领土的申请的诉讼

法律部分

第 L777-1 条 基层行政法院院长及其委托的法官根据《外国人入境、居留及避难权法典》第 L213-9 条规定的方式审理不服拒绝庇护于法国领土的决定而提起的撤销之诉。

规章部分

第 R777-1 条 对于第 L777-1 条规定的不服拒绝庇护于法国领土的决定而提起的诉讼,法院的裁判应该当庭宣布。

裁判书中应该载入第 R751-1 条规定的内容,并当场送交出席庭审的当事人,该当事人应该立即签收。

第 R777-2 条 若申请庇护于法国领土的外国人滞留在等待区,且该等待区位于法兰西岛地区之外,那么作为第 R312-1 条第 1 款关于基层行政法院地域管辖权的例外,其等待区所在地的基层行政法院对该诉讼享有地域管辖权。

第八章　关于居住权和城市规划的诉讼

法律部分

第 L778-1 条　对于涉及保障《建设与住房法典》第 L441-2-3 条规定的居住权的诉讼,应该按照该法典第 L441-2-3-1 条的规定进行审判。

第 L778-2 条　对于涉及城市规划文件和城市规划许可的诉讼,应该按照《城市规划法典》第六编和本法典的规定进行审判。

第八章　关于居住权的诉讼

规章部分

第 R778-1 条　在下列情况下的起诉、预审和裁判适用本法典的规定,但不得违反《建设与住房法典》和本章的特别规定:

1. 由《建设与住房法典》第 L441-2-3 条规定的调解委员会依据该条第 II 点确认对住房享有优先权且应该立即分配一所紧急住房的当事人,若其在该法典第 R441-16-1 条规定的期限届满后仍然没有收到考虑了其需求和能力的住房而提起诉讼;

2. 由调解委员会依据上述法典第 L441-2-3 第 III 点或第 IV 点确认有权优先入住收容机构、过渡住房机构、有公用设施的单人住房或社会服务旅馆的当事人,若其在该法典第 R441-18 条规定的期限届满后仍然没有入住上述机构、住房或旅馆而提起诉讼；

3. 未向调解委员会提出申请，而是根据上述法典第 L441-2-3-1 条第 I 点第 4 款向省长提出申请的当事人，若其在该法典第 R441-17 条规定的期限届满后仍然没有收到考虑了其需求和能力的住房而提起诉讼。

第 R778-2 条　第 R778-1 条规定的诉讼应该在《建设与住房法典》第 R446-16-1、R441-17 条和第 R441-18 条规定的期限届满后 4 个月内提起。但只有在调解委员会决定的通知书或向省长提出申请收到的回执单中注明了上述法典第 R441-16-1、R441-17 条和第 R441-18 条规定的时效和本条规定的向基层行政法院起诉的时效的情况下，上述时效才能作为抗辩理由。

诉讼状应该附带调解委员会对原告作出的决定书或者原告向省长提交的申请书，除非是在完全不可能提交上述材料的情况下，否则诉讼状不得受理。

第 R778-3 条　基层行政法院院长或其专门委托的法官对该类案件作出裁判，受委托的法官必须至少拥有一等行政法官的职称或至少拥有两年的年资。根据第 R222-13 条任命的法官可对该类案件作出裁判，除非任命决定中明确规定无权裁判该类案件。

第 R778-4 条　基层行政法院院长或其专门委托的法官应该在《建设与住房法典》第 L441-2-3-1 条规定的期限内作出裁判。

对案件实施预审调查时作出的决定都应该采用各种方式通知各方当事人。

诉讼状注册后，基层行政法院或其专门委托的法官应该发布决定以确定庭审的日期，以该决定代替庭审通知。

庭审通知或上一款规定的决定应该载入第 R731-1、R731-2、R731-3、R732-1 条和第 R732-2 条的规定，并注明该类案件的审理无需公共报告人发表意见，除非案件被移送至合议制审判庭审理。

第 R778-5 条 法官审理案件应该采用书面或口头的对抗式程序。

省长收到诉讼状后，应该将省级调解委员会管理的或其作出决定后相关的所有可用于预审调查的文件送交基层行政法院。

各方当事人发表口头意见后预审即结束，若有当事人缺席或未派代表参加，则预审在发出了参加庭审的召集后结束。但是，为了让各方当事人提交补充材料，法官有权决定推迟预审结束的日期，新日期应该由法官采用各种手段通知各方当事人。

若案件被移送，重新举行庭审时预审重新进行。

第 R778-6 条 第 R522-4、R522-7、R522-9 条和第 R522-11 条至第 R522-13 条都可适用于此。

第 R778-7 条 应原告的请求，法庭可在庭审中听取《建设与住房法典》第 L441-2-3-1 条第 I 点第 2 款规定的助理人员的发言。

第 R778-8 条 若基层行政法院院长或其专门委托的法官依职权调查后或根据原告的举报发现其所发出的命令没有得到执行，那么法官有权设置逾期罚款执行罚，罚金充入《建设与住房法典》第 L300-2 条规定的基金中。

在本法典第七编第四卷第二章规定的条件下，基层行政法院院长或其专门委托的法官在邀请各方当事人就拟发布的命令表达意见后有权通过裁定发布命令。

逾期罚款的最终数额根据命令规定的期限届满后行政机关不

执行命令的时间结算。

根据具体的情况,法官有权调整国家法人需缴纳的逾期罚款数额,在例外情况下,法官可宣布国家法人无需缴纳逾期罚款。

第九章 关于流浪人群的移动住所占用公共用地的诉讼

法律部分

第 L779-1 条 对于 2000 年 7 月 5 日第 2000-614 号关于流浪人群的接纳和居住的法律第 9 条第 II(次)点规定的驱离催告决定不满的诉讼,其起诉、预审和裁判都根据一项须交最高行政法院审查的行政法规的规定实施。

庭审时不需要公共报告人发表意见,除非将案件移送至合议制审判庭审理。

第九章 其他规定

规章部分

第一节 关于流浪人群的移动住所占用公共用地的诉讼

第 R779-1 条 对于 2000 年 7 月 5 日第 2000-614 号关于流

浪人群的接纳和居住的法律第 9 条第 II (次) 点规定的驱离催告决定不满的诉讼，其提起、预审和裁判都根据本法典关于撤销之诉的规定实施，但不得违背本章的规定。

第 R779-2 条　诉讼状应该在驱离催告决定中载明的执行期限内提起。

诉讼时效不会因为提起前置性行政救济而延长。

第 R779-3 条　基层行政法院院长或其委托的法官应该在 72 小时内作出裁判，该期限从诉讼状于基层行政法院书记室注册之时起算。

第 R779-4 条　应该立即采用各种方式召集各方当事人参加庭审。

第 R779-5 条　法官审理案件应该采用书面或口头的对抗式程序。预审在第 R613-2 条第 2 款规定的条件下结束。

第 R779-6 条　第 R522-2、R522-4、R522-7、R522-9 条和第 R522-11 条至第 R522-13 条都可适用于此。

第 R779-7 条　上诉时效为 1 个月。

第 R779-8 条　基层行政法院院长或其专门委托的法官对该类案件作出裁判。根据第 R222-13 条任命的法官可对该类案件作出裁判，除非任命决定中明确规定无权裁判该类案件。

第二节　关于歧视行为的诉讼

第 R779-9 条　若某联合会根据自己的章程在过去至少五年间持续且有规律地宣称反对歧视行为，该联合会有权采取 2008 年 5 月 27 日第 2008-496 号法律规定的诉讼行为，以保护歧视受害者的利益。

该联合会必须证明其已经告知当事人下述信息，并获得了他们的书面同意：

1. 拟提起的诉讼行为的性质和诉讼客体；

2. 联合会引导诉讼行为的实施，并由联合会自己提起诉讼；

3. 当事人可以在诉讼的任何阶段加入由联合会提起的诉讼中来，也可以在诉讼的任何阶段要求结束诉讼。

第三节　关于地方行政区举行的地方公投或咨询地方选民的规定

第 R779-10 条　对参加地方公投或咨询地方选民活动的党派和团体的名单所引发争议的审理应该适用《地方行政区基本法典》第 R1112-3 条第 5 款的规定。

第八卷　适用于海外领地基层行政法院的特别规定

法 律 部 分

第 L781-1 条　若部分法官被同时指派至两所或多所海外领地的基层行政法院，且他们在规定的期限或具体案件性质所要求的期限里无法从一所其所属的基层行政法院抵达另一所基层行政法院审理案件，那么该案件的审判庭成员可以在其所属的一所基层行政法院内就座，然后通过视听传播设备与其拟审理案件的庭审现场建立连接，若相关案件需要公共报告人发表意见，其也可采用同样方式连接。

规章部分

第 R781-1 条 当根据第 L781-1 条通过视听传播设备实施庭审时,审判庭成员就座的基层行政法院的院长可以指派该法院的主任书记官或其他拥有庭审助理书记员职称的书记官或其他书记室工作人员;此时,裁判书的原件由上述被指派人员签字。此外,院长有权决定由审判庭成员就座的基层行政法院主任书记官负责邮寄裁判书时签字和投寄裁判书。

第 R781-2 条 由书记室工作人员负责录音录像,若无书记室工作人员且庭审无公众参加,则由其他工作人员负责录音录像。

第 R781-3 条 视听传播设备的技术性能必须保证图像、声音的真实且良好传输,并且保证数据传输能够对他人保密。具体技术性能应该由司法部长发布部长令规定。

第八编 救济制度

第一卷 上诉

法律部分

第 L811-1 条 若一审裁判可以被上诉,上诉应该根据第三编的规定向有管辖权的上诉行政审判机关提起。

规章部分

第 R811-1 条 所有出席或被合法传唤至基层行政法院的当事人，即便未进行任何答辩，仍有权对该法院作出的裁判提起上诉。

但对于第 R222-13 条列举的第 1、4、5、6、7、8、9 点的争议，基层行政法院作出的一审裁判即为终审裁判。该条第 2、3 点争议同样如此，除非诉讼请求所要求支付或免除的金额超过了第 R222-14 条和第 R222-15 条所规定的数额。本条的规定不妨碍第 R533-1 条和第 R541-3 条的适用。

作为上一款规定的例外，当第 R222-13 条第 7 点的争议与一项可以被上诉的争议存在关联性时，对第 7 点的争议作出的一审裁判也可单独提起上诉。若应纳税人的要求，对不动产税的征收的一审裁判也同时裁判了对职业税的征收争议，并且这两项税的征收都全部或部分地以同一财产的同一年估价为基础，那么对该不动产税的征收的一审裁判也可单独提起上诉。

基层行政法院对第 R778-1 条规定的诉讼作出的一审裁判也是终审裁判。

第 R811-2 条 除非存在相反规定，上诉时效为 2 个月。对于所有诉讼当事人，该时效都从根据第 R751-3 条和第 R751-4 条的规定送达当事人之日起算。

若裁判书是由司法执达员送达的，那么对于要求通过司法执达员实施送达的当事人和受到该送达的当事人而言，上诉时效从送达之日起算。

第 R811-3 条 若在送达通知书中未注明一项少于 2 个月的诉讼时效,那么仍然适用 2 个月的诉讼时效。

第 R811-4 条 在马约特岛、法属波利尼西亚、瓦利斯群岛和富图纳群岛和新喀里多尼亚,2 个月的上诉时效延长至 3 个月。

第 R811-5 条 正常时效的基础上可以添加第 R421-7 条规定的基于距离的补充时效。

但是,在选举案件中向省政府或区政府提交诉讼状的情况,或者在马约特岛、圣巴尔代莱弥、圣马尔旦、圣皮埃尔岛和密克隆岛、法属波利尼西亚、瓦利斯群岛和富图纳群岛和新喀里多尼亚,向国家代表领导的机关提交诉讼状的情况,都不享受上述基于距离的补充时效。

第 R811-6 条 作为第 R811-2 条第 1 款规定的例外,对于法院在对实体问题最终裁判之前作出的其他裁判,不论该裁判是否解决了一个主要问题,对该裁判的上诉期限持续至对实体问题的最终裁判的上诉时效截止时。

第 R811-7 条 上诉状以及其他诉讼文书必须由一位第 R431-2 条规定的委托人向上诉行政法院提交,否则不得受理。

若一审裁判的送达通知书中未载入第 R751-5 条第 3 款规定的内容,上诉行政法院应该邀请上诉人根据第 R612-1 条和第 R612-2 条的规定对自己的上诉进行补正。

但是,下列案件无需聘请律师:

1. 国家或其他公法人的公务员或工作人员以及法国银行的工作人员或雇佣人员对针对上述人员作出的个人性命令向基层行

政法院提起撤销之诉,对基层行政法院的裁判不满提起上诉;

2. 第 L774-8 条规定的关于道路交通违法的争议。

请求执行上诉行政法院的裁判的诉讼,或上诉至上诉行政法院请求执行其辖区内的基层行政法院的裁判的诉讼,都无需聘请律师。

第 R811-8 条 若一项特殊规范规定了可无需聘请律师的情况,各方当事人可以自己实施各种诉讼行为。但其也可以由下列人员代表:

1. 一位第 R431-2 条规定的委托人;

2. 根据《环境法典》第 L141-1、L611-1、L621-1 条或第 L631-1 条批准的联合会,但前提条件是该法典第 L142-3、L611-4、L621-4 条或第 L631-4 条规定的条件得到满足的情况下,并且按照该法典第 R142-1 条至第 R142-9 条、第 R611-10、R621-10 条和第 R631-10 条规定的方式。

第 R811-9 条 若有必要,各方当事人有权请求诉讼援助。

第 R811-10 条 在上诉行政法院,国家法人的起诉、答辩或第三人应诉都无需聘请律师。除非有相反规定,相关部长以国家法人的名义向上诉行政法院提交答辩状和答辩意见。

部长有权根据现行规章规定的条件将自己的签名权委托他人。

第 R811-11 条 属于一所上诉行政法院管辖的上诉状应该提交至该法院的书记室。

第 R811-12 条 若上诉行政法院根据某特别规定必须在一定期限内作出裁判,不论何种情况,该期限都从相关诉讼材料抵达书记室之时起算。

第 R811-13 条　除非存在与本卷相反的规定，向上诉法官提起上诉适用第四编关于向一审法官提起诉讼的规定。

第六编和第七编的规定同样适用。

第 R811-14 条　除非存在特别规定，提交上诉状不具有暂停效力，除非法官根据本卷的规定另外发布裁定。

第 R811-15 条　若对撤销被诉行政行为的一审判决提起上诉，且上诉人在预审阶段除了提出应该撤销原判或改判的理由之外，还提出了旨在证明应该驳回撤销行政行为的诉讼请求的严肃理由，此时上诉行政审判机关应上诉人的要求有权缓期执行一审判决。

第 R811-16 条　若一审原告之外的其他人员提起上诉，且执行一审裁判可能会导致上诉人必定损失一部分金钱，但是若上诉胜诉则该上诉人即无需再负担这部分费用，那么行政审判机关应上诉人的要求有权缓期执行被诉裁判。

第 R811-17 条　在其他情况下，若被诉的一审裁判的执行可能导致难以弥补的后果且在预审阶段发现原告在诉讼状中提出的理由是严肃的，那么行政审判机关应原告的要求有权缓期执行被诉的裁判。

第 R811-17-1 条　若根据第 R811-15 条至第 R811-17 条的规定请求缓期执行被诉的一审裁判，该请求的提出必须专门撰写一份区别于上诉状的诉讼状，并附上诉状的副本，否则不得受理。

第 R811-18 条　在任何阶段，上诉行政审判机关有权终止其作出的缓期执行的裁定的效力。

第 R811-19 条 若上诉行政法院适用第 R811-14 条至第 R811-18 条，其作出的裁判在送达后 15 日内可以被提交至最高行政法院进行复核审。

第二卷 复核审

第一章 总则

法律部分

第 L821-1 条 上诉行政法院作出的裁判以及所有行政审判机关作出的终审裁判都可被提交至最高行政法院进行复核审。

第 L821-2 条 若最高行政法院撤销了行政审判机关作出的终审裁判，最高行政法院可将案件发回原行政审判机关重审，原行政审判机关应该重新组织审判庭，除非由于该行政审判机关的性质导致不可能重新组织审判庭，或者最高行政法院可以将案件移送至与原行政审判机关相同性质的另一所行政审判机关，或者若基于更好地管理行政审判活动的需要，最高行政法院可以直接对案件的实体问题作出判决。

若案件被第 2 次提交至最高行政法院请求复核审，最高行政法院应该直接进行最终判决。

规章部分

第 R821-1 条 除非有相反规定,复核审诉讼时效为 2 个月。

若在送达通知书中未注明一项少于 2 个月的复核审诉讼时效,那么仍然适用 2 个月时效。

第 R821-2 条 第 R811-5 条的规定可适用于复核审诉讼。

第 R821-3 条 只有通过最高行政法院和最高司法法院律师才能向最高行政法院提起复核审诉讼,不服社会救助中央委员会和各类养老金审判机关作出的裁判向最高行政法院提起的复核审诉讼除外。

第 R821-4 条 若对被诉终审裁判的执行存在导致难以弥补之后果的危险,并且申请复核审人在预审阶段除提出了应该撤销原判的理由之外,还提出了旨在证明应该撤销原审法官对实体问题的解决方案的严肃理由,此时审判庭应申请复核审人的要求有权缓期执行被诉的终审裁判。

第 R821-5 条 若根据第 R821-15 条的规定请求缓期执行被诉终审裁判,该请求的提出必须专门撰写一份区别于申请复核审状的诉讼状,并附上申请复核审状的副本,否则不得受理。

第 R821-6 条 除非存在与本卷相反的规定,提起复核审诉讼适用第四编关于向最高行政法院提起诉讼的规定。

第六编和第七编的规定同样适用。

第二章　复核审受理程序

法律部分

第 L822-1 条　向最高行政法院提交的复核审申请状必须首先通过复核审受理程序进行筛选。

若复核审申请状不可受理或其中未包含任何严肃的理由，最高行政法院作出诉讼决定拒绝受理该复核审申请。

规章部分

第 R822-1 条　向最高行政法院提起的复核审诉讼应该根据第 R611-20 条规定的条件分配至各诉讼小组。

第 R822-2 条　若诉讼小组组长认为不应该受理一项复核审申请，其应该将该申请的材料根据庭期表上的注册安排送交相应的公共报告人；通知原告或其委托人开庭日期。

若诉讼小组组长认为应该受理一项复核审申请，其应该决定按照相关规定正常地开展预审程序；开展预审程序的决定应该通知原告或其委托人。

第 R822-3 条　拒绝受理复核审申请的诉讼决定应该通知原告或其委托人。

该诉讼决定不可诉，只能请求改正决定中的书面错误或请求重审。

若审判庭未拒绝受理复核审申请，其应该按照相关规定开展预审程序。开展预审程序的决定应该通知原告或其委托人。

第 R822-4 条 若复核审申请状的诉讼请求中包括缓期执行的请求，诉讼小组组长有权在未举行预审时即驳回该请求；若诉讼小组组长未直接驳回缓期执行的请求，那么该请求应该按照相关规定正常地接受预审。

第 R822-5 条 若在受理复核审申请之前即撤诉，或者，若根据第 R611-22 条的规定视为原告已撤诉，诉讼小组组长裁定撤回诉讼。

若在受理复核审申请之前不再存在可裁判的内容，诉讼小组组长作出裁定确定不存在可裁判的内容。

若由于未聘请律师或存在明显不可受理且不可能在审理时补正的问题而不可受理，诉讼小组组长裁定不予受理。

若复核审申请状中未包含任何严肃的理由，诉讼小组组长裁定不予受理下述复核审申请：

1. 类型化案件申请复核审，即一方面案件事实不需要进行新的法律评估或定性，另一方面需要裁判的法律问题或是已经被最高行政法院在其他裁判中明确解决或是已经由最高行政法院通过第 L113-1 条的对法律问题的意见审查答复；

2. 不服根据第 R222-1 条作出的裁定申请复核审；

3. 不服下述裁定申请复核审：根据第 L521-1、L521-3、L521-4、L522-3、L541-1 条作出的裁定，驳回根据第五编第五卷第 1 章提起的诉讼请求的裁定。

第 R822-5-1 条 至少在根据第 R822-5 条第 1、2、3 点作出裁定之前 10 日内，应该通过电子方式或邮政方式告知原告或其委托人作出上述裁定的可能性。

第 R822-6 条 第 R611-7 条的规定不得适用于复核审受理程序。

第三卷 其他救济途径

法律部分

（无）

规章部分

第一章 异议

第 R831-1 条 所有上诉行政法院或最高行政法院审理案件的涉案人员，若其未正常地进行答辩，其有权为对上述法院作出的缺席判决提出异议，除非该案件的审理过程中与缺席当事人拥有共同利益的另一方当事人参加了审理中的对抗程序。

第 R831-2 条 异议无暂停效力，除非法院另外作出裁定。

异议必须在缺席判决送达之日起 2 个月内提出。

第 R831-3 条 第 R811-5 条适用于提出异议的情况。

第 R831-4 条 除非本章存在相反规定，异议的提起适用本编第一卷和第二卷关于提起上诉或申请复核审的规定。

第六编和第七编的规定同样适用。

第 R831-5 条 受理异议的决定应该使各方当事人恢复其原初状态。

第 R831-6 条 基层行政法院作出的判决和裁定都不能被提起异议。

第二章 第三人异议

第 R832-1 条 任何人只要其本人或其代表未按照规定被召集参加某案件的审理,且该案件审理作出的诉讼决定对其权利造成了损害,其都有权提起第三人异议。

第 R832-2 条 若相关诉讼决定根据第 R751-3 条的规定进行了通知或送达,那么被通知或送达的人只能在该通知或送达之日起 2 个月内提起第三人异议。

第 R832-3 条 在马约特岛、法属波利尼西亚、马塔乌图、新喀里多尼亚的基层行政法院,提起第三人异议的期限改为 3 个月。

第 R832-4 条 第 R811-5 条的规定适用于第三人异议。

第 R832-5 条 除非存在与本章相反的规定,提起第三人异议适用第四编关于提起诉讼的规定。

第六编和第七编的规定同样适用。

第三章 请求改正书面错误的诉讼

第 R833-1 条 若上诉行政法院或最高行政法院作出的裁判书中存在书面错误,且该错误可能会对案件的裁判内容造成影响,相关当事人有权向作出该裁判的行政审判机关提起改正书面错误的诉讼。

提起该诉讼必须采用与提起原诉相同的形式。其必须在存在书面错误的裁判书送达或通知之日起 2 个月内提起。

第六编和第七编的规定适用于此。

第 R833-2 条 第 R811-5 条的规定适用于改正书面错误的诉讼。

第四章 请求重审的诉讼

第 R834-1 条 只有在下述情况下才能对最高行政法院通过对抗式程序作出的裁判申请重审：

1. 原审裁判是基于伪造的材料作出的；

2. 原审裁判是对一方当事人不利的裁判，该不利裁判的作出缺乏一项关键材料，且该关键材料由对方当事人掌握；

3. 原审裁判的作出没有遵守本法典关于审判庭组成人员的规定、关于庭审的规定或者关于裁判书的形式或宣布方式的规定。

第 R834-2 条 对请求重审诉讼的提起和受理按照与对缺席判决提出异议相同的方式实施。

在上一条第 1、2 点规定的情况下，诉讼时效从一方当事人知晓其后来提出的请求重审的事由之日起起算。

第 R834-3 条 请求重审的诉讼应该由律师向最高行政法院提出，即便被诉原审裁判属于无需聘请律师的案件。

第 R834-4 条 若对一项通过对抗式程序作出的裁判已经进

行了一次重审,对相同裁判再次提起的重审不得受理。

第九编 裁判的执行

第一卷 原则

法律部分

第 L911-1 条 若行政审判机关对一项案件的裁判根据诉讼请求必然包括要求一位公法人或一位管理公共服务的私法人采取规定的执行措施,那么该行政审判机关应该在裁判书中明确规定需要采取的执行措施,若有必要,还应该规定执行期限。

第 L911-2 条 若行政审判机关对一项案件的裁判根据诉讼请求必然包括要求一位公法人或一位管理公共服务的私法人在重新调查后重新作出行为,那么该行政审判机关应该在裁判书中明确规定重新作出行为的期限。

第 L911-3 条 根据诉讼请求,行政审判机关依据第 L911-1 条和第 L911-2 条发出命令后,还可在本编规定的条件下附带设置逾期罚款执行罚,行政审判机关应该规定该逾期罚款执行罚的生效日期。

第 L911-4 条 若一项裁判未得到执行,相关当事人有权向作出该裁判的基层行政法院或上诉行政法院请求保障该裁判得到执行。

但是，若一项未执行的裁判正被上诉，执行请求应该向上诉行政审判机关提出。

若一项裁判中未明确规定具体的执行措施，受理执行请求的行政审判机关应该明确规定之。其有权规定一个执行期限并设置逾期罚款执行罚。

基层行政法院或上诉行政法院有权将执行请求移送至最高行政法院。

第 L911-5 条 若行政审判机关作出的裁判未得到执行，最高行政法院可依职权对相关公法人或管理公共服务的私法人设置逾期罚款执行罚以保障裁判得到执行。

若最高行政法院已经适用了第 L911-1 条和第 L911-2 条，那么上一款的规定不得适用于第 L911-3 条和第 L911-4 条规定的情况。

本条授予最高行政法院的权力可由诉讼组组长行使。

第 L911-6 条 既可设置临时性的逾期罚款执行罚，也可设置永久性的逾期罚款执行罚。其一般应被视为临时性的，除非行政审判机关明确规定其为永久性的。逾期罚款执行罚与任何损害赔偿无关，不能与之折抵。

第 L911-7 条 在完全不执行、部分不执行或迟延执行的情况下，行政审判机关根据其设置的逾期罚款执行罚收缴罚款。

除非不执行裁判是因为意外情况或是因为不可抗力，否则行政审判机关在收缴罚款时不得变更永久性逾期罚款执行罚的罚款比率。

行政审判机关有权变更或撤销临时性逾期罚款执行罚,即便裁判仍然未得到执行。

第 L911-8 条 行政审判机关可以决定逾期罚款执行罚的部分罚金不向原告支付。

此部分罚金纳入国家预算。

第 L911-9 条 若一项已产生既判力的判决要求一位公法人支付其规定数额的金钱,则适用1980年7月16日第80-539号法律第1条的规定,该规定转录如下:

"第1条 I. 若一项已产生既判力的判决要求国家支付其规定数额的金钱,该笔金钱应该在判决送达后2个月内支付。

若用来支付该笔金钱的账户无足够的支付能力,则应该在其支付能力范围内先行部分支付。余下部分根据1959年1月2日第59-2号关于财政法的组织法的法令规定的条件筹集。此种情况下,余下部分的支付必须在判决送达之日起4个月内完成。

若在上述期限内未完成支付,债权人可以向负责支付的会计提出请求并出示判决书,后者必须立即进行支付。

II. 若一项已产生既判力的判决要求地方行政区或一所公共机构支付其规定数额的金钱,该笔金钱应该在判决送达之日起2个月内支付。否则,该省的国家代表或公共机构的监督机关应该依职权进行支付。

III. 若无足够的支付能力,该省的国家代表或公共机构的监督机关应该向相关地方行政区或公共机构发出催告信要求其尽快筹集资金;若该地方行政区或公共机构的审议机构未在规定的期限内筹集足够的资金,该省的国家代表或公共机构的监督机关应该为其提供资金,并完成支付,若有必要,该省的国家代表或公共机构的监督机关可依职权作出上述行为。

Ⅳ. 对于根据已产生既判力的判决必须在送达后2个月内支付的债务,地方行政区或地方公共机构的拨款审核员应该制作并发布一份关于如何支付该债务的报表。

否则国家代表应该向地方行政区或地方公共机构发布催告信要求其在1个月内制作并发布该报表;若在该期限内仍未完成,国家代表有权亲自制作并发布该报表。

若地方行政区或地方公共机构的拨款审核员制作了该报表,但拒绝实施进一步行动时,国家代表有权命令会计员直接实施进一步的行动。

国家代表亲自制作的报表应该送交地方行政区或地方公共机构的会计员,使其完成支付,并送交地方行政区或地方公共机构,使其进行预算和会计注册。"

第L911-10条 若一项已产生既判力的判决要求一位公法人支付其规定数额的金钱,《财政审判法典》第L313-12条的规定可以适用,该条内容转录如下:

"第L313-12条 若违反1980年7月16日第80-539号关于行政领域的逾期罚款执行罚和由公法人执行判决的法律第1条第1、2段的规定,第L312-1条规定的人员应该受到第L313-1条规定的处罚。"

规章部分

第R911-1条 当一位公法人必须按照第L911-9条规定的条

件支付金钱时,2008年5月20日第2008-479号行政法规的规定可以适用。

第二卷 适用于基层行政法院和上诉行政法院的规定

法律部分

(无)

规章部分

第R921-1条 向基层行政法院请求采取必要措施保障其作出的裁判得到执行,以及可能附带提出的要求设置逾期罚款执行罚的请求,都必须在被要求执行的裁判送达之日起3个月内提出,除非行政机关明确决定拒绝执行该裁判。但是,对于内容为要求采取紧急措施的裁判,当事人可以在任何时候请求执行。

若基层行政法院在裁判中已经指定行政机关必须采取执行措施的期限,执行请求在该期限届满后才能提起。

向上诉行政法院提起的执行申请也同样适用上述期限,不论申请执行的客体是上诉行政法院的裁判还是被上诉至上诉行政法院的一项其辖区内的基层行政法院作出的裁判。

第R921-2条 若行政机关拒绝当事人向其提出的执行基层行政法院或上诉行政法院裁判的申请,只有当该拒绝决定为明示决定时,诉讼时效才起算。

第 R921-3 条 行政机关通过明示决定拒绝采取必要的执行措施执行基层行政法院或上诉行政法院的一项裁判,对于该明示决定的诉讼时效因根据第 R921-1 条提起执行请求而中断,直到对该请求的裁决送达之日。

第 R921-4 条 如第 R431-3、R431-11 条和第 R811-7 条所规定的那样,提起请求执行一项裁判的诉讼无需聘请律师。

第 R921-5 条 受理一项根据第 L911-4 条提起的执行请求的基层行政法院院长和上诉行政法院院长,或者其专门委托的报告人,应该尽一切其认为有益的努力来保障被请求的裁判得到执行。

若院长认为裁判正在执行或者认为执行请求没有根据,其应该将此通知申请人并直接驳回该申请。

第 R921-6 条 基层行政法院院长或上诉行政法院院长有权发布裁定启动诉讼程序,若院长认为有必要由审判机关采取执行措施,特别是设置逾期罚款执行罚,或者若申请人在收到上一条最后一款规定的驳回申请后 1 个月内向院长提出申请,且此时距上次提起执行申请已经超过 6 个月。决定启动诉讼程序的裁定不可诉。应该立即对案件进行预审并作出裁判。若审判庭决定设置逾期罚款执行罚,其应该规定该逾期罚款执行罚的生效日期。

第 R921-7 条 若在基层行政法院或上诉行政法院设置逾期罚款执行罚的生效之日,行政审判机关发现其规定的执行措施仍然未得到执行,不论其是通过职权调查发现还是基于相关当事人的起诉,行政审判机关即根据第 L911-6 条至第 L911-8 条的规定收缴罚款。

收缴罚款时,待执行的裁判书副本以及收缴罚款的决定副本都发送至财政与预算纪律法院的公诉人。

第R921-8条 基层行政法院院长和上诉行政法院院长在每年年末都应该向最高行政法院报告与研究组提交报告，介绍其遭遇的执行困难。若有必要，可以在最高行政法院公开发布的年度报告中登载这些执行困难。

第三卷 适用于最高行政法院的规定

法律部分

（无）

规章部分

第R931-1条 若行政审判机关通过越权之诉撤销了行政行为，或在完全管辖权之诉中全部或部分地驳回了公法人的答辩意见，有关机关有权请求最高行政法院为行政机关阐明如何执行相关的裁判。

为了处理该请求，需要任命一位报告人在报告与研究组组长的领导下赴相关行政机关开展工作。研究与报告组组长有权将遇到的问题提交第R961-3条规定的委员会请求给予咨询意见。若有必要，相关案件可以登载于最高行政法院的年度报告上。

第R931-2条 相关当事人有权向最高行政法院报告与研究组申明其在要求执行最高行政法院或其他特殊行政审判机关作出的裁判时所遇到的困难。

只有在裁判送达之日起 3 个月的期限届满后,才能提交协助执行的请求,除非相关行政机关作出明示决定拒绝执行该裁判。

对于内容为要求采取紧急措施的裁判,当事人可以在任何时候向报告与研究组请求协助执行。

若待执行的裁判中已经指定行政机关必须采取执行措施的期限,协助执行的请求在该期限届满后才能被提起。

报告与研究组组长在其内部指派一位报告人。该报告人有权采取所有其认为有益的努力以保障被请求的裁判得到执行。研究与报告组组长有权将相关案件提交第 R961-3 条规定的委员会请求给予咨询意见。

若有必要,相关案件可以登载于最高行政法院的年度报告上。

若行政机关拒绝当事人向其提出的执行行政审判机关作出的裁判的申请,只有当该拒绝决定为明示决定时,诉讼时效才起算。

第 R931-3 条 相关当事人有权请求最高行政法院为了保障自己或特殊行政审判机关作出的裁判得到执行而设置逾期罚款执行罚。

这些请求只有在待执行的裁判送达之日起 6 个月期限届满后才能提起,除非相关行政机关作出明示决定拒绝执行待执行的裁判。

但是,若待执行的裁判中已经指定行政机关必须采取执行措施的期限,协助执行的请求在该期限届满后才能被提起。

第 R931-4 条 当诉讼组组长行使第 L911-5 条最后一款规定的权力时,其应该作出裁定并说明理由。

第 R931-5 条 根据第 R931-3 条向最高行政法院请求设置逾期罚款执行罚必须由最高行政法院律师提出。

根据第 R931-2 条请求协助执行行政审判机关作出的裁判也必须由最高行政法院律师提出。

第 R931-6 条 根据第 R931-3 条向最高行政法院提起的诉讼，或根据第 R911-4 条移送至最高行政法院的案件，若包括设置逾期罚款执行罚的诉讼请求，这些案件应该在诉讼组书记室注册，在不违背第 R931-4 条的前提下，被分配至各诉讼小组。诉讼小组应该将案件材料发送至最高行政法院报告与研究组，除非诉讼小组处于应当事人请求可以不进行预审直接裁判的情况，或由于存在紧急情况导致无可能实施发送的情况。

报告与研究组通过一项非诉讼程序可以采取各种其认为有益的努力以保障被请求的裁判得到执行。报告与研究组组长在其内部指定一位报告人。

报告与研究组组长有权决定将案件提交至一个小型委员会请求其给予咨询意见，该委员会由报告与研究组的组长和副组长参加，包括 1 位报告人和 3 位最高行政法院成员，这 3 位中包括一位诉讼小组组长。

报告与研究组对案件进行审查后向诉讼组组长提交一份报告，该报告中应该介绍案件的事实背景与法律背景以及报告与研究组所作出的努力，若提交给小型委员会，报告中还应该包括委员会的组成人员以及其给予的咨询意见；报告中可以表达报告与研究组对于自己已经作出的努力所取得成效的评估。

报告与研究组审查案件中编撰的材料以及上述报告都应该附加入案件材料中，一并移交给有权管辖的诉讼小组。

由该诉讼小组根据对最高行政法院审理案件的程序的规定对

案件进行预审调查。

第 R931-7 条 若执行困难已经根据第 R931-2 条向报告与研究组申明，该组组长有权请求诉讼组组长依职权设置逾期罚款执行罚。在此之前，报告与研究组组长有权将执行困难案件提交第 R931-6 条规定的小型委员会请求给予咨询意见。诉讼组组长提出请求时应该附带一份报告，报告中包括报告与研究组组长提议的处理方案及其理由。若该执行困难案件曾被提交小型委员会，上述报告还应该包括该委员会的组成人员及其给予的咨询意见。

报告与研究组组长的报告应该附带于案件的诉讼材料中。

诉讼组组长有权作出裁定启动诉讼程序。

上述裁定应该在诉讼组秘书处注册并送达各方当事人。

应该立即对案件进行预审并作出裁判。

第 R931-7-1 条 若最高行政法院设置了逾期罚款执行罚，诉讼小组应该将案件材料移送至报告与研究组。

若在最高行政法院设置逾期罚款执行罚的生效之日，报告与研究组发现规定的执行措施仍然未得到执行，不论其是通过职权调查发现，还是基于相关当事人的起诉，报告与研究组应该告知诉讼组，由后者收缴罚款。第 R931-6 条的最后 3 款的规定可适用于此。

第 R931-8 条 收缴罚款时，待执行的裁判书副本以及收缴罚款的决定书副本都发送至财政与预算纪律法院的公诉人。

第 R931-9 条 当行政机关通过明示决定拒绝采取必要的执行措施执行行政审判机关的一项裁判，对于该明示决定的诉讼时效因设置逾期罚款执行罚的请求而中断，直到对该请求的裁决送达之日。

德 国

导读

德国《行政法院法》由联邦议会于1960年1月21日颁布,自同年4月1日起施行。该法颁布之初,共有195个条文,设有5章,分别规定"法院组织""程序""法律救济与再审""费用与执行""总结与过渡规定"。该法颁布之后,经历过数次修订,但基本框架并未发生改变。

在内容上,该法既规定了行政法院的组织、人事等事项,又规定了具体的诉讼程序规则,因而具有行政法院组织法和行政诉讼法的双重性质。在适用范围上,《行政法院法》仅调整德国普通行政法院的组织和审判活动,而不适用于财政法院、社会法院等专门性行政法院,后两者分别另由《财政法院法》和《社会法院法》加以调整。

德国《行政法院法》是大陆法系国家行政诉讼法典编纂的典范。该法对行政诉讼受案范围的概括规定、对行政诉讼类型的系统整理、对暂时性权利保护制度的规定等方面的制度设计,对其他国家和地区的行政诉讼立法产生了广泛影响。

本书收录的《行政法院法》,为1991年3月19日公布的文本(载于《联邦法律公报》1991年第1卷,第686页),同时吸收了2012年7月21日以前的修改。

德国行政法院法*

(1960年1月21日公布,吸收了2012年7月21日以前的修改)

刘飞** 译

---

* 本译稿的德文原本,来源于德国联邦司法部官方网址(www.bmj.bund.de)公布的文本,最后一次访问日期为2012年8月15日。此日期之后,《行政法院法》仍有更新,但本译稿未能跟进修改。

本译文对法律条文主要是进行直译,如直译表达有稍不符合汉语语法之处,但是足以表意时,不作语法上的修正;直译成汉语后语法或意义表达不完整时,则以[]括号添加必要的内容。译文尽量保持原文的条、款、项、句以及用分号(;)隔开的分句的基本结构,但是未能保留原文中的半句(Halbsatz)的表述结构,除非本法条文中明确提及了某个半句,如第9条第3款第3句。法律条文中所提及的未注明其源法律名称的条文,皆指本法之条文。翻译过程中的主要中文参考资料有三种:(1)艾尔曼(Eyermann)等:《德国行政法院法逐条释义》,陈敏等译,我国台湾地区"司法院"2002年印行;(2)《联邦德国行政法院法》,载平特纳著:《德国普通行政法》,朱林译,中国政法大学出版社1999年版,第259—314页;(3)胡芬:《行政诉讼法》,莫光华译,法律出版社2003年版。

在收录本书的过程中,本书编者对原译稿作了如下修改:(1)原译稿中法条的款和项的序号,分别用阿拉伯数字加括号和阿拉伯数字标识。为遵从中文读者的习惯,编者将它们分别调整成阿拉伯数字和阿拉伯数字加括号的形式。(2)原译稿保留了德文原文中的标点符号,为符合中文的标点符号规范,编者对其作了必要改动。——编者注

** 刘飞,男,1971年生,法学博士(德国科隆大学),现任中国政法大学法学院教授、博士生导师。

目 录

第一章　法院组织
　　第一节　法院(第 1～14 条)
　　第二节　法官(第 15～18 条)
　　第三节　名誉法官(第 19～34 条)
　　第四节　公益代表人(第 35～37 条)
　　第五节　法院管理(第 38～39 条)
　　第六节　行政诉讼途径与管辖权(第 40～53 条)
第二章　程序
　　第七节　一般程序规定(第 54～67a 条)
　　第八节　对撤销之诉与义务之诉的特别规定(第 68～80b 条)
　　第九节　第一审程序(第 81～106 条)
　　第十节　判决与其他裁判(第 107～122 条)
　　第十一节　暂时命令(第 123 条)
第三章　法律救济与再审
　　第十二节　普通上诉(第 124～131 条)
　　第十三节　法律审上诉(第 132～145 条)
　　第十四节　抗告(第 146～152a 条)
　　第十五节　再审(第 153 条)
第四章　费用与执行
　　第十六节　费用(第 154～166 条)
　　第十七节　执行(第 167～172 条)
第五章　终结与过渡规定(第 173～195 条)

第一章 法院组织

第一节 法院

第 1 条 行政法院的独立性[①]

行政审判权由独立的、与行政机关相分离的法院行使。

第 2 条 行政法院的法院与审级

行政法院为各州设立的初级行政法院与一家高级行政法院，联邦在莱比锡设立联邦行政法院。

第 3 条 法院组织

1. ［下列事项］由法律规定：

（1）初级行政法院或高级行政法院的设立与撤销；

（2）法院所在地的变更；

（3）法院管辖区域的变更；

（4）把数个初级行政法院管辖范围内的具体事项指定由一家行政法院管辖；

（4a）对于根据第 52 条第 2 项第 1 句、第 2 句或第 4 句确定地

[①] 法条中的条旨并非官方公布的法律文本的组成部分。译文中的法条标题取自：艾尔曼等著：《德国行政法院法逐条释义》(Eyermann u. a., Verwaltungsgerichtsordnung, 13. Aufl. 2010.)。作出此选择的理由有三：(1) 该书是一部由各级行政法院法官集体撰写的评论；(2) 译者手头的数部行政法院法评论中，该部出版的时间最近，即 2010 年第 13 版；(3) 该部评论是迄今为止唯一一部译成中文的评论，中文版为《德国行政法院法逐条释义》，陈敏等译，我国台湾地区"司法院"2002 年印行。译成中文出版的是 2000 年出版的第 11 版（并收录 2002 年第 12 版的补充资料）。——译者注

域管辖权的案件,指定由该州的另一家或几家初级行政法院管辖;

(5)在[法院所在地之外的]另一地点设立初级行政法院的法庭或者高级行政法院的审判庭;

(6)如果不应再根据迄今为止的条款来确定管辖权,根据第1项、第3项、第4项与第4a项把已受理的案件移送另一家法院所采取的措施。

2. 数个州可以协定设立一家共同的法院,或一家法院内的共同裁判机构,或法院的管辖区域超出于州的边界之外的,也可以协定具体的事项管辖范围。

第4条　院务委员会与事务分配

《法院组织法》第二章中的规定适用于行政法院系统中的所有行政法院。院务委员会确定其组成成员与根据第99条第2款具有管辖权的审判组织的3名代表人,此确定有效期为4年。成员与其代理人必须是终身制法官。

第5条　初级行政法院的成员与结构

1. 初级行政法院由院长、首席法官以及必要数量的其他法官组成。

2. 初级行政法院内设置法庭。

3. 除独任法官审理案件之外,初级行政法院的法庭以3名法官与2名名誉法官组成并作出决定。名誉法官不参与作出言词审理之外的裁定与法院裁决。

第6条　移交独任法官,交回法庭

1. 在下列情况下,法庭原则上应将法律争议移交给其成员之一作为独任法官进行审理:

(1) 该事务在事实上或法律上未发现具有特别困难；

(2) 法律事务不具有基本原则上的意义。

试用法官获任后第 1 年内不得担任独任法官。

2. 如果法律争议已经在法庭经过言词审理，不得移交给独任法官，除非在此过程中已作出一个保留判决、部分判决或中间判决。

3. 独任法官听审当事人之后，如果认为诉讼事务发生了重大变更、法律事务具有基本原则上的意义或该事务在事实上或法律上具有特别困难，可以把法律争议交回法庭。不允许再次将案件移交独任法官。

4. 根据第1款与第3款作出的裁定不可被诉。未予移交的事实，不得作为支持法律救济手段的理由。

第 7 条　（废止）

第 8 条　（废止）

第 9 条　高级行政法院的成员与结构

1. 高级行政法院由院长、首席法官以及必要数量的其他法官组成。

2. 高级行政法院内设置审判庭。

3. 高级行政法院审判庭以 3 名法官组成并作出决定；州立法可以规定审判庭由 5 名法官组成，其中 2 名也可以为名誉法官。对于第 48 条第 1 款规定的案件，也可规定审判庭由 5 名法官与 2 名名誉法官组成。第 1 句的第 2 半句与第 2 句不适用于第 99 条第 2 款规定的情况。

第 10 条　联邦行政法院的成员与结构

1. 联邦行政法院由院长、首席法官以及必要数量的其他法官组成。

2. 联邦行政法院内设置审判庭。

3. 联邦行政法院审判庭由5名法官组成并作出决定；对于言词审理之外的裁定则由3名法官组成。

第11条　联邦行政法院大审判庭

1. 联邦行政法院设置1个大审判庭。

2. 如果1个审判庭欲在某一法律问题上偏离另一审判庭或大审判庭的裁判，由大审判庭作出决定。

3. 仅在其裁判将可能会被偏离的审判庭，在回答将要作出裁判的审判庭的询问时说明其坚持原有法律观点，才允许提交大审判庭[作出决定]。如果其裁判将可能会被偏离的审判庭因事务分配计划的变化而不再负责处理该法律问题，则其位置由按照事务分配计划现在负责将可能会被偏离的案件的审判庭取代。审判庭应以作出判决所必需之人数、以裁定形式对询问与回答作出决定。

4. 如果将要作出裁判的审判庭认为对于法的续造或确保司法统一有必要，其可以将一具有基本原则意义的问题提请大审判庭作出决定。

5. 大审判庭由院长以及非由院长担任首席法官的其他法律审审判庭的1名首席法官组成。如果系由法律审审判庭之外的其他审判庭提出问题，或其裁判将可能会被偏离的审判庭并非法律审审判庭，则由该审判庭中的1名成员出席大审判庭。如果院长不能出席大审判庭，则由其所属的审判庭的一名成员代理其出席。

6. 成员与其代理人由院务委员会按1个事务年度予以确定。这一点适用于第5款第2项规定的其他审判庭成员及其代理人。

大审判庭的首席法官为院长,院长不能出席时由任职年限最长的成员担任。

7. 大审判庭仅对法律问题作出裁判。大审判庭可以不经言词审理作出裁判。其裁判在提交[大审判庭作出决定的]事务上对将要作出裁判的审判庭具有拘束力。

第 12 条　高级行政法院中的大审判庭

1. 高级行政法院对于州法中的某一问题作出最终决定时,适用第 11 条中的条款。由根据本法组成的上诉审判庭取代法律审审判庭。

2. 如果一家高级行政法院仅由 2 个审判庭组成,则以联合审判庭取代大审判庭。

3. 州法律可以对大审判庭的组成作出不同规定。

第 13 条　书记处

各法院均设置一书记处。书记处配备必要数量的书记官。

第 14 条　法律协助与职务协助

所有法院与行政机关均应为行使行政审判权的行政法院提供法律协助与职务协助。

第二节　法官

第 15 条　专职法官

1. 除第 16 条与第 17 条有不同规定之外,法官经任命终身任职。

2. (废止)

3. 联邦行政法院的法官须年满 35 周岁。

第 16 条　兼职法官

高级行政法院与初级行政法院可以任命其他法院的终身制法官与法学教授任兼职法官,任职期间至少为 2 年,最长为其担任主要职务的期间。

第 17 条　试用法官,委任法官

初级行政法院可以任用试用法官与委任法官。

第 18 条　（删除）

第三节　名誉法官

第 19 条　职能

名誉法官在言词审理与判决形成过程中拥有与法官同样的权力。

第 20 条　任命的条件

名誉法官必须是德国人。其应年满 25 周岁并在法院管辖区内拥有住所。

第 21 条　名誉职位的排除

1. 下列人被排除于名誉法官职位之外:

（1）经法官裁判不具备担任公职资格的人,或因故意行为被处以 6 个月以上有期徒刑的人;

（2）因作出的某一行为而被诉,可能会导致丧失担任公职资格的人;

（3）在州立法机关选举中不具有选举权的人。

2. 陷于财政困难的人不得被任命为名誉法官。

第 22 条 出任名誉法官的障碍理由

下列人不能被任命为名誉法官:

(1) 联邦众议院、欧洲议会、州立法机关、联邦政府或州政府的成员;

(2) 法官;

(3) 公共部门非名誉职的公务员及雇员;

(4) 职业军人与现役军人;

(4a)(废止)

(5) 律师、公证员以及其他以为他人处理法律事务为职业的人。

第 23 条 拒绝权

1. 下列人员可以拒绝被任命为名誉法官:

(1) 神职与宗教人员;

(2) 陪审员与其他名誉法官;

(3) 在普通行政法院已经担任两届名誉法官的人;

(4) 医生、护理人员、助产士;

(5) 在其经营的药房中没有其他执业药剂师从业的药房经营者;

(6) 达到《社会法典》第六章所规定的常规年龄界限的人。

2. 在特别严重的情况下还可以依申请免除接受名誉法官职务的义务。

第 24 条 名誉职务的解除

1. 下列情况下应解除名誉法官的职务:

(1) 根据第 20 条至第 22 条原本不应被任命或不再可以被任

命,或

(2) 严重违反了职务,或

(3) 存在第 23 条第 1 款规定的拒绝理由,或

(4) 不再具有执行其职务所需的智力或体力,或

(5) 放弃其在法院管辖区的住所。

2. 在特别严重的情况下可依申请解除名誉职务的继续履行。

3. 在第 1 款第 1 项、第 2 项与第 4 项规定的情况下,基于初级行政法院院长的申请,在第 1 款第 3 项、第 5 项以及第 2 款规定的情况下,基于名誉法官本人的申请,由高级行政法院的一个审判庭作出决定。在听取名誉法官本人的意见之后,决定以裁定形式作出。此决定不可诉。

4. 第 3 款适用于第 23 条第 2 款规定的情况。

5. 因第 21 条第 2 款被诉之后,在义务人依法不再受到刑事追诉或被宣告无罪的情况下,依名誉法官的申请,高级行政法院应撤销根据第 3 款作出的决定。

第 25 条　任期

名誉法官被选任后任期为 5 年。

第 26 条　遴选委员会

1. 每个初级行政法院均应组成名誉法官遴选委员会。

2. 遴选委员会由作为主席的初级行政法院院长任主席、1 名州政府指定的行政官员以及 7 名作为委员的值得信任的人士组成。7 名值得信任的人士以及[他们的]7 名代理人来自于初级行政法院管辖区内的居民,由州议会或州议会确定的州议会委员会或依据州法律确定的标准选出。他们必须符合被任命为名誉法官

的条件。州政府被授权通过规章对确定行政官员的权限作出不同于第 1 句的规定。州政府可将此授权转让给最高的州行政机关。在第 3 条第 2 款规定的情况下,确定行政官员的权限以及州政府选择值得信任人士的权力取决于法院的所在地。在此情况下州立法机关可以规定,各相关的州政府可以在委员会中指派 1 名行政官员并确定至少 2 名值得信任的人士。

3. 至少在主席、1 名行政官员以及 3 名代表出席时,委员会才具有作出决议的能力。

第 27 条 名誉法官的数量

每个初级行政法院中的必要的名誉法官数量由院长决定,计算标准是预计每位名誉法官每年最多参与 12 个正规庭审日的工作。

第 28 条 推荐名单

县以及不从属于县的市每 5 年提交一份名誉法官推荐名单。遴选委员会确定各县以及不从属于县的市被列入推荐名单的人数。总的人数原则上应为第 27 条所需名誉法官人数的 2 倍。被列入推荐名单的人,应当获得县或不从属于县的市的代表机关到场成员人数中的三分之二赞成票,且至少应获得其法定成员人数的一半的赞成票。代表机关形成决议的相关规定不受影响。提名名单中除应列明推荐人的姓名之外,还应列明其出生地、生日与职业;名单应送交相关初级行政法院的院长。

第 29 条 选举程序

1. 遴选委员会以至少三分之二的多数票从推荐名单中选出所需数量的名誉法官。

2. 现任名誉法官履行职务直至新选举为止。

第 30 条 参与审理,代理人

1. 初级行政法院院务委员会在事务年度开始之前确定名誉法官参与审理的顺序表。

2. 为使[名誉法官]意外不能出庭时代理人能够参与审理,可以确定1份由居住于法院所在地或其附近的名誉法官组成的候补名单。

第 31 条 (废止)

第 32 条 补偿

名誉法官与值得信任的人士(第26条)根据《法官工资与补偿法》获得补偿。

第 33 条 罚款

1. 如果名誉法官无充分理由而不准时到庭或以其他方式规避职务义务的履行,可处以罚款。同时因其行为所导致的费用可以由其承担。

2. 该决定由首席法官作出。如事后得到正当解释,首席法官可以全部或部分撤销该决定。

第 34 条 高级行政法院的名誉法官

如果州立法确定名誉法官参加高级行政法院的审理工作,则第19条至第33条适用于高级行政法院的名誉法官。

第四节 公益代表人

第 35 条 在联邦行政法院代表联邦利益

1. 联邦政府在联邦行政法院设置一名代表联邦利益的代表人,从属于联邦内政部。联邦利益代表人可以参与在联邦行政法院进行的任何诉讼；兵役审判庭审理的案件除外。联邦利益代表人听命于联邦政府。

2. 联邦行政法院给予联邦利益代表人在联邦行政法院发表意见的机会。

第 36 条　公益代表人

1. 根据州政府规章中确定的准则，可以在高级行政法院与初级行政法院内设置 1 名公益代表人。可以委托其一般性地或在特定案件中代表州或州机关。

2. 适用第 35 条第 2 款。

第 37 条　担任法官职务的能力

1. 联邦行政法院的联邦利益代表人及其专职工作人员中的高级职员，必须具备担任法官职务的能力或者具备《德国法官法》第 110 条第 1 句规定的条件。

2. 高级行政法院与初级行政法院中的公益代表人，必须具备担任法官职务的能力；第 174 条不受本条影响。

第五节　法院管理

第 38 条　职务监督

1. 法院院长负责对法官、公务员、雇员、工人的日常工作监督。

2. 初级行政法院的上级职务监督机关为高级行政法院院长。

第 39 条　行政事务

不得委托法院行使除了法院行政事务之外的其他行政事务。

第六节 行政诉讼途径与管辖权

第 40 条 行政诉讼途径的适法性

1. 在联邦法律没有明确规定由其他法院管辖的情况下,所有非宪法性的公法争议由行政法院管辖。州法律也可以规定州法适用范围内的公法争议由其他法院管辖。

2. 为公共利益作出牺牲与因公法上的财产保管而形成的请求权,以及并非基于公法合同的、因违反公法义务而形成的损害赔偿请求权,由普通法院管辖;前句不适用于因《基本法》第 14 条第 1 款第 2 句中规定的补偿请求权是否存在及其数额高低形成的争议。公务员法中的特别规定以及对因撤回违法的具体行政行为而造成的财产损害予以补偿的诉讼途径,不受影响。

第 41 条 (删除)

第 42 条 撤销之诉与义务之诉

1. 通过起诉可以诉请撤销一个具体行政行为(撤销之诉)或判决[行政机关]作出其拒绝作出的或尚未作出的具体行政行为(义务之诉)。

2. 除非法律另有规定,只有在原告诉称其自身权利因具体行政行为或[行政机关]拒绝作出具体行政行为或不作为而受到侵害时,起诉才具有适法性。

第 43 条 确认之诉

1. 通过起诉可以诉请确认一个法律关系的存在或不存在,以及一个具体行政行为的自始无效,只要原告对于获得一个[法院的]及时确认拥有合法利益(确认之诉)。

2. 如果原告可以或者原本可以通过形成之诉或给付之诉实现其权利，则不得提起确认之诉；这一点不适用于对具体行政行为提出的无效性确认之诉。

第 44 条　客观上的诉之合并

原告可以在同一诉讼中提出数个诉讼请求，只要这些诉讼请求针对同一个被告、相互之间有关联且由同一法院管辖。

第 44a 条　针对行政机关程序性行为的法律救济

针对行政机关程序性行为的法律救济，仅允许与针对实体决定的法律救济同时采取。如果行政机关的程序性行为可被执行或可以针对非本案当事人[①]作出，则本条不适用。

第 45 条　事务管辖范围

初级行政法院在第一审程序中审理行政法院管辖的所有争议。

第 46 条　高级行政法院的审级管辖范围

高级行政法院审理下列上诉事宜：

(1) 对初级行政法院的判决提出的普通上诉；

(2) 对初级行政法院作出的其他裁判提出的抗告；

(3)（废止）。

---

① 对于"非本案当事人"(Nichtbeteiligte)，《行政法院法》条文中并未指明其具体含义与适用范围，学界通常认为，其为法律中规定了具有一定程序法意义上的法律地位，但是对于实体决定并无请求权之人，例如证人、专家、受委托人或代理人等。详见：Eyermann u. a. , Verwaltungsgerichtsordnung, 13. Aufl. 2010, § 44a Rn. 14. ——译者注

第47条 高级行政法院在规范审查中的事务管辖范围

1. 高级行政法院在审判管辖权范围内依申请对[下列规范的]有效性作出裁判：

（1）根据《建设法典》的规定颁布的章程，以及基于《建设法典》第246条第2款颁布的规章；

（2）其他在位阶上低于州法律的法规，前提是州法[对高级行政法院的此项事务管辖权]作出了规定。

2. 申请可由任何声称因法规或其适用而致其权利遭受了损害或在可预见时间内将受到损害的自然人、法人以及任何行政机关，在法规公布1年之内提出。申请针对颁布法规的团体、设施或基金会提出。如果该法规涉及州以及其他公法人的权限范围，高级行政法院应给予其在一定期间内发表意见的机会。

2a. 如果自然人或法人针对根据《建设法典》第34条第4款第1句第2项与第3项或者第35条第6款制定的详细建设规划或章程提出的申请，仅仅是其在(《建设法典》第3条第2款规定的)公开解释或(《建设法典》第13条第2款第2项与第13a条第2款第1项规定的)相关公众的参与程序的框架内本来可以但却没有提出来或提出来时已经太迟的异议，而且其当时已被告知了由此产生的法律后果，其申请不具有适法性。

3. 如果法律明文规定法规只能由州宪法法院审查，高级行政法院不得审查法规是否与州法相一致。

4. 如果一家宪法法院正在审查法规的有效性，则高级行政法院指令中止程序，直至宪法法院终结审理程序。

5. 高级行政法院以判决作出决定，如认为不必经过言词审理,则以裁定作出决定。如果高级法院认为法规不具有法律效力,则宣布其不产生法律效力;在此情况下判决具有普遍约束力,判决主文须由被申请人采用同其颁布法规一样方式公布。裁判的效力适用第 183 条。

6. 在为防止严重不利或出于其他重要理由而迫切所需的情况下,高级行政法院可以依申请作出暂时命令。

第 48 条 高级行政法院的其他一审管辖范围

1. 高级行政法院对涉及下列事项的所有争议作出一审裁判:

(1)《核能法》第 7 条与第 9a 条第 3 款规定的设施的设立、经营、其他占有、变更、停运、安全连接与拆除;

(2) 在《核能法》第 7 条所规定的设施之外的其他设施(《核能法》第 9 条)中加工、处理以及以其他方式使用核燃料,对《核能法》第 9 条第 1 款第 2 句的规定造成重大偏离或重大改变,以及在国家保管范围之外的核燃料的保管(《核能法》第 6 条);

(3) 拥有使用固体、液体与气体燃料其燃烧热能超过 300 兆瓦的燃烧设施的发电站的设立、经营与变更;

(4) 设立、经营或变更额定电压达到或超过 110 千伏的高压电缆、额定电压为 110 千伏的地下电缆与海底电缆、直径超过 300 毫米的燃气管道及其线路变更的计划确定程序;

(5) 有关《垃圾处理法》第 7 条规定的焚化或热分解处理垃圾年均能力(有效处理能力)超过 10 万吨的固定设施,以及全部或部分用于《循环经济法》第 48 条规定的垃圾的放置或贮存的固定设施的设立、经营与重大变更的程序;

（6）民用机场与附有建筑有限保护区域[①]的降落场地的设置、扩大、变更与经营；

（7）有关有轨电车、磁悬浮列车、公共铁路的建筑与变更以及调度车站与集装箱货车站的建筑与变更的计划确定程序；

（8）有关联邦长途公路干线的建筑与变更的计划确定程序；

（9）有关联邦河道的新建或扩建的计划确定程序。

第1句同样适用于替代计划确定决定而作出的许可决定所形成的争议，也适用于所有与建筑计划有关的许可或审批所形成的争议、即便其仅涉及与建筑计划在空间上或经营中相关的附属设施。各州可以通过法律规定，因涉及第1句中规定的情况的权属处置所形成的争议，由高级行政法院在一审程序中作出决定。

2. 此外高级行政法院还在第一审程序中审理对州最高行政机关根据《社团法》第3条第2款第1项发布的结社禁令与根据《社团法》第8条第2款第1句作出的处置提起的诉讼。

3. （废止）

第49条　联邦行政法院的审级管辖范围

联邦行政法院对下列法律救济方式作出决定：

（1）根据第132条的规定针对高级行政法院的判决提起的法律审上诉；

（2）根据第134条与第135条规定针对初级行政法院的判决

[①] 《航空法》(LuftVG)第17条规定，航空管理机关在对降落场地作出许可决定时，可以将机场相关地点1.5公里半径范围内的区域确定为建筑有限保护区域。在该区域内，主管行政机关在作出建筑许可决定之前应取得航空管理机关的同意。——译者注

提起的法律审上诉；

（3）根据本法第 99 条第 2 款与第 133 条第 1 款以及法院组织法第 17a 条第 4 款第 4 句提起的抗告。

第 50 条　联邦行政法院的事务管辖范围

1. 联邦行政法院在第一审级与终审程序中［就下列事项］作出决定：

（1）联邦与各州之间与各州相互之间的非宪法性质公法争议；

（2）针对联邦内政部部长根据《社团法》第 3 条第 2 款第 2 项发布的结社禁令与根据《社团法》第 8 条第 2 款第 1 句作出的处置提起的诉讼；

（3）因根据《居留法》第 58a 条发出的驱逐令及其执行形成的争议；

（4）联邦情报署事务范围内基于公务员法关系引起的诉讼；

（5）对根据《议员法》第 44a 条与联邦众议院成员行为规则作出的措施或决定提起的诉讼；

（6）涉及《一般铁路法》《联邦长途公路干线法》《联邦河道法》《能源输送管道扩建法》或《磁悬浮轨道规划法》中规定的建设项目的计划确定程序与规划许可程序的所有争议。

2.（废止）

3. 如果联邦行政法院根据第 1 款第 1 项认为某一争议具有宪法性争议，联邦行政法院应将该事务提交联邦宪法法院作出决定。

第 51 条　结社事务中的中止

1. 如果根据《社团法》第 5 条第 2 款执行针对整个社团发出的禁令而不是针对一个分社团发出的禁令，那么该分社团针对对其发出的禁令提起的诉讼中止审理，直到[法院]在整个社团针对对其发出的禁令提起的诉讼中作出裁判。

2. 联邦行政法院在第 1 款规定的情况下作出的裁判对高级行政法院具有约束力。

3. 如果社团根据第 50 条第 1 款第 2 项提起诉讼，联邦行政法院应通知高级行政法院。

第 52 条　地域管辖范围

地域管辖适用下列规定：

(1) 涉及不动产、与地方相关的权利或法律关系的争议，仅由不动产所在地或该地方所在地的行政法院管辖。

(2) 针对联邦行政机关或联邦直属的公法团体、设施或基金会的具体行政行为提起的撤销之诉，由该联邦行政机关、团体、设施或基金会所在地的行政法院管辖，第 1 款与第 4 款的规定除外。这也适用于第 1 句规定情况下的义务之诉。在根据《避难程序法》所产生的争议中，则由按照《避难程序法》规定的外国人居留地的行政法院管辖；如果据此不能确定的话，则根据第 3 项确定地域管辖。针对联邦就联邦德国外交与领事驻外代表处管辖范围内的区域提起的诉讼，由联邦政府住所地的行政法院管辖。

(3) 除第 1 款与第 4 款之外的其他所有的撤销之诉，由具体行政行为作出地的行政法院管辖。具体行政行为系由管辖区域涉及数个行政法院管辖区的行政机关作出，或具体行政行为系由数个州或所有州的共同行政机关作出，则由原告所在地或住所所在地的行政法院管辖。如果原告所在地或住所所在地不在行政机关管辖范围之内，则根据第5项确定管辖法院。针对各州所委托的分配大学学习位置的一个行政机关作出的具体行政行为提起的撤销之诉，由该行政机关所在地的行政法院管辖。这也适用于第1句、第2句与第4句规定情况下的义务之诉。

（4）基于现存或已经成为过去的公务员、法官、兵役义务、军职、民事服役关系所提起的所有诉讼，以及与这样一种法律关系的形成有关的争议，由原告或者被告从事职务行为的所在地的行政法院管辖，在没有从事职务行为的所在地的情况下，由其住所所在地的行政法院管辖。如果原告或者被告在作出原具体行政行为的行政机关管辖范围内没有从事职务行为的所在地或住所的，由该行政机关所在地的行政法院管辖。第1句与第2句适用于根据《规范〈基本法〉第131条所规定的人之法律关系的法律》第79条提起的诉讼。

（5）在所有其他情况下，由被告人所在地、居所所在地，或没有所在地与居所所在地时由其居留地，或其最后住所地或居留地所在地的行政法院管辖。

第53条 管辖法院的确定

1. 在下列情况下，行政法院系统内的管辖法院由上级法院确定：

（1）原本具有管辖权的法院在个案中因法律或事实上的原因不能行使审判权；

（2）由于不同法院辖区之间界限不明难以确定具有管辖权的

法院；

（3）受理法院的所在地取决于第 52 条且多个法院具有管辖权；

（4）数家法院已具有法律效力地宣称自己拥有管辖权；

（5）数家法院中已有一家对该争议具有管辖权的法院已具有法律效力地宣称自己没有管辖权。

2. 如果不能根据第 52 条明确地域管辖权，则由联邦行政法院确定具有管辖权的法院。

3. 法律争议的任何一方当事人与任何一家所涉及的法院均可诉至上级法院或联邦行政法院。被诉请的法院可不经言词审理作出裁判。

第二章 程序

第七节 一般程序规定

第 54 条 法院职员的排除与回避、依法回避与自行回避

1. 法院职员的排除与回避适用《民事诉讼法》第 41 条至第 49 条。

2. 曾参与过之前的行政程序的人不得作为专职法官或名誉法官行使［法官］职权。

3. 如果法官或名誉法官从属于某一社团的代表机构，而该社团的利益与本案有关，则《民事诉讼法》第 42 条规定的担心法官不公正的理由始终成立。

第 55 条　秩序规范

适用《法院组织法》第 169 条、第 171a 条至第 198 条有关公开审理、法庭秩序、审判语言、咨询与表决的规定。

第 55a 条　电子文档传送

1. 只要联邦政府或州政府通过规章在相关管辖领域内予以了许可,当事人可以以电子方式向法院传送文档。规章确定可以向法院传送电子文档的起点时间,以及提交电子文档的形式与方式。对于效力等同于在纸面文档上签名的文档,应根据《签名法》第 2 条第 3 项规定采用特别的电子签名方式。在特别的电子签名方式之外,也可以采取其他足以保障所传递的电子文档的可靠性与完整性的程序。州政府可以授权主管行政法院的州最高行政机关作出决定。可以规定电子传递文档的方式仅适用于部分法院或诉讼程序。联邦政府制定的规章不需要经过联邦参议院同意。

2. 电子文档经规章根据第 1 款第 1 句与第 2 句规定的方式与方法传递、经接受文档的特定机构录入之后,即被认为已经送达法院。不适用本法中规定应为其他当事人附具副本的相关条款。如文档不符合要求,应立刻通知发文人并告知其法院所适用的技术标准。

3. 如果按规定文档需要由法官或者办事机构的书记官亲笔签署,则只要负责人员在文档的结尾部分标注其姓名并以《签名法》第 2 条第 3 项规定的特别电子签名方式发出,电子文档就被认为是符合这一形式要求的。

第 55b 条　电子文档阅览

1. 诉讼文档可以以电子方式处理。联邦政府与州政府各自在其管辖领域内通过规章确定可以以电子方式处理诉讼文档的起点时间。规章应确定形成、处理与保管电子文档的组织技术条件。州政府可以授权主管行政法院的州最高行政机关作出决定。可以规定电子传递文档的方式仅适用于部分法院或诉讼程序。联邦政府制定的规章不需要经过联邦参议院同意。

2. 文档不符合电子文档处理时所适用的形式,则应转换成相应的形式并以该形式载入文档之中,除非第 1 款中规定的规章没有作出其他规定。

3. 原始文档至少应保留到程序具有法律效力地终结为止。

4. 如果以纸面形式呈递的文档被转换成了电子文档的形式,必须标明何时以及被何人所转换。如果电子文档被转换成纸面形式,则其输出文本上必须注明文本完整性审查的结论为何、签名审查中证明的签名者为何人、签名审查中证明的签名时间。

5. 根据第 2 款形成的文档应作为诉讼程序的依据,除非有理由怀疑其与提交的文档不相一致。

第 56 条 送达

1. 确定期间开始进行之指令与裁判,以及约定日期之确定与传唤,应予送达,如系以公布形式作出,则仅在有明文规定的情况下才予以送达。

2. 送达根据《民事诉讼法》的规定依职权作出。

3. 没有居住在国内的人应根据要求确定 1 名全权代理人送达。

第 56a 条 民众程序中的公告送达

1. 如果同一公告需要向超过 50 人作出,法院可以指令在后续程序中以公告方式送达。裁定中必须确定公告在哪一家日报发布；该日报应在裁判将会产生法律效力的区域发行。裁定应送达当事人。当事人应被告知，之后的公告将以何种方式作出与文书何时被认为已送达。该裁定不可诉。法院可以随时废除该裁定；如果裁定不符合或不再符合第1句规定的前提时，法院必须废除该裁定。

2. 公告可以张贴于法院公布栏或录入法院中设置的向公众公开的一个电子信息系统，公告同时还应在联邦公报上公布，以及发布在根据第1款第2句作出的裁定中确定的日报上。公告还可以附加地在一个法院所确定的用于发布公告的信息与交流系统发布。裁判的公告送达仅需发布裁判主文与告知法律救济途径。[法院发布的]通知中可以仅告知文档的查阅地点，无需发布将要公布的文档。约定日期之确定与传唤必须全文公告送达。

3. 文档在公布于联邦公报之日起逾2个星期之后的当天视为送达之日；每个公告中都应对此作出说明。裁判公告送达后，当事人可以要求获得书面的副本；对此在公告送达时同样应予说明。

第57条 期间

1. 如无其他规定，期限自送达开始计算，如未规定送达，期限自公开或公布之时开始计算。

2. 期限适用《民事诉讼法》第222条，第224条第2、3款，第225条与第226条。

第58条 法律救济途径告知

1. 仅在当事人以书面或电子方式被告知法律救济方式、其可以诉求获得法律救济的行政机关或法院及其住所以及应遵守的期限时,才开始计算法律救济措施或其他法律救济方式的期限。

2. 如果未予告知[法律救济途径]或未予正确告知,则仅在送达、公开或公布之后一年内允许采用法律救济方式,除非一年期限届满之前因不可抗力不能采用法律救济方式,或经书面或电子方式告知不存在法律救济方式。[1] 关于不可抗力的案件适用第60条第2款。

第59条 联邦行政机关告知法律救济途径的义务

联邦行政机关以书面方式或电子方式作出可被撤销的具体行政行为时,应附带说明当事人针对该具体行政行为可以采用的法律救济方式、法律救济申请提交的机构以及期限。

第60条 回复原状

1. 非因过错而未能遵守法定期限人,依其申请予以回复原状。

2. 申请应在障碍消除之后2个星期内提出;如果错过了为上诉、上诉许可申请、法律审上诉、不许可[法律审上诉]而提出的抗告[2]或抗告提交理由的期限,提出请求的期限为1个月。用以证明请求的事实根据应在提出请求时或审查请求的程序中予以证明。在提出请求的期限内应补上错过的法律行为。如业经补上,则无需请求也可予以回复原状。

---

[1] "一年期限届满之前因不可抗力不能采用法律救济方式、或经书面或电子方式告知不存在法律救济方式",两种可能性虽然被列入一处,但适用的是不同的规则。前者适用第60条。后一种情况下,法律救济方式在任何时候都是可以采取的(Rechtsbehelf unbegrenzt zulaessig)。详见:Eyermann u. a., Verwaltungsgerichtsordnung, 13. Aufl. 2010, § 58 Rn. 18 ff.——译者注

[2] 详见第133条。——译者注

3. 如果期限已被延误超过 1 年,请求不具有适法性,除非 1 年期限届满之前的因不可抗力而不能提出请求。

4. 回复原状的请求由对错过的法律行为具有管辖权的法院作出裁判。

5. 回复原状[的裁定]不可诉。

第 61 条　当事人能力

具有诉讼当事人能力的有:

(1) 自然人与法人;

(2) 社团,但以其拥有权利为限;

(3) 行政机关,只要州法对此作出了规定。

第 62 条　诉讼行为能力

1. 具有程序行为能力的有:

(1) 根据民法具有行为能力者;

(2) 根据民法行为能力受到限制,但就诉讼标的而言,根据民法规定或公法中的规定视其为有行为能力者。

2. 如果诉讼标的涉及《民法典》第 1903 条规定的同意权保留,则有诉讼行为能力的受托人仅在《民法典》条款规定的不必取得委托人同意即可行为的范围内或根据公法中的规范视其为具有行政能力的范围内,具有诉讼行为能力。

3. 社团以及行政机关由其法定代表人与董事[从事诉讼]行为。

4. 适用《民事诉讼法》第 53 条至第 58 条。

第 63 条　当事人

诉讼当事人为:

(1) 原告；

(2) 被告；

(3) 被传唤参加人（第 65 条）；

(4) 行使其当事人权能的在联邦行政法院代表联邦利益的代表人或公益代表人。

第 64 条　共同诉讼

适用《民事诉讼法》第 59 条至第 63 条关于共同诉讼的规定。

第 65 条　传唤第三人

1. 在诉讼尚未具有法律效力地终结或系属于上一审级的情况下，法院可依职权或依申请，传唤法定权利受到裁判影响的其他人参加诉讼。

2. 如果由于第三人与争议法律关系相关，致使判决必须同时针对第三人统一作出时，应传唤其参加诉讼（必要传唤）。

3. 如果根据第 2 款可能需要传唤超过 50 人的，法院可以通过裁定确定，仅传唤那些在特定期限内提出申请的人参加诉讼。该裁定不可诉。该裁定须在联邦公报上公布。此外该裁定必须刊载在日报上，该日报应在[主体事务]裁判可能会产生影响的区域发行。除此之外，公告还可以发布在法院所确定的发布公告的信息与交流系统之中。期限自公布于联邦公报之日起应有 3 个月。公布于日报时必须载明，期限终止于何日。关于错过期限后是否可以回复原状的问题适用第 60 条。对于明显会受到[主体事务]裁判特别影响的人，法院也可以不经申请传唤其参加诉讼。

4. 传唤裁定应送达所有当事人。[裁定中]应说明[诉讼]事务的状况与传唤的理由。传唤不可诉。

第 66 条 被传唤人的诉讼权利

被传唤人可以在当事人的请求范围内独立地采取诉求与防御措施并有效地采取一切诉讼行为。仅在必要传唤的情况下，他才可以提出不同的实体请求。

第 67 条 诉讼代理人与辅助人

1. 当事人在初级行政法院可以自行处理法律争议。

2. 当事人可以委托一名律师、具备法官任职资格的国立高校或国家认可的欧盟成员国或欧洲经济共同体其他缔约国或瑞士的高校的一名法学教师作为其全权代理人。除此之外仅有以下人具有在行政法院出任全权代理人的资格：

（1）当事人的雇员或一个与其相关的企业（《证券法》第 15 条）；行政机关与公法人以及为完成其公法任务而组建的共同委员会可以委托其他行政机关或公法人以及为完成其公法任务而组建的共同委员会的雇员代理；

（2）成年的家庭成员（《税法》第 15 条、《生活伴侣法》第 11 条）、具备法官任职资格的人与共同诉讼人，前提是此项代理并非付费业务；

（3）税务事务中的税务顾问、税务全权代理人、会计师、注册审计员、通过《税务咨询法》第 3 条第 1 项规定的人士、作出行为的《税务咨询法》第 3a 条规定的人士与协会以及该法第 3 条第 2 项与第 3 项规定的公司；

（4）农业职业协会为其成员；

（5）工会与雇主协会等协会组建的共同委员会为其成员或其他类似协会或共同委员会为其成员；

(6) 章程规定其任务之一为代表成员共同利益、为《社会补偿法》规定的给付获得者或残疾人提供咨询与代理服务,以及基于其开展活动的方式与范围及其成员群体而为其成员提供专业诉讼代理保障的协会,为其成员开展战争受害人救济与严重残疾人权利事务以及相关事务;

(7) 全部股份在经济所有权上属于第 5 项与第 6 项中规定的组织的法人,该组织为其全权代理人活动承担责任的情况下,仅为该组织与其成员提供法律咨询与诉讼代理,或依据其他类似组成的协会或组织的章程仅为该协会或组织及其成员提供法律咨询与诉讼代理。

如果全权代理人不是自然人,则通过其所从属的组织以及经授权代理进行诉讼的代理人从事诉讼行为。

3. 对于不符合第 2 款规定的代理权能标准的全权代理人,法院通过不可诉的裁定予以驳回。在被驳回之前,不具备代理权能的全权代理人所为的诉讼行为以及对该全权代理人的送达与通知行为有效。对于第 2 款第 2 句第 1 项与第 2 项规定的全权代理人,如果其不能符合实情地陈述事实状况与争议的法律关系,法院可以以不可诉的裁定禁止其继续代理。

4. 除诉讼费用帮助程序之外,当事人在联邦行政法院与高级行政法院必须委托全权诉讼代理人代理其参加诉讼。这一点也适用于那些可能会导致诉讼被提交联邦行政法院或高级行政法院的诉讼行为。仅有第 2 款第 1 句规定之人可以成为全权代理人。行政机关与公法人以及为完成其公法任务而组建的共同委员会可以委托自己的具备法官任职资格的雇员或其他行政机关或公法人以及为完成其公法任务而组建的共同委员会的具备法官任职资格的雇员代理。在联邦行政法院进行的诉讼中,也可以根据第2款第2句第7项,允许第2款第2句第5项规定的组织以及由其所设立的法人成为代理人,但仅限于涉及第52条第4项规定的法律关系的事项、人员代理事项、与《劳动法院法》第5条规定的现存的或者以前的雇员的劳动关系相关的事项以及考试事项。第5句所称的代理人必须通过具备法官任职资格的人作出行为。在高级行政法院进行的诉讼中,也可以允许第2款第2句第3项至第7项规定的个人与组织成为代理人。根据第3句、第5句与第7句规定的标准具备代理人资格的当事人,可以自行代理。

5. 法官不得在自己所在的法院作为代理人出庭。除第2款第2句第1项规定的案件之外,名誉法官不得在自己所属的审判组织作为代理人。适用第3款第1句与第2句。

6. 代理权之授予应以书面方式载入法院案卷。可以事后递交[书面材料];法院可以为此设定一个期限。如果代理人并非由律师充任,法院应依职权审查代理权的授予是否有缺陷。如果确定了代理人,则法院的送达或通知发布给代理人。

7. 当事人在诉讼中可以与辅助人一同出现。在当事人可以自行处理法律争议的诉讼程序中,有资格作为代理人出庭的人,可以成为辅助人。如果有益于诉讼且根据个案中的具体情况有所需求,法院可以允许其他人成为辅助人。适用第3款第1句、第3句和第5款。辅助人所陈述的视为当事人所为,除非当事人立刻予以否定或作出改正。

第 67a 条　共同诉讼代理人

1. 在有 20 人以上为相同利益参加的一个诉讼程序中，如果未通过诉讼代理人参与诉讼，则在不指定共同代理人可能会妨碍诉讼进行的情况下，法院可以通过裁定要求当事人在适当期限内指定一名共同代理人。如果当事人未在该期限内指定一名共同诉讼代理人，法院可以以裁定指定一名律师作为共同诉讼代理人。当事人只能通过共同诉讼代理人或代理人作出诉讼行为。第 1 句与第 2 句规定的裁定不可诉。

2. 代理人或被代理人一经以书面方式递交法院或以法院书记官作成记录的方式作出意思表示，代理权即行解除；代理人只能针对所有被代理人作出意思表示。如果被代理人作出此项意思表示，则代理权仅在同时指定其他代理人时解除。

第八节　对撤销之诉与义务之诉的特别规定

第 68 条　前置程序

1. 提起撤销之诉之前应在一前置程序中审查具体行政行为的合法性及合目的性。在法律有明文规定或下列情况中，不需要进行该审查：

（1）具体行政行为系由一个联邦最高行政机关或一州最高行政机关作出，除非法律规定要进行[前置程序]审查，或

（2）纠正性决定或复议决定首次包含了一个负担在内。

2. 如果作出具体行政行为的请求已被拒绝，义务之诉适用第 1 款。

第 69 条 复议申请

前置程序开始于复议申请的提出。

第 70 条 复议的方式与期限

1. 复议申请应在具体行政行为告知申请人之后 1 个月内,以书面或在行政机关作成记录的方式,向作出具体行政行为的行政机关提出。在该期限内向作出复议决定的行政机关提出申请的,视为遵守了该期限。

2. 适用第 58 条与第 60 条第 1 款至第 4 款。

第 71 条 听证

如果复议程序中对具体行政行为的撤销或变更首次包含了一个负担在内,则应在纠正决定或复议决定之前听取相关人的意见。

第 72 条 纠正

如果行政机关认为复议申请具备理由,则应作出纠正决定并对费用作出决定。

第 73 条 复议决定

1. 如果行政机关不支持复议申请,则应作出复议决定。复议决定由下列机关作出:

(1) 法律没有规定由其他上级行政机关作出决定的,由直接的上级行政机关作出;

(2) 如直接上级机关为一最高联邦行政机关或最高州行政机关,则由作出原具体行政行为的行政机关决定;

(3) 在自治行政事务中由自治行政机关作出决定,只要法律没有作出其他规定;

法律可以作出与第 2 句第 1 项不同的规定,确定由作出原具体行政行为的行政机关对复议作出决定。

2. 规定在第 1 款中所称的前置程序中由委员会或咨询委员会取代行政机关的条款不受影响。与第 1 款第 1 项的规定不同，委员会或咨询委员会也可以由作出原具体行政行为的行政机关设立。

3. 复议决定应说明理由，附具法律救济途径告知并送达。根据《行政送达法》的规定依职权送达。复议决定也应确定由谁承担费用。

第 74 条 起诉期限

1. 撤销之诉必须于复议决定送达后 1 个月内提起。根据第 68 条的规定不必作出复议决定的，应在具体行政行为公布后 1 个月内起诉。

2. 义务之诉适用第 1 款，如果作出具体行政行为的请求已被拒绝。

第 75 条 对行政机关不作为的起诉

如果不具备充足理由而未在适当期间内对复议申请或作出一个具体行政行为的申请作出实体决定，则起诉无需符合第 68 条即具有适法性。起诉不得在提出复议申请或作出具体行政行为的申请之后的 3 个月期限届满前提出，只有在特别情况下才可以依法在较短期限内起诉。如果有充足理由确认[行政机关]即将对复议申请或作出具体行政行为的申请作出决定的，法院可以中止诉讼，直到其所确定的延长期限届满为止。如果复议申请所提出的要求在法院所确定的期限内得到了满足或在该期限内作出了具体行政行为，则法院宣告诉讼的主体事务终结。

第 76 条 （删除）

第 77 条　复议程序的排他性

1. 所有其他联邦法律规范中对申诉或异议程序作出的规定都被本节的规定所取代。

2. 州法律规范中规定为行政法院诉讼前置程序的有关申诉或异议程序的规定亦如此。

第 78 条　被告

1. 诉讼提起的对象为：

（1）联邦、州或其所属行政机关作出了被诉具体行政行为或未应申请作出某具体行政行为的团体；为指明被告，仅需指明行政机关即可；

（2）在州法律有规定的情况下，作出被诉具体行政行为或未应申请作出某具体行政行为的行政机关本身。

2. 如果复议决定首次包含了一个负担（第 68 条第 1 款第 2 句第 2 项），则第 1 款所指的行政机关为复议机关。

第 79 条　撤销之诉的标的

1. 撤销之诉的标的为：

（1）原具体行政行为，以其经复议决定所确定的构造为准；

（2）纠正决定或复议决定，如果该决定首次包含了一个负担。

2. 如果复议决定相对于原具体行政行为而言包含有一个另外的、独立的负担，那么复议决定也可以成为撤销之诉的单独的标的。如果复议决定的作出违反了一项重要的程序规定，也构成一项另外的负担。其适用第 78 条第 2 款。

第 80 条 延缓效力

1. 复议申请与撤销之诉具有延缓效力。这也适用于形成性的具体行政行为、确认性的具体行政行为以及具有双重效力的具体行政行为(第 80a 条)。

2. 仅在具备下列情形之一时不具有延缓效力：

(1) [行政机关提出的]公法上的征税与费用方面的要求；

(2) 警察执行人员作出的不可迟缓的指令与措施；

(3) 其他由联邦法律或在州法中由州法律规定的案件,尤其是第三人针对涉及投资或增加工作岗位的具体行政行为提起的复议申请与起诉；

(4) 作出具体行政行为或对复议申请作出决定的行政机关,基于公共利益或某一方当事人的重大利益之考虑特别命令立即执行的情况。

各州也可以规定,对各州在行政执行中根据联邦法所采取的措施进行的法律救济,不具有延缓效力。

3. 在第 2 款第 4 项规定的情况下,应为需要立即执行具体行政行为的特别利益附具书面理由。为避免迟延,尤其是在对生命、健康或财产会立刻造成危害的情况下,行政机关为公共利益而预防性地采取相关的紧急措施时,不需要特别说明理由。

4. 作出具体行政行为或对复议申请作出决定的行政机关,在联邦法律未作出其他规定的情况下,可中止第 2 款规定的情况下的执行。对于公法上的征税与费用方面的要求,行政机关也可以在有担保的情况下中止执行。如果对干涉性具体行政行为的合法性确有怀疑,或者对于纳税义务人或交费人来说,执行会导致不公平的、并非基于重大公共利益所需而形成的不利后果时,应中止公法上的征税与费用方面的命令的执行。

5. 审理主体事务的法院可依申请在第 2 款第 1 项至第 3 项的情况下指令[复议申请与撤销之诉]全部或部分具有延缓效力,在第 2 款第 4 项的情况下指令重新恢复[复议申请与撤销之诉的]延缓效力。在提起撤销之诉之前就已经允许提出申请。如果具体行政行为在作出决定的时点之前已经执行完毕,法院可以指令撤销执行。延缓效力的重新恢复可以取决于担保的提供或其他负担的履行。也可以[为延缓效力的重新恢复]设定期限。

6. 在第 2 款第 1 项规定的情况下,只有在行政机关已经全部或部分拒绝了中止执行申请时,才可以根据第 5 款提出申请。本款在下列情况不适用:

(1) 行政机关尚未就申请作出决定,且未在适当期限内告知充分理由;

(2) 执行迫切需要进行。

7. 审理主体事务的法院可以随时变更或撤销对根据第 5 款提出的申请作出的裁定。如果因情况发生变化或非因其本人过错而在原始程序中未能提出相关主张,任何一方当事人都可以申请法院作出变更或撤销裁定。

8. 紧急情况下由首席法官作出决定。

第 80a 条　具有双重效力的具体行政行为

1. 如果第三人针对向另一人作出的授益性的具体行政行为提出法律救济请求,行政机关可以:

(1) 依受益人的申请根据第 80 条第 2 款第 4 项指令立即

执行;

（2）依第三人的申请根据第 80 条第 4 款指令中止执行并采取保护第三人权利的临时措施。

2. 如果相关人针对一对其设定负担,但对第三人属于授益性的具体行政行为提出法律救济请求,行政机关可依第三人的请求根据第 80 条第 2 款第 4 项指令立即执行。

3. 法院可依申请变更或撤销根据第 1 款与第 2 款采取的措施或采取这些措施。其适用第 80 条第 5 款至第 8 款。

第 80b 条　延缓效力的结束

1. 复议申请与撤销之诉的延缓效力结束于[具体行政行为之]不可诉,如果撤销之诉在第一审程序中被驳回,则结束于针对驳回裁判的救济渠道所具有的理由法定期限届满 3 个月之后。如果执行系被行政机关所中止,或者延缓效力系因法院而重新恢复或系出于法院指令,[延缓效力的结束方式]同样适用,除非行政机关将执行一直中止至[具体行政行为]不再可诉。

2. 高级行政法院可依申请指令延缓效力继续存在。

3. 适用第 80 条第 5 款至第 8 款及第 80a 条。

第九节　第一审程序

第 81 条　诉讼的提起

1. 诉讼以书面方式向法院提起。在行政法院的起诉也可以通过由法院书记官作成笔录的方式提起。

2. 除第 55a 条第 2 款第 2 句的规定之外,起诉状与其他所有书状应作成复本送交其他当事人。

第 82 条　起诉状的内容

1. 起诉必须列明原告、被告及诉讼请求所指向的对象。起诉中应包含一个确定的请求。应提交作为理由的事实与证据材料,应以原件或复印件附具被诉的处置与复议决定。

2. 如果起诉不符合上述要求,首席法官或《法院组织法》第 21g 条规定的主管案件的专职法官(主办法官)应要求原告在一定期限内作出必要的补正。如果起诉缺少第 1 款第 1 句中规定的要件,法官可以对原告确定一个具有排除效力的补正期限。适用第 60 条回复原状的规定。

第 83 条　事务管辖与地域管辖

对于事物与地域管辖适用《法院组织法》第 17 条至第 17b 条。依据《法院组织法》第 17a 条第 2 款与第 3 款作出的裁定不可诉。

第 84 条　法院裁决

1. 如果案件并无事实上或法律上的特别困难且事实构成已经明确,法院可以不经言词审理以法院裁决作出决定。之前应听取当事人的意见。适用有关判决的规定。

2. 在法院裁决送达后 1 个月内,当事人可以:

(1) 在允许提出普通上诉的情况下(第 124a 条),提出普通上诉;

(2) 申请获得普通上诉或言词审理的许可;如果对二者都提出请求,则进行言词审理;

(3) 在被许可的情况下,提出法律审上诉;

(4) 在法律审上诉未被许可的情况下,针对不许可提起抗告或请求进行言词审理;如果对二者都提出请求,则进行言词审理;

(5) 在不存在法律救济措施的情况下,申请言词审理。

3. 法院裁决的效力同于判决;如果及时对言词审理提出了申请,法院裁定视为未作出。

4. 如果对言词审理提出了申请,则在法院认同法院裁决的理由说明并在其裁判中予以确认的情况下,法院在判决中可以免于再行陈述案件事实构成与判决理由。

第 85 条　起诉状的送达

首席法官指令将诉状送达被告。送达同时要求被告以书面方式陈述意见;适用第 81 条第 1 款第 2 句。可以为此确定一个期限。

第 86 条　调查原则;澄清义务;预备书状

1. 法院依职权调查案件事实;此过程中应通知当事人到场。法院不受当事人陈述及其所提交证据的拘束。

2. 对在言词审理过程中提出的调查取证的申请,只能通过附具理由的法院裁定予以驳回。

3. 首席法官应致力于[促使当事人]消除形式瑕疵、说明不清楚的申请、提出有益的申请、补充不充分的事实陈述,并作出所有对确认与判断案件事实构成有重要意义的陈述。

4. 为准备言词审理,当事人应提交书状。首席法官可以要求当事人在一定期限内呈交书状。书状应依职权送交[其他]当事人。

5. 书状中应附上文书或电子文档的原本或副本或摘要。如果文书或电子文档已为对方所知或数量庞大,则作出准确描述并建议法院提供案卷阅览即可。

第 86a 条 （废止）

第 87 条 预备程序

1. 首席法官或主办法官应在言词审理之前作出所有必要的指令，以使法律争议尽量只经过一次言词审理即可审结。他尤其可以：

（1）传唤当事人陈述事实与法律状况，并平和地解决法律争议，并接受和解；

（2）要求当事人补充或说明其所准备的书状、出示文书、传递电子文档以及出示其他可以留置于法院的物品，尤其是可以为某些需要解释的问题确定所需的解释期限；

（3）收集信息；

（4）命令提交文书或传递电子文档；

（5）命令当事人亲自到场；适用第 95 条；

（6）传唤证人与鉴定人参加言词审理；

（7）（废止）

2. 任何命令都要通知当事人。

3. 首席法官或主办法官可搜集个别证据。仅限于有益于简化法院审理程序，且自［诉讼程序之］始法院就认为即便没有直接参与获取证据的过程亦可恰当评价取证结果的情况下。

第 87a 条 预备程序中的裁判

1. 首席法官在诉讼准备阶段中对下列事项作出裁判：

（1）诉讼的中止与停止；

（2）撤诉、放弃所主张的权利或承认诉讼请求，以及诉讼费用减免的申请；

(3) 本案主体法律争议事务的终结以及诉讼费用减免的申请;

(4) 争议标的额;

(5) 费用;

(6) 传唤。

2. 经当事人同意,首席法官也可取代法庭或审判庭作出其他裁判。

3. 如果已经指定了主办法官,则由其取代首席法官作出裁判。

第 87b 条 设定期限;错过期限

1. 首席法官或主办法官可要求,原告在一定期限内就在行政程序中已予或未予考虑、致使其承受不利负担的事实作出陈述。第 1 句所确定的期限可以与第 82 条第 2 款第 2 句所确定的期限相结合。

2. 首席法官或主办法官可以要求一方当事人在限期内作出下列行为:

(1) 陈述事实或指明证据;

(2) 在当事人的义务范围内的,出示书证或其他可移动物以及传递电子文档。

3. 在满足下列条件的情况下,法院对于在第 1 款与第 2 款规定的期限过后才作出的陈述与提交的证据材料,可予以驳回并不需经进一步调查即可作出裁判:

(1) 依据法院的自由心证,如予以许可的话会延误诉讼的审结;

(2) 当事人未对其此项延误提出足够的理由;

(3) 当事人已被告知此项延误的后果。

基于法院的要求,[当事人提出的]延误理由应具有可信度。如果没有当事人的参与,法院也可以以极少的花费查明案件事实的,不适用第1句。

第88条 受限于诉讼请求

法院不得超出诉讼请求的范围(作出裁判),但不受申请表述的限制。

第89条 反诉

1. 在提起诉讼的法院可提起反诉,只要反诉请求与起诉所主张的请求或另一方提出的防御措施相关。如果反诉请求根据第52条第1项的规定属于另一法院管辖,则不适用第1句。

2. 不得对撤销之诉与负义务之诉提起反诉。

第90条 诉讼系属

1. 争议事项因起诉而系属于法院。

2.(废止)

3.(废止)

第91条 诉之变更

1. 如果其他当事人同意或法院认为变更是有益的,允许变更起诉。

2. 如果被告未提出异议,而在书状或言辞审理中就变更之后的诉参与诉讼,视为被告接受诉之变更。

3. 不接受诉之变更或允许诉之变更的裁判,不可单独被诉。

第 92 条 撤诉

1. 至判决发生法律效力之前原告均可撤诉。在言词审理程序中提出申请之后撤诉的,应事先取得被告的同意,如果公益代表人也参与了言词审理,也要取得其同意。如果包含有撤诉内容的书状在送达之后 2 个星期内没有收到质疑,则视为同意;法院应指明这一后果。

2. 如果原告无视法院的要求超过 2 个月没有推进程序,视为撤回诉讼。适用第 1 款第 2 句与第 3 句。法院在上述要求中应告知原告第 115 条第 2 款所规定的后果。法院以裁定确认诉讼的撤回。

3. 如诉讼被撤回或被视为撤回,法院以裁定中止诉讼并依据本法规定的法律后果宣告诉的撤回。该裁定不可诉。

第 93 条 诉的合并与分开

法院可以通过裁定把针对同一标的的多个系属于法院的程序合并为一个共同的诉,也可以再分开。法院可指令将在一个诉讼中提出的数个请求分别在不同的诉讼中审理并作出裁判。

第 93a 条 标准诉讼

1. 如果行政机关的某项措施的合法性成为了超过 20 个诉讼的标的,法院可首先审理其中 1 个或数个诉讼(标准诉讼)并中止其他诉讼。事先应听取当事人的意见。裁定不可诉。

2. 在首先审理的诉讼中作出的裁判已经发生法律效力的情况下,在听取当事人意见之后,如果所有当事人一致认为其案件与首先审理的案件之间并无事实上或法律上的重要区别且案件事实清楚,法院以裁定对中止的诉讼作出裁判。法院可采用在标准诉讼中取得的证据；法院可以依裁量命令 1 名证人重新作证，或允许同一或另一鉴定人作出新的鉴定。如果法院依其自由心证认为其不会证明对裁判有重要影响的事实且可能会推迟法律争议的解决的话，法院可以拒绝对已在标准诉讼中取证的事实予以举证。拒绝可以在根据第 1 句作出的裁判中作出。对于根据第 1 句作出的裁定，如果法院本应以判决作出裁判的话，允许当事人采取法律救济措施。当事人应被告知该法律救济措施。

第 94 条　诉的中止

如果对法律争议的裁判全部或部分取决于另一法律关系存在或不存在，而该法律关系为另一未决法律争议的标的或应由一个行政机关确认的话，法院可以指令中止诉讼，直至另一诉讼终结或行政机关作出决定为止。

第 95 条　亲自出庭

1. 法院可指令一当事人亲自出庭。法院可以警告对未亲自出庭者处以与在讯问日未出庭的证人相同的罚款。对未亲自出庭负有过错者，法院以裁定确定具体的罚款金额。警告与罚款可以重复使用。

2. 如当事人为法人或协会，则罚款的警告向法律或章程规定的代理人发出并针对他作出决定。

3. 法院可以要求作为当事人的公法社团或行政机关派出 1 名公务员或雇员参加言词审理，其应持有表明其代表资格的书面证明并已充分了解事实与法律状况。

第 96 条　取证的直接性

1. 法院在言词审理中取证。法院尤其可以现场勘查，询问证人、鉴定人与当事人并调取文书。

2. 在适当的情况下,法院可以在言词审理之前委派其成员中的1名作为委托法官取证,或通过提出具体证据问题的方式请求另一法院协助取证。

第 97 条 取证期日

当事人应获知所有的取证期日以便参与举证。其可以向证人或鉴定人提出相关问题。如果问题被提出异议,由法院作出决定。

第 98 条 取证

除本法另有规定之外,取证适用《民事诉讼法》第358条至第444条、第450条至第494条的规定。

第 99 条 行政机关的展示与答复义务

1. 行政机关有义务出示文书或档案、传递电子文档并回答询问。如果有关文书、档案、电子文档或信息的公开会有损于对联邦一州的公共利益,或法律规定这一过程必须予以保密或从其性质而言必须予以保密的,主管的最高监督机关可以拒绝出示文书或档案、拒绝传递电子文档并拒绝回答询问。

2. 依当事人请求,高级行政法院不经言辞审理即以裁定的形式确认拒绝出示文书或档案、拒绝传递电子文档或拒绝回答询问的行为是否合法。如果最高联邦行政机关不予出示[文书或档案]、传递[电子文档]或拒绝回答[询问],其理由是告知文书、档案、电子文档或询问内容的话会有损于联邦公共利益的话,由联邦行政法院对之作出裁判;如果联邦行政法院根据第50条对本案主体事务具有管辖权的话,同此。请求向对本案主体事务具有管辖权的法院提出。该法院把申请与主体事务案卷移送根据第189条具有管辖权的审判组织。最高监督机关经该审判组织要求出示该被拒绝出示的文书或档案、传递电子文档或告知询问内容。最高监督机关经传唤参加诉讼程序。该诉讼程序适用有关实体秘密保护的条款。如不能遵守这些条款或主管的最高监督机关证实,基于特别的保守秘密上的理由而不应把文书或档案交给法院、不应把电子文档传递给法院,则第5句规定的出示或传递应放置在最高监督机关指定的空间以便法院阅览。根据第5句规定出示的文书、档案或电子文档以及根据第8句提出的特别理由不适用第100条。法院的成员负有保密义务;裁判的理由说明中不得透露保密的文书、档案、电子文档与询问信息的形式与内容。不具备法官身份的工作人员适用工作人员保守秘密规范。只要不是联邦行政法院作出的裁判,可以对裁定提出抗告。对向高级行政法院作出的裁定提出抗告,由联邦行政法院作出裁判。抗告程序在内容上适用第4句至第11句。

第100条 案卷阅览;复本

1. 当事人可以阅览法院卷宗及呈递给法院的档案。

2. 当事人可以自行承担从法院办事处获得到官方文本、摘录、复印本或副本的费用。依首席法官的裁量,允许根据第67条第2款第1句与第2句第3项规定的代理人将档案带到居所或营业场所、允许其以电子方式获取档案的内容或以电子方式传递档案的内容。适用第87a条第3款。以电子方式获取档案内容时,应确保仅有第67条第2款第1句与第2句第3项规定的代理人才可以获取。传递电子文档时,文件整体上应附有《签名法》第2条第3项规定的特别电子签名,以防止未经授权的人获取信息。

3. 判决、裁定与处置的稿本以及为之而进行的涉及表决的准备工作与文件,不能根据第 1 款与第 2 款提供案卷阅览。

第 101 条 言词审理的基本原则

1. 除另有规定外,法院基于言词审理作出裁判。

2. 经当事人同意,法院可不经言词审理作出裁判。

3. 除另有规定外,法院作出的不属于判决的其他裁判,可以不经言词审理作出。

第 102 条 通知;在法院所在地之外的审理

1. 言词审理的时间一经确定,即应通知当事人参加,传唤期至少应有两个星期,属联邦行政法院审理的,传唤期至少应有四个星期。在紧急情况下,主审法官可以缩短传唤期。

2. 传唤时必须说明,当事人缺席不影响案件的审理与判决。

3. 如果对于更好地完成诉讼而有所必要,行政法院也可以在法院住所地之外的其他地方进行审理。

4. 不适用《民事诉讼法》第 227 条第 3 款第 1 句。

第 103 条 言词审理的进程

1. 首席法官宣布开庭并主持言辞审理。

2. 宣布案件名称之后,首席法官或主办法官说明案卷的主要内容。

3. 此后当事人发言,提出请求并说明其理由。

第 104 条 法官的提问与说明义务

1. 首席法官应就争议事项向当事人作出事实上与法律上的阐述。

2. 首席法官对于法院每一位成员要求提问的请求,均应予同意。如果问题本身被提出异议,由法院作出决定。

3. 争议案件阐释完毕之后,首席法官宣布言词审理结束。法院可以决定言词审理的重新开始。

第 105 条　言词审理中的笔录

笔录适用《民事诉讼法》第 159 条至第 165 条。

第 106 条　法庭和解

为全部或部分终结法律争议,在当事人可以处置和解标的的情况下,当事人可以以在法院或受委托法官或接受请求的法官面前作出笔录的方式达成和解。达成法院和解的方式还可以为,当事人以书面方式接受法院、首席法官或主办法官以建议作出的裁定。

第十节　判决与其他裁判

第 107 条　最终判决

对于起诉应以判决作出裁判,另有规定的除外。

第 108 条　判决理由

1. 法院依其自由的、基于诉讼程序中获得的整体结果所形成的确信作出裁判。判决中应说明其形成法官确信的理由。

2. 判决仅可以当事人可以发表意见的事实及证据结论为依据。

第 109 条　中间判决

对于起诉的适法性可以通过中间判决先行作出裁判。

第 110 条　部分判决

如果仅有部分争议标的判决时机成熟,法院可以作出部分判决。

第 111 条　对理由作出的中间判决

给付之诉中，如果对一项请求的理由与数额有争议，法院可以先行对理由作出中间判决。如果请求被认为是具备理由的，法院可以指令对数额进行审理。

第 112 条　法院的组成

只有参加了作为判决基础的审理过程的法官与名誉法官才能作出判决。

第 113 条　判决主文

1. 如果具体行政行为违法且原告权利因此受到了侵害，法院应撤销具体行政行为及相关的复议决定。如果具体行政行为业已执行完毕，则法院也可以依申请宣布行政机关应当以及如何进行执行回转。只有在行政机关有[执行回转的]能力并且对此问题作出裁判的时机成熟时，才可以作出此裁判。如果具体行政行为之前被撤回或被以其他方式终结，则在原告对作出此项确认具有正当利益的情况下，法院基于申请以判决形式宣布具体行政行为原系违法的。

2. 如果原告要求改变具体行政行为所确定的金额或一个与此相关的确认，法院可以将其确定为另一数额或以另一个确认取代原有确认。如果对确定或确认数额所进行的调查需花费不少费用，法院可以在指明未被予以正确考虑或未被考虑的事实或法律关系的前提下，确定由行政机关可以基于该裁判自行计算出金额并变更[原]具体行政行为。行政机关应立即将新的计算结果通知当事人，此通知的形式不限；裁判具备法律效力之后，应将具体行政行为与变更的内容重新公布。

3. 在法院认为有必要进一步核实事实的情况下，法院可在未自行对事实作出认定的情况下，撤销具体行政行为与复议决定，前提是仍然有必要的调查从方式或范围来说是重大的，且该撤销从考虑当事人利益的角度来说是有益的。在新的具体行政行为作出之前，法院可以依申请采取临时措施，其尤其可以规定提供担保、全部或一部维持已提供的担保或暂时不必返还之前已经受领的给付。该裁定可随时变更或撤销。第 1 句所规定的裁判仅可在法院收到行政机关案卷之日起 6 个月内作出。

4. 如果在请求撤销具体行政行为时还可以一并请求作出给付的话，那么在同一诉讼程序中也可以就给付作出裁判。

5. 如果拒绝或不作出具体行政行为系违法且原告的权利因此而受到侵害的话，则在裁判时机成熟的情况下，法院宣告行政机关负有作出该被申请的职务行为的义务。在其他情况下，法院宣布行政机关负有依据法院[在裁判中表明]的法律观点对原告作出决定的义务。

第 114 条　对裁量决定的审查

在行政机关经授权依裁量作出行为的范围内，行政法院同样应审查[行政机关]是否因逾越了裁量的法定边界或行使裁量权的方式不符合法定授权目的，而致使具体行政行为以及对具体行政行为的拒绝作为或不作为违法。在行政法院程序进展的过程中，行政机关仍然可以对其在该具体行政行为中作出的裁量考虑予以补充。

第 115 条 复议决定；起诉标的

根据第 79 条第 1 款第 2 项与第 2 款复议决定成为撤销之诉的标的时，适用第 113 条与第 114 条。

第 116 条 判决的宣布与送达

1. 如果经过了言词审理，判决原则上应在言词审理结束之日宣布，在特殊情况下应立即指定一个不超出 2 个星期之外的期日宣布。判决应送达当事人。

2. 可以以判决的送达代替宣布；这种情况下判决应当在言词审理之后两星期内送交法院办事处。

3. 法院未经言词审理作出裁判的，应以向当事人送达的方式取代宣布。

第 117 条 判决的形式与内容

1. 判决以"人民的名义"作出。判决应书面作出并由参与审理的法官签名。如果一名法官因故不能签名，则由主审法官将之与相关原因一起标记于判决书之后，如系首席法官不能签名，则由从事法官职务时间最长的参审法官在判决书之后作出注记。名誉法官无须签名。

2. 判决书包含：

（1）当事人的名称、其法定代理人与全权代理人的姓名、职业、住所与在诉讼中的地位；

（2）法院的名称与其参与审理的成员的姓名；

（3）判决主文；

（4）事实构成；

（5）裁判理由；

（6）法律救济途径告知。

3. 在事实构成中应扼要阐述事实与争议的主要内容，重点突出所提出的申请。至于细节则引用书状、记录与其他文件即可，前提是这些材料足以表明事实与争议情况。

4. 如果宣布判决时判决书尚未全部制作完毕，则应在宣布之日起两星期内制作完毕并送交法院办事处。如果在例外情况下未能完成，则应在此两星期内将由法官签名但尚未附上事实构成、裁判理由与法律救济告知的判决送交法院办事处；事实构成、判决理由及法律救济告知应尽快作成，由法官签名并送交办事处。

5. 如果法院认同具体行政行为或复议决定中的理由说明并在其裁判中予以了确认，法院不必另行阐述裁判理由。

6. 法院办事处的书记官应在判决书上标注送达日期与第116条第1款第1句规定的宣布日期并签名。如果案卷系以电子方式处理，法院办事处的书记官应在另一文件中作标记。该文件与判决书应以不可分离的方式装订在一起。

第118条 判决的更正

1. 法院可以随时更正判决中的书写错误、计算错误与其他类似明显不正确之处。

2. 对于更正，法院不必事先经过言词审理即可作出裁决。更正裁定应标注于判决书与官方文本上。

第119条 更正判决中的事实构成

1. 如果判决书的事实构成部分有其他不正确或不清楚之处，可在判决书送达之日起两星期内申请予以更正。

2. 法院不经取证以裁定作出决定。裁定不可诉。仅有参加了作出判决的法官才可以参与作出裁定。如果一名法官不能参加，则在票数相同时以首席法官作出的表决为准。更正裁定应标注于判决书与官方文本上。如果判决系以电子方式作成，裁定同样应以电子方式作成并以不可分离的方式与判决装订在一起。

第 120 条　判决的补充

1. 如果判决中完全或部分忽略了当事人根据事实构成提出的请求或费用承担问题，则应依申请以事后的裁判对该判决予以补充。

2. 必须在判决书送达之日起两星期内对该裁判提出申请。

3. 言词审理的对象仅为法律争议中未经处理的部分。

第 121 条　法律效力

对争议标的作出的裁判产生法律效力之后，对下列人产生约束力：

（1）当事人与其权利继承者；

（2）在第 65 条第 3 款的情况下，未提出或未及时提出传唤申请的人。

第 122 条　裁定

1. 裁定适用第 88 条、第 108 条第 1 款第 1 句、第 118 条、第 119 条与第 120 条。

2. 如果裁定可被诉诸法律救济措施或裁定系针对一法律救济［申请］作出，裁定应当说明理由。有关中止执行（第 80 条、第 80a 条）、暂时命令（第 123 条）以及主体事务法律争议终结之后作出的裁定（第 161 条第 2 款），必须说明理由。针对一法律救济措施作出的裁定，如果法院基于被诉裁判中的理由说明认为该法律救济措施不具备理由而予以驳回，则不需要再行作出理由说明。

第十一节　暂时命令

第123条　暂时命令的作出

1. 如果改变现状有可能会使得申请人某项权利的实现变为不能或相当困难，法院即便在起诉之前也可以依申请采取与争议标的有关的暂时命令。尤其是对于持续性的法律关系来说，为避免重大不利、阻止公权力的威胁或在其他有必要的情况下，暂时命令也可以用于规范涉及某一争议法律关系的临时状态。

2. 审理主体事务的法院有权决定暂时命令的作出。法院为一审法院，如主体事务系属于上诉程序，则为上诉审法院。适用第80条第8款。

3. 暂时命令的作出适用《民事诉讼法》第920条、第921条、第923条、第926条、第928条至第932条、第938条、第939条、第941条与第945条。

4. 法院以裁定方式作出裁判。

5. 第1款至第3款不适用于第80条与第80a条规定的情况。

第三章　法律救济与再审

第十二节　普通上诉

第124条　普通上诉的适法性

1. 在得到初级行政法院或高级行政法院许可的情况下，当事人可以针对终局判决以及第 110 条规定的部分判决、第 109 条与第 111 条规定的中间判决提起普通上诉。

2. 仅在符合下列条件时才可以提起普通上诉：

（1）对判决的正确性确有疑问；

（2）法律事务中包含有事实上或法律上的特别困难；

（3）法律事务具有基本权利上的意义；

（4）判决偏离高级行政法院、联邦行政法院、联邦最高法院大审判庭或联邦宪法法院的一个判决，且系基于该偏离作出的；

（5）[当事人]诉称原审裁判系基于程序错误作出的并指出了该程序错误，上诉法院可对之进行审查。

第 124a 条　普通上诉的许可与理由说明

1. 在具备第 124 条第 2 款第 3 项或第 4 项所规定的理由的情况下，初级行政法院允许对判决提出普通上诉。高级行政法院受该许可的约束。初级行政法院无权不允许提出普通上诉。

2. 如果普通上诉经初级行政法院许可，应在完整的判决书送达之日起 1 个月内向初级行政法院提出普通上诉。普通上诉中必须指明被诉的判决。

3. 根据第 2 款提出的普通上诉应在完整的判决书送达之日起 2 个月内附具理由。如果理由说明并未与普通上诉申请同时提交，应提交给高级行政法院。基于一个在期限届满之前提出的请求，审判庭首席法官可以决定延长附具理由的期限。理由说明中应当包含有一个特定申请在内并具体说明提出普通上诉的理由（普通上诉理由）。如果缺少上述条件之一的，普通上诉即不具有适法性。

4. 如果普通上诉未被初级行政法院作出的判决所允许,则应在完整的判决书送达之日起1个月内申请获得许可。申请向初级行政法院提出。申请必须指明被诉的判决。在完整的判决书送达之日起2个月内,应陈述普通上诉应当获得许可的理由。如果理由说明并未与普通上诉申请同时提交,应提交给高级行政法院。申请的提出使得判决不能发生法律效力。

5. 高级行政法院以裁定对申请作出决定。如果具备第124条第2款规定的理由之一,普通上诉获得许可。裁定应附具简短的理由说明。拒绝申请使得判决发生法律效力。如果高级行政法院许可普通上诉,则申请程序转为普通上诉程序得以继续;不需要(另行)提出普通上诉。

6. 第5款规定的普通上诉,应当在许可普通上诉的裁定送达之日起1个月内附具理由说明。理由说明提交给高级行政法院。适用第3款第3句至第5句。

第124b条 (删除)

第125条 普通上诉程序,不许可决定

1. 如本节未作其他规定,普通上诉程序准用第二章中的规定。不适用第84条。

2. 如果不允许提出普通上诉,则普通上诉被驳回。该决定可以裁定形式作出。之前应听取当事人的意见。如果法院原本应当以判决而非裁定作出裁判的话,应允许针对该裁定提出原本适用于判决的法律救济措施。当事人应被告知此项救济措施。

第126条 普通上诉的撤回

1. 在判决具有法律效力之前可以撤回普通上诉。在言词审理程序中提出申请之后撤诉的,应事先取得被告的同意,如果公益代表人也参与了言词审理,也要取得其同意。

2. 如果普通上诉的上诉人无视法院的要求超过 3 个月没有推进程序,视为撤回普通上诉。适用第 1 款第 2 句。法院在上述要求中应告知普通上诉的上诉人第 1 句与第 155 条第 2 款所规定的法律后果。法院以裁定确认,普通上诉被视为撤回。

3. 撤回导致所提起的法律救济措施失败。法院以裁定方式确定费用的承担。

第 127 条 附带普通上诉

1. 普通上诉的被上诉人与其他当事人可以加入到普通上诉之中。附带普通上诉向高级行政法院提出。

2. 如果当事人已经放弃普通上诉,或提出普通上诉或申请许可普通上诉的期限已经过,也允许附带提起普通上诉。直到送达普通上诉理由说明材料之日起 1 个月期限届满前,都允许附带提起普通上诉。

3. 附带提起普通上诉的材料中应说明理由。适用第 124a 条第 2 款第 2 句、第 3 句与第 5 句。

4. 附带提起普通上诉不需要经过许可。

5. 如果普通上诉被撤回或被认为不适法而被驳回,则附带[提起的请求]丧失效力。

第 128 条 审查的范围

高级行政法院在普通上诉申请范围内审查争议事项,与初级行政法院的审查范围相同。高级行政法院也审查新提交的事实与证据。

第 128a 条　新的声明与证据，迟延，排除

1. 在一审中因未能遵守相应期限（第 87b 条第 1 款与第 2 款）而未能提交的说明与证据，只有在法院依其自由的内心确信认为允许其提交不会延误诉讼的终结或当事人为期限的错过提出了足够理由的情况下，法院才可以允许其提交。基于法院的要求，延误理由应具有可信度。如果当事人在一审程序中并未获知第 87b 条第 3 款第 3 项规定的期限延误的后果，或法院有可能付出极少费用即可在没有当事人参与的情况下查明事实，则不适用第 1 句。

2. 被初级行政法院合法地驳回的说明与证据，在普通上诉程序中也不得提交。

第 129 条　受申请的约束

仅可在申请变更的范围内变更初级行政法院的判决。

第 130 条　发回

1. 高级行政法院调取必要证据并自行对争议事项作出裁判。

2. 在需要对争议事项继续进行审查的下列情况下，高级行政法院可以在撤销原判决的同时将案件发回初级行政法院重审：

（1）初级行政法院的审理程序中存在重大缺陷且因该缺陷而需要进行广泛或必要的取证；

（2）在初级行政法院本身尚未对争议事项作出裁判时，一当事人即申请发回。

3. 初级行政法院受普通上诉裁判中作出的法律判断的约束。

第 130a 条　以裁定作出决定

如果高级行政法院意见一致地认为普通上诉具备理由或不具备理由，并认为不必进行言辞审理，其可以通过裁定对普通上诉作

出裁判。适用第 125 条第 2 款第 3 句至第 5 句。

第 130b 条 简化的普通上诉判决书

如果高级行政法院完全认同初级行政法院所作的确认，其可以在对普通上诉作出判决中就事实构成部分援引被诉的裁判。如果高级行政法院基于被诉裁判的理由说明认为普通上诉不具备理由并予以驳回，其不必再对裁判理由作出说明。

第 131 条 （删除）

第十三节 法律审上诉

第 132 条 允许法律审上诉

1. 对高级行政法院作出的判决（第 49 条第 1 款）与根据第 47 条第 5 款第 1 句作出的裁定，如果高级行政法院予以允许，或联邦行政法院对不予允许提出的抗告予以允许，则当事人有权向联邦行政法院提起法律审上诉。

2. 符合下列条件才可提起法律审上诉：

（1）法律事务具有基本原则上的意义；

（2）判决偏离联邦行政法院、联邦最高法院大审判庭或联邦宪法法院的一个判决，且是基于该偏离而作出的；

（3）[当事人]诉称[原审裁判]可能是基于程序错误作出的并指出了该程序错误。

3. 联邦行政法院受该许可的约束。

第 133 条 因不许可法律审上诉提出的抗告

1. 如法律审上诉未获许可，可对之提起抗告。

2. 抗告向作出被提起法律审上诉的判决的法院提出，提出抗告的期限为完整判决书送达之日起 1 个月内。抗告中必须指明被诉的判决。

3. 抗告应在完整判决书送达之后 2 个月内说明其理由。理由说明应提交给其判决被提起法律审上诉的法院。理由说明必须陈述诉讼法律事务所具有的基本原则性意义或指明判决所偏离的裁判程序错误。

4. 抗告的提出使得判决不能发生法律效力。

5. 如果抗告不能取得成功,联邦行政法院以裁定方式作出决定。裁定应附具简短的理由说明;如果说明理由无助于澄清法律审上诉的前提条件,则可以不作理由说明。联邦行政法院拒绝抗告后,判决发生法律效力。

6. 如果符合第 132 条第 2 款第 3 项规定的条件,联邦行政法院可以在裁定中撤销被诉的判决并将法律争议发回作其他审理与裁判。

第 134 条 越级法律审上诉

1. 如果原告与被告人书面同意提出越级法律审上诉,且初级行政法院在判决中或依申请以裁定方式予以许可,当事人可以对行政法院的判决(第 49 条第 2 款)越过普通上诉审级提出法律审上诉。申请应在完整判决书送达之日起 1 个月内以书面方式提出。申请中应附上同意提出越级法律审上诉的书面材料,如系在判决书中许可法律审上诉,则将其附于法律审上诉材料中。

2. 只有在符合第 132 条第 2 款第 1 项或第 2 项的情况下,才许可提出法律审上诉。联邦行政法院受该许可的约束。拒绝作出许可的决定不可诉。

3. 如果初级行政法院以裁定拒绝了对法律审上诉提出的申请,则在该申请系遵守法定期限与形式提出,且附具了同意书的情况下,随着此决定的送达,普通上诉许可的申请期限重新计算。如果初级行政法院以裁定许可法律审上诉,则随着此决定的送达,法律审上诉的期限开始计算。

4. 法律审上诉不得以程序瑕疵为由。

5. 在行政法院许可提出法律审上诉的情况下,法律审上诉的提出与许可视为放弃普通上诉。

第135条 因排除普通上诉提出的法律审上诉

如果联邦法律排斥普通上诉,则当事人有权对初级行政法院的判决(第49条第2款)提起法律审上诉。只有在初级行政法院予以许可,或联邦行政法院在针对不予许可提出的抗告中予以许可的情况下,才可以提出法律审上诉。关于许可适用第132条与第133条。

第136条 (删除)

第137条 法律审上诉的适法理由

1. 法律审上诉的理由只能是被诉的判决违背了：

(1) 联邦;或

(2) 与联邦《行政程序法》条款内容相一致的州《行政程序法》中的规定。

2. 联邦行政法院受被诉判决中对事实作出的确认的拘束,除非法律审上诉中的适法且具备理由的上诉理由系基于此确认而形成。

3. 如果法律审上诉仅以程序瑕疵为理由,未能同时具备第

132条第2款第1项与第2项规定的条件的,则[法院]仅针对诉称的程序瑕疵作出裁判。在其他情况下,联邦行政法院不受诉称的法律审上诉理由的约束。

第138条 绝对的法律审上诉理由

有下列情况之一的判决即被认为违反了联邦法:

(1) 作出判决的法院的组成违法;

(2) 参与裁判的法官中有一名已被依据法律解除法官职务或因防止偏袒其而被排除参加审理;

(3) 一名当事人被排除在法定听证之外;

(4) 一名当事人在诉讼中没有获得本法规定的代理,除非他明确或默示同意此项诉讼安排;

(5) 作为判决基础的言词审理违反了诉讼程序公开原则;

(6) 裁判未附具理由。

第139条 期限;提起法律审上诉;法律审上诉说明理由

1. 法律审上诉向作出被诉的判决的法院提出,应在完整判决书或第134条第3款第2句所规定的许可法律审上诉的裁定送达之日起1个月内书面提出。如果在此期限内向联邦行政法院提出了法律审上诉,也视为遵守了该期限。提出法律审上诉必须指明被诉的判决。

2. 如果针对不许可法律审上诉的抗告取得成功或联邦行政法院许可法律审上诉,则抗告程序转为法律审上诉程序得以继续,除非联邦行政法院根据第133条第6款撤销了被诉判决;抗告申请人无需再提出法律审上诉。裁定中对此作出说明。

3. 应在完整判决书或第134条第3款第2句所规定的许可

法律审上诉的裁定送达之日起 2 个月内,为法律审上诉附具理由说明;在第 2 款规定的情况下,附具理由说明的期限为许可法律审上诉的裁定送达之日起 1 个月内。理由说明应提交联邦行政法院。基于 1 个在期限届满之前提出的申请,首席法官可以决定延长期限。理由说明中应当包含一个特定申请在内,指明被违反的法律规范,如果就程序瑕疵提出了异议,则应指明造成该瑕疵的事实。

第 140 条 法律审上诉的撤回

1. 在判决具有法律效力之前可以撤回法律审上诉。在言词审理程序中提出申请之后撤诉的,应事先取得法律审上诉被上诉人的同意,如果公益代表人也在联邦行政法院参与了言词审理,也要事先取得其同意。

2. 撤回导致所提起的法律救济措施失败。法院以裁定方式确定费用的承担。

第 141 条 法律审上诉的程序

本节未另作规定的,法律审上诉中适用有关普通上诉的规定。不适用第 87a 条、第 130a 条及第 130b 条。

第 142 条 诉的变更之不允许与传唤

1. 法律审上诉程序中不得变更诉,不允许作出传唤。这一点不适用于根据第 65 条第 2 款所作的传唤。

2. 在法律审上诉程序中根据第 65 条第 2 款被传唤者仅可在传唤裁定送达之日起两星期内对程序瑕疵提出异议。基于 1 个在期限届满之前提出的申请,首席法官可以决定延长期限。

第 143 条　对许可要件的审查

联邦行政法院审查法律审上诉是否适当、其是否遵照法律规定的方式与期限提出、是否附具了理由说明。如果缺少其中一个条件，则法律审上诉不具有适法性。

第 144 条　法律审上诉中的裁判

1. 如果法律审上诉不具有适法性，联邦行政法院裁定不予受理。

2. 如果法律审上诉未附具理由说明，联邦行政法院驳回法律审上诉。

3. 如果法律审上诉具备理由，联邦行政法院可以：

（1）自行对案件作出裁判；

（2）撤销被诉判决并将案件发回［原审法院］另行作出审理与裁判。

如果在法律审上诉程序中根据第 142 条第 1 款第 2 句被传唤者对之具有正当利益，联邦行政法院将法律争议案件发回重审。

4. 尽管判决理由违反现行法，但裁判基于其他理由仍然是正确的，应驳回法律审上诉。

5. 联邦行政法院根据第 49 条第 2 款与第 134 条将越级法律审上诉发回另行作出审理与裁判时，也可依裁量将案件发回原本具有普通上诉管辖权的高级行政法院。高级行政法院进行审理时所适用的基本原则，与该法律争议经按规定提起普通上诉后被系属于高级行政法院时所适用的基本原则相同。

6. 被发回另行作出审理与裁判的法院，应基于法律审上诉法院作出的法律判断作出裁判。

7. 如果联邦行政法院认为对程序瑕疵的异议并不能成立,对法律审上诉作出的裁判无需附具理由。这一点不适用于根据第138条提出的异议,以及在专门因程序瑕疵而提出的法律审上诉中作为许可法律审上诉所依据的异议。

第 145 条 （删除）

第十四节 抗告

第 146 条　抗告的适当性

1. 针对初级行政法院、首席法官或主办法官作出的不属于判决或法院裁决的裁判,当事人与裁判所涉及的其他人有权向高级行政法院提出抗告,本法另有规定的除外。

2. 对于主导诉讼的处置、澄清事实的指令、推迟或确定期限的裁定、证据裁定、拒绝证据申请的裁定、有关诉讼与请求的合并与分立的裁定、对法院人员回避的裁定,不得提出抗告。

3. 除法律规定的针对不许可法律审上诉提出的抗告之外,在有关费用、收费与垫款的争议中,如果抗告标的的价值不超过200欧元的,不得提出抗告。

4. 针对行政法院在暂时法律保护程序(第 80 条、第 80a 条与第 123 条)中作出的裁定所提出的抗告,应当在决定公布之日起 1 个月内附具理由。如果理由说明并未与抗告同时提交,应提交给高级行政法院。理由说明中应当包含 1 个特定申请在内,并阐明应改变或撤销裁判的理由。如果缺少上述条件之一的,抗告即被认为不具有适法性而被驳回。初级行政法院应立即提交抗告;不适用第 148 条第 1 款。高级行政法院仅就上述理由进行审查。

5.（废止）

6.（废止）

第 147 条　方式；期间

1. 抗告应于裁判公布之日起 2 个星期内向作出被诉裁判的法院以书面方式或以在法院办事处书记官处作成笔录的方式提起。第 67 条第 4 款不受此限。

2. 在期限内向抗告法院提交抗告的，也视为遵守了抗告期限。

第 148 条　纠正或提交高级行政法院

1. 如果其裁判被诉的初级行政法院、首席法官或主办法官认为抗告具备理由，应纠正原裁判；否则应立即提交高级行政法院审理。

2. 初级行政法院应将抗告提交高级行政法院一事告知当事人。

第 149 条　延缓效力

1. 仅在抗告标的为确定秩序措施或强制措施时，抗告具有延缓效力。在其他情况下，其作出的裁判被诉的法院、首席法官或主办法官也可决定被诉裁判暂时中止执行。

2.《法院组织法》第 178 条与第 181 条第 2 款不受影响。

第 150 条　以裁定方式作出裁判

高级行政法院以裁定对抗告作出决定。

第 151 条　受委托法官或接受请求的法官、书记官

针对受委托法官或接受请求的法官或书记官作出的裁决，可在作出裁决公布之后 2 个星期内申请发出法院判决书。该申请应以书面方式提出，或以在法院书记官面前作出笔录的方式提出。适用第 147 条至第 149 条。

第 152 条　向联邦行政法院提出抗告

1. 高级行政法院作出的裁判，除本法第 99 条第 2 款与第 133 条第 1 款以及《法院组织法》第 17a 条第 4 款第 4 项之外，不得向联邦行政法院提起抗告。

2. 在联邦行政法院进行的诉讼程序中，由受委托或接受请求的法官或书记官作出的决定适用第 151 条。

第 152a 条　听证异议

1. 在下列情况下，尽管因法院裁判承受不利的当事人提出了异议，诉讼仍然继续进行：

（1）针对该裁判并无法律救济措施或其他法律救济方式，且

（2）法院严重地侵害了当事人对于法定听证的请求权。

不得针对作出裁判之前的决定提出异议。

2. 异议应当在知晓听证权受到侵害之日起 2 个星期以内提出；知晓的时间点应具有可信度。被诉的裁判被公布 1 年之后，不得再行提出异议。不限告知形式的裁判自交付邮局的第 3 日被视为知晓。异议以书面形成或在书记官处作成笔录的形式向作出被诉裁判的法院提出。第 67 条第 4 款不受影响。异议应指明被诉的裁判并阐明具备第 1 款第 1 句第 2 项规定的条件。

3. 在必要情况下，应给予其他当事人发表意见的机会。

4. 如果异议不适当或并未遵照法定形式或期限提出，则其因不适法而不被受理。如果异议不具备理由，法院予以驳回。决定以不可诉的裁定作出。裁定应附具简短理由。

5. 如果异议具备理由，则法院继续按照法律规定进行异议程序，以此作出纠正。诉讼程序回复到言辞审理结束之前的阶段。在书面进行的审理程序中，取代言辞审理结束的时间点为书证可以呈递的时间。对于异议适用《民事诉讼法》第 343 条。

6. 适用第 149 条第 1 款第 2 句。

第十五节 再审

第 153 条 再审

1. 已经合法终结的诉讼可以依据《民事诉讼法》第四编的规定再审。

2. 公益代表人、联邦行政法院一审与终审中的联邦利益代表人，也有权提起无效之诉及回复原状之诉。

第四章 费用与执行

第十六节 费用

第 154 条 承担费用的义务

1. 败诉方负担诉讼费用。

2. 提起法律救济措施但未获成功的一方负担法律救济措施的费用。

3. 被传唤参加诉讼的第三人只有在提出请求或启动法律救济措施时，才需要承担费用；第 155 条第 4 款不受影响。

4. 再审取得成功所产生的费用由国库负担，除非该费用是因当事人的过错形成的。

第 155 条　费用的分担

1. 如果当事人部分胜诉、部分败诉的,则费用相互抵销或按依比例分担。费用相互抵销的,法院诉讼费由双方各承担一半。如果一方当事人仅在极小部分败诉的,也可以由另一方承担全部费用。

2. 撤回申请、诉讼、法律救济措施或其他法律救济手段的人应承担相应的费用。

3. 因申请程序回复原状而产生的费用,由申请人承担。

4. 因一方当事人的过错形成的费用,可以判决由该当事人承担。

第 156 条　立即认诺的费用

如果起诉非因被告行为所致,被告对原告的权利主张立即认诺的,诉讼费用由原告承担。

第 157 条　(删除)

第 158 条　对费用决定的起诉

1. 如果对本案主体事务裁判未提起法律救济措施的,不得起诉费用决定。

2. 如果对本案主体事务尚未作出裁判,则不可起诉费用决定。

第 159 条　数个付费义务人

如果数人同时负有承担费用的义务,则适用《民事诉讼法》第 100 条。如果就争议法律关系来说,只能对付费义务作出统一裁判的话,则可以把数个付费义务人确定为共同债务人。

第 160 条　和解时的付费义务

如果法律争议已经通过和解终结，但当事人未对费用达成协议的，则有双方各承担一半的法院诉讼费。法院之外的费用由各方当事人自行承担。

第 161 条　对费用的裁判，主体事务的终结

1. 法院以判决对费用作出决定，如果诉讼系以其他方式终结则以裁定作出决定。

2. 如果法律争议的主体事务终结，则法院基于其公平裁量以裁定对程序费用作出决定，第 113 条第 1 款第 4 句规定的情况除外；应考虑迄今为止的事实与争议状况。如果包含原告的诉讼终结宣告的文书送达被告之日起 2 个星期之内，被告没有对原告的诉讼终结宣告表示异议，且被告已经从法院知晓这样做的后果，则法律争议的主体事务同样终结。

3. 在第 75 条规定的情况下，如果原告在起诉之前即可以预计到其决定的话，费用应由被告承担。

第 162 条　可以偿付的费用

1. 费用包括法院诉讼费用（收费与垫款）、当事人为法律追诉或权利防御目的而付出的必要开支以及前置程序中发生的费用。

2. 律师或法律辅助人的收费与垫款、税务事项中还包括第 67 条第 2 款第 2 句第 3 项所规定的人的收费与垫款，均可获得偿付。只要进行了复议程序，在法院认为有必要由代理人参与复议程序的情况下，规费与垫款可获得偿付。公法人与行政机关对于其在邮政与电信服务中付出的实际必要支出，可以要求获得依据《律师收费法》附件一第 7002 号数字代码所规定的最高标准计算的费用

一次性偿付。

3. 对于被传唤第三人在法院诉讼程序之外的费用,只有在法院基于公平原则判败诉方或国库承担的,才能获得偿付。

第 163 条 （删除）

第 164 条 费用的确定

一审法院的书记官根据申请确定应偿付费用的数额。

第 165 条 对费用确定的起诉

当事人可以对其应偿付费用的数额提起诉讼。适用第151条。

第 165a 条 诉讼费用的安全性

适用《民事诉讼法》第 110 条。

第 166 条 诉讼费用的帮助

适用《民事诉讼法》关于诉讼费用帮助的规定以及《民事诉讼法》第 569 条第 3 款第 2 项。

第十七节 执行

第 167 条 《民事诉讼法》的适用,暂时执行

1. 只要本法未作其他规定,执行适用《民事诉讼法》第八章。执行法院为一审法院。

2. 对撤销之诉与义务之诉作出的判决,只能在费用上可以宣告暂时执行。

第 168 条 执行名义

1. 可予以执行的有:

（1）具有法律效力或可被暂时执行的法院裁判;

(2) 暂时命令；

(3) 诉讼和解；

(4) 确定费用的裁定；

(5) 公法仲裁法庭作出的被宣布为可执行的仲裁裁定，前提是裁判宣布其具有可被执行或可被暂时执行的法律效力。

2. 可以为执行而应当事人请求发给略去事实构成与裁判理由说明的判决书官方文本，该文本的送达与完整判决书的送达具有同等效力。

第169条 有利于公共机构的执行

1. 为联邦、州、乡镇协会、乡镇或公法上的团体、设施或基金会利益进行的执行，适用《行政强制执行法》对执行作出的规定。《行政强制执行法》所规定的执行机关为一审法院的首席法官；首席法官可以委托另一执行机关或一名法院执行员负责执行。

2. 如果执行涉及对作为、容忍与不作为予以强制而需要州的机构予以职务协助的，依州法的有关规定办理。

第170条 针对公共机构的执行

1. 针对联邦、州、乡镇协会、乡镇或公法上的团体、设施或基金会就金钱给付进行的执行，一审法院应债权人申请负责执行。法院确定应采取的执行措施并请求主管机关执行。被请求的机关有义务依照请求、根据其所适用的执行规定进行执行。

2. 法院在作出执行处置之前，应将准备进行的执行通知被执行的行政机关或公法团体、设施与基金会的法定代表人，并要求其在法院所确定的期限内履行。该期限不得超过1个月。

3. 不得执行为完成公共任务所不可缺少的物品或其变卖违

反公共利益的物品。执行异议由法院在听取负责主管的监督机关的意见之后或系执行最高联邦行政机关或最高州行政机关的在听取主管部长的意见之后,作出决定。

4. 对公法金融机构不适用第 1 款至第 3 款。

5. 对暂时命令的执行,不需要作出执行通知与设定等待期限。

第 171 条　执行条款

在第 169 条、第 170 条第 1 款至第 3 款规定的情况下,不需要执行条款[作为规范基础]。

第 172 条　对行政机关的强制金

在第 113 条第 1 款第 2 句与第 5 款、第 123 条规定的情况下,如果行政机关不履行向其作出的判决或临时命令所确定的义务,则一审法院基于申请、以裁定方式,警告行政机关将处以不超过 1000 欧元的强制金并设定履行期限,如果行政机关逾期仍不履行的,法院确定该强制金并依职权执行。强制金可反复警告、确定与执行。

第五章　终结与过渡规定

第 173 条　《法院组织法》与《民事诉讼法》的适用

如本法没有对程序作出其他规定,则在两种诉讼基本原则上的差异不予以排除的情况下,适用《法院组织法》与《民事诉讼法》及其第 278 条。适用《法院组织法》第十七章时,高级行政法院取代高级法院,联邦行政法院取代联邦最高法院,《行政法院法》取代

《民事诉讼法》。《民事诉讼法》第1062条所称法院为具有管辖权的初级行政法院,《民事诉讼法》第1065条所称法院为具有管辖权的高级行政法院。

第174条　法官职位的任职资格

1. 高级行政法院与初级行政法院中的公益代表人,其依据《德国法官法》所应具备的法官任职资格与高级行政官任职资格相同,[为取得这一资格]其应在大学法学专业至少学习3年,在公职机关实习3年,之后经法律规定的考试合格。

2. 对参加战争之人,在符合所适用的特别规定的情况下,视为符合第1款规定的条件。

第175条　（废止）

第176条　（废止）

第177条　（废止）

第178条　（调整性规定）

第179条　（调整性规定）

第180条　根据《行政程序法》或《社会法法典》第十章听讯证人与鉴定人

如果证人或鉴定人的听讯或宣誓系根据《行政程序法》或《社会法法典》第十章进行,则由事务分配计划所确定的法官主持。行政法院以裁定形式对适用行政程序法或《社会法法典》第十章的证人拒绝作证、鉴定或宣誓等事项作出决定。

第181条　（调整性规定）

第182条　（调整性规定）

第183条　州法的无效性

如果州宪法法院确认州法或州法中的规定为无效的,则除州法另有特别规定之外,在行政法院基于该被宣告为自始无效的规范作出的裁判不再可诉的情况下,不受影响。不允许执行这样的裁判。适用《民事诉讼法》第767条。

第184条 "高等行政法院"名称

州法律可以规定,继续保留其迄今为止所用的"高等行政法院"名称。

第185条 对特定州的特别规定

1. 第28条中规定的县在柏林州与汉堡州为区。

2. 柏林、勃兰登堡、不来梅、汉堡、梅克伦堡—前波莫瑞、萨尔与石勒苏益格—荷尔斯泰因等州可以颁布与第73条第1款第2句不同的规定。

第186条 对柏林、不莱梅与汉堡的特别规定

第22条第3项适用于柏林、不来梅、汉堡州时还应当增加的标准是,公共部门任名誉职的人员也不能被任命为名誉法官。适用《法院组织法导入法》第6条。

第187条 惩戒,仲裁与职业法院;人事代表事务

1. 各州可以将惩戒司法管辖权与有关公法协会财产争议的仲裁司法管辖权的职能授予行政法院,在行政法院设立职业法院,并规定其组成与诉讼程序。

2. 各州也可以在人事代表法领域就有关初级行政法院与高级行政法院的组成与诉讼程序事项作出不同于本法的规定。

3. (废止)

第 188 条　社会法庭,社会审判庭,免除费用

除社会救济、《避难申请人事务法》、青少年救助、战争受害人救助、严重残疾人救助以及教育进修补助等事项之外,有关生存照顾的事项应一起交由一个法庭或审判庭审理。此类诉讼中不收取法院费用(规费及垫款);这一点不适用于社会责任主体之间的偿付争议。

第 189 条　根据第 99 条第 2 款作出裁判的专门审判庭

第 99 条第 2 款规定的决定应由高级行政法院或联邦行政法院设立的专门审判庭作出。

第 190 条　特别规范的继续适用

1. 下列法律中与本法规定不同不受影响:

(1) 1952 年 8 月 14 日颁布的《负担平衡法》(《联邦法律公报》第一卷第 446 页)的最新修正版本;

(2) 1951 年 7 月 31 日颁布的《设立保险与建筑储蓄事项的联邦监督局的法律》(《联邦法律公报》第一卷第 480 页),1954 年 12 月 22 日颁布的设立保险业及购屋储蓄业的联邦监督局的法律的补充法(《联邦法律公报》第一卷第 501 页);

(3)(废止)

(4) 1953 年 7 月 14 日的《农地整理法》(《联邦法律公报》第一卷第 591 页);

(5) 1955 年 8 月 5 日的《人事代表法》(《联邦法律公报》第一卷第 477 页);

(6) 1956 年 12 月 23《日军人诉愿法》(WBO)(《联邦法律公报》第一卷第 1066 页);

(7) 1956年12月8日的战争《俘虏补偿法》(KgfEG)(《联邦法律公报》第一卷第908页)；

(8)《专利法》第13条第2款与对专利局程序作出的规定。

2. (废止)

3. (废止)

第191条 对基于公务员关系的诉讼的法律审上诉

1. (调整性规定)

2.《公务员权利框架法》第127条与《公务员地位法》第54条不受影响。

第192条 (调整性规定)

第193条 高级行政法院作为宪法法院

在尚未设立宪法法院的州,授权高级行政法院对该州范围内的宪法争议的管辖权,直到该州设立宪法法院为止,此规定不受影响。

第194条 法律救济措施程序的过渡性规定

1. 如果普通上诉在2002年1月1日有以下情况之一的,其适法性适用截至2001年12月31日生效的法律：

(1) 被诉判决中的言辞审理程序已经进行完毕；

(2) 在不经言辞审理的程序中,法院办事机构为送达所需已经将被诉裁判送交当事人。

2. 除此之外,在2001年1月1日之前法院裁判已经公布,或已经作出,或已经依职权送达作出裁判的机构的情况下,法律救济措施的适法性适用截至2001年12月31日生效的法律。

3. 在法定期限内于2002年1月1日之前针对诉讼费用帮助

裁定提出的法律救济措施视为已被高级行政法院许可。

4. 2002年1月1日之前诉讼系属或在此日之前起诉期限已经开始，以及针对在2001年1月1日之前法院裁判已经公布，或已经作出，或已经依职权送达作出裁判的机构的裁判提起的法律救济措施，在当事人的人事代表事项上适用截至于此时点适用的规范。

5. 第40条第2款第1句、第154条第3款、第162条第2款第3句与第188条第2句以当时的文本适用于自2002年1月1日起系属于法院的诉讼。

第195条　生效，失效

1. （关于本法生效的规定）

2. 至6（已被撤销、变更或已经过时的规范）

7. 第47条中规定的规范，如果在2007年1月1日之前已经颁布，其在适用第47条第2款规定的期限时，适用其截止于2006年12月31日生效的文本。

日　　本

导读

　　日本的行政诉讼立法,源起于1890年6月30日公布的《行政裁判法》。该法系依据1889年的《明治宪法》第61条的规定而制定,它确立了专门的行政法院制度,并对行政法院的组织和诉讼程序同时作了规定。"二战"结束后,随着1946年制定的《日本国宪法》第76条取消了独立的行政法院建制,《行政裁判法》随之被废止,行政案件的审理开始适用《民事诉讼法》的相关规则。但由于行政案件存在特殊性,民事诉讼规则无法有效契合于行政案件的审理。以"平野事件"为导火索,日本于1948年制定了《行政事件诉讼特例法》,对诉讼期间行政行为的停止执行、诉愿前置主义、法院依职权调查、情况判决等行政案件的特殊审理规则作了规定。

　　由于《行政事件诉讼特例法》的出台较为仓促,其在实施过程中产生了种种问题。为此,日本在1962年制定了《行政事件诉讼法》。该法确立了行政诉讼相对于民事诉讼的独立地位,并对行政案件的种类作了分类整理,由此奠定了此后日本行政诉讼法制的基本框架。2004年,在总结40余年来行政诉讼判例和学说进展的基础上,《行政事件诉讼法》作出了较大幅度的修改。这次修法以提高权利救济的实效性为指导思想,着重在诉讼程序的简化、救济范围的扩大、救济方式的拓展等方面作了完善。此次修法之后,《行政事件诉讼法》又分别于 2014 年 6 月 13 日和 2015 年 7 月 17 日经历了两次小幅修改。

  本书收录的日本行政诉讼立法,是经 2015 年修正后的《行政事件诉讼法》。

日本行政事件诉讼法[*]

(1962年5月17日公布,经2015年修改)

王天华[**] 译

---

[*] 法条中楷体字部分为2004年修改的内容,但单纯的修辞上的改写没有一一标明。2004年大修后,《行政事件诉讼法》又经历了两次小修改。其一是平成26年(2014年)6月13日法律第69号,主要内容是伴随《行政不服审查法》的施行,删除了第3条第3项中的"异议申请"表述。其二是平成27年(2015年)7月17日法律第59号,主要内容是伴随《贸易保险法》和《特别会计法》的修改,在别表"株式会社日本政策金融公库"项后增列了"株式会社日本贸易保险贸易保险法(昭和25年法律第67号)"。这两次小修改已经直接更改于法条之上,不再用特殊字体加以标注。

[**] 王天华,男,法学博士(日本东京大学),现任中国政法大学法学院教授。本译稿最初作为附录,刊载于译者的专著《行政诉讼的构造:日本行政诉讼法研究》(法律出版社2010年版)一书中。在收录本书之前,译者又对译稿做了修订。

本书编者根据中文读者的阅读习惯和全书体例,对译文的格式作了修改。主要修改之处有:(1)原译文中的条旨标识于条文序号前的一行,本书将其列于条文序号之后。(2)原译文中的条文有多款(在本译文中称为"项")的,在第一款中未标识序号,对此本书增加了第一款的序号。(3)原译文中款的序号用阿拉伯数字标识,而项(在本译文中称为"号")的序号采用中文数字。本书保留了款的序号的标识方式,但将项的序号改为阿拉伯数字加括号的形式。(4)按照现代汉语规范,对原译稿中的部分标点符号作了修改。

目 录

第一章 总则(第 1～7 条)

第二章 抗告诉讼

  第一节 撤销诉讼(第 8～35 条)

  第二节 其他抗告诉讼(第 36～38 条)

第三章 当事人诉讼(第 39～41 条)

第四章 民众诉讼和机关诉讼(第 42～43 条)

第五章 补则(第 44～46 条)

第一章 总则

第1条 本法的宗旨
关于行政事件诉讼，除其他法律有特别规定的情形外，依照本法的规定。

第2条 行政事件诉讼
本法所谓的"行政事件诉讼"，是指抗告诉讼、当事人诉讼、民众诉讼和机关诉讼。

第3条 抗告诉讼
1. 本法所谓的"抗告诉讼"，是指对行政机关的公权力行使不服的诉讼。

2. 本法所谓的"处分的撤销之诉"，是指请求撤销行政机关的处分及其他属于公权力行使的行为（次项规定的裁决、决定及其他行为除外，以下单称"处分"）的诉讼。

3. 本法所谓的"裁决的撤销之诉"，是指请求撤销行政机关对审查请求及其他不服申请（以下单称"审查请求"）作出的裁决、决定及其他行为（以下单称"裁决"）的诉讼。

4. 本法所谓的"无效等确认之诉"，是指请求确认处分或者裁决是否存在或者是否有效的诉讼。

5. 本法所谓的"不作为违法确认之诉"，是指请求确认行政机关在相当期间内对依法提出的申请应作出而不作出某种处分或者裁决违法的诉讼。

6. 本法所谓的"课予义务之诉"，是指在下列情形下，请求责令行政机关作出该处分或者裁决的诉讼：

(1) 行政机关应作出一定的处分而不作出的(次号所列情形除外);

(2) 相对人根据法令向行政机关提出申请或者审查请求,要求其作出一定的处分或者裁决,行政机关应作出该处分或者裁决而不作出的。

7. 本法所谓的"禁止之诉",是指在行政机关不应作出而将要作出一定的处分或者裁决的情形下,请求责令行政机关不得作出该处分或者裁决的诉讼。

第4条 当事人诉讼

本法所谓的"当事人诉讼",是指对确认或者形成当事人之间的法律关系的处分或者裁决提起的,根据法令规定以该法律关系的一方当事人为被告的诉讼,和关于公法上的法律关系的确认之诉,以及其他关于公法上的法律关系的诉讼。

第5条 民众诉讼

本法所谓的"民众诉讼",是指以选举人资格或者其他与自己法律上的利益无关的资格提起的,请求对国家或者公共团体机关的不符合法规的行为加以纠正的诉讼。

第6条 机关诉讼

本法所谓的"机关诉讼",是指国家或者公共团体机关相互间发生的,关于权限的有无或者行使的纠纷的诉讼。

第7条 本法没有规定的事项

关于行政事件诉讼,本法没有规定的事项,依照民事诉讼之例。

第二章 抗告诉讼

第一节 撤销诉讼

第8条 处分的撤销之诉与审查请求的关系

1. 根据法令规定可以对处分提出审查请求,并不直接妨碍对该处分提起撤销之诉。但法律规定非经对审查请求的裁决不得对该处分提起撤销之诉的,不在此限。

2. 符合以下各号之一的,在前项但书的情形下,也可以不经裁决即提起处分的撤销之诉:

(1) 提出审查请求之日起经过3个月还未作出裁决的;

(2) 为避免因处分、处分的执行或者程序的续行发生显著损害而有紧急必要的;

(3) 存在其他不经裁决的正当理由的。

3. 在第1项规定的情形下,以该处分为对象的审查请求已经提出的,法院可以将诉讼程序中止至对该审查请求的裁决作出之时(提出审查请求之日起经过3个月还未作出裁决的,至该期间经过之时)。

第9条 原告适格

1. 处分的撤销之诉和裁决的撤销之诉(以下称为"撤销诉讼"),只能由对请求该处分或者裁决的撤销具有法律上的利益者(包括在处分或者裁决的效果因期间经过及其他原因而消失后仍具有以处分或者裁决的撤销来恢复的法律上的利益者)提起。

2. 法院对处分或者裁决相对一方以外的人判断其是否具有前项规定的法律上的利益时,不能仅根据该处分或者裁决所依据的法令规定的文本,还应当对该法令的宗旨和目的以及应当在该处分中进行考虑的利益的内容和性质进行考虑。对该法令的宗旨和目的进行考虑时,存在与该法令目的共通的相关法令的,还应当对该相关法令的宗旨和目的加以参酌;对该利益的内容和性质进行考虑时,还应当对该处分或者裁决违反其所依据的法令作出时受到侵害的利益的内容和性质以及该利益受到侵害的样态和程度加以斟酌。

第 10 条 撤销理由的限制

1. 在撤销诉讼中,不能以与自己法律上的利益无关的违法为理由请求撤销。

2. 可以提起处分的撤销之诉,也可以提起对该处分的审查请求予以驳回的裁决的撤销之诉的,在裁决的撤销之诉中,不能以处分的违法为理由请求撤销。

第 11 条 被告适格等

1. 作出处分或者裁决的行政机关(处分或者裁决作出后该行政机关的权限为其他行政机关所承继的,为该其他行政机关。以下同)隶属于国家或者公共团体的,撤销诉讼必须按照以下各号所列诉的区分分别以各号所规定的人为被告提起:

(1) 处分的撤销之诉,为作出该处分的行政机关所属的国家或者公共团体;

(2) 裁决的撤销之诉,为作出该裁决的行政机关所属的国家或者公共团体。

2. 作出处分或者裁决的行政机关不隶属于国家或者公共团体的,撤销诉讼必须以该行政机关为被告提起。

3. 根据前2项的规定应当作为被告的国家或者公共团体或者行政机关不存在的,撤销诉讼必须以该处分或者裁决有关事务所归属的国家或者公共团体为被告提起。

4. 根据第1项或者前项的规定以国家或者公共团体为被告提起撤销诉讼的,诉状中除了记载依照民事诉讼之例应当记载的事项,还应当按照以下各号所列诉的区分分别记载各号所规定的行政机关:

(1) 处分的撤销之诉,为作出该处分的行政机关;

(2) 裁决的撤销之诉,为作出该裁决的行政机关。

5. 根据第1项或者第3项的规定以国家或者公共团体为被告提起撤销诉讼的,被告必须及时按照前项各号所列诉的区分分别向法院明确各号所规定的行政机关。

6. 作出处分或者裁决的行政机关,对以该处分或者裁决为对象、根据第1项的规定以国家或者公共团体为被告的诉讼,具有作出裁判上的一切行为的权限。

第12条 管辖

1. 撤销诉讼由管辖被告的普通裁判籍所在地的法院,或者管辖作出处分或者裁决的行政机关所在地的法院管辖。

2. 与土地的收用、矿业权的设定及其他不动产或者特定场所有关的处分或者裁决的撤销诉讼,也可以向该不动产或者场所所在地的法院提起。

3. 撤销诉讼也可以向具体处理该处分或者裁决案件的下级

行政机关所在地的法院提起。

4. 以国家或者《独立行政法人通则法》（平成11年法律第103号）第2条第1项规定的独立行政法人或者别表所列法人为被告的撤销诉讼，也可以向管辖原告的普通裁判籍所在地的高等法院所在地的地方法院（次项称为"特定管辖法院"）提起。

5. 根据前项的规定向特定管辖法院提起同项的撤销诉讼时，基于事实上或者法律上的同一原因作出的处分或者裁决的抗告诉讼正在系属于其他法院的，该特定管辖法院可以对当事人的住所或者所在地、接受询问的证人的住所、争点或者证据的共通性及其他情况进行考虑，在认为适当时，依申请或者依职权，将诉讼的全部或者部分移送给该其他法院或者第1项至第3项所规定的法院。

第13条　关于相关请求的诉讼的移送

撤销诉讼与符合以下各号之一的请求（以下称为"相关请求"）的诉讼分别系属于不同法院的，相关请求诉讼所系属的法院，可以在认为适当时，依申请或者依职权，将该诉讼移送给撤销诉讼所系属的法院。但撤销诉讼或者相关请求诉讼所系属的法院为高等法院的，不在此限：

（1）与该处分或者裁决有关的恢复原状或者损害赔偿请求；
（2）与该处分一起构成一个程序的其他处分的撤销请求；
（3）与该处分有关的裁决的撤销请求；
（4）与该裁决有关的处分的撤销请求；
（5）请求对该处分或者裁决加以撤销的其他请求；
（6）与该处分或者裁决的撤销请求相关的其他请求。

第 14 条　起诉期间

1. 知道处分或者裁决作出之日起经过 6 个月的,不能提起撤销诉讼。但有正当理由的不在此限。

（删除）

2. 处分或者裁决作出之日起经过 1 年的,不能提起撤销诉讼。但有正当理由的不在此限。

3. 可以对处分或者裁决提出审查请求或者行政机关错误地教示可以提出审查请求而提出审查请求的,不适用前 2 项的规定;提出该审查请求的人,知道对该审查请求的裁决作出之日起经过 6 个月的,或者该裁决作出之日起经过 1 年的,不能提起处分或者裁决的撤销诉讼。但有正当理由的不在此限。

第 15 条　被告错误之诉的救济

1. 在撤销诉讼中,原告无故意或者重大过失而将被告指错时,法院可以依原告的申请,以决定,准许其变更被告。

2. 前项的决定必须以书面作出,且必须将其正本送达给新被告。

3. 第 1 项的决定作出时,关于起诉期间的遵守,对新被告之诉视为在最初起诉之时即已提起。

4. 第 1 项的决定作出时,视为对以前的被告已撤诉。

5. 对第 1 项的决定,不可以提出不服申请。

6. 对驳回第 1 项的申请的决定,可以进行即时抗告。

7. 在上诉审中作出第 1 项的决定的,法院必须将该诉讼移送给管辖法院。

第 16 条　请求的客观合并

1. 可以将相关请求诉讼合并于撤销诉讼。

2. 根据前项的规定合并诉讼时,撤销诉讼的一审法院为高等法院的,必须征得相关请求诉讼的被告的同意。被告不提出异议,在本案中进行辩论或者在辩论准备程序中进行陈述的,视为已同意。

第 17 条　共同诉讼

1. 数人的请求或者对数人的请求与处分或者裁决的撤销请求为相关请求时,该数人才能作为共同诉讼人起诉或者被诉。

2. 前项的情形,准用前条第 2 项的规定。

第 18 条　第三人请求的追加合并

第三人可以在撤销诉讼的口头辩论终结前,以该诉讼当事人一方为被告,将相关请求诉讼与撤销诉讼合并提起。此时,该撤销诉讼系属于高等法院的,准用第 16 条第 2 项的规定。

第 19 条　原告请求的追加合并

1. 原告可以在撤销诉讼的口头辩论终结前,将相关请求诉讼与撤销诉讼合并提起。此时,该撤销诉讼系属于高等法院的,准用第 16 条第 2 项的规定。

2. 前项规定不妨碍对撤销诉讼依照《民事诉讼法》(平成 8 年法律第 109 号)第 143 条的规定之例。

第 20 条　根据前条第 1 项前段的规定,将处分的撤销之诉与对该处分的审查请求予以驳回的裁决的撤销之诉合并提起的,不受同项后段准用的第 16 条第 2 项规定的限制,不必征得处分的撤销之诉的被告同意,同时,关于起诉期间的遵守,处分的撤销之诉视为在裁决的撤销之诉提起时即已提起。

第21条　对国家或者公共团体的请求的诉的变更

1. 法院认为适于将撤销诉讼的目的请求变更为对该处分或者裁决有关事务所归属的国家或者公共团体的损害赔偿请求或者其他请求的，可以在请求的基础不发生变更的前提下，在口头辩论终结前，依原告的申请，以决定，准许诉的变更。

2. 前项的决定，准用第15条第2项的规定。

3. 法院根据第1项的规定决定准许诉的变更时，必须事先听取当事人和损害赔偿请求或者其他请求诉讼的被告的意见。

4. 对准许诉的变更的决定，可以进行即时抗告。

5. 对不准许诉的变更的决定，不可以提出不服申请。

第22条　第三人的诉讼参加

1. 权利因诉讼的结果而受到侵害的第三人存在的，法院可以依当事人或者该第三人的申请或者依职权，以决定，让该第三人参加诉讼。

2. 法院作出前项的决定时，必须事先听取当事人和第三人的意见。

3. 提出第1项的申请的第三人，可以对驳回其申请的决定进行即时抗告。

4. 对根据第1项的决定参加诉讼的第三人，准用《民事诉讼法》第40条第1项至第3项的规定。

5. 第三人根据第1项的规定提出参加申请的，准用《民事诉讼法》第45条第3项和第4项的规定。

第 23 条　行政机关的诉讼参加

1. 法院认为有必要让作出处分或者裁决的行政机关以外的行政机关参加诉讼的，可以依当事人或者该行政机关的申请或者依职权，以决定，让该行政机关参加诉讼。

2. 法院作出前项的决定时，必须事先听取当事人和该行政机关的意见。

3. 对根据第 1 项的规定参加诉讼的行政机关，准用《民事诉讼法》第 45 条第 1 项和第 2 项的规定。

第 23 条之 2　释明处分的特则

1. 法院认为为明确诉讼关系而有必要时，可以作出下列处分：

（1）要求作为被告的国家或者公共团体下属的行政机关，或者作为被告的行政机关，将其所保有的揭示处分或者裁决的内容、处分或者裁决所依据的法令条款、处分或者裁决的事实根据的资料，及其他揭示处分或者裁决理由的资料（次项规定的审查请求案件的记录除外），予以全部或者部分提出。

（2）嘱托前号规定的行政机关以外的行政机关，将其所保有的前号规定的资料，予以全部或者部分交付。

2. 撤销诉讼在对处分的审查请求的裁决作出后提起的，法院可以作出下列处分：

（1）要求作为被告的国家或者公共团体所下属的行政机关，或者作为被告的行政机关，将其所保有的该审查请求案件的记录，予以全部或者部分提出。

（2）嘱托前号规定的行政机关以外的行政机关，将其所保有的前号规定的案件记录,予以全部或者部分交付。

第 24 条　职权证据调查

法院认为有必要时,可以依职权进行证据调查。但必须就其证据调查的结果听取当事人的意见。

第 25 条　停止执行

1. 处分的撤销之诉的提起,不妨碍处分的效力、处分的执行或者程序的续行。

2. 处分的撤销之诉提起后,为避免处分、处分的执行或者程序的续行造成重大损害而有紧急必要的,法院可以依申请,以决定,全部或者部分停止处分的效力、处分的执行或者程序的续行(以下称为"停止执行")。但通过停止处分的执行或者程序的续行可以达到目的的,不能停止处分的效力。

3. 法院对前项规定的重大损害是否发生进行判断时,应当考虑到损害恢复的难度,还应对损害的性质和程度以及处分的内容和性质加以斟酌。

4. 可能给公共福祉造成重大影响,或者本案中原告的请求看起来没有理由的,不能停止执行。

5. 第 2 项的决定根据疎明作出。

6. 第 2 项的决定不经口头辩论即可作出。但必须事先听取当事人的意见。

7. 对第 2 项的申请作出的决定,可以进行即时抗告。

8. 对第 2 项的决定进行的即时抗告,不具有停止该决定执行的效力。

第 26 条　根据情况变化对停止执行的撤销

1. 停止执行的决定确定后，其理由消失或者其他情况发生变化时，法院可以依相对一方的申请，以决定，撤销停止执行决定。

2. 对前项的申请作出的决定以及对此决定的不服，准用前条第 5 项至第 8 项的规定。

第 27 条　内阁总理大臣的异议

1. 第 25 条第 2 项的申请提出后，内阁总理大臣可以向法院提出异议。停止执行决定作出后也同样。

2. 前项的异议必须附理由。

3. 内阁总理大臣应当在前项的异议理由中，提示不存续处分的效力、不执行处分或者不续行程序会给公共福祉造成重大影响的事由。

4. 第 1 项的异议提出后，法院不能停止执行；如果已经作出停止执行决定，必须将其撤销。

5. 第 1 项后段的异议，必须向作出停止执行决定的法院提出。但对该决定的抗告正系属于抗告法院的，必须向抗告法院提出。

6. 内阁总理大臣非不得已不能提出第 1 项的异议；提出异议后必须在下次常会向国会报告。

第 28 条　停止执行等的管辖法院

本案所系属的法院为停止执行或者停止执行决定撤销申请的管辖法院。

第 29 条　停止执行规定的准用

前 4 条的规定准用于提起裁决撤销之诉后，有关停止执行的事项。

第 30 条　裁量处分的撤销

对行政机关的裁量处分,只有在其超越裁量权的范围或者存在裁量滥用的情形下,法院才能撤销。

第 31 条　依特殊情况的驳回请求

1. 在撤销诉讼中,处分或者裁决虽然违法,但将其撤销会给公共利益造成显著损害的,法院可以在对原告蒙受损害的程度、赔偿或者防止该损害的程度与方法以及其他一切情况进行考虑,认为撤销处分或者裁决不符合公共福祉时,驳回请求。此时,法院必须在该判决的主文中宣布处分或者裁决违法。

2. 法院可以在认为适当时,在终局判决前,以判决宣布处分或者裁决违法。

3. 在终局判决上记载事实和理由时,可以引用前项的判决。

第 32 条　撤销判决等的效力

1. 撤销处分或者裁决的判决,对第三人也具有效力。

2. 前项的规定准用于停止执行决定或者撤销停止执行决定的决定。

第 33 条　撤销判决等的效力

1. 撤销处分或者裁决的判决,关于本案件,拘束作出处分或者裁决的行政机关和其他有关行政机关。

2. 驳回或者拒绝申请的处分,或驳回或者拒绝审查请求的裁决被判决撤销的,作出该处分或者裁决的行政机关,必须按照判决的意思,重新作出对申请的处分或者对审查请求的裁决。

3. 根据申请作出的处分或者对审查请求予以认可的裁决,被判决以程序违法为由撤销的,准用前项的规定。

4. 第 1 项的规定准用于停止执行决定。

第 34 条　第三人的再审之诉

1. 权利被撤销处分或者裁决的判决所侵害的第三人,因为不能归责于己的原因没能参加诉讼,因而没能提出影响判决的攻击或者防御方法的,可以以此为由,以再审之诉,对确定的终局判决提出不服申请。

2. 前项之诉,必须在知道确定判决之日起 30 日内提起。

3. 前项的期间为不变期间。

4. 第 1 项之诉,判决确定之日起 1 年以后不能提起。

第 35 条　诉讼费用裁判的效力

在隶属于国家或者公共团体的行政机关作为当事人或者参加人的诉讼中,对诉讼费用加以确定的裁判,对该行政机关所属国家或者公共团体,或者因为他们,具有效力。

第二节　其他抗告诉讼

第 36 条　无效等确认之诉的原告适格

无效等确认之诉,只能由对以该处分或者裁决的存否或者其效力的有无为前提的现在的法律关系提起诉讼不能达到目的的,可能因该处分或者裁决的后续处分而蒙受损害者,及其他对请求确认该处分或者裁决无效等具有法律上的利益者提起。

第 37 条　不作为违法确认之诉的原告适格

不作为违法确认之诉,只能由已提出处分或者裁决申请者提起。

第 37 条之 2　课予义务之诉的要件等

1. 在第 3 条第 6 项第 1 号所列情形下,课予义务之诉只能在不作出一定的处分会造成重大损害,且为避免该损害别无适当方法时提起。

2. 法院对前项规定的重大损害是否发生进行判断时,应当考虑到损害恢复的难度,还应对损害的性质和程度以及处分的内容和性质加以斟酌。

3. 第 1 项的课予义务之诉,只能由对请求责令行政机关作出一定的处分具有法律上的利益者提起。

4. 是否具有前项规定的法律上的利益的判断,准用第 9 条第 2 项的规定。

5. 课予义务之诉符合第 1 项和第 3 项所规定的要件的,从系争处分所依据的法令规定来看行政机关显然应当作出课予义务之诉所指向的处分时,或者行政机关不作出该处分超越其裁量权范围或者构成裁量权滥用时,法院可以作出责令行政机关作出该处分的判决。

第 37 条之 3　课予义务之诉的要件等

1. 在第 3 条第 6 项第 2 号所列情形下,课予义务之诉只能在符合以下各号所列要件之一时提起:

(1) 对根据法令提出的申请或者审查请求,在相当期间内,未作出任何处分或者裁决;

(2) 对根据法令提出的申请或者审查请求,作出不予受理或者驳回请求的处分或者裁决,但该处分或者裁决应当予以撤销,或者无效或不存在。

2. 前项的课予义务之诉，只能由根据法令提出同项各号所规定的申请或者审查请求者提起。

3. 提起第1项的课予义务之诉时，必须按照以下各号所列区分分别将该各号所规定的诉与该课予义务之诉合并提起。此时，关于该各号所规定的诉的诉讼管辖，其他法律有特别规定的，该课予义务之诉的诉讼管辖不受第38条第1项所准用的第12条的规定的限制，依照该特别规定：

（1）符合第1项第1号所列要件的，为同号规定的处分或者裁决的不作为违法确认之诉；

（2）符合第1项第2号所列要件的，为同号规定的处分或者裁决的撤销诉讼或者无效等确认之诉。

4. 根据前项规定合并提起的课予义务之诉与同项各号规定的诉，其辩论和裁判不得分离进行。

5. 课予义务之诉符合第1项至第3项规定的要件的，同项各号规定的诉的请求有理由，且从该处分或者裁决所依据的法令来看行政机关显然应当作出该处分或者裁决时，或者行政机关不作出该处分或者裁决超越其裁量权范围或者构成裁量权滥用时，法院可以作出责令作出该课予义务之诉所指向的处分或者裁决的判决。

6. 法院对审理的状况及其他情况进行考虑，认为只对第3项各号规定的诉作出终局判决有利于纠纷的更为迅速的解决的，可以不受第4项规定的限制，只对该诉作出终局判决。法院只对该诉作出终局判决时，可以听取当事人意见，在该诉的诉讼程序完结之前，中止课予义务之诉的诉讼程序。

7. 第1项的课予义务之诉中,请求责令行政机关作出一定的裁决的诉,处分的审查请求已提起的,只能在不能对该处分提起处分的撤销之诉或者无效等确认之诉时提起。

第37条之4　禁止之诉的要件

1. 禁止之诉,只能在作出一定的处分或者裁决会造成重大损害时提起。但为避免该损害有其他适当方法的不在此限。

2. 法院对前项规定的重大损害是否发生进行判断时,应当考虑到恢复损害的难度,还应当对损害的性质和程度以及处分或者裁决的内容和性质加以斟酌。

3. 禁止之诉,只能由对请求责令行政机关不得作出一定的处分或者裁决具有法律上的利益者提起。

4. 是否具有前项规定的法律上的利益的判断,准用第9条第2项的规定。

5. 禁止之诉符合第1项和第3项规定的要件的,从该处分或者裁决所依据的法令规定来看行政机关显然不应当作出禁止之诉所指向的处分或者裁决时,或者行政机关作出该处分或者裁决超越其裁量权范围或者构成裁量权滥用时,法院作出责令行政机关不得作出该处分或者裁决的判决。

第37条之5　假课予义务和假禁止

1. 课予义务之诉提起后,为避免不作出该课予义务之诉所指向的处分或者裁决造成无法挽回的损害而又紧急必要,且诉讼请求本身看起来有理由的,法院可以依申请以决定暂且责令行政机关作出该处分或者裁决(以下在本条中称为"假课予义务")。

2. 禁止之诉提起后,为避免作出该禁止之诉所指向的处分或者裁决造成无法弥补的损害而又紧急必要,且诉讼请求本身看起来有理由的,法院可以依申请以决定暂且责令行政机关不得作出该处分或者裁决(以下在本条中称为"假禁止")。

3. 假课予义务和假禁止有可能给公共福祉造成重大影响时,不得作出。

4. 第25条第5项至第8项,第26条至第28条和第33条第1项的规定,准用于假课予义务和假禁止有关事项。

5. 假课予义务决定根据对前项准用的第25条第7项的即时抗告的裁判或者根据前项准用的第26条第1项的决定被撤销的,该行政机关必须撤销根据该假课予义务决定作出的处分或者裁决。

第38条 撤销诉讼有关规定的准用

1. 第11条至第13条、第16条至第19条、第21条至第23条、第24条、第33条和第35条的规定,准用于撤销诉讼以外的抗告诉讼。

2. 第10条第2项的规定,准用于可以对处分提起无效等确认之诉的情形,以及可以对将该处分的审查请求予以驳回的裁决提起抗告诉讼的情形;第20条的规定,准用于这两种诉讼合并提起的情形。

3. 第23条之2、第25条至第29条以及第32条第2项的规定,准用于无效等确认之诉。

4. 第8条和第10条第2项的规定,准用于不作为违法确认之诉。

第三章 当事人诉讼

第 39 条 起诉的通知

以确认或者形成当事人之间的法律关系的处分或者裁决为对象,根据法令的规定以该法律关系的一方当事人为被告的诉讼被提起的,法院应当通知作出该处分或者裁决的行政机关。

第 40 条 有起诉期间规定的当事人诉讼

1. 法令规定了起诉期间的当事人诉讼,除非该法令另外有特殊规定,否则只要有正当理由,在该起诉期间经过后也可以提起。

2. 第 15 条的规定,准用于法令规定了起诉期间的当事人诉讼。

第 41 条 抗告诉讼有关规定的准用

1. 第 23 条、第 24 条、第 33 条第 1 项和第 35 条的规定,准用于当事人诉讼;第 23 条之 2 的规定,准用于当事人诉讼中揭示处分或者裁决理由的资料的提出。

2. 第 13 条的规定,准用于当事人诉讼与相关请求诉讼分别系属于各自法院情形下的移送;第 16 条至第 19 条的规定,准用于这些诉讼的合并。

第四章 民众诉讼和机关诉讼

第 42 条 起诉

民众诉讼和机关诉讼只能在法律规定的情形下,由法律规定的人提起。

第 43 条　抗告诉讼或者当事人诉讼有关规定的准用

1. 请求撤销处分或者裁决的民众诉讼或者机关诉讼,准用第 9 条和第 10 条第 1 项以外的关于撤销诉讼的规定。

2. 请求确认处分或者裁决无效的民众诉讼或者机关诉讼,准用第 36 条以外的关于无效等确认诉讼的规定。

3. 前二项规定以外的民众诉讼或者机关诉讼,准用第 39 条和第 40 条第 1 项以外的关于当事人诉讼的规定。

第五章　补则

第 44 条　假处分的排除

对行政机关的处分及其他属于公权力行使的行为,不能作出《民事保全法》(平成元年法律第 91 号)规定的假处分。

第 45 条　以处分的效力等为争点的诉讼

1. 处分或者裁决的存否或者其效力的有无,在关于私法法律关系的诉讼中被争议的,准用第 23 条第 1 项和第 2 项以及第 39 条的规定。

2. 行政机关根据前项的规定参加诉讼的,准用《民事诉讼法》第 45 条第 1 项和第 2 项的规定。但只能提出与该处分或者裁决的存否或者其效力的有无有关的攻击或者防御方法。

3. 行政机关根据第 1 项的规定参加诉讼后,关于处分或者裁决的存否或者其效力的有无的争议消失的,法院可以撤销参加的决定。

4. 在第 1 项的情形下,关于该争点,准用第 23 条之 2 和第 24 条的规定;关于诉讼费用的裁判,准用第 35 条的规定。

第 46 条　撤销诉讼等起诉有关事项的教示

1. 行政机关作出可以提起撤销诉讼的处分或者裁决时,必须以书面向该处分或者裁决的相对人教示下列事项,但以口头作出该处分的不在此限:

(1) 在该处分或者裁决的撤销诉讼中,应当作为被告的人;

(2) 该处分或者裁决的撤销诉讼的起诉期间;

(3) 法律规定不经对该处分的审查请求的裁决则不能提起处分的撤销之诉的,教示该规定。

2. 法律规定只能对处分审查请求的裁决提起撤销诉讼的,行政机关作出该处分时,必须以书面向该处分的相对人教示法律有该规定。但以口头作出该处分的不在此限。

3. 根据法令的规定,对确认或者形成当事人之间的法律关系的处分或者裁决,可以以该法律关系的一方当事人为被告起诉的,行政机关作出该处分或者裁决时,必须以书面向该处分或者裁决的相对人教示下列事项,但以口头作出该处分的不在此限:

(1) 该诉讼中,应当作为被告的人;

(2) 该诉讼的起诉期间。

别表(与第 12 条相关)

名　　称	根　据　法
冲绳科学技术大学院大学学园	《冲绳科学技术大学院大学学园法》(平成 21 年法律第 76 号)

续表

名　　称	根　据　法
冲绳振兴开发金融公库	《冲绳振兴开发金融公库法》（昭和 47 年法律第 31 号）
株式会社国际协力银行	《株式会社国际协力银行法》（平成 23 年法律第 39 号）
株式会社日本政策金融公库	《株式会社日本政策金融公库法》（平成 19 年法律第 57 号）
株式会社日本贸易保险	《贸易保险法》（昭和 25 年法律第 67 号）
原子力损害赔偿·废炉等支援机构	《原子力损害赔偿·废炉等支援机构法》（平成 23 年法律第 94 号）
国立大学法人	《国立大学法人法》（平成 15 年法律第 112 号）
新关西国际空港株式会社	《关西国际空港与大阪国际空港一体化与高效化设置管理法》（平成 23 年法律第 54 号）
大学共同利用机关法人	《国立大学法人法》
日本银行	《日本银行法》（平成 9 年法律第 89 号）
日本司法援助中心	《总合法律援助法》（平成 16 年法律第 74 号）
日本私立学校振兴·共济事业团	《日本私立学校振兴·共济事业团法》（平成 9 年法律第 48 号）
日本中央竞马会	《日本中央竞马会法》（昭和 29 年法律第 205 号）
日本年金机构	《日本年金机构法》（平成 19 年法律第 109 号）
农水产协同组合贮金保险机构	《农水产协同组合贮金保险法》（昭和 48 年法律第 53 号）
放送大学学园	《放送大学学园法》（平成 19 年法律第 156 号）
预金保险机构	《预金保险法》（昭和 46 年法律第 34 号）

韩　　国

导读

　　韩国在1951年8月24日制定了《行政诉讼法》，共有14个条文。该法系仿效同时期日本的《行政事件诉讼特例法》而制定，定位为《民事诉讼法》的特别法。该法规定由普通法院行使行政案件的管辖权，并确立了诉愿前置主义、诉讼期间行政行为不停止执行、法院依职权调查证据等行政案件的特别审理规则。

　　为因应战后的民主化进程，韩国在1984年12月15日对《行政诉讼法》作出了全面修改。修订后的法律共设5章，条文增至46条。新法确立了《行政诉讼法》作为行政诉讼一般法的地位，对行政诉讼的种类作了分门别类的规定，并从原告资格、诉讼时限、判决的执行等方面提升了行政诉讼救济的实效性。该法奠定了现行韩国行政诉讼制度的基本框架。

　　在此之后，《行政诉讼法》在1994年7月27日进行过一次重要修改，主要涉及行政审判（即我国的行政复议）前置主义的废除、撤销诉讼管辖和诉讼时效的修改等内容。除此之外，为配合1988年8月《宪法裁判所法》以及2002年1月《民事诉讼法》和《民事执行法》等关联法律的修改，《行政诉讼法》还作出过两次小幅修正。

　　本书收录的韩国行政诉讼立法，为2002年修正后的《行政诉讼法》。

韩国行政诉讼法

(1984年12月15日公布,经2002年修改)

吴东镐[*]、康贞花[**] 译

目 录

第一章 总则(第1~8条)

第二章 撤销诉讼

    第一节 裁判管辖(第9~11条)

    第二节 当事人(第12~17条)

    第三节 诉的提起(第18~24条)

    第四节 审理(第25~26条)

    第五节 裁判(第27~30条)

    第六节 补则(第31~34条)

第三章 撤销诉讼以外的抗告诉讼(第35~38条)

---

[*] 吴东镐,男,1971年生,法学博士(日本庆应义塾大学),现任延边大学法学院教授、硕士生导师。

[**] 康贞花,女,1974年生,现任延边大学法学院副教授、硕士生导师。

本译稿最初发表于《行政法学研究》2006年第3期。

第四章　当事人诉讼(第 39~44 条)

第五章　民众诉讼及机关诉讼(第 45~46 条)

附则

　　一、法律第 3754 号(1984.12.15)

　　二、法律第 4017 号(1988.08.05)

　　三、法律第 4770 号(1994.07.27)

　　四、法律第 6626 号(2002.01.26)

　　五、法律第 6627 号(2002.01.26)

第一章 总则

第 1 条 目的

本法旨在通过行政诉讼程序,救济行政厅的违法处分以及公权力的行使、不行使等造成的国民权益的侵害,并适当解决关于公法上的权利关系或法适用上的争议。

第 2 条 定义

1. 本法所使用的法律用语的定义如下:

(1)"处分等"是指,作为有关具体事实的法执行的、行政厅的公权力行使或拒不行使与准于此的行政作用(以下称"处分")以及对行政审判的裁决;

(2)"不作为"是指,对当事人的申请,行政厅具有在相当的期间内作出一定处分的法定义务而不作出该项处分。

2. 适用本法中,行政厅包括依照法令受行政权限的委任或委托的行政机关、公共团体及其机关或个人。

第 3 条 行政诉讼的种类

行政诉讼分为如下 4 个种类:

1. 抗告诉讼。对行政厅的处分等或不作为所提起的诉讼。

2. 当事人诉讼。是关于行政厅的处分等引起的法律关系的诉讼及关于公法上的法律关系的诉讼,是以该法律关系的一方当事人为被告的诉讼。

3. 民众诉讼。国家或公共团体的机关作出违法行为时,与自身的法律上的利益没有直接关系,为纠正其违法行为而提起的诉讼。

4. 机关诉讼。国家或公共团体的机关相互间,围绕权限的存在与否或其行使发生争议而提起的诉讼,但根据《宪法裁判所法》第2条的规定,属于宪法裁判所管辖事项的诉讼除外。

第4条 抗告诉讼

抗告诉讼分为如下几种类型:

1. 撤销诉讼。撤销或变更行政厅的违法处分等的诉讼。

2. 无效等确认诉讼。确认行政厅的处分等有无效力或存在与否的诉讼。

3. 不作为违法确认诉讼。确认行政厅的不作为违法的诉讼。

第5条 在国外的期间

本法中的期间计算中,在国外的,诉讼行为追完[①]期间由14日改为30日,第三人的再审请求期间由30日改为60日,起诉期间由60日改为90日。

第6条 命令、规则的违宪判决等公告

1. 根据对行政诉讼的大法院判决,已经确定命令、规则违反宪法或法律时,大法院必须立即将其事由通报给总务处长官。

2. 接到前款通报的总务处长官,必须立即将其刊载于官报。

第7条 案件的移送

《民事诉讼法》第34条第1款的规定,也适用于原告无故意或重大过失,向审级不同的法院错误地提起行政诉讼的情形。

[①] 所谓"追完",是指通过补充欠缺的要件使法律上的行为有效。——译者注

第 8 条　法适用例

1. 对于行政诉讼,除有法律特别规定的情形外依照本法的规定。

2. 关于行政诉讼,在本法中没有特别规定的事项,准用《法院组织法》和《民事诉讼法》以及《民事执行法》的有关规定。

第二章　撤销诉讼

第一节　裁判管辖

第 9 条　裁判管辖

1. 撤销诉讼的第一审管辖法院,是管辖被告所在地的行政法院,但被告为中央行政机关或其长官时,以大法院所在地的行政法院为其管辖法院。

2. 对土地的征用、关系其他不动产或特定场所的处分等的撤销诉讼,可以向管辖其不动产或场所的所在地的行政法院提起。

第 10 条　关联请求诉讼的移送及合并

1. 撤销诉讼和符合下列情形之一的诉讼(以下称"关联请求诉讼")分别属于不同法院的情况下,管辖关联请求诉讼的法院认为相当时,可以根据当事人的申请或依职权,将其诉讼向管辖撤销诉讼的法院移送。

(1) 与该处分等相关联的损害赔偿、不当得利返还、恢复原状等诉讼请求;

(2) 与该处分等相关联的撤销诉讼。

2. 事实审的辩论终结之前,撤销诉讼可与关联请求诉讼合并,或可向管辖撤销诉讼的法院一并提出以被告以外的当事人为对象的关联请求诉讼。

第11条 先决问题

1. 处分等有无效力或存在与否成为民事诉讼的先决问题,由该民事诉讼的受诉法院审理、判断该问题时,准用第17、25、26条以及第33条的规定。

2. 出现前款规定的情形时,该受诉法院必须告知行使其处分等的行政厅成为先决问题的事实。

第二节 当事人

第12条 原告适格

撤销诉讼,可由请求处分等的撤销的、具有法律上的利益者提起。处分等的效果因期限已过、处分等的执行及其他事由而消失后,具有因其处分等的撤销而恢复的法律上的利益者,同样可以提起诉讼。

第13条 被告适格

1. 只要其他法律无特别规定,撤销诉讼即以行使其处分等的行政厅为被告。但处分等发生后关系该处分等的权限被其他行政厅承继时,该承继的行政厅为被告。

2. 不存在前款所规定的行政厅时,承担有关该处分等事务的国家或公共团体为被告。

第14条 被告的变更

1. 原告指定被告有误时,法院可以根据原告的申请作出决定允许变更被告。

2. 法院必须将前款所规定的决定书正本送达给新的被告。

3. 对于驳回第 1 款申请的决定,可以提出即时抗告。

4. 作出第 1 款决定时,对新被告的诉讼,视为第 1 次起诉时即被提起。

5. 作出第 1 款决定时,对过去的被告的诉讼,视为已被取消。

6. 撤销诉讼被提起后,出现符合第 13 条第 1 款但书或第 13 条第 2 款的事由时,法院根据当事人的申请或依职权变更被告。在此种情形下,准用第 4 款及第 5 款的规定。

第 15 条　共同诉讼

限于数人的请求或对数人的请求与处分等的撤销请求相关联时,该数人可成为共同诉讼人。

第 16 条　第三人的诉讼参加

1. 根据诉讼结果,有权益受到侵害的第三人时,法院根据当事人或第三人的申请或依职权,可以决定允许该第三人参加诉讼。

2. 法院作出前款决定时,必须事先听取当事人及第三人的意见。

3. 提出第 1 款申请的第三人,对驳回其申请决定,可以提出即时抗告。

4. 根据第 1 款的规定参加诉讼的第三人,准用《民事诉讼法》第 67 条的规定。

第 17 条　行政厅的诉讼参加

1. 法院认为有必要让其他行政厅参加诉讼时,根据当事人或该行政厅的申请,或依职权,可决定允许其他行政厅参加诉讼。

2. 法院作出前款决定时,必须听取当事人及该行政厅的意见。

3. 根据第1款规定参加诉讼的行政厅,准用《民事诉讼法》第76条的规定。

第三节 诉的提起

第18条 与行政审判的关系

1. 撤销诉讼,即使就该处分可根据法令的规定提出行政审判的情况下,仍可直接提起。但是,在法律规定就该处分不经行政审判的裁决,就不能提出撤销诉讼时,则不得直接提起。

2. 即使在前款但书规定的情况下,若符合下列情形之一的,可以不经行政审判的裁决就能够提起撤销诉讼。

(1) 自行政审判请求之日起经过60日仍没有裁决的;

(2) 为了避免处分的执行或程序的继续进行而产生的重大损害,有紧急起诉的必要的;

(3) 根据法令规定,有行政审判机关不能作出议决或裁决事由的;

(4) 有其他正当事由的。

3. 在第1款但书规定的情况下,若符合下列情形之一的,可以不提出行政审判就能够提起撤销诉讼。

(1) 关于同种事件,行政审判已作出驳回裁决的;

(2) 内容相关的或为同一目的阶段性地进行的处分中,某一个已经过行政审判裁决的;

(3) 事实审的辩论终结后,行政厅变更作为诉讼对象的处分,而对该已变更的处分起诉的；

（4）行使处分的行政厅错误地告知没有必要经过行政审判的。

4. 应当疏明[①]第 2 款及第 3 款规定的事由。

第 19 条　撤销诉讼的对象

撤销诉讼以处分等为其对象，但就裁决撤销诉讼而言，以裁决本身存在固有的违法为限。

第 20 条　起诉期间

1. 撤销诉讼，应当从知道处分等之日起 90 日内提起。但在第 18 条第 1 款但书规定的情形与可以提出行政审判请求的情形或行政厅错误地告知可以提出行政审判请求的情形下，当有行政审判请求时，起诉期间自接到裁决书正本之日起计算。

2. 撤销诉讼，自作出处分等之日起经过 1 年（在第 1 款但书规定的情况下，自裁决之日起 1 年），不能提起。但有正当事由的除外。

3. 第 1 款规定的期间为不变期间。

第 21 条　诉的变更

1. 法院认为，将撤销诉讼变更为针对承担该处分等事务的国家或公共团体的当事人诉讼或撤销以外的抗告诉讼适当时，只要请求的基础没有变更，至事实审的辩论终结前，根据原告的申请，可决定允许诉的变更。

---

① 法官得到能够大致确定之推测的状态，或为达到其状态提出证据的当事人的行为。——译者注

2. 作出前款决定时,若要变更被告,法院必须听取成为新被告的当事人的意见。

3. 对于第 1 款决定,可以提出即时抗告。

4. 对于第 1 款决定,准用第 14 条第 2 款、第 4 款及第 5 款规定。

第 22 条　因变更处分的诉的变更

1. 提起诉讼后,行政厅变更作为诉讼对象的处分时,法院可以根据原告的申请,决定允许变更请求的旨意或原因。

2. 前款申请,应当从知道处分的变更之日起 60 日内提出。

3. 按照第 1 款规定所变更的请求,视为已具备第 18 条第 1 款但书规定的要件。

第 23 条　停止执行

1. 撤销诉讼的提起,不影响处分等的效力、处分等的执行或程序的进行。

2. 已提出撤销诉讼的前提下,为了预防因处分等、处分等的执行或程序的进行造成无法恢复的损害,有紧急处置必要时,承担本案的法院根据当事人的申请或依职权,可以决定全部或部分停止处分等的效力、处分等的执行或程序的进行(以下称"停止执行")。但通过停止处分等的执行或程序的进行能够达到目的时,不允许停止处分的效力。

3. 有可能对公共福利产生重大影响时,不允许停止执行。

4. 基于第 2 款规定的停止执行决定的申请,必须有对其理由的疏明。

5. 基于第 2 款规定的停止执行的决定或驳回申请的决定,可以提出即时抗告。在这种情况下,对停止执行决定的即时抗告,不具有停止执行决定的效力。

6. 对第 2 款规定的停止执行的决定,准用第 30 条第 1 款的规定。

第 24 条　停止执行的撤销

1. 停止执行的决定确定后,若停止执行对公共福利产生重大影响或停止事由消失,根据当事人的申请,或依职权,可决定撤销停止执行的决定。

2. 对前款的撤销决定及对此不服的,准用第 23 条第 4 款及第 5 款的规定。

第四节　审理

第 25 条　行政审判记录的提出命令

1. 在当事人提出申请时,法院可以作出决定,命令作出裁决的行政厅提供有关行政审判的记录。

2. 根据前款规定,受到命令的行政厅,应及时向法院提出该行政审判的记录。

第 26 条　职权审理

法院认为有必要时,可以依职权进行证据调查,也可以对当事人没有主张的事实作出判断。

第五节　裁判

第 27 条　裁量处分的撤销

即使是属于行政厅的裁量处分,若超越裁量权的范围或滥用裁量权时,法院可以撤销该处分。

第 28 条　事情判决

1. 即使是原告的请求有理,若认为撤销处分等明显不利于公共福利,法院可以驳回原告的请求。此时,法院在该判决的主文中,须明示处分等的违法。

2. 在作出前款判决时,法院应事先调查原告因此而受到的损害程度、赔偿方法及其他事项。

3. 原告可以针对被告行政厅所属的国家或公共团体,向承担该撤销诉讼的法院,一并提出损害赔偿、除害设施的设置及适当的救济方法的请求。

第 29 条　撤销判决等的效力

1. 撤销处分等的确定判决,对第三人也具有效力。

2. 前款规定,准用于第 23 条规定的执行停止的决定或第 24 条规定的撤销停止执行的决定。

第 30 条　撤销判决等的拘束力

1. 撤销处分等的确定判决,就该案件,拘束作为当事人的行政厅及其他有关行政厅。

2. 因判决而被撤销的处分,以拒绝当事人的申请为内容时,作出该处分的行政厅,必须按照判决的宗旨重新作出对该申请的处分。

3. 前款规定,基于申请所作的处分,因程序违法被判决撤销时,也予准用。

第六节 补则

第 31 条 第三人的再审请求

1. 根据撤销处分等的判决,权益受到损害的第三人,因不能归责于己的理由未能参加诉讼,从而未能提出能给判决结果施加影响的攻击或防御方法的,可以以此为由,对确定的终局判决请求再审。

2. 前款请求,必须从知道确定判决之日起 30 日内、判决确定之日起 1 年以内提出。

3. 前款期间,应为不变期间。

第 32 条 诉讼费用的负担

根据第 28 条的规定,撤销处分等的请求被驳回,或者因行政厅撤销或变更处分等,请求被不予受理或驳回的,诉讼费用由被告承担。

第 33 条 关于诉讼费用的裁判效力

关于诉讼费用的裁判确定时,其效力及于作为被告或参加人的行政厅所属的国家或公共团体。

第 34 条 拒绝处分撤销判决的间接强制

1. 行政厅不作出第 30 条第 2 款规定的处分时,根据当事人的申请,第一审受诉法院可以作出决定,规定适当期间,若行政厅在此期间内不履行时,命令其按照迟延期间作出一定的赔偿或立即作出损害赔偿。

2. 第 33 条和《民事执行法》第 262 条的规定,准用于前款。

第三章　撤销诉讼以外的抗告诉讼

第35条　无效等确认诉讼的原告适格

无效等确认诉讼,可以由要求确认处分等有无效力或存在与否的、有法律上的利益者提起。

第36条　不作为违法确认诉讼的原告适格

不作为违法确认诉讼,限于已就处分提出申请,请求确认不作为违法的、有法律上的利益者,才可以提起。

第37条　诉的变更

第21条的规定,准用于将无效等确认诉讼或不作为违法诉讼变更为撤销诉讼或当事人诉讼的情形。

第38条　适用规定

1. 第9、10条,第13～17条,第19条,第22～26条,第29～31条及第33条的规定,准用于无效等确认诉讼。

2. 第9、10条,第13～19条,第20条,第25～27条,第29～31条,第33条及第34条的规定,准用于不作为违法确认诉讼。

第四章　当事人诉讼

第39条　被告适格

当事人诉讼,以国家、公共团体以及其他的权利主体作为被告。

第 40 条 裁判管辖

第 9 条的规定,准用于当事人诉讼。但是,国家或公共团体为被告时,把相关行政厅的所在地视为被告所在地。

第 41 条 起诉期间

关于当事人诉讼,法令中有起诉期间的规定时,该期间应为不变期间。

第 42 条 诉的变更

第 21 条的规定,准用于将当事人诉讼变更为抗告诉讼的情形。

第 43 条 临时执行宣告[①]的限制

针对国家的当事人诉讼中,不能作出临时执行宣告。

第 44 条 准用规定

1. 第 14 条至第 17 条,第 22、25、26 条,第 30 条第 1 款,第 32 条及第 33 条的规定,准用于当事人诉讼。

2. 第 10 条的规定,准用于当事人诉讼和关联请求诉讼分别归属于不同法院时的移送、这些诉讼的合并。

第五章 民众诉讼及机关诉讼

第 45 条 诉的提起

民众诉讼及机关诉讼,限于在法律有规定的情况下,法律所规

---

① 对于未确定的终局判决,赋予同已确定的判决一样的、能够实现其内容的效力的裁判。——译者注

定者才能够提起。

第 46 条　准用规定

1. 在民众诉讼或机关诉讼中,请求撤销处分等时,限于不违背其性质,准用有关撤销诉讼的规定。

2. 在民众诉讼或机关诉讼中,请求确认处分等有无效力、存在与否或不作为违法,限于不违背其性质,分别准用有关无效等确认诉讼或不作为违法确认诉讼的规定。

3. 在民众诉讼或机关诉讼中,有关前2款规定的诉讼以外者,限于不违背其性质,准用有关当事人诉讼的规定。

附则一　法律第 3754 号(1984.12.15)

第 1 条　施行日

本法自 1985 年 10 月 1 日起施行。

第 2 条　有关旧事项的经过措施

本法除法律有特别规定的情况以外,也适用于本法施行前发生的事项。但不妨碍根据旧法所生效力。

第 3 条　关于已过起诉期间的旧处分的经过措施

在本法施行之际,没有提起诉讼而过了旧法所规定的起诉期间的处分,不能依照本法提起撤销诉讼。这同样适用于起诉确定的当事人诉讼。

第 4 条　有关正在进行中的行政诉讼的经过措施

本法施行之际,在法院正在进行中的行政诉讼,视为根据本法而提起。

第 5 条　有关对诉愿等的裁决等的效力的经过措施

本法施行之际,旧《诉愿法》及旧法所规定的诉愿、审查请求、异议申请及对行政厅的不服申请或对该申请的裁决、决定等,在分别适用本法时,视为行政审判请求或对此的裁决。

第 6 条　其他法律的修改

1. 根据《行政诉讼法》的修改,对相关法律作如下修改:

(1)《国税基本法》第 55 条第 5 款及第 56 条第 2 款中的"《行政诉讼法》第 2 条第 1 款但书及第 5 条"修改为"《行政诉讼法》第 18 条第 2 款、第 3 款及同法第 20 条";

(2)《关税法》第 38 条第 5 款及第 38 条之 2 第 2 款中的"《行政诉讼法》第 2 条第 1 款但书及第 5 条"修改为"《行政诉讼法》第 18 条第 2 款、第 3 款及同法第 20 条";

(3)《地方税法》第 58 条第 12 款中的"《行政诉讼法》第 5 条"修改为"《行政诉讼法》第 20 条"。

2. 除了第 1 款的规定以外,在本法施行之际,其他法律中引用或准用旧《行政诉讼法》的规定时,视为代替旧规定引用或准用本法的新条款。

附则二(《宪法裁判所法》)
法律第 4017 号(1988.08.05)

第 1 条　施行日

本法自 1988 年 9 月 1 日起施行(但书省略)。

第 2 条至第 7 条　省略。

第 8 条　其他法律的修改

1. 省略。

2. 对《行政诉讼法》作如下修改：

在第 3 条第 4 项新设但书：但根据《宪法裁判所法》第 2 条的规定，属于宪法裁判所管辖事项的诉讼除外。

第 3 款至第 11 款　省略。

附则三　法律第 4770 号(1994.07.27)

第 1 条　施行日

本法自 1988 年 3 月 1 日起施行。

第 2 条　经过措施

1. 本法除本附则有特别规定的情况外，也适用于有关本法施行前作出的处分等的行政诉讼。但本法施行之际正在进行中的行政诉讼，仍依照旧例。

2. 本法施行之际，已过旧法所规定的起诉期间的，不能根据本法提起有关处分等的撤销诉讼或不作为违法确认诉讼。

3. 根据法令的规定能够提出行政审判请求的处分，未提出行政审判请求，并在本法施行之前已过审判请求期间而提起撤销诉讼的，依照旧法第 18 条之例。

4. 本法施行之际，符合旧法第 20 条第 2 款之本文前段情形的，其起诉期间依照旧例。

附则四(《民事诉讼法》)
法律第 6626 号(2002.01.26)

第 1 条 施行日

本法自 2002 年 7 月 1 日起施行。

第 2 条至第 5 条 省略。

第 6 条 其他法律的修改

第 1 款至第 24 款 省略。

25. 对《行政诉讼法》作如下修改:

第 7 条中的"《民事诉讼法》第 31 条第 1 款"改为"《民事诉讼法》第 34 条第 1 款"。

第 16 条第 4 款中的"《民事诉讼法》第 63 条"改为"《民事诉讼法》第 67 条"。

第 17 条第 3 款中的"《民事诉讼法》第 70 条"改为"《民事诉讼法》第 76 条"。

第 26 款至第 29 款 省略。

第 7 条 省略。

附则五(《民事执行法》)
法律第 6627 号(2002.01.26)

第 1 条 施行日

本法自 2002 年 7 月 1 日起施行。

第 2 条至第 5 条 省略。

第 6 条　其他法律的修改

第 1 款至第 51 款　省略。

52. 对《行政诉讼法》作如下修改：

第 8 条第 2 款中的"《民事诉讼法》"改为"《民事诉讼法》及《民事执行法》"。

第 34 条第 2 款中的"《民事诉讼法》第 694 条"改为"《民事执行法》第 262 条"。

第 53 款至第 55 款　省略。

第 7 条　省略。

俄 罗 斯

导读

"前苏联"解体后,新成立的俄罗斯联邦,在很长时间内,并无单独成典的行政诉讼立法。有关行政诉讼制度的规定,散见于相关法律之中。其中,最重要的法律有2部:一是2002年制定的《俄罗斯联邦民事诉讼法典》。该法第二编第三分编对公共法律关系案件的审理程序作了特别规定,从中可以看出行政诉讼被定位为民事诉讼的特别法。二是2002年制定的《俄罗斯联邦仲裁程序法典》。该法规定,涉及经营活动或其他经济活动的公共法律关系案件由仲裁法院管辖,并在该法第三编中对仲裁法院审理此类案件的诉讼规则作了详细规定。此外,在《对侵犯公民权利与自由的行为和决定向法院控告法》(1993年)、《俄罗斯联邦行政违法法典》(2001年)、《俄罗斯联邦公民诉愿审议程序法》(2006年)等法律中,也有涉及行政诉讼制度的零星规定。

为了整合上述分散化的行政诉讼制度,俄罗斯理论界和实务界一直在积极推动制定单独的行政诉讼法典。这些努力在2015年获得了回报。2015年2月20日,作为俄罗斯联邦议会下院的国家杜马通过了《俄罗斯联邦行政诉讼法典》,同月25日,议会上院——联邦委员会批准了该法典。《俄罗斯联邦行政诉讼法典》共分9编,共365个条文,字数接近十五万字,其篇幅之巨、法典化程度之高,在世界各国行政诉讼立法中为罕见。该法制定后,经历了数次修订。

本书收录的立法文本为2016年6月2日修订后的《俄罗斯联邦行政诉讼法典》。

俄罗斯联邦行政诉讼法典

(2015 年 2 月 20 日通过,经 2016 年修改)

黄道秀[①] 译

目 录

第一编 总则

第一章 一般规定(第 1~16 条)

第二章 法院对行政案件的管辖和审判管辖(第 17~27 条)

第三章 法庭的组成 回避(第 28~36 条)

第四章 案件参加人和诉讼的其他参加人(第 37~53 条)

第五章 案件的代理(第 54~58 条)

第六章 证据和证明(第 59~84 条)

第七章 行政诉讼的保全措施(第 85~91 条)

第八章 诉讼期限(第 92~95 条)

第九章 诉讼通知和传唤(第 96~102 条)

[①] 黄道秀,女,1941 年生,中国政法大学教授、博士生导师。我国著名的俄罗斯法律研究学者,译著有《俄罗斯联邦民法典》《俄罗斯联邦刑法典》《俄罗斯刑法教程》《俄罗斯刑事诉讼教程》《苏维埃行政法》等大量法律文件和专著。

第十章　诉讼费用(第 103～115 条)
第二编　诉讼强制措施
第十一章　诉讼强制措施(第 116～123 条)
第三编　第一审法院审理的一般规则
第十一·一章　关于要求发出法院支付令的行政案件的审理程序(第 123-1～123-8 条)
第十二章　行政诉状的提交(第 124～131 条)
第十三章　行政案件法庭审理的准备(第 132～139 条)
第十四章　法庭审理(第 140～174 条)
第十五章　法院判决(第 175～189 条)
第十六章　行政诉讼的中止(第 190～193 条)
第十七章　行政诉讼的终止(第 194～195 条)
第十八章　搁置行政诉状不予审理(第 196～197 条)
第十九章　法院裁定(第 198～203 条)
第二十章　笔录(第 204～207 条)
第四编　某几类行政诉讼的特别规定
第二十一章　对规范性法律文件提出异议的行政诉讼(第 208～217-1 条)
第二十二章　对国家权力机关,地方自治机关,具有某些国家权力或其他公权力的机关、组织、公职人员、国家工作人员和自治地方工作人员的决定、行为(不作为)提出异议的行政诉讼(第 218～228 条)
第二十三章　俄罗斯最高法院纪律审判庭所审理的行政诉讼(第 229～238 条)
第二十四章　维护公民选举权和参加全民公决权利的行政诉讼

(第239~244条)

第二十五章　对登记价值确定结果提出异议的行政诉讼(第245~249条)

第二十六章　因在合理期限内进行法院诉讼和合理期限内执行法院裁判的权利受到侵害而要求赔偿的行政诉讼(第250~261条)

第二十七章　中止政党、其地区分部或其他部门的活动或予以取缔,中止不具有法人资格的其他社会团体、宗教组织和其他非商业组织、其地区分部或其他部门的活动或予以取缔以及禁止大众信息媒体活动的行政诉讼(第262~265条)

第二十八章　要求将应该驱逐出境或准予再入籍的外国公民安置到专门机构或延长应该驱逐出境或准予再入籍的外国公民在专门机构居留期的行政诉讼(第266~269条)

第二十九章　对剥夺自由场所释放人员进行行政监管的行政诉讼(第270~273条)

第三十章　强制将公民安置到提供精神病学帮助的医疗住院机构、强制延长住院治疗或强制对公民进行精神病学检验的行政诉讼(第274~280条)

第三十一章　强制将公民安置到结核病防治住院机构的行政诉讼(第281~285条)

第三十二章　追索应付款项和罚款的行政诉讼(第286~290条)

第五编　行政案件审理的简易(书面)程序

　　第三十三章　按照简易(书面)程序审理行政案件(第291~294条)

第六编　上诉审法院的诉讼
　　第三十四章　上诉审法院的诉讼(第295～317条)
第七编　对已生效法院裁决的再审
　　第三十五章　申诉审法院的诉讼(第318～331条)
　　第三十六章　监督审法院的诉讼程序(第332～344条)
　　第三十七章　根据新的情况和新发现的情况对已经生效的法院裁判的再审程序(第345～351条)
第八编　与执行行政案件的法院裁判有关的并由法院解决的诉讼问题
　　第三十八章　与执行行政案件的法院裁判有关的并由法院解决的诉讼问题(第352～364条)
第九编　最后条款
　　第三十九章　本法典的生效程序(第365条)

第一编 总则

第一章 一般规定

第1条 本法典调整的对象

1. 本法典调整俄罗斯联邦最高法院、普通法院（下称法院）在审理和解决关于维护公民受到侵害的或受到争议的权利、自由和合法利益及组织的权利和合法利益的行政案件，以及在审理和解决行政法律关系和其他公法关系产生的并与对国家权力或其他公权力的行使是否合法有据进行审判监督有关的行政案件时的行政诉讼程序。

2. 法院依照本法典规定的程序审理和解决行政法律关系和其他公法关系所产生的、属于它们管辖的关于维护公民受到侵害的或受到争议的权利、自由和合法利益及组织的权利和合法利益的行政案件。这些行政案件包括：

（1）对规范性法律文件的全部或部分提出异议；

（2）对国家权力机关、其他国家机关、军事管理机关、地方自治机关、公职人员、国家工作人员和自治地方工作人员的决定、行为（不作为）提出异议；

（3）对具有某些国家权力或其他公权力的非商业组织（包括

自治组织)的决定、行为(不作为)提出异议；

(4) 对法官资格审查委员会的决定、行为(不作为)提出异议；

(5) 对法官最高任职资格考试委员会和俄罗斯联邦各主体法官资格考试委员会(以下称考试委员会)的决定、行为(不作为)提出异议；

(6) 维护俄罗斯联邦公民选举权和参加全民公决的权利；

(7) 因普通法院审理的案件在合理期限内审结的权利或在合理期限内执行普通法院的法院裁判的权利受到侵害而要求赔偿。

3. 法院依照本法典规定的程序审理和解决属于它们管辖的涉及在对自然人和组织行使某些行政权力时遵守人和公民的权利和自由、组织的权利进行强制审判监督的行政案件。这些行政案件包括：

(1) 中止政党、其地区分部或其他部门、其他社会团体、宗教团体和其他不具有法人资格的非商业组织的活动或予以取缔,将非商业组织的信息材料从国家注册簿中删除的行政案件；

(2) 终止大众信息媒体的活动的行政案件；

(3) 追索法定强制性付款和向自然人追索罚金的行政案件(以下称关于追索强制性付款和罚金的行政案件)；

(4) 将依照俄罗斯联邦再入籍的国际条约应该驱逐出境或由俄罗斯联邦遣返给外国的外国公民和无国籍人或者依照俄罗斯联邦再入籍的国际条约由外国国家遣返给俄罗斯联邦而俄罗斯联邦接受的没有合法理由在俄罗斯联邦居留(居住)的外国公民和无国籍人(以下称应予以驱逐或再入籍的外国人)安置到调整外国公民在俄罗斯联邦法律地位的联邦法律所规定的专门机构(以下称专

门机构)的行政案件以及延长外国公民在专门机构居留期的行政案件(以下称关于将应该驱逐出境或再入籍的外国人安置到专门机构和延长外国公民在专门机构的居留期的行政案件)。

(5)关于设立、延长或提前终止行政监管的行政案件,以及关于部分撤销或增加原先对被监管人员规定的行政限制的行政案件(以下称关于对剥夺自由场所释放人员进行行政监管的行政案件);

(6)关于将公民强制安置到精神病住院机构或者关于强制对公民进行精神病学检验的行政案件;

(7)关于将公民强制安置到结核病防治机构的行政案件;

(8)关于将公民强制安置到非精神病学医疗机构的其他行政案件。

4.因公法关系产生的和联邦法律规定属于俄罗斯联邦宪法法院、俄罗斯联邦各主体宪法法院、仲裁法院管辖的案件,或者应该由俄罗斯联邦最高法院、普通法院依照其他诉讼程序审理的案件,不得依照本法典规定的程序审理。

5.本法典的规定不适用于行政违法行为案件的审理,也不适用于追索俄罗斯联邦预算体系资金案件的审理。

第2条 行政诉讼立法

1.行政诉讼程序由《俄罗斯联邦宪法》、1996年12月31日第1号联邦宪法性法律《俄罗斯联邦审判体系法》、1999年6月23日第1号联邦宪法性法律《俄罗斯联邦军事法院法》、2011年2月7日第1号联邦宪法性法律《俄罗斯联邦普通法院法》以及本法典和其他联邦法律规定。

2. 如果俄罗斯联邦的国际条约规定了与本法典不同的行政诉讼规则,则适用国际条约的规则。

3. 本法典规定的第一审法院、上诉审法院、申诉审法院的行政诉讼一般规则适用于所有种类的行政案件,同时考虑本法典规定的各种不同行政案件的特点。

4. 如果没有调整行政诉讼过程中产生的关系的诉讼法规范,则法院应适用相近的规范(法律类推),如果没有相近的规范,则应该根据俄罗斯联邦审判原则进行处理(法的类推)。

5. 行政诉讼应依照行政案件审理和解决时、实施具体诉讼行为时有效的诉讼法规范进行。

第3条 行政诉讼的任务

行政诉讼的任务是:

(1) 保障行政法律关系和其他公权力关系领域内审判权的实现;

(2) 在行政法律关系和其他公权力关系领域维护公民受到侵害的或受到争议的权利、自由和合法利益及组织的权利和合法利益;

(3) 正确、及时审理和解决行政案件;

(4) 在行政法律关系和其他公权力关系领域加强法制和预防违法行为。

第4条 向法院提起行政诉讼的权利

1. 每一个利害关系人都被保障享有向法院提出请求的权利,有权要求维护受到侵害的或受到争议的权利、自由和合法利益,如果该人认为对其权利、自由的行使和合法利益的实现造成了障碍,或者对他非法地设定某种义务；在本法典和其他联邦法律规定的情况下还被保障享有向法院请求维护他人的利益或公共利益的权利。

2. 不允许强迫放弃向法院提出请求的权利。

3. 如果联邦法律对某一类行政案件规定了调整行政争议或其他公共争议的强制性审前程序，则在遵守该程序后方能向法院提出请求。

4. 外国公民、无国籍人、外国组织和国际组织（以下称外国人）有权请求法院维护自己受到侵害的或被提出争议的、基于一方服从另一方的行政法律关系或其他公法关系方面的权利、自由和合法利益。除本法典有明文规定的情况外，外国人享有与俄罗斯公民和组织相同的诉讼权利和履行相同的诉讼义务。俄罗斯联邦政府可以对那些对俄罗斯公民和组织的诉讼权利实行限制的国家的公民和组织规定对等的限制。

第 5 条　行政诉讼权利能力和行政诉讼行为能力，行政诉讼权利主体资格

1. 所有公民、国家权力机关、其他国家机关、地方自治机关及其公职人员，社会团体、宗教组织和其他组织，包括非商业组织，以及不具有法人资格的社会团体和宗教组织，如果依照本法典和其他联邦法律享有通过法院维护自己在公共领域的权利、自由和合法利益，则平等地享有行政诉讼领域的诉讼权利和承担相同的诉讼义务（行政诉讼权利能力）。

2. 下列公民和组织享有以自己的行为实现诉讼权利的能力，包括委托代理人办理行政案件和履行行政诉讼义务（行政诉讼行

为能力):

(1) 年满 18 岁的未被认定为无行为能力的公民;

(2) 年满 16 岁、不满 18 岁的具有限制行为能力的未成年公民,在他们依法能够独立参加的有争议的行政法律关系和其他公法关系所产生的行政案件中;

(3) 国家权力机关、其他国家机关、地方自治机关、选举委员会、全民公决委员会、社会团体、宗教组织和其他组织,包括非商业组织;

(4) 不具有法人资格的社会团体和宗教组织,在这些组织依法能够参加的有争议的行政法律关系和其他公法关系所产生的行政案件中。

3. 不满 18 岁、行为能力受到限制并依法不能独立参加的有争议的行政法律关系和其他公法关系所产生的行政案件的公民,通过自己的法定代理人在法院诉讼中维护自己的权利、自由和合法利益。必要时,法院可以吸收这些公民参加行政案件的审理。

4. 被认定为无行为能力的公民通过他们的法定代理人维护其在法院诉讼中的权利、自由和合法利益。

5. 外国公民、无国籍人的行政诉讼权利能力和行政诉讼行为能力由其本国法、该国与俄罗斯联邦签订的国际条约以及调整这些人参加有争议的行政法律关系和其他公法关系问题的立法规定。如果公民在具有俄罗斯国籍的同时又具有外国国籍,则其本国法为俄罗斯法。如果外国公民具有几个国家的国籍,则其本国法是其住所地法。如果外国公民在俄罗斯联邦境内有住所地,则其本国法为俄罗斯法。无国籍人的本国法是其住所地国法。

6. 依照其本国法不具有诉讼行为能力的人,可以依照俄罗斯法被认为在俄罗斯联邦具有行政诉讼行为能力。

7. 外国组织的行政诉讼权利能力和行政诉讼行为能力(行政诉讼权利主体资格)由该组织设立地国法、该国与俄罗斯联邦签订的国际条约和调整这些组织参加有争议的行政法律关系和其他公法关系问题的立法规定。

8. 依照其设立地国法不具有诉讼权利主体资格的外国组织,可以依照俄罗斯法被认为在俄罗斯联邦具有诉讼权利主体资格。

9. 国际组织的诉讼权利主体资格依据成立它的国际条约、其设立文件或与俄罗斯联邦主管机关的协议确定。

第6条 行政诉讼的原则

行政诉讼的原则是:

(1) 法官独立;

(2) 法律和法院面前人人平等;

(3) 行政案件审理和解决的合法性和公正性;

(4) 在合理期限内进行行政诉讼和在合理期限内执行行政案件的法院裁判;

(5) 法庭审理的公开性和开放性;

(6) 法庭审理的直接原则;

(7) 在法庭的积极作用下行政诉讼双方当事人的辩论制和平等原则。

第7条 法官独立

1. 在进行行政诉讼时法官独立,仅服从《俄罗斯联邦宪法》和联邦法律。

2. 禁止国家权力机关,其他国家机关,地方自治机关及其他机关、组织、公职人员和公民对法院审判活动进行任何干涉,进行干涉的应承担联邦法律规定的责任。

3. 法官独立的保障由《俄罗斯联邦宪法》和联邦法律规定。

4. 国家权力机关,其他国家机关及地方自治机关及其他机关、组织、公职人员和公民向办案法官、法院院长、法院副院长、法庭庭长或审判委员会主席就行政案件发出的书面或口头请求,均应公开并在法院的网站上公布,以便让法庭审理参加人周知,这些请求不是对行政案件进行诉讼行为或就行政案件作出诉讼决定的根据。

第8条 法律和法院面前人人平等

1. 行政诉讼按照法律和法院面前人人平等的原则进行,凡是公民的,不论性别、种族、民族、语言、出身、财产状况和职务地位、住所地、对宗教的态度、信仰、社会团体属性和其他情况,在法律和法院面前一律平等;凡是组织的,不论其组织法律形式、所有制形式、隶属关系、所在地和其他情况,在法律和法院面前一律平等。

2. 法院保证对案件所有参加人的权利、自由和合法利益给予同等的司法保护。

第9条 行政案件审理和解决的合法性与公正性

法院在审理和解决行政案件时遵守行政诉讼立法的规定,准确地、符合行政案件情节地正确解释和适用法律及其他规范性法律文件,包括调整涉及行使国家权力和其他公共权力的关系的法律文件,以及使公民和组织通过恢复其受到侵害的权利和自由,从而保证行政案件审理和解决的合法性与公正性。

第 10 条　进行行政诉讼的合理期限和执行行政案件的法院裁判的合理期限

1. 行政诉讼的进行和行政案件法院裁判的执行均应在合理期限内进行。

2. 行政诉讼的合理期限包括自第一审法院收到行政诉状之日起直至应该对行政案件作出最后法院裁判之日的期间。在确定合理期限时应考虑以下情节：法律复杂性和事实复杂性、诉讼程序参加人的行为、法院为及时审理行政案件所实施行为的充分性和有效性，以及考虑行政诉讼的总时间。

3. 法院对行政案件的审理应在本法典规定的期限内进行。只有在本法典规定的情况下和依照本法典规定的程序，才允许延长该期限。

4. 与组织法院工作有关的情况，包括本法典第 28 条第 3 款第 2 项所规定的情况、要求变更法官以及不同审级法院审理行政案件等，均不得作为延长行政诉讼合理期限的理由。

5. 本条第 2 款和第 4 款规定的确定行政诉讼合理期限的规则，也适用于确定行政案件的法院裁判执行的合理期限。

6. 如果法院在受理行政诉状以后长时间未予审理，诉讼过程显然拖延，法院院长有权主动地或根据利害关系人对要求加快行政案件审理的相应申请作出说明理由的加快行政案件审理的裁定。

7. 在要求加快行政案件审理的申请书中应该指出申请人据以提出申请的情况。法院院长至迟在法院收到该申请书后的第一个工作日对申请书进行审议，不通知申请人和案件其他参加人。

法院院长根据对申请的审议结果作出裁定,满足加快行政案件审理的申请或者驳回申请,裁定应说明理由。

8. 在满足申请和加快行政案件审理的裁定中,可以指出为加快行政案件审理应该实施哪些行为,并规定进行法庭审理的期限。

9. 满足申请和加快行政案件审理或者驳回申请的裁定书的副本应至迟在作出裁定后的第一个工作日发送给案件参加人。

第 11 条　法庭审理的公开性和开放性

1. 所有法院均公开审理行政案件。

2. 如果所审理的行政案件材料包含属于国家机密或其他受法律保护的秘密的信息材料,则行政案件在不公开的审判庭审理。如果案件参加人认为必须保守商业秘密或其他受法律保护的秘密、行政案件含有保密性质的信息材料、公民私生活可能受侵犯以及其他公开讨论可能妨碍行政案件的正确审理,或者可能造成上述秘密泄露或者侵害公民的权利和合法利益,因而申请在不公开的审判庭审理行政案件,法院又同意该申请的,则行政案件也在不公开审判庭审理。

3. 案件参加人和非案件参加人,如其权利和义务问题已经由法院解决,不得被限制获得行政案件审理的日期、时间和地点等信息和关于行政案件审理结果及就行政案件所作出的法院裁判的书面信息的权利。

4. 每个人均有权按规定程序了解对于在公开审判庭审理的行政案件所作出的已经生效的法院裁判,但依法限制此项权利的情形除外。

5. 公开审判庭审理行政案件时,案件参加人和非案件参加人,均有权书面记录或借助录音设备记录法庭审理的过程。经法院同意,允许对法庭审理进行照相、录音,进行无线电转播和电视转播或互联网转播。

6. 关于在不公开审判庭审理行政案件的事宜应作出说明理由的法院裁定。裁定可对全案的法庭审理或案件的部分法庭审理作出。

7. 在不公开的审判庭审理行政案件时,出庭的有案件参加人及其代理人,在必要时还有证人、鉴定人、专家和翻译人员。

8. 不公开审判庭审理和解决行政案件须遵守行政诉讼的各项规则。在不公开审判庭不允许使用视频系统。

9. 案件参加人和非案件参加人在实施诉讼行为时,如果在其过程中可能发现本条第 2 款所列信息材料,法庭应警告泄露这些信息材料的责任。

10. 行政案件的法院判决公开宣布,但判决涉及未成年人的权利和合法利益的情形除外。如果法庭审理是在不公开审判庭进行的,则法院仅宣布判决的结论部分。

11. 在本法典规定的情况下,行政案件的法院判决必须予以公布。

第 12 条　行政诉讼的语言

1. 行政诉讼使用俄罗斯联邦的国家语言——俄语进行。在俄罗斯联邦所属各共和国境内的联邦普通法院,也可以使用该共和国的国家语言进行行政诉讼。

2. 案件参加人如不通晓行政诉讼所使用的语言,法庭应向他说明并保证他使用母语或自由选择的交际语言了解行政案件材料、参加诉讼行为、进行解释、出庭、提出申请和提出告诉的权利以及依照本法典规定的程序要求翻译服务等权利。

3. 法院判决用俄语制作,当事人有申请的,应翻译成法庭审理所使用的语言。

第 13 条 法庭审理的直接原则

法庭在审理行政案件时必须直接审查行政案件的所有证据。

第 14 条 辩论制与双方当事人平等原则

1. 行政诉讼实行辩论制和双方当事人平等原则。

2. 法院在保持独立、客观和公正的情况下主导诉讼过程,向每一方当事人说明其权利和义务,警告双方实施或不实施诉讼行为的后果,帮助当事人实现其权利,创造条件并采取本法典规定的措施全面充分地确认行政案件的所有事实情节,包括查明和主动调取证据,以及在审理和解决行政案件时正确适用法律和其他规范性法律文件。

3. 双方当事人享有以下平等权利:申请回避和提出申请、提交证据、参加证据审查、向法庭陈述自己的理由和作出解释、行使本法典规定的其他诉讼权利。双方当事人被保障享有如下权利:向法庭和另一方提交行政案件的证据,提出申请,就行政案件审理过程中产生的与提交证据有关的所有问题说明自己的理由、看法和作出解释。

第 15 条 解决行政案件时应适用的规范性法律文件

1. 法院审理和解决行政案件应根据《俄罗斯联邦宪法》、俄罗斯联邦的国际条约、联邦宪法性法律、联邦法律以及俄罗斯联邦总统、俄罗斯联邦政府、联邦行政机关的规范性法律文件,俄罗斯联邦各主体的宪法、法律和规范性法律文件,地方自治机关和公职人员的规范性法律文件以及组织按规定程序授权所通过的规范性法律文件。

2. 如果在审理行政案件时法院确认应该适用的规范性法律文件不符合法律或具有更高法律效力的其他规范性法律文件,法院应依照法律或具有更高法律效力的其他规范性法律文件作出判决。

3. 如果在审理行政案件时法院得出结论认为正在审理的行政案件中适用的或应该适用的法律不符合《俄罗斯联邦宪法》,则法院应向俄罗斯联邦宪法法院提出申请进行该法律是否违宪的审查。在这种情况下,行政诉讼依照本法典第190条第1款第5项的规定予以中止。

4. 如果俄罗斯联邦的国际条约规定了与规范性法律文件不同的规则,而该规范性法律文件较之赞同该国际条约约束力的规范性文件具有相同的或者更小的法律效力,则在解决行政案件时适用国际条约的规则。

5. 法院在解决行政案件时适用在原告参加的法律关系产生之时的有效实体法规范,但根据联邦法律得出不同结论的除外。

6. 如果没有调整争议关系的法律规范,只要不与法律关系的实质相抵触,则法院应适用调整类似关系的法律规范(法律类推),而如果不存在类似的法律规范,则根据立法的一般原则和思想解决行政案件(法的类推)。

第16条　法院裁判的强制力

1. 已经发生法律效力的行政案件法院裁判(判决、裁定、裁决)以及法院的合法指令、要求、委托、传唤和通知对于国家权力机关、其他国家机关、地方自治机关、选举委员会、全民公决委员会、组织、联合组织、公职人员、国家工作人员和自治地方工作人员、公民均具有强制力,应在俄罗斯联邦境内予以执行。

2. 对不执行行政案件的法院裁判以及拖延其执行的,应采取本法典规定的措施或者追究其他联邦法律规定的责任。

第二章 法院对行政案件的管辖和审判管辖

第17条 法院对行政案件的管辖

俄罗斯联邦最高法院、普通法院及和解法官审理和解决与维护公民受到侵害的或受到争议的权利、自由和合法利益、维护组织受到侵害的或受到争议的权利和合法利益有关的行政案件,以及行政权力或其他公权力法律关系所产生的、与对国家权力或其他公权力的行使是否合法有据进行审判监督有关的其他行政案件,但联邦法律规定属于俄罗斯联邦宪法法院、俄罗斯联邦各主体宪法法院管辖的案件除外。

(2016年4月5日第103号联邦法律修订)

第17—1条 属于和解法官管辖的行政案件

(本条由2016年4月5日第103号联邦法律增补)

和解法官审理要求按照本法典第十一·一章规定的程序发出追索强制付款和罚金的法院支付令的申请。

第18条 属于军事法院管辖的行政案件

在联邦法律规定的情况下,与维护公民在行政法律关系和其他公法关系领域内受到侵害的或受到争议的权利、自由和合法利益,维护组织在行政法律关系和其他公法关系领域内受到侵害的或受到争议的权利和合法利益有关的行政案件,由军事法院审理。

第 19 条　区法院管辖的行政案件

属于法院管辖的行政案件,除本法典第 17—1 条、第 18 条、第 20 条和第 21 条规定的行政案件外,均由区法院作为第一审法院管辖。

(本条由 2016 年 4 月 5 日第 103 号联邦法律修订)

第 20 条　属于共和国最高法院、边疆区法院、州法院、联邦直辖市法院、自治州法院和自治专区法院管辖的行政案件

共和国最高法院、边疆区法院、州法院、联邦直辖市法院、自治州法院和自治专区法院作为第一审法院审理下列行政案件:

(1)涉及国家机密的行政案件;

(2)对俄罗斯联邦各主体国家权力机关、地方自治组织代议制机关的规范性文件以及含有立法解释并具有规范性质的文件提出异议的行政案件;

(3)对俄罗斯联邦各主体法官资格审查委员会的决定提出异议的行政案件,但关于中止或终止法官权限、中止或终止法官离职的决定除外;

(4)以违反考试程序为由,对俄罗斯联邦主体法官资格考试委员会的决定和行为(不作为)提出异议的行政案件,对不准参加法官任职资格考试的决定提出异议的行政案件,以及对上述考试委员会造成法官候选人未能参加法官资格考试的行为(不作为)提出异议的行政案件;

（5）关于中止政党部门或区域组织、跨区域组织或区域联合组织的活动或予以取缔的行政案件；关于取缔地方宗教组织、由俄罗斯联邦的一个主体境内的地方宗教组织组成的中央宗教组织的行政案件；关于禁止不具有法人资格的跨地区社会团体和地区社会团体、由俄罗斯联邦的一个主体境内的地方宗教团体组成的中央宗教团体的活动的行政案件；

（6）关于终止大众信息媒体活动的行政案件，如果该媒体的产品在俄罗斯联邦的一个主体范围内传播；

（7）关于对俄罗斯联邦主体选举委员会（不论选举或全民公决的层级）的决定、俄罗斯联邦联邦会议国家杜马议员选举中的州选举委员会的决定、俄罗斯联邦主体立法机关（代议制机关）选举委员会的决定提出异议的行政案件，但规定下级选举委员会、全民公决委员会仍然有效的决定除外；

（8）要求撤销俄罗斯联邦联邦会议国家杜马议员按选区提名的候选人登记的行政案件；

（9）要求撤销俄罗斯联邦主体最高公职人员（俄罗斯联邦主体最高国家行政机关领导人）候选人登记的行政案件；

（10）要求撤销候选人（包括已经列入已登记候选人名单的候选人）登记的行政案件，要求撤销俄罗斯联邦主体立法机关（代议制机关）候选人名单登记的行政案件；

（11）要求解散选举委员会的行政案件，但本法典第 21 条第 10 款规定的情形除外；

（12）要求确定俄罗斯联邦主体国家权力机关以及地方自治机关选举期限的行政案件；

(13) 要求认定俄罗斯联邦主体国家立法机关(代议制机关)、地方自治组织代表机关的组成为非法的行政案件;

(14) 在属于和解法官管辖和区法院管辖的案件中,要求对违反在合理期限内进行诉讼的权利或在合理期限内执行法院裁判的权利进行赔偿的行政案件;

(15) 对确定登记价值的结果提出异议的行政案件。

第 21 条 属于俄罗斯联邦最高法院管辖的行政案件

俄罗斯联邦最高法院作为第一审法院审理下列行政案件:

(1) 对俄罗斯联邦总统、俄罗斯联邦政府、联邦国家行政机关、俄罗斯联邦总检察院、俄罗斯联邦侦查委员会、俄罗斯联邦最高法院审判委员会、俄罗斯联邦中央银行、俄罗斯联邦中央选举委员会、国家预算外基金(包括养老基金)、俄罗斯联邦社会保险基金、联邦强制医疗保险基金以及国家合作社的规范性法律文件提出异议的行政案件;

(1—1) 对联邦行政机关、其他联邦国家机关、俄罗斯中央银行、国家预算外基金(包括俄罗斯联邦养老基金、联邦强制医疗保险基金)的含有立法解释并具有规范性质的文件提出异议的行政案件;

(本项由 2016 年 2 月 15 日第 18 号联邦法律增补)

(2) 对俄罗斯联邦总统、俄罗斯联邦联邦会议联邦委员会、俄罗斯联邦联邦会议国家杜马、俄罗斯联邦政府、俄罗斯联邦外国投资政府监督委员会的规范性法律文件提出异议的行政案件;

(3) 对俄罗斯联邦法官最高资格审查委员会的决定和俄罗斯联邦各主体法官资格审查委员会关于中止或终止法官权限、中止或终止其离职的决定提出异议的行政案件,以及联邦法律规定由俄罗斯联邦最高法院管辖的对法官资格审查委员会的其他决定进行申诉的行政案件;

(4) 以违反考试程序为由,对俄罗斯联邦主体法官资格考试委员会的决定和行为(不作为)提出异议的行政案件,对不准参加法官任职资格考试的决定提出异议的行政案件,以及对上述考试委员会造成法官候选人未能参加法官资格考试的行为(不作为)提出异议的行政案件;

(5) 关于中止政党、全俄的和国际的社会团体的活动,关于取缔政党、取缔全俄社会团体和国际的社会团体,关于取缔在两个以上俄罗斯联邦主体设有地方宗教组织的中央宗教团体的行政案件;

(6) 关于终止大众信息媒体活动的行政案件,如果该媒体的产品在两个以上俄罗斯联邦主体传播;

(7) 对俄罗斯联邦中央选举委员会的决定(逃避作出决定)(无论是哪一级的选举或全民公决)提出异议的行政案件,但规定下级选举委员会、全民公决委员会的决定仍然有效的决定除外;

(8) 要求撤销俄罗斯联邦总统候选人登记、撤销联邦候选人名单登记、列入已经登记的联邦候选人名单的候选人登记的行政案件,以及在进行俄罗斯联邦联邦会议国家杜马选举时将地区候选人小组从联邦候选人名单中删除的行政案件;

(9) 要求终止俄罗斯联邦全民公决倡议小组、倡议动员小组活动的行政案件;

(10) 要求解散俄罗斯联邦中央选举委员会的行政案件;

(11) 关于俄罗斯联邦总统依照《俄罗斯联邦宪法》第 85 条移送俄罗斯联邦最高法院审理的解决联邦国家权力机关与俄罗斯联邦主体国家权力机关之间争议的行政案件;

(12) 在联邦普通法院管辖的案件中,要求对违反在合理期限内进行诉讼的权利或在合理期限内执行法院裁判的权利进行赔偿的行政案件,但区法院和卫戍区军事法院管辖的案件除外;

(13) 对俄罗斯联邦国防部、联邦法律规定在其中服兵役的其他联邦国家行政机关涉及军人、服兵役公民的权利、自由和合法利益的非规范性法律文件提出争议的行政案件;

(14) 对俄罗斯联邦总检察院、俄罗斯联邦侦查委员会涉及军事检察院机关的军人和俄罗斯联邦侦查委员会军事侦查机关的军人的权利、自由和合法利益的非规范性法律文件提出争议的行政案件。

(第 21 条第 14 项自 2017 年 1 月 1 日起发生法律效力——2015 年 3 月 8 日第 22 号联邦法律)

第 22 条 在被告的住所地(所在地)提交行政诉状

1. 对国家权力机关、其他国家机关、地方自治机关、选举委员会、全民公决委员会、具有某些国家权力或其他公权力的组织提起的行政诉状,在上述机关所在地提交,对公职人员、国家工作人员或自治地方工作人员提起的行政诉状,向上述人员履行职责的机关所在地的法院提交。

(本款由 2015 年 12 月 30 日第 425 号联邦法律修订)

2. 如果国家权力机关、其他国家机关、地方自治机关、选举委员会、全民公决委员会、具有某些国家权力或其他公权力的组织的所在地与行使权限的地区或公职人员、国家工作人员或自治地方工作人员履行职责的地区不一致，则行政诉状应向上述机关、组织行使权限的地区或相应公职人员、国家工作人员或自治地方工作人员履行职责的地区的法院提交。

3. 在有争议的公法关系中作为不享有行政权力或其他公权力的主体的公民或组织提起的行政诉状，则应向公民住所地或该组织所在地的法院提交，但本法典有不同规定的除外。

第 23 条　专属管辖

1. 关于将应该驱逐出境或准许再入籍的外国公民安置到专门机构或者关于延长应该驱逐出境或准许再入籍的外国公民在专门机构的居留期的行政诉状，应向应该驱逐出境或准许再入籍的外国公民居留的专门机构所在地提交。

2. 关于强制将公民安置到精神病学医疗住院机构提供帮助的行政诉状或者强制延长公民在提供精神病学帮助的医疗机构住院的行政诉状，应该向安置公民的医疗机构所在地的法院提交。

3. 关于强制对公民进行精神病学检验的行政诉状，应向公民住所地的法院提交。

4. 关于强制将公民安置到结核病医疗住院机构的行政诉状，应该向对公民进行结核病防治观察的结核病医疗机构所在地的法院提交。

第 24 条　根据原告的选择管辖

1. 对下落不明的公民或者在俄罗斯联邦没有常住地的公民的行政诉状，可以向其财产所在地的法院或者已知最后住所地的法院提交。

2. 因联邦行政区域机关的活动而产生的对联邦行政机关的行政诉状，可以向区域机关所在地的法院提交。

3. 对国家权力机关、其他国家机关、地方自治机关、具有某些国家权力或其他公权力的组织、公职人员（法警执行员除外）、国家工作人员或自治地方工作人员的决定、行为（不作为）提起的行政诉状，也可以向作为原告的公民的住所地法院提交，而在本法典规定的情况下，还可以向作为原告的组织的所在地法院提交。

4. 如果依照本条的规定行政案件可以由几个法院管辖，则选择权属于原告。

第 25 条　涉外行政案件的管辖规则

涉外行政案件的管辖依照本法典所规定的一般规则确定，但俄罗斯联邦签订的国际条约有不同规定的除外。

第 26 条　几个相互关联的行政案件的管辖

1. 对几个在不同地点的被告的行政诉状，可以根据原告的选择向其中一个被告的住所地（所在地）的法院提交。

2. 在追索强制付款和罚金的行政案件中，要求计算以前多交纳金额的行政反诉，应向审理原诉的法院提交。

第 27 条　法院已经受理的行政案件向另一法院的移送

1. 法院按照管辖规则已经受理的行政案件，应由该法院对案件进行实体审理，即使后来该案应归其他法院管辖。

2. 有下列情形之一的，法院应将行政案件移送到另一法院审理：

（1）原先下落不明或所在地不清的被告，申请将行政案件移送到其住所地或所在地的法院；

(2) 在法院审理行政案件时发现该案的受理违反了管辖规则;

(3) 在一名或几名法官回避后或者由于其他原因替换法官后,行政案件在该法院审理已经不可能的情况下,行政案件应移送到上级法院;

3. 关于行政案件移送到另一法院或者不予移送到另一法院的事宜,应作出裁定,对裁定可以提出申诉。在裁定的申诉期届满后行政案件即移送到另一法院,而在提交申诉时,则在法院作出驳回该申诉的裁定后移送。

4. 从一个法院移送到另一法院的行政案件,该另一法院应当受理。俄罗斯联邦法院之间不允许有管辖争议。

第三章 法庭的组成 回避

第 28 条 法庭的组成

1. 审理行政案件的法庭构成要考虑法官的工作负担和专业,也可以使用自动化信息系统来组成法庭。组成的程序应排除对法庭审理结果存在利害关系的人对法庭组成的影响;

2. 由一名法官或一个审判庭开始审理的行政案件,应该由该法官或该审判庭审结。

3. 有下列情形之一的,可以替换一名或几名法官:

(1) 依照本法典规定的程序申请自行回避或法官回避而且申请已经得到满足;

(2) 法官由于疾病、休假、学习、出差而长期缺席;

(3) 依照联邦法律规定的理由,法官权限被终止或中止。

4. 行政案件审理过程中一名或几名法官被替换时,法庭审理从头开始。

第 29 条 行政案件的独任审理与合议庭审理

1. 行政案件在第一审法院由一名法官独任审理,但本条规定由合议庭审理的行政案件除外。第一审法院审理行政案件的合议庭由 3 名法官组成。

2. 有下列情形之一的,行政案件在第一审法院由合议庭审理:

(1) 对俄罗斯联邦总统和俄罗斯联邦政府的规范性法律文件提出异议的行政案件;

(2) 要求解散选举委员会的行政案件;

(3) 对俄罗斯联邦中央选举委员会关于俄罗斯联邦总统选举结果、俄罗斯联邦联邦会议国家杜马议员选举结果、俄罗斯联邦全民公决结果的决议提出异议的行政案件;

(4) 发还第一审法院重新审理并要求合议庭审理的行政案件;

(5) 由于案情特别复杂,经法官说明理由的申请而由法院院长作出由合议庭审理的行政案件;

(6) 俄罗斯联邦最高法院纪律审判庭审理的行政案件;

3. 上诉审法院审理行政案件由 3 名法官组成合议庭审理。

4. 在申诉审和监督审法院审理行政案件时,法庭的构成依本法典第三十五章和第三十六章的规定。

5. 在合议庭审理行政案件时,由 1 名法官担任审判长。

第 30 条 合议庭审理行政案件时法庭解决问题的程序 法官保留意见

1. 在合议庭审理行政案件时产生的问题按法官多数票解决。表决时任何法官无权投弃权票,审判长最后投票。

2. 作出法院裁判时,如果 1 名法官不同意多数法官对法院裁判的赞成意见,或者虽投票赞成就法庭实体审理的问题所作出的法院裁判,但在某个其他问题上或法院裁判的理由上仍属于少数,法官仍必须在该法院裁判上签字,并有权以书面形式表达自己的特殊意见。

3. 法官应在就行政案件作出法院裁判之日起的 5 日内说明自己的特殊意见。特殊意见应附于行政案卷,但在宣布就行政案件所作的判决时不宣读,也不予公布。

第 31 条 法官的回避

1. 有下列情形之一的,法官不得参加行政案件的审理,而应该回避:

(1) 以前作为法官参加过该行政案件的审理,而依照本法典的要求,他不得重复参加同一行政案件的审理;

(2) 作为检察长、法庭书记员、代理人、鉴定人、专家、翻译人员或证人参加过该行政案件的审理;

(3) 法官是案件参加人或其代理人的家庭成员、亲属或配偶的亲属;

(4) 法官本人直接或间接地与行政案件的结局存在利害关系。

2. 如果存在与本条第 1 款规定以外的可能引起对其客观公

正产生怀疑的情况，则法官也不得参加行政案件的审理。

3. 在合理期限内审理的权利受到侵害而要求赔偿的行政案件，不得由原先参加过审理产生该请求权的案件的法官审理。

4. 互为亲属关系、同一家庭的成员、亲属关系或其配偶为亲属关系的人员，不得作为审理行政案件的审判庭成员。

第 32 条　不允许法官重复参加行政案件的审理

1. 曾经在第一审法院参加行政案件审理的法官，不得在上诉审、申诉审和监督审法院审理该案。

2. 曾经在上诉审法院参加行政案件审理的法官，不得在第一审、申诉审和监督审法院审理该案。

3. 曾经在申诉审法院参加行政案件审理的法官，不得在第一审、上诉审和监督审法院审理该案。

4. 曾经在监督审法院参加行政案件审理的法官，不得在第一审、上诉审和申诉审法院审理该案。

第 33 条　检察长、法庭书记员、鉴定人、专家和翻译人员的回避

1. 检察长、法庭书记员、鉴定人、专家和翻译人员应该按照本法典第 31 条规定的根据进行回避，而不得参加行政案件的审理。

2. 鉴定人和专家如果过去和现在与案件参加人或其代理人存在职务关系或其他从属关系，也不得参加行政案件的审理而应该回避。

3. 检察长、法庭书记员、鉴定人、专家和翻译人员在行政案件此前的审理时分别作为检察长、法庭书记员、鉴定人、专家和翻译人员参加行政案件审理的，不是回避的依据。

第34条　申请自行回避和申请回避

1. 如果存在本法典第31条至第33条规定的根据,法官、检察长、法庭书记员、鉴定人、专家和翻译人员必须申请自行回避。案件参加人可以依照同样的根据申请回避,法庭也可以主动审议回避问题。

2. 自行回避和回避均应说明理由并应在行政案件实体审理前提出申请。只有在自行回避或回避的申请人在行政案件开始实体审理后方得知自行回避或回避的依据时,才允许在行政案件的审理过程中申请自行回避或申请回避。

3. 如果回避申请被驳回,则不允许同一人根据相同理由再次提出回避申请。

第35条　自行回避申请和回避申请的审理程序

1. 在申请回避时,法庭应听取案件参加人的意见。如果被申请回避的人希望进行解释,还要听取他的意见。

2. 独任审理行政案件的法官被申请回避的,回避问题由该法官审理。

3. 如果行政案件由合议庭审理,则申请法官回避的问题由该合议庭在他缺席的情况下按多数票解决,赞成票和反对票相等时,被认为法官应该回避。

4. 要求审理行政案件的几名法官或整个合议庭回避的申请,由该法庭全体成员以简单多数票解决回避问题。

5. 申请检察长、法庭书记员、鉴定人、专家和翻译人员回避的问题,由审理行政案件的法庭解决。

6. 法官、检察长、法庭书记员、鉴定人、专家和翻译人员申请自行回避的或者要求他们回避的问题,都应退入评议室审议。根据对自行回避或回避问题的审议结果作出说明理由的裁定。

第 36 条　满足自行回避申请或回避申请的后果

1. 如果要求一名法官、几名法官或整个法庭回避的申请得到满足,则行政案件在同一法院由另外的法官或其他人组成的法庭审理。

2. 如果要求法官回避的申请根据本法典第 32 条规定的原因得到满足,同一法院又不可能另行组成法庭审理该行政案件,则行政案件应依照本法典第 27 条规定的程序由上级法院移送到同级的另一法院审理。

第四章　案件参加人和诉讼的其他参加人

第 37 条　案件参加人

案件参加人是:

(1) 双方当事人;

(2) 利害关系人;

(3) 检察长;

(4) 向法院要求维护他人和不定范围人群利益的机关、组织和个人。

第 38 条　双方当事人

1. 行政案件的双方当事人是原告和被告。

2. 原告是指向法院请求维护自己权利、自由和合法利益的人,或者是由检察长、行使公权力的机关、公职人员或公民向法院请求维护其利益的人,或者是为行使所担负的监督职能或其他公共职能而向法院提出请求的检察长、行使公权力的机关或公职人员。

3. 原告可以是俄罗斯联邦公民、外国人、无国籍人、外国组织和国际组织、社会团体和宗教组织,以及不具有法人资格的社会团体和宗教组织。在本法典规定的情况下,原告也可以是国家权力机关、其他国家机关、地方自治机关、选举委员会、全民公决委员会、其他具有某些国家权力或其他公权力的机关和组织。

4. 被告是指行政法律关系或其他公法关系所产生的争议中被提出请求的一方当事人,或者被行使监督职能或其他公共职能的原告向法院提出请求的一方当事人。

5. 被告可以是国家权力机关、其他国家机关、地方自治机关、选举委员会、全民公决委员会、其他具有某些国家权力或其他公权力的机关和组织、公职人员、国家工作人员和自治地方工作人员。在本法典规定的情况下,被告也可以是在有争议的法律关系中不具有国家权力或其他公权力资格的公民团体和组织。

第39条　检察长参加行政案件

1. 为了维护公民及不定范围人群的权利、自由和合法利益,维护俄罗斯联邦、俄罗斯联邦主体、地方自治组织的利益,以及在联邦法律规定的其他情况下,检察长有权向法院提出行政诉讼请求。只能在公民由于健康状况、年龄、无行为能力和因其他正当原因不能亲自向法院提出请求的情况下,检察长才能向法院提起行政诉讼,以维护不是行政法律关系或其他公法关系主体的公民的权利、自由和合法利益。

2. 俄罗斯联邦总检察长和副总检察长有权向俄罗斯联邦最高法院、共和国最高法院、边疆区法院、州法院、联邦直辖市法院、自治州法院、自治专区法院、军事法院、区法院提出行政诉讼请求；俄罗斯联邦主体总检察长、副总检察长和与他们同级的检察长和副检察长，有权向共和国最高法院、边疆区法院、州法院、联邦直辖市法院、自治州法院、自治专区法院、军区（舰队）军事法院、卫戍区军事法院、区法院提出行政诉讼请求；市、区的检察长和与他们同级的检察长有权向卫戍区军事法院、区法院提出行政诉讼请求。

3. 检察长的行政诉状应该符合本法典第125条第6款规定的要求。

4. 向法院提起行政诉讼请求的检察长，享有原告的诉讼权利和承担原告的义务（但签订和解协议的权利和缴纳诉讼费的义务除外），并在为了公民的利益放弃行政诉讼请求时有义务通知公民或其法定代理人。

5. 如果检察长放弃已经向法院提出的维护作为行政法律关系或其他公法关系主体的不定范围人群的权利、自由和合法利益的诉讼请求，则行政案件的实体审理继续进行。如果检察长放弃行政诉讼请求是因为被告满足了诉讼请求，则法院驳回诉讼请求并终止行政案件的审理。

6. 在检察长放弃为维护公民的权利、自由和合法利益而提起的行政诉讼请求的情况下，如果具有行政诉讼行为能力的公民、其代理人或者不具有行政诉讼行为能力的公民的法定代理人又同意放弃行政诉讼请求，则法院搁置相应请求不予审理。在上述人放弃行政诉讼请求而法院又接受这种放弃的情况下，只要不违反法律和不侵害他人的权利、自由和合法利益,则法院终止行政诉讼。

7. 在本法典规定的情况下,检察长参加法院诉讼并就行政案件提出结论意见。如果行政案件是根据检察长的行政诉讼请求立案的,则检察长不得就行政案件提出结论意见。

第 40 条 为了维护他人、不定范围人群的权利、自由和合法利益向法院提出请求

1. 在联邦宪法性法律、本法典和其他联邦法律规定的情况下,国家机关、公职人员、俄罗斯联邦人权代表、俄罗斯联邦各主体人权代表可以向法院提出请求,维护不定范围人群的权利、自由和合法利益以及维护公共利益。

2. 在本法典和其他联邦法律规定的情况下,机关、组织和公民可以向法院提出请求,维护他人的权利、自由和合法利益。

3. 在联邦法律规定的情况下,社会团体可以向法院提出请求,维护本团体成员的权利、自由和合法利益。

4. 依照本条第 1 款、第 2 款和第 3 款提交的行政诉状,应该符合本法典第 125 条第 6 款规定的要求。

5. 向法院提出请求维护他人或不定范围人群权利、自由和合法利益的机关、组织和公民,享有原告的诉讼权利和承担原告的诉讼义务(但订立和解协议的权利和缴纳诉讼费的义务除外),并在放弃为维护公民利益而提出的诉讼请求时有义务通知公民或其法定代理人。

6. 在机关、组织和公民放弃为维护作为行政法律关系或其他公法关系主体的不定范围人群的利益而提出的行政诉讼请求时,行政案件的实体审理继续进行。如果放弃行政诉讼请求是由于被告满足了诉讼请求,则法院应接受放弃并终止行政诉讼。

7. 在机关、组织和公民放弃为维护他人权利、自由和合法利益而提出的行政诉讼请求的情况下,如果为其利益而提起诉讼的具有行政诉讼行为能力的公民、其代理人或不具有行政诉讼行为能力的公民的法定代理人不声明他支持行政诉讼,则法院搁置行政诉讼不予审理。如果上述公民及其代理人或法定代理人放弃支持行政诉讼,只要不违反法律和不侵害他人的权利、自由和合法利益,则法院接受放弃并终止行政诉讼。

第 41 条　数名原告或数名被告参加行政案件

1. 行政诉讼请求可以由几名原告共同向法院提起,也可以同时向几名被告提出。

2. 有下列情形之一的,允许共同诉讼:

(1) 行政法律关系或其他公法关系所产生争议(行政争议)的标的是数名原告或数名被告的权利和(或)义务;

(2) 行政法律关系或其他公法关系的数名主体(数名原告或数名被告)的权利和(或)义务具有共同的根据;

(3) 行政争议的标的是行政法律关系或其他公法关系主体的同类权利或义务。

3. 每个原告或被告对于另一方当事人在法院诉讼中均为独立当事人。共同参加人可以委托其中的一位或几名共同参加人(行政原告或行政被告)参加行政诉讼。

4. 在第一审法院作出终结行政案件实体审理的裁判前,共同原告可以参加行政案件;

5. 如果本法典规定其他人必须作为被告参加行政案件,或者该人不参加行政案件便不能审理,则第一审法院应吸收该人作为共同被告参加案件。

6. 关于共同原告(共同行政被告)参加案件或者驳回他们参加案件、吸收或驳回行政共同原告(共同行政被告)参加行政案件的事宜,均应由法院作出说明理由的裁定。如果驳回一个人作为共同原告参加行政案件,则他可以独立向法院提出行政诉讼请求,但本法典有不同规定的除外。

7. 在共同原告参加行政案件或者共同被告被吸收参加行政案件以后,行政案件法庭审理的准备和行政案件的审理从头开始,但同一代理人或同一被授权人代表所有原告或所有被告参加行政案件的情形除外。

第42条 集团向法院提起集体行政诉讼请求

1. 作为行政法律关系或其他公法关系参加人的若干公民,以及在联邦法律规定情况下的其他人,有权向法院提出集体行政诉讼请求,以维护集团人群受到侵害的或被提出争议的权利和合法利益。提起这种行政诉讼请求的根据是具备以下条件:

(1) 众多的集团人群或不定数量的集团成员通过个别程序或通过本法典第41条规定的共同行政诉讼程序难于解决潜在的集体成员的要求;

(2) 争议标的和提出相应诉讼请求根据的同一性;

(3) 存在共同的被告(共同被告);

(4) 集团的所有成员使用相同的维护权利的手段。

2. 维护集团受到侵害的或有争议的权利和合法利益的行政案件,如果直至向法院提出维护权利和合法利益请求之日有不少于 20 人附议该请求,则由法院审理。附议行政诉状的方法是通过在行政诉状上签字或者提交个别申请附议行政诉状。

3. 集团行政诉状应该指出接受委托为集团人群的利益而参加行政案件的一人或几人。在这种情况下该人或该几人不需要委托书即享有原告的诉讼权利和承担原告的诉讼义务。

4. 如果向法院提交的行政诉状不符合本条第 1 款规定的要求,则法院搁置请求不予审理,同时向提交行政诉状的人或附议诉讼请求的人说明他们依照本法典规定的程序个别向法院提交行政诉状的权利,并说明行为的诉讼后果。

5. 如果一个人向法院提出行政诉讼请求,而该请求的内容与法院审理的集体行政诉状的内容相同,则可以建议他加入集体诉讼请求。如果向法院提出行政诉讼请求的人加入集体提出的诉讼请求,则法院将个人的诉讼请求合并到已经受理的诉讼请求中去。如果该人拒绝加入集体提出的诉讼请求,则法院应中止该行政诉讼请求的诉讼,直到对维护集团人群权利和合法利益的行政案件作出判决。

6. 如果由于共同原告参加行政案件而查明存在本条第 1 款规定的情况,法院有权根据案件参加人的申请并考虑双方当事人的意见,作出按照本条规定的程序审理行政案件的裁定,行政案件的审理从头开始。

第 43 条 不适格被告的更换

1. 如果第一审法院在准备行政案件的法庭审理时或在行政案件的法庭审理过程中查明,行政诉讼请求不是对该请求应该负责的人提出的,则法院经原告同意,将不适格被告更换成适格被告。如果原告不同意更换被告,则法院可以不经原告的同意追加该人作为第二被告。

2. 关于更换不适格被告或追加另一适格被告参加行政案件的事宜,法院应作出裁定。

3. 在更换不适格被告或在追加另一适格被告参加行政案件之后,行政案件法庭审理的准备和行政案件的法庭审理从头开始。

第 44 条　诉讼权利继受

1. 如果在行政案件的审理期间作为行政案件一方当事人的国家权力机关、其他国家机关和地方自治机关被改组,法院应以其权利继受人替换原当事人。如果上述某一机关,或具有国家权力或其他公共权力的组织被撤销,则法院应该以在法院审理的有争议的法律关系领域负责参加公法关系的或者负责维护原告权利、自由和合法利益的机关或组织更换该方当事人。

2. 如果在行政案件的审理期间,作为行政案件一方当事人的公职人员被免除所担任的(所代理的)职务,则法院应该以行政案件审理时担任(代理)该职务的其他人,或者以在法院审理的有争议的法律关系领域负责参加公法关系的或者负责维护原告权利、自由和合法利益的机关或组织更换该方当事人。

3. 如果作为有争议的法律关系或法院已经确定的行政法律关系或其他公法关系的主体和行政案件一方当事人的公民死亡,如果该行政法律关系或其他公法关系允许权利继受,则法院应该以其权利继受人更换该方当事人。

4. 如果作为有争议的或法院已经确认的行政法律关系或其他公法关系参加人的法人改组,如果该行政法律关系或其他公法关系允许权利继受,则法院应该以其权利继受人更换该方当事人。

5. 关于用权利继受人更换当事人或驳回更换的事宜,法院应作出裁定,对该裁定可以提出申诉。

6. 在权利继受人参加行政案件之前法院诉讼中所实施的所有行为,对权利继受人具有与对被更换的当事人相同的强制力。

第 45 条 案件参加人的权利和义务

1. 案件参加人享有下列权利:

(1) 了解行政案件的材料,进行摘抄或复制;

(2) 申请回避;

(3) 提交证据,在法庭审理前了解该案的其他参加人提交的证据和法院主动调取的证据,参加证据的审查;

(4) 对诉讼的其他参加人提出问题;

(5) 提出申请,包括申请调取证据、了解审判庭笔录,如果进行了审判庭录音、录像,还有权申请了解审判庭录音和(或)录像,申请对笔录和对录音、录像提出书面意见;

(6) 以口头或书面形式向法庭作出解释;

(7) 就法庭审理过程中产生的所有问题提出自己的理由;

(8) 对案件其他参加人的申请和理由表示反对;

(9) 了解案件其他参加人提出的申诉、了解就该行政案件所作出的法院裁判并得到作为单独文件的法院裁判的副本;

(10) 了解法官对行政案件的保留意见;

(11) 对法院裁判中涉及其权利、自由和合法利益的部分提出申请;

(12) 享有本法典规定的其他诉讼权利。

2. 案件参加人有权将申请、请求、与行政案件审理有关的其他文件的电子版发送给法院,按照俄罗斯联邦最高法院规定的程序在法院的官方网站上填写电子文件表格。

(本款自 2016 年 9 月 15 日起生效——2015 年 3 月 8 日第 22 号联邦法律)

3. 案件参加人有权向法院提交他们本人、他人、机关、组织以电子文件的形式制作的信息材料。电子文件由上述人、机关、组织按照俄罗斯联邦立法规定的格式制作,如果俄罗斯联邦立法没有规定格式,则可以按任意形式制作。电子文件应该由制作该文件的人(机关、组织中被授权的人)签字,但俄罗斯联邦立法规定由他人在电子文件上签字的除外。

4. 案件参加人经申请有权从互联网获得有法官专门电子签名的法院裁判、通知、传唤和其他文件的电子文本(但立法限制了解有关信息材料的除外)。

(本款自 2016 年 9 月 15 日起生效——2015 年 3 月 8 日第 22 号联邦法律)

5. 在本法典规定的情况下,案件参加人必须在代理人的参加下参加行政案件,代理人必须符合本法典第 55 条规定的要求。如果行政案件在法院的办理由代理人参加,则案件参加人可以设定代理人必须经案件参加人同意方能行使的权利。案件参加人通过自己的代理人可以向法庭审理的其他参加人提问,作出必要的说明,表示自己的意见和实施其他诉讼行为。必要时法院有权直接让案件参加人参加实施诉讼行为。

6. 案件参加人应该善意地行使属于他们的所有诉讼权利。

7. 案件参加人非善意地提出没有根据的行政诉求，对抗和多次对抗行政案件的正确、及时的审理和解决，以及以其他形式恶意行使诉讼权利的，应承担本法典规定的后果。

8. 案件参加人承担本法典规定的诉讼义务以及法院依照本法典令其承担的义务。

9. 案件参加人不履行诉讼义务的，应承担本法典规定的后果。

第 46 条 变更行政诉讼的根据或标的，放弃行政诉讼请求，承认行政诉讼请求，双方当事人订立和解协议

1. 原告有权在第一审法院对行政案件作出实体终审裁判之前变更行政诉讼的根据或标的。

2. 原告有权在第一审法院或上诉审法院对行政案件作出实体终审裁判之前完全或部分放弃行政诉讼请求。

3. 被告有权在任何审级的法院审理行政案件时完全或部分承认行政诉讼请求。

4. 双方当事人有权按照本法典第 137 条规定的程序订立和解协议。

5. 如果与本法典、其他联邦法律相抵触或侵犯他人的权利，则法院不接受原告放弃行政诉讼请求或被告接受行政诉讼请求。

6. 如果和解协议的订立违反法律、与行政案件的实质相抵触或侵犯他人的权利，则法院不批准双方当事人和解。

7. 在本条第 5 款和第 6 款规定的情况下，法院应对行政案件进行实体审理。

第 47 条 利害关系人

1. 利害关系人是指行政案件的审理可能涉及其权利和义务的人。

2. 利害关系人有权在第一审法院作出终结行政案件的法院裁判之前,主动作为原告一方或被告一方参加行政案件,如果法院裁判可能影响到他对另一方的权利和义务。利害关系人也可以根据案件参加人的申请被追加参加行政案件。

3. 利害关系人享有一方当事人的诉讼权利和承担一方当事人的诉讼义务,但变更行政诉讼请求的根据和标的、放弃行政诉讼请求、承认行政诉讼请求或订立和解协议、提出行政反诉等权利除外。

4. 关于利害关系人参加行政案件或者追加利害关系人参加行政案件或者驳回利害关系人参加行政案件的事宜,法院应作出裁定。

5. 对于驳回利害关系人参加行政案件、驳回追加利害关系人参加行政案件的裁定,可以由提出相应申请的人提起申诉。

6. 如果在法庭审理开始后利害关系人参加了行政案件或被追加参加了行政案件,则法庭审理的准备和法庭审理从头开始。

第 48 条 法院诉讼的其他参加人

除案件参加人外,案件参加人的代理人以及协助审判的人员,包括鉴定人、专家、翻译人员、法庭书记员,也参加案件。

第 49 条 鉴定人

1. 鉴定人是具有专业知识、在本法典规定的情况下和依照本法典规定的程序接受委托进行鉴定并就向他提出的需要专业知识的问题提出鉴定结论,以便查清具体行政案件案情的人员。

2. 鉴定人必须根据法院的传唤到庭,对鉴定客体、文件和材料进行充分的研究,以书面形式提出有根据的和客观的、反映所进行鉴定的过程和结果的鉴定结论。

3. 如果鉴定人不能传唤到庭,他必须提前向法院报告并说明不能到庭的原因。

4. 鉴定人必须在审判庭外进行鉴定(如果根据鉴定的性质必须这样做或者难于将鉴定的客体、文件或材料在审判庭进行鉴定),并在法院裁定规定的期限内以书面形式向法院提交有根据的和客观的鉴定结论,结论应反映鉴定人所进行的鉴定的过程和结果。鉴定人必须根据法院的传唤亲自出庭并回答与他所进行的鉴定和所提出的鉴定结论有关的问题。

5. 鉴定人必须保证提交给他的鉴定客体、行政案件的文件和材料的完整性,并将它们与鉴定结论或不可能进行鉴定的报告一并返还法院。如果进行鉴定必须完全或部分毁坏鉴定客体或者严重改变其性质,鉴定人应取得法院以裁定形式表示的许可。

6. 鉴定人无权独自搜集进行鉴定的材料,无权与诉讼参加人进行个人接触,如果这可能会使人对鉴定人与行政案件结局不存在利害关系产生怀疑;鉴定人无权泄露其因进行鉴定而知悉的信息材料,也无权将鉴定结果告知指定鉴定的法院以外的任何人。

7. 如果向鉴定人提出的问题超出了他的专业知识范围,或者鉴定客体、文件或行政案件材料不适合鉴定或不足以进行鉴定和提出鉴定结论,而提供补充鉴定文件和材料的请求又被驳回,或者当代的科学发展水平还不能回答所提出的问题,则鉴定人必须以书面形式向法院提交关于不可能提出鉴定结论的报告。

8. 如果鉴定人对委托他进行鉴定的内容和数量产生怀疑,则他必须提出申请要求说明,或者以书面形式向法院提出不可能进行鉴定的说明理由的报告。

9. 鉴定人无权转委托他人进行鉴定。

10. 在收到法院终止鉴定的裁定的情况下,鉴定人必须立即将指定鉴定的裁定以及将提交给他鉴定的客体、文件和行政案件材料退回法院。

11. 鉴定人或国家司法鉴定机构无权拒绝在法院规定期限内进行委托给他的鉴定,无权以法院责令支付鉴定费的一方当事人拒绝在进行鉴定前给付鉴定费为由拒绝进行鉴定。

12. 如果鉴定人不在法院指定鉴定的裁定中规定的期限内向法院提交鉴定结论的,国家司法鉴定机构或鉴定人又没有提出不可能进行鉴定或者由于本条第7款和第8款规定的原因不可能及时进行鉴定的说明理由的报告,或者由于没有证明已经事先支付鉴定费用的单证而不完成上述要求的,则法院依照本法典第122条和第123条规定的程序和数额对国家司法鉴定机构的领导人或违法的鉴定人处以诉讼罚金。

13. 经法院许可,鉴定人有权:

(1) 了解行政案件中涉及鉴定客体的材料;

(2) 出席审判庭,向与鉴定客体有关的案件参加人和证人提问;

(3) 在实施涉及鉴定客体的诉讼行为时在场;

(4) 申请向他提交补充鉴定材料和鉴定客体,为了进行鉴定和提交鉴定结论的需要而申请聘请其他鉴定人参加鉴定；

（5）在鉴定结论中叙述在鉴定过程中查明的与鉴定客体有关的并向他提出问题的情况；

（6）就诉讼参加人不正确解释鉴定人的鉴定结论和陈述提出申请，申请应记入审判庭笔录。

14．国家鉴定机构以及鉴定人完成不属于其作为国家机构工作人员职责范围内的工作的，应该向他们给付工作报酬和补偿与鉴定有关的开支。法院传唤鉴定人时，应向他补偿因到法院出庭产生的旅费和住宿费（交通费、租房费和与在经常住所地以外居住而发生的费用即出差补助费）。

15．鉴定人没有正当理由经传唤不到庭的，或者不事先通知法院而不能到庭的，应承担依照本法典第 122 条和第 123 条规定的程序和数额科处的诉讼罚金。

16．鉴定人提交虚假鉴定结论的，可能被追究刑事责任，法院或者国家司法鉴定机构的领导人受法院委托应事先向鉴定人说明有关规定，鉴定人应作出具结。

第 50 条　专家

1．专家是具有专门知识和（或）技能并由法院指定在就需要相关知识和（或）技能问题上审查证据和实施其他诉讼行为时进行说明、咨询以及提供其他直接帮助的人员。

2．可以向专家提出与确定规范性法律文件、外国法律规范、技术规范内容有关的问题。

3．被作为专家传唤的人，必须在指定的时间到庭，回答法庭提出的问题，提请法庭注意本质情节和证据的特点，以口头或书面形式进行说明或咨询,在必要时从自己的专业知识和(或)技能出发给法庭提供直接帮助。

4. 如果专家经传唤不能出庭,则他必须提前通知法院并说明不能出庭的原因。

5. 经法院允许,专家有权:

(1) 了解与审查客体相关的行政案件材料;

(2) 出席审判庭;

(3) 申请向他提供补充材料。

6. 对于超出专家专业知识范围的问题,以及如果向专家提供的材料不足以提出咨询意见,则专家可以拒绝提供咨询意见。

7. 专家完成不属于他作为国家机构工作人员职责范围的工作时,应该向他给付报酬,补偿他出庭或前往诉讼行为实施地的费用和住宿费(交通费、租房费和与在经常住所地以外居住而发生的费用即出差补助费)。

8. 专家经传唤而无正当理由不到庭的,或者不事先通知法院他不可能履行职责而不履行职责的,应承担依照本法典第122条和第123条规定的程序和数额科处的诉讼罚金。

第51条 证人

1. 证人是可能知悉对审理和解决行政案件有意义的事实情节并被传唤到法庭提供证言的人。

2. 参与制作法庭作为书证审查的文件的人员或者参与建立或变更法庭正在作为物证审查的客体的人员,均可作为证人传唤到庭。

3. 下列人员不得作为证人:

（1）刑事案件中的代理人或辩护人、行政违法行为案件中的代理人或辩护人、民事案件中的代理人、行政案件中的代理人、协助双方当事人调整争议的居间人（包括调解人）——对他们履行职责而知悉的情况；

（2）法官、陪审员或仲裁员——对于他们为法庭作出民事判决或刑事案件而在评议室讨论行政案件的案情而产生的问题；

（3）进行过国家登记的宗教组织的神职人员——对他们在祷告中知悉的情况；

（4）依照联邦法律或俄罗斯联邦的国际条约不得被作为证人询问的其他人员。

4. 作为证人被传唤的人员，必须在指定时间出庭（本条第5款规定的情形除外），陈述他亲自知悉的有关正在审理的行政案件实质的信息材料，回答法庭和案件参加人提出的补充问题。证人陈述的而不能指出信息来源的信息材料，不是证据。

5. 如果由于疾病、残废或其他正当原因不能传唤出庭，则可以在证人的所在地询问证人。

6. 证人无权逃避出庭、提供明知虚假的证言，出于《俄罗斯联邦宪法》和联邦法律规定以外的动机拒绝提供证言。

7. 如果证人经传唤不能出庭，他必须事先将情况报告法院并说明不到庭的原因。

8. 证人经传唤而无正当原因不到庭的，或者不履行将不能出庭的事项提前通知法院的义务的，应依照本法典第122条和第123条规定的程序和数额对他处以诉讼罚金，或者进行强制拘传。

9. 证人提供明知虚假的证言的，或者出于《俄罗斯联邦宪法》

和联邦法律规定以外的动机拒绝提供证言的,应承担刑事责任。法院应事先警告有关的刑事责任,证人应该作出具结。

10. 证人有权:

(1) 在本条第11款规定的情况下拒绝提供证言;

(2) 用母语或他所通晓的语言提供证言;

(3) 无偿获得翻译帮助;

(4) 申请参加证人询问的翻译人员回避。

11. 有下列情形之一的,证人有权拒绝作证:

(1) 提供对自己不利的证言;

(2) 提供对配偶、父母和收养人、子女和被收养人不利的语言;

(3) 提供对兄弟姐妹(包括同胞兄弟姐妹或同父异母的或同母异父的兄弟姐妹)、祖父母或孙子女不利的证言;

(4) 监护人和保护人提供对被监护人或被保护人不利的证言;

(5) 俄罗斯联邦会议联邦委员会成员、俄罗斯联邦联邦会议国家杜马议员、俄罗斯联邦主体国家立法机关(代议制机关)的议员,有权拒绝提供涉及因其履行职责而知悉的信息材料的证言;

(6) 俄罗斯联邦人权代表、俄罗斯联邦主体人权代表有权拒绝提供涉及因其履行职责而知悉的信息材料的证言。

12. 证人有权获得与出庭作证有关的费用(交通费、房屋租赁费、在常住地以外居住而发生的费用即出差补助费)以及有权因作证花费时间而获得金钱补偿。

第 52 条 翻译人员

1. 翻译人员是熟练通晓行政诉讼所使用的语言和另一种必需与诉讼语言互译的语言的人员,或者是熟练通晓与聋人、哑人、聋哑人的交际技术的人员。

2. 在本法典规定的情况下依照本法典规定的程序聘请翻译人员参加诉讼。关于聘请翻译人员参加诉讼的事宜应作出裁定。

3. 案件参加人可以向法院建议聘请谁当翻译人员。诉讼其他参加人无权担当翻译人员,即使他通晓翻译所必需的语言。

4. 翻译人员必须做到:

(1) 按照法院的传唤出庭;

(2) 全面、正确地翻译不通晓诉讼语言的人员所作的解释、陈述、申请;

(3) 为不通晓诉讼语言的人员翻译行政案件中现有的案件其他参加人、证人的解释、陈述、申请,以及翻译审判庭、法院裁定或判决中所宣读的文件、录音、鉴定结论、专家的说明和咨询、审判长的指令。

5. 如果经法院传唤,翻译人员不能到庭,他必须提前通知法院并说明不能到庭的原因。

6. 翻译人员有权:

(1) 语言水平不够而不能担任翻译的,有权拒绝参加诉讼。

(2) 向案件其他参加人提问,以明确翻译的内容;

(3) 了解审判庭笔录或他所参加的具体诉讼行为笔录;

(4) 对翻译内容记录的正确性提出意见,意见应记入审判庭笔录。

7. 翻译人员经传唤不到庭,无正当原因的或者没有提前通知法院不可能出庭的,则应依照本法典第 122 条和第 123 条规定的程序和数额对他处以诉讼罚金。

8. 翻译人员故意作不正确的翻译的,应承担刑事责任。对此应事先向翻译人员说明。

9. 翻译人员完成不属于其作为国家机构工作人员职责范围内的工作,应向他给付报酬。对翻译人员还应补偿与出庭作证相关的费用(交通费、房屋租赁费、在常住地以外居住而额外发生的费用即出差补助费)。

第 53 条 法庭书记员

法庭书记员:

(1) 发出法院传票和通知;

(2) 检查应该出庭人员的出庭情况,查明他们不到庭的原因并将情况报告审判长;

(3) 使用技术手段保证对审判庭全过程记录的监控;

(4) 制作审判庭笔录;

(5) 管理行政案件材料;

(6) 完成审判长的其他委托事项。

第五章 案件的代理

第 54 条 通过代理人在法院参加行政诉讼

1. 如果本法典没有规定代理人必须参加诉讼,则具有行政诉讼行为能力的公民可以亲自参加和(或)通过代理人参加自己的行政诉讼。公民亲自参加行政案件不剥夺他在该案中指派代理人。

2. 无行为能力的公民，由其法定代理人——父母、收养人、监护人或联邦法律赋予相关权利的其他人在法院维护无行为能力公民的权利和合法利益。法定代理人可以委托他们所选择的代理人在法院代理行政案件。如果本法典规定代理人必须参加诉讼，则法定代理人还必须委托他们所选择的代理人参加诉讼。

3. 未满 18 岁的限制行为能力的公民，可以由他们的代理人或法定代理人——父母、收养人、保护人或联邦法律赋予此项权利的其他人在法院维护其权利和合法利益。法定代理人以被代理人的名义实施被代理人有权实施的全部诉讼行为，同时受到联邦法律规定的限制。法定代理人可以委托他们所选择的代理人代理行政案件。如果本法典规定代理人必须参加诉讼，则法定代理人还必须委托他们所选择的代理人参加诉讼。

4. 如果被告下落不明，或者正在解决强制将被告安置到精神病学医疗住院机构的问题，而该被告又没有代理人，以及在联邦法律规定的其他情况下，由法院指定律师担任代理人。

5. 组织的独任管理机关或在联邦法律、其他规范性法律文件或组织的设立文件规定的权限范围内进行工作的被授权人员，或者组织的代理人，可以在法院进行行政诉讼。

6. 被授权的清算委员会代表以被清算组织的名义在法院起诉和应诉。

7. 不具有法人资格的社会团体和宗教组织中具有高等教育学历的成员，或者社会团体或宗教组织的参加人委托的代理人，可以社会团体和宗教组织的名义在法院起诉和应诉。

8. 国家权力机关、其他国家机关、地方自治机关的领导人或代理人有权以上述机关的名义在法院起诉和应诉。

9. 在对俄罗斯联邦政府提起行政诉讼请求的案件中,以及在俄罗斯联邦政府向法院提起行政诉讼时,按俄罗斯联邦政府规定办法确定的人员在法院代表俄罗斯联邦政府的利益。

第 55 条　对代理人的要求

1. 律师和具有完全行为能力、不在监护或保护之下并具有高等教育学历的人,方可在行政案件中成为代理人。

(本款由 2016 年 6 月 2 日第 169 号联邦法律修订)

2. 下列人员不得在法院担任代理人:法官、侦查员、检察长以及联邦法律规定不得作为代理人参与诉讼的人员,但作为有关机关的代理人或法定代理人参加诉讼的除外。协助进行行政案件的司法人员也不得成为行政案件参加人的代理人。

3. 律师应该向法院提交证明其依照联邦法律具有律师资格及其权限的文件,而其他代理人应该向法院提交证明其本人教育程度、法律地位和权限的文件。

(本款由 2016 年 6 月 2 日第 169 号联邦法律修订)

第 56 条　代理人的权限

1. 代理人有权以被代理人的名义实施所有的诉讼行为,而在必须由代理人参加行政案件的情况下,代替被代理人实施所有诉讼行为,但由被代理人进行解释和说明以及在法院认为必要时要求被代理人参加实施诉讼行为的情形除外。

2. 在被代理人签发的委托书或其他文件中,应该专门约定代理人实施主要诉讼行为的权利,以及独立实施诉讼行为的权利或经被代理人同意方能实施诉讼行为的权利。委托书还应约定以下权利：

（1）在行政诉状上和答辩状上签字并提交法院；

（2）申请实施行政诉讼保全；

（3）提出行政反诉；

（4）订立和解协议或双方当事人就行政案件事实情况达成协议；

（5）完全或部分放弃行政诉讼请求或承认诉讼请求；

（6）变更行政诉讼标的或理由；

（7）向他人移交代理人权限（转委托）；

（8）在要求根据新发现的情况对法院裁决进行再审的申请书上签字；

（9）对法院裁定提出申诉；

（10）提交进行追索的执行文件；

（11）领取所判的资金或其他财产。

3. 在俄罗斯联邦中央选举委员会颁发的委托书中，可以专门约定代理人对行政案件提出结论的权利。

第 57 条　代理人权限的办理和证明

1. 法定代理人的权限由他们向法院提交的证明其法律地位和权限的文件证明。

2. 国家权力机关、其他国家机关和地方自治机关的领导人的权限，由他们向法院提交的证明其职务地位的文件证明。

3. 在联邦法律、其他规范性法律文件或组织的设立文件规定的权限范围内以组织的名义进行工作的组织领导人的权限，由他们向法院提交的证明其职务地位的文件以及组织的设立文件或其他文件证明。

4. 律师在法院代理行政案件的权限由有关律师组织颁发的律师函予以证明,而在法律规定的情况下也可以由委托书证明。

(本款由2016年6月2日第169号联邦法律修订)

5. 其他代理人在法院代理行政案件的权限应该在依照联邦法律颁发或办理的委托书中表示,而在俄罗斯联邦的国际条约或联邦法律规定的情况下,可以在其他文件中表示。代理人的权限还可以由被代理人在审判庭以口头申请的方式表示,对此应记入审判庭笔录,被代理人也可以向审判庭提出书面申请。如果对代理人有专业技术水平要求,代理人还应向法院提交证明符合这些要求的相应文件。

6. 以组织的名义颁发的委托书应该由该组织的领导人或组织的设立文件授权的人签字并加盖组织的印鉴。

7. 以个体经营者名义颁发的委托书,由个体经营者签字并加盖他的印章,也可以依照本条第8款的规定进行证明。

8. 公民授权的代理行政案件的委托书,应该进行公证或者由委托人学习、工作或服役的组织的公职人员进行证明,也可以由管理单元楼房的住房所有权人合伙、住房合作社、住房建筑合作社或其他专门消费合作社证明,还可以由委托人住所地的管理组织、委托人所在的居民社会保护机构的行政部门以及住院医疗机构的行政部门证明。军人、部队工作人员、军事院校工作人员及其家属授权的委托书,由相应部队、军团、机构和军事院校的指挥员(首长)证明。处于羁押场所或剥夺自由场所的人员的委托书由相应机构的首长证明。

第 58 条　案件参加人及其代理人权限的审查

1. 法院必须审查案件参加人及其代理人的权限。

2. 法院根据对上述人员向法院所提交文件的审查解决是否允许案件参加人及其代理人参加诉讼的问题。

3. 证明代理人权限的文件及其复印件,在必要时应附于行政案卷或者将有关信息记入审判庭笔录。

4. 如果案件参加人或其代理人不提交必需的文件以证明其权限,或者提交的文件不符合本法典和其他联邦法律规定的要求,以及在本法典第 54 条和第 55 条规定的情况下,法院应拒绝承认相应人员参加行政诉讼的权利,对此应记入审判庭笔录。

5. 如果案件参加人不具有行政诉讼行为能力,又未委托代理人或者其法定代理人由于法定理由无权在法院代理行政案件,则法院中止行政诉讼,并向有关机关和人员提出委托代理人或更换法定代理人的建议。

第六章　证据和证明

第 59 条　证据

1. 行政案件的证据是依照本法典和其他联邦法律规定的程序取得的关于法院据以确定存在还是不存在证明案件参加人的请求或抗辩的事实情况,以及存在还是不存在对正确审理和解决行政案件有意义的情况的信息材料。

2. 允许作为证据的有案件参加人的解释、证人的证言,包括使用视频设备所获得的证人证言,以及书证、物证、录音录像、鉴定人的结论、电子文件。

3. 违反联邦法律取得的证据不具有法律效力,不得作为法院判决的依据。

第 60 条 证据的关联性

法院只接受对审理和解决行政案件有意义的证据。

第 61 条 证据的可采性

1. 如果证据符合本法典第 59 条规定的要求,则证据是可采信的证据。依法应该通过一定证明手段证明的行政案件情节,不得用任何其他证据予以证明。

2. 法院根据案件参加人的书面申请认定证据不可采信,或者主动认定证据不可采信。

3. 在审理行政案件证据排除申请时,证明责任在提出申请的一方。

第 62 条 证明责任

1. 案件参加人必须证明自己据以提出请求或者抗辩的情节,但本法典规定双方当事人分担行政案件证明责任的不同办法的情形除外。

2. 如果承担国家权力或其他公权力的机关、组织和公职人员的规范性法律文件、含有立法解释并具有规范性质的文件、决定、行为(不作为)的合法性被提出异议,证明责任由相应机关、组织和公职人员承担。上述机关、组织和公职人员还应证明他们用来作为抗辩根据的事实。在这种行政案件中,向法院提出请求维护他人或不定范围人群权利和合法利益的原告、检察长、机关、组织没

有义务证明被他们提出异议的规范性法律文件、决定、行为(不作为)的违法性,但他们必须:

(本款由 2016 年 2 月 15 日第 18 号联邦法律修订)

(1) 指出该文件、决定、行为(不作为)违反了什么规范性法律文件;

(2) 证明被提出异议的规范性法律文件、决定、行为(不作为)侵犯了或可能侵犯原告或不定范围人群的权利、自由和合法利益或者存在产生此种侵犯的现实威胁的信息材料;

(3) 证明原告、检察长、机关、组织和公民作为自己请求理由的其他事实。

3. 对正确审理和解决行政案件有意义的情节由法院依照应对有争议的行政法律关系适用规范性法律文件,从案件参加人的请求和抗辩出发予以确定。同时,在对国家权力机关、其他国家机关、地方自治机关以及具有某些国家权力或其他公权力的组织、公职人员、国家工作人员或自治地方工作人员通过的规范性法律文件、决定、行为(不作为)提出异议的行政案件中,以及在维护俄罗斯联邦公民的选举权和参加全民公决权利的行政案件中,法院不受行政案件所提出诉讼请求的理由和根据的约束。

第 63 条 证据的调取

1. 为了正确解决行政案件,法院有权根据案件参加人的申请调取证据或者主动调取证据。对法院所取得的文件,如果案件参加人没有这些文件,则法院应给他们发送文件的复印件。

2. 关于调取证据的事宜,法院应作出裁定,在裁定中应指出提交该证据的期限和程序。裁定书的副本应最迟于作出裁定的次日发给案件参加人、法院所调取证据的占有人。必要时根据法院的要求,所调取的证据可以交到持有法院调取证据文件的人手里。

3. 占有法院所调取证据的人,应该立即将证据交到法院或者交给持有调取文件的人,由他转交给法院。

4. 如果被法院调取证据的人根本不可能提交证据或者不可能在法院规定的期限内提交证据,则该人必须在收到法院调取证据的裁定和(或)调取文件之日起的5日内将此情况通知法院,并说明不能提交所调取证据的原因。

5. 如果不将根本不可能提交证据或不可能在法院规定的期限内提交证据的事宜通知法院或者由于法院认为没有正当原因而不履行提交法院所调取证据的义务,则对被调取证据的人应依照本法典第122条和第123条规定的程序和数额科处诉讼罚金。

6. 科处诉讼罚金不免除被调取证据的人向法院提交证据的义务。

第64条 免于证明的根据

1. 法庭认为属于公认的情况,不需要证明。

2. 对以前已经审结的民事案件或行政案件或者仲裁法院审结的案件所作出的已经发生法律效力的判决所确定的情况,不再进行证明,在法院审理这些情况所涉及的案件参加人或者有关的一类人参加的行政案件时,对上述情况不得再提出异议。

3. 已经发生法律效力的刑事案件判决、法院对该案所作的其他裁决以及法院对行政违法案件的裁决,如果是对人作出的,在法院审理关于该人行为的行政法律后果的行政案件时,则只有在是否发生过一定的行为或该行为是否由该人实施的问题上才具有强制力。

第65条 双方当事人承认的情况免于证明

1. 双方当事人由于在法庭或庭外达成协议而均承认的情况,以及一方当事人承认而另一方当事人据以提出请求或者抗辩的情况,法院作为不需要证明的事实予以接受。

2. 双方当事人就事实情况达成的协议,应该以当事人书面形式的声明予以证明。

3. 一方当事人对情况的承认可以用口头或书面形式叙述。双方当事人就情况达成协议或一方对情况表示承认,以及一方当事人以口头形式对情况的承认,均应记入审判庭笔录,由双方当事人或一方当事人签字。关于双方当事人就情况达成协议的声明,以及一方以书面形式对情况的承认,均应附于行政案卷。

4. 如果双方当事人或一方当事人按照本条规定的程序承认的或证明的情况被法院所接受,则这些情况不需要在行政诉讼中进行审查。

5. 如果法院有理由认为双方当事人就情况达成协议或一方承认情况是为了掩盖真实情况,或者是在欺骗、暴力威胁、善意误解影响下达到的,则法院不接受双方当事人的协议或一方当事人的承认,对此应作出裁定,而在这种情况下,有关情况还需要进行证明。

第66条 法院委托

1. 如果依照本法典第63条规定的程序审理行政案件的法院不能取得属于其他法院管辖区域内的证据,则法院有权向相关法院或下级法院发出实施一定诉讼行为的委托(以下称法院委托),

对此应作出裁定。

2. 在法院委托的裁定中应简短地叙述所审理行政案件的内容，指出关于双方当事人、他们的住所地或所在地、应该查明的情况、执行法院委托的法院必须搜集的证据。裁定书的副本最迟应在裁定作出后的第一个工作日送交接受委托的法院。

3. 法院委托的裁定对于执行法院委托的法院具有强制力，该法院应该在收到裁定书副本之日起的一个月内完成委托事宜。

4. 在履行法院委托期间，行政诉讼中止。

第67条 完成法院委托的程序

1. 法院应该依照本法典规定的规则在审判庭完成法院委托。应将开庭的时间和地点通知案件参加人。上述人收到通知而不到庭的，不妨碍开庭，但与法院委托的实质相抵触的情形除外。

2. 关于完成法院委托的事宜法院应作出裁定，并应将裁定与笔录和完成法院委托搜集到的证据立即转交给发出委托的法院。如果法院委托由于接受委托的法院意志以外的原因不可能立即完成，则法院应在裁定中予以说明。

3. 如果案件参加人、证人或鉴定人分别向完成法院委托的法院进行了解释、提供证言或鉴定结论，又出庭参加行政案件的审理，则他们按一般程序进行解释、提供证言和鉴定结论。

第68条 案件参加人的解释

1. 案件参加人以书面形式或口头形式作出关于他们所知悉的对正确审理和解决行政案件有意义的情况的解释。按照法院的提议，案件参加人可以采用书面形式叙述自己的解释。以书面形式所作出的解释，应附于行政案卷。

2．案件参加人的解释应该与其他证据一道进行审查和评价。

第69条 证人的证言

1．证人的证言是证人以口头形式向法院叙述的关于他所知悉的对正确审理和解决行政案件有意义的情况的信息材料。按照法院的提议，以口头形式提供证言的证人，可以采取书面形式叙述证言。以书面形式提供的证言，应附于行政案卷。

2．如果证人不能指出自己证言的信息来源，则证人所提供的信息材料不是证据。

3．如果证人的证言是基于他人的说法，则应该对这些人进行询问。

4．证人可以根据案件参加人的申请到庭，也可以由法院主动传唤证人到庭。

5．在要求传唤证人的申请中，案件参加人必须说明证人能够证明哪些对正确审理和解决行政案件有意义的情况，指出证人的姓名、住所地和他所知悉的传唤证人到庭所必需的其他信息材料。

6．法院可以主动传唤参加过法院正在作为书证审查的文件起草人作为证人，或者参加过制造或改变法院正在作为物证审查的物体的人作为证人。

第70条 书证

1．书证是含有关于对行政案件有意义的情况的信息材料的文件、合同、证明书、邮件，其他通过传真、电子邮件或其他邮件方式获得的包括通过互联网、视频渠道（在有技术条件的情况下通过文件、材料传输）或者以其他能够确定文件真实性的方式获得的用数字、图表记录的其他文件和材料。书证还包括法院裁决、审判庭笔录、实施具体诉讼行为的笔录及其附件（图表、地图、计划、图纸）。

2. 应该向法院提交书证原件或经过适当方式认证的复印件。如果与行政案件有关的只有文件的一部分，则可以向法院提交经过认证的该部分文件的摘录。

3. 如果依照联邦法律或其他规范性法律文件行政案件的情况只能用文件的原件证明，以及如果根据法院的要求没有文件原件就不能审理行政案件，或者已经提交的同一份文件的几份复印件内容不一致，则应该向法院提交文件的原件。

4. 向法院提交的证明实施具有法院意义的行为的文件，应该符合对该类文件规定的要求。

5. 向法院提交的书证，如果全部或部分是用外文制作的，则应该附具经过适当方式认证的俄文译文。

6. 在外国取得的文件，如果不能推翻其真实性并且按规定程序进行了认证，则可以在法院成为书证。

7. 在俄罗斯联邦签订的国际条约规定的情况下，外国官方文件可以不必经过认证而在法院作为书证。

8. 书证应附于行政案卷。依照联邦法律应该保存在其永久保管地或临时保管地的文件，不得附于行政案件材料。

第71条　文件原件的退还

1. 行政案件中所有的作为书证的文件原件，在法院审查书证后或终结行政案件审理的法院裁判生效以后，则可以根据提交人的申请退还提交人，但这些文件应该转交他人的情形除外。

2. 只有当法院得出结论认为文件原件的退还对行政案件的

正确审理没有损害时,才可以在文件审查后将文件退还给提交人。

3. 如果文件的原件退还给提交人,则行政案卷中应保留经过法院认证的这些文件的复印件。

第72条 物证

1. 物证是就外观、性能、所在地或其他特征可能成为确定对行政案件有意义的情况的物体。

2. 对行政案件附具物证的事宜,法院应作出裁定。

第73条 物证的保管

1. 物证应在法院保管,但联邦法律有不同规定的除外。

2. 可以运送到法院的物证,在其所在地保管或在法院指定的地方保管。法院应该进行勘验和详细描述,必要时还应加封。在勘验过程中可以对物证进行照相、制作物证勘验录像。法院和物证的保管人应采取措施保管物证状态不发生改变。

3. 物证保管费用依照本法典第十章规定的规则由双方当事人分摊。

第74条 书证和物证的就地审查和勘验

1. 书证和物证如果不可能或者难于运送到法院,则应在其所在地或法院指定的其他地方进行审查和勘验。关于就地审查和勘验证据的事宜,法院应作出裁定。

2. 证据审查和勘验的时间和地点应通知案件参加人及其代理人。如果已经将书证和物证审查和勘验的时间和地点通知案件参加人及其代理人,则他们不到庭不妨碍审查和勘验的进行。

3. 必要时,在书证和物证审查和勘验的时候还可以传唤证人、鉴定人、专家和翻译人员。

4.就地审查和勘验书证和物证的结果应依照本法典第 205 条和第 206 条规定的程序记入笔录。笔录应附具在勘验时制作的计划、图表、图纸、计算书、文件复印件以及勘验时制作的录音和录像载体、书证和物证的照片以及书面形式的鉴定人的结论、专家的说明。

5.易损坏物证的审查和勘验应依照本条规定的程序立即在其所在地进行。

第 75 条　法院所占有物证的处分

1.法院所占有的物证,如果物证不应该移交给他人,则根据提交人的申请在法院进行审查和勘验后予以返还。如果法院得出结论认为对法院正确审查和解决行政案件没有损害,则物证也可以返还给提交人。

2.法院有权保存物证,直至终结行政案件审理的法院裁判发生法律效力。

3.依照联邦法律不得为个人所有或占有的物证,应上交给相应的组织。

4.对物证的处分,法院应作出裁定,对裁定可以提出申诉。

第 76 条　录音和录像

1.提交电子载体或其他载体上的录音和(或)录像或者申请调取录音或录像的个人或组织,必须指出何人何时在何种条件下进行了录制。

2.录音和录像的载体应在法院保管。法院应采取措施保证它们处于不改变的状态。

3.在特殊情况下,在法院判决生效以后,录音和录像的载体可以返还给提交的个人或组织。在向上述个人或组织返还录音和录像载体时,行政案卷中应保存复制品。

4. 根据案件参加人的申请,可以向他们提交录音和录像的复制品,费用由他们负担。

5. 关于返还录音、录像载体的事宜,法院应作出裁定,对裁定可以提出申诉。

第 77 条 指定鉴定

1. 行政案件审理过程中如果产生需要专业知识的问题,法院应指定鉴定。鉴定可以委托鉴定机构、一名或几名鉴定人进行。

2. 法院可以根据案件参加人的申请指定鉴定或者主动指定鉴定。如果法律规定必须进行鉴定,或者鉴定的进行对于审查固定证据的申请是必须的,或者需要进行补充鉴定或重复鉴定,或者为了查明行政案件的情况和提交的证据而必须进行鉴定,则法院主动指定鉴定。

3. 案件参加人有权向法院提出鉴定需要解决的问题。需要鉴定解决的最后问题清单及其内容由法院作出裁定。法院驳回案件参加人提出的问题时,应该在指定鉴定的裁定中说明理由。

4. 案件参加人有权:

(1) 申请在具体某个鉴定机构进行鉴定,或者聘请他们建议的人员作为鉴定人;

(2) 说明需要鉴定的问题;

(3) 了解法院关于指定鉴定的裁定;

(4) 申请向鉴定人提出补充问题;

(5) 向鉴定人作出解释;

(6) 了解鉴定结论或关于不可能提出结论的报告；

(7) 申请进行补充鉴定、重复鉴定、综合鉴定或者集体鉴定。

5. 如果当事人逃避参加鉴定，不提交鉴定必须的文件和材料以及根据行政案件的情况没有该方当事人参加便不可能进行鉴定，法院根据是哪一方当事人逃避参加鉴定，以及鉴定对该方具有什么意义，有权认定鉴定应查明的事实已经得到了确定或者已经被推翻。

6. 在进行鉴定期间，行政诉讼中止。

第78条　指定鉴定裁定书的内容

1. 关于指定鉴定或者驳回鉴定申请的事宜，法院均应作出裁定。

2. 指定鉴定裁定书应该指出：

(1) 指定鉴定的根据；

(2) 应该进行鉴定的鉴定人的姓名或鉴定机构的名称；

(3) 向鉴定人提出的问题；

(4) 提供给鉴定人掌握的文件和材料；

(5) 在鉴定时处理文件和材料的特殊条件，如果这种条件是必需的；

(6) 应该进行鉴定和向法院提交相关结论的期限。

3. 如果驳回案件参加人所提出的某个问题，则在指定鉴定的裁定书中应该指出驳回该问题的理由。

4. 如果鉴定是根据案件参加人的申请指定的，而该参加人又不免除缴纳鉴定费，则指定鉴定的裁定书中还应指出，该人应在法院规定的期限内向本法典第109条规定的账户汇入应该支付给鉴定人的金额，金额由当事人与鉴定人的协议决定。

5. 在指定鉴定的裁定中，法院应向鉴定人说明故意提供虚假鉴定结论应负的刑事责任以及在本法典第 40 条第 12 款规定的情况下科处诉讼罚金。

第 79 条　进行鉴定的程序

1. 鉴定由作为国家鉴定机构工作人员的鉴定人根据该机构领导人的委托进行，或者由法院委托的个别鉴定人进行。

2. 鉴定可以在审判庭进行，如果鉴定的性质要求，或者不可能或者难于将鉴定的文件或材料送到审判庭进行鉴定，鉴定也可以在审判庭外进行。

3. 进行鉴定时，案件参加人可以在场，但他们在场会妨碍鉴定进行的情形除外。鉴定人举行会议或制作结论时，案件参加人不得在场。

第 80 条　集体鉴定

1. 集体鉴定至少由两个以上具有某一领域专业知识的鉴定人进行。关于鉴定的集体性质，法院应作出裁定。

2. 如果根据鉴定的结果，鉴定人的意见相同，则鉴定人制作统一的鉴定结论。如果发生意见分歧，则不同意其他一位或几位鉴定人意见的鉴定人就产生分歧意见的一个或几个问题提出其单独的鉴定结论。

第 81 条　综合鉴定

1. 在确定行政案件的相关情况时，如果产生了需要不同领域的专业知识才能进行鉴定的问题，或者需要同一知识领域不同门类的知识才能进行鉴定的问题，则法院指定综合鉴定。

2. 综合鉴定应委托几名鉴定人进行。

3. 参加综合鉴定的鉴定人结论应该指出每个鉴定人进行鉴定的内容和鉴定量,每个鉴定人确定了何种事实,得出何种结论。参加综合鉴定的每个鉴定人均应在表述他所进行的鉴定的那部分鉴定结论上签字并对该部分承担责任。

4. 负责评价所得出的鉴定结果和形成结论的鉴定人提交共同的结论。不参加形成共同结论的或不同意共同结论的鉴定人,仅在他所作鉴定的那部分结论上签字并对该部分承担责任。

第 82 条　鉴定结论

1. 根据进行的鉴定及其结果,鉴定人(集体鉴定人)以书面形式提交鉴定结论并在鉴定结论上签字,但本法典有不同规定的除外。如果鉴定是在审判庭进行的,则鉴定人提供口头结论。

2. 鉴定结论应该包含下列内容:

(1) 进行鉴定的日期、时间和地点;

(2) 进行鉴定的根据;

(3) 接受鉴定委托的鉴定机构或鉴定人的信息材料(姓名、文化程度、专业、工龄、学位和学衔、职务);

(4) 说明故意提供虚假鉴定结论应承担刑事责任的事项;

(5) 向鉴定人提出的问题;

(6) 向鉴定人提供的鉴定客体和行政案件材料;

(7) 鉴定时在场人员的信息材料;

(8) 鉴定的描述和鉴定结果,并指出所使用的方法;

(9) 对向鉴定人所提出问题的结论和结论的依据;

(10) 其他必要的信息材料。

3. 说明鉴定结论的文件和材料应附于鉴定结论,为鉴定结论的一部分。

4. 如果在进行鉴定时,鉴定人确认了对他所提问题以外的情况,而他又认为对于行政案件的正确审理具有意义,则鉴定人有权在鉴定结论中提出关于这些情况的结论意见。

5. 鉴定结论应在审判庭宣读,与行政案件的其他证据一起进行审查。

6. 根据案件参加人的申请,或者法院主动,可以传唤鉴定人(包括参加集体鉴定的鉴定人)出庭。

7. 在宣读鉴定结论后,鉴定人可以就鉴定结论作出说明,并应该回答案件参加人和法庭的补充问题。鉴定人对补充问题的回答应记入审判庭笔录。

8. 鉴定结论对于法院不具有强制力,法院应按照本法典第54条规定的规则进行评价。法院不同意鉴定结论的,应该在判决或裁定中说明理由。

第83条 补充鉴定和重复鉴定

1. 如果鉴定结论被法院认为不充分或不明确,法院可以指定补充鉴定,补充鉴定可以委托同一鉴定人或者另外的鉴定人进行。

2. 如果对鉴定结论的可靠性产生怀疑,或者在鉴定结论中存在矛盾,法院可以就相同问题指定重复鉴定,重复鉴定应委托另外的鉴定人进行。

3. 在法院指定补充鉴定或重复鉴定的裁定中,应该说明不同意原鉴定结论的理由。

第 84 条　证据的评价

1. 法庭根据自己基于全面、充分、客观和直接审查行政案件中现有证据的内心确信对证据进行评价。

2. 任何证据对法庭都不具有事先确定的效力。

3. 法庭单独评价每一证据的关联性、可采性、真实性，以及将它们综合在一起评价其是否充分和相互联系。

4. 如果根据证据审查结果，法庭得出结论认为证据所包含的信息材料符合实际，则证据被认为是真实的。

5. 法庭在评价文件和其他书证时，必须考虑其他证据确认该文件或其他书证确实出自被授权提交该类书证的机关，确系由具有签字权的人员签字，包含该类证据不可分割的形式要件。

6. 在评价文件或其他书证的复印件时，法庭应查明在文件复印时是否发生过较之原件的内容改变，借助于何种技术手段进行复印，复印是否保证文件的复印件与原件的完全一致，用什么方法保管了文件的复印件。

7. 如果原件遗失或者未向法庭提交文件或其他书证的原件，而案件参加人提交的该文件的复印件相互之间不完全一致，又不可能借助于其他证据证明文件原件的内容，则法庭不得仅根据文件或其他书证的复印件认为情况已经被证明。

8. 法院必须在自己的判决中反映证据评价的结果，判决应叙述根据哪些证据说明法院结论的理由，哪些证据被法庭推翻，以及一些证据优于另一些证据的根据是什么。

第七章 行政诉讼的保全措施

第 85 条 行政诉讼保全措施的适用

1. 根据原告或为维护他人利益或不定人群利益而向法院提出请求的其他人的申请,有下列情形之一的,法院可以采取行政诉讼保全措施:

(1) 在法院作出行政案件判决前,明显存在侵害原告或行政诉状要求维护的不定人群的权利、自由和合法利益的危险;

(2) 不采取这种措施将不可能或难于维护原告的权利、自由和合法利益。

2. 在本条第 1 款规定的情况下,如果本法典不禁止在某些种类的行政案件中采取诉讼保全措施,则法院可以完全或部分中止被提出异议的决定的效力,采取行政诉讼的其他保全措施。

3. 行政诉讼保全措施不包括中止享有相关权力的机关或公职人员所作出的决定或其他规范性法律文件的效力,也不包括中止被提出异议的行为的实施。

4. 行政诉讼保全措施应该与所提出的请求相关联和程度相当。

第 86 条 关于采取行政诉讼保全措施的申请

1. 关于采取行政诉讼保全措施的申请,可以与行政诉状一起向法院提出,或者在行政案件开始实体审理前提出,也可以在行政案件判决生效前提出。要求采取行政诉讼保全措施的申请也可以在行政诉状中提出。

2. 要求采取行政诉讼保全措施的申请应该指出：

（1）接受申请的法院；

（2）关于原告和被告的信息材料（名称或姓名，所在地或住所地，关于他们已知的其他信息材料，包括电话号码、传真号码和电子邮件地址）；

（3）行政诉讼标的；

（4）向法院请求采取诉讼保全措施的原因并论证这种原因；

（5）申请人要求采取的行政诉讼保全措施；

（6）申请所附的文件清单。

3. 要求采取行政诉讼保全措施的申请应由申请人签字。由原告的代理人签字的申请，应附具委托书或者证明代理人签字权的其他文件。

4. 如果要求采取行政诉讼保全措施的申请直接在行政诉状中提出，该申请还应指出本条第 2 款第（4）项和第（5）项规定的信息材料。

第 87 条　要求采取行政诉讼保全措施申请的审理

1. 要求采取行政诉讼保全措施的申请在第一审法院和上诉审法院由法官独任审理。

2. 如果要求采取行政诉讼保全措施的申请不符合本法典第 86 条规定的要求，法院应根据本法第 130 条对申请搁置不予审理，对此应立即通知申请人。

3. 法院最迟应在收到要求采取行政诉讼保全措施的申请后或者在排除法院所发现的缺陷后的第一个工作日审理要求采取行政诉讼保全措施的申请。

4. 如果采取行政诉讼保全措施的根据不存在,则可以驳回采取行政诉讼保全措施的申请。

5. 关于采取行政诉讼保全措施或者驳回有关申请的事宜,法院应作出裁定,裁定应立即送交案件参加人。

6. 对行政诉状中提出的行政诉讼保全措施的申请,法院最迟应在受理行政诉状之后的第一个工作日审理,并依照本条规定的程序与行政诉状中提出的其他请求和申请分开进行审理。

第 88 条　法院关于采取行政诉讼保全措施裁定的执行

1. 法院关于采取行政诉讼保全措施的裁定,应该依照对法院裁判规定的执行程序立即执行。

2. 对不执行法院关于采取行政诉讼保全措施的裁定的过错人,可以依照本法典第 122 条和第 123 条规定的程序和数额处以诉讼罚金。

第 89 条　行政诉讼保全措施的撤销

1. 行政诉讼保全措施可以由法院主动撤销或者根据案件参加人的申请予以撤销。

2. 案件参加人要求撤销行政诉讼保全措施的申请,应在法院收到申请之日起的 5 日内由法院开庭审理。应将开庭的时间和地点通知案件参加人。案件参加人收到开庭的时间和地点通知而不到庭的,不妨碍要求撤销行政诉讼保全措施申请的审理。

3. 如果行政诉讼请求被驳回,则已经采取的行政诉讼保全措施保留到法院判决生效之时。但法院可以在作出判决的同时或在作出判决之后作出撤销行政诉讼保全措施的裁定。如果行政诉讼请求被满足,则已经采取的行政诉讼保全措施保留到法院判决执行之时。

4. 关于要求采取行政诉讼保全措施申请的审理结果,应作出裁定,裁定书的副本应立即送交案件参加人。

第 90 条 对法院关于采取行政诉讼保全措施裁定的申诉

1. 对法院关于采取行政诉讼保全措施的裁定,可以提出申诉。

2. 对法院关于采取行政诉讼保全措施的裁定提出申诉,不终止该裁定的执行。在对法院关于撤销行政诉讼保全措施的裁定提出申诉时,该裁定中止执行。

第 91 条 行政诉讼保全措施的变更

允许根据案件参加人的申请和依照本章规定的程序变更行政诉讼保全措施。

第八章 诉讼期限

第 92 条 诉讼期限的计算

1. 诉讼行为应在本法典规定的诉讼期限内实施。如果本法典未规定诉讼期限,则诉讼期限由法院指定。法院应根据合理性原则规定诉讼期限。

2. 诉讼期限按日期、必然发生的事件或期间规定。在最后一种情况下,诉讼行为可以在整个期间内实施。

3. 按年、月或日计算的诉讼期限,于日期之后或确定事件开始发生之后的次日开始计算。

4. 按小时计算的诉讼期限,从日期或确定事件开始发生之后开始计算。

5. 如果诉讼行为应该立即实施,则诉讼期限的计算自日期到来或确定事件发生之后立即计算。

第 93 条　诉讼期限的终结

1. 以年计算的诉讼期限,在诉讼期限规定年份相应月份的最后一日终结。按月计算的诉讼期限,在规定期限最后一个月的相应日期终结。如果按月计算的诉讼期限结束的月份没有相应的日期,则诉讼期限于该月的最后日期终结。

2. 如果诉讼期限的最后一日是非工作日,则诉讼期限于该日期之后的第一个工作日终结。

3. 按小时计算的诉讼期限,在规定诉讼期限的最后一个小时终止时终结。

4. 规定了实施诉讼期限(但按小时计算的诉讼期限除外)的诉讼行为,可以在诉讼期限最后一日的 24 时前实施。如果申诉、文件或金钱于诉讼期限最后一日的 24 时前交付邮政组织,则认为期限没有迟误。

5. 如果诉讼行为应该在法院或其他组织立即实施,则诉讼期限于该法院或该组织按规定终止工作日或终止相关业务的小时届满。

第 94 条　迟误诉讼期限的后果

1. 随着法典规定的或法院指定的诉讼期限的届满,实施诉讼行为的权利即告丧失。

2. 诉讼期限届满后提交的申诉和文件,如果未申请恢复诉讼期限,则法院不予审理并退回提交人。

第95条 被迟误诉讼期限的恢复

1. 对于因法院认为正当的原因而迟误了本法典规定的诉讼期限的人,诉讼期限可以恢复。在本法典规定的情况下,不论迟误的期限如何,迟误的诉讼期限均不得恢复。

2. 要求恢复迟误的诉讼期限的申请应提交给应该实施诉讼行为的法院,但本法典有不同规定的除外。申请中应该说明迟误诉讼期限的原因。申请还应附具证明这些原因正当性的文件。申请的审理不通知案件参加人。考虑到诉讼问题的性质和复杂程度,法院有权传唤案件参加人到庭,但事先应将开庭的时间和地点通知案件参加人。

3. 在提交恢复诉讼期限申请的同时,应该实施必要的诉讼行为(提出告诉、申请、提交文件)。

4. 对法院恢复迟误的诉讼期限的裁定或者驳回该申请的裁定,可以提出申诉。

第九章 诉讼通知和传唤

第96条 法院通知的方式

1. 对案件参加人以及证人、鉴定人、专家和翻译人员,法院应该用有回执的挂号信或有回执的法院传票、有回执的电话或电报、传真以及其他法院能够确信收件人已经收到通知或传票的通讯手段进行通知和传唤。案件参加人如果同意,也可以通过手机短信息或通过电子邮件送达通知或传票。案件参加人同意通过手机短信息通知或电子邮件通知的事项,应该用收条证明,收条除关于该人的信息材料外,还要说明他表示同意使用这种方式进行通知,此外应指出接收通知的手机号码或电子邮件地址。

2. 法院传票是法院通知和传唤的形式之一。应将开庭或实施各项诉讼行为的时间和地点用法院传票通知案件参加人。在寄送法院传票或挂号信的同时,还应将诉讼文件副本一并送交案件参加人。也可以通过法院传票传唤证人、鉴定人、专家和翻译人员到庭。

3. 法院通知的交付时间和传唤案件参加人的时间,应该使案件参加人有足够的时间对行政案件进行准备以及能够及时到庭。

4. 给案件参加人的法院通知,应该按照案件参加人或其代理人指定的地址寄送。如果公民实际上并不在该地址居住,则法院通知可以寄送到其工作地点。

5. 给组织的法院通知,应按其所在地寄送。如果组织的设立文件有相关规定,给组织的法院通知还可以发送到其代表处或分支机构所在地。

6. 对外国人也应按本条规定的规则送达通知,但俄罗斯联邦的国际条约有不同规定的除外。

7. 关于受理行政诉状、申诉或申请的信息材料以及关于开庭和实施诉讼行为的时间和地点的信息材料,法院最迟应在开庭前或实施具体诉讼行为前 5 日在相关法院的网站上公布,但本法典有不同规定的除外。

第 97 条 法院传票和法院其他通知的内容

1. 法院传票和法院其他通知应该包含如下内容:

(1) 法院的名称和地址;

（2）开庭的时间和地点；

（3）收件人，即被通知人或被传唤人的名称；

（4）收件人以什么身份被通知或被传唤；

（5）通知和传唤所涉及的行政案件的名称；

（6）对依法必须参加法庭审理或者法院认为必须参加法庭审理的人，应指出其必须出庭的义务，以及在不能出庭时必须在法庭审理开始前进行报告并说明不能出庭的正当原因和提交证明不出庭原因正当性的文件的义务，并说明本法典规定的不履行上述义务的后果。

（7）对于不是必须参加法庭审理的人员，指出有义务在法庭审理开始前将不到庭的事项通知法院，并指出不履行这一义务时应承担本法典规定的后果。

2. 在送交案件参加人的法院传票或法院其他通知中，应建议他们向法院提交他们所有的行政案件证据，以及指出不提交证据和经通知和传唤而不到庭的后果，并说明必须向法院说明不到庭的原因。

3. 在向被告发出法院传票或法院其他通知的同时，法院还应向他送交行政诉状的副本，而在向原告发出法院传票或法院其他通知的同时，如果法院已经收到书面答辩状，还应该向他送交被告的答辩状副本。

第 98 条　法院传票和法院其他通知的送达

1. 法院传票或法院其他通知通过邮局或法院委托的人员送达。送达收件人的时间应该按邮政组织规定的方式确认或用文件形式确认，文件应送还法院。

2. 经案件参加人同意,法官可以将法院传票或法院其他通知交付到他手里或者发给其他被通知或被传唤到法院的人。法院委托送达法院传票或法院其他通知的人员,必须将法院传票的存根或法院其他通知的复印件连同收件人的收条一并交回法院。

第 99 条　法院传票的交付

1. 给公民的法院传票,应交给本人,并由他在应该送回法院的存根上签收。给组织的法院传票,应交给相应的公职人员,该公职人员也应在存根上签收。

2. 如果送交法院传票的人到达时,公民没有在其住所地,则法院传票经收件人本人同意可以交付给与之共同生活的家庭成员,以便随后转交给收件人。

3. 如果具有行政诉讼行为能力的公民、外国公民或无国籍人因本法典第 1 条第 3 款第(4)项至第(8)项规定的行政案件而被传唤,则法院传票上应加注"必须交付收件人本人"。如果上述人不具有行政诉讼行为能力,则法院传票应交付给其法定代理人。不允许将行政案件传票交付其他人。

4. 如果收件人临时不在,送交法院传票的人应该在传票的存根上说明收件人前往何处以及何时返回。

5. 如果收件人下落不明,有关事项也应在法院传票上注明,并指出所实施行为的日期和时间以及信息来源。

第 100 条　拒绝接受法院传票或法院其他通知的后果

1. 如果收件人拒绝接受法院传票或法院其他通知,则送交人员应在退回法院的相应法院传票或其他通知上进行加注。

2. 拒绝接受法院传票或法院其他通知的收件人,被认为已经收到关于法庭审理和实施诉讼行为的时间和地点的通知。

第101条 行政案件审理期间地址的变更

行政案件审理期间地址变更的,案件参加人应该将地址变更的事宜通知法院。如果不进行通知,法院传票或法院其他通知即按照收件人最后已知住所地或所在地进行送交并认为已经送达,即使收件人已不在该地址居住或办公。

第102条 被告下落不明

如果被告下落不明,则法院应在自被告最后已知所在地收到相关信息后开始行政案件的审理。

第十章 诉讼费用

第103条 诉讼费用

1. 诉讼费用包括国家规费和与行政案件审理有关的费用。

2. 缴纳国家规费的数额和程序由俄罗斯联邦的税费立法规定。

第104条 缴纳国家规费的优惠,减免、延期缴纳或分期缴纳国家规费的根据和程序

1. 缴纳国家规费的优惠情况和程序由俄罗斯联邦的税费立法规定。

2. 减少、免除、延期缴纳或分期缴纳国家规费的根据和程序依照俄罗斯联邦的税费立法规定。

第 105 条 返还或冲销国家规费的根据和程序

返还或冲销国家规费的根据和程序依照俄罗斯联邦的税费立法规定。

第 106 条 与行政案件审理有关的费用

与行政案件审理有关的费用包括：

（1）应该付给证人、鉴定人、专家和翻译人员的费用；

（2）外国公民和无国籍人支付翻译服务的费用，但俄罗斯联邦的国际条约有不同规定的除外；

（3）利害关系人出庭的交通费和住宿费；

（4）代理人服务费；

（5）进行就地勘验的费用；

（6）与行政案件审理有关的以及双方当事人和利害关系人开支的邮政费用；

（7）法院承认的其他必要开支。

第 107 条 补偿与行政案件审理有关费用的优惠

下列人员免交与行政案件审理有关的费用：

（1）原告或被告，属于一等或二等残废的；

（2）残疾人社会团体作为原告或被告的或者在法院代表自己成员利益的；

（3）伟大卫国战争参加者、战斗行动老战士和兵役老战士作为原告或被告的；

（4）依照平均收入登记立法被承认是贫困公民的人作为原告或被告的。

第 108 条　应该给付证人、鉴定人、专家和翻译人员的金额

1. 对证人、鉴定人、专家和翻译人员应补偿出庭的费用(交通费、租房费和与在经常住所地以外居住而发生的额外费用即出差补助费)。

2. 对被作为证人传唤出庭的有工作的公民,应该补偿其履行证人义务的实际费用和平均工资。对被作为证人传唤出庭的没有工作的公民,应该补偿其履行证人义务的实际费用和联邦法律规定的最低劳动报酬。

3. 如果鉴定人、专家和翻译人员完成法院委托的工作不属于其作为国家机构工作人员的职责范围,应领取报酬。给付鉴定人或专家的报酬数额由法院与双方当事人协议和与鉴定人或专家协商决定。

第 109 条　双方当事人缴纳应给付证人、鉴定人、专家的费用以及用于支付与行政案件审理有关的其他费用

1. 应给付证人、鉴定人、专家的费用以及用于支付法院认为必需的与行政案件审理有关的其他费用,应由提出相关申请的当事人提前缴纳到相应的俄罗斯联邦最高法院、共和国最高法院、边疆区法院、州法院、联邦直辖市法院、自治州法院、自治专区法院、卫戍区(舰队)军事法院、俄罗斯联邦主体司法局依照预算立法规定的程序开立的账户上。如果申请由双方当事人提出,则所需费用由双方当事人均摊。

2. 如果传唤证人、指定鉴定、聘请专家和实施其他应该付费的行为是出于法院的主动,则相关费用使用联邦预算资金予以补偿。

3. 根据公民的财产状况，法院可以免除或者减少其支付本条第 1 款所规定的费用。在这种情况下，费用应由联邦预算补足。

4. 双方当事人缴纳的诉讼费用尚有结余的，应根据法院裁判返还给双方当事人。向双方当事人返还结余费用的程序由俄罗斯联邦政府规定。

第 110 条　给付证人和翻译人员的费用

1. 应该给付证人的费用，按照他们履行的义务给付，而不论双方当事人实际缴纳到本法典第 109 条第 1 款所规定账户上的诉讼费用数额。翻译人员的服务费和其出庭的费用补贴，按照他们实际履行职责的情况，使用联邦预算经费支付。

2. 翻译人员报酬的支付办法和数额由俄罗斯联邦政府规定。给付证人费用的办法也由俄罗斯联邦政府规定。

第 111 条　双方当事人分摊诉讼费用

1. 法院应判决败诉方向胜诉方支付全案的诉讼费用，但本法典第 107 条和第 109 条第 3 款规定的情况除外。在追索强制付款和罚金的案件中，诉讼费用由双方当事人按照诉讼请求得到满足的比例分摊。

2. 本条第 1 款的规则，也适用于双方当事人分摊上诉审法院和监督审法院审理行政案件的费用。

3. 如果上一审级的法院没有将案件发还重审，变更了下级法院的判决或者作出新的判决，则上一审级法院应根据本条的规则相应地变更诉讼费用的分摊。如果在这种情况下上一审级法院没有变更法院判决中关于诉讼费分摊的内容，则这个问题应该由第一审法院根据利害关系人的申请解决。

第112条 代理人服务费用的补偿

法院应根据胜诉方的申请,判决另一方当事人在合理范围内支付代理人服务费。如果必须给付代理人费用的一方当事人被免除缴纳,则上述费用使用联邦预算资金进行补偿。

第113条 在驳回行政诉讼请求与和解时诉讼费用的分摊

1. 在原告的行政诉讼请求被驳回时,被告不负担诉讼费用。原告应该补偿被告因行政诉讼所支付的费用。如果由于被告自愿满足行政诉讼请求而原告在提出行政诉状后不再坚持自己的诉讼请求,则原告为该案支付的所有费用,包括代理人服务费,应根据原告的申请由被告补偿。

2. 在订立和解协议时,双方当事人应规定分摊包括代理人服务在内的诉讼费用的办法。如果双方当事人在订立和解协议时未规定诉讼费用的分摊办法,则法院应依照本法典第104条、第108条和第111条解决这个问题。

第114条 法院因审理行政案件所开支的诉讼费用的补偿

1. 法院因审理行政案件而发生的费用和原告被免交的国家规费,在行政诉讼请求被满足的情况下,应该向不免除缴纳诉讼费的被告追索。在这种情况下追索的数额上交作为联邦预算收入。

2. 如果诉讼请求被驳回,则法院审理行政案件所发生的费用向不免除缴纳诉讼费的原告追索,并作为联邦预算收入。

3. 法院因审理行政案件而发生的诉讼费用,如果双方当事人均被免除缴纳诉讼费,则使用联邦预算资金进行补偿。

4. 法院依照本条所发生的诉讼费用进行追索的程序和数额,由俄罗斯联邦政府规定。

第 115 条　对关于诉讼费问题的法院裁定的申诉

对法院就诉讼费问题所作的裁定,可以提出申诉。

第二编　诉讼强制措施

第十一章　诉讼强制措施

第 116 条　诉讼强制措施的概念和种类

1. 诉讼强制措施是本法典规定的、对违反法庭秩序和妨碍行政诉讼进行的人所实施的行为。

2. 诉讼强制措施包括:

(1) 限制法庭审理参加人发言或剥夺法庭审理参加人的发言权;

(2) 警告;

(3) 逐出审判庭;

(4) 拘传;

(5) 保证随传随到;

(6) 诉讼罚金。

3. 对一个人适用诉讼强制措施不免除该人履行本法典规定的或者法院根据本法典规定的相应义务。

第 117 条　适用诉讼强制措施的根据和程序

1. 诉讼强制措施应在当事人实施相应违法行为后立即适用。

2. 对一个违法行为只能适用一次诉讼强制措施。

3. 适用本法典第116条第2款第1项规定的诉讼强制措施时,法庭应在审判庭笔录中指出。被适用强制措施的人提出的异议,也应记入审判庭笔录。对适用这些强制措施有异议的,可以在对法院判决进行上诉时提出申诉。

4. 关于适用本法典第116条第2款第(4)项至第(6)项规定的诉讼强制措施的事宜,法院应作出裁定。裁定应指出被适用诉讼强制措施的人、该人的住所地或居留地、适用诉讼强制措施的根据以及其他必要的信息材料,包括本法典第100条第1款规定的信息材料。对法院关于适用诉讼强制措施的裁定,可以与对法院判决的上诉分开提出申诉。

第118条 限制法庭审理参加人发言或剥夺法庭审理参加人的发言权

如果法庭审理参加人违反法庭审理发言规则,审判长有权:

(1) 在法庭审理参加人涉及的问题与法庭审理无关时,应以法庭的名义限制他发言;

(2) 在法庭审理参加人擅自违反发言的先后顺序、两次不执行审判长的要求、言语粗鲁或带侮辱性,或号召实施依法应受到追究的行为时,应以法庭的名义剥夺他的发言权。

第119条 警告并逐出审判庭

1. 如果法庭审理参加人违反法庭秩序,审判长有权:

(1) 以法庭的名义对他宣布警告;

(2) 以法庭的名义将他逐出审判庭,其在全部或部分的开庭时间内将不得进场。

2. 开庭时在场的公民，如果再次违反审判庭秩序，应根据审判长的指令逐出审判庭，整个开庭期间不准进入审判庭。

第 120 条 拘传

1. 如果依法必须出庭或法院认为必须出庭的人已经按应有的方式收到出庭通知但没有正当原因而不到庭，也不通知法院不到庭的原因的，如果证人已经按应有的方式再次收到出庭通知但没有正当原因而不到庭，也不通知法院不到庭的原因的，法院可以作出裁定，对之实行拘传。拘传由保障法院活动秩序和执行法律文件和其他机关文件的区域联邦行政机关（下称保障法院活动秩序和执行法律文件的区域机关）进行。拘传的费用应根据该区域机关的相应申请依照本法典第三十三章的规定追索。

2. 不得对未成年人、孕妇，由于疾病、年龄或其他正当原因不能按照法院传唤出庭的人适用拘传。

3. 在法院的拘传裁定中，除本法典第 117 条规定的信息材料外，还应指出日期、时间和地点，应将被拘传人押解到哪里，委托哪一个保障法院活动秩序和执行法律文件的区域机关进行拘传。

4. 法院的拘传裁定应立即交付行政诉讼地、被拘传人住所地（所在地）、工作地、服务地或学习地的保障法院活动秩序和执行法律文件的区域机关来执行。

第 121 条 保证随传随到

1. 对于依法必须参加法庭审理或者法院认为必须参加法庭审理的人，在必要时可以适用保证随传随到这一强制措施。

2. 保证随传随到就是由本条第 1 款所列人员进行书面保证，保证按照法院的传唤到庭，并在住所地或居留地变更时应立即通知法院。

3. 对于不执行随传随到保证的人,可以适用本法典第120条和第122条规定的强制措施。

第122条 诉讼罚金

1. 在本法典规定的情况下,法院可以科处诉讼罚金。对国家权力机关、其他国家机关科处的诉讼罚金不得超过10万卢布,对地方自治机关和具有某些国家权力或其他公权力的其他机关和组织科处的诉讼罚金数额不得超过8万卢布,对一般组织不超过5万卢布,对公职人员不超过3万卢布,对国家工作人员或自治地方工作人员不超过1万卢布,对公民为不超过5千卢布。

2. 法院有权对法庭表现不尊重的案件参加人和法庭审理在场人员科处诉讼罚金。如果所实施的不尊重法庭的行为不追究刑事责任,则处以诉讼罚金。

3. 法院对国家机关、地方自治机关和其他机关和组织的公职人员以及国家工作人员和自治地方工作人员所处的诉讼罚金,应该使用该人的个人资金缴纳。

4. 诉讼罚金上交作为联邦预算收入。

第123条 审理科处诉讼罚金问题的程序

1. 科处诉讼罚金的问题由法院审判解决。

2. 根据法庭审理结果,法院作出说明理由的裁定。

3. 对科处诉讼罚金的裁定,被处罚人可以在收到该裁定书副本之日起的1个月内提出申诉。

第三编 第一审法院审理的一般规则

第十一·一章 关于要求发出法院支付令的行政案件的审理程序

（本章由2016年4月5日第103号联邦法律增补）

第123—1条 法院支付令

1. 法院支付令——根据要求追索强制付款和罚金的诉状由法官独任作出的法院裁判。

2. 对已经生效的法院支付令，适用本法典第16条的规定。

3. 对科处诉讼罚金的裁定，被处罚人可以在收到该裁定书副本之日起的1个月内提出申诉。

4. 法院支付令同时也是执行文件并依照执行法院判决的程序予以执行。

第123—2条 要求发出法院支付令的诉状的递交

要求发出法院支付令的诉状按照本法典规定的一般管辖规则递交。

第123—3条 要求发出法院支付令的诉状的格式和内容

1. 要求发出法院支付令的诉状和诉状所附具的文件向和解法官递交。

2. 要求发出法院支付令的诉状应该指出：

（1）接受诉状的法院的名称；

（2）追索人的名称、所在地、电话和传真号码、电子邮件地址、银行账户的形式要件；

（3）证明在要求发出法院支付令的诉状上签字权限的文件；

（4）债务人的姓名、债务人的住所地或居留地、他的认证号码之一（个人账户保险号，纳税人登记号，身份证件的序列和号码，驾照序列和号码，交通工具登记证的序列和号码），以及出生日期和地点、工作地点（如果知悉）、电话、传真号码和电子邮件地址（如果知悉）；

（5）应该追索的强制付款的名称、应付金额和计算；

（6）规定缴纳强制付款的联邦法律或其他规范性法律文件的有关规定；

（7）关于送交主动缴纳款项请求书的信息；

（8）构成罚金的金额和计算，如果罚金具有财产性质，还应说明规定罚金的规范性法律文件的有关规定；

（9）证明追索人请求的其他文件；

（10）诉状所附具文件的清单。

3. 要求发出法院支付令的诉状应附具证明文件，说明已经用附有送达回执的挂号信向债务人寄送诉状副本和所附文件，或者附具证明已经采用其他方式向债务人交付诉状和上述文件副本的其他文件，使法院确信收件人收到上述诉状和文件的副本。诉状还应附具主动缴纳款项请求书的副本。

4. 要求发出法院支付令的诉状应由本法典第287条规定的人员签字。

5. 如果俄罗斯联邦的税费立法规定缴纳国家规费,则要求发出法院支付令的诉状还应附具证明已经缴纳国家规费的文件。

第 123—4 条　退回或拒绝受理要求发出法院支付令的诉状的根据

1. 如果存在本法典第 129 条规定的根据,以及有下列情形之一的,法官应退回要求发出法院支付令的诉状:

（1）未提交证明所提出请求的文件；

（2）未遵守本法典第 123—3 条对要求发出法院支付令的诉状格式和内容提出的要求。

2. 要求发出法院支付令的行政诉状被退回的,在排除有关瑕疵之后,可以再次对同一债务人、以相同理由提出发出法院支付令的请求。

3. 如果存在本法典第 128 条规定的根据,以及有下列情形之一的,法官拒绝受理要求发出法院支付令的诉状:

（1）提出的请求不是本法典第 123—1 条所规定的；

（2）债务人的住所地或居留地在俄罗斯联邦境外；

（3）从诉状和所附具文件可以看出对有关请求不是没有争议的；

4. 因本条第 3 款所规定的根据拒绝受理要求发出法院支付令时,不得再次向法院提出相同诉状。

5. 关于退回要求发出法院支付令的诉状或拒绝受理上述诉状时的事宜,法院均应在收到诉状之日起的 5 日内作出裁定。

第 123—5 条　作出法院支付令的程序

1. 在法院收到要求发出法院支付令诉状之日起的 5 日内,应对所提出请求的实质作出法院支付令。

2. 法院支付令根据对所提交证据进行审查的结果作出而不进行法庭审理，也不传唤双方当事人。

3. 法院支付令的副本应在作出之日起的10日内送交债务人，债务人在法院支付令送达之日起的20日内有权对法院支付令的执行提交异议。

第123—6条 法院支付令的内容

法院支付令应指出：

（1）诉讼号和作出法院支付令的日期；

（2）法院的名称，作出法院支付令的法官的姓名；

（3）追索人的名称和所在地；

（4）债务人的姓名，他的住所地或居留地，他的认证号码之一（个人账户保险号，纳税人登记号，身份证件的序列和号码，驾照序列和号码，交通工具登记证的序列和号码），以及出生日期和地点、工作地点（已经知道）；

（5）法院在满足请求时所依据的法律和其他规范性法律文件；

（6）应该追索的金额。

第123—7条 法院支付令的撤销

1. 如果在本法典第123—5条规定的期限内收到债务人对法院支付令执行的异议，则法官应撤销法院支付令。

2. 关于撤销法院支付令的裁定应该指出，追索人有权依照本法典第三十二章规定的程序向法院提起行政诉讼。

3. 关于撤销法院支付令的裁定的副本应在作出之日起的3

日内送交追索人和债务人。

4. 对于本法典第 123—5 条第 3 款规定的期限届满后收到的债务人的异议,法院不予审理,而退回提交人,但是该人说明不能按时提交异议是由于他本人意志以外的原因造成的情形除外。

第 123—8 条　法院支付令的交付

1. 如果债务人未在规定期限内提出异议,则向追索人交付第二份盖有法院国徽印鉴的法院支付令以准备执行。根据追索人的请求,法院支付令可以发给法警执行员执行,也可以采用电子文件的方式,电子文件应依照俄罗斯联邦立法加盖法官的专门电子签字。

2. 如果根据法院支付令是向债务人追索国家规费作为相应预算收入,则应发给加盖法院国徽印鉴的执行令,并由法院送交法警执行员执行。执行令也可以采用电子文件的形式发给法警执行员,电子文件应依照俄罗斯联邦立法的规定和办法加盖法官专门的电子签字。

3. 对法院支付令可以依照本法典第三十五章规定的程序提出上诉。

第十二章　行政诉状的提交

第 124 条　行政诉状

1. 行政诉状可以包括以下要求:

(1) 要求认定被告通过的规范性法律文件全部无效或部分无效;

（2）要求认定被告通过的决定或所实施的行为(不作为)全部无效或部分无效；

（3）要求被告就具体问题作出决定或者为了排除对原告权利、自由和合法利益的侵害而实施一定的行为；

（4）要求被告必须放弃实施一定的行为；

（5）要求确定国家权力机关、地方自治机关、具有国家权力或其他公权力的其他机关和组织、公职人员存在还是不存在处理具体问题的权限。

2. 行政诉状可以包含旨在维护公法关系领域的权利、自由和合法利益的其他要求。

第125条　行政诉状的格式和内容

1. 行政诉状应在工作时间以书面形式提交给法院，由原告签字并指出日期，如果存在代理人并且代理人有权签字和向法院提交诉状，则该代理人也要签字。

2. 如果本法典未有不同规定，则行政诉状应该包含以下内容：

（1）接受行政诉状的法院名称；

（2）原告是机关、组织或公职人员的，则指明原告的名称、所在地；是组织的，还要包含其国家注册的信息材料；原告是公民的，应指出其姓名、住所地或居留地、出生日期和地点，在本法典规定必须有代理人参加而打算亲自办理行政案件时还应指出是否具有高等教育学历；如果行政诉状由代理人提交，则还应指出代理人的名称或姓名、邮政地址、具有高等教育学历的信息材料；原告及其代理人的电话号码、传真号码、电子邮件地址；

(3) 被告是机关、组织或公职人员的,应指出被告的名称、所在地,对于组织或个体经营者,还应指出其国家注册信息材料(如果知悉);被告是公民的,应指出其姓名、住所地或居留地、出生日期和地点(如果知悉);被告的电话号码、传真号码、电子邮件地址(如果知悉);

(4) 向法院提出请求的人以及行政诉状所要维护的人的哪些权利、自由和合法利益受到侵害;

(5) 对被告有什么要求,以及原告据以提出自己要求的根据和理由;

(6) 如果联邦法律规定有审前调整争议的程序,行政诉状还应说明遵守上述程序的情况;

(7) 如果曾经通过上下级关系提出过申告,则还要包括提交这种申告的信息材料;

(8) 在本法典关于某些案件诉讼的特别规定所要求的其他信息材料;

(9) 行政诉状所附具的文件。

3. 维护集团人群权利、自由和合法利益的行政诉状应该指出对其权利、自由和合法利益的侵害何在。

4. 在行政诉状中,原告应列举他所知悉的、法院在确定对行政案件的正确审理和解决有意义的情况时能够利用的证据。

5. 在行政诉状中,原告可以提出自己的申请。

6. 检察长或本法典第 40 条所列人员提交的行政诉状,应该符合本条第 2 款第(1)项至第(5)项、第(8)项和第(9)项规定的要求。如果检察长向法院提出请求维护公民的权利、自由和合法利益，则行政诉状还应指出该公民不能亲自提起行政诉讼的原因。

7. 不具有国家权力或其他公权力的原告，可以将案件其他参加人所没有的行政诉状以及所附具文件的副本送交案件其他参加人，用挂号信通知法院或以其他方式使法院确信收件人收到了诉状和文件的副本。具有国家权力或其他公权力的原告，必须向案件其他参加人送交他们所没有的行政诉状和所附文件的副本，用挂号信通知法院已经送达，或者以其他法院确保收件人能够收到的方式保证这些诉状和所附文件的副本送交上述人。

8. 行政诉状也可以通过填写有关法院官方网站上的电子表格的方式向法院提交。

（第125条第8款自2016年9月15日生效——2015年3月8日第22号联邦法律）

第126条　行政诉状所附具的文件

1. 如果本法典未有不同规定，行政诉状应该附具下列文件：

（1）证明依照本法典第125条第7款已向案件其他参加人送达他们所没有的行政诉状和所附文件副本的通知或其他文件。如果未将行政诉状和所附文件副本送交案件其他参加人，则应该按照被告和利害关系人的人数向法院提交相当份数的行政诉状和所附文件的副本，必要时还应向检察长提交上述文书的副本。

（2）证明已经按规定程序和数额缴纳国家规费的单证或者证明优惠缴纳国家规费权利的文件，或者要求延期缴纳、分期缴纳以及减少缴纳国家规费的申请和证明存在上述根据的文件。

（3）如果原告不被免除证明责任，则应提交证明原告据以说明自己请求理由的证据的文件；

(4) 在本法典规定必须有代理人参加的情况下,证明打算亲自办理行政案件的原告具有高等教育学历的文件;

(5) 委托书或证明行政原告代理人权限的其他文件;如果由代理人提交行政诉状,还要提交证明代理人具有高等教育学历的文件;

(6) 如果联邦法律规定了调整行政争议的审前程序,则还要提交证明原告遵守了上述程序的文件,或者曾经通过上下级关系提出过申告,则还要包括提交这种申告的信息材料;

(7) 如果本法典对某几类行政案件规定提交其他文件,则还要附具这些文件。

2. 附于行政诉状的文件,也可以通过电子形式提交给法院。

(第126条第2款自2016年9月15日生效——2015年3月8日第22号联邦法律)

第127条 行政诉状的受理

1. 法院受理行政诉状的问题,在法院收到行政诉状之日起的3日内由法官独任审理,但本法典规定了不同期限的除外。

2. 关于法院受理行政诉状的事宜,法官应作出裁定。第一审法院根据该裁定对行政案件进行立案。在裁定书中应该指出法院的电话号码和传真号码、法院官方网址、案件参加人可以收发行政案件信息的法院电子邮件地址,以及本法典规定的其他信息材料。

3. 法院受理行政诉状的裁定书的副本最迟应该在作出裁定后的第一个工作日发给案件参加人及其代理人。行政诉状以及所附具文件的复印件应该送交被告和利害关系人,但复印件依照本法典第125条第7款规定的办法送交的除外。

第 128 条　拒绝受理行政诉状

1. 如果本法典没有不同规定，有下列情形之一的，法官应拒绝受理行政诉状：

（1）行政诉状不应该由法院通过行政诉讼程序审理，因为行政诉状正在通过其他诉讼程序，包括民事诉讼、刑事诉讼或者通过仲裁程序立法规定的程序进行审理和解决；

（2）行政诉状由国家权力机关、其他国家机关、地方自治机关、组织、公职人员或公民为维护他人的权利、自由和合法利益而提交的，但本法典或其他联邦法律没有规定提交人享有此项权利；

（3）从对规范性法律文件和含有立法解释并具有规范性质的文件、决定或行为（不作为）提出异议的行政诉状中得不出该文件、决定、行为（不作为）侵害了或以其他方式涉及原告的权利、自由和合法利益的结论；

（本项由 2016 年 2 月 15 日第 18 号联邦法律修订）

（4）对于相同当事人、相同标的、相同理由的行政争议已经存在法院判决并且判决已经生效，或者存在由于原告放弃行政诉讼请求、双方当事人确定和解而法院作出的终止该行政诉讼的裁定，或者存在拒绝受理行政诉状的裁定。如果就相同标的存在法院判决，并且判决已经生效，则法院拒绝受理对侵害不定人群权利、自由和合法利益的规范性法律文件、决定、行为（不作为）提出异议的行政诉状；

（5）存在本法典对某些种类行政案件所规定的拒绝受理行政诉状的根据。

2. 关于法院拒绝受理行政诉状的事宜，由法官作出说明理由的裁定,裁定书应该指出拒绝受理行政诉状的根据,如果已经缴纳国家规费,还要解决退还行政诉状提交人所缴纳的国家规费的问题。裁定书的副本最迟应在作出裁定后的第一个工作日送交上述人。

3. 行政诉状已经被拒绝受理的,不得再次向法院提交相同的行政诉状。

4. 对拒绝受理行政诉状的裁定,可以提出申诉。

5. 如果拒绝受理行政诉状的裁定被撤销,则行政诉状被视为于最初提交法院之日提交。

第129条 退回行政诉状

1. 如果本法典没有不同规定,有下列情形之一的,法官应退还行政诉状:

(1) 原告没有遵守联邦法律规定的调整该类行政争议的强制性审前程序;

(2) 案件不应由该法院管辖;

(3) 提交行政诉状的人不具有行政诉讼行为能力;

(4) 行政诉状上没有签字,或者签字人或提交人不具有签字和(或)向法院提交诉状的权限;

(5) 相同当事人、相同标的和相同理由的争议已经在该法院、其他法院或仲裁法院提起诉讼;

(6) 在作出法院受理行政诉状的裁定之前,向法院提出请求的人向法院提交撤回行政诉状的申请;

(7) 该行政诉状和所附文件没有在法院搁置行政诉状的裁定规定的期限内排除缺陷;

（8）存在本法典对某些种类行政案件规定的退回行政诉状的其他理由。

2. 关于退回行政诉状的事宜，应由法官作出说明理由的裁定，裁定中应指出退还行政诉状的根据和消除妨碍行政案件立案的情况的方式，以及解决退还国家规费的问题。法院裁定应该在法院收到行政诉状之日起的3日内作出，或者在为行政诉状提交人所规定的消除搁置行政诉状原因的期限届满之日起的3日内作出，但本法典规定了不同期限的除外。关于退回行政诉状的裁定书的副本最迟应在作出裁定之后的第一个工作日连同行政诉状以及所附具的文件一并交付或送交原告。

3. 向原告退还行政诉状，不妨碍他按法定程序就相同标的再次向法院提交行政诉状。

4. 对退回行政诉状的裁定可以提出申诉。

5. 如果撤销关于退回行政诉状的裁定，则该行政诉状被认为是原告最初向法院起诉时提交的。

第130条 搁置行政诉状不予启动

1. 如果本法典没有不同规定，法官在确认行政诉状的提交违反了本法典第125条和第126条对行政诉状和（或）所附文件的格式和内容的要求，应作出搁置行政诉状不予启动的裁定，裁定应指出搁置的根据，并对行政诉状提交人消除成为行政诉状搁置理由的情况规定一个合理的期限。搁置行政诉状不予启动的裁定书副本最迟应在作出之日后的第一个工作日发送给提交行政诉状的人。

2. 如果行政诉状的提交人在搁置行政诉状不予启动的裁定

所规定的期限内排除了法官指出的缺陷,行政诉状被认为是最初提交之日提交的。否则,行政诉状被视为没有提交,并依照本法典第 129 条规定的程序连同所附具的文件一并退还提交人。

3. 对法院关于搁置行政诉状不予启动的裁定,可以提出申诉。

第 131 条 行政反诉提交与接受的条件

1. 具有下列条件之一的,允许接受行政诉状作为行政反诉:

(1) 反诉与原诉之间存在相互联系,共同审理能够更快、更正确地解决行政法律关系和其他公法关系所产生的争议;

(2) 满足反诉即完全或部分排除满足原诉;

(3) 反诉是为了抵销原诉。

2. 在第一审法院作出终结行政案件实体审理的法院裁判前,被告可以提出行政反诉,以便与行政原诉一起共同审理。

3. 行政反诉状按照提交行政原诉状相同的规则提交。

第十三章 行政案件法庭审理的准备

第 132 条 准备行政案件法庭审理的任务

每一行政案件都必须进行法庭审理的准备,其目的是为了正确和及时地审理行政案件。行政案件法庭审理的准备在法院受理行政诉状后由法官独任进行,并吸收双方当事人及其代理人、利害关系人参加。

第 133 条 关于准备行政案件法庭审理的裁定

1. 关于准备进行行政案件法庭审理的事宜,法官作出裁定,在裁定书中指出双方当事人和案件其他参加人应该实施的行为以及实施这些行为的期限。

2. 在法院受理行政诉状的裁定中可以指出准备行政案件法庭审理的事项。

第 134 条　进行行政案件法庭审理的期限

行政案件的法庭审理准备的期限应考虑具体行政案件有关的情况以及应该实施的诉讼行为。

第 135 条　双方当事人和法院准备行政案件法庭审理的行为

1. 在准备行政案件法庭审理时,原告及其代理人:

(1) 向被告移交含有说明行政诉状事实根据的证据而未附于行政诉状的文件复印件,但原告被免除证明责任的除外;

(2) 向法院提出调取其没有法院帮助不可能独立取得的证据的申请。

2. 被告及其代理人:

(1) 确切了解行政诉状的要求和这些要求的事实根据;

(2) 向原告或其代理人以及法院提交书面形式的对行政诉状的答辩状;

(3) 向法院提交证明答辩状理由的证据,而向原告或其代理人移交含有这些证据的文件复印件;

(4) 向法院提出调取其没有法院帮助不可能独立取得的证据的申请。

3. 在准备行政案件的法庭审理时,法院:

(1) 向被告和利害关系人送交行政诉状的副本和所附具文件的复印件,如果尚未依照本法典第 125 条第 7 款送交;对被告向法院提交书面形式的对行政诉状的实体答辩状和向原告和利害关系人送交副本规定一个合理的期限。如果被告不享有国家权力或其他公权力，法院在确定已经依照本法典第 125 条第 7 款向被告交付行政诉状副本和所附具文件的复印件以后，对被告向法院提交书面形式的对行政诉状的实体答辩状和所附具文件，以及向原告和利害关系人送交副本规定一个合理的期限。如果上述副本没有送交被告和利害关系人，法院应送交它们并对提交书面形式的实体答辩状和送交必要数量的复印件规定一个合理的期限，法院应将这些复印件送交原告和利害关系人。

（2）传唤双方当事人及其代理人，向他们说明诉讼权利和诉讼义务以及不在规定期限内实施或不实施诉讼行为的后果，就行政诉讼诉状和答辩状的实质询问原告、被告和他们的代理人，查明原告是否完全或部分坚持行政诉讼请求，被告是否完全或部分承认行政诉讼请求；

（3）解决追加其他原告、被告和利害关系人的问题，以及解决变更不当被告的问题；

（4）解决几项行政诉讼请求并案或分立的问题；

（5）解决取得必要证据和建议在法院规定的期限内提交证据的问题；

（6）在必要时协助不具有国家权力或其他公权力的人提交证据和调取证据；主动调取证据，解决传唤证人、指定鉴定、聘请专家和翻译人员参加法庭审理的问题，在刻不容缓的情况下解决就地审查和勘验书证和物证的问题；以及采取与提交证据有关的其他措施；

(7) 发出法院委托;

(8) 根据原告及其代理人的请求解决适用行政诉讼保全措施的问题;

(9) 根据案件参加人及其代理人的请求或自己主动,解决案件参加人使用视频系统参加法庭审理包括参加预备庭的问题,以及采取措施保障以这种方式参加法庭审理。对审理上述申请和解决上述问题的结果,法院应作出说明理由的裁定;

(10) 在该类行政案件允许和解的情况下促成双方当事人和解;

(11) 解决进行预备庭的必要性、进行预备庭的日期、时间和地点等问题;

(12) 解决案件参加人必须亲自出庭的问题;

(13) 在考虑行政案件情况、存在争议的公法关系的性质、应该适用的规范性法律文件以及已经提交的行政案件证据的情况下,为保证正确和及时审理行政案件而实施其他诉讼行为。

4. 如果满足原告及其代理人要求立即审理和解决行政案件的申请,法院应为此采取必要的措施,在尽可能短的期限内采取能够监控收件人收到的技术手段(包括电话、传真、电子邮件和其他通信手段)向案件参加人送达通知、传票、裁定书副本。

5. 如果案件当事人不及时准备案件的法庭审理,包括被告不提交或不在法院规定期限内及时提交书面形式的答辩状和证据,不完成法院的其他指示,则法院对过错方可以依照本法典第122条和第123条规定的程序和数额处以诉讼罚金。

第 136 条　行政案件的合并和行政诉讼请求的分立

1. 对于正在法院进行审理的行政案件，如果是相同当事人的几个同类案件，或者同一原告诉不同被告的行政案件，以及几个原告诉相同被告的行政案件，法院可以作出裁定，将几个行政案件并案审理和解决，如果这种合并有利于行政诉讼请求的正确审理和解决。

2. 如果法院认为将行政诉讼请求分开审理是合理的，则应该将一项行政诉讼请求或几项合在一起的行政诉讼请求分立出来单独审理。

3. 在作出终结行政案件在第一审法院审理的法院裁判以前，允许将几个行政案件并案审理或者将行政诉讼请求分立单独审理。

4. 将几个行政案件并案审理或将行政诉讼请求分立单独审理的事宜，以及在满足相应申请时，法院应作出裁定，裁定书的副本应送交这些行政案件的参加人。

5. 对于法院关于将几个行政案件并案审理或者将行政诉讼请求分立单独审理的裁定，可以提出申诉。

6. 在解决行政案件并案审理的问题时，后来的行政案件应并入更早立案的行政案件。

7. 在几个行政案件并案审理或行政诉讼请求分立审理时，法庭审理的准备从头开始。

第 137 条　当事人和解　当事人的和解协议

1. 双方当事人的和解，只能涉及他们作为公法关系主体的权利和义务，只能在允许双方相互让步的情况下才有可能。

2．根据双方当事人及其代理人的申请，法院在双方达成和解的必要期间中止行政诉讼。

3．双方当事人可以用订立和解协议的方式调整争议。和解协议以书面形式订立，由双方当事人签字，在其代理人享有相关权限时也可以由其代理人签字。双方当事人的和解协议应该包含双方达到和解的条件，以及分摊诉讼费用的办法，包括分摊代理人服务费的办法。

4．关于批准双方当事人和解协议的问题，法院应开庭审理，包括在预备庭审理。法院应将开庭包括预备庭开庭的时间和地点通知案件参加人。如果已经按照适当方式通知了案件参加人及其代理人，而他们不到庭，则法院不得批准双方当事人的和解协议。

5．如果和解协议的条款与法律相抵触，包括与本条第1款相抵触，或者侵害他人的权利、自由和合法利益，则法庭不批准和解协议。

6．对是否批准双方当事人和解协议问题的事宜，法院应作出批准和解协议的裁定或者不批准和解协议的裁定。

7．对批准双方当事人和解协议或者不批准和解协议的裁定，可以提出申诉。

8．在法庭批准双方当事人的和解协议时，行政诉讼完全终止或者相应部分终止。

9．双方当事人和解协议的执行依照上述协议规定的办法和期限进行。不自愿执行和解协议时，和解协议应该按照本法典第三十八章的规则强制执行。

第 138 条　预备庭

1. 预备庭的目的是：

(1) 明确对正确审理和解决行政案件有意义的情况；

(2) 确定行政案件的证据是否充分；

(3) 查明迟误向法院提交行政诉状期限的事实；

(4) 确认双方当事人在准备行政案件法庭审理时所实施的处理行为的诉讼意义；

(5) 查明在法庭审理前调整行政争议的可能性。

2. 预备庭由准备行政案件法庭审理的法官独任进行。应将预备庭开庭的时间和地点通知双方当事人、案件其他参加人、他们的代理人。案件参加人及其代理人已经收到关于预备庭开庭时间和地点的通知而不到庭的，不妨碍预备庭的进行。上述人员也可以依照本法典第 142 条利用视频系统参加预备庭的审理。

3. 在预备庭，双方当事人、案件其他参加人、他们的代理人(或者在必须由代理人办理案件时，只是他们的代理人)有权提交证据、提出申请、叙述自己对法庭中所产生问题的理由。

4. 在预备庭，法院有权完全或部分终止或中止行政诉讼，在存在根据时依照本法典解决相应问题的程序搁置行政案件不予审理，但应该由合议庭审理的行政案件除外。

5. 在预备庭，法院可以查明原告迟误本法典规定的向法院提出请求的期限的原因。如果确定无正当原因而迟误期限的事实，则法庭作出判决驳回行政诉讼请求，不审查行政案件的其他事实情节。对于应该由合议庭审理的行政案件，不得作出该判决。对法院判决可以按照本法典规定的程序提出上诉。

6. 在解决预备庭提出的所有问题之后,法庭解决预备行政案件进行法庭审理的问题。

7. 关于预备庭进行的情况,应依照本法典第205条和第206条制作笔录。

第139条 指定行政案件的法庭审理

1. 法院在确认行政案件已经准备好了以后,应作出裁定,指定行政案件的法庭审理,裁定中应指出终结行政案件准备法庭审理的事项,解决追加利害关系人参加该行政案件的问题、几项行政诉讼请求并案审理或诉讼请求分立单独审理的问题以及解决未作出相关裁定的其他问题,并指定第一审法院开庭的时间和地点。

2. 法院在确认行政案件已经准备好并且终结预备庭以后,如果不存在妨碍开庭的情况,法院有权开庭对该行政案件进行法庭实体审理。

第十四章 法庭审理

第140条 法庭审理的言词原则

1. 行政案件的法庭审理口头进行,但本法典有不同规定的除外。法庭审理行政案件时,必须将开庭的时间和地点通知案件参加人以及法庭审理的其他参加人。

2. 在本法典规定的情况下,行政案件的法庭审理可以不开庭,而采取本法典第三十三章规定的简易程序(书面程序)进行审理。

第 141 条　行政案件审理和解决的期限

1. 行政案件在俄罗斯联邦最高法院的审理和解决不得超过 3 个月,在其他法院不得超过 2 个月,自法院收到行政诉状之日起计算,该期限还包括准备行政案件进行法庭审理的时间,但本法典对行政案件的审理和解决规定了不同期限的除外。

2. 对于复杂的行政案件,本条第 1 款所规定的期限可以由法院院长延长,但延长的时间不得超过 1 个月。

第 142 条　利用视频系统参加法庭审理

1. 如果为了行政案件的正确审理和解决,当事人必须出庭,但当事人由于客观原因又不能出庭,则在具备相应技术条件的情况下,由法院(根据案件参加人的申请或者由法院主动)批准,他们可以利用视频系统参加法庭审理。

2. 案件参加人必须出庭但又不可能前来审理行政案件的法院,则可以使用其住所地或所在地的法院的视频系统。为了保障羁押中的人员或剥夺自由场所的人员参加法庭审理,也应利用相应机构的视频系统。

3. 关于为了正确审理和解决行政案件必须出庭的人员利用视频系统出庭的事宜,法院应作出裁定。裁定书的副本最迟应在作出裁定后的第一个工作日送交相应的诉讼参加人以及提供视频设备的相应法院或机构。

4. 审理行政案件的法庭书记员应确认与提供视频设备的法院或机构的通讯联系,以保证为正确审理和解决行政案件必须出庭的人员出庭。当事人所在地的法庭书记员根据审判长的指令检查应该利用视频系统出庭的人员是否到庭,并确定他们的身份,以及完成审判长在法庭审理过程中的其他指令,包括在必要时取得证人的具结,说明证人的义务和警告证人拒绝作证或故意提供虚假陈述的刑事责任,接受法庭审理参加人提供的材料。在提供视频系统的法院所收到的所有材料最迟应在开庭后的次日送交审理行政案件的法院,以便归入审判庭笔录。

5. 如果为了保证羁押场所或剥夺自由场所的人员出庭而使用相应机构的视频系统,法院的有关裁定由上述人员的羁押场所和服刑的剥夺自由场所的首长执行。

6. 本条所规定的规则,适用于上诉审法院。

第143条 审判长

1. 审判长:

(1) 领导审判庭的进行;

(2) 创造条件充分、全面地审查证据和查明行政案件情况;

(3) 从法庭审理中排除与所审理行政案件无关的事项;

(4) 允许法庭审理参加人发言,在本法典规定的情况下以法庭的名义对违反发言规则的法庭审理参加人适用限制法庭审理参加人发言的时间或剥夺其发言权的诉讼强制措施。

2. 审判长采取措施保障审判庭秩序。审判长的指令对于法庭审理的所有参加人以及出庭人员均具有强制力。对违反法庭秩序的人员,审判长以法庭的名义宣布警告,将其逐出审判庭,不许在整个开庭时间或部分开庭时间回到审判庭;对上述人员依照本法典第122条和第123条规定的程序和数额处以诉讼罚金。审判长应向案件参加人和准许重新回到审判庭的人员说明在其缺席的时间里实施的诉讼行为。

3. 必要时审判长就自己的行为作出解释。如果法庭审理参加人对审判长的行为提出异议,这些异议应记入审判庭笔录。

第 144 条　审判庭秩序

1. 法庭审理参加人和其他出庭的公民,必须遵守审判庭秩序。

2. 在法官进入审判庭时以及在法官退庭作出法院裁判时,全体人员起立。宣布法院判决或者在未作出判决时宣布终结行政案件审理的法院裁定时,审判庭全体人员应站立聆听。

3. 法庭审理参加人对法庭发言应称呼"尊敬的法庭",而对法官应称呼"法官大人"。法庭审理参加人进行陈述、作出解释和向案件参加人提问或回答问题均应站立,并且只能在得到审判长的允许后发言。经审判长允许后方可不遵守这一规则。

4. 法庭审理应在保证法庭应有秩序和保障法庭审理参加人安全的条件下进行。

5. 出庭人员经法庭批准进行照相、录像、无线电转播、电视转播和互联网转播的,不得违反规定的法庭秩序。这些行为可以受到时间限制,应在法庭指定的地方进行并且还要考虑案件参加人的意见。

6. 对违反法庭秩序或不服从审判长合法指令的人员,在进行口头警告后,可以适用本法典规定的诉讼强制措施。

第 145 条　宣布开庭

在预定的行政案件法庭审理时间,审判长宣布开庭,并宣布应该审理什么行政案件。

第 146 条 检查法庭审理参加人到庭情况

1. 法庭书记员向法庭报告,行政案件中被传唤的人员谁已经到庭,没有到庭的人员是否已经按应有的方式进行了通知,以及他们不到庭的原因。

2. 审判长,或者为行政案件正确和解决所必须参加法庭审理的人员到庭而提供视频系统的法院或机构,应确定每一到庭人员的身份,检查公职人员、代理人的权限。

第 147 条 翻译人员参加审判庭

1. 法院可以主动地或者根据案件参加人的申请聘请翻译人员参加法庭审理。选择翻译人员的问题由法院考虑案件参加人的意见解决。

2. 应向翻译人员说明本法典第 52 条规定的权利和义务。

3. 应该向翻译人员说明《俄罗斯联邦刑法典》规定的故意作不正确翻译的责任,翻译人员对此应进行保证,保证书应附于审判庭笔录。

第 148 条 证人退出审判庭

审判长应采取措施,不让已经被询问的证人和尚未询问的证人接触。在开始询问已经到庭的证人前,应该让他们退出审判庭,而对通过视频系统询问的证人,应采取措施,使他们在开始对他们进行视频询问前不能到审判庭。

第 149 条 宣布法庭组成人员和说明申请自行回避及申请回避的权利

1. 审判长宣布法庭组成人员,宣布谁以检察长、法庭书记员、双方代理人和利害关系人、鉴定人、专家、翻译人员的身份出庭,并向案件参加人说明他们申请自行回避和申请回避的权利。

2. 自行回避和回避的根据、解决的程序和满足自行回避申请或回避申请的后果,由本法典第31条至第36条规定。

第150条 案件参加人、他们的代理人不到庭的后果

1. 下列人员之一不到庭的,法院推迟行政案件的法庭审理:

(1) 案件参加人之一不到庭,而又没有他是否收到关于审判庭时间和地点通知的信息材料的;

(2) 不享有国家权力或其他公权力的被告,已经按照应有方式收到通知、依法必须出庭或法院认为他必须出庭而不到庭的;

(3) 如果本法典规定行政案件的办理必须有代理人参加,案件参加人的代理人没有到庭的。

2. 案件参加人不到庭的,以及如果在法院已经通知代理人和(或)在行政案件必须有代理人参加的情况下代理人不能出庭的,应该在审判庭开庭前将不能到庭的事宜和不能到庭的原因通知法院。依法必须或者法院认为必须到庭的人员,应该报告不能到庭的原因并提交相应的证据。如果上述人不在规定期限内向法院报告自己不到庭的原因,则这些原因被认为不是正当原因,不得据此认为侵害了这些人的诉讼权利。

3. 如果本法典没有不同规定,对依法必须出庭或法院认为必须出庭、没有正当原因而不出庭的人员,应依照本法典第122条和第123条规定的程序和数额处以诉讼罚金。

4. 下列人员再次没有正当原因不到庭的:

(1) 对本条第1款和第2款规定的人员,可以依照本法典第120条规定的程序进行拘传,同时推迟行政案件的法庭审理;

（2）对本条第1款第3项规定的代理人，可以依照本法典第122条和第123条规定的程序和数额处以诉讼罚金，同时推迟行政案件的法庭审理。

5. 本条第4款第1项和第2项所列人员，有正当原因再次不到庭的，推迟行政案件的法庭审理。

6. 有下列情形之一的，法院可以推迟行政案件的法庭审理：

（1）案件参加人由于正当原因不能到庭，申请推迟行政案件的法庭审理并提交了不出庭原因实属正当的证据；

（2）案件参加人的代理人由于正当原因不出庭（如果行政案件的办理不是必须有代理人参加），案件参加人申请推迟行政案件的法庭审理并指出行政案件不可能在他们不出庭的情况下审理，并提交了不出庭原因实属正当的证据。

7. 如果案件所有参加人均收到法庭审理时间和地点的通知而都不到庭，他们出庭依法不是必须的或者法院不认为他们到庭是必须的，则法院按照本法典第三十三章规定的简易程序（书审）审理行政案件。

8. 对无正当原因离开法庭的案件参加人，应适用本法典对收到开庭时间和地点的通知而无正当原因不到庭的人员所规定的措施。

第151条 检察长、证人、鉴定人、专家和翻译人员不到庭的后果

1. 为了提交行政案件结论而参加诉讼的检察长，如果已经收到关于开庭时间和地点的通知而不到庭，不妨碍法庭审理的进行。就检察长不到庭的事实，法院可以依照本法典第200条规定的程序作出个别裁定。

2. 证人、鉴定人、专家、翻译人员,如果已经收到关于开庭时间和地点的通知而不到庭,法庭应听取案件参加人及其代理人的意见,并作出可以在未出庭人员缺席的情况下审理行政案件或者推迟法庭审理的裁定。

3. 对被传唤的鉴定人、专家、翻译人员不到庭又没有提交关于不到庭具有正当理由的信息材料的,可以依照本法典第 122 条和第 123 条规定的程序和数额处以诉讼罚金,本法典规定了不出庭的其他后果的除外,收到通知再次不出庭的或者不报告不出庭原因的,可以依照本法典第 120 条规定的程序实行拘传。

第 152 条　推迟行政案件的法庭审理

1. 在本法典规定的情况下,允许推迟行政案件的法庭审理。

2. 有下列情形之一的,法院可以推迟行政案件的法庭审理:

(1) 法院认为不可能在该审判庭审理行政案件,包括由于法庭审理参加人不出庭而不能审理,以及在提起行政反诉的情况下;

(2) 在使用包括视频系统在内的技术设备开庭时,技术设备发生故障的;

(3) 当事人由于必须提交补充证据而申请推迟行政案件的法庭审理,而该申请得到满足的;

(4) 出现实施其他诉讼行为的必要性的。

3. 为了全面、充分和客观地查明该行政案件的情况,法院必须取得补充证据和其他信息材料,根据案件参加人的申请,法院可以推迟行政案件的法庭审理。

4. 关于推迟行政案件法庭审理的事宜,法院应作出裁定。

5. 在推迟行政案件的法庭审理时，如果双方当事人在场，法院有权询问已经到庭的证人。这些证人的证言在重新开庭时宣读。只有在必须再次询问已经被询问的证人时，才在重新开庭时传唤已经询问过的证人。

6. 在推迟行政案件的法庭审理时，应考虑传唤法庭审理参加人或调取证据所必需的时间，指定重新开庭的日期和时间，应对已经到庭的人员宣告，并要他们在审判庭笔录中出具收条，而对未到庭的和新参加行政案件的人员应送达相应的通知或传票。

7. 推迟审理后的行政案件法庭审理从头开始。如果双方当事人不坚持再次复述法庭审理参加人的解释，并已经了解行政案件材料，包括了解法庭审理参加人以前所作的解释，而法庭组成人员也没有变更，则法庭有权提供机会让法庭审理参加人证实而不必复述以前所作的解释，对它们进行补充、提出补充问题。

第153条　向案件参加人说明其诉讼权利和义务，关于代理人权限的说明

审判长应该向案件参加人说明其诉讼权利和义务，以及在案件必须有代理人参加时就代理人权限进行说明。

第154条　法庭审理案件参加人的申请

案件参加人及其代理人就与行政案件的法庭审理有关的问题提出的申请，法庭应在询问案件其他参加人及其代理人的意见后进行审理。关于申请的审理，法院应作出裁定。

第155条　向鉴定人和专家说明其权利和义务

1. 审判长应向鉴定人和专家说明本法典第49条和第50条规定的权利和义务。

2. 审判长应向鉴定人说明《俄罗斯联邦刑法典》规定的故意提供虚假鉴定结论的责任,并取得他的保证书,保证书应附于审判庭笔录。

第156条 行政案件法庭实体审理的开始

1. 审判长或者一位法官报告行政案件的案情。然后审判长查明,原告是否坚持行政诉讼请求,被告是否承认行政诉讼请求,而在该类行政案件中双方当事人可能订立和解协议时,查明双方当事人是否愿意订立和解协议从而终结案件,有关事项均应在审判庭笔录中进行相应的记载。

2. 如果案件参加人未到庭而在书面解释中叙述了自己对行政诉讼请求的理由,审判长应该在审判庭宣读这些解释。

第157条 原告及其代理人放弃诉讼请求,被告及其代理人承认诉讼请求与和解协议

1. 原告及其代理人申请放弃行政诉讼请求,被告及其代理人申请承认行政诉讼请求,双方协议和解的条件均应记入审判庭笔录,并由原告、被告签字或者双方当事人及其代理人签字。在书面形式叙述的原告放弃行政诉讼请求的申请和被告承认行政诉讼请求的申请以及和解协议的条件,均应附于行政案卷,对此应在审判庭笔录中进行记载。

2. 如果该类行政案件不允许原告放弃行政诉讼请求、不允许被告承认行政诉讼请求或不允许由双方达成和解协议,法庭应向原告和(或)被告及其代理人说明这一点。在对该类行政案件不允许实施上述处理行为时,法庭应说明原告放弃行政诉讼请求、被告承认行政诉讼请求或双方达成和解协议的后果。

3. 在法院接受原告放弃行政诉讼请求或法院批准双方当事人的和解协议时，法院应作出裁定，同时完全或相应部分地终止行政诉讼。法院的裁定中应该列出所批准的双方当事人和解协议的条件。

4. 如果法院不接受或不可能接受放弃行政诉讼请求、接受行政诉讼请求或者不批准双方当事人的和解协议，则法院也要作出裁定，同时继续对行政案件进行实体审理。

第158条 确定证据审查的顺序

法庭应考虑案件参加人及其代理人的意见确定证据审查的顺序。必要时，可以改变证据审查的顺序。

第159条 案件参加人的解释

1. 在报告行政案件后，法庭听取原告、被告和利害关系人以及其代理人的解释。检察长和国家权力机关、其他国家机关、地方自治机关、组织的代表以及向法院提出请求维护他人权利、自由和合法利益的公民在原告、被告之前进行解释。案件参加人及其代理人可以相互提问。法庭可以在案件参加人及其代理人进行解释的任何时间向他们提问。

2. 案件参加人及其代理人不能出庭而用书面形式提交的解释，以及在本法典第66条和第67条规定的情况下所提交法庭的材料，应由审判长在审判庭宣读。

第160条 向证人说明拒绝作证或故意提供虚假证言的责任

1. 在询问证人前，审判长或者为保证证人出庭而提供视频设备的法院或机构应确定证人的身份。审判长向证人说明本法典第51条规定的权利和义务，警告他《俄罗斯联邦刑法典》规定的拒绝作证或故意提供虚假证言的责任,还应该取得证人的具结,表示已经向他说明了其权利和义务。具结应附于审判庭笔录。

2. 对未满 16 岁的证人,审判长应向他说明他有义务正确叙述他所知道的关于本行政案件的所有信息材料。对这样的证人,不说明拒绝作证或故意提供虚假证言的责任。

第 161 条　询问证人的程序

1. 每名证人均单独询问,但是法庭为了查明证人证言分歧的原因而指定同时询问两名以上证人的情形除外。

2. 使用视频系统询问证人的,由审理行政案件的法院按本法典对询问证人规定的一般规则进行,但应考虑本法典第 142 条规定的特点。

3. 审判长应查明证人与案件参加人是什么关系,建议证人向法庭说出他本人知悉的关于本行政案件的所有信息材料。

4. 证人提供证言时,如果证言与某些难于记忆的资料有关,则可以使用书面材料。询问结束后这些材料应提交给法庭、案件参加人及其代理人,并且可以根据法院的裁定附于行政案卷。

5. 之后可以向证人提问。申请传唤证人的人或其代理人第一个提问,然后由案件其他参加人及其代理人提问。法庭有权在询问的任何时间向证人提问。

6. 必要时,法庭可以在同一庭审中或下一次庭审中再次询问证人,以及再次询问其他证人,以查明他们证言中的矛盾。

7. 证人被询问后仍然留在审判庭直至行政案件审理结束,但法庭允许他更早退庭的情形除外。

第 162 条　未成年证人的询问

1. 对不满 14 岁的证人以及根据法庭的裁量对年满 14 岁不满 16 岁的证人进行询问时,应该传唤教育工作者到庭。如果未成年证人的父母、收养人、监护人或保护人与行政案件的结局不存在利害关系,必要时还要传唤他们到庭。经审判长许可上述人员可以向证人提问,以及说明自己对证人个性及其证言的意见。

2. 在特殊情况下,如果必须查明行政案件的情况,在询问未成年证人时,根据法院的裁定,可以让某一案件参加人或者在审判庭的某一公民退出审判庭。案件参加人及其代理人回到审判庭后,应该告诉他们未成年证人证言的内容,还应该提供机会让他们向证人提问。

3. 不满 16 岁的证人,在询问结束后退出审判庭,但法庭认为该证人必须留在审判庭的情形除外。

第 163 条　宣读证人证言

在本法典第 51 条第 5 款、第 66 条和第 67 条、第 152 条第 5 款规定情况下取得的证人证言,应在审判庭宣读,之后案件参加人及其代理人有权就证言进行解释。

第 164 条　书证的审查

1. 书证,包括在本法典第 66 条、第 67 条和第 74 条规定情况下制作的书证勘验笔录,均应在审判庭宣读并提交给案件参加人及其代理人,必要时还要提交给证人、鉴定人、专家。

2. 案件参加人及其代理人可以对书证进行解释和说明,也可以对证人、鉴定人、专家提问。

第 165 条　公民通信、电话、邮件、电报和其他函件的审查

为了保护公民的通信、电话、邮件、电报和其他函件的秘密,只有经通信人、通话人和交换其他函件的人的同意,才能在公开的审判庭宣读和审查其内容。不经这些人的同意,他们的通信、电话、邮件、电报和其他函件应在不公开的审判庭宣读和审查。

第 166 条　物证的审查

1. 物证由法庭勘验并提交给案件参加人及其代理人,而在必要时还要提交给证人、鉴定人、专家。被提交物证的人,可以提请法庭注意与物证或物证勘验有关的情况。他们就此提出的声明应记入审判庭笔录。

2. 依照本法典第 66 条、第 67 条和第 74 条进行的物证勘验的笔录,应在法庭上宣读。案件参加人及其代理人可以对上述笔录作出解释。

第 167 条　录音和录像的重放和审查

1. 在重放含有个人性质内容的录音录像时,以及在对它们进行审查时,应适用本法典第 155 条规定的规则。

2. 录音和录像在审判庭或其他有专门设备的房舍内进行,审判庭笔录中应指出设备和信息载体以及重放的时间。此后法庭听取案件参加人的解释。必要时,录音或录像可以全部或部分重放。

3. 为了查明录音和录像的内容,法院还可以聘请专家。必要时法院还可以进行鉴定。

第 168 条　鉴定结论的审查　指定补充鉴定或重复鉴定

1. 鉴定结论在审判庭宣读。为了说明和补充鉴定结论,可以向鉴定人提问。第一个向鉴定人提问的是申请鉴定的案件参加人及其代理人,然后由案件其他参加人及其代理人提问,如果鉴定是由法院主动指定的,则第一个提问的是原告或其代理人。法庭有权在鉴定人询问的任何时候向鉴定人提问。

2. 鉴定结论在审判庭审查,由法院与其他证据一起进行评价,鉴定结论对法庭不具有事先确定的效力。法庭不同意鉴定结论的,应该在行政案件判决中或者在指定补充鉴定或重复鉴定的裁定中说明理由,补充鉴定和重复鉴定在本法典第83条规定的情况下并依照该条规定的程序进行。

第169条 专家的咨询

1. 专家根据自己的专业知识,以口头或书面形式向法庭提供咨询,不根据法院裁定进行专门审查。

2. 以书面形式提供的专家咨询意见,在审判庭宣读并附于行政案卷里。专家口头提供的咨询和说明,记入审判庭笔录。

3. 为了对咨询意见进行说明和补充,可以向专家提问。第一个提问的是申请聘请专家的人及其代理人,然后由案件其他参加人及其代理人提问。对法院主动聘请的或根据双方当事人申请聘请的专家,首先提问的是原告及其代理人。法庭有权在询问的任何时候提问。

4. 专家咨询意见不属于行政案件的证据。

第170条 行政案件实体审理的终结

在审查完所有证据之后,审判长请依照本法典第243条第7款参加法庭审理的俄罗斯联邦中央选举委员会的代表、依照本法典第39条第7款参加法庭审理的检察长对案件进行最后发言,然后了解案件其他参加人及其代理人是否希望发言进行补充解释。

如果没有这种解释,则审判长宣布行政案件的实体审理终结,法庭转入法庭辩论。

第 171 条 法庭辩论

1. 法庭辩论由案件参加人及其代理人发言。在法庭辩论中,由原告及其代理人首先发言,然后是被告及其代理人。

2. 利害关系人及其代理人在法庭辩论时在双方当事人及其代理人之后发言。

3. 检察长和国家权力机关、其他国家机关、地方自治机关、组织的代表以及向法院提出请求维护他人权利、自由和合法利益的公民,参加法庭辩论。

4. 参加法庭辩论的人员无权援引法庭没有查明的情况,也无权援引未经法庭审查的证据。

5. 如果发言人的发言超出了所审理行政案件的范围,则审判长有权适用诉讼强制措施制止其发言。

6. 在发言后,案件所有参加人及其代理人经法庭允许可以就已经发表的意见进行辩论。最后辩论权永远属于被告及其代理人。

第 172 条 行政案件实体审理的恢复

如果在法庭辩论时或法庭辩论后法庭认为有必要查明对行政案件审理有意义的新情况或必须审查新的证据,则法庭作出裁定,恢复行政案件的实体审理。在行政案件实体审理终结后,按一般程序进行法庭辩论。

第 173 条 退庭进行判决

在法庭辩论后,法庭退入评议室作出行政案件的判决,对此审判长应在审判庭向在场人员宣布。

第 174 条 法院判决的宣布

1. 在法院判决作出并签字以后,法庭回到审判庭。在审判庭,审判长或一名法官宣布判决。然后审判长口头说明判决的内容、对判决提起上诉的程序和期限。

2. 如果仅宣布判决的结论部分,则审判长应说明,说明理由的判决何时能够制作完毕,用什么方式将判决送达案件参加人及其代理人。

十五章 法院判决

第 175 条 法院判决的作出

1. 在第一审法院对行政案件进行实体审理后,法院判决以俄罗斯联邦的名义作出。

2. 判决应由法庭在评议室作出。

3. 在评议室作出判决时,只有独任审理行政案件的法官或者参加合议庭审理行政案件的法官可以在场。

4. 在合议庭审理行政案件时,法官的评议按照本法典第 30 条规定的程序进行。法官不得泄露在讨论或作出判决时的信息材料,不得以其他方式泄露法官评议秘密。同时,法官依照本法典第 30 条规定的程序表述自己保留的特殊意见的,不得视为泄露法官评议秘密。

第 176 条 法院判决的合法有据

1. 法院判决应该是合法的和有根据的。

2. 法院只能以经过审判庭审查的证据作为判决的依据。

第 177 条 制作说明理由的法院判决

1. 法院判决在行政案件审理后立即作出。

2. 对复杂的行政案件,可以仅宣布结论部分。说明理由的法院判决可以推迟制作,但不得迟于行政案件法庭审理终结之日起的 5 日,但本法典规定的情形除外。宣布的结论部分应该由法官签字,而在合议庭审理案件时,应该由参加作出判决的所有法官签字,保留特殊意见的法官也应签字。结论部分应归入行政案卷。

第 178 条 在作出法院判决时解决的问题

1. 法院就原告提出的诉讼请求作出判决。在本法典规定的情况下,法院可以超越原告诉讼请求的范围(行政诉状的标的或原告提出的根据和理由)。

2. 在作出判决时,法院要确定在该行政案件中应适用的法律规范,规定案件参加人的权利和义务,决定行政诉讼请求是否应满足,必要时还应规定判决执行的程序和期限。

3. 在作出判决时,法院还要解决行政诉讼保全措施是保留还是撤销、物证如何处理、诉讼费用的分摊等问题以及在法庭审理过程中产生的需要解决的问题。

4. 法庭如果认为必须查明对行政案件审理有意义的新情况或者必须审查新的证据,应作出裁定恢复法庭审理。在终结行政案件的实体审理后再进行法庭辩论。

第 179 条 法院判决的叙述

1. 法院判决由审判长或一名法官以书面形式叙述。

2. 在行政案件由法官独任审理时,法院判决由法官签字,而在合议庭审理行政案件时，包括保留特殊意见的法官在内的所有法官均应签字。对法院判决所作的更正，也应由法官签字证明。

第 180 条　法院判决的内容

1. 法院判决由开始部分、叙事部分、理由部分和结论部分组成。

2. 法院判决的开始部分应该指出：

（1）行政案件编号；

（2）法院判决作出的日期和地点；

（3）作出判决的法院的名称；

（4）法庭的组成；

（5）关于双方当事人、案件其他参加人及其代理人、法庭书记员、诉讼的其他参加人、行政诉讼的标的等信息材料。

3. 法院判决的叙事部分应该叙述原告的诉讼请求、被告的答辩、案件其他参加人的意见。

4. 法院判决的理由部分应该指出：

（1）法庭已经确认的行政案件情况；

（2）法院对这些情况据以作出结论的证据；

（3）法庭推翻某些证据的理由；

（4）法庭在作出判决时所遵循的规范性法律文件，以及对本条第 6 款所列问题的论证。在法院判决的理由部分还可以援引欧洲人权法院的裁决和判决、俄罗斯联邦宪法法院的判决、俄罗斯联邦最高法院为保障审判实践统一和法制而通过的俄罗斯联邦最高法院主席团的裁决。

5. 如果由于迟误向法院提出请求的期限，又不可能在本法典规定的情况下恢复迟误的期限从而驳回行政诉讼请求,法院判决的理由部分仅可以指出法院已经确定的情况。

6. 如果本法典未有不同规定,法院判决的结论部分应该包括:

(1) 法院完全或部分满足行政诉讼请求或者驳回行政诉讼请求的结论;

(2) 法院就根据行政案件情况所解决的问题的结论,包括指出法院判决执行的程序和期限;如果法院判决交付立即执行,则应指出立即执行;如果在法院判决作出前未解决物证的处理问题,则要指出物证如何处理;行政诉讼保全措施保留还是撤销;完全或部分满足附带民事诉讼或驳回附带民事诉讼;

(3) 依照本法典对某些种类行政案件的规定还应指出的其他信息材料;

(4) 对法院判决提出上诉的程序和期限。

第181条 几个原告胜诉或几个被告败诉的法院判决

1. 如果法院判决几个原告胜诉,则法院应该指出,如何对每个原告排除侵权行为。

2. 如果法院判决几个被告败诉,则法院应该指出,如何排除对原告的侵权行为,被告中谁应该排除这些侵权行为。

第182条 法院判决副本的交付与送达

1. 法院判决的副本最迟应在以最终形式作出判决后的3日内交付案件参加人及其代理人或寄送给他们,但本法典有不同规定的除外。

2. 在本法典规定的情况下和期限内,法院判决的副本还应送交其他人。

第183条 补充判决

1. 有下列情形之一的,在行政案件的法院判决生效之前,原判法院根据案件参加人的申请或者自己主动可以作出补充判决:

(1) 就案件参加人已经提交了证据和进行了解释,但未作出判决的诉讼请求;

(2) 法院判决恢复原告受到侵害的权利,但未指出被告必须实施相应的行为;

(3) 法院未判决诉讼费用问题。

2. 法院在审判庭审理是否作出补充判决的问题后作出补充判决或拒绝作出补充判决的裁定。应将开庭的时间和地点通知案件参加人,但他们不到庭不妨碍上述问题的审理和解决。

3. 对法院的补充判决或拒绝作出补充判决的裁定可以提出上诉。

第184条 法院判决中笔误、印刷错误、明显的计算错误的更正

1. 行政案件判决宣布后,原判法院无权撤销或变更判决。

2. 行政案件的原判法院根据案件参加人的申请或者自己主动,可以更正该判决中的笔误、印刷错误、明显的计算错误,而不论该判决是否已经生效。更正法院判决中的错误问题应在审判庭审理。应将开庭的时间和地点通知案件参加人,但他们不到庭不妨碍对法院判决更正错误问题的审理和解决。

3. 对法院作出的更正法院判决中错误的裁定或者拒绝更正的裁定,可以提出申诉。

第 185 条　对法院判决的说明

1. 如果判决不明确,根据案件参加人的申请,原判法院有权对法院判决作出说明,但不得变更判决的内容。

2. 如果法院判决未交付执行以及法院判决强制执行期尚未届满,则允许进行说明。

3. 要求说明法院判决的申请应在审判庭审理,应将开庭的时间和地点通知案件参加人,但他们不到庭不妨碍关于说明法院判决的申请的审理和解决。

4. 关于对法院判决进行说明的法院裁定或拒绝对法院判决进行说明的法院裁定书的副本均应最迟在作出相应裁定后的第一个工作日送交案件参加人。

5. 对法院判决进行说明的法院裁定或拒绝进行说明的法院裁定,均可提出申诉。

第 186 条　法院判决的生效

1. 法院判决在本法典规定的上诉期届满而又没有提出上诉时发生法律效力。

2. 如果提出上诉,在上诉审理后,如果原判决没有变更,则原判决发生法律效力。如果第一审法院的判决被上诉审法院的裁定撤销或变更并作出新的判决,则新的判决立即发生法律效力。

第 187 条　法院判决的执行

法院判决在它发生法律效力后依照联邦法律规定的程序付诸执行,但立即执行的情形除外。法院有权根据相关诉讼请求的性质规定执行法律判决的限期。

第188条 法院判决的立即执行

1. 在本法典规定的情况下，以及在法院要求判决立即执行的情况下，法院判决应该立即执行。

2. 如果本法典没有明文禁止一定种类行政案件法院判决的立即执行，而由于特殊情况该判决的延缓执行又可能对公私利益造成重大损害，则法院可以根据原告的请求，将行政案件的判决交付立即执行。法院判决的立即执行问题可以在判决作出时一并解决。

3. 关于法院判决立即执行的问题应在审判庭解决。应将开庭的时间和地点通知案件参加人，但他们不到庭不妨碍对法院判决立即执行问题的审理。

4. 对法院关于判决立即执行的裁定或者驳回判决立即执行的裁定，均可以提出申诉。对判决立即执行裁定的申诉，不中止该裁定的执行。

第189条 法院判决的延期执行和分期执行 变更法院判决执行的方式和程序

1. 审理行政案件的法院，根据案件参加人或法警执行员的申请，或者根据当事人的财产状况或其他情况，有权决定判决的延期执行或分期执行，有权变更法院判决的执行方式和程序。

2. 本条第1款所列申请应在审判庭审理。应将开庭的时间和地点通知案件参加人，但他们不到庭不妨碍关于延期执行或分期执行法院判决问题以及变更执行方式和程序等问题的审理和解决。

3. 对于法院关于延期执行判决、分期执行判决或者变更判决执行方式或程序的裁定,可以提出申诉。

第十六章　行政诉讼的中止

第 190 条　法院中止行政诉讼的义务

1. 有下列情形之一的,法院必须中止行政诉讼:

(1) 作为行政案件一方当事人的公民死亡,如果有争议的行政法律关系或其他公法关系允许权利继受(中止到确定权利继受人);

(2) 作为行政案件一方当事人的公民被认定无行为能力,而他又没有法定代理人(中止到确定法定代理人);

(3) 被告参加反对恐怖主义行动或在非常状态或战争状态、武装冲突条件下执行任务,或者原告参加反对恐怖主义行动或在非常状态或战争状态、武装冲突条件下执行任务(中止到停止参加上述行动);

(4) 在俄罗斯联邦主体普通法院、仲裁法院、宪法法院正在审理的另一行政案件判决之前不可能审理本案(中止到相关法院裁判生效之时);

(5) 法院向俄罗斯联邦宪法法院提出请求,就本行政案件中应该适用的法律是否违宪的问题提出咨询(中止到法院裁判生效);

(6) 法院对双方当事人规定了和解期限(中止到该期限届满)。

2. 在本法典规定的其他情况下,法院也中止行政诉讼。

第 191 条　法院中止行政诉讼的权利

1. 有下列情形之一的,法院根据案件参加人的请求或者自己主动中止行政诉讼:

(1) 国家权力机关、其他国家机关、地方自治机关、其他享有某些国家权力和其他公权力的机关改组或撤销(中止到确定由哪个机关主管有权参加法院所审理领域内的有争议法律关系,或者哪个机关负责维护原告受到侵害的权利、自由和合法利益);

(2) 作为行政案件一方当事人的法人改组(中止到确定权利继受人);

(3) 作为案件参加人的公民正在住院治疗或长期出差(中止到该公民返回);

(4) 公民被征召履行联邦法律规定的国家义务(中止到该公民履行完该国家义务);

(5) 法院指定鉴定(中止到法院收到鉴定结论,或者法院规定的鉴定期届满,或者法院收到不可能进行鉴定的信息);

(6) 法院依照本法典第 66 条和第 67 条发出法院委托(中止到法院收到执行法院委托的材料,或者法院规定的实施有关行为的期限届满,或者法院收到不可能实施有关行为的信息);

(7) 俄罗斯联邦宪法法院受理关于另一案件中所适用的法律侵害公民的宪法权利和自由的告诉,但对该法律的裁决对本行政案件的审理有意义(中止到宪法法院的裁判生效)。

2. 如果案件参加人和他的代理人一起办理行政案件,则在本条第 1 款第 3 项和第 4 项规定的情况下不中止行政诉讼。

第 192 条　行政诉讼的恢复

在造成行政诉讼中止的情况消除后，根据案件参加人的申请恢复行政诉讼或法院主动恢复行政诉讼。

第 193 条　行政诉讼中止和恢复的程序

1. 关于中止行政诉讼或驳回中止行政诉讼的申请、恢复行政诉讼或者驳回恢复行政诉讼的申请的事宜，法院均应作出裁定。

2. 裁定书的副本最迟应在裁定作出之日后的第一个工作日发给案件参加人。

3. 对法院中止行政诉讼的裁定或者驳回中止行政诉讼申请的裁定，可以提出申诉。

第十七章　行政诉讼的终止

第 194 条　终止行政诉讼的根据

1. 如果本法典没有不同规定，则有下列情形之一的，终止行政诉讼：

（1）依照本法典第 126 条第 1 款第（1）项规定的根据，案件不应通过行政诉讼程序进行审理和解决；

（2）就相同当事人、相同标的、相同理由的行政争议存在已经发生法律效力的法院判决，存在法院接受原告放弃行政诉讼请求、批准双方当事人的和解协议、拒绝受理行政诉状等事项的法院裁定并且裁定已经生效。在对规范性法律文件、含有立法解释并具有规范性质的文件、决定、行为（不作为）提出异议的行政案件中，如果就相同标的的行政诉讼请求存在法院判决并且判决已经发生

法律效力,则法院终止该行政诉讼;

(本项由 2016 年 2 月 15 日第 18 号联邦法律修订)

(3)原告放弃行政诉讼请求并且法院接受放弃;

(4)双方当事人订立和解协议并且法院批准了和解协议;

(5)作为行政案件一方当事人的公民死亡,而有争议的公法关系不允许权利继受;

(6)作为行政案件一方当事人的组织清算完成,而公法关系不允许权利继受。

2. 如果被提出异议的规范性法律文件被撤销或者不再涉及原告的权利、自由和合法利益,法院也有权终止行政诉讼。

3. 在本法典规定的其他情况下,法院也终止行政诉讼。

第 195 条　行政诉讼终止的程序和后果

1. 行政诉讼的终止由法院作出裁定,裁定应指出终止行政诉讼的根据,解决退还国家规费和双方当事人诉讼费用的分摊问题。对于当事人相同、标的相同、根据相同的行政案件,不允许再次向法院提起行政诉讼。

2. 关于终止行政诉讼的裁定书的副本,最迟应在作出裁定之日后的第一个工作日发给案件参加人,如果案件参加人出庭,则当庭发给他们终止行政诉讼的裁定书副本,并由他们出具收条。

3. 对终止行政诉讼的裁定,可以提出申诉。

第十八章　搁置行政诉状不予审理

第 196 条　搁置行政诉状不予审理的根据

1. 有下列情形之一的,法院搁置行政诉状不予审理。

（1）原告未遵守联邦法律为该行政案件所规定的行政争议的调整程序；

（2）提交行政诉状的人不具有行政诉讼行为能力；

（3）行政诉状没有签字，或者签字人和递交人不具有签字权限和（或）向法院递交的权限，或者签字和提交行政诉状的公职人员的职务地位没有说明；

（4）在该法院或仲裁法院已经就相同当事人、相同标的和相同理由的争议提起了诉讼；

（5）根据该行政诉状进行行政诉讼违反了本法典第 125 条和第 126 条的要求，而在法院规定的期限内这些违反并未排除，或者在行政诉讼请求变更以后没有提交变更请求所依据的情况的证明文件，且原告并未被免除上述情况的证明责任。

2. 在本法典规定的其他情况下，法院也可以搁置行政案件不予审理。

第 197 条 搁置行政诉状不予审理的程序和后果

1. 在搁置行政诉状不予审理的情况下，由法院作出搁置行政案件不予审理的裁定。该裁定中应指出哪些情况是搁置行政案件不予审理的根据，排除这些情况的期限，并解决是否可能退还国家规费和当事人分摊诉讼费用的问题。

2. 关于搁置行政诉状不予审理的裁定最迟应在作出裁定之日后的第一个工作日发给案件参加人，而在案件参加人出庭时，则当庭发给案件参加人，并由他们出具收条。

3. 在作为搁置行政诉状不予审理根据的情况消除以后，原告可以再次按一般程序向法院提交行政诉状。

4. 对法院搁置行政诉状不予审理的裁定,可以提出申诉。

第十九章　法院裁定

第198条　法院作出裁定的程序

1. 第一审法院不对行政案件进行实体判决的法院裁判,以裁定的形式作出。

2. 法院以个别法院裁判的形式或笔录裁定的形式作出书面裁定。

3. 在下列情况下,法院以个别裁定的形式作出裁定:

(1) 本法典规定可以在对法院判决提出上诉之外单独对裁定提出申诉;

(2) 裁定有关的问题不在审判庭解决;

(3) 在审判庭解决复杂问题时,法院认为必须以个别裁判的形式作出裁定,而对该判裁不得在对判决上诉之外单独提出上诉。

4. 在本条第3款规定以外的情况下,法院以笔录裁定的形式作出裁定。

5. 对于审判庭所审理的问题的个别裁定,应按照作出判决的规则在评议室作出。作出笔录形式的裁定时,法庭不退入评议室,而口头宣布,并记入审判庭笔录。在合议庭审理案件时,对作出笔录裁定有关的问题,法官在审判庭商议,而不必退入评议室。

6. 裁定在作出后立即宣布。

第199条　法院裁定的内容

1. 以法院个别裁判形式作出的法院裁定,应该指出:

（1）作出裁定的日期和地点；

（2）作出裁定的法院名称、法庭组成人员，如果裁定在审判庭作出，还应指出关于法庭书记员的信息材料；

（3）案件参加人、行政争议的标的、行政案件编号；

（4）作出裁定所涉及的问题；

（5）法院作出自己结论的动机、援引法院所遵循的法律和其他规范性法律文件；

（6）法院审理该问题的结论；

（7）对法院裁定进行申诉的程序和期限。

2. 以法院个别裁判形式作出的裁定，由作出裁定的法官或合议庭人员签字。

3. 以笔录形式作出的裁定，应该包括本条第1款第4项至第6项所规定的内容。

第 200 条　法院的个别裁定

1. 在发现违法行为时，法院作出个别裁定，并在作出之日后的第一个工作日将裁定书的副本发给相关机关、组织和公职人员。而相关机关、组织和公职人员必须在1个月内将所采取措施消除违法事实的情况报告法院，但个别裁定中规定了不同期限的除外。

2. 个别裁定涉及其利益的人可以对裁定提出申诉。

3. 公职人员不将所采取的消除违法行为措施报告法院的，可依照本法典第122条和第123条规定的程序和数额处以诉讼罚金。科处诉讼罚金不免除相应公职人员报告所采取措施的义务。

4. 如果法院在审理行政案件时发现案件参加人和法庭审理其他参加人、公职人员、其他人的行为含有犯罪构成，法院应将情况通知调查机关或侦查机关。

第 201 条　法院裁定书的副本送达案件参加人

在以个别裁判形式作出的法院裁定的副本，最迟应在裁定作出日后的第一个工作日送交案件参加人，而在必要时还应送交其他人，但本法典规定了不同期限的除外。裁定副本交付上述人员时，由他们出具收条。

第 202 条　对法院裁定提出申诉的程序

1. 如果本法典有此规定，或者法院裁定妨碍行政案件的继续进行，对第一审法院的裁定，可以与法院判决分开提出申诉。

2. 对于不得与法院判决分开单独进行申诉的法院裁定的异议，可以在对法院判决提出的上诉中叙述。

第 203 条　法院裁定的生效与法院裁定的执行

1. 第一审法院的裁定，如果不得与法院判决分开提出申诉，则自作出裁定时生效。第一审法院的裁定，可以提出申诉的而没有提出申诉，则自提出申诉的期限届满时生效，而如果提出申诉，上诉审法院审理该申诉后并未撤销该裁定的，则在上诉审审理该申诉后生效。

2. 如果第一审法院裁定的执行要求实施一定的行为，则这些行为应在本法典规定的期限内或者在法院依照本法典规定的期限内实施。

第二十章　笔录

第 204 条　制作笔录的强制性

在第一审法院和上诉审法院的每次庭审（包括预备庭庭审）过程中，以及在审判庭外实施各个诉讼行为时，均应录音和制作书面笔录。

第 205 条　笔录的内容

1. 审判庭笔录或在审判庭外实施各个诉讼行为的笔录，应该反映关于行政案件审理或实施诉讼行为的所有重要信息材料。

2. 案件参加人及其代理人有权申请在相应的笔录中记载他们认为对解决行政案件具有重大意义的情况。

3. 审判庭笔录应该指出：

(1) 开庭的日期和地点；

(2) 审判庭开始和结束的时间；

(3) 审理行政案件的法院的名称、法庭组成人员和法庭书记员；

(4) 行政案件的名称和编号；

(5) 案件参加人及其代理人、证人、鉴定人、专家和翻译人员到庭情况；

(6) 向案件参加人及其代理人、证人、鉴定人、专家和翻译人说明其诉讼权利和诉讼义务的情况；

(7) 向翻译人员警告故意作不正确的翻译、向证人警告故意提供虚假证言、向鉴定人警告故意提供虚假鉴定结论的刑事责任的事项；

（8）审判长的指令和不退入评议室而在审判庭所作的裁定；

（9）案件参加人及其代理人的口头声明、申请和解释；

（10）双方当事人就行政案件的事实情况、诉讼请求和答辩所达成的协议；

（11）证人的证言、鉴定人对鉴定结论的解释；

（12）专家的咨询意见和说明；

（13）关于宣读书证、物证的勘验材料、播放录音录像的情况；

（14）检察长、俄罗斯联邦中央选举委员会结论的内容；

（15）法庭辩论的内容；

（16）关于宣读和说明法院判决和法院裁定、说明提出上诉（申诉）的程序和期限的情况；

（17）向案件参加人及其代理人说明其了解审判庭笔录和对笔录提出意见的权利等情况；

（18）审判庭过程中使用速记、录音和（或）录像、视频系统和（或）其他技术手段的情况；

（19）笔录制作的日期。

4. 如果使用速记、录音和（或）录像，则在审判庭笔录中应指出本条第 3 款第（1）项至第（5）项、第（7）项至第（9）项、第（18）项和第（19）项规定的信息材料。使用速记和（或）录音及（或）其他技术手段取得的信息的载体，应附于笔录。

第 206 条　笔录的制作

1. 法庭书记员制作笔录并保证对审判过程中和实施诉讼行为时使用速记、录音和（或）录像、视频系统及（或）其他技术手段的情况实行监控。使用录音设备制作审判庭笔录应与开庭过程同步进行。通过速记和(或)技术手段取得的信息的载体应附于笔录。

2. 笔录可以手写,也可以使用技术手段制作。笔录由审判长和法庭书记员签字。所有对笔录所作的修改、补充和更正均应予以说明并由审判长和法庭书记员签字证明。

3. 审判庭笔录最迟应在审判庭结束后的3日内制作和签字,而在庭外实施诉讼行为的笔录,则最迟应在诉讼行为实施后的第一个工作日制作和签字。

第207条 对笔录的意见

1. 案件参加人及其代理人有权了解审判庭笔录、实施各个诉讼行为的笔录、信息载体的记录。根据案件参加人及其代理人的申请并使用他们的费用,可以制作笔录的复印件、信息载体的复制品。

2. 案件参加人及其代理人在笔录签字之日起的3日内有权以书面形式向法院对笔录提出意见,指出笔录中不准确和(或)不充分的地方。

3. 上述期限届满以后再对笔录提出的意见,法院不予审理,而退还提交人。

4. 对笔录的意见由在笔录上签字的法官在收到意见之日起的3日内审议,不通知案件参加人。

5. 接受对笔录的意见或者全部或部分否定意见,法庭应作出裁定,对笔录的意见以及对意见作出的裁定均应附于审判庭笔录。

第四编　某几类行政诉讼的特别规定

第二十一章　对规范性法律文件提出异议的行政诉讼

第208条　要求认定规范性法律文件无效的行政诉状的提交

1. 被适用规范性法律文件的人员，如果他们是规范性法律文件所调整的关系的主体，并且认为该文件侵害了他们的权利、自由和合法利益，则有权提出要求认定规范性法律文件全部或部分无效的行政诉讼请求。

2. 在联邦法律规定的情况下，社会团体有权向法院提出行政诉讼请求，要求认定规范性法律文件全部或部分无效，以维护该社会团体成员的权利、自由和合法利益。

3. 检察长在其权限范围内以及俄罗斯联邦总统、俄罗斯联邦政府、俄罗斯联邦主体的立法机关（代议制机关）、俄罗斯联邦主体的最高公职人员（俄罗斯联邦国家行政机关最高领导人）以及地方自治机关、地方自治组织首脑，如果认为规范性法律文件不符合具有更高法律效力的文件，侵犯了他们的职权或侵害了公民的权利、自由和合法利益，则有权向法院提出认定包括俄罗斯联邦主体全民公决或自治地方全民公决通过的文件在内的规范性法律文件完全或部分无效的行政诉讼请求。

4. 俄罗斯联邦中央选举委员会、俄罗斯联邦主体中央选举委员会、地方自治组织选举委员会，如果认为规范性法律文件不符合具有更高法律效力的规范性法律文件，侵害了俄罗斯联邦公民的选举权和参加全民公决权利或侵害了中央选举委员会的职权，则有权向法院提出认定实现俄罗斯联邦公民选举权和参加全民公决权利的规范性法律文件全部或部分无效的行政诉讼请求。

5. 要求认定规范性法律文件无效的行政诉讼请求，如果审查这些文件是否符合俄罗斯联邦宪法、联邦宪法性法律和联邦法律属于俄罗斯联邦宪法法院、俄罗斯联邦主体宪法法院的权限，则不得依照本法典规定的程序在本法院进行审理。

6. 要求认定规范性法律文件无效的行政诉讼请求，可以在该文件的整个有效期内向法院提出。

7. 要求认定俄罗斯联邦主体解散自治地方代议制机关的法律无效的行政诉讼请求，可以在有关规范性法律文件通过之日起的10日内提出。

8. 对要求认定规范性法律文件无效的行政案件，不允许提出反诉。

9. 在共和国最高法院、边疆区法院、州法院、联邦直辖市法院、自治州法院、自治专区法院、俄罗斯联邦最高法院审理要求认定规范性法律文件无效的行政案件时，参加案件审理的公民不具有高等教育学历的，必须委托符合本法典第55条所规定条件的代理人参加案件审理。

第 209 条　对规范性法律文件提出异议的和要求认定规范性法律文件无效的行政诉状应符合哪些要求

1. 行政诉状的格式应该符合本法典第 125 条第 1 款所规定的要求。

2. 对规范性法律文件提出异议的行政诉状应该指出：

（1）本法典第 125 条第 2 款第（1）项、第（2）项、第（4）项和第（8）项及第 6 款规定的要求；

（2）通过被提出异议的规范性法律文件的国家权力机关、地方自治机关、被授权组织、公职人员的名称；

（3）被提出异议的规范性法律文件的名称、编号、通过日期、来源和公布的日期；

（4）关于对原告适用规范性法律文件的信息材料或者关于原告作为该文件所调整关系的主体的信息材料；

（5）向法院提出请求的主体的哪些权利、自由和合法利益受到侵害，而在提交行政诉状时本法典第 208 条第 2 款、第 3 款和第 4 款所列组织和人员侵害了行政诉状所维护的其他主体的哪些权利、自由和合法利益，或者存在侵害这些权利、自由和合法利益的现实危险；

（6）应该审查被完全或部分提出异议的规范性法律文件应该符合哪个具有更高法律效力的规范性法律文件，及后者的名称和有关规定；

（7）不能附具本条第 3 款所列文件中的有关申请；

（8）关于认定被提出异议的规范性法律文件无效的要求，并指出整个规范性法律文件或其某些规定不符合俄罗斯联邦立法。

3. 要求认定规范性法律文件无效的行政诉状应附具本法典第126条第1款第(1)项、第(2)项、第(4)项和第(5)项所规定的文件,证明本条第2款第(4)项所列信息材料的文件以及被提出异议的规范性文件的复印件。

第 210 条　要求认定规范性法律文件无效的行政诉状受理问题的审议

1. 依照本法典第128条第1款规定的根据,以及在提交要求认定规范性法律文件无效的行政诉状时被提出异议的规范性法律文件或其被提出异议的规定已经不再适用的情况下,法院拒绝受理要求认定规范性法律文件无效的行政诉状。

2. 依照本法典第129条第2款至第7款规定的根据,以及在提交要求认定规范性法律文件无效的行政诉状时被提出异议的规范性法律文件或其被提出异议的规定尚未生效的情况下,法官驳回要求认定规范性法律文件无效的行政诉状。

3. 如果要求认定规范性法律文件无效的行政诉状不符合本法典第209条规定的要求,则法官根据本法典第130条第1款的规定搁置行政诉状不予启动。

第 211 条　对规范性法律文件提出异议的行政诉讼的保全措施

在对规范性法律文件提出异议的行政诉讼中,法院有权采取保全措施,禁止适用被提出异议的规范性法律文件或其被提出异议的规定。不允许在对规范性法律文件提出异议的行政诉讼中适用其他保全措施。

第 212 条　对规范性法律文件提出异议的行政案件并案诉讼

法院依照本法典第 136 条规定的程序，有权将几个对同一规范性法律文件提出异议以及对该文件不同规定提出异议的行政案件合并审理和解决。

第 213 条　对规范性法律文件提出异议的行政案件的法庭审理

1. 对规范性法律文件提出异议的行政案件，法院应在行政诉状提交之日起的 2 个月期限内审理，而在俄罗斯联邦最高法院，应在行政诉状提交之日起的 3 个月内审理。

2. 在竞选期间和全民公决预备期间，对选举委员会通过的规范性法律文件提出异议的行政案件，以及涉及俄罗斯联邦公民实现选举权和参加全民公决权利问题、调整与竞选运动和全民公决准备等的规范性法律文件提出异议的行政案件，法院应在本法典第 241 条第 1 款规定的期限内审理。

3. 对俄罗斯联邦主体关于解散地方自治组织代议制机关的法律提出异议的行政案件，法院应在收到行政诉状之日起的 10 日内审理。

4. 对规范性法律文件提出异议的行政案件，在审理时应有检察长参加。如果对规范性法律文件提出异议的行政案件是根据检察长的行政诉状提起的，则检察长不得对该案提出结论。如果对规范性法律文件提出异议的行政案件不是根据检察长的行政诉状提起的，则参加诉讼的检察长对该行政案件提出结论。

5. 在对规范性法律文件提出异议的行政案件中，应将法庭审理的时间和地点通知案件参加人及其代理人和法庭审理的其他参加人。向法院提出请求的人、为对行政案件提出结论而参加法庭审理的检察长以及通过被提出异议的规范性法律文件的国家权力机关、其他国家机关、地方自治机关、被授权组织的代表或公职人员不到庭,不妨碍行政案件的审理,但法院认为上述人必须到庭的情形除外。

6. 法院可以认定通过被提出异议的规范性法律文件的国家权力机关、其他国家机关、地方自治机关、被授权组织的代表或公职人员必须到庭,而如果他们不到庭,则对他们可以依照本法典第122条和第123条规定的程序和数额处以诉讼罚金。

7. 在审理对规范性法律文件提出异议的行政案件时,法院应审查被提出异议的规范性法律文件规定的合法性。在审查这些规定的合法性时,法院不受要求认定规范性法律文件无效的行政诉状所包含的根据和理由的约束,而应查明本条第8款规定的全部情况。

8. 在审理对规范性法律文件提出异议的行政案件时,法院应查明:

(1) 原告或行政诉状所维护的人的权利、自由和合法利益是否受到侵害;

(2) 是否遵守了规定下列事项的规范性文件的要求:

A. 机关、组织、公职人员通过规范性法律文件的权限;

B. 机关、组织、公职人员有权通过的规范性法律文件的格式和种类;

C. 通过被提出异议的规范性法律文件的程序;

D. 规范性法律文件生效的规则,包括公布、国家登记(如果俄

罗斯联邦立法规定该规范性法律文件应进行国家登记)和生效的程序;

E. 被提出异议的规范性文件或其部分是否符合具有更高法律效力的规范性法律文件。

9. 本条第8款第(2)项和第(3)项所规定情况的证明责任在通过被提出异议的规范性法律文件的机关、组织、公职人员。

10. 向法院提出请求的人放弃诉求的,通过被提出异议的规范性法律文件的国家权力机关、其他国家机关、地方自治机关、被授权的组织或公职人员承认诉讼请求的,法院并不因此必须终止对规范性法律文件提出异议的行政诉讼。

11. 如果在审理时确认被提出异议的规范性法律文件曾对原告适用并侵害其权利、自由和合法利益,在对规范性法律文件提出异议的行政案件审理期间规范性法律文件失效或者被撤销的,不能成为终止该行政诉讼的根据。

12. 对规范性法律文件提出异议的行政案件中,不准许双方当事人达成和解协议。

第214条 对规范性法律文件提出异议的行政诉讼的终止

1. 如果法院确定存在本法典第39条第5款和第6款、第40条第6款和第7款、第194条第1款第(1)项至第(3)项、第(5)项、第(6)项规定的根据,则法院终止对规范性法律文件提出异议的行政诉讼。

2. 有下列情形之一的,法院也有权终止对规范性法律文件提出异议的行政诉讼:

(1) 被提出异议的规范性法律文件已经失效、被撤销或修订并不再涉及原告的权利、自由和合法利益；

(2) 向法院提出请求的人放弃自己的请求，且不存在妨碍法院接受这种放弃的公共利益。如果他们认为被提出异议的规范性法律文件涉及或侵害了他们的权利、自由和合法利益，则法院接受放弃行政诉求不妨碍他人向法院提出请求。

第 215 条　对规范性法律文件提出异议的行政案件的法院判决

1. 对规范性法律文件提出异议的行政案件的法院判决，按照本法典第十五章规定的规则作出。

2. 对规范性法律文件提出异议的行政案件中，根据审理结果，法院作出以下判决之一：

(1) 如果被提出异议的规范性法律文件完全或部分被认定为不符合具有更高法律效力的规范性法律文件，则作出完全或部分满足诉讼请求、而该规范性文件自判决生效之日起或自法院指定的日期起完全或部分无效的判决；

(2) 如果完全或部分被提出异议的规范性文件被确认符合具有更高法律效力的规范性法律文件，则作出驳回诉讼请求的判决。

3. 如果在审理对规范性法律文件提出异议的行政案件时，法院确定被提出异议的规范性法律文件或其部分规定的适用不符合法院根据该文件在法律体系中的地位所查明的该规范性法律文件或其部分规定的解释，则法院应在对规范性法律文件提出异议的行政案件的判决的理由和结论部分中指出这一点。

4. 对规范性法律文件提出异议的行政案件的判决的结论部分应该包括以下内容：

(1) 指出完全或部分满足诉讼请求、认定被提出异议的规范性法律文件完全或部分无效,自法院判决生效之日起或自法院指定的其他日期起完全或部分无效;或者驳回诉讼请求,并指出被提出异议的规范性法律文件的名称、编号、通过的日期和通过或颁布文件的机关或公职人员的名称;

(2) 指出应在法院判决生效之日起的 1 个月内在国家权力机关、其他国家机关、地方自治机关、其他机关、被授权组织或公职人员的官方出版物上公布法院判决或关于作出法院判决的事项,或者刊登被提出异议的规范性法律文件或其部分规定。如果由于官方刊物的出版周期而不可能在规定期限内公布法院判决或作出法院判决的事项,则法院判决可以在该期限之后的最近一期刊登。如果官方刊物已经终止活动,则法院判决或关于作出判决的报道可以在公布有关国家权力机关、其他国家机关、地方自治机关、其他机关、被授权组织或公职人员规范性法律文件的其他出版物上公布;

(3) 本法典第 180 条第 6 款第 4 项和第 5 项规定的信息材料;

(4) 法院根据行政案件的具体情况所解决的各项问题,包括法院所查明的规范性法律文件或其部分规定的内容。

5. 在要求认定规范性法律文件完全或部分无效的行政案件中,法院判决依照本法典第 186 条的规则生效。

第 216 条 认定规范性法律文件完全或部分无效的后果

1. 如果法院认定规范性法律文件全部或部分无效,则该文件或其相应部分自法院指定的日期起不得再适用。

2. 如果法院认定规范性法律文件全部或部分无效,则具有较低法律效力的、复述被认定无效的规范性法律文件内容的,或者以该文件为基础的或从中派生出来的规范性法律文件也不得再适用。

3. 认定规范性法律文件完全或部分无效的法院判决作出后,不得再重复通过相同的文件对抗法院判决。

4. 如果由于认定规范性法律文件完全或部分无效而发现行政法律关系或其他公法关系的法律调整不充分,从而可能侵害不定范围人群的权利、自由和合法利益,则法院有权责成通过被提出异议的规范性法律文件的国家权力机关、其他国家机关、地方自治机关、其他机关、被授权组织或公职人员通过新的规范性法律文件,以替代被认定全部或部分无效的规范性法律文件。

5. 本条第 2 款所列关于对规范性法律文件提出异议的诉讼请求,如果截至重复通过规范性法律文件之时被认定完全或部分无效的规范性法律文件与之相抵触的立法并未修订,法院可以通过简易(书面)程序审理,而不审查本条第 3 款所列重复通过的规范性法律文件的合法性。在通过简易(书面)程序审理案件的情况下,认定规范性法律文件完全或部分无效的法院判决的结论部分应该论证重复通过的规范性法律文件与已被认定完全或部分无效的规范性法律文件的一致性,应该指出相应立法并未修订,而法院判决已经认定与原文件一致的规范性法律文件为无效。如果被告反对采取简易(书面)程序,则法庭审理采用口头形式进行。

第 217 条 对规范性法律文件提出异议的行政案件中对已经生效的法院判决的申诉

对规范性法律文件提出异议的行政案件中,案件参加人及其代理人和法院判决涉及其权利、自由和合法利益的其他人均可以对已经生效的法院判决提出申诉。

第 217—1 条　对含有立法解释并具有规范性质的文件提出异议的行政案件的审理

(本条由 2016 年 2 月 15 日第 18 号联邦法律增补)

1. 对含有立法解释并具有规范性质的文件(以下称具有规范性质的文件)提出异议的行政案件由法院依照本章规定的程序审理和解决,同时考虑本条的特别规定。

2. 本法典第 208 条第 1 款——第 4 款所列人员,如果认为有关文件具有规范性质,而其内容与所解释的规范性规定的实际精神不相符合,则有权提出要求认定具有规范性质的文件无效的行政诉状。

3. 在审理对具有规范性质的文件提出异议的行政案件时,法院应该查明:

(1) 原告或行政诉状所维护的其他人的权利、自由和合法利益是否受到侵犯;

(2) 被提出异议的文件是否具有规范性质,从而有可能作为强制性规定对不定范围人群多次适用;

(3) 被提出异议的文件是否符合它所解释的规定的实际精神。

4. 本条第 3 款第(3)项所列情况的证明责任由通过具有规范性质文件的机关、组织或公职人员承担。

5. 根据对具有规范性质的文件提出异议的行政诉状的审理结果,法院作出以下判决之一:

(1) 如果被提出异议的具有规范性质的文件完全或部分不符合它所解释的规范性规定的实际精神,规定了其解释的规范性规定所没有规定的、适用于不定范围人群并可多次适用的一般强制规则,则法院判决完全或部分满足诉讼请求,并判决该文件自判决作出之日起或自法院规定的其他日期起完全无效或部分无效;

(2) 如果被提出异议的文件完全或部分不具有规范性质并且符合它所解释的规范性规定的内容,则法院判决驳回行政诉状。

第二十二章 对国家权力机关,地方自治机关,具有某些国家权力或其他公权力的机关、组织、公职人员、国家工作人员和自治地方工作人员的决定、行为(不作为)提出异议的行政诉讼

第218条 对国家权力机关,地方自治机关,具有某些国家权力或其他公权力的机关、组织、公职人员、国家工作人员和自治地方工作人员的决定、行为(不作为)提出异议的行政诉讼请求的提出和对相关行政案件的审理

1. 如果公民、组织、其他人认为自己的权利、自由和合法利益受到侵害或被争议,或者对自己的权利、自由和合法利益的行使造成了障碍或者其被非法强加某些义务,其可以向法院提出请求,对国家权力机关,地方自治机关,具有某些国家权力或其他公权力的机关、组织、公职人员、国家工作人员和自治地方工作人员(下称具

有国家权力或其他公权力的机关、组织和人员)、法官资格审查委员会、考试委员会的决定、行为(不作为)提出异议。公民、组织和其他人员可以直接向法院提出请求,对具有国家权力或其他公权力的机关、组织和人员的决定、行为(不作为)提出异议,也可以通过调整争议的非诉程序向上级机关、组织或上级人员提出请求。

2. 如果联邦法律有相关规定,社会团体认为该社会团体成员的权利、自由和合法利益受到侵害或被争议,或者对他们权利、自由和合法利益的行使造成了障碍或者他们被非法加以某些义务,社会团体也有权向法院提出请求,对具有国家权力或其他公权力的机关、组织和人员的决定、行为(不作为)提出异议。

3. 如果联邦法律规定必须遵守调整行政争议的审前程序,则只有在遵守该程序后方可向法院提出请求。

4. 在本法典规定的情况下,国家权力机关,俄罗斯联邦人权代表,俄罗斯联邦主体人权代表,其他机关、组织和人员以及检察长在其职权范围内可以向法院提出行政诉讼请求,要求认定具有国家权力或其他公权力的机关、组织和人员的决定、行为(不作为)为非法,以维护他人的权利、自由和合法利益,如果他们认为,被提出异议的决定、行为(不作为)不符合规范性法律文件,侵害了公民、组织、其他人的权利、自由和合法利益,对他们实现其权利、自由和合法利益造成障碍或者对他们非法强加某些义务。

5. 行政诉状按照本法典第二章的规则提交法院。

6. 如果正在通过其他审判程序对有国家权力或其他公权力的机关、组织和人员的决定、行为(不作为)的合法性进行审查,则不得依照本法典规定的程序审理要求认定具有国家权力或其他公权力的机关、组织和人员的决定、行为（不作为）为非法的行政诉状。

第 219 条　向法院提出行政诉讼请求的期限

1. 如果本法典未规定向法院提出行政诉讼请求的其他期限，则在公民、组织其他人知悉其权利、自由和合法利益受到侵害之日起的 3 个月内可以向法院递交行政诉状。

2. 对地方自治组织代议制机关自行解散的决定提出异议的行政诉状，或者对自治地方代议制机关关于地方自治组织首脑辞职的决定提出异议的行政诉状，可以在相关决定作出之日起的 10 天内向法院提交。

3. 要求认定法警执行员的决定、行为（不作为）非法的行政诉状可以在公民、组织、其他人知悉其权利、自由和合法利益受到侵害之日起的 5 日内向法院提交。

4. 对俄罗斯联邦主体行政机关、地方自治机关关于举行公共活动（集会、群众大会、游行、示威、纠察）有关问题的决定、行为（不作为）及与上述机关要求事先说明这种公共活动目的和举行方式有关的决定、行为（不作为）提出异议的行政诉状，可以在公民、组织、其他人在知悉其权利、自由和合法利益受到侵害之日起的 10 日内向法院提交。

5. 上述期限的迟误不是法院拒绝受理行政诉状的根据。预备庭或审判庭应查明迟误向法院提交诉状期限的原因。

6. 上级机关、上级公职人员不及时审理或不审理有关请求，即证明存在迟误向法院提交诉状的正当原因。

7. 由于本条第 6 款规定的原因或其他正当原因而迟误了提交行政诉状期限的,法院可以恢复期限,但本法典未规定可以恢复的情形除外。

8. 没有正当原因而迟误向法院提交诉状的期限的,以及不能恢复迟误的(包括由于正当原因迟误的)期限的,法院可以驳回行政诉讼请求。

第 220 条　要求认定具有国家权力或其他公权力的机关、组织和人员的决定、行为(不作为)为非法的行政诉状应符合哪些要求

1. 行政诉状的格式应该符合本法典第 125 条第 1 款所规定的要求。

2. 要求认定具有国家权力或其他公权力的机关、组织和人员的决定、行为(不作为)为非法的行政诉状应该指出:

(1) 本法典第 125 条第 2 款第(1)项、第(2)项、第(8)项和第(9)项以及第 6 款规定的信息材料;

(2) 具有国家权力或其他公权力的机关、组织和人员以及所作决定或所实施的行为(不作为);

(3) 被提出异议的决定的名称、编号、通过的日期,被提出异议的行为(不作为)实施的日期和地点;

(4) 不作为是什么(具有国家权力或其他公权力的机关、组织和人员依照法定义务应该作出什么决定或实施什么行为而不作出决定或不实施行为);

(5) 关于被提出异议的决定、行为(不作为)已知的其他信息材料。如果是对法警执行员的决定、行为(不作为)提出异议,则还应该指出被提出异议的决定、行为(不作为)所依据的执行文件和执行程序;

(6) 原告认为他的哪些权利、自由和合法利益因决定、行为(不作为)而受到侵害,如果是检察长提交行政诉状或本法典第40条所列人员提交行政诉状,则应指出他人的什么权利、自由和合法利益受到侵害;

(7) 应该审查被提出异议的决定、行为(不作为)是否符合哪些规范性法律文件或者有关规定;

(8) 行政诉状不能附具本条第3款所列文件和相应的申请;

(9) 是否向上级机关或上级人员就行政诉状所提出的标的提出过告诉。如果提出过告诉,应该指出提出的日期和审议的结果;

(10) 关于认定具有国家权力或其他公权力的机关、组织和人员的决定、行为(不作为)为非法的诉求。

3. 要求认定具有国家权力或其他公权力的机关、组织和人员的决定、行为(不作为)为非法的行政诉状应附具本法典第125条第1款所列文件,如果上级机关或上级人员审议过与行政诉状标的相同的告诉,则还应附具上级机关或上级人员答复的复印件。

第221条 要求认定具有国家权力或其他公权力的机关、组织和人员的决定、行为(不作为)为非法的行政案件的参加人

1. 在要求认定具有国家权力或其他公权力的机关、组织和人员的决定、行为(不作为)为非法的行政案件中,参加人的构成依照本法典第四章的规则并参照本条第2款规定的特点确定。

2. 在要求认定具有国家权力或其他公权力的机关、组织和人员的决定、行为(不作为)为非法的行政案件中,公职人员、国家工作人员和自治地方工作人员工作的相关机关作为第二被告参加案件。

第 222 条 法院对要求认定具有国家权力或其他公权力的机关、组织和人员的决定、行为(不作为)为非法的行政诉状受理问题的审理

1. 依照本法典第 128 条第 1 款规定的根据,法院拒绝受理要求认定具有国家权力或其他公权力的机关、组织和人员的决定、行为(不作为)为非法的行政诉状。

2. 依照本法典第 129 条第 1 款规定的根据,法院退回要求认定具有国家权力或其他公权力的机关、组织和人员的决定、行为(不作为)为非法的行政诉状。

3. 依照本法典第 130 条第 1 款规定的根据,如果行政诉状不符合本法典第 220 条规定的要求,则法院搁置要求认定具有国家权力或其他公权力的机关、组织和人员的决定、行为(不作为)为非法的行政诉状。

4. 如果法院受理要求认定具有国家权力或其他公权力的机关、组织和人员的决定、行为(不作为)为非法的行政诉状,法院最迟应在作出受理裁定之日后的第一个工作日将相关裁定书的副本送交案件参加人。法院受理要求认定俄罗斯联邦主体行政机关、地方自治机关关于举行公共活动(集会、群众大会、游行、示威、纠察)有关问题的决定、行为(不作为)、与上述机关要求事先说明这种公共活动目的和举行方式有关的决定、行为(不作为)提出异议的行政诉状时,应采用保证最快送达的方式将受理裁定书的副本送交案件参加人。对被告,如果这些诉状和文件还没有依照本法

典第125条第7款予以送交,除该裁定书的副本外,还应送交行政诉状的副本和所附具文件的复印件。

第 223 条 要求认定具有国家权力或其他公权力的机关、组织和人员的决定、行为(不作为)为非法的行政诉讼保全措施

要求认定具有国家权力或其他公权力的机关、组织和人员的决定、行为(不作为)为非法的行政案件中,法院有权依照本法典第七章规定的程序中止被提出异议的决定中涉及原告的那一部分的效力,或者中止对原告实施被提出异议的行为。

第 224 条 要求认定具有国家权力或其他公权力的机关、组织和人员的决定、行为(不作为)为非法的几个行政案件并案诉讼

法院有权依照本法典第136条规定的程序将几个法院审理中的要求认定具有国家权力或其他公权力的机关、组织和人员的决定、行为(不作为)为非法的行政案件合并审理和解决,包括决定、行为(不作为)的不同部分被提出异议和(或)被多个原告提出异议。

第 225 条 要求认定具有国家权力或其他公权力的机关、组织和人员的决定、行为(不作为)为非法的行政诉讼的终止

1. 如果法院确定存在本法典第39条第5款和第6款、第40条第6款和第7款、第194条第1款和第2款规定的根据,则法院终止要求认定具有国家权力或其他公权力的机关、组织和人员的决定、行为(不作为)为非法的行政诉讼。

2. 如果被提出异议的决定被撤销或被修订而不再涉及原告的权利、自由和合法利益,则法院也有权终止要求认定具有国家权力或其他公权力的机关、组织和人员的决定、行为(不作为)为非法的行政诉讼。

第 226 条 要求认定具有国家权力或其他公权力的机关、组织和人员的决定、行为(不作为)为非法的行政案件的法庭审理

1. 如果本法典未有不同规定,要求认定具有国家权力或其他公权力的机关、组织和人员的决定、行为(不作为)为非法的行政案件由法院在法院收到行政诉状之日起的 1 个月内审理,而在俄罗斯联邦最高法院,则在收到行政诉状之日起的 2 个月内审理。

2. 对地方自治组织代议制机关自行解散的决定提出异议的行政诉状,或者对自治地方代议制机关关于地方自治组织首脑辞职的决定提出异议的行政诉状,法院应在收到行政诉状之日起的 10 天内审理。

3. 对认定法警执行员的决定、行为(不作为)提出异议的行政案件,法院应在收到行政诉状之日起的 10 天内审理。

4. 对俄罗斯联邦主体行政机关、地方自治机关关于举行公共活动(集会、群众大会、游行、示威、纠察)有关问题的决定、行为(不作为)及与上述机关要求事先说明这种公共活动的目的和举行方式有关的决定、行为(不作为)提出异议的行政案件,法院应在收到行政诉状之日起的 10 天内审理。在举行这种公共活动前立案的行政案件,法院应在上述期限内审理,但不得迟于举行活动的前一天。在举行这种公共活动之日提起的行政案件,应在当日审理。如果行政案件审理的最后一天是休息日或节假日,而且到这一天之前行政案件还没有审理或不可能审理,则法院应在休息日或节假日审理该行政案件。

5. 本条第 1 款和第 3 款规定的审理对具有国家权力或其他公权力的机关、组织和人员、法警执行员的决定、行为(不作为)提出异议的行政案件的期限,可以依照本法典第141条第2款规定的程序延长。

6. 在对具有国家权力或其他公权力的机关、组织和人员的决定、行为(不作为)提出异议的行政案件中,应将开庭的时间和地点通知案件参加人及其代理人和法庭审理的其他参加人。已经按照适当方式通知上述人员而其不到庭的,不妨碍行政案件的审理和解决,但法院不认为他们必须到庭的情形除外。

7. 法院可以认定作出被提出异议的决定或实施被提出异议的行为(不作为)的具有国家权力或其他公权力的机关、组织和人员的代表必须到庭,他们不到庭的,可以依照本法典第122条和第123条规定的程序和数额处以诉讼罚金。

8. 在审理对具有国家权力或其他公权力的机关、组织和人员的决定、行为(不作为)提出异议的行政案件时,法院审查决定、行为(不作为)中被提出异议的部分的合法性和对原告或相关行政诉状所维护其权利、自由和合法利益的其他人的合法性。在审查这些决定、行为(不作为)的合法性时,法院不受要求认定具有国家权力或其他公权力的机关、组织和人员的决定、行为(不作为)为非法的行政诉状所提出的根据和理由的约束,而应全面查明本条第9款和第10款规定的情况。

9. 如果本法典未有不同规定,在审理对具有国家权力或其他公权力的机关、组织和人员的决定、行为(不作为)提出异议的行政案件时,法院应查明:

(1) 原告或提起行政诉状所维护其权利、自由和合法利益的其他人的权利、自由和合法利益是否受到侵害;

(2) 是否遵守了向法院提出请求的期限；

(3) 规定下列事项的规范性法律文件的要求是否得到遵守：

A. 作出被提出异议的决定或实施被提出异议的行为（不作为）的具有国家权力或其他公权力的机关、组织和人员的权限；

B. 被提出异议的决定或实施被提出异议的行为（不作为）的程序，如果规定了该程序；

C. 被提出异议的决定或实施被提出异议的行为（不作为）的根据，如果规范性法律文件规定了该根据；

(4) 被提出异议的决定、所实施被提出异议的行为的内容是否符合调整争议关系的规范性法律文件。

10. 如果在对具有国家权力或其他公权力的机关、组织和人员的决定、行为（不作为）提出异议的行政案件中，联邦法律限制对这种决定、行为（不作为）提出异议（例如对法官资格审查委员会、考试委员会的某些决定、行为（不作为）提出异议）的理由进行限制，则法院应查明本条第9款第3项第(1)、(2)目和第(3)目第B、C两点所指出的情况。如果联邦法律对具有国家权力或其他公权力的机关、组织和人员的决定、行为（不作为）提出异议规定的根据未超出这些情况的范围，则法院应审查这些根据。

11. 本条第9款第(1)项和第(2)项所列情况的证明责任在向法院提出请求的人，而本条第9款第(3)项和第(4)项以及第10款所列情况的证明责任在具有国家权力或具有其他公权力并作出被提出异议的决定和实施被提出异议的行为（不作为）的机关、组织和人员。

12. 如果具有国家权力或其他公权力并作出被提出异议的决定或实施被提出异议的行为（不作为）的机关、组织和人员不提交必要的证据，则法院可以主动调取必要的证据。如果上述机关、组织和人员不提交法院所调取的证据，也不报告法院不可能提交证据，则依照本法典第122条和第123条规定的程序和数额对上述机关、组织和人员处以诉讼罚金。

13. 在对具有国家权力或其他公权力的机关、组织和人员的决定、行为（不作为）提出异议的行政案件中，法院可以认为必须公布法院的判决。

第227条 对具有国家权力或其他公权力的机关、组织和人员的决定、行为（不作为）提出异议的行政案件的法院判决

1. 在对具有国家权力或其他公权力的机关、组织和人员的决定、行为（不作为）提出异议（本条中下称对决定、行为（不作为）提出异议）的行政案件中，法院判决依照本法典第十五章规定的规则作出。

2. 法院根据对具有国家权力或其他公权力的机关、组织和人员的决定、行为（不作为）提出异议的行政案件的审理结果，作出下列判决之一：

（1）如果法院认定决定、行为（不作为）不符合规范性文件并侵害了原告的权利、自由和合法利益，则作出判决，完全或部分满足诉讼请求，认定被提出异议的决定、行为（不作为）无效，并责成被告排除对原告权利、自由和合法利益的侵害及排除原告和行政诉状所维护利益的人员实现其合法利益的障碍；

（2）驳回要求认定被提出异议的决定、行为（不作为）无效的诉讼请求。

3. 法院判决的结论部分应该包括：

（1）指出认定决定、行为（不作为）不符合规范性法律文件并侵害原告的权利、自由和合法利益，指出完全或部分满足行政诉求，指出作出被提出异议的决定、实施被提出异议的行为（不作为）的具有国家权力或其他公权力的机关、组织和人员，指出被提出异议的决定、行为（不作为）的实质。如果满足对决定、行为（不作为）提出异议的行政诉求，而被告必须作出某种决定和实施某种行为，以排除对原告权利、自由和合法利益的侵害及排除其权利、自由和合法利益实现的障碍，法院应指出被告必须就具体问题作出决定、实施一定的行为或者以其他方式排除对原告权利、自由和合法利益的侵害并且规定排除侵害的期限，还要指出在法院判决生效之日起的1个月内必须向法院和本案的原告报告行政案件判决的执行情况，但法院规定了不同期限的除外；

（2）本法典第180条第6款第（4）项和第（5）项所规定的信息材料；

（3）法院根据行政案件具体情况所解决的问题，包括撤销或保留行政诉讼保全措施；

（4）指出必须在法院规定的期限内在官方出版物上公布法院判决。

4. 说明理由的法院判决应根据本法典第177条的规则制作。在对具有国家权力或其他公权力的机关、组织和人员的决定、行为（不作为）提出异议的行政案件中，如果案件涉及举行公共活动（集会、群众大会、游行、示威、纠察），则在法庭上仅宣布法院判决的结论部分，如果是驳回行政诉讼请求，则应该于作出判决的当日在法庭审理终结后尽可能短的期限内制作说明理由的法院判决。

5. 在对决定、行为（不作为）提出异议的行政案件中，法院判决依照本法典第 186 条的规则生效。

6. 对决定、行为(不作为)提出异议的行政案件的行政判决的副本应发给案件参加人及其代理人,并由他们出具收条,或者在法院判决的最终形式通过之日起的 3 日内送交他们,而在与举行公共活动(集会、群众大会、游行、示威、纠察)有关的行政案件中,于举行活动日期之前或举行活动当日审理的,判决应该在制作之后使用保证最快送达的方式送达。

7. 在满足行政诉求的法院判决生效之日或在判决交付立即执行之日,应该使用保证最快送达的方式将判决送交其决定、行为(不作为)被提出异议的国家权力机关,其他国家机关,地方自治机关,具有国家权力或其他公权力的机关、组织的领导人,法官资格审查委员会主席,法官任职考试委员会主席、公职人员,国家工作人员或自治地方工作人员。法院还应该将该判决的副本送交上级机关、组织和上级公职人员、检察长及其他人。

8. 在对决定、行为(不作为)提出异议的行政案件中,判决依照本法典第 187 条的规则交付执行。如果俄罗斯联邦主体行政机关、地方自治机关的决定、行为(不作为)涉及协商举行公共活动(集会、群众大会、游行、示威、纠察)的地点和时间的问题以及与上述机关事先说明这种公共活动的目的和举行方式的问题,而法院判决认定上述决定、行为(不作为)为非法,判决应该立即执行。

9. 如果决定、行为(不作为)被认定为非法,则具有国家权力或其他公权力并作出被提出异议的决定、实施被提出异议的行为(不作为)的机关、组织和人员必须排除违法行为、排除原告实现其权利、自由和合法利益的障碍以及行政诉状所维护其合法权利的人实现合法利益的障碍，在法院规定的期限内使用法院规定的方式恢复这些权利、自由和合法利益，同时应在认定决定、行为（不作为）非法的法院判决生效之日起的1个月内将情况通知法院，并通知受到有关违法行为侵害或妨碍的组织和其他人员。

10. 在对决定、行为（不作为）提出异议的行政案件中，如果法院判决中说明必须公布法院判决，则应该在法院规定的期限内在法院指定的出版物上公布，如果未指定出版物，则在机关、组织和公职人员的官方出版物上公布。如果由于出版物的出版周期而不可能在规定期限内公布法院判决或作出法院判决的事项，则法院判决可以在该期限之后的最近一期刊登。如果官方出版物终止其活动，则法院判决应在公布有关国家权力机关、地方自治机关、被授权的组织或公职人员的规范性法律文件的出版物上公布。

第228条　在对具有国家权力或其他公权力的机关、组织和人员的决定、行为（不作为）提出异议的行政案件中对法院裁判的上诉

对具有国家权力或其他公权力的机关、组织和人员的决定、行为（不作为）提出异议的行政案件中，对法院判决可以依照本法典规定的一般规则提出上诉。

第二十三章　俄罗斯最高法院纪律审判庭所审理的行政诉讼

第229条　本章规则的适用问题

1. 在俄罗斯联邦最高法院纪律审判庭（下称纪律审判庭）的诉讼依照本法典第二十二章规定的程序并考虑本章规定的特点进行。

2. 本章中的原告是向纪律审判庭提出告诉(请求)的人。

第 230 条　向俄罗斯联邦最高法院纪律审判庭提出告诉的权利

1. 俄罗斯联邦法官最高资格审查委员会(下称法官最高资格审查委员会)决定或俄罗斯联邦主体法官资格审查委员会以法官实施纪律过失为由决定提前终止法官权限时,该法官有权对上述决定向纪律审判庭提出申诉。

2. 在俄罗斯联邦法官最高资格审查委员会或俄罗斯联邦主体法官资格审查委员会驳回因法官实施纪律过失而提前终止法官权限请求的情况下,俄罗斯联邦最高法院院长有权向纪律审判庭提出因法官实施纪律过失而提前免除法官权限的请求。

3. 对法官最高资格审查委员会对法官进行纪律处分的决定和法官最高资格审查委员会关于法官专业考核结果的决定,可以向纪律审判庭提出申诉。

第 231 条　向纪律审判庭提出的告诉应该符合哪些要求

1. 在向纪律审判庭提出的告诉中应该指出:

(1) 纪律审判庭作为受理告诉的机关;

(2) 提出告诉的人及其邮政地址、电子邮件地址(如果有的话)、电话号码;

(3) 原告所不同意的决定,以及作出该决定的法官资格审查委员会的名称;

(4) 对纪律审判庭的请求;

(5) 原告据以提出请求的根据和证明这些情况的证据;

(6) 关于代理人的信息材料;

(7) 所附具文件的清单。

2. 诉状还可以包括发送邮件所能利用的其他信息材料。

第 232 条　俄罗斯联邦最高法院纪律审判庭受理告诉

1. 在纪律审判庭收到诉状之日起的 10 日内,纪律审判庭成员审理诉状的受理问题。

2. 如果诉状符合要求,则接收诉状的纪律审判庭成员应作出受理裁定,如果诉状的审理不属于纪律审判庭的权限,以及如果原告未遵守对诉状的要求,则作出退回诉状的裁定,裁定应说明理由。

3. 在受理诉状的裁定中,应该指出开庭的时间和地点,应该传唤参加纪律审判庭法庭审理的人员以及准备行政案件法庭审理应该实施的行为。

4. 作出原告所不同意决定的法官资格审查委员会,应在收到本条第 3 款所列裁定书之时起的 10 日期限内将对纪律审判庭所受理的诉状的答辩状送交(包括用电子邮件送交)法院。

5. 纪律审判庭所征询的材料和信息应该在征询所规定的期限内提交(包括使用电子邮件提交)。

第 233 条　俄罗斯联邦最高法院纪律审判庭成员回避(自行回避)的根据

除本法典第 31 条和第 32 条所规定的情形外,如果纪律审判庭成员作为法官资格审查委员会成员曾经参加过该行政案件的审理,则无权审理纪律审判庭收到的行政诉讼案件。

第 234 条　俄罗斯联邦最高法院纪律审判庭对行政案件的审理

1. 纪律审判庭由 3 名法官组成合议庭审理行政案件。

2. 在纪律审判庭审理案件时,由纪律审判庭庭长或一名纪律审判庭成员担任审判长。诉讼行为进行的程序和先后顺序由审判长决定。

3. 在本法典第 11 条规定的情况下并依照该条规定的程序，以及在联邦法律规定的其他情况下，纪律审判庭对行政案件可以在不公开的审判庭审理。

4. 案件参加人及其代理人，如果收到开庭时间和地点的通知而不到庭，又未提出由于正当原因不能到庭的申请，则不妨碍行政案件的审理。

第 235 条 俄罗斯联邦最高法院纪律审判庭审理的行政案件中证明责任的划分

1. 如果原告是公民，则证明原告所不同意的决定的根据和合法性的证明责任在作出该决定的法官资格审查委员会。

2. 俄罗斯联邦最高法院院长向纪律审判庭提出请求时，必须证明他所不同意的法官资格审查委员会的决定是不合法和没有根据的。

第 236 条 俄罗斯联邦最高法院纪律审判庭对告诉的审查范围

1. 纪律审判庭在审理原告提出告诉的行政案件时，不受告诉所提出的根据和理由的约束。

2. 在审理俄罗斯联邦最高法院院长提出告诉的行政案件时，纪律审判庭审查原告所不同意的法官资格审查委员会的决定，以诉状所提出的根据和理由为限。

3. 纪律审判庭在审理案件时，有权主动调取证据，以便正确地审理行政案件。

第 237 条 中止行政诉讼的根据

如果必须审查有关材料和信息材料，以及如果存在妨碍行政案件长时间审理的其他情况，则纪律审判庭对已经受理的行政案件的审理可以中止6个月。

第238条　俄罗斯联邦最高法院纪律审判庭的判决

1. 根据对告诉(请求)的审理结果，纪律审判庭作出以下判决之一：

（1）满足诉求，完全或部分撤销有关法官资格审查委员会的决定；

（2）满足诉求并终止法官的权限；

（3）驳回诉求。

2. 根据案件参加人的申请，可以在判决作出之日将纪律审判庭判决的结论部分发给案件参加人。

3. 纪律审判庭判决的副本应该交付案件参加人及其代理人，并由他们出具收条，或者在说明理由的判决制作之日起的5个工作日内将判决送交他们。

4. 对纪律审判庭的判决，双方当事人可以通过上诉程序、申诉程序提出上诉(申诉)，也可以由于新发现的情况或新的情况而进行再审。

第二十四章　维护公民选举权和参加全民公决权利的行政诉讼

第239条　向法院提出维护公民选举权和参加全民公决权利的行政诉讼

1. 选民、全民公决参加人对国家权力机关、地方自治机关、其他机关、选举委员会、全民公决委员会、公职人员侵犯这些公民选举权或参加全民公决权利的决定、行为(不作为)有权向法院提出异议。

2. 候选人及其代理人、选举联合会及其代理人、政党、政党的区域机关和部门、其他社会团体、全民公决倡议小组及其被授权的代理人，对国家权力机关、地方自治机关、其他机关、选举委员会、全民公决委员会、公职人员侵害其权利、自由和合法利益的决定、行为(不作为)有权向法院提出异议。

3. 观察员对国家权力机关、地方自治机关、社会团体、选举委员会、全民公决委员会、公职人员侵害其与实现观察员权限有关的权利的决定、行为(不作为)有权向法院提出异议。

4. 选举委员会、全民公决委员会的成员有权对国家权力机关、地方自治机关、社会团体、选举委员会、全民公决委员会、公职人员侵害其与实现委员会权限有关的权利的决定、行为(不作为)向法院提出异议。

5. 选举委员会、全民公决委员会在其权限范围内，有权对国家权力机关、地方自治机关、公职人员、候选人、选举联合会、政党及其区域机关和其他部门、其他选举联合组织、全民公决倡议小组、全民公决的其他参加人小组违反选举立法和全民公决立法的事实向法院提出行政诉讼请求。

6. 在本条、本法典第39条第1款规定的情况下，为维护俄罗斯联邦公民的选举权、参加全民公决权利，检察长有权向法院提起行政诉讼请求。

7. 选民、选举联合会、国家权力机关、地方自治机关、检察长有权向法院提出被授权机关、公职人员或选举委员会应该确定选举(俄罗斯联邦总统选举、俄罗斯联邦联邦委员会国家杜马议员的选举除外)的最后期限的行政诉讼请求;

8. 公民、选举联合会、地方自治组织首脑、俄罗斯联邦主体国家权力机关、俄罗斯联邦主体选举委员会、检察长有权向法院提出决定地方全民公决的行政诉讼请求;

9. 公民、地方自治机关、检察长、被授权的国家权力机关可以向法院提出对进行地方全民公决的决定和地方全民公决作出的决定提出异议的行政诉讼请求;

10. 选举委员会作出认证候选人名单、拒绝认证候选人名单的决定,作出登记候选人、候选人名单和拒绝候选人、候选人名单登记的决定时,登记候选人和候选人名单的选举委员会、候选人、被作出决定的选举联合会以及在同一选区登记认证候选人、候选人名单的选举联合会,可以向法院提出行政诉讼请求,对上述决定提出异议。

11. 进行了候选人登记、候选人名单登记的选举委员会、在同一选区登记的候选人、在同一选区登记了候选人名单的选举联合会以及在法律规定情况下的检察长可以向法院提起行政诉讼请求,要求撤销候选人登记、候选人名单登记。

12. 下列机关有权向法院提出行政诉讼,要求撤销全民公决倡议小组、全民公决其他参加人小组的登记:

(1) 俄罗斯联邦中央选举委员会,在进行俄罗斯联邦全民公决时;

(2) 俄罗斯联邦主体选举委员会,在进行俄罗斯联邦主体全民公决时；

(3) 地方自治组织选举委员会,在进行地方全民公决时。

13. 俄罗斯联邦中央选举委员会可以向法院提出行政诉讼,要求终止俄罗斯联邦全民公决倡议小组、全民公决倡议鼓动小组的活动。

14. 下列人员可以向法院提出解散选举委员会、解散全民公决委员会的行政诉讼请求：

(1) 俄罗斯联邦联邦会议联邦委员会成员或俄罗斯联邦联邦会议国家杜马议员不少于总人数 1/3 的小组,要求解散俄罗斯联邦中央选举委员会；

(2) 俄罗斯联邦联邦会议联邦委员会成员或俄罗斯联邦联邦会议国家杜马议员不少于总人数 1/3 的议员小组,或者俄罗斯联邦主体立法机关(代议制机关)议员不少于总人数 1/3 的议员小组,或者上述机关选任议院议员不少于总人数 1/3 的议员小组,或者俄罗斯联邦中央选举委员会,要求解散选举俄罗斯联邦会议国家杜马议员的俄罗斯联邦主体选举委员会、选区选举委员会；

(3) 俄罗斯联邦主体立法机关(代议制机关)议员不少于总人数 1/3 的议员小组,或者上述机关选任议院议员不少于总人数 1/3 的议员小组,或者俄罗斯联邦中央选举委员会,或者俄罗斯联邦主体选举委员会,要求解散选举俄罗斯联邦主体立法机关(代议制机关)的选区选举委员会；

(4) 俄罗斯联邦主体立法机关(代议制机关)议员不少于总人数 1/3 的议员小组,或者上述机关选任议院议员不少于总人数 1/3 的议员小组,或者地方自治组织代议制机关议员不少于总人数1/3的议员小组,或者俄罗斯联邦中央选举委员会,或者俄罗斯联邦主体选举委员会,要求解散地方自治组织代议制机关、区域委员会、地区委员会的选区选举委员会;

(5)本条第4款所列议员小组和选举委员会,以及相应的自治地方选举委员会,要求解散镇选举委员会。

15. 按规定程序进行登记并作为候选人参加选举的公民、参加选举和提名候选人或提出担任选任职务的候选人名单的选举联合会、全民公决倡议小组和(或)它授权的代理人,在法律规定情况下的检察长,均有权向法院提起行政诉讼,要求撤销选举委员会、全民公决委员会关于投票结果的决定。

16. 选民、全民公决参加人有权向法院提起行政诉讼,对选区选举委员会、全民公决委员会确定其所参加选举的选区或参加全民公决投票的地区的投票结果的决定、行为(不作为)提出异议。

17. 事先向上级选举委员会、包括向俄罗斯联邦主体选举委员会、俄罗斯联邦中央选举委员会提出请求,不是向法院提出对选举委员会决定提出异议的行政诉讼请求的必要条件。

第240条　向法院提出维护俄罗斯联邦公民选举权和参加全民公决权利的行政诉讼请求的期限

1. 如果本法典没有不同规定,维护俄罗斯联邦公民选举权和参加全民公决权利的行政诉状,可以在原告知悉或应该知悉其选举权或参加全民公决权利受到侵害以及选举和全民公决立法被违反之日起的3个月内向法院提交。

2. 要求撤销选举委员会、全民公决委员会关于投票结果的决定的行政诉状,可以在投票结果决定作出之日起的10日内向法院提交。

3. 在选举结果、全民公决结果公布以后,要求撤销选举委员会、全民公决委员会关于投票结果的决定的行政诉状,可以在正式公布相关选举结果、全民公决结果之日起的3个月内向法院提交。

4. 涉及选举委员会关于候选人登记、候选人名单登记、全民公决倡议小组登记以及对它们不予登记的决定、关于候选人名单认证、单一代表(多名代表)选区候选人名单认证、关于拒绝进行认证决定的行政诉状,可以在选举委员会、全民公决委员会作出有关决定之日起的10日内向法院提交。

5. 要求撤销候选人登记、候选人名单登记的行政诉状,最迟应在投票之日前8天向法院提交。

6. 要求解散选举委员会、全民公决委员会的行政诉状,应该在下列期限向法院提交:

(1) 要求解散选举委员会、全民公决委员会的行政诉状——在竞选期间和全民公决准备期间,最迟在竞选、全民公决准备结束之日起的3个月内;

(2) 要求解散其他委员会的行政诉状——最迟应在投票之日前的30天,或者在竞选、全民公决准备结束后的期间,但最迟应在委员会解散根据出现之日起的3个月内;

(3) 在进行再次投票时要求解散选区委员会的行政诉状——在确定该选区投票结果的期间,但最迟应在再次投票之日前的7天。

7. 本条第2款至第6款规定的期限迟误的,不论迟误的原因如何，均不得恢复。

8. 迟误向法院提交要求维护俄罗斯联邦公民选举权和参加全民公决权利的行政诉状的期限，不是法院拒绝受理的理由。在预备庭或审判庭应查明迟误上述期限的原因。

9. 由于正当原因而迟误向法院提交要求维护俄罗斯联邦公民选举权和参加全民公决权利的行政诉状的，可以由法院恢复，但本条第 2 款至第 6 款规定的期限以及不可能恢复的期限除外。

10. 没有正当原因而迟误向法院提交要求维护俄罗斯联邦公民选举权和参加全民公决权利的行政诉状的，以及不可能恢复被迟误的期限的，是法院驳回诉讼请求的根据。

第 241 条 要求维护俄罗斯联邦公民选举权和参加全民公决权利的行政案件的审理期限

1. 如果本法典没有不同规定，在竞选期间和全民公决准备期间，法院在投票日收到的要求维护俄罗斯联邦公民选举权和参加全民公决权利的行政诉状，应该在收到之日起 5 日内审理和解决，不得迟于投票日的前一日，而在投票日的前一天、投票日以及投票的后一天收到的行政诉状，应立即审理和解决。如果行政诉状中的事实需要进行补充审查，则行政诉状最迟应在提交之日起的 10 日内审理和解决。

2. 提出选民名单、全民公决参加人名单错误或不准确的行政诉状，应在法院收到之日起 3 日内审理和解决。但不得迟于投票的前一天，而在投票当日收到的行政诉状，应立即审理和解决。

3. 在投票之日以后或竞选活动结束后收到的维护俄罗斯联邦公民选举权和参加全民公决权利的行政诉状，以及涉及选举委员会、全民公决委员会关于投票结果决定的行政诉状,应该在法院收到诉状之日起的2个月内审理和解决。

4. 满足要求撤销候选人登记、候选人名单登记的行政诉讼请求的法院判决,第一审法院最迟应该在投票之日前的5日作出。

5. 满足要求撤销全民公决倡议小组、全民公决其他参加人小组的行政诉讼请求的法院判决,法院最迟应在投票日之前的3日作出。

6. 对要求解散选举委员会、全民公决委员会的行政诉讼请求,法院应该在收到之日起的14日内作出判决,而在竞选和全民公决准备期间,最迟应该在收到行政诉状之日起的3日内作出判决。

7. 在竞选期间和全民公决准备期间,对要求维护俄罗斯联邦公民选举权和参加全民公决权利的行政诉状,如果审理期限的最后一日是节假日或非工作日,而该日期之前没有审理或不可能审理,则在非工作日亦应进行审理。

8. 本条第1款规定的期限届满之后,并不终止依照本法典第240条的要求收到并立案的行政案件的审理,也不妨碍法院(第一审法院、上诉审法院、申诉审法院和监督审法院)对上诉行政案件进行实体审理。

第242条　要求维护俄罗斯联邦公民选举权和参加全民公决权利的行政案件法庭审理的终止

1. 如果法院确定存在本法典第39条第5款和第6款、第40条第6款和第7款、第194条第1款第(1)项至第(4)项和第2款规定的根据,法院应终止要求维护俄罗斯联邦公民选举权和参加全民公决权利的行政案件的审理,而有关拒绝候选人登记或撤销候选人登记的行政案件,应该依照本法典第195条第1款第(5)项规定的根据终止。

2. 有下列情形之一的,也应终止行政诉讼:

(1) 候选人实施的下列行为成为向法院提出行政诉讼请求的根据,选举联合会从所提出的名单上去除了该候选人,法院尚未对行政案件作出判决:

A. 候选人在公共活动中,在大众信息媒体上或在他所散发的材料中(包括公众可访问的互联网上)号召进行联邦法律定性为极端主义的活动,或者以其他方式号召实施这种行为,以及为极端主义辩护的;

B. 候选人实施旨在挑起社会、种族、民族和宗教矛盾、侮辱民族尊严,根据对宗教的态度以及社会、种族、民族、宗教或语言特征宣传其特殊性、优越性或者低下的行为;

C. 候选人宣传并公开展示纳粹特征或标志物,或与纳粹特征或标志物雷同的特征或标志物。

(2) 如果法院确认原告不符合本法典第239条第16款的要求。

第243条 维护俄罗斯联邦公民选举权和参加全民公决权利的行政案件的审理程序

1. 关于法院受理要求认定选举委员会、全民公决委员会的决定、行为(不作为)非法的行政案件的事宜,法院应通知上级选举委员会。

2. 要求解散选举委员会、全民公决委员会的行政案件,以及对俄罗斯联邦中央选举委员会关于俄罗斯联邦总统、俄罗斯联邦联邦会议国家杜马议员选举结果、俄罗斯联邦全民公决结果提出异议的行政案件,法院应由3名法官组成合议庭审理。

3. 维护俄罗斯联邦公民选举权和参加全民公决权利的行政案件审理的时间和地点,法院应通知案件参加人、检察长。已经以应有方式收到开庭时间和地点通知的人员不到庭,如果法院并不认为他们必须到庭,以及检察长收到关于开庭时间和地点的通知而不到庭的,不妨碍行政案件的审理。

4. 选民、全民公决参加人对选举委员会、全民公决委员会关于投票结果的决定提出异议的行政案件,法院在进行审理时,地区选举委员会的代表必须到庭,而在进行自治地方选举、全民公决时,相应自治地方选举和全民公决组织委员会的代表必须到庭。

5. 在竞选期间和全民公决准备期间审理和解决维护俄罗斯联邦公民选举权和参加全民公决权利的行政案件时,法院在公布选举结果、全民公决结果之日以前不得采取以下行政诉讼强制措施:

(1) 扣押、收缴或查封选民证、全民公决证、选民名单、全民公决参加人名单、其他选举文件、全民公决文件;

(2) 中止选举委员会、全民公决委员会的活动;

(3) 禁止选举委员会、全民公决委员会进行法律规定的准备和进行选举、全民公决的活动。

6. 审理维护俄罗斯联邦公民选举权和参加全民公决权利的行政案件,不得适用行政案件的简易(书面)审理规则。

7. 俄罗斯联邦中央选举委员会的代表可以到庭参加维护俄

罗斯联邦公民选举权和参加全民公决权利的行政案件的审理,到庭对该案提出结论,但俄罗斯联邦中央委员会是行政案件的被告或者利害关系人的情形除外。

第 244 条　维护俄罗斯联邦公民选举权和参加全民公决权利的行政案件的法院判决

1. 法院如果确认,国家权力机关、地方自治机关、社会团体、选举委员会、全民公决委员会、公职人员在作出被提出异议的决定、实施被提出异议的行为(不作为)时存在违反选举立法和全民公决立法的事实,应完全或部分满足维护俄罗斯联邦公民选举权和参加全民公决权利的行政诉讼请求,认定上述决定、行为(不作为)非法,规定恢复受到侵害的权利、自由和实现合法利益及(或)排除违法行为后果的方式和期限,以及指出必须在法院判决生效之日起的 1 个月内将法院判决的执行情况通知法院和提出行政诉讼请求的人。

2. 如果向法院提出诉讼请求的期限迟误并且没有可能恢复该期限,或者法院确定被提出异议的决定、行为(不作为)是合法的,则法院驳回要求维护俄罗斯联邦公民选举权和参加全民公决权利的行政诉讼请求。

3. 要求维护俄罗斯联邦公民选举权和参加全民公决权利的行政案件中,法院在竞选期间和全民公决准备期间于投票日以前作出的说明理由的判决,应该根据审理该类行政案件的期限在尽可能短的时间内制作。

4. 要求维护俄罗斯联邦公民选举权和参加全民公决权利的行政案件中,法院判决的副本应交付案件参加人,包括就案件提出结论的人员以及他们的代表、选举委员会的代表、组织全民公决的委员会的代表，由他们出具收条，或者在作出判决之日起的3日内以最终形式送交他们，而在竞选期间、全民公决准备期间（投票以前），应在制作完毕后使用能够保证最快送达的方式送交给他们。

5. 满足行政诉讼请求的法院判决已经生效的，或法院判决应该立即执行的，判决的副本应立即送交相应国家权力机关、地方自治机关、社会团体的领导人、选举委员会、全民公决委员会的代表和公职人员。法院还应该将已经生效的法院判决的副本送交上级机关、上级委员会的代表和上级公职人员。

6. 关于将公民列入选民名单的判决应立即执行，其他判决，如果法院根据本法典第188条的规则要求立即执行的，也应立即执行。第一审法院关于撤销候选人登记、候选人名单登记以及关于撤销全民公决倡议小组和全民公决其他小组登记的判决，不得立即执行。

第二十五章　对登记价值确定结果提出异议的行政诉讼

第245条　向法院提出对登记价值确定结果提出异议的行政诉讼请求

1. 如果登记价值的确定结果侵害了公民或法人的权利和义务，则法人和公民有权向法院提出行政诉讼请求，对登记价值确定结果提出异议。

2. 国家权力机关、地方自治机关有权向法院提出行政诉讼请求，对相应俄罗斯联邦主体国家所有或自治地方组织境内的国有或自治地方所有不动产客体登记价值确定结果提出异议。

3. 如果截至向法院提交诉状之时国家定期登记价值评价结果尚未列入不动产国家登记簿，或者引起不动产客体登记价值变更的不动产质量评估结果信息尚未列入不动产国家登记簿，则对登记价值确定结果提出异议的行政诉状，可以在被提出异议的不动产价值列入国家登记簿之日起的5日内向法院提交。

4. 对登记价值确定结果提出异议的行政诉状依照本法典第20条规定的管辖规则向法院提交，条件是遵守联邦法律规定的向登记价值确定结果争议审议委员会提出过请求，但公民提出行政诉讼请求的不受此限。

5. 对登记价值确定结果争议审议委员会的决定提出异议的行政诉讼请求，依照本法典第二十二章的规则审理。

第 246 条　对登记价值确定结果提出异议的行政诉状的内容和所附文件

1. 对登记价值确定结果提出异议的行政诉状，应该符合本法典第125条的要求。

2. 除本法典第126条所列文件外，行政诉状还应附以下文件：

（1）不动产客体登记价值的登记证书，其中应包含被提出争议的登记价值确定结果；

（2）不动产客体所有权人提交要求重新评估登记价值的诉讼请求时，应附具经过公证的确权文件复印件；

（3）如果以信息材料不真实为由要求重新评估登记价值，则应附具证明在确定不动产客体登记价值时所使用的关于不动产客体的信息材料不真实的材料；

（4）如果要求重新评估不动产客体登记价值的行政诉状涉及不动产客体的市场价值，则应附具纸质载体上的或电子文件形式的评估报告；

（5）评估师自治组织的一个或多个鉴定评估师制作的纸质载体或电子文件形式的肯定性鉴定报告，报告应说明：关于不动产客体市场价值的评估报告符合关于评估活动的俄罗斯联邦立法要求，符合对评估活动进行规范性法律调整的被授权机关规定的情况下，还要符合该被授权的联邦机关的标准和其他文件的要求，符合评估师自治组织的标准和评估活动规则的要求；

（6）证明遵守了联邦法律规定的调整争议的审前程序的文件和材料，但行政诉状由公民提交的情形除外。

3. 行政诉状还可以附具证明原告诉讼请求的其他文件和材料。

4. 如果不遵守本条第1款和第2款的规定，法院应作出裁定，依照本法典第130条搁置行政诉状不予启动，对此应通知原告并规定一个排除缺陷的合理期限。

5. 如果在规定期限内，成为搁置行政诉状理由的情况没有排除，法官应根据本法典第129条作出裁定，将行政诉状连同所附具的文件一并退还原告。

第247条 对登记价值确定结果提出异议的行政案件的审理

1. 对登记价值确定结果提出异议的行政诉状,法院依照本法典第141条规定的程序和期限受理和审理。

2. 应将开庭的时间和地点通知案件参加人。还应该传唤确定登记价值结果的国家机关或地方自治机关以及行使国家登记评估职能的国家机关出庭参加对登记价值确定结果提出异议的行政案件的审理。

3. 如果判决可能涉及其他人的利益,法院有权解决传唤该其他人参加行政案件审理的问题。

4. 案件参加人已经收到开庭时间和地点通知而不到庭的,不妨碍对登记价值确定结果提出异议的行政案件的审理和解决,但法院认为他们必须到庭的情形除外。

5. 行政案件的双方当事人必须证明他们自己的请求和答辩的情况,但依照本法典第64条免除证明责任的情形除外。本法典第248条所列根据的证明责任在原告。

6. 如果当事人由于客观原因不可能提交证据,法院有权主动地或根据当事人的申请作出裁定,依照本法典第63条调取证据。

第248条 对登记价值确定结果进行重新审查的根据

1. 对登记价值确定结果进行重新审查的根据是:

(1) 在确定不动产客体登记价值时所使用的关于不动产客体的材料不真实;

(2) 确定不动产客体截至确定不动产客体登记价值之日的市场价值。

2. 如果法庭确定,行政诉讼的标的实体上不符合本条第1

款,法院应建议原告修订所提出的诉讼请求。否则法院应依照本法典第196条第2款搁置行政诉状不予审理。

第 249 条　对登记价值确定结果提出异议的行政案件的法院判决

1. 法院判决依照本法典第十五章作出。

2. 法院判决的内容应该符合本法典第180条和本条第3款所规定的要求。

3. 在法院判决的结论部分应该指出重新确定的登记价值的大小。

4. 法院判决的副本应交付案件参加人及其代理人,由他们出具收条,也可以在判决制作后发送给他们。

5. 对登记价值确定结果提出异议的行政案件中,对共和国最高法院、边疆区法院、州法院、联邦直辖市法院、自治州法院、自治专区法院、军区(舰队)军事法院判决的上诉、抗诉,分别由共和国最高法院、边疆区法院、州法院、联邦直辖市法院、自治州法院、自治专区法院、军区(舰队)军事法院的上诉审法院审理。

6. 对登记价值确定结果提出异议的行政案件中,对法院的裁定可以与法院判决分开,由案件参加人单独向上诉审法院提出申诉,检察长还可以提出抗诉。

7. 本条第6款所列申诉和抗诉,由共和国最高法院、边疆区法院、州法院、联邦直辖市法院、自治州法院、自治专区法院、军区(舰队)军事法院的上诉审法院审理。

第二十六章　因在合理期限内进行法院诉讼和合理期限内执行法院裁判的权利受到侵害而要求赔偿的行政诉讼

第 250 条　向法院提出因在合理期限内进行法院诉讼和在合理期限内执行法院裁判的权利受到侵害而要求进行赔偿的行政诉讼请求

1. 如果当事人认为,国家机关、地方自治机关、其他机关、组织、公职人员侵害了他在合理期限内进行法院诉讼(包括在合理期限内进行刑事案件的审前程序和扣押财产的诉讼保全措施)的权利,或者侵害了他在合理期限内执行法院裁判的权利,则有权向法院提出行政诉讼请求,因在其合理期限内进行法院诉讼的权利或在合理期限内执行法院裁判的权利受到侵害而要求进行赔偿(下称要求赔偿的行政诉讼请求)。

(本款由 2015 年 6 月 29 日第 190 号联邦法律修订)

2. 因在合理期限内进行法院诉讼和在合理期限内执行法院裁判的权利受到侵害而要求进行赔偿的行政诉状,应该在对该行政案件的最后法院裁判生效之日起的 6 个月内提交。

3. 如果案件审理的时间超过 3 年,而本条第 1 款所列人员此前曾经按规定程序提出过加快案件审理的申请,则因在合理期限内进行法院诉讼和在合理期限内执行法院裁判的权利受到侵害而要求进行赔偿的行政诉状可以在行政案件结案之前提出。

4. 要求对在合理期限内进行法院诉讼和在合理期限内执行

法院裁判的权利受到侵害进行赔偿的行政诉状可以在法院裁判的执行期间提交,但不得迟于联邦法律规定的法院裁判执行期限后的6个月,也不得迟于法院裁判执行程序终止之日起的6个月。

5. 因在合理期限内进行法院诉讼和在合理期限内执行法院裁判的权利受到侵害而要求进行赔偿的行政诉状,可以在刑事判决生效之日起的6个月内提交,或在调查人员、侦查员、检察长、侦查机关领导人、法院作出的终止刑事案件的决定、裁定生效之日起的6个月内提交。如果应该作为刑事被告人参加案件的人员已经确定,而刑事案件的诉讼时间超过4年,利害关系人此前依照俄罗斯联邦刑事诉讼立法提出过加快刑事诉讼的申请,则要求赔偿的行政诉状可以在刑事案件结案之前提交。

6. 如果刑事案件的审前调查自犯罪举报之日至由于上述理由作出中止刑事案件审前调查决定之日止的时间已经超过4年,并且有材料证明调查人员、侦查员、调查部门领导人、调查机关、侦查员、侦查机关领导人未采取俄罗斯联邦刑事诉讼立法所规定的刑事案件及时立案、进行审前调查和确定犯罪嫌疑人、刑事被告人所必需的措施,因在合理期限内进行刑事诉讼的权利受到侵害而要求进行赔偿的行政诉状,也可以由被害人、受到刑事法律所禁止行为损害的其他利害关系人在调查人员、侦查员、调查部门领导人、调查机关、侦查员、侦查机关领导人因不能确定刑事被告人而作出中止刑事案件调查决定之日起的6个月内提交。

7. 刑事案件中,对不是犯罪嫌疑人、刑事被告人或不是依法对其行为负有财产责任的人员长期适用扣押财产的诉讼强制措施的,如果刑事案件中扣押财产的时间超过4年,则因在合理期限内进行刑事诉讼的权利受到侵害而要求进行赔偿的行政诉状可以在刑事判决生效之日起的6个月内或者在中止刑事案件的法院裁决或裁定生效之日起的6个月内提交，或者在调查人员、调查部门首长、调查机关、侦查员、侦查机关领导人作出终止刑事诉讼的决定之日起的6个月内提交，以及在终止刑事追究之前或法院判决生效之前提交。

（本款由2015年6月29日第190号联邦法律增补）

第251条　因在合理期限内进行法院诉讼和在合理期限内执行法院裁判的权利受到侵害而要求进行赔偿的行政诉状的提交程序

1. 对因在合理期限内进行法院诉讼和在合理期限内执行法院裁判的权利受到侵害而要求进行赔偿的行政诉状，应通过作出第一审判决（裁定、裁决）的法院、作出刑事判决的法院或通过案件的第一审法院向有权审理该诉状的法院提交。

2. 在联邦法律规定的情况下，对在合理期限内进行刑事诉讼的权利受到侵害进行赔偿的行政诉讼请求可以在刑事追究终止前或在法院的有罪判决生效前或者在刑事案件诉讼终结前提出。

3. 因在合理期限内进行刑事诉讼的权利受到侵害而要求进行赔偿的行政诉讼请求，依照本法典第250条第5款至第7款的规定向前调查进行地的共和国最高法院、边疆区法院、州法院、联邦直辖市法院、自治州法院、自治专区法院、军区（舰队）军事法院提出。

（本款由2015年6月29日第190号联邦法律修订）

4. 作出判决的法院，必须在收到对因在合理期限内进行法院诉讼和在合理期限内执行法院裁判的权利受到侵害而要求进行赔偿的行政诉状之日起的3日内将诉状连同案卷移送相应的法院。

第252条 因在合理期限内进行法院诉讼和在合理期限内执行法院裁判的权利受到侵害而要求进行赔偿的行政诉状应该符合哪些要求

1. 对因在合理期限内进行法院诉讼和在合理期限内执行法院裁判的权利受到侵害而要求进行赔偿的行政诉状的格式应该符合本法典第125条第1款规定的要求。

2. 要求赔偿的行政诉状应该指出：

（1）接受要求赔偿的行政诉状的法院的名称；

（2）提交要求赔偿人的名称及其所在地或住所地、被告和案件其他参加人的名称及其所在地或住所地；

（3）对案件所作法院裁判的材料、审理案件的法院名称、争议的标的或刑事案件立案的根据、负责执行法院裁决的机关、组织或公职人员的文件或行为；

（4）从第一审法院收到申请、诉讼请求、行政诉状直至对民事案件、行政案件作出最后法院裁判的法院诉讼总时间，或者从进行刑事诉讼开始到终止刑事追究或作出有罪判决之时的总时间，刑事诉讼中适用财产扣押这一诉讼强制措施的总时间和执行法院裁判的总时间；

（本项由2015年6月29日第190号联邦法律修订）

（5）因不能确定应该受到刑事追究的人而终止审前调查的刑事案件中，从收到犯罪举报之时起直至作出中止刑事案件审前调查的时间止的审前调查总时间；

（6）提交要求赔偿的行政诉状的人所知悉的、造成案件诉讼活动和法院裁判执行活动长期进行的情况；

（7）提交要求赔偿的行政诉状的人提出的理由，并指出要求赔偿的根据和赔偿的数额；

（8）提交要求赔偿的行政诉状的人所知悉的并证明检察长、侦查机关领导人、侦查员、调查机关、调查部门首长、调查人员违反俄罗斯联邦刑事诉讼立法规定的犯罪举报审理程序的不作为，包括不止一次地或不及时地撤销拒绝刑事案件立案的决定，或者由于不确定应该作为刑事被告人受到刑事追究的人而中止刑事案件审前调查，或者终止刑事案件或刑事追究，或者进行刑事案件审前调查的机关为确定犯罪嫌疑人、刑事被告人而采取的措施不足、不及时或无效而终止刑事案件或刑事追究；

（9）侵害在合理期限进行诉讼的权利或在合理期限执行法院裁判的权利对提交行政诉状的人所造成的后果；

（10）提交行政诉状的人要求将赔偿款项转入的银行账户信息；

（11）行政诉状所附具的文件清单。

3. 要求赔偿的行政诉状应该附具本法典第 126 条第 1 款第（2）项和第（4）项规定的文件。

第 253 条 要求赔偿的行政诉状的受理

1. 要求赔偿的行政诉状的受理问题，在法院收到诉状之日起的 3 日内由法官独任解决。

2. 如果不存在搁置或退回要求赔偿的行政诉状的理由，则应该受理。

3. 迟误向法院提出请求的期限不是拒绝受理行政诉状、搁置诉状不予启动或退回诉状的理由。

4. 受理要求赔偿的行政诉状应该包括本法典第 127 条第 2 款所规定的信息材料, 以及指出审理该诉状的审判庭开庭的时间和地点。

5. 受理要求赔偿的行政诉状的裁定书的副本最迟应在作出裁定后的第一个工作日送交原告、负责执行法院裁判的机关、组织或公职人员以及利害关系人。

第 254 条　退回要求赔偿的行政诉状

1. 如果法官在解决受理要求赔偿的行政诉状时确定以下情形之一的, 应该退回行政诉状：

（1）存在本法典第 129 条第 1 款第(2)项至第(7)项的根据；

（2）行政诉状的提交违反了本法典第 250 条和第 251 条规定的程序和期限；

（3）案件的诉讼期限、适用扣押财产的诉讼强制措施的期限或者执行法院裁判的期限, 显然证明不存在对在合理期限内进行法院诉讼和在合理期限内执行法院裁判的权利的侵害。

（本项由 2015 年 6 月 29 日第 190 号联邦法律修订）

（4）提交要求赔偿的行政诉状的人没有提交诉状的权利。

2. 关于退回要求赔偿的行政诉状的事项, 法官应该作出裁定。

3. 法官关于退回要求赔偿的行政诉状的裁定书的副本应该在作出裁定后的第一个工作日连同行政诉状以及行政诉状所附具的文件一并送交提交诉状的人。

4. 要求赔偿的行政诉状被退回不妨碍在排除退回根据后再次按照一般程序向法院提出行政诉讼请求。

5. 对退回要求赔偿的行政诉状的裁定，可以在本法典第 314 条规定的期限内按照本法典第 315 条规定的程序向上诉审法院提出申诉。

6. 在裁定被撤销时，要求赔偿的行政诉状被视为在法院原来收到之日提交给法院。

第 255 条　搁置要求赔偿的行政诉状不予启动

1. 如果要求赔偿的行政诉状违反了本法典第 252 条对要求赔偿的行政诉状的格式与内容以及所附具文件的要求，则法院作出搁置行政诉状不予启动的裁定。

2. 在搁置要求赔偿的行政诉状不予启动的裁定中，应指出本法典第 130 条第 1 款所列情况。

3. 关于搁置要求赔偿的行政诉状不予启动的裁定，最迟应在作出裁定后的第一个工作日送达提交该诉状的人。

4. 如果搁置要求赔偿的行政诉状不予启动的根据在法官裁定规定的期限内排除，则要求赔偿的行政诉状被视为在最初提交法院之日提交。在其他情况下，要求赔偿的行政诉状被视为未提交并依照本法典第 129 条规定的程序连同所附具的文件一并退回。

5. 对搁置行政诉状不予启动的裁定，可以在本法典第 314 条第 1 款规定的期限内并依照本法典第 315 条规定的程序向上诉审法院提出申诉。

6. 如果裁定被撤销，则要求赔偿的行政诉状被认为是在法院最初收到之日提交法院的。

第 256 条　要求赔偿的行政案件的审理期限

法院应在收到要求赔偿的行政诉讼请求之日起的 2 个月内审理该案件,该期限包括准备行政案件的法庭审理和作出法院裁判的时间。

第 257 条　准备审理因在合理期限内进行法院诉讼和在合理期限内执行法院裁判的权利受到侵害而要求进行赔偿的行政案件

1. 在准备审理因在合理期限内进行法院诉讼和在合理期限内执行法院裁判的权利受到侵害而要求进行赔偿的行政案件(下称要求赔偿的行政案件)时,法院应确定案件参加人的范围,包括负责执行法院裁判的机关、组织或公职人员,并规定上述人对要求赔偿的行政案件提出解释、进行答辩和(或)说明理由。要求赔偿的行政案件的参加人必须在法院规定的期限内对要求赔偿的行政诉讼请求提交解释、进行答辩和(或)说明理由。不提交或不及时提交解释、答辩或理由的,可以按本法典第 122 条和第 123 条规定的程序和数额处以诉讼罚金。

2. 在预备庭,法院可以查明原告迟误本法典规定的向法院提出行政诉讼请求期限的原因。在确定没有正当理由迟误上述期限的事实时,法院应作出驳回要求赔偿的行政诉讼请求的判决,而不必审查该行政案件的其他事实情况。对法院判决,可以按照本法典规定的程序提出上诉。

第 258 条　要求赔偿的行政案件的审理

1. 法院按照一般规则并遵守本章规定的特点,开庭审理因在合理期限内进行法院诉讼和在合理期限内执行法院裁判的权利受到侵害而要求进行赔偿的行政案件。

2. 应将开庭审理该案的时间和地点通知原告和负责执行法院裁判的机关、组织或公职人员以及案件的其他参加人。

3. 在审理要求赔偿的行政诉讼请求时,法院应根据行政诉状所叙述的理由、对该案所作法院裁判的内容以及案件材料,考虑下列情况,确定原告在合理期限内进行诉讼和在合理期限内执行法院裁判的权利确实受到侵害的事实:

(1) 案件在法律上和事实方面的复杂性;

(2) 原告和诉讼的其他参加人的行为;

(3) 法院或法官为及时进行案件审理所实施的行为是否充分和有效;

(4) 负责执行法院裁判的机关、组织或公职人员为及时执行法院裁判所实施的行为是否充分和有效;

(5) 案件法庭审理和不执行法院裁判的总时间。

4. 在审理因在合理期限内进行刑事案件诉讼的权利受到侵害而要求进行赔偿的行政诉讼请求时,法院应该根据行政诉状所叙述的理由、刑事案件中所作法院裁判的内容、案件材料并考虑以下情况确定是否存在侵害原告在合理期限进行刑事案件诉讼的权利的事实:

(1) 案件在法律上的事实方面的复杂性;

(2) 原告和刑事诉讼其他参加人的行为;

(3) 法院、检察长、侦查机关领导人、侦查员、调查部门首长、调查机关、调查人员为及时进行刑事诉讼和及时审理刑事案件所实施的行为是否充分和有效;

（4）刑事诉讼或在刑事诉讼过程中适用扣押财产的诉讼强制措施的总时间。

（本项由 2015 年 6 月 29 日第 190 号联邦法律修订）

第 259 条　要求赔偿的行政案件的法院判决

1. 要求赔偿的行政案件中，法院根据审理结果作出判决。判决应该符合本法典第十五章规定的要求和本法典第 180 条规定的要求，判决应该包括：

（1）理由部分：

A. 对案件所作的法院裁判、争议标的、审理案件的法院的名称，刑事诉讼过程中适用扣押财产这一诉讼强制措施的总时间或执行法院裁判的总时间；

（本项由 2015 年 6 月 29 日第 190 号联邦法律修订）

B. 论证赔偿数额的理由和依照联邦法律负责执行关于赔偿的法院判决的机关、组织或公职人员的名称；

C. 进行赔偿的理由，或驳回赔偿请求的理由。

（2）结论部分：

A. 如果驳回赔偿请求，应指出这一点；

B. 判决赔偿时，应指出判决赔偿和赔偿的数额、依照联邦法律负责执行关于赔偿的法院判决的机关、组织或公职人员的名称，赔偿钱款应汇入的原告的账户信息；

C. 规定诉讼费用的分摊。

2. 法院判决的副本应在作出最终形式判决之日起的 3 日内送交原告、依照联邦法律负责执行关于赔偿的法院判决的机关、组织或公职人员以及送交利害关系人。

3. 要求赔偿的行政案件的法院判决应该按照俄罗斯联邦预算立法规定的程序立即执行。

第260条 要求赔偿的行政案件中法院判决的上诉

1. 对俄罗斯联邦最高法院在要求赔偿的行政案件中所作的判决，可以通过上诉程序和监督程序提出上诉和申诉。

2. 对普通法院关于要求赔偿的行政案件所作的判决，可以通过上诉监督程序、申诉程序和监督程序提出上诉和申诉。

3. 上诉状、抗诉书分别由以下法院审理：

（1）共和国最高法院、边疆区法院、州法院、联邦直辖市法院、自治州法院、自治专区法院、军区（舰队）军事法院的上诉审，分别审理对共和国最高法院、边疆区法院、州法院、联邦直辖市法院、自治州法院、自治专区法院、军区（舰队）军事法院的判决提出的上诉；

（2）俄罗斯联邦最高法院上诉审审理对俄罗斯联邦最高法院判决提出的上诉。

第261条 对第一审法院裁定的申诉

1. 对于就要求赔偿的行政案件所作的法院裁定，可以与法院判决分开，由案件参加人另行向上诉审法院提出申诉，而检察长可以提出抗诉。

2. 对本条第1款所列对裁定的申诉和抗诉，由共和国最高法院、边疆区法院、州法院、联邦直辖市法院、自治州法院、自治专区法院、军区（舰队）军事法院的上诉审审理，但对俄罗斯联邦最高法院的裁定除外，俄罗斯联邦最高法院的裁定应由俄罗斯联邦最高法院上诉审审理。

第二十七章 中止政党、其地区分部或其他部门的活动或予以取缔,中止不具有法人资格的其他社会团体、宗教组织和其他非商业组织、其地区分部或其他部门的活动或予以取缔以及禁止大众信息媒体活动的行政诉讼

第262条 要求中止政党、其地区分部或其他部门的活动或予以取缔,中止不具有法人资格的其他社会团体、宗教组织和其他非商业组织、其地区分部或其他部门的活动或予以取缔以及禁止大众信息媒体活动的行政案件的行政诉讼请求的提出

1. 要求中止政党、其地区分部或其他部门的活动或予以取缔,中止不具有法人资格的其他社会团体、宗教组织和其他非商业组织、其地区分部或其他部门的活动或予以取缔以及禁止大众信息媒体活动的行政案件的行政诉讼请求(下称要求中止活动的行政诉讼请求),可以由联邦法律规定负责对上述组织、团体或媒体的活动进行监督的机关或公职人员提出。

2. 要求中止活动的行政诉状,依照法典第二章规定的管辖规则向法院提交。

3. 要求中止活动的行政诉状应该指出以下内容:

(1) 本法典第125条第2款至第3款、第5款、第8款所规定的信息材料;

(2) 联邦法律规定的中止政党、其地区分部或其他部门的活动或予以取缔,中止不具有法人资格的其他社会团体、宗教组织和

其他非商业组织、其地区分部或其他部门的活动或予以取缔以及禁止大众信息媒体活动的根据,并向法院提出诉讼请求的机关或组织据以认为存在上述根据的事实情况;

(3) 设有中央宗教组织的地方宗教组织的活动区域,或者大众信息媒体传播的主要区域。

4. 以有关机关的名义向法院提交的要求中止活动的行政诉状,应该由其领导人签字,而以公职人员名义提交的行政诉状,应该由公职人员签字。

5. 要求中止活动的行政诉状应附具本法典第125条规定的证明该诉状所列情况的文件。

第263条 要求中止政党、其地区分部或其他部门的活动或予以取缔,中止不具有法人资格的其他社会团体、宗教组织和其他非商业组织、其地区分部或其他部门的活动或予以取缔以及禁止大众信息媒体活动的行政案件的审理

1. 要求中止政党、其地区分部或其他部门的活动或予以取缔,中止不具有法人资格的其他社会团体、宗教组织和其他非商业组织、其地区分部或其他部门的活动或予以取缔以及禁止大众信息媒体活动的行政案件,应该在法院受理要求中止活动的行政诉状之日起的1个月期限内审理。

2. 在要求中止政党、其地区分部或其他部门的活动或予以取缔,中止不具有法人资格的其他社会团体、宗教组织和其他非商业组织、其地区分部或其他部门的活动或予以取缔以及禁止大众信息媒体活动的行政案件中,法院根据有关申请并依照本法典第七章规定的程序,或以作出适用以下要求中止活动的行政诉讼的保全措施：

(1) 中止相关组织、团体、大众信息媒体的活动；

(2) 中止有关出版物的出版和销售或中止材料的传播；

(3) 扣押相关组织、团体的财产；

(4) 禁止实施与有关组织、团体、大众信息媒体活动有关的行为。

3. 应将审理要求中止活动的行政案件的时间和地点通知向法院提起诉讼的机关或公职人员、政党和其他社会团体的领导机关、被要求中止活动或取缔的非商业组织的领导人、被要求中止活动或取缔的不具有法人资格的社会团体和宗教组织的代表、大众信息媒体的发起人和总编辑，以及利害关系人，如果上述领导机关、领导人、代表、发起人或总编辑所在地不明，则行政案件审理时间和地点的通知应于开庭前 10 天在对非商业组织或大众信息媒体进行登记的联邦行政机关的官方网站上公布，以及在俄罗斯联邦政府指定的正式期刊上公布。

4. 案件参加人收到关于行政案件审理时间和地点的通知而不到庭，不妨碍案件的审理。

5. 如果存在本法典第十一章规定的根据和依照该章规定的程序，法院可以在不公开的审判庭审理行政案件。

第 264 条 要求中止政党、其地区分部或其他部门的活动或予以取缔，中止不具有法人资格的其他社会团体、宗教组织和其他非商业组织的活动或予以取缔以及禁止大众信息媒体活动的行政案件的法院判决

1. 在要求中止政党、其地区分部或其他部门的活动或予以取

缔，中止不具有法人资格的其他社会团体、宗教组织和其他非商业组织的活动或予以取缔以及禁止大众信息媒体活动的行政案件中，法院判决依照本法典第十五章的规则作出。

2. 在对要求取缔社会团体、宗教团体和其他非商业组织的行政案件作出判决的同时，法院根据调整打击极端主义活动领域关系的联邦法律规定的根据，作出将被取缔社会团体、宗教组织和其他非商业组织在满足其债权人请求后剩余财产收归俄罗斯联邦所有的判决。判决的副本应交付案件参加人，或者在判决制作之日起的3日内送交他们。

3. 如果依照调整打击极端主义活动领域关系的联邦法律规定的根据，法院判决满足要求取缔社会团体、宗教组织和其他非商业组织、禁止不具有法人资格的社会团体，或宗教组织的活动或者终止大众信息媒体的活动的行政诉讼请求，则法院判决中关于终止社会团体、宗教组织和其他非商业组织活动的部分或者终止大众信息媒体寻找、获得、生产和传播大众信息部分的判决应该立即生效。

第265条 要求中止政党、其地区分部或其他部门的活动或予以取缔，中止其他社会团体、宗教组织和其他非商业组织的活动或者予以取缔，禁止不具有法人资格的社会团体、宗教组织的活动以及终止大众信息媒体活动的行政案件中，对法院判决的上诉

1. 关于要求中止政党、其地区分部或其他部门的活动或予以取缔，中止其他社会团体、宗教组织和其他非商业组织的活动或者予以取缔，禁止不具有法人资格的社会团体、宗教组织的活动以及终止大众信息媒体活动的行政案件中，对法院判决可以依照本法典规定的程序提出上诉。

2. 在要求中止政党、其地区分部或其他部门的活动或予以取缔，中止其他社会团体、宗教组织和其他非商业组织的活动或者予以取缔，禁止不具有法人资格的社会团体、宗教组织的活动以及终止大众信息媒体活动的行政案件，法院所作的判决，本身并不妨碍被授权代表相关团体、组织或就相关大众信息媒体活动问题发言的人通过本法典规定的上诉程序、申诉程序和监督程序对该判决提出告诉。

第二十八章　要求将应该驱逐出境或准予再入籍的外国公民安置到专门机构或延长应该驱逐出境或准予再入籍的外国公民在专门机构居留期的行政诉讼

第266条　要求将应该驱逐出境或准予再入籍的外国公民安置到专门机构或延长应该驱逐出境或准予再入籍的外国公民在专门机构居留期的行政诉状的提交

1. 要求将应该驱逐出境或准予再入籍的外国公民安置到专门机构或延长应该驱逐出境或准予再入籍的外国公民在专门机构居留期的行政诉状，应该由在移民领域行使执法职能、监督（监管）职能的提供国家帮助的联邦行政机关的区域机关（下称联邦移民行政机关的区域机关）的代表提交。

2. 要求将应该驱逐出境或准予再入籍的外国公民安置到专门机构或延长应该驱逐出境或准予再入籍的外国公民在专门机构居留期的行政诉状，应该提交给安置应驱逐出境或准予再入籍的外国公民的专门机关所在地的法院。

3. 要求将应该驱逐出境或准予再入籍的外国公民安置到专门机构或延长应该驱逐出境或准予再入籍的外国公民在专门机构居留期的行政诉状应该指出：

（1）本法典第125条第2款第(1)项至第(3)项、第(5)项和第(8)项规定的信息材料；

（2）关于驱逐出境或准予再入籍的决定的信息材料，包括联邦法律规定的将应该驱逐出境或准予再入籍的外国公民安置到专门机构的根据以及延长应该驱逐出境或准予再入籍的外国公民在专门机构的居留期的根据；

（3）将应该驱逐出境或准予再入籍的外国公民安置到专门机构的适当期限以及延长上述外国公民在专门机构居留期的适当期限。

4. 要求将应该驱逐出境或准予再入籍的外国公民安置到专门机构或延长应该驱逐出境或准予再入籍的外国公民在专门机构居留期的行政诉状应该由联邦移民行政机关的区域机关的领导人签字。

5. 要求将应该驱逐出境或准予再入籍的外国公民安置到专门机构或延长应该驱逐出境或准予再入籍的外国公民在专门机构居留期的行政诉状应该附具证明诉状所列情况的文件，以及本法典第128条第1款第(1)项所列的文件。如果没有证明应该驱逐出境或准予再入籍的外国公民身份的信息材料，则行政诉状应该附具联邦移民行政机关的区域机关依照联邦法律制作的证明外国人身份的结论性文件。

第 267 条　要求将应该驱逐出境或准予再入籍的外国公民安置到专门机构或延长应该驱逐出境或准予再入籍的外国公民在专门机构居留期的行政诉状的提交和法院受理的程序

1. 要求将应该驱逐出境或准予再入籍的外国公民安置到专门机构的行政诉状，应该在将应该驱逐出境或准予再入籍的外国公民安置到专门机构之时起的 8 小时内，根据在移民领域行使执法职能、监督（监管）职能的提供国家帮助的联邦行政机关领导人或其副职或者根据相应联邦移民机关的区域机关领导人或其副职依照联邦法律作出的决定提交法院。

2. 要求延长应该驱逐出境或准予再入籍的外国公民在专门机构居留期的行政诉状，最迟应该在法院判决规定的应该驱逐出境或准予再入籍的外国公民在专门机构的居留期届满 8 小时以前提交法院。

3. 如果诉讼请求属于该法院管辖，则在收到要求将应该驱逐出境或准予再入籍的外国公民安置到专门机构或延长应该驱逐出境或准予再入籍的外国公民在专门机构居留期的行政诉状后，法官应立即作出裁定，受理要求将应该驱逐出境或准予再入籍的外国公民安置到专门机构和延长应该驱逐出境或准予再入籍的外国公民在专门机构居留期，延期的期限是审理该诉讼请求所必需的时间。如果该法院对诉讼请求没有管辖权，则根据本法典第 129 条第 1 款第（2）项退回行政诉状。

4. 在受理要求将应该驱逐出境或准予再入籍的外国公民安置到专门机构或延长应该驱逐出境或准予再入籍的外国公民在专门机构居留期的行政诉讼请求后，法院有权依照本法典第 63 条规定的程序,向案件参加人调取保证正确和及时解决行政案件所必需的材料,法院还可以责成联邦移民机关的区域机关保证上述人出庭。

第 268 条　要求将应该驱逐出境或准予再入籍的外国公民安置到专门机构或延长应该驱逐出境或准予再入籍的外国公民在专门机构居留期的行政案件的审理

1. 要求将应该驱逐出境或准予再入籍的外国公民安置到专门机构或延长应该驱逐出境或准予再入籍的外国公民在专门机构居留期的行政案件,应该在立案之日起的 5 日内审理。

2. 审判庭审安排在法院进行。

3. 要求将应该驱逐出境或准予再入籍的外国公民安置到专门机构或延长应该驱逐出境或准予再入籍的外国公民在专门机构居留期的行政案件的审理,参加法庭审理的人应该有向法院提交行政诉状的联邦移民机关区域机关的代表、应该被驱逐出境或准予再入籍而安置到专门机构的或延长其在专门机构居留期的外国公民、检察长。上述人已经收到开庭时间和地点通知而不出庭,不妨碍行政案件的审理和解决。

第 269 条　要求将应该驱逐出境或准予再入籍的外国公民安置到专门机构或延长应该驱逐出境或准予再入籍的外国公民在专门机构居留期的行政案件的法院判决

1. 法院在审理要求将应该驱逐出境或准予再入籍的外国公民安置到专门机构或延长应该驱逐出境或准予再入籍的外国公民在专门机构居留期的行政案件后,作出判决,满足或者驳回行政诉讼请求。

2. 判决的内容应该符合本法典第 180 条的要求。此外，如果满足诉讼请求，则在说明理由部分要规定将应该驱逐出境或准予再入籍的外国公民安置在专门机构的合理期限并说明理由，而在结论部分应规定将应该驱逐出境或准予再入籍的外国公民安置在专门机构的具体期限。

3. 在要求将应该驱逐出境或准予再入籍的外国公民安置到专门机构或延长应该驱逐出境或准予再入籍的外国公民在专门机构居留期的行政案件中，判决应该在作出之日制作完成。

4. 判决的副本应该交付案件参加人及其代理人并由他们出具收条，或者在制作后采取保障最快送达的方式送交给他们。

第二十九章　对剥夺自由场所释放人员进行行政监管的行政诉讼

第 270 条　与行政监管有关的行政诉状的提交

1. 向法院提交设立行政监管的行政诉状的是：

（1）改造机构，对即将从剥夺自由场所释放的人员；

（2）内务机关，对已经从剥夺自由场所释放的人员，以及作为附加刑判处限制自由刑的服刑人员，或者将未服完部分的剥夺自由刑期改判限制自由刑的服刑人员。

2. 要求延长行政监管的行政诉状以及增加行政限制的行政诉状，应由内务机关向法院提交。

3. 要求提前终止行政监管的行政诉状和部分撤销行政限制的行政诉状，应由内务机关、被监管人员或其代理人向法院提交。

4. 如果被监管人员由于健康状况或其他正当原因而不能亲自向法院提出请求，则检察长有权依照本法典第39条第1款规定的程序向法院提交要求提前终止行政监管的行政诉状和部分撤销行政限制的行政诉状，以维护被监管人员的权利和自由。

5. 要求对即将从剥夺自由场所释放人员设立行政监管的行政诉状，向改造机构所在地的法院提交，要求对已经从剥夺自由场所释放人员设立行政监管的行政诉状，向该人员住所地或居留地的法院提交。

6. 要求延长行政监管、增加行政限制、部分撤销行政限制、提前终止行政监管的行政诉状，向被监管人员住所地或居留地的法院提交。如果法院驳回提前终止行政监管的行政诉讼请求，则在法院作出驳回提前终止行政监管诉讼请求判决之日起至少过6个月后才能再提交要求提前终止行政监管的行政诉状。

7. 要求按照联邦法律规定的根据对即将从剥夺自由场所释放的人员设立行政监管的行政诉状，改造机构的行政最迟应该在法院刑事判决规定的在剥夺自由场所服刑期届满前2个月向法院提交。

8. 要求对作为附加刑判处限制自由刑的服刑人员，或者将未服完部分的剥夺自由刑期改判限制自由刑的服刑人员设立行政监管的行政诉状，内务机关至少应在被判刑人限制自由刑期限届满前1个月向法院提交。

9. 不遵守本条第7款和第8款规定的期限，不是退回或拒绝受理要求设立行政监管的行政诉状的理由，也不是驳回诉讼请求的理由。在这种情况下，法院应该保证在法院刑事判决规定的被判刑人服剥夺自由刑或限制自由刑的期限届满之前审理行政案件。不遵守本条第 7 款和第 8 款规定的期限，说明已经违法并构成依照本法典第 200 条作出裁定的根据。

第 271 条　关于行政监管的行政诉状的内容与附具的文件

1. 要求设立、延长、提前终止行政监管，提前或部分撤销行政限制的行政诉状，应该指出：

（1）本法典第 125 条第 2 款第（1）项至第（3）项、第（5）项、第（8）项所规定的信息材料；

（2）提交相关行政诉状的根据；

（3）本条第 4 款至第 9 款规定的有关信息材料；

（4）对行政案件审理有意义的情况。

2. 改造机构的行政诉状应该由机构的首长签字，内务机关的行政诉状应该由内务机关领导人签字，被设立行政监管人员要求提前终止行政监管、部分撤销行政限制的行政诉状应该由被监管人员签字，如其代理人签字具有相应权限，代理人也应该签字。

3. 行政诉状应该分别附具本条第 4 款至第 9 款所规定的文件和材料，以及证明诉状所列信息材料的文件和材料，还要附具本法典第 125 条第 1 款第（1）项所规定的文件。

4. 改造机构要求设立监管的行政诉状，应该指出将被设立行政监管的人员在改造机构服刑期间的行为表现，建议规定哪些行政限制和行政监管的期限。要求设立行政监管的行政诉状应附具法院的刑事判决以及改造机构首长认为被判刑人恶意违反服刑程序的裁决的副本。

5. 内务机关要求设立行政监管的行政诉状应该指出被设立行政监管人员的生活方式和行为表现，建议设立哪些行政限制和行政监管的期限。要求设立行政监管的行政诉状应该附具法院刑事判决的副本和证明有关人员实施行政违法行为的材料。

6. 要求延长行政监管的行政诉状应该指出有关被监管人员生活方式和行为表现的信息材料，建议延长行政监管的期限和行政限制的种类。要求延长行政监管的行政诉状应该附具证明上述人员实施行政违法行为的信息材料，以及说明其个人身份的材料。

7. 要求增加行政限制的行政诉状应该指出被监管人员的生活方式和行为表现及建议增加哪些行政限制。要求增加行政限制的行政诉状应该附具证明上述人员实施行政违法行为的材料和说明其个人身份的材料。

8. 要求部分撤销行政限制的行政诉状，应该指出被监管人员的生活方式和行为表现及建议撤销哪些行政限制。要求部分撤销行政限制的行政诉状应该附具说明其个人情况的材料。

9. 要求终止行政监管的行政诉状应该指出说明被监管人员的情况，附具说明被监管人员情况的材料。

第 272 条　涉及行政监管的行政案件的审理

1. 对涉及行政监管的行政案件，法院应立即受理，但除行政诉讼请求由其他法院管辖并依照本法典第 129 条第 1 款第 2 项规定的根据退回行政诉状的除外。在受理行政诉讼请求以后，法院调取必要的文件和材料，而如果法院认为被设立行政监管、被延长行政监管、被增加行政限制的人员必须到庭，则法院应责成提交行政诉状的改造机构或内务机关保证该人出庭。

2. 涉及行政监管的行政诉状所列信息材料的证明责任由向法院提出行政诉讼的请求方承担。

3. 法院应将开庭的时间和地点通知被设立行政监管的人员、相应的改造机构或内务机关以及检察长。

4. 在要求设立、延长行政监管或增加行政限制的行政案件中,检察长、有关改造机构或内务机关的代表已经收到关于开庭时间和地点的通知而不到庭的,不妨碍行政案件的审理和解决,但法院认为他们必须出庭的情形除外。

5. 在要求提前终止行政监管、部分撤销行政限制的行政案件中,被监管人员或其代理人已经收到关于开庭时间和地点的通知而不到庭的,不妨碍行政案件的审理和解决,但法院认为上述人员和(或)其代理人必须出庭的情形除外。

6. 有关改造机构或内务机关的代表没有正当原因不到庭,而法院又认为他们必须出庭的,则依照本法典第122条和第123条规定的程序和数额对之处以诉讼罚金。

7. 涉及行政监管的行政案件,法院应在收到行政诉状之日起的10日内审理。关于对正在服刑的人员设立行政监管的行政案件,至迟应该在被判刑人服剥夺自由刑的期限届满之日的前一日或作为附加刑判处的限制自由刑及作为将未服完部分的剥夺自由刑改判的限制自由刑的期限届满之日的前一日审结。

8. 在解决设立行政监管、延长行政监管或增加行政限制的行政案件中,法院不受行政诉状所提出的行政监管期限和(或)行政限制种类的约束,法院根据行政案件具体情况可以确定联邦法律规定的其他种类的行政限制及在联邦法律规定的限度内规定不同的期限。

第273条 关于行政监管的行政案件的法院判决

1. 关于行政监管的行政案件的法院判决按照本法典第十五

章的规则作出。

2. 关于行政监管的行政案件的法院判决的内容应该符合本法典第 180 条和本条第 3 款规定的要求。

3. 在关于行政监管的行政案件中,法院判决的结论部分应该包括下列内容:

(1) 在设立行政监管或延长行政监管的行政案件中,规定行政监管的期限、法院所规定的具体行政限制;

(2) 在增加行政限制的行政案件中,法院规定增加哪些具体的行政限制;

(3) 在部分撤销行政限制的行政案件中,法院规定撤销哪些具体的行政限制。

4. 在关于行政监管的行政案件中,法院应该在作出判决的当日制作判决的说明理由部分。

5. 法院判决的副本应交付案件参加人及其代理人,并由其出具收条,或者在制作完毕后以保证以最快送达的方式送交案件参加人。

第三十章 强制将公民安置到提供精神病学帮助的医疗住院机构、强制延长住院治疗或强制对公民进行精神病学检验的行政诉讼

第 274 条 强制将公民安置到提供精神病学帮助的医疗住院机构、强制延长住院治疗或强制对公民进行精神病学检验的行政诉讼规则适用问题

1. 按照本章的规则应该审理下列行政案件:

（1）关于强制将公民安置到提供精神病学帮助的医疗住院机构、强制延长住院治疗的行政案件；

（2）关于强制对公民进行精神病学检验的行政案件；

（3）关于强制将公民安置到提供精神病学帮助的医疗住院机构的其他行政案件，如果联邦法律对审理相关请求规定了法院诉讼。

2. 不得按照本章的规则审理涉及下列事项的请求：

（1）对患有精神病、实施了危害社会行为适用医疗性强制措施和延长适用医疗性强制措施；

（2）进行司法精神病学鉴定，包括将公民安置到提供精神病学帮助的医疗住院机构进行鉴定，以及强制对公民进行司法精神病学鉴定。

第 275 条　关于强制将公民安置到提供精神病学帮助的医疗住院机构或强制延长患有精神病的公民住院期限的行政诉状的提交

1. 关于强制将公民安置到提供精神病学帮助的医疗住院机构或强制延长患有精神病的公民住院期限的行政诉状（下称强制安排公民住院或强制延长公民住院期限的行政诉状），由安置公民的医疗机构提交。

2. 强制安排公民住院或强制延长公民住院期限的行政诉状向公民提供精神病学帮助的医疗住院机构所在地的法院提交。

3. 强制安排公民住院或强制延长公民住院期限的行政诉状应该指出本法典第 125 条第 2 款第（1）项至第（3）项、第（5）项、第（8）项规定的信息材料，联邦法律规定的强制将公民安置到提供精神病学帮助的医疗住院机构的根据，行政诉状还应该援引医生委员会的诊断结论和其他论证这些信息材料的材料。行政诉状由提供精神病学帮助的医疗住院机构的领导人或其副职签字。

4. 强制安排公民住院或强制延长公民住院期限的行政诉状应该附具：

（1）精神病学医生委员会关于必须将公民安置到提供精神病学帮助的医疗住院机构的结论，结论应说明理由并按规定格式制作，结论应指出诊断结论、公民精神的严重程度和确诊标准，描述公民的一般健康状况和其行为，以及作出将公民安置到提供精神病学帮助的医疗住院机构的判决应考虑到的其他情况；

（2）据以制作精神病学医生委员会关于强制将公民安置到提供精神病学帮助的医疗住院机构结论的材料，以及证明公民拒绝自愿被安置到提供精神病学帮助的医疗住院机构的材料；

（3）精神病学医生委员会的结论，应说明理由并按规定格式制作，指出公民的精神状态是否准许公民亲自出庭，包括在法院出庭；

（4）本法典第 126 条第 1 款第（1）项所规定的文件。

第 276 条　提交强制安排公民住院或强制延长公民住院期限的行政诉状的期限

1. 强制安排公民住院的行政诉状应该在将公民安置到提供精神病学帮助的医疗住院机构之时起的 48 小时内向法院提交。

2. 强制延长患有精神病的公民住院期限的行政诉状，应该在出现证明患有必须强制延长患有精神病的公民住院的情况之时起的 48 小时内向法院提交。

3. 在收到有关行政诉状后，法官应立即作出受理行政诉状并延长公民在提供精神病学帮助医疗机构住院期限的裁定，延长的时间为审理关于强制将公民安置到提供精神病学帮助的医疗住院机构的行政诉状所必需的时间，但诉讼请求不属于该法院管辖并依照本法典第 129 条第 1 款第（2）项退回诉状的情形除外。如果公民可以到受理行政诉状的法院出庭，则应保证该公民出庭。

4. 在法院受理关于强制安排公民住院或强制延长公民住院期限的行政诉状后，法院有权调取保证正确和及时审理行政案件所必需的文件和材料。

第 277 条　强制安排公民住院或强制延长公民住院期限的行政案件的审理

1. 强制安排公民住院或强制延长公民住院期限的行政案件应该在法院受理行政诉状之日起的 5 日内审理。

2. 行政案件可以依照本法典第十一章规定的程序在不公开的审判庭审理。

3. 应将开庭的时间和地点通知被要求强制安排住院或强制延长住院期限的公民及其代理人、提供精神病学帮助的医疗住院机构的代表。

4. 如果公民的心理状态允许他正确理解法庭上发生的一切，而他出庭不会对其本人或周围人群的生命或健康构成危险，则公民有权亲自出庭并说明自己对被强制安排住院或强制延长住院期限的态度。

5. 强制安排公民住院或强制延长公民住院期限的行政案件在审理时，应该有检察长、提供精神病学帮助的医疗住院机构的代表和强制被安置到住院机构或强制延长其住院期限的公民的代理人出庭。必要时,法院可以传唤其他人到庭。检察长如收到通知而不到庭的,不妨碍行政案件的审理。

6. 如果被强制安置到住院机构或强制延长其住院期限的公民没有代理人,则法院可以依照本法典第54条规定的程序指定一名律师作为其代理人。

7. 开庭的地点可以在法院,也可以在提供精神病学帮助的住院医疗机构。如果法院认为公民的心理状态允许他亲自出庭但又不能到法院出庭,则在提供精神病学帮助的住院医疗机构开庭。在其他情况下一律在法院开庭。

第278条 应该查明的情况

1. 在审理强制安排公民住院或强制延长公民住院期限的行政案件时,法院必须查明:

(1) 公民是否患有严重的精神病;

(2) 如果不对公民进行精神病学帮助,公民的严重精神病是否可能对公民本人或对周围人群构成直接危险和(或)可能由于心理状态恶化而对其健康造成重大损害;

(3) 是否只有在提供精神病学帮助的住院医疗机构才可能对公民进行检查和治疗;

(4) 是否存在公民拒绝或逃避自愿在提供精神病学帮助的医疗机构住院或延长住院的事实。

2. 强制安排公民住院或强制延长公民住院期限的行政案件中,证明责任由提起行政诉讼的人承担。

3. 必要时,法院可以主动调取证据。

第 279 条　强制安排公民住院或强制延长公民住院期限的行政案件的法院判决

1. 在对强制安排公民住院或强制延长公民住院期限的行政案件进行审理后，法院作出判决。

2. 如果法院确定有强制安排公民住院或强制延长公民住院期限的根据，则作出满足诉讼请求的判决，如果确定没有根据，则作出拒绝满足诉讼请求的判决。

3. 法院判决的内容应该符合本法典第 180 条的要求，而判决的开始部分还应该指出法庭审理的地点。

4. 在强制安排公民住院或强制延长公民住院期限的行政案件中，说明理由的法院判决应该在判决作出之日制作完毕。

5. 法院判决的副本应该交付案件参加人及其代理人，或者在制作完毕后采取能够保证以最快送达的方式送交。

第 280 条　强制精神病学检验

1. 要求强制对公民进行精神病学检验的行政诉状，应该由提供精神病学帮助的心理医生向法院提交。

2. 要求强制对公民进行精神病学检验的行政诉状应该附具精神病学医生关于必须进行检查的说明理由的结论和精神病学医生据以作出结论的其他材料，以及本法典第 126 条第 1 款第(1)项规定的文件。

3. 要求强制对公民进行精神病学检验的行政案件，法院应该在收到行政诉状之日起的 3 日内审理。

4. 应将开庭的时间和地点通知被要求进行精神病学检验的公民及其代理人、精神病学医生和检察长。检察长和精神病学医生不到庭的,不妨碍行政案件的审理和解决。

5. 必要时法院还可以传唤其他人。

6. 在审理要求强制对公民进行精神病学检验的行政案件时,法院必须查明:

(1) 是否有材料说明公民实施了证明其患有严重精神病的行为;

(2) 如果不对公民进行精神病学帮助,严重精神病是否造成公民孤立无援和(或)可能使其心理恶化而对其健康造成重大损害;

(3) 公民是否存在拒绝或逃避自愿进行精神病学检验的事实。

7. 法院如果认为要求强制对公民进行精神病学检验是有根据的,则作出满足诉讼请求的判决。如果没有根据将公民强制送去进行精神病学检验,则作出拒绝满足行政诉讼请求和驳回强制对公民进行精神病学检验的诉讼请求的判决。

8. 在要求强制对公民进行精神病学检验的行政案件中,说明理由的判决应该在作出之日制作完毕。

9. 法院判决的副本应该交付案件参加人及其代理人,并由他们出具收条,或者在制作完毕后采取能够保证以最快送达的方式送交。

第三十一章　强制将公民安置到结核病防治住院机构的行政诉讼

第281条　强制将公民安置到结核病防治住院机构的行政诉状的提交

1. 对患有传染性结核病并多次违反卫生防疫制度或者故意

逃避结核病筛查或结核病治疗的公民，可以提起要求强制将其安置到结核病防治住院机构的行政诉讼。

2. 要求强制将公民安置到结核病防治住院机构的行政诉状，由对公民进行结核病防治的医疗机构提交。

3. 要求强制将公民安置到结核病防治住院机构的行政诉状应该指出本法典第125条第2款第(1)项至第(3)项、第(5)项和第(8)项规定的信息材料、联邦法律规定的要求强制将公民安置到结核病防治住院机构的根据，还应该指出医生委员会的诊断结论以及其他论证诉讼请求的材料。

4. 要求强制将公民安置到结核病防治住院机构的行政诉状应该附具下列材料：

(1) 公民的病史；

(2) 结核病防治住院机构医生委员会的诊断结论，上面应指出疾病的严重程度、进行防治观察的必要性，以及其他证明必须强制将公民安置到结核病防治住院机构的材料；

(3) 结核病防治住院机构医生委员会据以作出强制将公民安置到结核病防治住院机构结论的文件；

(4) 证明被要求强制将安置到结核病防治住院机构的公民多次违反卫生防疫制度或故意逃避结核病筛查或结核病治疗的文件；

(5) 本法典第126条第1款第(1)项规定的文件。

第282条　要求强制将公民安置到结核病防治住院机构的行政诉状的受理

1. 在收到要求强制将公民安置到结核病防治住院机构的行政诉状后，法官应立即作出受理诉状的决定，但案件不属于该法院管辖并依照本法典第129条第1款第(2)项退回行政诉状的除外。

2. 在受理要求强制将公民安置到结核病防治住院机构的行政诉状后,法院有权调取保证行政案件正确审理和解决所必需的文件和材料。

第283条　要求强制将公民安置到结核病防治住院机构的行政案件的审理

1. 如果本法典和其他联邦法律未有不同规定,对要求强制将公民安置到结核病防治住院机构的行政案件审理的程序和期限,适用本法典第三十章的规则。

2. 要求强制将公民安置到结核病防治住院机构的行政案件,应该在法院受理之日起的5日内审理。

3. 行政案件可以依照本法典第11条规定的程序在不公开的审判庭审理。

4. 应该将开庭的时间和地点通知被要求强制安置到结核病防治住院机构的公民或其法定代理人、结核病防治医疗机构的代表以及检察长。

5. 本条第4款所列人员必须到庭。

6. 必要时,法院可以传唤其他人出庭。

第284条　应该查明的情况

1. 在审理要求强制将公民安置到结核病防治住院机构的行政案件时,应该查明：

(1) 被要求强制安置到结核病防治住院机构的公民是否患有传染性结核病；

(2) 是否有事实说明被要求强制安置到结核病防治住院机构的

公民多次违反卫生防疫制度或故意逃避结核病筛查或结核病治疗。

2. 在要求强制将公民安置到结核病防治住院机构的行政案件中,证明责任在原告一方。

3. 必要时法院可以主动调取证据。

第 285 条　要求强制将公民安置到结核病防治住院机构的行政案件的法院判决

1. 在审理要求强制将公民安置到结核病防治住院机构的行政案件后,法院作出判决。

2. 如果法院确定强制将公民安置到结核病防治住院机构是有根据的,则作出满足行政诉讼请求的判决。

3. 法院判决的内容应该符合本法典第 180 条的要求,而其开始部分还应指出进行法庭审理的地点。

4. 在要求强制将公民安置到结核病防治住院机构的行政案件中,说明理由的判决应该在作出之日制作完毕。

5. 法院判决的副本应该交付案件参加人及其代理人,或者在判决制作完毕后立即采取能够保证以最快送达的方式送交。

第三十二章　追索应付款项和罚款的行政诉讼

第 286 条　向法院提出追索应付款项和罚款的行政诉讼请求的权利

1. 如果自然人拖欠应付款项,而对缴纳应付款项实行监督的机关(下称监督机关)的付款要求得不到自愿执行,或者要求中所提出的付款期限已经逾期而联邦法律又没有规定追索应付款项和罚款的不同程序,则国家权力机关、其他国家机关、地方自治机关和监督机关,有权向法院提出行政诉讼请求,向自然人追索法定的应付款项和罚款。

2. 追索应付款项和罚款的行政诉讼请求可以在应付款和罚款请求执行逾期之日起的 6 个月内向法院提出。由于正当原因而迟误向法院提出行政诉讼请求的期限,可以由法院恢复。

第 287 条　对追索应付款项和罚款的行政诉状的要求

1. 追索应付款项和罚款的行政诉状的格式应该符合本法典第 125 条第 1 款的要求,并由提出诉讼请求的监督机关的领导人签字。行政诉状应该指出:

(1) 本法典第 125 条第 2 款第(1)项至第(3)项、第(5)项和第(8)项规定的信息材料;

(2) 应该予以追索的应付款项的名称、数额与计算;

(3) 规定缴纳应付款项的联邦法律和其他规范性法律文件;

(4) 发出要求主动缴纳通知的情况;

(5) 罚款的数额和计算,如果具有财产性质,则还要指出规定罚款的规范性法律文件的有关条款;

(6) 关于依照本法典第十一·一章规定的程序作出的撤销追索强制付款和罚金的法院支付令的信息材料。

(本项由 2016 年 4 月 5 日第 103 号联邦法律增补)

2. 追索应付款项和罚款的行政诉状应该附具证明行政诉状中所列情况的文件,包括原告发出的要求主动缴纳所追索款项的通知的副本;法院关于撤销追索强制付款和罚金的法院支付令的裁定的复印件;本法典第 126 条第 1 款第(1)项规定的其他证明行政诉状签字人权限的委托书或其他文件。

（本款由2016年4月5日第103号联邦法律修订）

第288条　追索应付款项和罚款的行政案件中的保全措施

法院有权依照本法典第七章规定的程序对被告的财产进行扣押，但数额不得超过请求的数额。

第289条　追索应付款项和罚款的行政案件的法庭审理

1. 追索应付款项和罚款的行政案件，应在法院收到有关行政诉状之日起的3个月内审理。

2. 法院应将开庭的时间和地点通知案件参加人。案件参加人已经收到通知而不到庭的，不妨碍行政案件的审理，但法院认为他们必须到庭的情形除外。

3. 如果法院认为传唤出庭的人必须到庭而不到庭，则法院可以依照本法典第122条和第123条规定的程序和数额对他们处以诉讼罚金。

4. 追索应付款项和罚款的根据的证明责任由原告承担。

5. 必要时法院可以主动调取证据。

6. 在审理追索应付款项和罚款的行政案件时，法院审查提出追索应付款项和罚款的行政诉讼请求的机关的权限；查明向法院提出诉讼请求的期限是否得到遵守，如果联邦法律和其他规范性法律文件规定了该期限；查明追索应付款项和罚款是否有根据；审查计算是否正确和计算出来的追索数额是否正确。

第290条　追索应付款项和罚款的行政案件的法院判决

1. 法院依照本法典第十五章的规则对追索应付款项和罚款的行政案件作出判决。

2. 在满足追索应付款项和罚款的行政诉讼请求时,法院判决应该指出:

(1) 缴纳欠款义务人的姓名和住所地;

(2) 应该追索的款项总额,并分别指出欠款和罚金的数额。

第五编　行政案件审理的简易(书面)程序

第三十三章　按照简易(书面)程序审理行政案件

第291条　按照简易(书面)程序审理行政案件的可能性

有下列情形之一的,行政案件可以通过简易(书面)程序审理:

(1) 案件所有参加人均申请缺席,而在审理该类行政案件时他们出庭并不是必须的;

(2) 原告申请按照简易(书面)程序审理行政案件,而被告不反对使用这种程序审理行政案件;

(3) 行政诉讼请求中所提出的应付欠款和罚金的总额不超过2万卢布;

(4) 本法典规定的其他情况。

第292条　行政案件简易(书面)诉讼程序的特点

1. 通过简易(书面)程序审理行政案件时,不再进行言辞形式的审理。在通过这种程序审理案件时,法院只通过书面形式审查证据(包括对行政诉讼请求的解释、答辩均使用书面形式,以及在本法典规定检察长参加法院诉讼的情况下,检察长的结论也使用书面形式)。

2. 如果通过简易(书面)程序审理行政案件时必须查明被告对适用这种程序的意见,在准备行政案件审理的裁定中,法院应指出适用简易(书面)程序的可能性并规定对适用该程序向法院提出异议的期限为 10 日。

3. 对于本条第 2 款规定的情况,如果被告不反对通过简易(书面)程序审理行政案件,则行政案件可以通过简易(书面)程序审理。

4. 如果本条第 2 款规定的期限届满,而法院未收到被告提出的异议,则法院作出简易(书面)程序审理行政案件的裁定,同时按照有关规则审理行政案件。

5. 如果本条第 2 款规定的期限已经届满,但在法院通过简易(书面)程序作出判决之前法院收到对简易(书面)程序审理行政案件的异议,则法院应作出裁定,按照一般规则审理行政案件。

6. 通过简易(书面)程序审理行政案件时,如果本法典未规定合议庭审理,则在作出通过简易(书面)程序审理行政案件的裁定之日起的 10 日内由法官独任审理。

第 293 条　通过简易(书面)程序审理行政案件的法院判决

1. 在通过简易(书面)程序审理行政案件时,应考虑本法典第十五章的规则和涉及简易(书面)程序实质的规则作出判决。

2. 判决的副本应在判决作出后的第一个工作日发给案件参加人。

第 294 条　简易（书面）程序作出的法院判决的上诉

对根据通过简易（书面）程序审理行政案件的结果作出的法院判决,案件参加人可以在收到判决副本之日起的 15 日内通过上诉程序提出上诉。

第六编　上诉审法院的诉讼

第三十四章　上诉审法院的诉讼

第 295 条　上诉权

1. 对第一审法院尚未生效的判决,可以依照本章的规则通过上诉程序提出上诉。

2. 对法院判决的上诉权属于案件参加人,以及属于虽然没有参加行政案件,但法院所解决的问题涉及其权利和义务的人。参加行政案件的检察长有对法院判决提出抗诉的权利。

第 296 条　审理上诉状、抗诉书的法院

如果本法典未有不同规定,则上诉、抗诉由下列法院审理:

(1) 共和国最高法院、边疆区法院、州法院、联邦直辖市法院、自治州法院、自治专区法院、军区(舰队)军事法院,审理对区法院、卫戍区军事法院判决提出的上诉和抗诉;

(2) 俄罗斯联邦最高法院行政案件审判庭,审理对共和国最高法院、边疆区法院、州法院、联邦直辖市法院、自治州法院、自治

专区法院、军区(舰队)军事法院作为第一审法院作出的判决提出的上诉和抗诉;

(3) 俄罗斯联邦最高法院军事审判庭,审理对军区(舰队)军事法院作为第一审法院作出的判决提出的上诉和抗诉;

(4) 俄罗斯联邦最高法院上诉庭,审理对俄罗斯联邦最高法院行政审判庭、俄罗斯联邦军事案件审判庭和俄罗斯联邦最高法院纪律审判庭作为第一审法院所作出的判决的上诉和抗诉。

第 297 条 提出上诉、抗诉的程序

上诉状、抗诉书通过第一审法院提交。上诉审直接收到的上诉状、抗诉书,应该送交原判法院,以便依照本法典第 302 条的要求实施行为。

第 298 条 提交上诉状、抗诉书的期限

1. 上诉状、抗诉书可以在法院判决之日起的 1 个月内提交,但本法典规定了不同期限的除外。

2. 在对俄罗斯联邦主体关于解散地方自治组织代议制机关的法律提出异议的行政案件中,在对地方自治组织代议制机关自行解散的决定提出异议的行政案件中或者对自治地方代议制机关关于地方自治组织首脑辞职的决定提出异议的行政案件中,对法院判决的上诉状、抗诉书可以在法院判决作出之日起的 10 日内提交。

3. 在对选举委员会通过的规范性法律文件提出异议的行政案件中,以及对俄罗斯联邦公民实现选举权和参加全民公决权利问题、调整与竞选活动和全民公决预备有关的规范性法律文件提出异议的行政案件中,以及维护俄罗斯联邦公民选举权和参加全民公决权利的行政案件中,对法院判决可以在判决作出之日起的5日内提交上诉状、抗诉书。

4. 关于将应该驱逐出境或准予再入籍的外国公民安置到专门机构或者关于延长应该驱逐出境或准予再入籍的外国公民在专门机构的居留期的行政案件中,对法院判决的上诉状、抗诉书可以在判决作出之日起的10日内提交。

5. 在关于行政监管的行政案件中,对法院判决的上诉状、抗诉书可以在判决作出之日起的10日内提交。

6. 在强制将公民安置到提供精神病学帮助的医疗住院机构或强制延长患有精神病的公民住院期限的行政案件中,强制对公民进行精神病学检验的行政案件中以及强制将公民安置到结核病防治住院机构的行政案件中,对法院判决的上诉状、抗诉书可以在法院判决作出之日起的10日内提交。

第299条 上诉状、抗诉书的内容

1. 上诉状、抗诉书应该包括以下内容:

(1) 接受上诉状、抗诉书的法院的名称;

(2) 上诉人、抗诉人的名称或姓名及其所在地或住所地;

(3) 被提出上诉或抗诉的法院判决;

(4) 上诉人的请求、提出抗诉的检察长的请求以及其认为法院判决不正确的根据;

(5) 上诉状、抗诉书所附具文件的清单。

2. 上诉状由上诉人或其代理人签字。代理人提交上诉状时,应附具证明代理人权限的文件,以及在案卷中没有本法典第55条第3款所规定的其他文件时还应附具这些文件。

3. 抗诉书应该由检察长签字。

4. 如果上诉应该缴纳国家规费,上诉状应该附具证明已经缴纳国家规费的单证。

5. 不具有国家权力或其他公权力的上诉人,可以用挂号信将上诉状的复印件送交案件参加人,如果后者没有所附具的文件,还应将所附文件的复印件一并发送,挂号信应有签收回执或者以其他方式让法院了解收件人已经收到上诉状和文件的复印件。如果该人不将上述材料发给案件其他参加人或未将上述文件送交案件其他参加人,则上诉状连同所附文件的复印件应按案件参加人的人数提交给法院。

6. 具有国家权力或其他公权力的上诉人、抗诉人,必须用挂号信或者其他保证送达的方式将上诉状、抗诉书以及所附文件的复印件送交案件其他参加人,挂号信应有签收回执或者以其他方式让法院了解收件人已经收到上诉状和文件的复印件。

7. 上诉状、抗诉书和所附文件可以用在法院官方网站上填写电子表格的方式提交。

(本款于2016年9月15日生效——2015年3月8日第22号联邦法律规定)

第300条 上诉状、抗诉书的搁置不予启动

1. 如果上诉状、抗诉书不符合本法典第299条第1款第(2)项和第(4)项及第2款至第6款的要求,法院应在收到上诉状、抗诉书之日起的5日内,在对维护公民选举权和参加全民公决权利的行政案件中、在将应该驱逐出境或准许再入籍的外国公民安置到专门机构或者关于延长应该驱逐出境或准许再入籍的外国公民

在专门机构的居留期的行政案件中、在强制将公民安置到提供精神病学帮助的医疗住院机构或强制延长患有精神病的公民住院期限的行政案件中、在强制对公民进行精神病学检验的行政案件中以及强制将公民安置到结核病防治住院机构的行政案件中，则在收到上诉状、抗诉书之日起的3日内作出搁置上诉状、起诉书不予启动的裁定，并考虑上诉状、抗诉书的缺陷的性质以及上诉人的住所地或所在地指定一个排除上诉状、抗诉书缺陷的合理期限。

2. 如果上诉人、抗诉人在指定期限内完成了法院裁定的指示，则上诉状、抗诉书应视为是在最初提交之日提交的。

3. 对搁置上诉状、抗诉书不予启动的法院裁定可以提出申诉、抗诉。

第301条 退回上诉状、抗诉书

1. 有下列情形之一的，上诉状退回上诉人，抗诉状退回检察长：

（1）上诉人无权向上诉审法院提出上诉；

（2）没有在规定期限内完成法官在关于搁置上诉状、抗诉书不予启动的裁定书中所作出的指示；

（3）提出上诉的期限届满，上诉状、抗诉书中又未申请恢复该期限或者恢复申请被驳回。

2. 如果案件尚未移送到上诉审法院，则上诉状根据上诉人的请求退回，抗诉书由检察长撤回。

3. 根据法院裁定，上诉状退回上诉人，抗诉书退回检察长。对法院关于退回上诉状、抗诉书的裁定，可以提出申诉、抗诉。

第 302 条　第一审法院在收到上诉状、抗诉书后的行为

1. 第一审法院在本法典第 298 条规定的期限内收到上诉状后，如果上诉人不具有国家权力或其他公权力，而上诉状符合本法典第 299 条的要求，上诉人又未将上诉状及其所附具文件的复印件送给案件参加人，则法院应实施上述行为。

2. 上诉人由于正当原因包括由于他没有关于被上诉法院裁判的信息材料而迟误提出上诉的期限，第一审法院可以根据该人的申请恢复该期限。要求恢复提交上诉状、抗诉书的期限的申请，由法院按照本法典第 95 条规定的程序审理。

3. 案件参加人有权以书面形式向第一审法院对上诉状、抗诉书提交答辩状，答辩状复印件的数量应与案件参加人的人数相一致，并有权了解案件材料以及了解随上诉状、抗诉书和答辩状收到的有关材料。

4. 上诉期届满后，第一审法院应将案卷连同上诉状、抗诉书和答辩状一并送交上诉审法院。

5. 在行政案件上诉期届满之前，案卷不得送交上诉审法院。

第 303 条　放弃上诉、抗诉

1. 在法院作出上诉裁定之前，允许放弃上诉、抗诉。

2. 关于放弃上诉、抗诉的申请书应以书面形式向上诉审法院提交。

3. 就放弃上诉、抗诉的事宜，上诉审法院应作出裁定，从而终止对该上诉、抗诉的诉讼程序。

4. 由于放弃上诉、抗诉而终止有关诉讼时，不妨碍就他人对第一审法院判决提出的上诉、抗诉的审理。

第 304 条　原告放弃行政诉讼请求、被告承认行政诉讼请求、双方当事人在上诉审法院达成和解

1. 原告放弃行政诉讼请求、被告承认行政诉讼请求或双方当事人在上诉审法院达成和解,应该表现为向上诉审法院提交的书面申请。如果原告放弃行政诉讼请求、被告承认行政诉讼请求以及和解的条件在审判庭提出,则应将放弃、承认及和解条件记入审判庭笔录,并分别由原告、被告、双方当事人签字。

2. 审理关于放弃行政诉讼请求、承认行政诉讼请求、订立和解协议的申请的程序和后果由本法典第 157 条的规则规定。在接受原告放弃行政诉讼请求或批准和解协议时,上诉审法院撤销原判并终止行政诉讼。在被告承认并接受行政诉讼请求时,上诉审法院作出满足原告诉讼请求的判决。

第 305 条　上诉审法院审理案件的期限

1. 共和国最高法院、边疆区法院、州法院、联邦直辖市法院、自治州法院、自治专区法院、军区(舰队)军事法院在收到上诉状、抗诉书之日起的 2 个月内对上诉、抗诉进行审理。

2. 俄罗斯联邦最高法院在收到上诉状、抗诉书之日起的 3 个月内对上诉、抗诉进行审理。

3. 在对俄罗斯联邦主体行政机关、地方自治机关关于举行公共活动(集会、群众大会、游行、示威、纠察)有关问题的决定、行为(不作为)、与上述机关要求事先说明这种公共活动目的和举行方式有关的决定、行为(不作为)提出异议的行政案件中,对法院判决的上诉、抗诉最迟应在举行上述公共活动的前一日审理。

4. 在要求认定俄罗斯联邦主体关于解散地方自治组织代议

制机关的法律无效的行政案件中,对地方自治组织代议制机关自行解散的决定提出异议的行政案件中或者对自治地方代议制机关关于地方自治组织首脑辞职的决定提出异议的行政案件中,上诉审法院应在收到上诉状、抗诉书之日起的10日内审理上诉、抗诉。

5. 在维护俄罗斯联邦公民选举权和参加全民公决权利的行政案件中,上诉审法院在竞选期间、全民公决准备期间收到上诉状、抗诉书的,则上诉审法院应在收到上诉状、抗诉书之日起的5日内审理上诉、抗诉。

6. 在关于候选人名单、一名候选人(多名候选人)选区的候选人名单的认证或拒绝认证的行政案件中,在关于候选人(候选人名单)登记、拒绝候选人(候选人名单)登记、将候选人从经过认证的候选人名单中删除、撤销候选人(候选人名单)登记等行政案件中,对在投票日之前收到的上诉状、抗诉书,法院至迟应在投票的前一日审理。在这种情况下,候选人上诉审法院撤销(候选人名单)登记的时间至迟应在投票之前2天。

7. 在关于投票结果、选举结果、全民公决结果的行政案件中,上诉审法院至迟应在收到上诉状、抗诉书之日起的2个月内对法院判决的上诉、抗诉进行审理。

8. 在将应该驱逐出境或准许再入籍的外国公民安置到专门机构或者关于延长应该驱逐出境或准许再入籍的外国公民在专门机构的居留期的行政案件中,上诉审法院应该在收到上诉状、抗诉书之日起的5日内进行审理。

9. 在关于行政监管的行政案件中,上诉审法院应在收到上诉状、抗诉书之日起的1个月内进行审理。

10. 在强制将公民安置到提供精神病学帮助的医疗住院机构或强制延长患有精神病的公民住院期限、强制对公民进行精神病学检验以及强制将公民安置到结核病防治住院机构的行政案件中,上诉审法院应在收到上诉状、抗诉书之日起的1个月内进行审理。

第306条　上诉审法院准备行政案件的审理

1. 在收到附上诉状或抗诉书的行政案卷后,上诉审法院通过行政案件审理的准备程序,有权主动地或根据上诉人、抗诉人的申请,依照本法典第63条规定的程序调取必要的证据。上诉审法院还要根据案件参加人的申请或主动地解决适用保全措施和(或)中止法院判决执行的问题。在申请人证明不可能或难于执行法院判决时,可以中止法院判决的执行。

2. 在确定行政案件的法庭审理以后,上诉审法院应该将审理上诉、抗诉的时间和地点通知案件参加人。

第307条　上诉审法院审理行政案件的程序

1. 上诉审法院按照第一审法院的诉讼规则并考虑本法典规定的特点,在审判庭审理行政案件。

2. 采取合议庭审理程序审理行政案件的上诉、抗诉。

3. 审判长宣布上诉审法院开庭,宣布审理什么行政案件,谁提出上诉或抗诉,对哪个法院的判决提出上诉或抗诉;查明哪些案件参加人及其代理人到庭,确认到庭人员的身份,检查公职人员的权限、代理人的权限以及本法典第55条第3款规定的其他文件,向案件参加人说明其诉讼权利和义务。

4. 上诉审法院审理行政案件时,首先由审判长或一名法官报告案情。报告人叙述行政案件的案情、第一审法院判决的内容、上诉状或抗诉书及答辩状提出的理由、向法院提交的新证据的内容，以及说明法庭为审查第一审法院判决所必须审理的材料。

5. 在报告案情后，上诉审法院听取出庭人员、案件参加人及其代理人的解释。第一个发言的是上诉人或其代理人，或者是提出抗诉的检察长。如果两方都对第一审法院判决提出上诉，则首先由原告发言。

6. 在上诉人或提出抗诉的检察长、案件其他参加人及其代理人发言后，上诉审法院根据有关申请或者主动地审查行政案件现有的证据和收到的新证据。

7. 在调查案情的审查证据结束后，上诉审法院让案件参加人参加法庭辩论，发言顺序与进行解释的顺序相同。

8. 在上诉审法庭的每个审判庭以及在庭外实施诉讼行为时均应进行录音和依照本法典第二十章制作笔录，但通过简易程序审理申诉的情况除外。

9. 上诉审法院不适用几个行政诉讼请求并案或分立、变更行政诉讼标的或行政诉讼理由、变更行政诉讼请求、提出反诉、更换不当被告等规则。

第308条　上诉审法院审理行政案件的范围

1. 上诉审法院对行政案件进行全面审查，而不受上诉状、抗诉书、答辩状所列根据和理由的约束。

2. 上诉审法院对行政案件现有证据以及补充提交的证据进行评价。对接受新证据的事宜，上诉审法院应作出裁定。只有由于正当原因在第一审法院不能提交证据时，才可以提交新的证据。

3. 不属于第一审法院审理标的的新的诉讼请求,上诉审法院不予接受也不予审理。

第309条　上诉审法院的权限

根据对上诉、抗诉的审理结果,上诉审法院有权:

(1) 维持第一审法院的判决,驳回上诉或抗诉;

(2) 完全或部分撤销或变更第一审法院的判决并对行政案件作出新的判决;

(3) 如果第一审法院审理行政案件的组成人员不合法,或者某一案件参加人没有收到开庭时间和地点的通知而没有到庭,或者法院解决权利和义务问题所涉及的人没有参加行政案件,则撤销原判并将行政案件发还重审;

(4) 完全或部分撤销第一审法院的判决并终止行政诉讼或依照本法典第194条和第195条规定的根据完全或部分对请求不予审理;

(5) 在存在本法典第301条第1款所规定的根据时,搁置行政案件的实体审理。

第310条　通过上诉程序撤销或变更判决的根据

1. 有下列情形之一的,第一审法院的判决无条件撤销:

(1) 审理行政案件的法庭组成不合法;

(2) 审理行政案件时,某一案件参加人没有收到开庭时间和地点的通知而没有到庭;

(3) 不通晓诉讼语言的案件参加人使用母语或任何自由选择的交际语言进行解释、提出申请、提出告诉的权利和利用翻译人员服务的权利没有得到保障;

（4）法院对没有参加行政案件的人的权利和义务作出了判决；

（5）法官或法官之一没有在判决上签字，或者在判决上签字的不是审理行政案件的法官或作为法庭组成人员的法官；

（6）没有审判庭笔录；

（7）在作出判决时违反了秘密评议规则。

2．通过上诉程序撤销或变更判决的根据是：

（1）确定对案件有意义的情况不正确；

（2）第一审法院确定的对于行政案件有意义的情况没有得到证明；

（3）法院判决中所叙述的第一审法院结论不符合行政案件的情况；

（4）违反或不正确适用实体法规范或诉讼法规范。

3．不正确适用实体法规范是：

（1）没适用应该适用的法律；

（2）适用了不应该适用的法律；

（3）对法律的解释不正确，包括没有考虑俄罗斯联邦宪法法院、俄罗斯联邦最高法院全体会议和俄罗斯联邦最高法院主席团的裁决中所包含的法律立场。

4．违反或不正确适用诉讼法规范是变更或撤销第一审法院判决的根据，如果此种违反或不正确适用导致作出不正确的判决。

5．实体上正确的第一审法院判决不得因形式考量而被撤销。

第 311 条 上诉审法院的裁判

1. 根据对上诉状、抗诉书的审理结果，上诉审法院以上诉审裁定的形式作出裁判。

2. 上诉审裁定应该指出：

（1）作出上诉审裁定的日期和地点；

（2）作出上诉裁定的法院的名称、法庭的组成人员；

（3）上诉人、抗诉人；

（4）简短叙述被上诉的第一审法院判决、上诉状、抗诉书、所提交的证据、参加第一审法院审理行政案件的人的解释内容；

（5）上诉审法院所确定的行政案件的情况，根据对上诉、抗诉的审理结果所得出的结论；

（6）法院得出自己结论的理由、援引法院所遵循的法律。

3. 在驳回上诉、抗诉时，法院必须指出驳回上诉、抗诉的理由。

4. 上诉审法院的裁定还应规定双方当事人如何分摊提出上诉、抗诉的诉讼费用。

5. 上诉审法院的裁定自作出之日起生效。

第 312 条 行政案件审理后收到的上诉、抗诉的审理程序

1. 如果在上诉审审理行政案件后再收到其他的上诉、抗诉并因而恢复提出上诉的期限的，则上诉审法院应该对它们进行审理。

2. 如果上诉审法院根据对本条第 1 款所列上诉、抗诉的审理结果认为原来的上诉审裁定不合法或根据不充分，则撤销原裁定，并作出新的上诉审裁定。

第 313 条　对第一审法院裁定的申诉

1. 有下列情形之一的,对第一审法院的裁定,双方当事人和案件的其他参加人可以与法院判决分开,单独向上诉审法院提出申诉,检察长也可以提出抗诉:

(1) 本法典有相关规定;

(2) 法院裁定使行政诉讼不能继续进行。

2. 审理申诉和抗诉的办法:

(1) 对和解法官的裁定的上诉,由区法院审理;

(2) 对区法院、卫戍区军事法院裁定的申诉和抗诉,由共和国最高法院、边疆区法院、州法院、联邦直辖市法院、自治州法院、自治专区法院、军区(舰队)军事法院审理;

(3) 对共和国最高法院、边疆区法院、州法院、联邦直辖市法院、自治州法院、自治专区法院、军区(舰队)军事法院裁定的申诉和抗诉,由共和国最高法院、边疆区法院、州法院、联邦直辖市法院、自治州法院、自治专区法院、军区(舰队)军事法院上诉审理;

(4) 对俄罗斯联邦最高法院行政审判庭作为第一审法院作出的裁定,由俄罗斯联邦最高法院上诉庭审理。

(本款由 2016 年 4 月 5 日第 103 号联邦法律修订)

3. 对本条第 1 款所列之外的法院裁定不提出上诉或抗诉,对它们的异议可以列入上诉状、抗诉书。

第 314 条　提出申诉、抗诉的期限

1. 申诉状和检察长的抗诉书可以在第一审法院裁定作出之日起的 15 日内提交。

2. 在维护俄罗斯联邦公民选举权和参加全民公决权利的行政案件中,包括在要求撤销选举委员会作出的规范性法律文件、就俄罗斯联邦公民实现选举权和参加全民公决权利问题所通过的规范性法律文件的行政案件中,对法院裁定的申诉和抗诉可以在法院作出裁定之日起的5日内提出。

3. 在将应该驱逐出境或准予再入籍的外国公民安置到专门机构或者关于延长应该驱逐出境或准予再入籍的外国公民在专门机构的居留期的行政案件中,对法院裁定的申诉和抗诉可以在裁定作出之日起的5日内提出。

4. 在关于行政监管的行政案件中,对法院裁定的申诉、抗诉可以在裁定作出之日起的10日内提交。

5. 在强制将公民安置到提供精神病学帮助的医疗住院机构或强制延长患有精神病的公民住院期限的行政案件中以及在强制将公民安置到结核病防治住院机构的行政案件中,对法院裁定的申诉、抗诉可以在裁定作出之日起的10日内提出。

6. 在要求强制对公民进行精神病学检验的行政案件中或者在驳回强制对公民进行精神病学检验的行政案件中,对法院裁定的申诉或抗诉可以在法院裁定作出之日起的10日内提出。

第315条　申诉状、抗诉书的提交和审理程序

1. 申诉状和检察长的抗诉书依照本章规定的程序提交和审理,同时遵守本条规定的例外和特点。

2. 除第一审法院关于搁置行政诉状不予审理或驳回行政诉讼请求的裁定、检察长关于因新发现的情况和新情况对法院裁判进行再审的抗诉外,对第一审法院裁定的审理依照本法典第三十三章的规则,通过简易(书面)程序和依照本法典第305条规定的期限进行,不进行录音,也不制作笔录。

3. 考虑所审理诉讼问题的性质和复杂程度以及申诉、检察长抗诉的理由,上诉审法院可以将审理上诉、抗诉的时间和地点通知案件参加人并传唤他们到庭。

第316条　上诉审法院审理上诉、抗诉的权限

上诉审法院在审理上诉、检察长的抗诉后有权:

(1) 维持第一审法院的裁定不变,驳回上诉或抗诉;

(2) 完全或部分撤销法院裁定,对问题进行实体解决。

第317条　上诉审法院裁定的法律效力

上诉审法院对申诉、检察长抗诉所作出的裁定,自其作出之日起发生法律效力。

第七编　对已生效法院裁决的再审

第三十五章　申诉审法院的诉讼

第318条　向申诉审法院提出请求的权利

1. 在本法典规定的情况下,案件参加人以及权利和自由因法院裁判而受到侵害的其他人,可以依照本章规定的程序对已经发生法律效力的法院裁判向申诉审法院提出申诉。

2. 如果本条第1款所列人员已经穷尽了本法典规定的在法

院裁判生效以前对之提起申诉的其他方式,则可以在法院裁判生效之日起的60天内向法院提出申诉。

3. 提出申诉、抗诉的人由于正当原因迟误了提出申诉的期限时,只有在迟误原因发生在法院裁判生效之日起的12个月内,或者提起申诉的是法院裁判涉及其权利和义务而又未参加行政案件的人,而该人知悉或者应该知悉其权利、自由和合法利益受到法院裁判侵害之日起的12个月内时,才可以根据申诉人的申请,由申诉审法院恢复该期限。

4. 要求恢复提交申诉状、抗诉书期限的申请,由申诉审法院依照本法典第95条规定的程序审理。

5. 俄罗斯联邦最高法院院长、俄罗斯联邦最高法院副院长有权不同意俄罗斯联邦最高法院法官关于恢复迟误的提交申诉状、抗诉书的期限的裁定或者驳回恢复期限申请的裁定,而作出驳回恢复迟误的提交申诉状、抗诉书的期限的裁定或者恢复上述期限的裁定。

6. 如果检察长参加了行政案件的审理,则下列人员有权提出抗诉,要求对已经生效的法院裁决进行重审:

(1) 俄罗斯联邦总检察长和副总检察长可以向任何申诉审法院提出抗讼;

(2) 共和国、边疆区、州、联邦直辖市、自治州、自治专区、军区(舰队)的检察长,分别向共和国最高法院主席团以及边疆区法院、州法院、联邦直辖市法院、自治州法院、自治专区法院、军区(舰队)军事法院的主席团提出抗诉。

第 319 条　提交申诉状、抗诉书的程序

1. 申诉状、抗诉书直接向申诉审法院提交。

2. 下列申诉状、抗诉书的提交办法是：

（1）对已经生效的法院支付令，对和解法官的裁定，对已经生效的区法院的判决和裁定，对共和国最高法院、边疆区法院、州法院、联邦直辖市法院、自治州法院、自治专区法院的上诉裁定提出的申诉状或抗诉书，分别向共和国最高法院主席团以及边疆区法院、州法院、联邦直辖市法院、自治州法院的主席团提交；

（2）对已经发生法律效力的卫戍区军事法院的判决和裁定的申诉状和抗诉书，对军区（舰队）军事法院的上诉裁定的申诉状和抗诉书，向军区（舰队）军事法院的主席团提交；

（3）对区法院作为第一审法院作出的判决和裁定，如果是向共和国最高法院、边疆区法院、州法院、联邦直辖市法院、自治州法院、自治专区法院的主席团提出申诉、抗诉的；对共和国最高法院、边疆区法院、州法院、联邦直辖市法院、自治州法院、自治专区法院的上诉裁定，包括上诉审法院维持第一审法院判决不变，但提出新的理由去论证申诉人所不同意的第一审法院判决；以及对共和国最高法院、边疆区法院、州法院、联邦直辖市法院、自治州法院、自治专区法院主席团的裁决，申诉状、抗诉书应向俄罗斯联邦最高法院行政审判庭提交；

（4）对卫戍区军事法院已经生效的判决和裁定，如果是向军区（舰队）军事法院主席团提出申诉、抗诉的；对军区（舰队）军事法院主席团的上诉裁定提出的申诉和抗诉的，申诉状、抗诉书应向俄罗斯联邦最高法院军事审判庭提交。

3. 申诉状、抗诉书和所附具的文件可以通过填写法院官方网站上的电子表格的方式提交。

(本款自 2016 年 9 月 15 日生效——2015 年 3 月 8 日第 22 号联邦法律规定)

第 320 条　申诉状、抗诉书的内容

1. 申诉状、抗诉书应该包含下列内容：

(1) 接受申诉状、抗诉书的法院的名称；

(2) 申诉人、抗诉人的名称或姓名及其所在地或住所地，在行政案件中的诉讼地位；

(3) 案件其他参加人的名称及其所在地或住所地；

(4) 通过第一审、上诉审或申诉审审理行政案件的法院，关于它们所作出判决内容的信息材料；

(5) 被申诉、抗诉的法院裁判；

(6) 指出法院违反实体法规范或程序法规范，从而影响行政案件结局，并说明为什么认为法院违反了法律规范；

(7) 申诉人、抗诉人的请求。

2. 如果申诉人没有参加行政案件，则申诉状应该指出，该人的哪些权利、自由和合法利益因已经生效的法院裁判而受到侵害。

3. 如果曾向申诉审法院提交过申诉状、抗诉书，则应指出对该申诉、抗诉所作的裁定。

4. 申诉状应该由申诉人或其代理人签字。由其代理人签字时，应该附具证明代理人权限的文件和本法典第 55 条第 3 款规定的其他文件。抗诉状应该由本法典第 318 条第 1 款所列检察长签字。

5. 申诉状、抗诉书应该附具经过相关法院认证的对行政案件所作法院裁判的复印件。

6. 申诉状、抗诉书应提交与案件参加人数量相同的份数。

7. 申诉状还应该附具证明在法律规定的情况下、依照法律规定的程序和数额已经缴纳国家规费的单证,或者附具证明优惠缴纳国家规费权利的文件,或者在申诉状中提出关于延期或分期缴纳国家规费、减少或免除国家规费的申请。

8. 延期或分期缴纳国家规费、减少或免除国家规费的问题,由申诉审法院解决,而不通知案件参加人到庭。

第321条 退回申诉状、抗诉书而不进行实体审理

1. 有下列情形之一的,申诉状、抗诉书予以退回,不进行实体审理:

(1) 申诉状、抗诉书不符合本法典第320条第1款第(1)项至第(5)项和第(7)项及第3款至第6款的要求;

(2) 申诉状、抗诉书是无权向申诉审法院提出请求的人提交的;

(3) 通过申诉程序对法院裁判提出申告的期限已经届满,而申诉状、抗诉书又没有申请恢复该期限或者有关申请被驳回的;

(4) 已经收到要求退回或撤回申诉状、抗诉书的申请;

(5) 申诉状、抗诉书的提交违反了本法典第319条规定的管辖规则;

(6) 申诉未缴纳国家规费,而申诉状又没有申请延期或分期缴纳国家规费或申请减少或免除国家规费或有关申请被驳回。

2. 申诉审法院在收到申诉状、抗诉书之日起的10日内退回

而不进行实体审理。

第 322 条　审理申诉、抗诉的期限

1. 在俄罗斯联邦最高法院以外的申诉审法院,如果不调取行政案卷,则申诉、抗诉应该在 1 个月的期限内审理;如果调取了案卷,则在 2 个月的期限内审理,自调取案卷之日至申诉审法院收到案卷之日的时间不计算在内。

2. 在俄罗斯联邦最高法院,如果不调取案卷,则申诉状、抗诉书应在 2 个月的期限内审理,如果调取了案卷,则在 3 个月的期限内审理,自调取案卷之日到俄罗斯联邦最高法院收到案卷之日的时间不计算在内。

3. 在调取案卷的情况下,俄罗斯联邦最高法院院长、副院长考虑到案件的复杂性,可以延长审理行政案件的期限,但延长的时间不得超过 2 个月。

4. 在竞选期间、全民公决准备期间直到投票日,在对选举委员会通过的规范性法律文件提出异议的行政案件或对实现俄罗斯联邦公民选举权和参加全民公决权利的规范性法律文件提出异议的行政案件中,如果上述规范性法律文件调整的是与竞选、全民公决准备有关的关系,以及在实现俄罗斯联邦公民选举权和参加全民公决权利的案件中,申诉状、抗诉书应在 5 日内审理。

第 323 条　申诉、抗诉的审理

1. 依照本法典第 318 条至第 320 条提交的申诉状、抗诉书应分别由下列法官审查:

(1) 在共和国最高法院、边疆区法院、州法院、联邦直辖市法院、自治州法院、自治专区法院、军区(舰队)军事法院的主席团,分别由相关法院的院长或该法院的法官审查；

（2）在俄罗斯联邦最高法院行政审判庭、俄罗斯联邦最高法院军事审判庭，由俄罗斯联邦最高法院的法官审查。

2. 本条所列法官根据申诉状、抗诉书所附具的文件或者根据所调取的案卷审查申诉状、抗诉书。在调取案卷时，如果申诉状、抗诉书或其他申请书提出了申请，法官有权作出中止执行法院判决直至申诉审诉讼终结的裁定。

3. 根据对申诉状、抗诉书的审查结果，法官作出以下裁定之一：

（1）如果没有根据通过申诉程序对法院判决进行再审，法官应作出驳回将申诉状、抗诉书移送到申诉审法院审判庭审理的裁定。在这种情况下，申诉状、抗诉书以及被申诉人的法院裁判的复印件留在申诉审法院；

（2）将申诉状、抗诉书连同行政案卷移送到申诉审法院审判庭审理。

4. 俄罗斯联邦最高法院院长、副院长有权不同意俄罗斯联邦最高法院法官驳回将申诉状、抗诉书移送到申诉审法院审判庭审理的裁定，而作出撤销该裁定并将申诉状、抗诉书连同案卷一并移送到申诉审法院审判庭审理的裁定。

5. 向俄罗斯联邦最高法院行政审判庭、俄罗斯联邦最高法院军事审判庭提交的对本法典第319条第2款第（3）项和第（4）项所列法院裁判提出的申诉状、抗诉书，在移送到申诉审法庭审理的情况下，应连同案卷一并分别移送到俄罗斯联邦最高法院行政审判庭和俄罗斯联邦最高法院军事审判庭。

第324条 驳回将申诉状、抗诉书移送到申诉审法庭审理

1. 法官根据对申诉状、抗诉书的审查结果,如果认定不存在本法典第322条规定的根据,则应作出驳回将申诉状、抗诉书移送到申诉审法庭审理的裁定。

2. 裁定应该包括以下内容:

(1) 作出裁定的日期和地点;

(2) 作出裁定的法官的姓名;

(3) 申诉人、抗诉人的名称或姓名;

(4) 被提出申诉、抗诉的法院裁判;

(5) 驳回将申诉状、抗诉书移送到申诉审法庭审理的理由。

第325条 法官关于将申诉状、抗诉书连同行政案卷移送到申诉审法院审判庭审理的裁定

1. 法官关于将申诉状、抗诉书连同行政案卷移送到申诉审法院审判庭审理的裁定应该包括以下内容:

(1) 作出裁定的日期和地点;

(2) 作出裁定的法官的姓名;

(3) 接受行政案件进行法庭审理的申诉审法院的名称,以及本法典第127条第2款规定的信息材料;

(4) 申诉人、抗诉人的名称或姓名;

(5) 被申诉、抗诉的法院裁判;

(6) 叙述法院裁判有关的行政案件的内容;

(7) 阐述将申诉状、抗诉书连同行政案卷移送到申诉审法院审判庭审理的理由;

(8) 作出裁定的法官的建议。

2. 申诉审法院应在法官作出关于将申诉状、抗诉书连同行政案卷移送到申诉审法院审判庭审理的裁定之日起的1个月期限内审理,而在俄罗斯联邦最高法院,则应在法官作出关于将申诉状、抗诉书连同行政案卷移送到申诉审法院审判庭审理的裁定之日起的2个月期限内审理。

第326条 将申诉审法院审理案件的事宜通知案件参加人

1. 申诉审法院应将申诉状、抗诉书连同行政案卷移送到申诉审法院审判庭审理的裁定书的副本,申诉状、抗诉书的副本送达案件参加人。申诉审法院应保证根据案件参加人到庭的可能性来指定申诉审法院开庭审理申诉状、抗诉书连同行政案卷的时间。

2. 应将审理申诉状、抗诉书连同行政案卷的时间和地点依照本法典第九章的规则通知案件参加人。案件参加人已经收到通知而不到庭的,不妨碍申诉状、抗诉书的审理。

第327条 申诉状、抗诉书连同行政案卷在申诉审法院的审理程序

1. 申诉状、抗诉书连同行政案卷在有关申诉审法院主席团进行审理时,由法院院长、副院长或者根据他们的委托由一名主席团其他成员或者该法院以前没有参加过该行政案件审理的法官报告案情。

2. 在俄罗斯联邦最高法院行政审判庭、俄罗斯联邦最高法院军事审判庭,由一名现在参加该行政案件审理的法官对申诉状、抗诉书连同行政案卷进行报告。

3. 如果被申诉的法院裁判直接涉及案件参加人及其代理人、申诉人的权利、自由和合法利益,则上述人应参加庭审。

4. 如果检察长是参加案件审理的人，则下列检察长应该出庭：

（1）共和国、边疆区、州、联邦直辖市、自治州、自治专区、军区（舰队）的检察长或副检察长，参加共和国最高法院、边疆区法院、州法院、联邦直辖市法院、自治州法院、自治专区法院、军区（舰队）军事法院的主席团进行申诉审的审理；

（2）俄罗斯联邦检察院的公职人员根据俄罗斯联邦总检察长的委托，参加俄罗斯联邦最高法院行政审判庭、俄罗斯联邦最高法院军事审判庭进行申诉审的审理。

5. 在报告行政案件时，应叙述案情，对行政案件所作出的法院裁判的内容及申诉状、抗诉书提出的据以将申诉状、抗诉书连同行政案卷移送申诉审法院开庭审理的理由。

6. 本条第3款和第4款所列人员，如果到庭，则有权对行政案件作出解释。第一个进行解释的是申诉人或抗诉人。

7. 在审理申诉状、抗诉书连同行政案卷时，所有的问题均由申诉审法院根据参加行政案件审理的法官的多数票决定。如果赞成对行政案件进行重审的法官与反对重审的法官人数相等，则认为申诉、抗诉被驳回。

8. 行政案件的审理结果要当庭宣布。申诉审法院的裁决或裁定应通知案件参加人。

第328条　通过申诉程序撤销或变更法院裁判的根据

通过申诉程序撤销或变更法院裁判的根据是对实体法规范或程序法规范的严重违反，从而影响了行政案件的结局，而不排除这些违反就不可能恢复和维护权利、自由和合法利益以及维护受法律保护的公共利益。

第 329 条　申诉审法院的权限

1. 申诉审法院在对申诉状、抗诉书进行审理后,有权:

(1) 维持第一审、上诉审或申诉审法院的裁判,驳回申诉、抗诉;

(2) 完全或部分撤销第一审法院、上诉审法院的裁判,将案件发还有关法院重新审理,重新审理时法庭组成人员必须变更;

(3) 完全或部分撤销第一审法院、上诉审法院的法院裁判,对申请不予审理或者终止行政诉讼;

(4) 维护对行政案件所作的法院裁判的效力;

(5) 如果是在实体法规范的解释和适用上有错误,则撤销或变更第一审法院、上诉审法院的法院裁判,并作出新的法院裁判,而不将行政案件发还重新审理;

(6) 在具有本法典第 321 条第 1 款规定的根据时,对申诉、抗诉不予实体审理。

2. 在通过申诉程序审理行政案件时,申诉审法院在申诉状、抗诉状所列理由的范围内审查审理行政案件的各级法院对实体法规范和诉讼法规范的适用和解释是否正确。在涉及不定范围人群利益的行政案件中,以及在涉及本法典第二十八章至第三十一章所列自然人利益的行政案件中,申诉审法院有权超出法院申诉状、抗诉书所列理由的范围。但是,申诉审法院无权审查未被提出申诉、抗诉的部分法院裁判的合法性或者未被提出申诉、抗诉的法院裁判的合法性。

3. 如果案情未被第一审法院或上诉审法院确定或被第一审

法院或上诉审法院推翻,则申诉审法院无权确定认为这些案情或者认为这些案情已经被证据所证明,也无权决定某一证据可靠或不可靠或者一些证据优越于另一些证据,以及确定在重新审理行政案件时应该作出什么样的法院裁判。

4. 上级法院关于法律解释的指示对再审行政案件的法院具有强制力。

第 330 条　申诉审法院的裁判

1. 根据对申诉状、抗诉书连同行政案卷的审理结果,申诉审法院主席团作出裁决,而俄罗斯联邦最高法院行政审判庭和俄罗斯联邦最高法院军事审判庭应作出裁定。

2. 申诉审法院的裁判应该指出:

(1) 作出裁决或裁定的法院的名称;

(2) 作出法院裁判的日期和地点;

(3) 法院裁判的行政案件;

(4) 提出要求通过申诉审对行政案件进行再审的申诉状、抗诉书的人的名称或姓名;

(5) 作出关于将申诉状、抗诉书连同行政案卷一并移送到申诉审法院审判庭审理的裁定的法院的名称;

(6) 被提出申诉、抗诉的法院裁判的内容;

(7) 根据申诉状、抗诉书审理结果得出的结论;

(8) 法院得出结论的理由、援引法院所遵循的法律。

3. 有关法院主席团的裁决应由审判长签字,而审判庭的裁定应由通过申诉程序审理行政案件的法官签字。

第 331 条　申诉审法院裁判的生效
申诉审法院的裁判自其作出之日起生效。

第三十六章　监督审法院的诉讼程序

第 332 条　通过监督程序对法院裁决进行再审
1. 本条第 2 款所列已经生效的法院裁判,可以通过监督程序由俄罗斯联邦最高法院主席团根据案件参加人或其权利、自由和合法利益因法院裁判受到侵害的其他人的申诉进行再审。

2. 对下列法院裁判可以向俄罗斯联邦最高法院主席团提出申诉：

（1）如果共和国最高法院、边疆区法院、州法院、联邦直辖市法院、自治州法院、自治专区法院作为第一审法院作出的已经发生法律效力的判决是俄罗斯联邦最高法院上诉审理的对象,可以对上述判决提出申诉；

（2）如果军区（舰队）军事法院作为第一审法院作出的已经发生法律效力的判决是俄罗斯联邦最高法院上诉审理的对象,可以对上述判决提出申诉；

（3）如果俄罗斯联邦最高法院审判庭作为第一审法院所作出的已经发生法律效力的判决和裁定是上诉审理的对象,可以对上述判决的裁定提出申诉；

（4）俄罗斯联邦最高法院上诉庭的裁定；

（5）俄罗斯联邦最高法院行政审判庭、俄罗斯联邦最高法院军事审判庭通过上诉程序作出的裁定；

（6）俄罗斯联邦最高法院行政审判庭和俄罗斯联邦最高法院军事审判庭通过申诉程序作出的裁定。

3. 如果检察长参加了行政案件的审理，则俄罗斯联邦总检察长、副总检察长有权向俄罗斯联邦最高法院主席团提出抗诉，要求对本条第 2 款所列法院裁判进行再审。

第 333 条　提交监督审申诉状、抗诉书的程序和期限

1. 监督审申诉状、抗诉书直接向俄罗斯联邦最高法院提交。

2. 对本法典第 332 条第 2 款所列法院裁判，在其生效之日起的 3 个月内可以通过监督程序提出申诉、抗诉。

3. 提出申诉、抗诉的人由于正当原因迟误了提出申诉、抗诉的期限时，包括因为没有关于被申诉的法院裁判的信息材料而迟误的，只有在迟误原因发生在法院裁判生效之日起的 12 个月内，或者申请恢复期限的人没有参加行政案件的审理，而法院作出的裁判涉及该人的利益，自该人知悉或应该知悉自己的权利、自由和合法利益因被申诉的法院裁判受到侵害之日起的 12 个月内提出恢复迟误期限的申请时，提交申诉状、抗诉书的期限才能根据该人的申请予以恢复。

4. 关于恢复迟误提交申诉状、抗诉书期限的申请由监督审法院按照本法典第 95 条规定的程序审理。

5. 俄罗斯联邦最高法院院长、俄罗斯联邦最高法院副院长有权不同意俄罗斯联邦最高法院法官作出的关于恢复迟误提交申诉状、抗诉书的期限的裁定或者驳回恢复请求的裁定，而作出驳回恢复迟误期限的裁定或恢复迟误期限的裁定。

第334条 申诉状、抗诉书的内容

1. 申诉状、抗诉书应该包括以下内容：

（1）接受申诉状、抗诉书的法院的名称；

（2）申诉人、抗诉人的名称或姓名及其所在地或住所地，以及其在行政案件中的法律地位；

（3）案件其他参加人的名称及其住所地或所在地；

（4）审理案件的第一审法院、上诉审法院、申诉审法院以及上述法院所作法院裁判的信息材料；

（5）被申诉的法院裁判；

（6）通过监督程序对法院裁判进行再审的根据，并列举证明存在这些根据的理由。如果申诉状、抗诉书提出法院裁判违反了审判实践一致原则，则还应该举出证明这些理由的例子。

（7）申诉人、抗诉人的请求。

2. 如果申诉人未参加行政案件，则申诉状应该指出他的哪些权利、自由和合法利益因生效的法院裁判而受到侵害。

3. 申诉状应该由申诉人或其代理人签字。由代理人提交申诉状时，应该附具证明代理人权限的文件，以及本法典第55条第3款规定的其他文件。抗诉书应该由俄罗斯联邦总检察长或副总检察长签字。

4. 申诉状、抗诉书应该附具经过有关法院认证的对行政案件作出的法院裁判的复印件。

5. 申诉状应该附具证明在法定情况下已经按照法定程序和数额缴纳国家规费的单证或者证明拥有减少、免除国家规费权利的文件，或者在申诉状中提出要求延期或分期缴纳国家规费、减少

或免除国家规费的申请。

6. 延期、分期缴纳国家规费或减少、免除国家规费的问题,由监督审法院解决,不通知案件参加人。

第 335 条　退回申诉状、抗诉书而不予实体审理

1. 有下列情形之一的,申诉状、抗诉书不进行实体审理而予以退回:

(1) 申诉状、抗诉书不符合本法典第 334 条第 1 款第(1)项至第(5)项和第(7)项、第 3 款至第 5 款的要求;

(2) 提交上诉状、抗诉书的人无权向监督审法院提出请求;

(3) 通过监督程序对法院裁判提出申诉的期限届满,而申诉状、抗诉书未申请恢复该期限或者恢复申请被驳回;

(4) 法院收到要求退回或撤回申诉状、抗诉书的申请;

(5) 申诉状、抗诉书的提交违反了本法典第 332 条第 2 款规定的管辖规则。

(6) 提交申诉状没有缴纳国家规费,或者申诉状里没有申请延期或分期缴纳国家规费、减少或免除国家规费,或者上述申诉被驳回。

2. 申诉状、抗诉书应在监督审法院收到之日起的 10 日内予以退还而不进行实体审理。

第 336 条　申诉、抗诉的审理期限

1. 在俄罗斯联邦最高法院,如果不调取行政案卷,则监督审的申诉状、抗诉书应在 2 个月的期限内审理;如果调取行政案卷,则应该在 3 个月内审理,自调取行政案卷到俄罗斯联邦最高法院收到案卷的时间不计算在内。

2. 在调取行政案卷的情况下，俄罗斯联邦最高法院院长、副院长考虑到案件的复杂性，可以延长审理申诉、抗诉的时间，但延长的时间不得超过2个月。

第 337 条　申诉、抗诉的审理

1. 对申诉状、抗诉书应该依照本法典第 332 条至第 334 条的规则，由俄罗斯联邦最高法院的法官审查。

2. 俄罗斯联邦最高法院的法官根据申诉状、抗诉书、所附具的文件或者根据所调取的行政案卷对申诉状、抗诉书进行审查。在调取行政案卷的情况下，如果申诉状、抗诉书或申请书提出相关要求，则法官有权作出裁定，中止法院裁判的执行直至监督审诉讼终结。

3. 根据对申诉状、抗诉书的审查结果，法官作出以下裁定之一：

（1）如果没有根据通过监督程序对案件进行再审，则作出驳回将申诉状、抗诉书移送到俄罗斯联邦最高法院主席团审判庭再审的请求，被申诉、抗诉的法院裁判的复印件留在监督审法院；

（2）作出将申诉状、抗诉书连同行政案卷移送到俄罗斯联邦最高法院主席团审判庭进行再审的裁定。

4. 俄罗斯联邦最高法院院长、副院长有权不同意俄罗斯联邦最高法院法官关于驳回将申诉状、抗诉书移送到俄罗斯联邦最高法院主席团审判庭进行再审的裁定，并作出撤销该裁定和将申诉状、抗诉书连同案卷一并移送到俄罗斯联邦最高法院主席团审判庭进行再审的裁定。

第338条 驳回将申诉状、抗诉书移送到俄罗斯联邦最高法院主席团审判庭进行再审的裁定

关于驳回将申诉状、抗诉书移送到俄罗斯联邦最高法院主席团审判庭进行再审的裁定,应该包括以下内容:

(1) 作出裁定的日期和地点;

(2) 作出裁定的法官姓名;

(3) 提出申诉、抗诉的人的名称或姓名;

(4) 被申诉、抗诉的法院裁判;

(5) 驳回将申诉状、抗诉书移送到俄罗斯联邦最高法院主席团审判庭进行再审的理由。

第339条 将申诉状、抗诉书连同行政案卷移送到俄罗斯联邦最高法院主席团审判庭进行再审的裁定

1. 关于将申诉状、抗诉书连同行政案卷移送到俄罗斯联邦最高法院主席团审判庭进行再审的裁定应该包含以下内容:

(1) 作出裁定的日期和地点;

(2) 作出裁定的法官姓名;

(3) 提出申诉、抗诉的人的名称或姓名;

(4) 被申诉、抗诉的法院裁判;

(5) 叙述作出法院裁判的行政案件的案情;

(6) 说明将申诉状、抗诉书连同行政案卷移送到俄罗斯联邦最高法院主席团审判庭进行再审的理由;

(7) 作出裁定的法院的建议;

(8) 本法典第127条第2款所列其他文件。

2. 俄罗斯联邦最高法院的法官应将他所作出的裁定连同申

诉状、抗诉书和行政案卷一并送交俄罗斯联邦最高法院主席团。

第340条 俄罗斯联邦最高法院主席团审理申诉状、抗诉书连同行政案卷的程序和期限

1. 俄罗斯联邦最高法院主席团根据俄罗斯联邦最高法院法官关于将申诉状、抗诉书连同行政案卷移送到俄罗斯联邦最高法院主席团审判庭进行再审的裁定受理行政案件。

2. 俄罗斯联邦最高法院主席团将关于将申诉状、抗诉书连同行政案卷移送到俄罗斯联邦最高法院主席团审判庭进行再审的裁定书的副本以及申诉状、抗诉书的副本送交案件参加人;

3. 应按照本法典第九章的规则将俄罗斯联邦最高法院主席团审理行政案件的时间和地点通知案件参加人。已经收到关于俄罗斯联邦最高法院主席团审理行政案件的时间和地点通知的案件参加人不到庭的,不妨碍通过监督程序对行政案件进行审理。

4. 作出将申诉状、抗诉书连同行政案卷移送到俄罗斯联邦最高法院主席团审判庭进行再审裁定的俄罗斯联邦最高法院院长、副院长,不得参加俄罗斯联邦最高法院主席团对该申诉状、抗诉书连同行政案卷的审理。

5. 俄罗斯联邦最高法院主席团应在俄罗斯联邦最高法院法官作出裁定之日起的2个月内对该申诉状、抗诉书连同行政案卷进行审理。

6. 案件参加人及其代理人、申诉人、抗诉人以及被申诉、抗诉的法院裁判直接涉及其利益的其他人,可以出庭。

7. 如果检察长是案件参加人,则在俄罗斯联邦最高法院主席团审理案件时,由俄罗斯联邦总检察长、副总检察长出庭。

8. 俄罗斯联邦最高法院主席团通过监督程序审理案件时,由俄罗斯联邦最高法院的法官报告申诉状、抗诉书及行政案件情况。

9. 俄罗斯联邦最高法院的法官报告行政案件的案情,对行政案件所作出的法院裁判的内容,将申诉状、抗诉书连同行政案卷一并移送俄罗斯联邦最高法院主席团审判庭审理的根据。

10. 本条第 6 款所列人员,如果出庭,有权对行政案件作出解释。第一个作出解释的是申诉人、抗诉人。

11. 根据对申诉状、抗诉书连同行政案件的审理结果,俄罗斯联邦最高法院主席团作出裁决。

12. 在通过监督程序审理申诉、抗诉连同行政案件时,所有的问题都按参加行政案件审理的俄罗斯联邦主席团成员的多数票决定。赞成再审的票和反对再审的票相等时,申诉状、抗诉书视为被驳回。

13. 俄罗斯联邦最高法院主席团作出的裁决,应通知案件参加人。

第 341 条　通过监督程序撤销或变更法院裁判的根据

如果在通过监督程序审理行政案件时俄罗斯联邦最高法院主席团确定有关法院裁判存在下列情形之一,本法典第 332 条所列法院裁判应该予以撤销或变更:

(1)《俄罗斯联邦宪法》、公认的国际法原则和准则以及俄罗斯联邦的国际条约保障的人和公民的权利和自由受到了侵害;

(2) 不定范围人群的权利和自由以及其他公共利益受到了侵害;

(3) 违反了法律规范解释和适用的一致性。

第 342 条　俄罗斯联邦最高法院主席团通过监督程序对法院裁判进行再审的权限

1. 俄罗斯联邦最高法院主席团在对申诉状、抗诉书连同行政案卷进行审理后,有权:

(1) 维持第一审、上诉审、申诉审法院的裁判,驳回申诉、抗诉;

(2) 完全或部分撤销第一审、上诉审、申诉审法院的裁判,将案件发还有关法院重新审理。在将行政案件发还重审时,俄罗斯联邦最高法院主席团可以指出再审案件的法庭组成人员必须变更;

(3) 完全或部分撤销第一审、上诉审、申诉审法院的裁判,对请求不予审理或终止行政诉讼;

(4) 维持对行政案件所作法院裁判的效力;

(5) 如果在实体法的适用和解释上发生错误,则撤销或变更第一审、上诉审、申诉审法院的裁判,并作出新的法院判决,而不将行政案件发还进行重新审理;

(6) 如果存在本法典第 335 条规定的根据,则对申诉、抗诉不予审理。

2. 俄罗斯联邦最高法院主席团在通过监督程序审理行政案件时,应在申诉状、抗诉书所提出理由的限度内,审查行政案件原审法院对实体法规范或程序法规范的适用和解释是否正确。为了维护法制,俄罗斯联邦最高法院主席团有权超出申诉状、抗诉书所提出的理由。在这种情况下,俄罗斯联邦最高法院主席团无权审理未被提出申诉、抗诉的法院裁判相关部分的合法性,也不得审查未被提出申诉、抗诉的法院裁判的合法性。

3. 俄罗斯联邦最高法院主席团在通过监督程序审理行政案件时,无权确定或认为第一审法院、上诉审法院、申诉审法院未确定的或推翻的证据或认为证据已经得到证明,预断某一证据真实可靠或不真实可靠、一些证据优越于另一些证据,无权决定在重新审理行政案件后应该作出何种法院裁判。

4. 俄罗斯联邦最高法院主席团的裁决由俄罗斯联邦通过监督程序审理行政案件的审判长签字。

5. 俄罗斯联邦最高法院主席团关于法律解释的指示对再审行政案件的法院具有约束力。

第343条　俄罗斯联邦最高法院主席团裁决的内容

俄罗斯联邦最高法院主席团的裁决应该指出:

(1) 作出裁决的法院的名称和法庭组成人员;

(2) 作出裁决的日期和地点;

(3) 作出裁决的行政案件;

(4) 申诉人、抗诉人的名称或姓名;

(5) 作出将申诉状、抗诉书连同行政案卷移送到俄罗斯联邦最高法院主席团审判庭进行再审的裁定的法官姓名;

(6) 被申诉、抗诉的法院裁判的内容;

(7) 俄罗斯联邦最高法院主席团根据对申诉、抗诉的审理结果得出的结论;

(8) 俄罗斯联邦最高法院主席团作出结论的理由、援引所遵循的法律。

第 344 条　俄罗斯联邦最高法院主席团裁决的生效

俄罗斯联邦最高法院主席团的裁决自作出之日起生效,不得再提出申诉。

第三十七章　根据新的情况和新发现的情况对已经生效的法院裁判的再审程序

第 345 条　根据新的情况或新发现的情况对法院裁判进行再审的法院

1. 根据新的情况和新发现的情况可以由原判法院对已经生效的法院裁判进行再审。

2. 如果上诉审、申诉审或监督审的法院的裁判变更了原法院裁判并作出新的法院裁判,则由作出变更原裁判和作出新裁判的法院根据新的情况和新发现的情况对行政案件进行再审。

3. 如果已经生效的法院刑事判决确认法官由于实施犯罪而作出了非法的和(或)没有根据的法院裁判,则由该法官作出判决时所在的法院根据新的情况和新发现的情况对行政案件进行再审。

第 346 条　提交根据新的情况和新发现的情况对法院裁判进行再审的申请书、抗诉书的程序

1. 根据新的情况和新发现的情况对已经生效的法院裁判进行再审的申请书、抗诉书应该由案件参加人以及未被吸收参加行政案件而法院解决其权利义务的其他人在作为法院裁判再审根据的新情况或新发现的情况出现或发现之日起 3 个月内提交。

2. 本条第 1 款所规定的要求根据新的情况和新发现的情况对已经生效的法院裁判进行再审的申请书、抗诉书的提交期限按下列办法计算：

（1）在本法典第 350 条第 2 款第（1）项规定的情况下，自发现对行政案件有重大意义的情况之日起计算；

（2）在本法典第 350 条第 2 款第（2）项和第（3）项规定的情况下，自刑事判决生效之日起计算；

（3）在本法典第 350 条第 1 款第（1）项规定的情况下，自撤销原法院裁判或撤销据以作出所审理法院裁判的国家权力机关、其他国家机关、地方自治机关决议之日起计算；

（4）在本法典第 350 条第 1 款第（2）项规定的情况下，自法院裁判生效之日起计算；

（5）在本法典第 350 条第 1 款第（3）项规定的情况下，自俄罗斯联邦宪法法院相关判决生效之日起计算；

（6）在本法典第 350 条第 1 款第（4）项规定的情况下，自欧洲人权法院有关判决生效之日起计算；

（7）在本法典第 350 条第 1 款第（5）项规定的情况下，自俄罗斯联邦最高法院主席团裁决生效之日起计算或自俄罗斯联邦最高法院主席团裁决公布之日起计算。如果本法典第 350 条第 1 款第（5）项规定的情况在通过监督审对申诉状、抗诉书进行再审时才发现，则提交申诉书、抗诉书的 3 个月期限自收到俄罗斯联邦最高法院主席团关于驳回将案件移送审理的裁定之日起计算；

（8）在本法典第 350 条第 1 款第（6）项规定的情况下，自俄罗斯联邦最高法院、普通法院认定规范性法律文件无效的判决生效之日起计算。

3. 本条第一款所规定期限迟误时，只要申请恢复该期限，则不是拒绝受理要求根据新的情况和新发现的情况对已经生效的法院裁判进行再审的申请书、抗诉书的根据。在预备庭或审判庭确定迟误期限的原因，如果确定迟误的理由不正当，则法院不对已经生效的法院裁判进行再审。

4. 如果要求根据新的情况和新发现的情况对已经生效的法院裁判进行再审的申请书的提交不迟于新的情况出现或发现之日起的 6 个月，而法院又认为迟误的原因是正当的，则提交申请书的期限可以由法院恢复。要求恢复根据新的情况和新发现的情况对已经生效的法院裁判进行再审的申请书提交期限的申请，由法院按照本法典第 95 条规定的程序审理。

5. 在本法典第 350 条第 1 款第（5）项规定的情况下，如果已经不再可能向上诉审或申诉审法院提出请求，则要求根据新的情况和新发现的情况对已经生效的法院裁判进行再审的申请书、抗诉书可以在本法典规定的期限内提交，但不得迟于对案件进行实体审理所作出的最后法院裁判生效之日起的 6 个月。

第 347 条　根据新的情况和新发现的情况对已经生效的法院裁判进行再审的申诉书、抗诉书的格式和内容

1. 根据新的情况和新发现的情况对已经生效的法院裁判进行再审的申诉状、抗诉书应该用书面形式提交法院。申诉状应该由申请人签字，抗诉书应该由被授权签字的人签字。

2. 申请根据新的情况和新发现的情况对已经生效的法院裁判进行再审的申请书、抗诉书应该指出：

（1）接受申请书、抗诉书的法院的名称；

（2）申请人的名称或姓名及其所在地或住所地、电话号码和电子邮件地址（如果有的话）；

（3）案件参加人的名称或姓名及其所在地或住所地，及关于他们的其他信息材料；

（4）作出申请人要求再审的裁判的法院的名称、行政案件的编号、作出法院裁判的日期、行政案件的标的；

（5）过去或现在可能影响作出法院裁判的情况；

（6）证明新的情况或新发现的情况的证据；

（7）申请人请求的内容；

（8）所附具的文件；

（9）其他信息材料，包括案件参加人的电话号码、电子邮件地址。

3. 根据新的情况和新发现的情况对已经生效的法院裁判进行再审的申请书、抗诉书应该附具：

（1）被申请再审的法院裁判的复印件；

（2）证明新的情况或新发现情况的文件的复印件；

（3）证明向案件其他参加人送交申请书和他们所没有的文件的复印件的文书，而在未送交这些材料时，应按案件其他参加人的人数提交申请书和有关文件的复印件；

（4）如果申请书是由代理人提交的，还应提交证明申请书签字人以及本法典第55条第3款所列其他文件签字人权限的文件。

4. 根据新的情况和新发现的情况对已经生效的法院裁判进行再审的申请书、抗诉书和所附具的文件也可以通过在法院官方网站上填写电子表格的方式提交。

(本款自 2016 年 9 月 15 日生效——2015 年 3 月 8 日第 22 号联邦法律规定)

第 348 条 根据新的情况或新发现的情况对已经生效的法院裁判进行再审的申请书、抗诉书的受理

1. 根据新的情况和新发现的情况对法院裁判进行再审的申请书、抗诉书的受理问题,在法院收到后的 5 日内由法官独任解决。

2. 如果根据新的情况和新发现的情况对法院裁判进行再审的申请书、抗诉书符合本法典第 347 条的要求,并且提交也遵守了本章的其他规则,则法院作出受理申请、抗诉的裁定。

3. 裁定应该指出本法典第 127 条第 2 款规定的信息材料。裁定书的副本最迟应在裁定作出之日后的第一个工作日发给案件参加人。如果申诉状、抗诉书和所附具文件的复印件没有由申请人送交,则在送交裁定书副本时一同送交给案件参加人。

4. 如果根据新的情况和新发现的情况对法院裁判进行再审的申请书、抗诉书不符合本法典第 347 条的要求,则法院退回申请书、抗诉书。

5. 关于退回根据新的情况和新发现的情况对法院裁判进行再审的申请书、抗诉书的事宜,应作出说明理由的裁定,裁定书的副本连同申请书、抗诉书和所附具的文件最迟应在作出裁定之日后的第一个工作日送交申请人。

6. 对退回根据新的情况和新发现的情况对法院裁判进行再审的申请书、抗诉书的裁定,可以提出申诉。

第 349 条 根据新的情况或新发现的情况对法院裁判进行再审的申请书、抗诉书的审理

1. 根据新的情况和新发现的情况对已经生效的法院裁判进行再审的申请书、抗诉书,在法院收到申请书、抗诉书之日起的1个月期限内开庭审理。如果需要调取行政案卷,本条所规定的期限自法院收到案卷之日起计算。

2. 应将开庭的时间和地点通知申请人和案件其他参加人。上述人收到通知而不到庭的,不妨碍申请书、抗诉书的审理。

第 350 条 根据新的情况或新发现的情况对法院裁判进行再审的根据

1. 根据新的情况对法院裁判进行再审的根据是在法院裁判作出后发生的并对正确审理和解决行政案件具有重大意义的下列情况:

(1) 普通法院或仲裁法院的裁判或国家权力机关、其他国家机关、地方自治机关的决议被撤销,而该决议原来是对该行政案件作出法院裁判的根据;

(2) 已经生效的普通法院或仲裁法院的裁判认定法律行为无效,而该法律行为致使对该行政案件作出非法的没有根据的法院裁判;

(3) 申请人就法院判决所适用的法律向俄罗斯联邦宪法法院提出请求,而俄罗斯联邦宪法法院认定该法律不符合俄罗斯联邦宪法;

(4) 申请人就具体案件判决向欧洲人权法院提出请求,而欧洲人权法院确认法院在审理具体案件时违反了《人权和基本自由公约》；

(5) 如果俄罗斯联邦最高法院相应裁判指出可以由于该情况而对已经生效的法院裁判进行再审，俄罗斯联邦最高法院全体会议的裁决或俄罗斯联邦最高法院主席团的裁决确定或变更具体案件中适用法律规范的实践；

(6) 法院在具体案件中适用规范性法律文件并作出判决，申请人对该规范性法律文件提出异议，而俄罗斯联邦最高法院、普通法院认定该规范性法律文件自通过之日起无效。

2. 根据新发现的情况对法院裁判进行再审的根据是截至法院裁判作出之日存在的、对行政案件具有重大意义的下列情况：

(1) 申请人原来不知悉也不可能知悉对行政案件具有重大意义的情况；

(2) 已经生效的法院刑事判决确认故意提供虚假鉴定结论、证人故意提供虚假证言、翻译人员故意作不正确的翻译、伪造证据，从而导致法院对该行政案件作出非法的没有根据的裁判；

(3) 已经生效的法院刑事判决确认案件参加人及其代理人的犯罪行为或者法官在审理该行政案件时实施了犯罪行为。

第 351 条　法院根据新的情况或新发现的情况对法院裁判进行再审的申请书、抗诉书的审理结果所作出的法院裁判

1. 根据新的情况或新发现的情况对已经生效的判决、裁定、裁决进行再审的申请书、抗诉书的审理结果，法院可以：

(1) 驳回申请书、抗诉书。在这种情况下法院作出裁定，裁定书的副本最迟在作出之日后的第一个工作日送给案件参加人；

(2) 满足根据新的情况或新发现的情况对法院裁判进行再审

的申请、抗诉,根据新的情况或新发现的情况撤销以前所作的法院裁判。在这种情况下,法院按照本法典对相应审级法院规定的格式作出法院裁判。

2. 对于根据新的情况或新发现的情况撤销法院裁判的判决、裁定、裁决和驳回根据新的情况或新发现的情况对法院裁判进行再审的申请、抗诉的裁定,可以提出申诉。

3. 如果满足申请、抗诉并根据新的情况或新发现的情况撤销原法院裁判,则行政案件的再审按照本法典对相应审级法院规定的规则进行。

4. 行政案件的再审可以在法院裁判撤销后直接在同一审判庭进行,如果案件参加人及其代理人已经到庭,也对同一审判庭对行政案件进行实体审理不提出异议。

第八编 与执行行政案件的法院裁判有关的并由法院解决的诉讼问题

第三十八章 与执行行政案件的法院裁判有关的并由法院解决的诉讼问题

第352条 法院裁判的执行程序

1. 除立即生效的情形外,法院裁判在生效之后依照本法典和调整执行程序问题的其他联邦法律规定的程序付诸执行。如果法院裁判规定了执行的方式和期限，则按照该方式和期限付诸执行。

2. 必要时，根据法院发出的执行令对法院裁判进行强制执行，但联邦法律有不同规定的除外。

3. 与法院裁判执行有关的问题，由法官独任解决，但本法典有不同规定的除外。

第353条 执行令的发出

1. 执行令由行政案件的第一审法院发出，而不论法院发出执行令所根据的是哪一审级的法院裁判。

2. 执行令在法院裁判生效后由法院发出，而法院裁判立即生效或由法院立即交付执行时，应在该法院裁判作出后或交付立即执行后立即发出执行令。

3. 执行令根据法院裁判的胜诉方的申请发出，或者根据他的申请由法院立即付诸执行。追索金钱作为预算收入（包括追索国家规费）的执行令，由法院发给作为债务人的单位或自然人的所在地或住所地的税务机关或其他被授权的机关。

4. 根据法院裁判胜诉人的申请，法院可以将执行令以电子文件的形式交付执行，电子文件上应按照俄罗斯联邦立法规定的程序由法官进行专业电子签名。

（本款自2016年9月15日生效——2015年3月8日第22号联邦法律规定）

5. 如果法院裁判规定对俄罗斯联邦预算体系的资金进行追索，在根据追索人的申请发出执行令时，执行令应该附具经过法院按规定程序认证的发出执行令所依据的法院裁判的副本。执行令连同有关法院裁判的副本可以由法院以电子文件的形式交付执行,电子文件上应按照俄罗斯联邦立法规定的程序由法官进行专业电子签名。

(本款自2016年9月15日生效——2015年3月8日第22号联邦法律规定)

6. 如果本条没有不同规定,根据每一个法院裁判发出一份执行令。

7. 如果一个法院裁判有几个原告胜诉,或者有几名被告败诉,或者执行令应该在几个不同地点执行,则法院根据追索人的申请发出几份执行令,并在每份执行令中准确地指出根据该执行令应该执行的法院裁判或某一部分法院裁判的执行地点。

8. 执行令的格式依照2007年10月2日第229号联邦法律《执行程序法》规定的要求通过填写执行令表格办理,表格由俄罗斯联邦政府规定。执行令由法官签字并加盖法院有国徽的印鉴。

9. 执行令也可以采用电子文件的方式,填写电子执行令表格,表格由俄罗斯联邦政府批准并有俄罗斯联邦政府的专业电子签名。

(本款自2016年9月15日生效——2015年3月8日第22号联邦法律规定)

10. 如果法院裁判规定追索俄罗斯联邦预算体系的资金,根据追索人的申请发出的或由追索人本人发出的执行令,应该附具经过法院按规定程序认证的据以发出执行令的法院裁判的副本,以及根据追索人的申请指出划入被追索款项的追索人银行账号。

10—1. 法院支付令按照本法典第128条规定的程序交付执行。

(本款由2016年4月5日第103号联邦法律增补)

11. 除立即执行的情况外,在法院裁判生效以前发出的执行令自始无效,应由作出裁判的法院予以撤销。

第354条 执行令或法院支付令副本的发出

(本条由2015年4月5日第104号联邦法律修订)

1. 如果执行令或法院支付令(以下称执行文件)遗失,则作出裁判的法院可以根据追索人、法警执行员或其他执行人员的申请发出执行文件副本。

(本款由2015年4月5日第104号联邦法律修订)

2. 要求发出执行文件副本的申请可以在将执行文件交付执行的期限届满之前提出,但执行文件是法警执行员或其他执行人员遗失而在上述期限届满之后追索人方才知悉的情形除外。在这种情况下,要求发出执行文件副本的申请可以在追索人得知执行文件遗失之日起的1个月内提出。

(本款由2015年4月5日第104号联邦法律修订)

3. 要求发出执行文件副本的申请应该附具证明已经按照联邦法律规定的程序和数额缴纳国家规费的单证,或者证明优惠缴纳国家规费的权利的文件,或者附具要求延期缴纳或分期缴纳国家规费、减少国家规费或免交国家规费的申请书,并同时提交有关根据。

(本款由2015年4月5日第104号联邦法律修订)

4. 要求发出执行文件副本的申请应该在法院收到申请之日起的10日内开庭审理。应将开庭的时间和地点通知案件参加人、法警执行员或其他执行人员。已经收到通知的上述人员不到庭的,不妨碍对申请的审理。

（本款由 2015 年 4 月 5 日第 104 号联邦法律修订）

5. 对法院发出执行文件副本或驳回申请的裁定，可以提出申诉。

（本款由 2015 年 4 月 5 日第 104 号联邦法律修订）

第 355 条　执行文件的说明

（本条由 2015 年 4 月 5 日第 104 号联邦法律修订）

1. 如果执行文件的要求不明确或者执行的方式和程序不明确，追索人、债务人、法警执行员均有权向作出裁判的法院提出请求，申请对执行文件、执行文件的执行方式和程序进行说明。

（本款由 2015 年 4 月 5 日第 104 号联邦法律修订）

2. 要求对执行文件进行说明的申请在法院收到申请之日起的 10 日内依照本法典第 185 条规定的程序开庭审理。

（本款由 2015 年 4 月 5 日第 104 号联邦法律修订）

第 356 条　执行文件交付执行的期限

（本条由 2015 年 4 月 5 日第 104 号联邦法律修订）

1. 执行文件可以在下列期限内交付执行：

（1）自法院裁判生效之日起的 3 个月内，或者应该立即执行的法院裁判作出之日起的下一个工作日，或者在延期执行法院裁判时规定的期限届满之前；

（2）在依照本法典第 357 条作出恢复迟误的执行文件交付执行期限为申请之日起的 3 个月内。

（本款由 2015 年 4 月 5 日第 104 号联邦法律修订）

1—1. 法院支付令可以在发出之日起的 3 年内交付执行。

（本款由 2015 年 4 月 5 日第 104 号联邦法律增补）

2. 执行文件执行的期限因交付执行而中断，也因债务人对执行文件的部分执行而中断。

（本款由 2015 年 4 月 5 日第 104 号联邦法律修订）

3. 如果法院裁判的执行被延期或者中止，则执行文件交付执行的期限自法院裁判恢复执行时恢复计算。

（本款由 2015 年 4 月 5 日第 104 号联邦法律修订）

4. 在对执行文件分期执行时，执行文件交付执行的期限延长到分期执行的期限。

（本款由 2015 年 4 月 5 日第 104 号联邦法律修订）

5. 如果由于不可能执行而将执行文件退回追索人，则执行文件交付执行的期限重新计算。该期限自执行文件退回追索人之日起计算。

（本款由 2015 年 4 月 5 日第 104 号联邦法律修订）

第 357 条　迟误执行文件交付执行的期限的恢复

（本条由 2015 年 4 月 5 日第 104 号联邦法律修订）

1. 追索人如果迟误了执行文件交付执行的期限，联邦法律规定可以恢复该期限的，则可以向审理行政案件的第一审法院提出申请，要求恢复迟误的期限。

（本款由 2015 年 4 月 5 日第 104 号联邦法律修订）

1—1. 追索人如果迟误了将法院支付令提交执行的期限，可以向发出相应支付令的法院提出申请，要求恢复迟误了的期限。

（本款由 2015 年 4 月 5 日第 104 号联邦法律增补）

2. 要求恢复迟误的执行文件交付执行的期限的申请，依照本法典第 95 条规定的程序审理。

3. 根据对申请的审理结果作出裁定,裁定书的副本应发给追索人和债务人。

4. 对同意恢复迟误执行文件交付执行期限的裁定或驳回恢复迟误期限请求的裁定,可以提出申诉。

(本款由 2015 年 4 月 5 日第 104 号联邦法律修订)

第 358 条 法院裁判的延期执行或分期执行、变更法院裁判的执行方式和程序

1. 如果存在妨碍法院裁判执行的情况,根据追索人、债务人或法警执行员的申请,发出执行文件的法院有权规定延期或分期执行法院裁判、变更其执行方式和程序。

(本款由 2016 年 4 月 5 日第 103 号联邦法律修订)

2. 要求延期或分期执行法院裁判、变更其执行方式和程序的申请,在法院收到申请书之日起的 10 日内开庭审理,并通知追索人、债务人和法警执行员。上述人收到通知而不出庭的,不妨碍申请的审理。根据对申请的审理结果,法院作出裁定,裁定书的副本应在裁定作出之日后的第一个工作日发给追索人、债务人和法警执行员。

3. 对关于延期或分期执行法院裁判、变更其执行方式和程序的法院裁定或驳回要求延期或分期执行法院裁判、变更其执行方式和程序的申请的裁定,可以提出申诉。

第 359 条 执行程序的中止、终止和恢复

1. 在 2007 年 10 月 2 日第 229 号联邦法律《执行程序法》规定的情况下,根据追索人、债务人、法警执行员的申请,法院可以中止或终止法警执行员提起的执行程序。

2. 中止或终止执行程序由发出执行令的法院进行,或者由法警执行员所在地的法院进行。

3. 要求中止或终止执行程序的申请由法院在 10 日内依照本法典第 358 条第 2 款规定的程序审理。

4. 对中止或终止执行程序的裁定或驳回要求中止或终止执行程序的申请的裁定,可以提出申诉。

5. 根据追索人、债务人、法警执行员的申请程序,在排除中止的根据后由中止执行程序的法院进行。关于恢复执行程序的事宜,法院应作出裁定。

第 360 条　对法警局公职人员的决定、行为(不作为)提出异议

对俄罗斯联邦首席法警、俄罗斯联邦主体首席法警、高级法警及其副职、法警执行员的决定、行为(不作为)可以依照本法典第二十二章规定的程序向法院提出异议。

(本条由 2015 年 12 月 30 日第 425 号联邦法律修订)

第 361 条　法院裁判反转执行

如果已经付诸执行的法院裁判被完全或部分撤销并作出新的法院裁判,完全或部分驳回行政诉讼请求,或者行政诉讼请求被搁置,或者案件的诉讼被终止,则原告应向被告返还原来按照被撤销的法院裁判或部分法院裁判而向其追索的全部财物。

第 362 条　法院裁判反转执行问题的解决

1. 关于法院裁判反转执行的问题,由作出撤销或变更原法院裁判的新裁判的法院解决。

2. 如果撤销或变更原法院裁判的新法院裁判没有指出其反转执行,则被告有权向第一审法院提出相应的请求。

3. 要求反转执行法院裁判的申请依照本法典第 258 条第 2 款规定的程序审理。

4. 对关于反转执行的法院裁定或驳回反转执行申请的裁定，可以提出申诉。

5. 第一审法院根据本条第 2 款所列机关、组织、公民（被告）的申请发出返还被追索的资金、财产或其价值的执行令。申请书应附具证明执行原法院裁判的文件。

第 363 条　法院解决执行过程中产生的其他问题的程序

1. 在追索人放弃追索或者追索人与债务人订立和解协议时，申请由发出执行令的法院按照本法典第 157 条规定的程序在收到申请书之日起的 10 日内开庭审理，并通知案件参加人。

2. 在被拍卖财产的购买人、追索人和债务人之间因返还该财产而产生的问题，以及没有参加该行政案件，但就被追索财产的归属而提出的申请，依照民事诉讼程序审理。

3. 如果本章对法院审理执行过程中产生的问题或依法就由法院审理的问题未规定审理程序（包括延期和分期执行税费、减少或免除税费），则这些问题按照本法典第 358 条第 2 款规定的规则审理。

第 364 条　遗失执行文件的责任

对遗失法院发出的执行文件并有过错的人，法院有权依照本法典第 122 条和第 123 条规定的程序和数额处以诉讼罚金。

（本条由 2016 年 4 月 5 日第 103 号联邦法律修订）

第九编 最后条款

第三十九章 本法典的生效程序

第 365 条 本法典的生效程序

本法典的生效程序由联邦法律《〈俄罗斯联邦行政诉讼法典〉施行法》规定。

俄罗斯联邦总统

B·普京

莫斯科,克里姆林宫

2015 年 3 月 8 日

第 21 号联邦法律